浙江经济普查年鉴

Zhejiang Economic Census Yearbook

2013

第二产业卷（下册）

浙江省人民政府第三次经济普查领导小组办公室　编

中国统计出版社
China Statistics Press

图书在版编目（CIP）数据

浙江经济普查年鉴. 2013 / 浙江省人民政府第三次经济普查领导小组办公室编著. -- 北京 : 中国统计出版社, 2016.5
ISBN 978-7-5037-7770-7

Ⅰ. ①浙… Ⅱ. ①浙… Ⅲ. ①经济－普查－浙江省－2013－年鉴 Ⅳ. ①F127.55-54

中国版本图书馆 CIP 数据核字（2016）第 084697 号

浙江经济普查年鉴—2013/第二产业卷（下册）

作　　者/浙江省人民政府第三次经济普查领导小组办公室
责任编辑/王振宇　许立舫　冯燕玲
封面设计/黄俊杰　李雪燕
出版发行/中国统计出版社
通信地址/北京市丰台区西三环南路甲 6 号　邮政编码/100073
电　　话/邮购（010）63376909　书店（010）68783171
网　　址/http://www.zgtjcbs.com/
印　　刷/河北天普润印刷厂
经　　销/新华书店
开　　本/880mm×1230mm　1/16
字　　数/1428 千字
印　　张/45
版　　别/2016 年 5 月第 1 版
版　　次/2016 年 5 月第 1 次印刷
定　　价/1980.00 元（全七册附光盘）

本书附同版本 CD-ROM 一张，光盘内容以书面文字为准。
如有印装差错，由本社发行部调换。

第二产业卷　目录

（上册）

第一篇　工业

A. 全部工业

B. 规模以上工业

（中册）

（下册）

第二篇 建筑业

A. 全部建筑业企业

B. 联网直报总承包和专业承包建筑业企业

1-B-30 按地区分组的规模以上

地区	单位数(个)	资产总计	流动资产合计	#应收账款	#存货	#产成品	固定资产合计
全省	**34344**	**268421717**	**161024438**	**46674986**	**35625196**	**14310861**	**71692842**
杭州市	**5413**	**54964151**	**33660598**	**9286759**	**7634725**	**2935937**	**11849153**
上城区	40	2646486	1875083	219523	1165467	62904	382290
下城区	45	331195	207675	68027	49777	23498	39212
江干区	266	3689888	2210505	719729	462975	184432	1009817
拱墅区	96	1551509	1145512	363127	208396	129846	300441
西湖区	158	1170524	796816	243257	150536	52252	158364
滨江区	195	3053359	1595976	440543	268543	121364	737049
萧山区	1587	20288969	11553280	2661944	2360496	1047069	3956183
余杭区	1074	7677270	4980704	1678495	1162188	508383	1913356
桐庐县	334	1858766	1125254	343599	280296	94122	512181
淳安县	114	605354	338626	93810	70934	36522	217362
建德市	345	1905869	1143534	356259	217326	88533	540615
富阳市	641	7467313	4861772	1414983	864572	415006	1420589
临安市	518	2717650	1825863	683463	373219	172008	661694
宁波市	**6060**	**47381727**	**30219756**	**8495040**	**6523259**	**2480930**	**12410647**
海曙区	21	324013	217052	53939	40657	5515	35513
江东区	63	818375	554837	144592	81736	33066	91207
江北区	247	2152595	1320053	440455	299958	117679	503466
北仑区	514	8866248	4759052	1350922	1172331	323717	3481660
镇海区	501	4931782	2901725	762586	784547	323776	1638765
鄞州区	1487	9134319	6207377	1932623	1241034	495113	1906213
象山县	380	2852364	1766958	508494	407448	155368	656840
宁海县	405	2475361	1627047	429747	384238	150529	603234
余姚市	1033	6783497	4708020	1132924	808295	328575	1529022
慈溪市	1046	7254771	4945979	1368822	1066253	438416	1534957
奉化市	363	1788400	1211655	369936	236763	109177	429770
温州市	**3939**	**24715414**	**15116417**	**5684158**	**2561902**	**1058448**	**5962848**
鹿城区	259	1396082	621840	208101	103049	32895	534341
龙湾区	671	4942323	3289730	937457	593743	254742	1038409
瓯海区	425	1674376	1009141	365237	193061	62306	457587
洞头县	22	243563	153754	97708	20036	7228	58108
永嘉县	279	1622901	997828	422554	147775	59699	352795
平阳县	254	1172774	669401	233560	161975	78779	334552

小微工业法人单位财务状况

单位：万元

固定资产原价	累计折旧	#本年折旧	在建工程(个)	负债合计	流动负债合计	#应付账款	所有者权益合计
105666482	**40971251**	**7020263**	**10061460**	**169944911**	**150298355**	**27550721**	**97533270**
17913041	**7275019**	**1235178**	**1598380**	**32515821**	**29243578**	**5300281**	**22356807**
757608	387186	51543	48716	540070	536566	287541	2105719
75829	37256	4709	886	171286	162679	52726	160517
1642789	689113	104199	75348	1866326	1621678	407694	1823559
515906	235470	35327	26465	1018672	949769	149532	533715
261848	129178	19435	31516	647935	619437	149124	522586
1035461	399927	61912	279579	1533478	1267787	337864	1504170
6158599	2601747	444397	482796	12437084	11085907	1329469	7796767
2709622	1016961	182115	234405	4968494	4685790	1115260	2714149
701544	239747	52112	60224	1147228	930898	183673	711077
324084	120934	20883	24445	290485	226874	51598	312134
675386	228949	42189	85702	1117753	1014680	194356	787489
2028114	766442	147097	183883	4883188	4411739	589953	2560137
1026253	422108	69260	64415	1893822	1729775	451489	824787
19510052	**8014956**	**1269115**	**1078389**	**31017694**	**28611035**	**5807693**	**16250178**
67628	32205	4480	3329	135977	128470	40432	187729
165178	77326	9328	3674	406763	396211	83466	411612
735269	257478	46063	34403	1439753	1291085	298803	708136
5883040	2686578	348985	293715	4397701	4014710	1122694	4432861
2679447	1090370	174371	83371	3448981	2936340	576488	1487438
2919401	1135026	193691	167577	5814323	5397314	1175425	3279903
879099	291765	52533	124200	1857394	1724394	407340	994377
874834	339261	56851	51001	1766498	1700572	342561	697637
2278736	893951	158837	117272	5058662	4701895	736443	1720821
2312692	908643	173950	180000	5441193	5101040	770911	1791924
714728	302353	50026	19847	1250451	1219005	253129	537739
9259690	**3783785**	**599372**	**708846**	**15464080**	**13914884**	**2395937**	**9134576**
751509	245917	29532	45686	834541	662858	86855	562185
1721122	771103	115311	123900	3301418	3181838	530992	1639682
638161	212370	37218	55934	1155248	1075482	154640	502158
93843	39850	6690	12018	183592	182456	20935	59972
522397	194057	29699	24458	861835	811099	160485	760344
420503	128047	30473	51658	722000	690420	125248	449165

1-B-30 续表 1

地　区	单位数(个)	资产总计	流动资产合计	#应收账款	#存货	#产成品	固定资产合计
苍南县	326	1969584	1152926	378247	183254	74769	570636
文成县	30	143001	82004	25659	26898	19971	46584
泰顺县	19	144220	74439	12403	17655	10255	62973
瑞安市	781	4282752	2617710	839127	515441	225698	853662
乐清市	873	7123839	4447645	2164105	599016	232108	1653203
嘉兴市	**4115**	**34455715**	**17574120**	**5532605**	**4501154**	**1568588**	**12142990**
南湖区	330	2327272	1396060	529973	363505	149591	734211
秀洲区	477	3042344	1787194	566137	499158	196773	1006835
嘉善县	550	3365607	2135555	848612	507243	174563	954553
海盐县	383	8341834	2322578	561362	882728	126248	3725402
海宁市	1004	6848675	4107730	1414894	937188	437776	1867155
平湖市	465	5781461	2925158	709280	563199	189971	2335184
桐乡市	906	4748523	2899846	902348	748134	293666	1519651
湖州市	**2357**	**16471204**	**9773011**	**3183109**	**2373999**	**1100647**	**4766521**
吴兴区	436	4104034	2510688	652047	624080	266997	1115515
南浔区	445	2624056	1741754	620596	447818	208065	597834
德清县	598	3413807	2018509	660511	538451	243528	968779
长兴县	554	4378157	2407832	866514	535418	282623	1449174
安吉县	324	1951150	1094228	383442	228232	99435	635219
绍兴市	**3437**	**29747133**	**19006681**	**4966016**	**4133761**	**1945212**	**7061248**
越城区	429	3737072	2218851	551668	494601	220267	1167677
绍兴县	1029	9201634	5746714	1353658	1171687	602080	2190116
新昌县	189	1067128	709549	237504	136963	52336	231970
诸暨市	903	8363698	5725353	1604278	1300647	601594	1592263
上虞市	500	4841299	2938568	768199	702184	356256	1379206
嵊州市	387	2536303	1667645	450709	327678	112679	500016
金华市	**3417**	**22441067**	**14183600**	**3364699**	**2671272**	**1112990**	**5579799**
婺城区	332	2713240	1764830	406686	394161	161391	617265
金东区	217	1190782	754027	189210	153013	60605	320298
武义县	422	2661873	1746145	401722	352530	121053	621067
浦江县	299	1752201	1111794	319993	240175	105164	445855
磐安县	120	564764	336209	109831	48290	24634	143504
兰溪市	395	2677640	1464153	376711	383638	190744	760715
义乌市	699	4377876	2554168	586353	447692	226634	1349140
东阳市	387	2320391	1481960	375874	299664	114010	567226
永康市	546	4182299	2970313	598318	352110	108756	754729

单位：万元

固定资产原价	累计折旧	#本年折旧	在建工程(个)	负债合计	流动负债合计	#应付账款	所有者权益合计
890796	365825	62765	84417	1234285	1157858	144506	731610
80025	36230	4461	5833	79480	73858	13065	62540
98735	42187	7226	3094	90100	78092	16961	54120
1299571	543171	98731	106799	2871611	2561144	390236	1395502
2743029	1205029	177267	195049	4129970	3439782	752015	2917298
17946274	**7489670**	**1222458**	**2825565**	**21832344**	**16805923**	**3672498**	**12565228**
1099407	412043	74725	69850	1451750	1402493	437532	875761
1551553	588212	107086	74508	1903747	1767641	368967	1137363
1378379	526705	95032	139755	1884483	1724281	450675	1476301
5521880	2850170	354906	1936679	5584446	2347167	416586	2756174
2814748	1073886	203095	298375	4374602	4062942	809886	2456476
3483693	1279209	230137	158584	3603693	2632412	635140	2144561
2096613	759445	157477	147813	3029623	2868986	553711	1718593
7127327	**2771671**	**454676**	**470661**	**9892671**	**8821729**	**1814826**	**6541812**
1595749	579939	96050	119598	2470162	2249210	403464	1641375
885235	341842	63106	43768	1633290	1452708	286155	990548
1402534	542716	112423	109631	1934841	1762873	375983	1468668
2066902	717004	130664	128151	2680515	2314737	494478	1684166
1176907	590170	52433	69513	1173862	1042202	254747	757055
10019500	**3652115**	**661418**	**786785**	**19644439**	**17335098**	**2614258**	**9779499**
1718660	730680	103726	173437	2484516	2182850	357619	1231988
3218106	1181809	241174	151602	6657287	5470053	708425	2290545
340261	130599	23733	29318	725477	685446	129978	343355
2223680	775988	132157	151552	4884881	4599323	667290	3427624
1776663	549120	110990	191434	3043619	2626447	493825	1796116
742130	283918	49638	89442	1848658	1770980	257122	689871
7531063	**2473072**	**511637**	**607508**	**14594273**	**13721004**	**1865714**	**7733345**
986394	409515	58494	66922	1770406	1667802	231949	932615
430393	138488	27059	38223	832370	807044	114206	350156
800719	253127	66510	78708	1974735	1863339	221041	704399
584601	162891	33055	17822	1006126	890745	114786	720412
186732	57378	12619	25386	359956	350234	52549	204530
991452	294615	85584	61110	1694939	1603894	273483	982462
1734733	510079	101340	115973	2631765	2416226	334275	1687504
803284	288010	52774	69050	1524779	1403796	204306	792340
1012755	358971	74202	134315	2799198	2717924	319120	1358928

1-B-30 续表 2

地　　区	单位数(个)	资产总计	流动资产合　　计	#应收账款	#存　货	#产成品	固定资产合　　计
衢州市	**911**	**6619857**	**3631069**	**914931**	**986218**	**415695**	**2226242**
柯城区	123	1253973	786504	145672	190079	55292	292761
衢江区	154	1363145	748843	214417	223355	103687	450381
常山县	100	535766	295953	73792	84707	41375	190091
开化县	77	514036	241574	61724	84377	33365	229504
龙游县	185	1406968	739101	177703	232216	109996	517067
江山市	272	1545968	819094	241623	171484	71980	546439
舟山市	**345**	**5632199**	**2533324**	**528488**	**706043**	**376192**	**1720650**
定海区	160	2911170	1437183	354873	352447	177359	981717
普陀区	125	1733510	684746	108602	208056	124185	424767
岱山县	48	946312	386220	60272	135031	64600	301691
嵊泗县	12	41207	25176	4742	10510	10049	12475
台州市	**3263**	**19068965**	**11587253**	**3584719**	**2537029**	**852467**	**5450843**
椒江区	319	2634998	1596961	435520	339741	129339	802102
黄岩区	357	2045066	1250811	427828	238396	88415	534142
路桥区	340	2098588	1491196	449109	312951	111688	353417
玉环县	619	4059404	2206910	702578	482492	114560	1600636
三门县	130	934763	534377	153140	139519	53153	261839
天台县	108	1106697	595555	198118	111210	44546	383769
仙居县	104	517879	295121	88608	81224	26418	148114
温岭市	909	2649955	1759077	659618	372188	126612	627720
临海市	377	3021615	1857244	470200	459308	157737	739105
丽水市	**1087**	**6924284**	**3738611**	**1134464**	**995833**	**463756**	**2521900**
莲都区	196	1692477	1047658	327110	254956	89002	479436
青田县	172	1497655	574848	178021	138996	80999	796212
缙云县	250	1389768	904462	279357	214952	103846	370419
遂昌县	46	446100	205799	44415	74078	37489	188380
松阳县	112	584524	350744	91471	128477	69634	166373
云和县	41	193976	82254	39187	18107	8987	85352
庆元县	56	252438	110764	39285	33411	14414	119754
景宁县	37	174066	72392	20810	17187	10108	71095
龙泉市	177	693280	389691	114807	115669	49278	244880

单位：万元

固定资产原价	累计折旧	#本年折旧	在建工程(个)	负债合计	流动负债合计	#应付账款	所有者权益合计
2811852	**835597**	**220215**	**294802**	**4125159**	**3593093**	**736428**	**2483097**
377483	109053	35690	52614	859987	784977	183788	393986
578005	172933	47403	62817	856499	814808	212677	503783
246979	87269	18483	26147	341066	307595	50490	195128
280889	81351	16316	35710	270906	229595	56164	243653
637740	192233	53452	69326	863854	694521	117842	542056
690757	192759	48872	48188	932846	761598	115467	604492
1911512	**448820**	**96037**	**1022335**	**4107416**	**3215533**	**736410**	**1522719**
1043313	241931	54318	328284	2271164	1927090	490726	637943
528559	131944	26299	476995	1289886	808231	150470	443623
319798	67427	14445	216867	518521	454122	91285	427791
19842	7518	975	189	27845	26089	3929	13362
8356898	**3283711**	**540214**	**468894**	**12641424**	**11699764**	**1980914**	**6404425**
1517895	771161	85292	68617	1747197	1625634	231560	884861
841554	352542	60201	53538	1389437	1257895	205482	653421
522143	208937	35668	44765	1511000	1465312	279954	587054
2432780	868184	144024	44095	2362707	2198466	358708	1687734
338084	100628	26678	42085	639518	607374	119167	300879
593847	248516	34340	41832	620388	485863	88657	489335
225511	93440	23017	27935	357423	338809	45815	159107
889144	303276	62114	63627	1834309	1735011	244230	815682
995941	337026	68883	82401	2179447	1985402	407343	826353
3279274	**942837**	**209945**	**199297**	**4109592**	**3336714**	**625763**	**2761586**
672145	229636	52016	35407	1208056	1086958	149165	476353
973063	195317	46316	25968	920790	587014	196752	561409
497752	163174	41020	42275	727736	642853	123017	655903
239575	70911	17310	20707	242392	191179	25808	202826
230378	83887	21130	17976	324658	278066	35843	252715
127590	46916	6403	8182	95296	83831	13798	98537
140243	34314	6339	11650	146060	110097	22754	105925
110103	42334	4724	5737	84883	60924	10939	88886
288426	76347	14687	31396	359721	295792	47688	319033

1-B-30 续表 3

地　区	#实收资本	国家资本	集体资本	法人资本	个人资本	港澳台资本	外商资本
全　省	**57817793**	**4547366**	**415444**	**16629743**	**22059109**	**6878944**	**7287187**
杭州市	**11263611**	**540694**	**106516**	**3755544**	**3962920**	**1054171**	**1843765**
上城区	205127	396	4276	150859	22442	2368	24786
下城区	50235	5839	820	14428	15644	9342	4162
江干区	1277114	31124	9452	285880	208839	215732	526087
拱墅区	330570	22842	13809	83928	79361	3881	126750
西湖区	254948	8665	1193	115138	92580	13862	23511
滨江区	901707	231200	13937	281105	164496	90218	120751
萧山区	3556176	132812	30493	1128197	1279621	386064	598989
余杭区	1733455	15932	22354	512616	776039	183457	223057
桐庐县	430676	10099	3897	157494	202582	37612	18994
淳安县	137959	13236	4940	62513	37443	17563	2264
建德市	348539	16494	8	121682	171454	967	37935
富阳市	1481493	8403	630	567969	718739	66050	119702
临安市	555612	43651	707	273735	193683	27057	16778
宁波市	**9658245**	**800468**	**64834**	**2366451**	**2284671**	**2157653**	**1984168**
海曙区	34908	6717	980	4513	19553	2459	686
江东区	173283	7778	1000	95459	25907	22959	20180
江北区	378924	6830	9949	133120	106239	83343	39444
北仑区	3170384	436799	12785	438141	198855	983044	1100761
镇海区	1146842	152123	6212	347422	174999	188314	277773
鄞州区	1471892	3955	10037	541079	498645	213879	204297
象山县	548633	5204	1238	208173	214268	57959	61792
宁海县	429752	50624	1100	85415	170230	71070	51313
余姚市	929118	116463	7539	202967	276482	223797	101871
慈溪市	1033201	12645	13646	178864	480618	238923	108506
奉化市	341307	1332	348	131298	118875	71907	17547
温州市	**6172316**	**91893**	**30251**	**1489509**	**4170215**	**117692**	**272756**
鹿城区	412045	275	1616	222474	156973	5214	25495
龙湾区	1162197	36090	6098	275848	675598	50717	117846
瓯海区	340166	25	9092	75331	231340	15917	8460
洞头县	36412	334		13878	16580	5620	
永嘉县	549116	13470	930	145376	369755	14498	5087
平阳县	341991	2711		56690	243029	19598	19964

单位：万元

营业收入	#主营业务收入	营业成本	#主营业务成本	营业税金及附加	#主营业务税金及附加	其他业务利润
270478402	**265241122**	**232032170**	**227376130**	**2889572**	**2860362**	**542276**
53610163	**51149185**	**44486638**	**42245997**	**1764620**	**1759478**	**200324**
4229968	2757019	2164647	692363	1541269	1541164	853
357301	349757	312077	309791	1653	1252	2381
3031462	2961169	2434133	2376745	15523	15147	8975
1426181	1345322	1043942	1029923	4614	4451	64339
995202	981606	811524	802695	5085	5080	3470
2845844	2780298	2392970	2348372	12545	11918	21491
17080718	16820345	14986415	14772195	75016	74163	34747
7769165	7520729	6705446	6490863	31679	31383	34926
2675735	2662677	2307109	2293787	14052	13435	3063
1516553	1498178	1338528	1319785	6103	5909	361
2192058	2184446	1846146	1839395	13020	12353	811
6410354	6241760	5459638	5317857	30147	29734	20838
3079624	3045880	2684065	2652227	13914	13491	4072
47796087	**47031431**	**41452848**	**40809755**	**215629**	**211908**	**78013**
184797	179420	149212	146662	1172	1130	2151
438388	426744	373176	363771	2077	2027	3933
1675060	1632942	1390780	1364290	9272	9084	10328
9084684	8872258	8023045	7831223	34350	34070	13994
6363229	6221132	5737086	5618550	23463	23081	11771
10771703	10668378	9263009	9179948	52819	51643	8638
2239480	2211086	1947205	1923254	10455	10359	3264
2148229	2114020	1760353	1730053	14181	13917	3487
6126705	6074284	5181258	5141440	28309	27791	5209
6917067	6809867	6038859	5942880	28721	28292	11779
1846747	1821299	1588867	1567685	10811	10516	3459
22785673	**22621601**	**19527477**	**19399729**	**141738**	**138823**	**28732**
1078883	1071208	909184	900487	7777	7595	1397
4430443	4407628	3817607	3803880	24416	23788	9558
1834592	1809592	1582771	1574176	10098	9798	3135
415106	414710	369933	368960	27694	27672	-61
1458546	1456109	1211168	1209982	6772	6693	99
1303547	1295617	1129390	1124693	7277	6827	2933

1-B-30 续表 4

地区	#实收资本	国家资本	集体资本	法人资本	个人资本	港澳台资本	外商资本
苍南县	517337	26172	5450	63502	399490	3906	18816
文成县	35878	5972	2500	6280	17418		3708
泰顺县	31194	30	135	17624	13405		
瑞安市	820353	4900	482	84315	703843	874	25939
乐清市	1925626	1914	3948	528190	1342785	1348	47442
嘉兴市	**8455151**	**1291417**	**28774**	**1860910**	**2387989**	**1289861**	**1596200**
南湖区	591664	37130	2672	149923	257307	68469	76163
秀洲区	844499	27306	209	133320	225391	164661	293613
嘉善县	983727	17496	8291	190110	253439	189739	324652
海盐县	1756760	1138715	1185	138704	262574	118231	97351
海宁市	1664568	20312	6923	362202	831722	227581	215829
平湖市	1517327	27247	5535	666770	186494	203650	427632
桐乡市	1096605	23212	3959	219882	371063	317530	160959
湖州市	**3844710**	**153764**	**44701**	**1092484**	**1329439**	**644128**	**580194**
吴兴区	1035150	30230	20123	299371	289527	203866	192032
南浔区	515653	32	1033	138696	224213	105032	46647
德清县	905800	18942	17375	262759	266812	217689	122223
长兴县	918385	24504	4445	284995	370660	96111	137671
安吉县	469723	80057	1725	106663	178227	21431	81621
绍兴市	**5710191**	**198653**	**51076**	**1883909**	**2075846**	**1053191**	**447517**
越城区	822919	71720	6127	210611	195367	210251	128842
绍兴县	1517192	21360	32406	542599	507463	322117	91246
新昌县	191173	9045	2857	41550	103367	24917	9437
诸暨市	1561046	2180	7530	588301	680976	201300	80759
上虞市	1082312	64800	1151	404472	356494	163578	91816
嵊州市	535550	29548	1005	96375	232178	131028	45416
金华市	**4334387**	**77417**	**59271**	**1648249**	**2058911**	**288170**	**202369**
婺城区	671057	30486	12422	243946	190570	129749	63883
金东区	220516	200	30	38134	170503	5086	6564
武义县	424608	2000	3777	183639	206882	3711	24599
浦江县	299500	15955	508	82131	148121	38134	14652
磐安县	120914	939	2020	55071	52997	8519	1368
兰溪市	675456	3300	13610	343976	267408	27240	19922
义乌市	922477	15327	3849	280129	537956	45032	40185
东阳市	386700	5975	19956	172211	174918	3428	10213
永康市	613160	3236	3100	249012	309556	27272	20984

单位：万元

营业收入	#主营业务收入	营业成本	#主营业务成本	营业税金及附加	#主营业务税金及附加	其他业务利润
1976654	1972187	1787236	1777459	9527	9310	1018
188834	188083	163881	163511	762	735	307
154801	154487	129217	128577	1465	1465	307
4125845	4108697	3555705	3545844	18629	17919	4211
5818423	5743285	4871384	4802160	27321	27020	5828
31469053	**30922600**	**27421341**	**26985049**	**169793**	**166429**	**100938**
2658601	2597965	2375337	2320831	10598	10102	7090
2998088	2962841	2615572	2594205	13207	13110	13774
4320502	4277996	3835530	3800149	16027	15896	6677
4087505	4059973	3377660	3358568	32465	32131	5888
6589857	6463190	5800035	5714640	29080	27370	40185
5409830	5190535	4671708	4477521	45522	45146	22840
5404670	5370100	4745499	4719135	22893	22674	4483
21251000	**21118717**	**18254331**	**18132891**	**142151**	**138047**	**24847**
4029552	3981413	3447560	3400329	22646	22303	10817
3591470	3580655	3169254	3160942	20926	20750	1513
5573881	5541918	4897714	4876230	36631	34751	5066
5501362	5468256	4620393	4592221	38292	37226	6477
2554735	2546476	2119410	2103170	23656	23018	974
31931580	**31670751**	**28180403**	**27934601**	**128892**	**126419**	**28058**
3268029	3233951	2896278	2871418	12496	12062	8947
11821599	11732500	10729551	10652094	44655	44088	7720
1006671	1001771	835003	828752	4576	4510	487
8853258	8802878	7685242	7630200	38051	37547	-432
4829926	4791339	4165972	4130119	19289	19054	3089
2152096	2108313	1868358	1822019	9826	9158	8248
21768632	**21663931**	**18554818**	**18464484**	**125965**	**122953**	**22710**
2346286	2329458	2053696	2035820	9965	9717	3125
1108991	1102027	963667	957417	5620	5521	1383
2715184	2700434	2326375	2318569	17527	17309	3407
2093401	2089728	1808726	1804494	14206	13904	1461
526308	523909	449545	447666	3223	3194	138
2902111	2881218	2528048	2508554	15397	15191	1839
4163552	4147101	3473414	3462602	29694	28483	5574
2173807	2170467	1840570	1836543	11802	11606	375
3738993	3719590	3110778	3092818	18532	18029	5409

1-B-30 续表 5

地　　区	#实收资本						
		国家资本	集体资本	法人资本	个人资本	港澳台资本	外商资本
衢州市	**1422293**	**79682**	**2304**	**490887**	**752000**	**41731**	**55690**
柯城区	266112	39464	400	130117	74409	4996	16726
衢江区	331941		740	115281	182464	13539	19916
常山县	110645	968	974	42583	60443	932	4747
开化县	86010	2116		24490	57748	1656	
龙游县	302993	3304		106053	173391	10381	9864
江山市	324593	33830	190	72363	203545	10227	4438
舟山市	**1209822**	**33765**	**875**	**689204**	**345166**	**33175**	**107637**
定海区	595692	28465	167	276421	187300	6560	96780
普陀区	371299		678	240883	105944	23440	355
岱山县	238853	5300	30	170602	49580	3175	10166
嵊泗县	3977			1298	2342		337
台州市	**4300741**	**1242228**	**15418**	**774179**	**2011226**	**168488**	**89202**
椒江区	662680	209594		119452	288804	40740	4091
黄岩区	390424	9221	1735	93262	245307	33166	7733
路桥区	452384	10840		124903	274115	10123	32403
玉环县	1283029	902474	120	122357	225862	17716	14500
三门县	176857			16028	158631	54	2144
天台县	238658	84000	1400	23554	123905	5040	759
仙居县	95510	3362	2634	32426	50000	3801	3287
温岭市	461506	9622	3700	56764	358190	20306	12925
临海市	539693	13117	5828	185434	286411	37543	11360
丽水市	**1446327**	**37385**	**11427**	**578418**	**680726**	**30684**	**107688**
莲都区	307953	12000	100	111739	164954	17175	1985
青田县	355010	11500		216853	99702		26955
缙云县	243932		998	80099	154213	7608	1015
遂昌县	124549		8000	38392	38422	5223	34513
松阳县	160544	91		35952	124501		
云和县	57591	5052	2213	13908	14754		21665
庆元县	39452			6655	32237	559	
景宁县	49416	5358		15140	8312		20606
龙泉市	107880	3385	116	59680	43632	119	949

单位：万元

营业收入	#主营业务收入	营业成本	#主营业务成本	营业税金及附加	#主营业务税金及附加	其他业务利润
7895623	**7411221**	**6788889**	**6336114**	**44793**	**44158**	**14483**
1547289	1109798	1391028	979621	6931	6883	8724
1324980	1299643	1154206	1131253	8344	8320	1685
649741	647853	572844	571660	2130	2100	678
554016	551814	498282	495753	1862	1853	62
1728343	1719545	1457643	1450405	7316	7028	936
2091255	2082568	1714886	1707421	18210	17974	2398
3893218	**3832243**	**3569870**	**3514844**	**13007**	**12697**	**4347**
2041708	2021614	1915115	1894752	5898	5818	4446
1311667	1276205	1203040	1172178	4209	4154	4137
495682	490281	412627	408826	1876	1848	-4236
44162	44144	39088	39088	1024	877	
18974056	**18747717**	**16210600**	**16018092**	**99260**	**97499**	**30147**
2313923	2293700	2004104	1988134	13167	13067	2956
1913301	1879440	1620445	1591610	11796	11675	4905
2345828	2297790	2128467	2083543	9656	9316	2574
4070144	4053081	3325968	3313097	22906	22376	2399
738393	734035	632162	628838	3646	3634	984
874784	870202	720504	716686	4177	4033	278
566351	561118	482861	470805	3621	3569	237
3524484	3515134	3048511	3044708	14792	14580	2014
2626849	2543217	2247578	2180672	15498	15249	13800
9103317	**9071724**	**7584955**	**7534573**	**43726**	**41953**	**9679**
1884964	1876792	1586484	1570888	9601	8537	2270
1509536	1501237	1131327	1124193	11535	11419	6774
2374877	2371231	1977703	1970516	7693	7510	652
410273	408671	358053	356233	2210	2209	-604
1190394	1182815	1060120	1051421	3336	3270	478
229380	228692	191082	188580	1359	1199	46
375071	374707	323381	321311	2647	2479	
151661	151305	127725	126407	589	575	-27
977162	976274	829081	825024	4756	4754	89

1-B-30 续表 6

地 区	管理费用	#税 金	财务费用	#利息支出	投资收益	营业利润
全 省	**12035876**	**554447**	**5415927**	**5729053**	**682794**	**13254597**
杭州市	**2577961**	**96589**	**928250**	**1128023**	**324256**	**2860608**
上城区	130297	4514	-2071	2485	22606	331521
下城区	23893	462	2524	2810	12363	19598
江干区	236619	6951	36102	42454	19599	183927
拱墅区	114742	2905	4658	19087	3065	33383
西湖区	100991	1984	10773	15991	10683	40278
滨江区	189882	3524	29929	35802	36738	188990
萧山区	660647	30042	344319	500493	187509	1003608
余杭区	450395	12472	136908	136496	15458	231346
桐庐县	94552	5785	36646	35061	3306	180445
淳安县	43289	1462	14837	13448	-118	94978
建德市	94401	4243	37857	35366	933	142033
富阳市	266668	17042	218212	232503	12694	331282
临安市	171587	5204	57557	56028	-578	79218
宁波市	**2534564**	**94579**	**866288**	**925529**	**154658**	**1899607**
海曙区	16924	348	6	2269	11812	18600
江东区	38599	1503	5933	7938	51024	60163
江北区	132272	4112	39835	39558	4935	53377
北仑区	342305	16415	69647	115542	32941	482334
镇海区	272608	7941	102252	97495	6367	136052
鄞州区	589490	16695	157888	164772	9952	532649
象山县	119978	4677	58097	58462	16868	73784
宁海县	155663	3436	66825	65095	1750	88119
余姚市	379471	18754	152855	154112	6234	235500
慈溪市	361956	16888	168310	175410	10350	183445
奉化市	125299	3810	44640	44875	2426	35584
温州市	**1178595**	**82989**	**509119**	**527474**	**66383**	**1020625**
鹿城区	68593	3850	31159	30352	17439	58293
龙湾区	231431	17040	101988	109107	2747	177816
瓯海区	113767	5781	36318	34425	1603	33782
洞头县	12809	1268	3372	3100	188	4919
永嘉县	86086	7858	31620	30875	1391	74562
平阳县	62125	4786	24776	24720	316	50324

单位：万元

营业外收入	#补贴收入	营业外支出	利润总额	应交所得税	利税总额	应付工资总额	本年应交增值税
1135001	**504592**	**632395**	**13953687**	**2131971**	**24378325**	**14843750**	**7422279**
237219	**93366**	**108879**	**3039906**	**478269**	**6415958**	**2675057**	**1579063**
3580	2231	14511	321188	72989	2191976	62582	329548
4829	381	903	25419	3304	35425	23169	8745
21098	6577	9996	199872	39161	303654	215277	80872
10672	2846	2469	44177	23091	111533	136828	62448
7155	3680	1812	51191	8527	88900	70042	32583
19778	8925	7385	202382	17014	286260	136594	71684
75629	31258	28495	1069829	167248	1535176	797898	373112
36943	14934	18341	254885	49665	490948	496591	198886
8941	3074	3847	185678	17186	291536	121211	92284
3825	1584	1360	97492	9389	133599	60945	30179
8327	2667	5183	146149	19533	214690	101175	55248
25633	9685	10589	354979	38923	544581	266064	156941
10809	5525	3989	86668	12241	187679	186681	86535
246229	**84339**	**156222**	**2040845**	**439564**	**3446771**	**3189003**	**1184284**
2087	1599	538	20215	2649	26344	14186	4999
8895	5751	1217	68315	3937	79475	36699	9134
24685	6599	11836	68926	16040	122167	148850	43709
37489	11219	21543	518125	125484	794601	381031	240280
36575	13943	13902	164067	60234	319209	304343	130762
53949	16043	35370	557608	102432	855114	748162	245261
8582	4605	4456	78921	13318	148764	168548	59478
10556	2677	7866	92435	21220	175960	209641	69582
30367	9160	34342	236786	44749	422272	466280	157256
23232	8126	17172	195714	40237	400046	517776	174731
9813	4619	7980	39736	9265	102821	193487	49093
55225	**22718**	**49648**	**1033466**	**171255**	**1939789**	**1639888**	**766242**
3370	1337	1043	61087	8853	105870	116583	37137
7752	2395	10160	176242	27173	344868	281506	144810
3491	1197	3412	33826	9389	121924	189126	78300
1152	741	484	5747	1375	43855	14700	10436
4846	1195	1926	78136	11495	134798	117421	49951
3636	1704	3657	50504	6939	104921	105463	47590

1-B-30 续表 7

地 区	管理费用	#税 金	财务费用	#利息支出	投资收益	营业利润
苍南县	91969	15898	40542	42437	1277	37296
文成县	9079	350	2484	2312	250	9652
泰顺县	7373	365	2783	2939	5	11191
瑞安市	201889	9595	97794	106835	35007	197586
乐清市	293474	16201	136284	140373	6160	365205
嘉兴市	**1309187**	**53848**	**613536**	**666401**	**54537**	**1457475**
南湖区	121404	4437	33198	41558	2394	63091
秀洲区	153256	4818	54356	56320	9130	99792
嘉善县	178825	9887	57182	53567	2001	144707
海盐县	175536	9219	150175	160112	23617	308152
海宁市	304239	8240	144810	140703	2171	203228
平湖市	180128	9354	84792	119699	9314	365652
桐乡市	195799	7893	89023	94441	5910	272853
湖州市	**814681**	**47965**	**342012**	**331938**	**14652**	**1250919**
吴兴区	195659	9956	74228	75671	2345	188972
南浔区	123021	4322	59844	57441	2470	162703
德清县	190065	13652	64296	63983	3194	294791
长兴县	201090	12709	89966	87330	6639	426275
安吉县	104846	7327	53678	47513	4	178178
绍兴市	**1037849**	**57219**	**727753**	**726158**	**11256**	**1377191**
越城区	151541	9194	88088	86416	4272	70998
绍兴县	250585	15948	221197	222075	4726	460841
新昌县	65371	2200	28289	27918	918	36202
诸暨市	249456	15023	192691	186568	1168	545153
上虞市	206823	10380	112337	116243	162	237908
嵊州市	114073	4475	85151	86938	10	26089
金华市	**923092**	**48045**	**571996**	**570893**	**35194**	**1147113**
婺城区	121485	5895	72818	74370	13274	45648
金东区	58613	2666	28540	27194	280	22136
武义县	118167	5551	84665	83532	1906	115207
浦江县	67580	3191	44172	43417	1191	118681
磐安县	49196	886	16358	15310	114	14436
兰溪市	89289	6292	68250	68496	1174	142814
义乌市	175653	8382	95493	96045	9236	284227
东阳市	104732	5440	57124	59553	6228	111734
永康市	138376	9742	104577	102977	1790	292231

单位：万元

营业外收入	#补贴收入	营业外支出	利润总额	应交所得税	利税总额	应付工资总额	本年应交增值税
6752	2320	7971	36506	7687	103033	106605	57024
863	611	213	10352	2005	17963	9067	6876
487	261	323	11361	1893	17774	6804	4949
10533	4318	8325	201163	24250	355259	340055	135681
12344	6641	12134	368543	70196	589525	352560	193489
229139	**149686**	**88478**	**1624167**	**297846**	**2835200**	**1738806**	**1028681**
12493	5305	4989	73923	14046	138475	154083	53901
9442	3703	9449	109015	23935	188659	187382	62718
9082	2688	4426	150802	29281	276384	224403	108988
139636	120055	11568	438736	63206	727520	163459	256483
23426	6998	18644	208427	36589	470504	443454	234645
18106	5693	16712	368934	88056	563508	255612	138867
16955	5244	22689	274330	42733	470149	310413	173080
54457	**22109**	**39928**	**1273473**	**165227**	**1991066**	**868234**	**560050**
11671	4107	4871	198128	26277	324890	161534	104046
6654	1348	3328	168776	17879	274324	157165	84551
13577	5896	5489	303160	36841	468919	227592	130879
16921	8192	23301	422572	53218	605611	204343	127108
5635	2566	2940	180838	31012	317322	117600	113466
93901	**38563**	**55210**	**1436714**	**200769**	**2231187**	**1283764**	**648863**
10787	8284	9665	75873	17075	162997	180888	74232
20001	6902	8795	479483	42874	774436	396094	250865
3325	5460	1803	42671	7258	75567	64425	28386
32624	4377	20974	560193	93833	755156	295260	156186
18445	9113	8923	247991	31804	365630	212094	81499
8719	4427	5051	30504	7926	97402	135003	57696
74011	**33922**	**27441**	**1207462**	**129562**	**1936689**	**1220473**	**601511**
16414	10453	2538	62902	11269	126823	134125	53931
5521	4237	1332	27189	4020	67024	71610	34267
8667	3763	3601	121187	13251	223977	165990	85481
3618	1375	1659	121479	14153	178882	100552	43119
2668	1550	491	15858	2310	39022	43816	18970
9042	3894	3117	143627	14568	229163	123804	63832
7896	3067	3318	293685	22613	431086	269258	106866
7274	3334	2625	117649	14472	185697	124865	55965
12909	2249	8761	297887	32906	455017	186453	139080

1-B-30 续表 8

地　区	管理费用	#税　金	财务费用	#利息支出	投资收益	营业利润
衢州市	**276404**	**15628**	**156279**	**154911**	**4285**	**465412**
柯城区	52852	3347	24979	25817	14	45894
衢江区	49314	3082	26449	25981	532	49488
常山县	22949	1411	15505	14605	741	26809
开化县	19155	887	12452	11835	-57	13023
龙游县	61966	3697	34886	35301	796	133038
江山市	70168	3205	42008	41372	2260	197161
舟山市	**137837**	**6128**	**118331**	**116217**	**4305**	**1707**
定海区	79034	2815	57647	60900	1417	-38416
普陀区	38664	2398	34797	33063	2602	14201
岱山县	19192	894	25172	21474	246	24944
嵊泗县	946	23	714	780	40	978
台州市	**970963**	**38349**	**408114**	**411344**	**8326**	**901990**
椒江区	121613	4667	45387	45644	295	87578
黄岩区	126681	4942	47934	47884	1458	54982
路桥区	83974	4454	34296	42756	886	43760
玉环县	180210	8002	118866	109687	628	342408
三门县	46814	1983	19846	19842	2764	20743
天台县	44568	1556	20457	21752	-62	61650
仙居县	42663	761	14299	13653	59	10507
温岭市	164346	4082	53498	50206	1430	180235
临海市	160096	7903	53531	59919	869	100127
丽水市	**274744**	**13108**	**174249**	**170167**	**4942**	**871950**
莲都区	72762	4035	45166	44759	1464	122534
青田县	46602	2067	38215	38085	-678	244394
缙云县	53437	2171	32241	31089	995	284568
遂昌县	16004	1259	10638	10279	713	16136
松阳县	23902	962	13276	12827	1584	79368
云和县	9428	395	4096	3737	260	20199
庆元县	12897	283	8518	8477	45	20394
景宁县	5150	227	2891	3047	51	13167
龙泉市	34562	1709	19210	17867	508	71190

单位：万元

营业外收入	#补贴收入	营业外支出	利润总额	应交所得税	利税总额	应付工资总额	本年应交增值税
36036	**16840**	**36602**	**468647**	**49661**	**743910**	**289276**	**230865**
5333	2536	20000	32058	7769	83648	31469	44707
6533	2181	2875	54100	8121	109735	42863	47310
4439	2559	2537	28780	3711	47317	36788	16393
3843	1399	630	16731	2286	28887	20826	10110
6194	4326	6075	133696	12780	185062	76040	44338
9694	3839	4485	203283	14995	289263	81290	68006
14107	**3578**	**11418**	**8130**	**11341**	**68626**	**149453**	**17281**
5257	2101	4136	-36288	3874	-5785	66872	17896
5267	808	5101	16639	1480	35445	64061	-8788
2159	268	2079	25256	5425	34742	17427	7635
1424	401	102	2523	561	4224	1094	538
71066	**31935**	**49778**	**931029**	**124838**	**1622010**	**1361420**	**591470**
17554	11311	13557	93224	16439	170703	188374	63268
11055	4674	5232	62160	15459	148431	140486	74595
3967	1264	1638	45968	10131	108762	124326	53446
15684	3680	15337	343730	29346	524248	300373	157786
2944	1658	1487	23406	4304	48497	55141	21445
3051	1973	1361	63348	8527	89820	44287	22267
2334	2345	975	13307	2754	35456	52241	18559
10071	2104	5613	185450	20401	306076	284650	105999
4408	2926	4578	100435	17477	190017	171543	74105
23612	**7535**	**8792**	**889850**	**63639**	**1147119**	**428378**	**213969**
6709	952	3277	127010	6158	175752	89281	39993
3418	354	826	246137	26127	323367	87213	65811
3497	2062	1273	286919	7844	335262	95242	40704
1815	1689	402	19573	2445	34322	21757	11719
2033	458	635	81096	5972	106884	36484	22436
2090	693	204	22222	2217	30775	23107	7354
1079	124	486	21075	1741	29834	16634	6279
1206	320	298	14076	2585	18521	8812	3766
1766	883	1391	71742	8550	92404	49849	15907

1-B-31 规模以上小微工业法人单位主要产品生产和销售情况

产品名称	计量单位	本年生产量	本年销售量	本年销售金额(万元)
铁矿石原矿	吨	121606	122039	17108
铁矿石成品矿	吨	92043	95042	11822
铁精矿	吨	86071	89375	8166
铜金属含量	吨	17912	14872	67855
铅金属含量	吨	1221	2063	9983
锌金属含量	吨	22957	24748	28429
镍金属含量	吨	30977	30943	323811
锡金属含量	吨	495	480	6746
铝土矿	吨	2016	2007	4352
稀有稀土金属矿	吨	30995	30059	86892
钼精矿折合量(折纯钼45%)	吨	11384	11344	79931
石灰石	吨	42585475	41221933	103817
水泥用石灰石	吨	34250333	34229930	59761
建筑用天然石料	立方米	7035873	6916143	60309
天然花岗石荒料	立方米	36538	37412	2683
萤石	吨	538962	533178	76670
高岭土(瓷土)	吨	129356	85522	4848
膨润土	吨	23000	23992	8192
砂石	吨	30731757	30662190	96093
石英砂	吨	49614	49557	2593
化学矿	吨	635123	629339	78826
滑石粉	吨	260000	240000	3727
小麦粉	吨	600126	603108	172807
大米	吨	794711	799308	290014
饲料	吨	4425893	4351989	1750553
配合饲料	吨	3626058	3600099	1334115
混合饲料	吨	198391	198448	101376
宠物食品	吨	20039	18832	54520
食用植物油	吨	360157	350779	375848
精制食用植物油	吨	347180	337532	354463

1-B-31 续表 1

产品名称	计量单位	本年生产量	本年销售量	本年销售金额(万元)
鲜、冷藏肉	吨	128589	128660	268264
熟肉制品	吨	33929	33858	135200
冷冻水产品	吨	818053	802486	1358814
冷冻蔬菜	吨	132611	139866	112266
淀粉及淀粉制品	吨	190960	191096	118595
豆腐及豆制品	吨	118944	118865	95552
糕点	吨	26758	26653	65599
面包	吨	7875	7865	13018
饼干	吨	44058	43744	43549
膨化食品	吨	850914	816352	3827548
焙烤松脆食品	吨	14554	14820	14688
糖果	吨	14267	14458	33455
速冻食品	吨	63572	62092	85593
速冻米面食品	吨	40527	40288	37965
方便面	吨	66943	67573	81547
乳制品	吨	154332	153106	117136
液体乳	吨	132320	131325	85267
灭菌乳	吨	36894	35893	18219
巴氏杀菌乳	吨	50113	50426	37755
酸牛乳	吨	29411	29622	21979
其他液体乳	吨	15902	15384	7313
固体及半固体乳制品	吨	22011	21781	31869
炼乳	吨	10423	10423	13272
乳粉	吨	1121	1107	3408
罐头	吨	190775	190129	170023
味精(谷氨酸钠)	吨	27096	26136	22101
酱油	吨	181449	181548	108577
醋及醋代用品	吨	2689	2695	819
食醋	吨	2689	2695	819
复合调味品	吨	55655	54531	69650

1-B-31 续表 2

产品名称	计量单位	本年生产量	本年销售量	本年销售金额(万元)
食品用氨基酸	吨	1658	1614	7195
营养、保健食品	吨	33191	32045	207750
蜂蜜营养制品	吨	7677	7708	20968
冷冻饮品	吨	61957	61768	48985
食用盐	吨	84188	64575	15174
食品添加剂	吨	274068	273040	265473
饲料添加剂	吨	523254	542865	89032
饮料酒	千升	679320	609503	222534
白酒(折65度，商品量)	千升	6655	6772	12082
啤酒	千升	382569	377371	61988
黄酒	千升	276661	211433	139273
果酒及配制酒	千升	7816	8573	2033
软饮料	吨	2705646	2713400	645738
碳酸型饮料(汽水)	吨	228173	228616	50708
包装饮用水	吨	793650	800022	102692
果汁和蔬菜汁类饮料	吨	420577	430138	87495
蛋白饮料	吨	39490	39860	14182
含乳饮料	吨	32356	32851	11540
植物蛋白饮料	吨	7134	7009	2642
茶饮料	吨	79171	79108	20931
精制茶	吨	314410	305001	766575
卷烟	万支	5428572	5469179	2512547
一类烟	万支	2352487	2371631	1807634
二类烟	万支	1336447	1359210	545456
三类烟	万支	9050	9050	2295
四类烟	万支	1147071	1147761	119130
五类烟	万支	583517	581527	38032
纱	吨	1385460	1331616	2295153
棉纱	吨	539115	510144	895992
棉混纺纱	吨	295099	282729	617858

1-B-31 续表 3

产品名称	计量单位	本年生产量	本年销售量	本年销售金额(万元)
化学纤维纱	吨	551246	538743	781302
棉线	吨	11435	11434	22643
缝纫线	吨	22381	22073	59940
布	万米	996447	974451	7331487
其中：色织布(含牛仔布)	万米	10017	9488	100859
其中：棉布	万米	193086	187084	1639353
棉混纺布	万米	177131	173175	1843523
化学纤维短纤布	万米	626230	614191	3848611
印染布	万米	1036083	1022373	1779042
漂白布	万米	69244	68865	104741
染色布	万米	790811	779242	1284224
印花布	万米	177614	175852	392264
毛条	吨	40169	38752	180012
绒线(俗称毛线)	吨	38554	38037	187152
毛纱	吨	20492	20119	92819
毛机织物(呢绒)	万米	2644	2613	120222
亚麻纱	吨	824	782	7278
亚麻布(含亚麻≥55%)	万米	1939	2043	28216
蚕丝	吨	12070	12053	358608
绢纺丝	吨	4179	4162	76890
蚕丝及交织机织物	万米	21299	20542	601752
蚕丝及交织机织物(含蚕丝≥50%)	万米	15092	14503	529388
印染蚕丝及交织机织物	万米	18105	18054	32036
化纤长丝机织物	万米	439952	418929	964525
合成纤维长丝机织物	万米	33641	32840	119599
人造纤维长丝机织物	万米	11421	11350	12764
其他化纤长丝机织物	万米	58798	56592	127532
床褥单	万条	7753	8132	89954
枕套	万件	5410	5476	89548
蚕丝被	万条	206	204	80909

1-B-31 续表 4

产品名称	计量单位	本年生产量	本年销售量	本年销售金额(万元)
被罩	万个	840	858	67600
床罩	万个	1562	1605	99752
毯子	条	77427040	76548042	199177
羽绒被	万条	428	403	33064
棉被	万条	2827	2756	193898
毛巾	万条	10044	10003	24435
无纺布(无纺织物)	吨	503516	493565	849969
纤维纺制线、绳、索、缆	吨	26589	26329	34854
帘子布	吨	32730	32463	86834
帐篷	万顶	1005	981	146293
降落伞	万个	168907	168907	2798
服装	万件	208172	204578	7370089
梭织服装	万件	76860	75153	3737294
羽绒服装	万件	1453	1446	211429
西服套装	万件	1479	1444	189843
衬衫	万件	15467	15362	535886
运动服类服装	万件	274	259	14157
针织服装	万件	131114	129228	3594718
针织运动类服装	万件	3406	3383	86356
针织袜	万双	752350	734046	1540329
针织手套	万双	65335	64916	111589
围巾	万条	20291	20085	195133
领带	万条	7915	7777	103024
帽子	万个	5651	5593	57492
成品革	平方米	102149907	100460238	535893
轻革	平方米	68098212	68007988	464271
皮革服装	万件	1921	1899	567247
衣箱、提箱及类似容器	万个	4195	4178	259776
手提包(袋)、背包	万个	20592	20122	317384
毛皮服装	万件	48	47	56884

1-B-31 续表 5

产品名称	计量单位	本年生产量	本年销售量	本年销售金额(万元)
天然毛皮服装	万件	44	42	54591
鞋	万双	2180791	2171927	5674342
纺织面鞋	万双	1139113	1132653	3459694
皮革鞋靴	万双	228934	227333	1861193
塑料鞋	万双	794432	794407	46082
胶鞋	万双	18261	17484	304237
人造板	立方米	3126752	3100468	712480
胶合板	立方米	1805902	1794446	472145
纤维板	立方米	832959	817414	119045
刨花板	立方米	136954	136764	30995
人造板表面装饰板	平方米	46322565	45669105	96151
细木工板	立方米	350937	351844	90295
实木木地板	平方米	24914729	24605313	518427
复合木地板	平方米	47207534	46178766	429579
竹地板	平方米	3822653	3802283	44588
家具	件	87592538	86727573	3024164
木质家具	件	16512032	16376363	1746894
金属家具	件	47478457	46889723	624008
软体家具	件	5378160	5297237	307064
纸浆(原生浆及废纸浆)	吨	16706	17789	11574
废纸纸浆	吨	5686	6789	551
机制纸及纸板(外购原纸加工除外)	吨	7747543	7736958	2739606
未涂布印刷书写用纸	吨	48293	48372	26208
新闻纸	吨	45970	46092	23634
涂布类印刷用纸	吨	31831	32992	10063
卫生用纸原纸	吨	46807	42760	31708
包装用纸及纸板	吨	482740	481070	130771
箱纸板	吨	271948	272474	71929
包装纸	吨	78389	76626	23529
纸制品	吨	4756592	4729853	2028879

1-B-31 续表 6

产品名称	计量单位	本年生产量	本年销售量	本年销售金额(万元)
瓦楞纸箱	吨	2832057	2819514	1077651
卫生用纸制品	吨	91114	91841	54451
单色印刷品	令	1793472	1768221	29101
多色印刷品	对开色令	20264860	20060596	356628
本册	万本	33998	33880	24940
自来水笔	万支	11317	11418	16700
圆珠笔	万支	159799	156861	95827
记号笔	万支	17073	16748	13390
墨水	吨	1436	1365	4995
西乐器	把	456060	461168	28620
机制地毯、挂毯	平方米	48101882	46605859	74520
室内训练健身器材	台	1259116	1253806	70082
硫酸(折100%)	吨	515333	441991	28327
盐酸(氯化氢，含量31%)	吨	67380	67481	2756
浓硝酸(折100%)	吨	113852	108236	11962
磷酸(含量85%)	吨	7599	7601	3040
碳化硅	吨	746	746	97
乙烯	吨	4820	4570	7770
纯苯	吨	2006	1995	1230
甲醛	吨	332971	318877	45128
精甲醇	吨	1214	1194	381
冰乙酸(冰醋酸)	吨	176	175	56
过氧化氢(双氧水)	吨	291175	287697	31233
硅	吨	110258	109781	142552
农用氮、磷、钾化学肥料(折纯)	吨	15201	14918	6613
磷肥(折五氧化二磷100%)	吨	15201	14918	6613
复合肥、复混合肥	吨	275994	268448	44727
化学农药原药(折有效成分100%)	吨	126805	101960	400005
杀虫剂(杀螨剂)原药	吨	8198	7150	45406
杀菌剂原药	吨	10344	9311	53572

1-B-31 续表 7

产品名称	计量单位	本年生产量	本年销售量	本年销售金额(万元)
除草剂原药	吨	71093	48116	173045
涂料	吨	612417	609203	736462
建筑涂料	吨	3426	3426	2056
油墨	吨	33540	32964	41420
颜料	吨	179769	178695	542020
有机颜料	吨	83295	83482	404038
染料	吨	138216	140865	342368
初级形态塑料	吨	3080078	2984318	3228459
低密度聚乙烯树脂(LDPE)	吨	56338	55954	72159
中密度聚乙烯树脂(MDPE)	吨	8758	9135	9671
超高分子量聚乙烯(UHMW)	吨			
聚丙烯树脂	吨	620351	620567	607610
聚氯乙烯树脂	吨	362273	364747	245481
聚苯乙烯树脂	吨	271580	262338	306940
ABS树脂	吨	13940	13477	16292
合成橡胶	吨	239983	234320	382742
合成纤维单体	吨	1880793	1880539	1372802
精对苯二甲酸(PTA)	吨	673434	677510	455151
合成纤维聚合物	吨	678667	673501	792323
聚酯	吨	389420	388802	410296
化学试剂	吨	6277097	6174179	715040
催化剂	吨	41883	40265	51053
橡胶助剂	吨	123634	123467	128976
塑料助剂	吨	654961	604083	672313
表面活性剂	吨	167909	171193	145845
活性炭	吨	31997	31077	22706
单晶硅	千克	1017109	1051518	41228
多晶硅	千克	93709	90963	1479
感光胶片	万平方米	178	163	5386
单晶硅片	千片	98695	100771	45967

1-B-31 续表 8

产品名称	计量单位	本年生产量	本年销售量	本年销售金额(万元)
多晶硅片	千片	173548	172140	92510
炸药	吨	35999	34793	22301
肥(香)皂	吨	6450	6760	4791
合成洗涤剂	吨	115307	115236	87506
合成洗衣粉	吨	31425	30256	13443
牙膏(折65克标准支)	万支	3380	3384	6768
香料	吨	46287	47299	164732
香精	吨	5241	5174	26825
食品用香精	吨	3993	3910	21453
化学药品原药	吨	75148	72937	899811
抗菌素(抗感染药)	吨	30852	28954	399804
消化系统用药	吨	3797	3718	72656
解热镇痛药	吨	7192	7156	12808
维生素类	吨	9222	8878	43330
中枢神经系统用药	吨	100	105	10187
激素类药	吨	735	711	101061
抗肿瘤药	吨	18	18	8568
心血管系统用药	吨	3441	3363	79977
呼吸系统用药	吨			
血液系统用药	吨	106	107	31464
诊断用原药	吨	240	183	15384
调解水、电解质、酸碱平衡药	吨	207	188	242
抗组织胺类药及解毒药	吨	2	2	391
生化药(酶及辅酶)	吨	191	198	64532
制剂用辅料及附加剂	吨	19045	19357	59409
中成药	吨	9131	8810	299246
兽用药品	吨	15292	14395	59339
化学纤维用浆粕	吨	10145	9506	6642
化学纤维	吨	3843104	3708686	4544601
人造纤维(纤维素纤维)	吨	27475	27095	45970

1-B-31 续表 9

产品名称	计量单位	本年生产量	本年销售量	本年销售金额(万元)
合成纤维	吨	3814595	3680849	4490927
锦纶纤维	吨	331393	316830	788120
涤纶纤维	吨	3024841	2944640	3119633
涤纶短纤维	吨	835916	810942	777194
涤纶长丝	吨	1838444	1786798	1901929
腈纶纤维	吨	46001	46585	72582
丙纶纤维	吨	36402	35789	50621
氨纶纤维	吨	50864	49408	163427
橡胶轮胎外胎	条	8687427	8407238	50072
#子午线轮胎外胎	条	91713	105808	3881
汽车子午线轮胎外胎	条	52386	67085	1363
专用车辆子午线轮胎外胎	条	39327	38723	2518
#汽车橡胶轮胎外胎	条	52386	67085	1363
专用车辆橡胶轮胎外胎	条	1877773	1862962	14858
非机动车橡胶轮胎外胎	条	1614099	1672927	11744
摩托车橡胶轮胎外胎	条	5143169	4804264	22107
高分子防水卷(片)材	平方米	14620	14300	2196
塑料制品	吨	6226249	6092510	8475547
塑料薄膜	吨	1470170	1426720	1663808
农用薄膜	吨	56076	55343	71373
泡沫塑料	吨	200643	191328	244158
塑料人造革、合成革	吨	725328	716515	1436729
日用塑料制品	吨	597590	585140	938923
硅酸盐水泥熟料	吨	11110604	8170851	205205
窑外分解窑水泥熟料	吨	11088518	8170851	205205
水泥	吨	66297532	66518626	1860862
散装水泥	吨	48557119	48634671	1337180
强度等级42.5水泥(含R型)	吨	9161276	9208465	255186
强度等级52.5水泥(含R型)	吨	181915	177148	5526
石灰	吨	1206251	1180990	44237

1-B-31 续表 10

产品名称	计量单位	本年生产量	本年销售量	本年销售金额(万元)
商品混凝土	立方米	141858997	140859049	4476884
水泥混凝土排水管	千米	112	113	3475
钢筋混凝土排水管	千米	1	1	2010
水泥混凝土压力管	千米	13	11	3523
水泥混凝土电杆	根	514006	517088	68377
预应力混凝土桩	米	54372158	53496048	650780
遁构法施工用钢筋混凝土管片	米	5435	7052	9504
水泥混凝土预制构件	立方米	1290666	1272716	53195
石膏板	万平方米	5510	5496	30929
砖	万块	226451	226222	130078
烧结粘土砖	万块	5873	5619	2918
瓦	万片	8730	9168	20082
瓷质砖	平方米	65118	63533	2824
细炻砖	平方米	1517000	1437000	3594
陶质砖	平方米	2890347	2458785	19891
天然大理石建筑板材	平方米	243878	246209	12654
天然花岗石建筑板材	平方米	496488	529870	9325
建筑防水卷材及制品	平方米	20521537	20875029	43939
沥青和改性沥青防水卷材	平方米	15030908	15032807	26931
玻纤胎沥青瓦	平方米	692255	918730	1371
隔热、隔音人造矿物材料及其制品	吨	147772	128466	31782
平板玻璃	重量箱	1781895	1827100	10996
钢化玻璃	平方米	35211117	34711772	216676
夹层玻璃	平方米	1168132	1158863	24798
中空玻璃	平方米	3765153	3715088	63959
日用玻璃制品	吨	1215694	1415909	181907
玻璃包装容器	吨	287164	281909	94645
玻璃保温容器	万个	374	374	6768
玻璃纤维纱	吨	144832	141660	86975
玻璃纤维布	米	113934256	113301956	21254

1-B-31 续表 11

产品名称	计量单位	本年生产量	本年销售量	本年销售金额(万元)
纤维增强塑料制品	吨	204625	204037	89961
卫生陶瓷制品	件	1427677	1430290	87367
日用陶瓷制品	件	13814643	15628465	20406
耐火材料制品	吨	1531537	1517762	502986
石墨及炭素制品	吨	17988	17609	50562
粗钢	吨	1782753	445962	394377
铸铁件	吨	844319	813809	531198
铸钢件	吨	586046	568241	515650
钢材	吨	12715009	12561945	6404536
中小型型钢	吨	656334	654035	218042
棒材	吨	609400	601281	217296
钢筋	吨	972259	981867	317236
线材(盘条)	吨	650590	642905	265534
厚钢板	吨	7812	6250	3284
中板	吨	156989	154952	81012
热轧薄板	吨	337777	333604	161595
冷轧薄板	吨	2060790	2006439	926517
中厚宽钢带	吨	67505	67604	24644
热轧薄宽钢带	吨	879315	875848	225465
冷轧薄宽钢带	吨	742399	718633	432563
热轧窄钢带	吨	143860	144060	72506
冷轧窄钢带	吨	1355382	1317980	699515
镀层板(带)	吨	957031	950673	439656
涂层板(带)	吨	254759	253227	120417
电工钢板(带)	吨	319408	323792	111773
无缝钢管	吨	952861	938719	1329267
焊接钢管	吨	1463559	1465117	630017
其他钢材	吨	126979	124959	128198
用外购国产钢材再加工生产钢材	吨	9378111	9099218	4376050
用进口钢材再加工生产钢材	吨	56233	52663	45837

1-B-31 续表 12

产品名称	计量单位	本年生产量	本年销售量	本年销售金额(万元)
用外购钢材再加工生产钢材	吨	9434345	9151881	4421887
铁合金	吨	225171	213571	275553
十种有色金属	吨	98457	97644	362118
精炼铜(电解铜)	吨	53735	52181	294591
铅	吨	1153	1153	2045
锌	吨	42961	43679	59509
镍	吨		22	56
锡	吨	609	609	5917
黄金	千克	13436	12435	357631
白银(银锭)	千克	938067	846799	383201
稀有金属	千克	329891	327228	8339
钨	千克	103900	97771	3780
单一稀土金属	千克	97757	97757	3899
铜合金	吨	49567	49172	133330
铝合金	吨	395392	392635	565339
锌合金	吨	26666	26305	32388
铜材	吨	1248915	1228856	5012299
铜盘条(电工用铜线坯)	吨	4930	4890	24108
铝材	吨	978187	972595	1534338
铝盘条(电工用圆铝杆)	吨	6183	6080	7800
锌材	吨	5653	6213	9736
镍材	吨	2239	2286	6132
钢结构	吨	412493	402188	201720
金属门窗及类似制品	吨	1839500	1793023	533450
金属制门及其框架、门槛	吨	481452	475210	87510
金属制窗及窗框	吨	7957	7974	13710
金属切削工具	万件	23308	24966	204951
通用手工具	万把	333536	316927	245147
日常用剪刀	万把	2890	2776	25250
日常用刀	万把	249	246	8023

1-B-31 续表 13

产品名称	计量单位	本年生产量	本年销售量	本年销售金额(万元)
金属压力容器	吨	74314	74545	95493
金属包装容器	吨	805303	805750	221585
金属丝	吨	454997	452506	280735
钢丝	吨	398241	397027	216721
钢丝绳	吨	21206	20974	27923
钢绞线	吨	50762	48220	56477
裸电线	吨	27839	27296	139619
裸铜线	吨	16125	15664	78250
锁具	万把	31632	30807	196709
保险箱、柜、库门及钱箱	个	2009189	2008670	68455
搪瓷制品	吨	43330	43007	44554
不锈钢日用制品	吨	88842	87111	234834
铸铁锅	万口	1143	1144	51658
锻件	吨	463075	451341	366000
粉末冶金零件	吨	70901	71434	64727
焊条	吨	139934	140967	47779
锚	吨	2169	2169	4355
工业锅炉	蒸发量吨	10707	10261	134329
锅炉用辅助设备及装置	台	38409	38376	72529
发动机	千瓦	2258307	2218105	58890
发动机	台	174001	178251	58840
汽车用发动机	千瓦	1958129	1917614	46808
汽车用发动机	台	113831	118010	46808
船舶用发动机	千瓦	34847	34847	6308
船舶用发动机	台	4	4	6308
水轮机	千瓦	448214	425498	29680
电站水轮机	千瓦	256300	256300	12760
金属切削机床	台	76964	76567	442806
数控金属切削机床	台	17637	17946	190322
金属成形机床	台	17038	16879	157505

1-B-31 续表 14

产品名称	计量单位	本年生产量	本年销售量	本年销售金额(万元)
数控金属成形机床(数控锻压设备)	台	3901	3756	53446
铸造机械	台	2359	2415	15764
铸造机械	吨	7923	8249	13815
电焊机	台	1195523	1168341	80548
机床数控装置	套	10938	10673	7037
金属非切削、成形加工机械	台	154544	152251	34459
轻小型起重设备	吨	772534	778775	86891
轻小型起重设备	台	4547421	4586295	87813
手动葫芦	吨	1394	1394	2541
手动葫芦	台	92938	92938	2541
电动葫芦	吨	5737	5704	15699
电动葫芦	台	326112	324225	15699
千斤顶	吨	434872	445276	23090
千斤顶	台	1994848	2054451	23090
起重机	吨	131818	129886	139113
起重机	台	43308	7073	138446
桥式起重机	吨	17611	17422	15455
桥式起重机	台	1076	1072	15084
门式起重机(龙门起重机)	吨	13421	13008	3849
门式起重机(龙门起重机)	台	447	432	3553
塔式起重机	吨	34023	34222	40623
塔式起重机	台	1080	1069	40623
工业车辆	台	22337	22258	63055
电动车辆(电动叉车)	台	12018	12124	27492
内燃叉车	台	5249	5063	34387
越野叉车	台		1	24
连续搬运设备	吨	39458	38944	47478
连续搬运设备	台	10390	10620	45766
输送机械(输送机和提升机)	吨	39458	38944	47478
输送机械(输送机和提升机)	台	10390	10620	45766

1-B-31 续表 15

产品名称	计量单位	本年生产量	本年销售量	本年销售金额(万元)
带式输送机	吨	11422	10656	15674
带式输送机	台	196	191	15674
刮板输送机	吨	1000	1000	2013
刮板输送机	台	1000	1000	2013
电梯、自动扶梯及升降机	台	21497	21477	260170
电梯	台	18073	18130	214559
乘客电梯	台	6669	6642	60725
载货电梯	台	1667	1665	19238
连续运载乘客输送机	台	2065	2041	24573
自动扶梯	台	1998	1974	23809
自动人行道	台	67	67	764
升降机	台	1359	1306	21038
施工升降机	台	798	750	13797
立体(高架)仓库存储系统	台(套)	6	6	13079
机械式停车设备	台(套)	6018	5968	16052
泵	台	15308561	14770396	762070
真空泵	台	1090910	1063216	128265
真空应用设备	台	68	68	4537
气体压缩机	台	5318325	5173915	237948
制冷设备用压缩机	台	3625618	3513547	115384
冰箱压缩机	台	2682166	2604550	40027
车用空调压缩机	台	585030	560823	45115
非制冷设备用压缩机	台	1692707	1660368	122564
空气压缩机	台	1674025	1641736	105827
阀门	吨	3700406	3663694	2254803
龙头	只(套)	30887421	29678642	135257
水龙头(水嘴)	只(套)	9289378	8962738	24518
液压元件	件	9446375	9507431	278144
气动元件	件	94530005	94187026	3693794
滚动轴承	万套	15217888	16048588	801676

1-B-31 续表 16

产品名称	计量单位	本年生产量	本年销售量	本年销售金额(万元)
球轴承	万套	22301	22020	78597
滚子轴承	万套	15423	15346	26950
齿轮传动轴	万套	7991	7876	34334
齿轮	吨	111439	109480	145815
齿轮传动装置(齿轮箱)	台(套)	3614923	3701089	354827
变速器(机、箱)	台	277059	305459	64473
离合器	万件	216	218	18272
钢铁铰接链(工业链条)	吨	195562	193733	202997
联轴器	万件	21370	21270	7527
真空炉	台	68	68	4537
工业电炉	台	571	558	43254
风机	台	1813839	1789669	178778
离心式通风机	台	2066	2066	4000
鼓风机	台	37017	36667	9310
轴流式通风机	台	264217	264720	9941
气体分离及液化设备	台	10654	10598	176514
制氮设备	台	135	134	2957
制氧设备	台	4	4	982
利用温度变化加工机械	台	36266	36117	38684
发酵、提取设备	台	980	980	1592
浓缩设备	台	1006	1009	10826
干燥、分散、混合设备及类似设备	台	162	162	1480
冷却设备	台	32657	32691	24650
气体冷凝器	台	9364	9353	644
冷却塔	台	16560	16794	14385
液体过滤、净化机械	台	28085	27857	25177
压滤机	台	2363	2304	14832
气体过滤、净化机械及装置	台	1269	1303	11327
发动机燃油、进气过滤器	台	23194112	22669138	15857
工商用制冷、空调设备	台(套)	384895	386917	102822

1-B-31 续表 17

产品名称	计量单位	本年生产量	本年销售量	本年销售金额(万元)
工商用制冷设备	台(套)	80115	70403	12744
工商用冷藏、冷冻柜及类似设备	台(套)	178954	184183	30799
中央空调冷水/热泵机组	台(套)	118414	125055	42934
工商用空调设备	台(套)	7412	7276	16345
房间空调器，制冷量＞14000W	台(套)	1075	1238	1315
车用空调设备	台(套)	6799	6500	14354
风动手提工具	台	7592538	7468963	37997
电动手提式工具	台	40040764	39948323	513602
喷枪	台	9014092	9038929	48631
衡器(秤)	台	3850287	3846405	62880
包装专用设备	台	22999	23089	73377
照相机	台	69833	69851	4285
数码照相机	台	40280	40280	819
复印和胶版印制设备	台	196956	196858	39897
银行专用机器	台	262102	259646	15693
金属密封件	万件	10432	10462	84751
机械密封件	万件	13683	13368	49396
金属紧固件	吨	1381777	1446087	997800
弹簧	吨	181652	175659	186487
减速机	台	1837926	1861384	198434
离心机	台	3692	3685	6652
矿山专用设备	台	12514	12006	49347
凿岩机	台	260	225	17
矿物破碎机械	台	2404	2336	3500
石油钻探、开采专用设备	台(套)	86427	93783	25163
建筑工程用机械	台	870	827	26039
工程钻机	台	25	20	16
桩工机械	台	303	307	11927
打桩机	台	198	202	8301
公共工程用机械	台	253	253	2881

1-B-31 续表 18

产品名称	计量单位	本年生产量	本年销售量	本年销售金额(万元)
筑路机械	台	253	253	2881
混凝土路面机械	台	253	253	2881
建筑材料及制品专用生产机械	吨	11716	11823	16635
建筑材料及制品专用生产机械	台	288	286	14142
水泥专用设备	吨	11716	11823	16635
水泥专用设备	台	288	286	14142
混凝土机械	台	289	247	11215
混凝土搅拌车	台	109	69	3208
冶金专用设备	台	7311	7395	65460
冶金专用设备	吨	31140	31204	75530
金属冶炼设备	吨	5113	4358	11572
金属冶炼设备	台	110	94	11572
炼钢设备	台	107	91	8386
炼钢设备	吨	3520	2765	8386
有色金属冶炼设备	台	3	3	3186
有色金属冶炼设备	吨	1593	1593	3186
金属轧制设备	吨	11185	11733	28242
金属轧制设备	台	1710	1704	16223
炼油、化工生产专用设备	台	829	789	24997
炼油、化工生产专用设备	吨	11697	11328	24997
热交换装置	台	1461	1275	136
橡胶加工专用设备	台	2004	2003	50524
橡胶硫化设备	台	220	219	8067
塑料加工专用设备	台	49051	49513	509687
塑料加工专用设备	吨	422274	444305	571724
注塑机	台	6542	6626	63573
注塑机	吨	72153	88825	62695
挤塑机	台	6	6	58
挤塑机	吨	42	42	58
吹塑机	台	915	877	9019

1-B-31 续表 19

产品名称	计量单位	本年生产量	本年销售量	本年销售金额(万元)
吹塑机	吨	3231	3095	9019
木材加工、处理机械	台	70	70	4049
模具	套	563767	568249	619599
金属、硬质合金用模具	套	586	587	7991
金属冲压模具	套	150	150	3126
金属铸造模具	套	416	417	4232
塑料用模具	套	6631	6510	22171
橡胶用模具	套	1979	2997	4269
食品制造机械	台	6031	5717	34149
乳品加工机械	台	3299	3279	6018
酒及饮料加工机械	台	10741	10700	36942
农产品加工专用设备	台	23714	21474	4908
农产品初加工机械	台	4219	4310	2728
烟草加工机械	台	27102	25662	10041
饲料生产专用设备	台	70	70	10711
制浆和造纸专用设备	台	2544	2479	29824
印刷专用设备	吨	20098	19731	87145
印刷专用设备	台	4927	4819	88479
印前设备	吨	532	518	15311
印前设备	台	532	518	15311
印刷机设备	吨	7008	6992	19262
印刷机设备	台	1017	1022	21677
装订机械	吨	1622	1622	12025
装订机械	台	111	111	12025
印刷包装机械	吨	10937	10599	40547
印刷包装机械	台	3267	3168	39465
制药专用设备	台	3485	3521	56426
照明器具生产专用设备	台	99	99	2600
纺织专用设备	台	143788	143225	335887
织机	台	10959	10460	60692

1-B-31 续表 20

产品名称	计量单位	本年生产量	本年销售量	本年销售金额(万元)
皮革、毛皮及其制品加工专用设备	台	47	49	4161
服装、鞋帽加工机械	台	1139097	1120844	251752
缝纫机	台	1079417	1060462	209413
家用型缝纫机	台	378019	372276	10137
工业用缝纫机	台	701398	688186	199276
电工机械专用设备	台	23895	23887	9146
电线、电缆专用生产机械	台	23680	23691	4723
电子工业专用设备	台	12617	12728	46556
空气净化设备	台	8587	8700	24134
拖拉机	台	48755	48338	134590
大型拖拉机	台	1	1	8
中型拖拉机	台	17605	17151	83558
小型拖拉机	台	31149	31186	51025
机械化农业及园艺机具	台	3262967	3200351	284193
土壤耕整机械	台	37063	37163	4165
耕地机械	台	37063	37163	4165
收获机械	台	7108	6713	43759
谷物收获机械	台	4873	4274	25220
畜牧机械	台	67048	67025	4413
医疗仪器设备及器械	台	839054	787830	63343
医用X射线设备	台	213	209	4306
临床检验分析仪器及诊断系统	台	240	295	1721
一次性注射器	万支	127382	126225	19510
静脉采血针	万支	206	192	246
中医用针	万支	452260	449500	2427
环境污染防治专用设备	台(套)	48122	48075	505805
大气污染防治设备	台(套)	10332	10134	328490
水质污染防治设备	台(套)	36147	36347	150168
固体废弃物处理设备	台(套)	1464	1479	20907
噪音与振动控制设备	台(套)	179	115	6240

1-B-31　续表 21

产品名称	计量单位	本年生产量	本年销售量	本年销售金额(万元)
地质勘查专用设备	台	110	109	3850
邮政专用机械及器材	台	174712	194918	2611
自动售货机、售票机	台	720	708	1558
灭火器	台	9666784	9570600	47790
金属处理机械	台	1749	1761	34295
汽车	辆	38741	38737	187354
基本型乘用车(轿车)	辆	36409	36388	163841
轿车，1升＜排量≤1.6升	辆	36409	36388	163841
客车	辆	464	460	5688
大型客车(车长＞10米)	辆	4		
中型客车(7米＜车长≤10米)	辆	59	63	867
轻型客车(车长≤7米)	辆	401	397	4822
载货汽车	辆	499	520	7587
重型载货车	辆	201	222	6206
中型载货车	辆	8	8	261
轻型载货车	辆	290	290	1120
汽车底盘	辆	1369	1369	10238
公路机动车底盘	辆	1301	1301	9051
货车底盘	辆	1301	1301	9051
汽车用汽油发动机	千瓦	271593	215884	3050
汽车用汽油发动机	台	4306	3422	3050
汽车用柴油发动机	千瓦	1686536	1701730	43759
汽车用柴油发动机	台	109525	114588	43759
改装汽车	辆	3931	3888	106993
改装载货汽车	辆	1616	1665	28491
民用钢质船舶	载重吨	1011070	1226451	614161
民用钢质船舶	艘	423	430	614034
钢质机动货船	载重吨	865432	1076404	511604
钢质机动货船	艘	220	231	511477
散货船	载重吨	282618	338187	171521

1-B-31 续表 22

产品名称	计量单位	本年生产量	本年销售量	本年销售金额(万元)
散货船	艘	105	108	171521
全集装箱船	载重吨	29600	62000	14051
全集装箱船	艘	2	4	14051
滚装船	载重吨	1578	1828	1013
滚装船	艘	1	2	1013
钢质机动非货船	载重吨	145503	149912	102422
钢质机动非货船	艘	202	198	102422
客船	载重吨	800	800	577
客船	艘	2	2	577
渔船	载重吨	100363	100557	64279
渔船	艘	180	177	64279
工程(工作)船	载重吨	748	13783	19807
工程(工作)船	艘	2	3	19807
钢质非机动船	载重吨	135	135	135
钢质非机动船	艘	1	1	135
船用推进器	吨	330	330	5293
摩托车整车	辆	737943	729232	237715
两轮摩托车	辆	726877	718166	231848
三轮摩托车	辆	11066	11066	5867
两轮脚踏自行车	辆	10059914	10219141	157060
残疾人座车	辆	157921	157906	4972
电动自行车	辆	1700545	1705445	260951
发电机组(发电设备)	千瓦	446280	455800	26051
发电机组(发电设备)	千瓦	523	532	26051
水轮发电机组	千瓦	445000	432000	20500
水轮发电机组	千瓦	23	17	20500
内燃发电机组	千瓦	97337	103078	16739
内燃发电机组	千瓦	49175	47936	16739
电动机	千瓦	27834317	27670904	616204
直流电动机	千瓦	2019302	1944636	31680

1-B-31 续表 23

产品名称	计量单位	本年生产量	本年销售量	本年销售金额(万元)
交流电动机	千瓦	10445430	10290258	282741
小功率电动机	千瓦	263563	258522	5887
微电机	千瓦	3276363	3248062	107796
微电机	万台	5916	5915	100694
变压器	千伏安	50859379	50530402	519677
变压器	台	163831	162012	522845
电力变压器	千伏安	4065460	4169699	44262
电力变压器	台	11991	12300	44262
电力变压器，额定容量≥8000kVA	千伏安	687990	688336	8604
电力变压器，额定容量≥8000kVA	台	1031	1075	8604
电力变压器，额定容量≥8000kVA，电压≥500kV	千伏安	687990	688336	8604
电力变压器，额定容量≥8000kVA，电压≥500kV	台	1031	1075	8604
电力变压器，额定容量≤5000kVA	千伏安	3377470	3481363	35657
电力变压器，额定容量≤5000kVA	台	10960	11225	35657
干式变压器	千伏安	1994024	1923725	17126
干式变压器	台	2530	2436	17126
互感器	台	1559659	1564165	36376
电力电容器	千乏	64042251	59772675	63848
高压开关板	面	38829	38990	117768
低压开关板	面	326381	321519	184473
高压开关设备(11万伏以上)	台	16892	16834	67665
全封闭组合电器(GIS)	台	5180	5198	29232
全封闭组合电器(GIS)，550kV(含330kV)及以上	台	4274	4445	26278
全封闭组合电器(GIS)，252kV	台	453	377	1478
全封闭组合电器(GIS)，126kV	台	453	376	1477
敞开式组合电器	台	7136	7243	8427
隔离开关	台	2268	2167	5858
接地开关	台	510	429	2065
配电或电器控制设备	台(套、面)	2357375	2353444	1561235
高压电路开关、保护电器装置	台(套、面)	211631	210732	342087

1-B-31 续表 24

产品名称	计量单位	本年生产量	本年销售量	本年销售金额(万元)
低压开关、保护控制装置	台(套、面)	1165488	1179134	439229
电路连接装置	台(套、面)	319221	320568	418483
电力控制或电力分配装置	台(套、面)	663474	645449	362263
安全、自动化监控设备	台(套)	295825	282501	59194
绝缘电线	吨	112935	114467	406258
通信及电子网络用电缆	对千米	10840833	10596119	581478
电力电缆	千米	1894278	1780159	1069611
光纤	千米	7117126	6180707	30531
光缆	芯千米	9346959	9131263	261857
绝缘制品	吨	44845	44979	153949
蓄电池	千伏安时	7921799	8058269	455752
蓄电池	只(自然只)	37662038	38150475	420942
锂原电池(组)	万只	11934584	12159903	8889
锂离子电池	只(自然只)	3129547	3036775	20931
锂离子电池	千伏安时	805663	771235	20931
铅酸蓄电池	千伏安时	7057119	7237762	424740
铅酸蓄电池	只(自然只)	34163637	34805753	389931
用于启动活塞发动机铅酸蓄电池	千伏安时	76979	77136	2604
用于启动活塞发动机铅酸蓄电池	只(自然只)	113205	113436	2604
电动自行车用铅酸蓄电池	千伏安时	1711204	1755396	72534
电动自行车用铅酸蓄电池	只(自然只)	5746466	5941296	72534
原电池及原电池组(非扣式)	万只	13134197	13362787	131629
碱性锌锰原电池(组)	万只	7580	7602	7282
物理电池	千瓦	989452	958739	279111
物理电池	只(自然只)	74498708	73728836	273082
太阳能电池(光伏电池)	千瓦	985185	954409	279111
太阳能电池(光伏电池)	只(自然只)	74476043	73705532	268140
家用电冰箱(家用冷冻冷藏箱)	台	534722	505872	61756
家用冷藏箱	台	379570	370810	4669
家用冷柜(家用冷冻箱)	台	498102	471682	70220

1-B-31 续表 25

产品名称	计量单位	本年生产量	本年销售量	本年销售金额(万元)
房间空气调节器	台	240167	200721	31320
家用空气湿度调节装置	台	28474	28368	6061
家用电风扇	台	4215493	4105860	27392
家用吸排油烟机	台	1741345	1725540	119283
电饭锅	个	5956919	5865286	11575
家用电热烘烤器具	个	18894202	18618235	126814
家用水及饮料加热器具	台	4136139	4054215	54496
电冷热饮水机	台	1687008	1657992	43271
家用食品加工电动器具	台	1710148	1716217	40598
家用洗衣机	台	3077140	3041252	123946
家用电热水器	台	196705	205894	22827
家用吸尘器	台	8520546	8462712	124696
家用电热取暖器具	台	10415916	10164521	89806
电暖气	台	585498	584503	36870
家用电熨烫器具	台	4733208	4759780	23608
电熨斗	台	2584472	2617550	8829
家用燃气用具	台	1429870	1357439	49990
家用燃气灶具	台	1207140	1175203	41212
家用燃气热水器	台	32944	31780	2304
太阳能热水器	平方米	177294	178137	11287
电光源	万只	6327872	5998651	394840
白炽灯泡	万只	27857	27138	30943
荧光灯	万只	6214624	5889765	103454
灯具及照明装置	套(台、个)	332197778	324851530	881079
室内照明灯具	套(台、个)	25802987	25457294	86379
户外照明用灯具及装置	套(台、个)	1001179	994091	16340
街灯及照明装置	套(台、个)	21665	21102	1893
车辆专用照明、信号及其装置	套(台、个)	2156681	2152176	7647
电子计算机整机	台	38312	34076	12899
显示器	台	38977	39116	2724

1-B-31 续表 26

产品名称	计量单位	本年生产量	本年销售量	本年销售金额(万元)
打印机	台	5322	5323	24393
半导体存储盘	个	115545	133674	801
路由器	台	769786	715174	16013
程控交换机	线	8606	8606	122
数字程控交换机	线	8606	8606	122
卫星导航定位接收机	部	798996	799199	10008
微波通信设备	部	3365	3392	3935
微波终端机	部	920	1001	387
移动通信基站设备	信道	27	28	2177
移动通信手持机(手机)	台	10305751	12256361	234843
彩色电视机	台	198445	186942	39362
液晶(LCD)电视机	台	148700	136086	25613
等离子(PDP)电视机	台	3054	4165	2243
组合音响	台	2728414	2763527	50922
数字激光音、视盘机	台	643100	643100	14684
电视接收机顶盒	台	3965308	3879351	63488
彩色显像管	只	4717500	4640300	4640
半导体分立器件	万只	368100	376117	70542
传感器	万只	82948	81755	35305
集成电路	万块	159880	155778	37860
集成电路圆片	万片	232	231	4497
光电子器件	万只(片、套)	1206235	1190428	201656
遥控器	万只	93	93	3272
发光二极管(LED管)	万只	433031	423138	49223
液晶显示模组	万套	3040	2977	48336
电子元件	万只	4398127	4384378	872572
电声器件	万只	20526	20436	33636
射频元器件	万只	2852	2761	2193
印制电路板	平方米	7532433	7465904	135695
工业自动调节仪表与控制系统	台(套)	272812	277333	295463

1-B-31 续表 27

产品名称	计量单位	本年生产量	本年销售量	本年销售金额（万元）
工业自动控制系统	台(套)	1213	1146	37337
分散型控制系统(DCS系统)	台(套)	61	63	4639
电工仪器仪表	台	19004078	19575071	145876
电能表	台	749910	735410	5975
量具	台	6041707	5812379	10420
量仪	台	2292	2337	9633
工业仪表	台(套)	17305496	17043690	97817
温度测量仪表	台	1102955	1072955	1460
压力测量仪表	台	7006400	6976440	6919
流量测量仪表	台(个)	6633827	6463500	55677
物位、液位测量仪表	台	7685	7732	8598
显示仪表、记录仪	台	957668	926867	6057
分析仪器及装置	台(套)	70204	70426	7647
试验机	台	6519	6531	12305
水表	个	3087673	3054550	28591
执行器	台	1596961	1596196	19107
环境监测专用仪器仪表	台	7952	8295	3780
汽车仪器仪表	台	9521876	9014334	44983
钟	只	3968691	3759719	15658
表	只	11919000	11157000	8926
光学仪器	台(个)	977466	929905	26408
眼镜成镜	副	202782901	201379426	115153
伞类制品	把	254265467	258470965	208952
拉链	万米	275562	259379	128943
打火机	万个	13543	13425	31267
熔炼用废钢	吨	74448	74116	18696
熔炼用废铁	吨	174091	173562	39990
船舶修理	载重吨	15294818	15295614	71841
自来水生产量	万立方米	244120	228603	379241
自来水供应量	万立方米	68184	65090	61497

1-B-32 按轻重工业、规模、登记注册类型和

项　　目	从业人员期末人数	#女　性	从业人员期末人数(按人员类型分)		
			在岗职工	劳务派遣人　　员	其　　他从业人员
总　计	**7208869**	**3137174**	**6885006**	**238860**	**85003**
一、按轻重工业分					
轻工业	3739009	1949519	3615023	74987	48999
重工业	3469860	1187655	3269983	163873	36004
二、按规模分					
大型企业	1340117	531313	1225303	106635	8179
中型企业	2365970	1085949	2244222	95136	26612
小型企业	3482583	1512449	3395796	36985	49802
微型企业	20199	7463	19685	104	410
三、按登记注册类型分					
内资	5388365	2283934	5197793	125319	65253
国有	88312	18816	61835	23873	2604
集体	9000	2943	8787	150	63
股份合作企业	36753	14063	36143	147	463
联营企业	245	106	211		34
集体联营	65	10	62		3
其他联营	180	96	149		31
有限责任公司	1151824	444851	1101215	37693	12916
国有独资公司	54274	13714	48100	4874	1300
其他有限责任公司	1097550	431137	1053115	32819	11616
股份有限公司	432473	158850	405666	23479	3328
私营企业	3667976	1643563	3582201	39976	45799
私营独资	117868	57907	116187	225	1456
私营合伙	29637	13693	27944	1273	420
私营有限责任公司	3406976	1523626	3329657	34685	42634
私营股份有限公司	113495	48337	108413	3793	1289
其他企业	1782	742	1735	1	46
港澳台商投资	902443	427429	853169	39997	9277
与港澳台商合资经营	489496	234225	467112	17437	4947
与港澳台商合作经营	13014	6878	12304	539	171
港澳台商独资	372211	175800	347849	20450	3912
港澳台商投资股份有限公司	27122	10276	25304	1571	247
其他港澳台投资	600	250	600		
外商投资	918061	425811	834044	73544	10473
中外合资经营	492765	226954	452810	34338	5617
中外合作经营	7073	3254	7039	7	27
外资企业	400973	187151	360567	36211	4195
外商投资股份有限公司	15651	7775	12063	2986	602
其他外商投资	1599	677	1565	2	32
四、按控股情况分					
国有控股	325791	87340	276552	42215	7024
集体控股	154520	61131	140759	11755	2006
私人控股	5295158	2327701	5150454	83233	61471
港澳台商控股	634985	298514	597691	31393	5901
外商控股	629340	290947	567850	54664	6826
其他	169075	71541	151700	15600	1775

控股情况分组的规模以上工业法人单位从业人员

单位：人

从业人员期末人数(按职业类型分)					从业人员平均人数
单位负责人	专业技术人员	办事人员和有关人员	商业、服务业人员	生产、运输设备操作人员及有关人员	
242737	**861855**	**1064378**	**123443**	**4916456**	**7191341**
114497	384257	535500	70655	2634100	3719128
128240	477598	528878	52788	2282356	3472213
29543	182722	166484	44176	917192	1342441
60906	269969	333232	35917	1665946	2340018
150310	406650	560037	42935	2322651	3476463
1978	2514	4625	415	10667	32419
188467	667092	796555	80700	3655551	5357769
2695	15471	9513	3510	57123	90761
329	1019	1462	93	6097	9036
1586	4053	4954	186	25974	36993
21	6	18		200	246
6	5	3		51	62
15	1	15		149	184
41048	155693	169495	17656	767932	1153099
2820	8997	8125	1351	32981	55719
38228	146696	161370	16305	734951	1097380
12666	70303	59776	11804	277924	429597
130035	420469	550850	47451	2519171	3636328
4633	10478	16265	1043	85449	114800
1166	2430	3912	233	21896	28620
120735	389457	513369	43475	2339940	3377996
3501	18104	17304	2700	71886	114912
87	78	487		1130	1709
26192	96363	127984	25544	626360	911407
14558	51568	68907	16454	338009	493752
385	985	1685	123	9836	12920
10438	39574	53999	6349	261851	376742
802	4123	3347	2618	16232	27319
9	113	46		432	674
28078	98400	139839	17199	634545	922165
15254	56487	71884	11336	337804	490528
254	1056	1133	54	4576	7236
12101	38543	63205	5061	282063	407524
328	2051	3107	486	9679	15267
141	263	510	262	423	1610
12907	60442	35632	10723	206087	327396
5793	17500	13861	1664	110702	155694
181166	631587	791726	75003	3615676	5257223
18268	69033	92401	21664	433619	643693
19062	62559	99147	10007	438565	637593
5541	20734	25611	4382	111807	169742

1-B-33 按行业小类分组的规模

行　业	从业人员期末人数	#女　性	从业人员期末人数(按人员类型分)		
			在岗职工	劳务派遣人　员	其　他从业人员
总　计	**7208869**	**3137174**	**6885006**	**238860**	**85003**
采矿业	**16415**	**2514**	**14942**	**365**	**1108**
煤炭开采和洗选业	14	6	14		
褐煤开采洗选	14	6	14		
褐煤开采洗选	14	6	14		
黑色金属矿采选业	1732	279	1532	112	88
铁矿采选	1732	279	1532	112	88
铁矿采选	1732	279	1532	112	88
有色金属矿采选业	3046	610	2819	83	144
常用有色金属矿采选	2266	503	2157	83	26
铜矿采选	1091	263	982	83	26
铅锌矿采选	1175	240	1175		
贵金属矿采选	86	20	86		
银矿采选	86	20	86		
稀有稀土金属矿采选	694	87	576		118
钨钼矿采选	694	87	576		118
非金属矿采选业	11623	1619	10577	170	876
土砂石开采	9568	1210	9295	124	149
石灰石、石膏开采	1594	242	1385	110	99
建筑装饰用石开采	3414	234	3414		
耐火土石开采	1328	335	1294	5	29
粘土及其他土砂石开采	3232	399	3202	9	21
化学矿开采	17	8	17		
化学矿开采	17	8	17		
石棉及其他非金属矿采选	2038	401	1265	46	727
其他未列明非金属矿采选	2038	401	1265	46	727
制造业	**7063140**	**3104668**	**6772699**	**209028**	**81413**
农副食品加工业	96639	47819	88230	2891	5518
谷物磨制	2299	656	2031	200	68
谷物磨制	2299	656	2031	200	68

以上工业法人单位从业人员

单位：人

从业人员期末人数(按职业类型分)					从业人员平均人数
单位负责人	专业技术人员	办事人员和有关人员	商业、服务业人员	生产、运输设备操作人员及有关人员	
242737	**861855**	**1064378**	**123443**	**4916456**	**7191341**
648	**2029**	**1930**	**54**	**11754**	**16467**
2	3	9			14
2	3	9			14
2	3	9			14
60	432	298	9	933	1756
60	432	298	9	933	1756
60	432	298	9	933	1756
143	388	284	2	2229	3055
117	355	228	2	1564	2273
76	169	84		762	1120
41	186	144	2	802	1153
4	5	10		67	86
4	5	10		67	86
22	28	46		598	696
22	28	46		598	696
443	1206	1339	43	8592	11642
323	1041	1096	43	7065	9384
69	215	228	6	1076	1605
80	338	334	8	2654	3412
58	211	217	7	835	1248
116	277	317	22	2500	3119
2	2	3		10	17
2	2	3		10	17
118	163	240		1517	2241
118	163	240		1517	2241
236472	**833280**	**1044443**	**118376**	**4830569**	**7044647**
3721	8908	16939	5931	61140	94024
181	306	384	123	1305	2220
181	306	384	123	1305	2220

1-B-33 续表 1

行　业	从业人员期末人数	#女　性	从业人员期末人数(按人员类型分)		
			在岗职工	劳务派遣人员	其他从业人员
饲料加工	14300	4608	14031	48	221
饲料加工	14300	4608	14031	48	221
植物油加工	2824	1140	2581	59	184
食用植物油加工	2739	1126	2506	59	174
非食用植物油加工	85	14	75		10
制糖业	61	31	61		
制糖业	61	31	61		
屠宰及肉类加工	13035	5731	11862	783	390
牲畜屠宰	4532	1157	4389	65	78
禽类屠宰	214	143	176	28	10
肉制品及副产品加工	8289	4431	7297	690	302
水产品加工	42075	23250	37768	583	3724
水产品冷冻加工	35452	19954	31508	567	3377
鱼糜制品及水产品干腌制加工	4409	2747	4165	7	237
水产饲料制造	1091	204	1000		91
鱼油提取及制品制造	78	14	77		1
其他水产品加工	1045	331	1018	9	18
蔬菜、水果和坚果加工	15358	9316	14158	526	674
蔬菜加工	9708	5827	9126	35	547
水果和坚果加工	5650	3489	5032	491	127
其他农副食品加工	6687	3087	5738	692	257
淀粉及淀粉制品制造	528	224	481	14	33
豆制品制造	4837	2098	3992	627	218
蛋品加工	252	155	252		
其他未列明农副食品加工	1070	610	1013	51	6
食品制造业	84231	50523	76334	5740	2157
焙烤食品制造	13179	8315	11764	1242	173
糕点、面包制造	8968	6174	7926	946	96
饼干及其他焙烤食品制造	4211	2141	3838	296	77

单位：人

从业人员期末人数(按职业类型分)					从业人员平均人数
单位负责人	专业技术人员	办事人员和有关人员	商业、服务业人员	生产、运输设备操作人员及有关人员	
759	1722	3039	909	7871	14295
759	1722	3039	909	7871	14295
137	290	856	170	1371	2358
131	263	837	170	1338	2273
6	27	19		33	85
5	1	11		44	61
5	1	11		44	61
425	1267	2630	1237	7476	12690
108	254	1102	614	2454	4592
2	7	34	96	75	207
315	1006	1494	527	4947	7891
1423	3677	7061	1116	28798	40588
1118	3105	5797	915	24517	33841
192	361	454	138	3264	4462
76	131	213	30	641	1175
14	14	4		46	79
23	66	593	33	330	1031
540	1222	2173	1109	10314	14831
355	797	1217	535	6804	9817
185	425	956	574	3510	5014
251	423	785	1267	3961	6981
16	97	91	24	300	505
182	229	463	1235	2728	5133
11	20	33		188	252
42	77	198	8	745	1091
2377	7755	10914	5011	58174	70576
414	1103	2081	2842	6739	13177
269	837	1515	2800	3547	9116
145	266	566	42	3192	4061

1-B-33 续表 2

行　业	从业人员期末人数	#女　性	从业人员期末人数(按人员类型分)		
			在岗职工	劳务派遣人员	其他从业人员
糖果、巧克力及蜜饯制造	4668	2442	4173	490	5
糖果、巧克力制造	2878	1437	2404	469	5
蜜饯制作	1790	1005	1769	21	
方便食品制造	11228	7110	9740	1157	331
米、面制品制造	645	390	607	13	25
速冻食品制造	3639	2364	2393	977	269
方便面及其他方便食品制造	6944	4356	6740	167	37
乳制品制造	5328	2060	5110	216	2
乳制品制造	5328	2060	5110	216	2
罐头食品制造	29176	22550	25992	1756	1428
肉、禽类罐头制造	829	473	758		71
水产品罐头制造	799	462	333	460	6
蔬菜、水果罐头制造	27368	21560	24721	1296	1351
其他罐头食品制造	180	55	180		
调味品、发酵制品制造	3570	1611	3341	138	91
味精制造	1259	459	1205	48	6
酱油、食醋及类似制品制造	984	516	925		59
其他调味品、发酵制品制造	1327	636	1211	90	26
其他食品制造	17082	6435	16214	741	127
营养食品制造	1741	686	1702	20	19
保健食品制造	3358	1603	3288	54	16
冷冻饮品及食用冰制造	1674	483	1393	267	14
盐加工	402	178	103	299	
食品及饲料添加剂制造	9184	3123	9034	81	69
其他未列明食品制造	723	362	694	20	9
酒、饮料和精制茶制造业	49943	19478	45804	2371	1768
酒的制造	21755	8131	19689	1534	532
酒精制造	35	12	35		
白酒制造	318	159	283	27	8
啤酒制造	10666	3687	9100	1500	66
黄酒制造	10529	4187	10066	7	456
其他酒制造	207	86	205		2

单位：人

从业人员期末人数(按职业类型分)					从业人员平均人数
单位负责人	专业技术人员	办事人员和有关人员	商业、服务业人员	生产、运输设备操作人员及有关人员	
116	233	427	59	3833	4193
60	128	178	9	2503	2475
56	105	249	50	1330	1718
305	1869	1618	1058	6378	10797
12	45	160	30	398	610
114	343	427	38	2717	3025
179	1481	1031	990	3263	7162
234	630	789	35	3640	5187
234	630	789	35	3640	5187
291	945	2386	95	25459	15808
18	17	77		717	832
8	14	97		680	788
241	886	2180	95	23966	13918
24	28	32		96	270
188	402	530	147	2303	3512
87	193	198	59	722	1264
40	90	132	33	689	965
61	119	200	55	892	1283
829	2573	3083	775	9822	17902
134	246	250	257	854	1717
129	714	517	182	1816	3334
66	319	458		831	2484
22	51	55		274	428
450	1215	1723	327	5469	9243
28	28	80	9	578	696
1900	6170	10665	3006	28202	50258
913	3075	3859	447	13461	22256
1	4	12		18	34
13	39	47	10	209	317
503	1409	2148	217	6389	11336
384	1603	1586	220	6736	10359
12	20	66		109	210

1-B-33 续表 3

行业	从业人员期末人数	#女性	从业人员期末人数(按人员类型分)		
			在岗职工	劳务派遣人员	其他从业人员
饮料制造	20519	7336	19292	817	410
碳酸饮料制造	2639	588	2609	30	
瓶(罐)装饮用水制造	2223	653	2004	200	19
果菜汁及果菜汁饮料制造	4042	1641	3873	132	37
含乳饮料和植物蛋白饮料制造	2516	1105	2370	141	5
固体饮料制造	258	99	238	1	19
茶饮料及其他饮料制造	8841	3250	8198	313	330
精制茶加工	7669	4011	6823	20	826
精制茶加工	7669	4011	6823	20	826
烟草制品业	1331	433	1279	49	3
卷烟制造	1104	393	1104		
卷烟制造	1104	393	1104		
其他烟草制品制造	227	40	175	49	3
其他烟草制品制造	227	40	175	49	3
纺织业	791062	443988	772705	7503	10854
棉纺织及印染精加工	445942	239263	435905	4384	5653
棉纺纱加工	100925	64834	97639	2051	1235
棉织造加工	146296	94187	143638	775	1883
棉印染精加工	198721	80242	194628	1558	2535
毛纺织及染整精加工	27158	14984	26372	300	486
毛条和毛纱线加工	11421	6798	11087	226	108
毛织造加工	10004	6012	9715	31	258
毛染整精加工	5733	2174	5570	43	120
麻纺织及染整精加工	7190	4372	6744	186	260
麻纤维纺前加工和纺纱	5931	3688	5485	186	260
麻织造加工	509	286	509		
麻染整精加工	750	398	750		
丝绢纺织及印染精加工	39578	25786	38124	515	939
缫丝加工	8225	5694	8072		153
绢纺和丝织加工	24127	16678	23107	443	577
丝印染精加工	7226	3414	6945	72	209

单位：人

从业人员期末人数(按职业类型分)					从业人员平均人数
单位负责人	专业技术人员	办事人员和有关人员	商业、服务业人员	生产、运输设备操作人员及有关人员	
661	2135	5295	2316	10112	20066
192	60	1399	240	748	2607
73	321	434	11	1384	2146
206	465	871	36	2464	3944
44	253	412	2	1805	2470
10	35	99	11	103	260
136	1001	2080	2016	3608	8639
326	960	1511	243	4629	7936
326	960	1511	243	4629	7936
23	128	87		1093	1307
8	76	77		943	1083
8	76	77		943	1083
15	52	10		150	224
15	52	10		150	224
27429	76526	98732	8646	579729	790632
15344	42161	46156	3834	338447	446218
2989	9860	9223	662	78191	101291
4845	14091	19405	1183	106772	145966
7510	18210	17528	1989	153484	198961
1065	2471	3753	239	19630	27382
409	799	1315	166	8732	11365
415	1093	1659	43	6794	10375
241	579	779	30	4104	5642
236	582	521	70	5781	7289
199	425	407	37	4863	6065
19	26	69	8	387	525
18	131	45	25	531	699
1371	4246	5434	135	28392	39767
310	1167	923	1	5824	8465
758	1905	3954	119	17391	24286
303	1174	557	15	5177	7016

1-B-33 续表 4

行业	从业人员期末人数	#女性	从业人员期末人数(按人员类型分)		
			在岗职工	劳务派遣人员	其他从业人员
化纤织造及印染精加工	29539	16389	28983	33	523
化纤织造加工	22139	13578	21643	33	463
化纤织物染整精加工	7400	2811	7340		60
针织或钩针编织物及其制品制造	125975	78817	124063	578	1334
针织或钩针编织物织造	92857	59031	91699	278	880
针织或钩针编织物印染精加工	8201	3883	8097		104
针织或钩针编织品制造	24917	15903	24267	300	350
家用纺织制成品制造	61649	38046	59486	909	1254
床上用品制造	29277	18654	27859	618	800
毛巾类制品制造	3290	2242	3200		90
窗帘、布艺类产品制造	18130	10766	17700	167	263
其他家用纺织制成品制造	10952	6384	10727	124	101
非家用纺织制成品制造	54031	26331	53028	598	405
非织造布制造	18384	7306	18097	144	143
绳、索、缆制造	2742	1695	2733	2	7
纺织带和帘子布制造	12170	6560	11840	257	73
篷、帆布制造	11734	6032	11543	111	80
其他非家用纺织制成品制造	9001	4738	8815	84	102
纺织服装、服饰业	608589	413650	593969	7101	7519
机织服装制造	392718	264882	382351	6048	4319
机织服装制造	392718	264882	382351	6048	4319
针织或钩针编织服装制造	172671	118299	168979	1016	2676
针织或钩针编织服装制造	172671	118299	168979	1016	2676
服饰制造	43200	30469	42639	37	524
服饰制造	43200	30469	42639	37	524
皮革、毛皮、羽毛及其制品和制鞋业	403286	206569	396231	4397	2658
皮革鞣制加工	18596	6904	18266	221	109
皮革鞣制加工	18596	6904	18266	221	109

单位：人

从业人员期末人数(按职业类型分)					从业人员平均人数
单位负责人	专业技术人员	办事人员和有关人员	商业、服务业人员	生产、运输设备操作人员及有关人员	
1001	2395	4154	634	21355	29264
812	1815	2954	423	16135	22119
189	580	1200	211	5220	7145
4143	14493	20167	1641	85531	125055
3126	11560	15310	1243	61618	92066
388	632	1092	34	6055	8225
629	2301	3765	364	17858	24764
2321	5800	10691	1586	41251	62032
1137	3369	5378	1211	18182	29262
85	344	510	7	2344	3499
745	1332	2804	316	12933	18220
354	755	1999	52	7792	11051
1948	4378	7856	507	39342	53625
862	1431	2649	198	13244	18580
90	196	456	25	1975	2517
380	981	1170	180	9459	12352
304	790	2197	10	8433	11397
312	980	1384	94	6231	8779
15745	58526	80529	16631	437158	610321
10642	40288	51113	14044	276631	392284
10642	40288	51113	14044	276631	392284
3722	14775	21870	2238	130066	174603
3722	14775	21870	2238	130066	174603
1381	3463	7546	349	30461	43434
1381	3463	7546	349	30461	43434
10048	38802	45897	3831	304708	397445
679	1843	1958	213	13903	18905
679	1843	1958	213	13903	18905

1-B-33 续表 5

行业	从业人员期末人数	#女性	从业人员期末人数(按人员类型分)		
			在岗职工	劳务派遣人员	其他从业人员
皮革制品制造	84516	48809	82248	1620	648
皮革服装制造	13864	9254	13579	54	231
皮箱、包(袋)制造	50636	28629	48723	1555	358
皮手套及皮装饰制品制造	8415	5471	8366	7	42
其他皮革制品制造	11601	5455	11580	4	17
毛皮鞣制及制品加工	6674	3610	6614	3	57
毛皮鞣制加工	1205	568	1204		1
毛皮服装加工	3373	1865	3358		15
其他毛皮制品加工	2096	1177	2052	3	41
羽毛(绒)加工及制品制造	15781	10187	15761	6	14
羽毛(绒)加工	2189	1265	2188	1	
羽毛(绒)制品加工	13592	8922	13573	5	14
制鞋业	277719	137059	273342	2547	1830
纺织面料鞋制造	9027	5552	8682	87	258
皮鞋制造	228700	110516	225185	2388	1127
塑料鞋制造	7273	3359	7149	5	119
橡胶鞋制造	29468	16311	29134	30	304
其他制鞋业	3251	1321	3192	37	22
木材加工和木、竹、藤、棕、草制品业	60223	26000	56758	2522	943
木材加工	3686	1502	3328	295	63
锯材加工	600	187	585	4	11
木片加工	1059	455	1059		
单板加工	1893	797	1550	291	52
其他木材加工	134	63	134		
人造板制造	17501	7092	16850	527	124
胶合板制造	11100	4766	10488	515	97
纤维板制造	1773	445	1769		4
刨花板制造	84	21	83		1
其他人造板制造	4544	1860	4510	12	22

单位：人

从业人员期末人数(按职业类型分)					从业人员平均人数
单位负责人	专业技术人员	办事人员和有关人员	商业、服务业人员	生产、运输设备操作人员及有关人员	
2423	5652	8978	413	67050	82980
645	1465	1678	123	9953	13848
1321	2869	5392	236	40818	50142
196	486	1106	21	6606	7316
261	832	802	33	9673	11674
264	661	807	73	4869	6414
33	153	124	1	894	1159
73	208	334	17	2741	3365
158	300	349	55	1234	1890
408	1346	2726	211	11090	16143
56	128	250	21	1734	2211
352	1218	2476	190	9356	13932
6274	29300	31428	2921	207796	273003
424	907	1508	20	6168	9313
4765	25312	25942	2653	170028	224569
265	771	871	24	5342	7286
730	2212	2723	222	23581	28644
90	98	384	2	2677	3191
1965	6741	10506	930	40081	60668
145	430	334	23	2754	3985
33	64	41	7	455	611
30	262	175	8	584	1403
74	93	113	8	1605	1841
8	11	5		110	130
507	1550	2831	210	12403	17488
310	901	1636	89	8164	10995
47	232	395	2	1097	1763
3	6	5		70	86
147	411	795	119	3072	4644

1-B-33 续表 6

行业	从业人员期末人数	#女性	从业人员期末人数(按人员类型分)		
			在岗职工	劳务派遣人员	其他从业人员
木制品制造	27120	10937	25223	1531	366
建筑用木料及木材组件加工	1460	592	1417	6	37
木门窗、楼梯制造	8773	3809	8301	429	43
地板制造	11099	4026	9853	1091	155
木制容器制造	1543	481	1535	5	3
软木制品及其他木制品制造	4245	2029	4117		128
竹、藤、棕、草等制品制造	11916	6469	11357	169	390
竹制品制造	10076	5462	9554	168	354
藤制品制造	322	86	307		15
草及其他制品制造	1518	921	1496	1	21
家具制造业	174187	66218	166315	6248	1624
木质家具制造	62964	21246	61380	1240	344
木质家具制造	62964	21246	61380	1240	344
竹、藤家具制造	4833	1880	4736	21	76
竹、藤家具制造	4833	1880	4736	21	76
金属家具制造	68445	28023	65538	2345	562
金属家具制造	68445	28023	65538	2345	562
塑料家具制造	6436	3153	5804	129	503
塑料家具制造	6436	3153	5804	129	503
其他家具制造	31509	11916	28857	2513	139
其他家具制造	31509	11916	28857	2513	139
造纸和纸制品业	130102	42888	127484	1721	897
纸浆制造	50	10	50		
木竹浆制造	50	10	50		
造纸	76535	22616	75502	628	405
机制纸及纸板制造	73673	21581	72692	628	353
手工纸制造	1360	653	1350		10
加工纸制造	1502	382	1460		42
纸制品制造	53517	20262	51932	1093	492
纸和纸板容器制造	36877	13383	36077	413	387
其他纸制品制造	16640	6879	15855	680	105

单位：人

从业人员期末人数(按职业类型分)					从业人员平均人数
单位负责人	专业技术人员	办事人员和有关人员	商业、服务业人员	生产、运输设备操作人员及有关人员	
942	3236	4469	278	18195	27374
41	125	413	10	871	1427
308	1284	917	49	6215	8868
402	1229	2135	156	7177	11324
46	124	358	4	1011	1529
145	474	646	59	2921	4226
371	1525	2872	419	6729	11821
295	1307	2415	410	5649	9978
24	1	196		101	330
52	217	261	9	979	1513
3604	14143	30012	3404	123024	170746
1471	4869	11335	672	44617	63689
1471	4869	11335	672	44617	63689
78	322	1467	79	2887	4814
78	322	1467	79	2887	4814
1347	6271	11953	1082	47792	66159
1347	6271	11953	1082	47792	66159
124	732	936	40	4604	6150
124	732	936	40	4604	6150
584	1949	4321	1531	23124	29934
584	1949	4321	1531	23124	29934
4954	12951	19314	1119	91764	130069
1	2	4		43	50
1	2	4		43	50
2861	8134	10163	556	54821	76524
2702	7915	9405	535	53116	73695
57	63	365	3	872	1393
102	156	393	18	833	1436
2092	4815	9147	563	36900	53495
1387	3280	5967	287	25956	37018
705	1535	3180	276	10944	16477

1-B-33 续表 7

行业	从业人员期末人数	#女性	从业人员期末人数(按人员类型分)		
			在岗职工	劳务派遣人员	其他从业人员
印刷和记录媒介复制业	65521	27840	63937	825	759
印刷	63409	26972	61825	825	759
书、报刊印刷	7281	2862	6745	338	198
本册印制	6214	3765	6118	78	18
包装装潢及其他印刷	49914	20345	48962	409	543
装订及印刷相关服务	2024	842	2024		
装订及印刷相关服务	2024	842	2024		
记录媒介复制	88	26	88		
记录媒介复制	88	26	88		
文教、工美、体育和娱乐用品制造业	209849	116777	202563	2530	4756
文教办公用品制造	42902	24797	42474	210	218
文具制造	22429	12697	22239	156	34
笔的制造	16626	10114	16505	8	113
教学用模型及教具制造	2389	1322	2340		49
墨水、墨汁制造	59	21	59		
其他文教办公用品制造	1399	643	1331	46	22
乐器制造	6678	3649	6208	314	156
西乐器制造	4640	2731	4311	314	15
电子乐器制造	287	159	287		
其他乐器及零件制造	1751	759	1610		141
工艺美术品制造	94066	56122	89221	942	3903
雕塑工艺品制造	9161	4096	8836	59	266
金属工艺品制造	12415	6359	12267	31	117
漆器工艺品制造	3719	2061	3169	550	
花画工艺品制造	2409	1391	2402		7
天然植物纤维编织工艺品制造	4132	2598	4042		90
抽纱刺绣工艺品制造	24966	17553	22240	15	2711
地毯、挂毯制造	4881	2657	4745	61	75
珠宝首饰及有关物品制造	8037	4911	7677	60	300
其他工艺美术品制造	24346	14496	23843	166	337

单位：人

从业人员期末人数(按职业类型分)					从业人员平均人数
单位负责人	专业技术人员	办事人员和有关人员	商业、服务业人员	生产、运输设备操作人员及有关人员	
2877	8281	11232	695	42436	65282
2835	7900	11052	676	40946	63112
402	1093	1428	266	4092	7368
239	564	925	17	4469	6001
2194	6243	8699	393	32385	49743
35	349	171	16	1453	2083
35	349	171	16	1453	2083
7	32	9	3	37	87
7	32	9	3	37	87
6195	21579	38693	2605	140777	212063
1077	4414	5450	414	31547	43570
484	2318	2531	198	16898	23166
488	1521	2482	115	12020	16601
38	463	181	48	1659	2416
2	18	21		18	54
65	94	235	53	952	1333
226	628	689	62	5073	7015
126	469	532	45	3468	4952
5	39	19		224	284
95	120	138	17	1381	1779
2840	10173	19445	1230	60378	95019
319	1407	1346	269	5820	9400
519	1475	2173	183	8065	12569
62	312	445	1	2899	3905
90	174	344	7	1794	2583
103	559	792	1	2677	4173
550	2225	6525	178	15488	24852
141	404	601	49	3686	5068
309	1499	1593	346	4290	7834
747	2118	5626	196	15659	24635

1-B-33 续表 8

行业	从业人员期末人数	#女性	从业人员期末人数(按人员类型分)		
			在岗职工	劳务派遣人员	其他从业人员
体育用品制造	24649	12128	23763	766	120
球类制造	2402	1812	2392		10
体育器材及配件制造	5614	2807	5012	587	15
训练健身器材制造	10299	3891	10222	3	74
运动防护用具制造	1382	832	1382		
其他体育用品制造	4952	2786	4755	176	21
玩具制造	31096	16098	30522	263	311
玩具制造	31096	16098	30522	263	311
游艺器材及娱乐用品制造	10458	3983	10375	35	48
露天游乐场所游乐设备制造	3924	1286	3874	35	15
游艺用品及室内游艺器材制造	5291	2151	5271		20
其他娱乐用品制造	1243	546	1230		13
石油加工、炼焦和核燃料加工业	10222	2248	9480	709	33
精炼石油产品制造	10222	2248	9480	709	33
原油加工及石油制品制造	10155	2226	9413	709	33
人造原油制造	67	22	67		
化学原料和化学制品制造业	255570	77468	245407	5742	4421
基础化学原料制造	55970	14632	53068	1339	1563
无机酸制造	2660	650	2592	17	51
无机碱制造	3008	631	2926	54	28
无机盐制造	4430	1016	4386	9	35
有机化学原料制造	41226	11128	38933	1155	1138
其他基础化学原料制造	4646	1207	4231	104	311
肥料制造	2784	528	2728	29	27
氮肥制造	1655	285	1644		11
复混肥料制造	489	93	489		
有机肥料及微生物肥料制造	461	107	416	29	16
其他肥料制造	179	43	179		
农药制造	15547	4384	14812	173	562
化学农药制造	12203	3122	11503	173	527
生物化学农药及微生物农药制造	3344	1262	3309		35

单位：人

从业人员期末人数(按职业类型分)					从业人员平均人数
单位负责人	专业技术人员	办事人员和有关人员	商业、服务业人员	生产、运输设备操作人员及有关人员	
846	2282	3855	298	17368	24585
67	109	161	4	2061	2416
232	413	831	91	4047	5705
314	1068	1938	80	6899	10059
102	123	263	2	892	1409
131	569	662	121	3469	4996
950	2876	7456	464	19350	31377
950	2876	7456	464	19350	31377
256	1206	1798	137	7061	10497
123	551	737	53	2460	3727
108	588	819	55	3721	5530
25	67	242	29	880	1240
628	1527	1202	156	6709	10264
628	1527	1202	156	6709	10264
624	1519	1180	149	6683	10197
4	8	22	7	26	67
11742	38736	39638	5991	159463	255934
3181	9419	5407	1309	36654	56300
159	585	387	4	1525	2655
120	392	175	16	2305	3062
166	610	656	53	2945	4511
2484	7055	3506	1177	27004	41384
252	777	683	59	2875	4688
190	427	594	9	1564	2825
153	233	285	9	975	1696
16	57	219		197	491
19	91	47		304	444
2	46	43		88	194
756	2985	3001	1063	7742	15918
645	2268	1923	1014	6353	12497
111	717	1078	49	1389	3421

1-B-33 续表 9

行　　业	从业人员期末人数	#女　性	从业人员期末人数(按人员类型分)		
			在岗职工	劳务派遣人　　员	其　　他从业人员
涂料、油墨、颜料及类似产品制造	42933	11364	41058	1476	399
涂料制造	13029	3276	12585	258	186
油墨及类似产品制造	3100	955	3030	53	17
颜料制造	4744	1055	4693	13	38
染料制造	20598	5611	19317	1151	130
密封用填料及类似品制造	1462	467	1433	1	28
合成材料制造	64577	18856	62928	913	736
初级形态塑料及合成树脂制造	26861	6435	25958	369	534
合成橡胶制造	2451	676	2326	119	6
合成纤维单(聚合)体制造	31301	10470	30746	401	154
其他合成材料制造	3964	1275	3898	24	42
专用化学产品制造	46001	13569	43854	1113	1034
化学试剂和助剂制造	19763	4951	19138	254	371
专项化学用品制造	8447	2342	7923	162	362
林产化学产品制造	1451	759	1324	54	73
信息化学品制造	10619	3785	9960	550	109
环境污染处理专用药剂材料制造	1269	391	1182	59	28
动物胶制造	840	205	840		
其他专用化学产品制造	3612	1136	3487	34	91
炸药、火工及焰火产品制造	2221	715	2201	8	12
炸药及火工产品制造	2221	715	2201	8	12
日用化学产品制造	25537	13420	24758	691	88
肥皂及合成洗涤剂制造	10141	4984	10100	34	7
化妆品制造	8234	5361	7583	592	59
口腔清洁用品制造	323	164	323		
香料、香精制造	2609	645	2530	64	15
其他日用化学产品制造	4230	2266	4222	1	7
医药制造业	127976	54827	120582	6162	1232
化学药品原料药制造	58500	18085	57103	1011	386
化学药品原料药制造	58500	18085	57103	1011	386

单位：人

从业人员期末人数(按职业类型分)					从业人员平均人数
单位负责人	专业技术人员	办事人员和有关人员	商业、服务业人员	生产、运输设备操作人员及有关人员	
1855	6563	7387	1327	25801	42335
644	2419	2611	557	6798	12954
313	542	613	88	1544	3062
198	616	673	15	3242	4749
585	2671	3296	648	13398	20110
115	315	194	19	819	1460
2261	8008	10643	646	43019	64851
1302	4134	4403	375	16647	26416
62	339	618		1432	2478
704	2968	4993	217	22419	32118
193	567	629	54	2521	3839
2587	7748	8212	1262	26192	46127
1265	3263	3901	712	10622	19499
459	1531	1472	345	4640	8516
74	178	254	25	920	1465
421	1673	1581	76	6868	11067
59	298	276	5	631	1158
68	171	108	10	483	836
241	634	620	89	2028	3586
161	429	369	24	1238	2275
161	429	369	24	1238	2275
751	3157	4025	351	17253	25303
226	1050	1437	151	7277	10127
259	1155	1535	118	5167	8079
29	37	123	5	129	235
139	552	282	28	1608	2667
98	363	648	49	3072	4195
5538	27537	20731	6039	68131	128879
2704	14651	8194	1285	31666	57941
2704	14651	8194	1285	31666	57941

1-B-33 续表 10

行业	从业人员期末人数	#女性	从业人员期末人数(按人员类型分)		
			在岗职工	劳务派遣人员	其他从业人员
化学药品制剂制造	25141	12645	23295	1516	330
化学药品制剂制造	25141	12645	23295	1516	330
中药饮片加工	3681	2074	3553	63	65
中药饮片加工	3681	2074	3553	63	65
中成药生产	12334	5936	11846	417	71
中成药生产	12334	5936	11846	417	71
兽用药品制造	1636	590	1597	16	23
兽用药品制造	1636	590	1597	16	23
生物药品制造	14283	7749	10925	3107	251
生物药品制造	14283	7749	10925	3107	251
卫生材料及医药用品制造	12401	7748	12263	32	106
卫生材料及医药用品制造	12401	7748	12263	32	106
化学纤维制造业	121908	49310	120090	947	871
纤维素纤维原料及纤维制造	3857	1693	3768		89
化纤浆粕制造	64	25	64		
人造纤维(纤维素纤维)制造	3793	1668	3704		89
合成纤维制造	118051	47617	116322	947	782
锦纶纤维制造	9373	3694	9249	81	43
涤纶纤维制造	89321	36088	88033	755	533
腈纶纤维制造	909	298	893	6	10
维纶纤维制造	79	37	79		
丙纶纤维制造	1169	574	1130		39
氨纶纤维制造	6954	1995	6780	85	89
其他合成纤维制造	10246	4931	10158	20	68
橡胶和塑料制品业	343261	143949	332161	7684	3416
橡胶制品业	67132	22546	63226	3377	529
轮胎制造	31603	7690	28554	2863	186
橡胶板、管、带制造	14004	5239	13899	30	75
橡胶零件制造	10948	5409	10822	3	123

单位：人

从业人员期末人数(按职业类型分)					从业人员平均人数
单位负责人	专业技术人 员	办事人员和有关人员	商业、服务业人 员	生产、运输设备操作人员及有关人员	
986	4969	4643	2426	12117	27129
986	4969	4643	2426	12117	27129
250	685	611	396	1739	3502
250	685	611	396	1739	3502
545	2701	2643	1032	5413	12337
545	2701	2643	1032	5413	12337
128	316	360	92	740	1632
128	316	360	92	740	1632
556	2790	2474	578	7885	14102
556	2790	2474	578	7885	14102
369	1425	1806	230	8571	12236
369	1425	1806	230	8571	12236
3333	10202	13815	1440	93118	121344
139	415	479	4	2820	4050
5	8	5	1	45	64
134	407	474	3	2775	3986
3194	9787	13336	1436	90298	117294
390	1515	1065	60	6343	9547
2066	6816	9736	1063	69640	88613
13	75	90		731	903
7		72			128
38	101	339	118	573	1172
244	486	774	117	5333	6812
436	794	1260	78	7678	10119
11921	35253	50745	2773	242569	343484
2009	8042	7184	234	49663	66905
598	3751	1661	49	25544	31516
599	1929	2142	69	9265	13957
366	1138	2017	24	7403	11001

1-B-33 续表 11

行 业	从业人员期末人数	#女 性	从业人员期末人数(按人员类型分)		
			在岗职工	劳务派遣人员	其他从业人员
再生橡胶制造	1521	373	1497	4	20
日用及医用橡胶制品制造	2326	1215	2151	148	27
其他橡胶制品制造	6730	2620	6303	329	98
塑料制品业	276129	121403	268935	4307	2887
塑料薄膜制造	24821	6582	24239	230	352
塑料板、管、型材制造	34087	12442	32796	916	375
塑料丝、绳及编织品制造	21445	12104	21075	160	210
泡沫塑料制造	9496	3812	9299	36	161
塑料人造革、合成革制造	44225	13817	43820	130	275
塑料包装箱及容器制造	22974	11498	22388	204	382
日用塑料制品制造	58050	31344	56364	1148	538
塑料零件制造	28059	14050	26829	911	319
其他塑料制品制造	32972	15754	32125	572	275
非金属矿物制品业	200566	53085	194574	3774	2218
水泥、石灰和石膏制造	35122	7798	34483	390	249
水泥制造	33954	7477	33364	345	245
石灰和石膏制造	1168	321	1119	45	4
石膏、水泥制品及类似制品制造	65230	10775	63998	558	674
水泥制品制造	57678	9614	56742	320	616
砼结构构件制造	5188	617	4984	188	16
石棉水泥制品制造	38	15	38		
轻质建筑材料制造	1979	450	1907	37	35
其他水泥类似制品制造	347	79	327	13	7
砖瓦、石材等建筑材料制造	18919	5760	18328	334	257
粘土砖瓦及建筑砌块制造	4850	1289	4470	273	107
建筑陶瓷制品制造	7713	2861	7708		5
建筑用石加工	764	122	705		59
防水建筑材料制造	3339	780	3272		67
隔热和隔音材料制造	1109	420	1090		19
其他建筑材料制造	1144	288	1083	61	

单位：人

从业人员期末人数(按职业类型分)					从业人员平均人数
单位负责人	专业技术人员	办事人员和有关人员	商业、服务业人员	生产、运输设备操作人员及有关人员	
55	185	150	20	1111	1549
96	173	381	29	1647	2237
295	866	833	43	4693	6645
9912	27211	43561	2539	192906	276579
937	3062	3808	251	16763	25003
1423	3771	6558	324	22011	34410
706	1728	2205	118	16688	21098
440	909	1425	130	6592	9455
1428	5425	5082	191	32099	44633
811	2073	3662	175	16253	22705
1834	4929	10604	678	40005	58357
1091	2072	5282	222	19392	27985
1242	3242	4935	450	23103	32933
8569	26710	34341	2697	128249	203944
1549	5480	5953	438	21702	36956
1478	5256	5834	428	20958	35795
71	224	119	10	744	1161
3038	8979	11313	718	41182	64648
2753	7936	10030	696	36263	57196
170	721	785	7	3505	5088
3	8	6		21	38
86	253	412	6	1222	1996
26	61	80	9	171	330
972	2077	4581	301	10988	19906
161	423	868	112	3286	4739
433	613	2571	140	3956	8859
46	94	149	9	466	728
189	551	384	24	2191	3299
85	239	333		452	1090
58	157	276	16	637	1191

1-B-33 续表 12

行业	从业人员期末人数	#女性	从业人员期末人数(按人员类型分)		
			在岗职工	劳务派遣人员	其他从业人员
玻璃制造	8185	2284	8041	18	126
平板玻璃制造	3018	851	2923		95
其他玻璃制造	5167	1433	5118	18	31
玻璃制品制造	32447	12161	29943	1949	555
技术玻璃制品制造	9605	2878	9212	362	31
光学玻璃制造	1709	772	1617	22	70
玻璃仪器制造	112	51	112		
日用玻璃制品制造	9814	3768	9374	11	429
玻璃包装容器制造	2273	1138	2269		4
玻璃保温容器制造	1786	870	1315	471	
制镜及类似品加工	2542	1133	2522	8	12
其他玻璃制品制造	4606	1551	3522	1075	9
玻璃纤维和玻璃纤维增强塑料制品制造	14771	5233	14480	272	19
玻璃纤维及制品制造	11775	4340	11718	44	13
玻璃纤维增强塑料制品制造	2996	893	2762	228	6
陶瓷制品制造	7922	3123	7753	8	161
卫生陶瓷制品制造	2294	783	2236	2	56
特种陶瓷制品制造	4233	1527	4214	6	13
日用陶瓷制品制造	32	9	32		
园林、陈设艺术及其他陶瓷制品制造	1363	804	1271		92
耐火材料制品制造	11198	3331	10874	216	108
石棉制品制造	507	196	482	3	22
云母制品制造	166	120	166		
耐火陶瓷制品及其他耐火材料制造	10525	3015	10226	213	86
石墨及其他非金属矿物制品制造	6772	2620	6674	29	69
石墨及碳素制品制造	3091	1297	3057		34
其他非金属矿物制品制造	3681	1323	3617	29	35
黑色金属冶炼和压延加工业	151749	29085	149676	617	1456
炼铁	195	28	195		
炼铁	195	28	195		

单位：人

从业人员期末人数(按职业类型分)					从业人员平均人数
单位负责人	专业技术人 员	办事人员和有关人员	商业、服务业人 员	生产、运输设备操作人员及有关人员	
264	1082	1314	16	5509	8818
97	538	468	13	1902	2864
167	544	846	3	3607	5954
1177	3869	5075	373	21953	32579
299	1034	1582	185	6505	9612
85	105	225	8	1286	1670
10	28			74	113
399	1148	1833	79	6355	9715
98	258	545	9	1363	2396
67	127	119		1473	1707
91	278	328	83	1762	2642
128	891	443	9	3135	4724
535	2037	2065	296	9838	15329
392	1494	1634	288	7967	12277
143	543	431	8	1871	3052
253	934	1090	147	5498	8096
92	309	304	63	1526	2256
101	357	602	32	3141	4212
1	6	5		20	30
59	262	179	52	811	1598
443	1131	1867	354	7403	10947
40	11	160		296	481
3	3	25		135	125
400	1117	1682	354	6972	10341
338	1121	1083	54	4176	6665
119	658	650		1664	2971
219	463	433	54	2512	3694
6302	19738	20041	1334	104334	153043
6	17	10		162	195
6	17	10		162	195

1-B-33 续表 13

行业	从业人员期末人数	#女性	从业人员期末人数(按人员类型分)		
			在岗职工	劳务派遣人员	其他从业人员
炼钢	13109	2270	12587	25	497
炼钢	13109	2270	12587	25	497
黑色金属铸造	40193	8616	39761	172	260
黑色金属铸造	40193	8616	39761	172	260
钢压延加工	96979	17874	95877	420	682
钢压延加工	96979	17874	95877	420	682
铁合金冶炼	1273	297	1256		17
铁合金冶炼	1273	297	1256		17
有色金属冶炼和压延加工业	91617	25407	90486	340	791
常用有色金属冶炼	8691	1494	8587	54	50
铜冶炼	3298	482	3287	2	9
铅锌冶炼	542	97	516	8	18
镍钴冶炼	1998	420	1978		20
锡冶炼	33	8	33		
铝冶炼	2526	397	2479	44	3
镁冶炼	118	44	118		
其他常用有色金属冶炼	176	46	176		
贵金属冶炼	1271	254	1267		4
金冶炼	986	192	985		1
银冶炼	193	50	190		3
其他贵金属冶炼	92	12	92		
稀有稀土金属冶炼	461	176	455		6
钨钼冶炼	179	42	174		5
稀土金属冶炼	282	134	281		1
有色金属合金制造	13486	4583	13409	5	72
有色金属合金制造	13486	4583	13409	5	72
有色金属铸造	2817	775	2817		
有色金属铸造	2817	775	2817		
有色金属压延加工	64891	18125	63951	281	659
铜压延加工	33150	8860	32891	109	150

单位：人

从业人员期末人数(按职业类型分)					从业人员平均人数
单位负责人	专业技术人员	办事人员和有关人员	商业、服务业人员	生产、运输设备操作人员及有关人员	
254	2080	849	2	9924	13449
254	2080	849	2	9924	13449
1518	5141	5024	107	28403	40445
1518	5141	5024	107	28403	40445
4468	12116	14045	1216	65134	97690
4468	12116	14045	1216	65134	97690
56	384	113	9	711	1264
56	384	113	9	711	1264
3338	10044	14024	2529	61682	92283
341	1033	1157	293	5867	9268
149	317	322	152	2358	3690
27	64	92	2	357	532
97	267	381	27	1226	2054
3	7	5		18	33
60	327	311	112	1716	2652
3	18	20		77	119
2	33	26		115	188
92	236	134	92	717	1281
71	206	97	92	520	999
16	19	29		129	190
5	11	8		68	92
17	47	63	1	333	444
9	28	25	1	116	174
8	19	38		217	270
441	1253	2572	256	8964	13302
441	1253	2572	256	8964	13302
67	526	351	34	1839	2766
67	526	351	34	1839	2766
2380	6949	9747	1853	43962	65222
1219	3503	5227	1413	21788	33638

1-B-33 续表 14

行业	从业人员期末人数	#女性	从业人员期末人数(按人员类型分)		
			在岗职工	劳务派遣人员	其他从业人员
铝压延加工	24234	6909	23819	33	382
贵金属压延加工	600	223	600		
稀有稀土金属压延加工	1923	752	1812	13	98
其他有色金属压延加工	4984	1381	4829	126	29
金属制品业	361858	132091	351051	7994	2813
结构性金属制品制造	80054	22617	78259	1151	644
金属结构制造	31509	7446	30247	918	344
金属门窗制造	48545	15171	48012	233	300
金属工具制造	48368	20527	45795	2277	296
切削工具制造	10984	4178	10814	66	104
手工具制造	20393	8365	18911	1379	103
农用及园林用金属工具制造	7511	3325	7018	455	38
刀剪及类似日用金属工具制造	4159	2188	3802	323	34
其他金属工具制造	5321	2471	5250	54	17
集装箱及金属包装容器制造	22958	7193	20189	2635	134
集装箱制造	3845	248	2261	1584	
金属压力容器制造	7197	1740	6494	618	85
金属包装容器制造	11916	5205	11434	433	49
金属丝绳及其制品制造	14590	4009	14407	45	138
金属丝绳及其制品制造	14590	4009	14407	45	138
建筑、安全用金属制品制造	69412	29508	68496	392	524
建筑、家具用金属配件制造	31493	14362	31160	115	218
建筑装饰及水暖管道零件制造	29401	12345	28981	207	213
安全、消防用金属制品制造	6714	2273	6653	4	57
其他建筑、安全用金属制品制造	1804	528	1702	66	36
金属表面处理及热处理加工	28676	10303	28448	33	195
金属表面处理及热处理加工	28676	10303	28448	33	195
搪瓷制品制造	4189	1504	4005	138	46
生产专用搪瓷制品制造	155		155		
建筑装饰搪瓷制品制造	946	206	827	119	
搪瓷卫生洁具制造	1127	402	1111		16
搪瓷日用品及其他搪瓷制品制造	1961	896	1912	19	30

单位：人

从业人员期末人数(按职业类型分)					从业人员平均人数
单位负责人	专业技术人员	办事人员和有关人员	商业、服务业人员	生产、运输设备操作人员及有关人员	
804	2387	3353	234	17456	24091
30	76	58	163	273	604
71	170	404	6	1272	1970
256	813	705	37	3173	4919
12879	41226	56572	4538	246643	358928
2570	11954	14206	1342	49982	78704
1113	5684	4830	671	19211	31103
1457	6270	9376	671	30771	47601
2092	4657	7508	339	33772	48173
519	1089	1220	53	8103	10843
995	1787	3292	109	14210	20440
281	628	1394	17	5191	7390
101	578	611	45	2824	4099
196	575	991	115	3444	5401
783	2476	3838	322	15539	23243
37	171	656	32	2949	4153
338	1166	1077	76	4540	7136
408	1139	2105	214	8050	11954
567	1720	1628	151	10524	14640
567	1720	1628	151	10524	14640
2531	6706	11356	859	47960	69050
1207	2978	4292	408	22608	31502
958	2741	5479	194	20029	29038
291	863	1337	255	3968	6630
75	124	248	2	1355	1880
1303	2751	3448	181	20993	28543
1303	2751	3448	181	20993	28543
192	524	681	68	2724	4127
6	4	8		137	155
58	152	226	40	470	912
51	185	169	14	708	1115
77	183	278	14	1409	1945

1-B-33 续表 15

行业	从业人员期末人数	#女性	从业人员期末人数(按人员类型分)		
			在岗职工	劳务派遣人员	其他从业人员
金属制日用品制造	65588	27536	64420	623	545
金属制厨房用器具制造	10681	4210	10520	28	133
金属制餐具和器皿制造	39695	16602	39010	338	347
金属制卫生器具制造	5865	2188	5772	47	46
其他金属制日用品制造	9347	4536	9118	210	19
其他金属制品制造	28023	8894	27032	700	291
锻件及粉末冶金制品制造	13674	3690	13498	74	102
交通及公共管理用金属标牌制造	1814	535	1442	354	18
其他未列明金属制品制造	12535	4669	12092	272	171
通用设备制造业	627931	205001	603598	18540	5793
锅炉及原动设备制造	23539	5138	22471	747	321
锅炉及辅助设备制造	7844	1620	7366	342	136
内燃机及配件制造	7300	1993	7144	114	42
汽轮机及辅机制造	5407	957	5011	278	118
水轮机及辅机制造	2848	548	2823		25
风能原动设备制造	140	20	127	13	
金属加工机械制造	41038	9946	40195	306	537
金属切削机床制造	15996	3037	15736	55	205
金属成形机床制造	6938	1049	6642	164	132
铸造机械制造	3285	685	3199	6	80
金属切割及焊接设备制造	8423	3195	8299	62	62
机床附件制造	3794	1236	3768		26
其他金属加工机械制造	2602	744	2551	19	32
物料搬运设备制造	64366	15050	62070	1934	362
轻小型起重设备制造	9197	2655	9043	91	63
起重机制造	6429	1078	6162	223	44
生产专用车辆制造	7340	1504	7226	87	27
连续搬运设备制造	5544	1223	5492	11	41
电梯、自动扶梯及升降机制造	32815	7920	31147	1508	160
其他物料搬运设备制造	3041	670	3000	14	27

单位：人

从业人员期末人数(按职业类型分)					从业人员平均人数
单位负责人	专业技术人员	办事人员和有关人员	商业、服务业人员	生产、运输设备操作人员及有关人员	
1620	6953	9785	953	46277	64307
316	1054	1544	419	7348	10404
755	4565	5970	452	27953	38950
207	387	1072	16	4183	5843
342	947	1199	66	6793	9110
1221	3485	4122	323	18872	28141
662	1828	2012	98	9074	13801
93	303	259	155	1004	1883
466	1354	1851	70	8794	12457
23670	87753	96295	9169	411044	624704
1147	5086	3017	380	13909	23573
439	1888	947	125	4445	7775
270	921	1180	183	4746	7363
207	1657	415	30	3098	5437
226	586	457	42	1537	2866
5	34	18		83	132
1727	6567	5857	768	26119	41305
740	2809	2362	274	9811	16087
298	1137	832	93	4578	6967
135	607	534	20	1989	3187
321	1101	1429	229	5343	8502
113	649	377	22	2633	3874
120	264	323	130	1765	2688
3494	8933	10336	1377	40226	63195
838	1209	1475	92	5583	9081
283	1052	1166	91	3837	6529
292	947	1010	169	4922	7308
182	752	706	24	3880	5488
1785	4461	5418	971	20180	31669
114	512	561	30	1824	3120

1-B-33 续表 16

行业	从业人员期末人数	#女性	从业人员期末人数(按人员类型分)		
			在岗职工	劳务派遣人员	其他从业人员
泵、阀门、压缩机及类似机械制造	186143	62642	181536	3165	1442
泵及真空设备制造	56982	19599	55882	760	340
气体压缩机械制造	25933	6641	24167	1453	313
阀门和旋塞制造	80976	29500	79627	848	501
液压和气压动力机械及元件制造	22252	6902	21860	104	288
轴承、齿轮和传动部件制造	113767	39086	110205	2509	1053
轴承制造	69143	26660	67961	754	428
齿轮及齿轮减、变速箱制造	27884	6730	26949	488	447
其他传动部件制造	16740	5696	15295	1267	178
烘炉、风机、衡器、包装等设备制造	99679	36127	95560	3169	950
烘炉、熔炉及电炉制造	1100	228	1058		42
风机、风扇制造	7410	2182	6912	399	99
气体、液体分离及纯净设备制造	16646	5476	15802	723	121
制冷、空调设备制造	29969	10466	28646	1169	154
风动和电动工具制造	32126	13334	31655	42	429
喷枪及类似器具制造	5509	2642	5501		8
衡器制造	886	404	875	6	5
包装专用设备制造	6033	1395	5111	830	92
文化、办公用机械制造	11658	5107	11506	50	102
电影机械制造	74	44	74		
幻灯及投影设备制造	88	45	88		
照相机及器材制造	4305	2208	4230	50	25
复印和胶印设备制造	2122	645	2120		2
计算器及货币专用设备制造	3689	1388	3639		50
其他文化、办公用机械制造	1380	777	1355		25
通用零部件制造	83813	31009	76196	6660	957
金属密封件制造	5106	1852	4899	154	53
紧固件制造	41409	15261	39247	1549	613

单位：人

从业人员期末人数(按职业类型分)					从业人员平均人数
单位负责人	专业技术人员	办事人员和有关人员	商业、服务业人员	生产、运输设备操作人员及有关人员	
6502	23729	31453	3022	121437	185567
1991	6795	8510	1506	38180	56252
945	3308	3896	72	17712	25878
2734	10671	15201	1075	51295	81306
832	2955	3846	369	14250	22131
3752	15359	14498	436	79722	112850
2352	8211	9765	297	48518	68974
930	4310	3336	123	19185	27715
470	2838	1397	16	12019	16161
3367	15532	16404	2123	62253	98493
42	238	277	21	522	1175
309	1114	1179	302	4506	7387
764	3819	3405	207	8451	16551
891	4544	4539	1237	18758	29752
1028	4083	5030	253	21732	31463
114	575	840		3980	5497
46	52	127	10	651	877
173	1107	1007	93	3653	5791
406	1544	1444	242	8022	12218
4	4	15		51	76
1	15	18		54	88
121	428	493	66	3197	4867
126	316	263	56	1361	2193
123	596	523	120	2327	3474
31	185	132		1032	1520
3122	10391	12471	793	57036	83642
276	562	531	175	3562	5244
1626	4767	7212	268	27536	41327

1-B-33 续表 17

行　业	从业人员期末人数	#女　性	从业人员期末人数(按人员类型分)		
			在岗职工	劳务派遣人员	其他从业人员
弹簧制造	5449	1842	5071	288	90
机械零部件加工	10807	3584	10700	5	102
其他通用零部件制造	21042	8470	16279	4664	99
其他通用设备制造业	3928	896	3859		69
其他通用设备制造业	3928	896	3859		69
专用设备制造业	239924	70995	232454	4592	2878
采矿、冶金、建筑专用设备制造	17167	3293	16885	106	176
矿山机械制造	4945	985	4874		71
石油钻采专用设备制造	3223	826	3177	27	19
建筑工程用机械制造	4253	700	4216	19	18
海洋工程专用设备制造	659	99	650	3	6
建筑材料生产专用机械制造	2483	378	2420	16	47
冶金专用设备制造	1604	305	1548	41	15
化工、木材、非金属加工专用设备制造	81898	19683	79269	1555	1074
炼油、化工生产专用设备制造	5863	1199	5615	37	211
橡胶加工专用设备制造	1496	179	1482		14
塑料加工专用设备制造	22744	3905	22206	192	346
木材加工机械制造	596	174	398	187	11
模具制造	50650	14116	49025	1139	486
其他非金属加工专用设备制造	549	110	543		6
食品、饮料、烟草及饲料生产专用设备制造	4728	841	4547	139	42
食品、酒、饮料及茶生产专用设备制造	3467	622	3312	130	25
农副食品加工专用设备制造	496	77	474	5	17
烟草生产专用设备制造	384	65	380	4	
饲料生产专用设备制造	381	77	381		
印刷、制药、日化及日用品生产专用设备制造	11543	2495	11302	168	73
制浆和造纸专用设备制造	971	147	909	60	2
印刷专用设备制造	4478	697	4404	18	56
日用化工专用设备制造	100	23	100		
制药专用设备制造	3777	659	3674	90	13

单位：人

从业人员期末人数(按职业类型分)					从业人员平均人数
单位负责人	专业技术人员	办事人员和有关人员	商业、服务业人员	生产、运输设备操作人员及有关人员	
220	434	811	80	3904	5367
420	1231	1579	98	7479	10826
580	3397	2338	172	14555	20878
153	612	815	28	2320	3861
153	612	815	28	2320	3861
9958	42166	35976	3898	147926	240422
817	3395	2268	227	10460	17288
315	1161	696	71	2702	5159
139	598	346	25	2115	3261
122	578	586	64	2903	4126
71	103	64	26	395	601
94	506	281	11	1591	2504
76	449	295	30	754	1637
3186	14975	11742	1330	50665	81411
271	1343	681	21	3547	5841
42	240	99	15	1100	1501
1042	3508	3332	809	14053	22754
32	53	87	4	420	612
1768	9766	7396	478	31242	50149
31	65	147	3	303	554
245	768	848	73	2794	4786
171	534	595	72	2095	3518
25	67	162	1	241	489
23	76	64		221	386
26	91	27		237	393
654	2027	2191	166	6505	11479
48	141	227	12	543	963
279	777	892	85	2445	4470
5	37			58	98
216	777	802	40	1942	3769

1-B-33 续表 18

行业	从业人员期末人数	#女性	从业人员期末人数(按人员类型分)		
			在岗职工	劳务派遣人员	其他从业人员
照明器具生产专用设备制造	1105	625	1105		
玻璃、陶瓷和搪瓷制品生产专用设备制造	338	150	338		
其他日用品生产专用设备制造	774	194	772		2
纺织、服装和皮革加工专用设备制造	45996	14622	45269	263	464
纺织专用设备制造	17729	4589	17376	98	255
皮革、毛皮及其制品加工专用设备制造	941	112	905	10	26
缝制机械制造	27264	9886	26926	155	183
洗涤机械制造	62	35	62		
电子和电工机械专用设备制造	5356	1914	4470	814	72
电工机械专用设备制造	3115	995	2395	690	30
电子工业专用设备制造	2241	919	2075	124	42
农、林、牧、渔专用机械制造	20330	7340	19818	411	101
拖拉机制造	3556	1067	3434	105	17
机械化农业及园艺机具制造	13485	5141	13171	288	26
营林及木竹采伐机械制造	173	60	173		
畜牧机械制造	164	63	164		
渔业机械制造	298	127	298		
农林牧渔机械配件制造	2161	805	2103	18	40
棉花加工机械制造	84	19	76		8
其他农、林、牧、渔业机械制造	409	58	399		10
医疗仪器设备及器械制造	20434	11054	19480	830	124
医疗诊断、监护及治疗设备制造	3898	2110	3149	725	24
口腔科用设备及器具制造	961	458	961		
医疗实验室及医用消毒设备和器具制造	297	149	295		2
医疗、外科及兽医用器械制造	10023	6580	9860	100	63
机械治疗及病房护理设备制造	1331	628	1314		17
假肢、人工器官及植(介)入器械制造	824	218	815	5	4
其他医疗设备及器械制造	3100	911	3086		14
环保、社会公共服务及其他专用设备制造	32472	9753	31414	306	752
环境保护专用设备制造	14590	3403	14173	185	232

单位：人

从业人员期末人数(按职业类型分)					从业人员平均人数
单位负责人	专业技术人员	办事人员和有关人员	商业、服务业人员	生产、运输设备操作人员及有关人员	
40	141	167	2	755	1073
7	67	30		234	342
59	87	73	27	528	764
2021	7932	6043	540	29460	46082
750	3244	2348	257	11130	18175
21	118	171	5	626	946
1248	4570	3521	278	17647	26901
2		3		57	60
197	933	1156	82	2988	5339
85	500	814	61	1655	3074
112	433	342	21	1333	2265
693	3075	2716	293	13553	20428
155	683	477	7	2234	3592
388	1945	1952	274	8926	13559
5	8	15		145	163
7	12	25		120	163
10	25	30		233	280
79	323	156		1603	2184
15	8	6		55	80
34	71	55	12	237	407
757	2823	3175	338	13341	20734
159	830	532	47	2330	3903
94	121	198	16	532	1009
26	68	56	3	144	319
260	1105	1393	64	7201	10184
81	162	206	83	799	1344
14	169	172	25	444	817
123	368	618	100	1891	3158
1388	6238	5837	849	18160	32875
740	3544	2333	171	7802	14698

1-B-33 续表 19

行业	从业人员期末人数	#女性	从业人员期末人数(按人员类型分)		
			在岗职工	劳务派遣人员	其他从业人员
地质勘查专用设备制造	396	58	396		
邮政专用机械及器材制造	131	20	131		
商业、饮食、服务专用设备制造	271	124	256		15
社会公共安全设备及器材制造	12413	4684	12284	92	37
交通安全、管制及类似专用设备制造	682	401	287	10	385
水资源专用机械制造	1015	317	961		54
其他专用设备制造	2974	746	2926	19	29
汽车制造业	334919	116818	317518	14585	2816
汽车整车制造	33385	6827	30946	1948	491
汽车整车制造	33385	6827	30946	1948	491
改装汽车制造	1574	254	1545	13	16
改装汽车制造	1574	254	1545	13	16
低速载货汽车制造	144	27	142		2
低速载货汽车制造	144	27	142		2
汽车车身、挂车制造	647	207	629	17	1
汽车车身、挂车制造	647	207	629	17	1
汽车零部件及配件制造	299169	109503	284256	12607	2306
汽车零部件及配件制造	299169	109503	284256	12607	2306
铁路、船舶、航空航天和其他运输设备制造业	121802	37293	116597	3034	2171
铁路运输设备制造	1791	457	1719	50	22
铁路机车车辆配件制造	1216	314	1144	50	22
铁路专用设备及器材、配件制造	575	143	575		
船舶及相关装置制造	36501	6042	32685	2067	1749
金属船舶制造	30712	4555	27250	1799	1663
娱乐船和运动船制造	985	339	963		22
船用配套设备制造	4173	1023	3909	244	20
船舶改装与拆除	631	125	563	24	44
航空、航天器及设备制造	970	337	832	138	
飞机制造	358	122	358		
航空、航天相关设备制造	393	102	255	138	
其他航空航天器制造	219	113	219		

单位：人

从业人员期末人数(按职业类型分)					从业人员平均人数
单位负责人	专业技术人员	办事人员和有关人员	商业、服务业人员	生产、运输设备操作人员及有关人员	
49	29	95		223	397
1	12	25		93	89
11	165	39		56	274
414	1807	2301	183	7708	12807
22	78	94	382	106	656
38	174	276	10	517	1009
113	429	674	103	1655	2945
10966	43291	53699	3119	223844	330072
1157	5530	5870	548	20280	33690
1157	5530	5870	548	20280	33690
98	344	267	52	813	1555
98	344	267	52	813	1555
19	24	28		73	161
19	24	28		73	161
36	33	89	13	476	640
36	33	89	13	476	640
9656	37360	47445	2506	202202	294026
9656	37360	47445	2506	202202	294026
4228	16366	19128	1483	80597	123767
126	280	372	10	1003	1848
75	182	264	8	687	1238
51	98	108	2	316	610
1305	7240	6437	396	21123	38140
1007	6048	5603	306	17748	32315
47	203	127	18	590	981
221	711	617	41	2583	4233
30	278	90	31	202	611
60	150	114	1	645	977
7	55	56	1	239	380
35	66	41		251	366
18	29	17		155	231

1-B-33 续表 20

行业	从业人员期末人数	#女性	从业人员期末人数(按人员类型分)		
			在岗职工	劳务派遣人员	其他从业人员
摩托车制造	48800	16827	48018	498	284
摩托车整车制造	15868	4488	15324	483	61
摩托车零部件及配件制造	32932	12339	32694	15	223
自行车制造	31514	12749	31135	279	100
脚踏自行车及残疾人座车制造	17443	7443	17282	76	85
助动自行车制造	14071	5306	13853	203	15
非公路休闲车及零配件制造	1099	387	1083	2	14
非公路休闲车及零配件制造	1099	387	1083	2	14
潜水救捞及其他未列明运输设备制造	1127	494	1125		2
潜水及水下救捞装备制造	315	199	315		
其他未列明运输设备制造	812	295	810		2
电气机械和器材制造业	777966	363500	739564	32135	6267
电机制造	140014	59260	132823	6321	870
发电机及发电机组制造	11416	3246	11075	150	191
电动机制造	52967	17882	49498	3249	220
微电机及其他电机制造	75631	38132	72250	2922	459
输配电及控制设备制造	219022	101135	208181	9572	1269
变压器、整流器和电感器制造	28156	11688	27422	327	407
电容器及其配套设备制造	2190	864	2134	9	47
配电开关控制设备制造	108732	51287	103851	4495	386
电力电子元器件制造	45725	23612	42662	2823	240
光伏设备及元器件制造	22179	9494	20389	1694	96
其他输配电及控制设备制造	12040	4190	11723	224	93
电线、电缆、光缆及电工器材制造	75857	33837	73307	1482	1068
电线、电缆制造	66073	29727	63960	1118	995
光纤、光缆制造	5387	2247	4993	340	54
绝缘制品制造	2471	1072	2444	12	15
其他电工器材制造	1926	791	1910	12	4

单位：人

从业人员期末人数(按职业类型分)					从业人员平均人数
单位负责人	专业技术人员	办事人员和有关人员	商业、服务业人员	生产、运输设备操作人员及有关人员	
1457	5875	6410	470	34588	49054
492	1950	1949	138	11339	16121
965	3925	4461	332	23249	32933
1165	2608	5541	604	21596	31664
696	1333	3660	303	11451	17591
469	1275	1881	301	10145	14073
38	105	154		802	1049
38	105	154		802	1049
77	108	100	2	840	1035
25	24	10		256	288
52	84	90	2	584	747
24620	90189	127502	9293	526362	782328
4380	17172	22560	1577	94325	141494
483	1976	1367	201	7389	11501
1657	6821	9310	508	34671	53468
2240	8375	11883	868	52265	76525
7786	29503	35658	3146	142929	218939
1225	4239	4639	497	17556	28369
117	252	350	8	1463	2191
3748	14629	18356	1908	70091	110020
1605	5602	6448	469	31601	44870
595	2880	4049	161	14494	21440
496	1901	1816	103	7724	12049
3141	10077	13506	1080	48053	74925
2660	8710	11777	1038	41888	64988
266	807	933	19	3362	5451
135	224	426	18	1668	2473
80	336	370	5	1135	2013

1-B-33 续表 21

行业	从业人员期末人数	#女性	从业人员期末人数(按人员类型分)		
			在岗职工	劳务派遣人员	其他从业人员
电池制造	39371	18522	37214	1760	397
锂离子电池制造	6549	2964	6200	313	36
镍氢电池制造	2702	1431	2695		7
其他电池制造	30120	14127	28319	1447	354
家用电力器具制造	181183	83982	169033	10902	1248
家用制冷电器具制造	14994	5877	14580	303	111
家用空气调节器制造	16168	5697	16063	86	19
家用通风电器具制造	12696	4865	11939	721	36
家用厨房电器具制造	43165	20835	36632	6219	314
家用清洁卫生电器具制造	25219	10501	22341	2499	379
家用美容、保健电器具制造	14713	7871	14597	22	94
家用电力器具专用配件制造	21360	9660	20778	495	87
其他家用电力器具制造	32868	18676	32103	557	208
非电力家用器具制造	11755	4803	11433	236	86
燃气、太阳能及类似能源家用器具制造	6204	2507	5904	236	64
其他非电力家用器具制造	5551	2296	5529		22
照明器具制造	107338	60189	104359	1683	1296
电光源制造	42980	23810	41658	661	661
照明灯具制造	55050	31406	53575	926	549
灯用电器附件及其他照明器具制造	9308	4973	9126	96	86
其他电气机械及器材制造	3426	1772	3214	179	33
电气信号设备装置制造	2217	1309	2040	153	24
其他未列明电气机械及器材制造	1209	463	1174	26	9
计算机、通信和其他电子设备制造业	384235	180659	335812	46152	2271
计算机制造	17684	7604	13150	4375	159
计算机整机制造	2236	991	1447	773	16
计算机零部件制造	7389	3289	5599	1766	24
计算机外围设备制造	5645	2333	3859	1685	101
其他计算机制造	2414	991	2245	151	18
通信设备制造	64052	20752	52899	10980	173
通信系统设备制造	38005	10737	35397	2516	92
通信终端设备制造	26047	10015	17502	8464	81

单位：人

从业人员期末人数(按职业类型分)					从业人员平均人数
单位负责人	专业技术人员	办事人员和有关人员	商业、服务业人员	生产、运输设备操作人员及有关人员	
880	4295	6046	577	27573	39328
105	1225	1001	80	4138	6404
56	257	181	75	2133	2765
719	2813	4864	422	21302	30159
4547	17866	31353	2215	125202	182218
324	1672	2310	250	10438	16016
416	2484	2404	177	10687	16781
465	1625	3058	600	6948	12647
1073	3588	9887	234	28383	42298
617	3117	2972	569	17944	25055
439	1442	2160	10	10662	14792
600	2044	3521	72	15123	22242
613	1894	5041	303	25017	32387
378	1237	2325	132	7683	11429
217	767	1535	104	3581	6131
161	470	790	28	4102	5298
3348	9634	15642	558	78156	110608
1433	3809	4792	244	32702	43741
1661	5036	9375	278	38700	57429
254	789	1475	36	6754	9438
160	405	412	8	2441	3387
99	228	283	8	1599	2190
61	177	129		842	1197
10637	54638	52821	7600	258539	386052
546	1546	2988	223	12381	17967
68	119	319		1730	2253
175	458	961	28	5767	6780
180	586	1063	139	3677	6255
123	383	645	56	1207	2679
1720	21934	7769	4122	28507	61563
1135	17456	4716	3076	11622	34452
585	4478	3053	1046	16885	27111

1-B-33 续表 22

行业	从业人员期末人数	#女性	从业人员期末人数(按人员类型分)		
			在岗职工	劳务派遣人员	其他从业人员
广播电视设备制造	18528	9443	17700	758	70
广播电视节目制作及发射设备制造	926	425	909		17
广播电视接收设备及器材制造	12678	7247	11893	738	47
应用电视设备及其他广播电视设备制造	4924	1771	4898	20	6
雷达及配套设备制造	145	69	145		
雷达及配套设备制造	145	69	145		
视听设备制造	23391	13000	21843	1493	55
电视机制造	6824	3062	6778	20	26
音响设备制造	14499	8872	12998	1473	28
影视录放设备制造	2068	1066	2067		1
电子器件制造	101981	46984	85050	16480	451
电子真空器件制造	584	207	581		3
半导体分立器件制造	8455	3845	7373	1030	52
集成电路制造	11840	5556	11131	623	86
光电子器件及其他电子器件制造	81102	37376	65965	14827	310
电子元件制造	144446	75759	131728	11478	1240
电子元件及组件制造	132687	70938	120078	11381	1228
印制电路板制造	11759	4821	11650	97	12
其他电子设备制造	14008	7048	13297	588	123
其他电子设备制造	14008	7048	13297	588	123
仪器仪表制造业	133233	57671	124303	7516	1414
通用仪器仪表制造	77500	31735	73674	2899	927
工业自动控制系统装置制造	25649	7614	24647	653	349
电工仪器仪表制造	19387	8136	17878	1336	173
绘图、计算及测量仪器制造	6531	3565	6447	39	45
实验分析仪器制造	2865	1560	2478	357	30
试验机制造	992	291	894		98
供应用仪表及其他通用仪器制造	22076	10569	21330	514	232

单位：人

从业人员期末人数(按职业类型分)					从业人员平均人数
单位负责人	专业技术人员	办事人员和有关人员	商业、服务业人员	生产、运输设备操作人员及有关人员	
546	3581	2910	415	11076	18762
36	192	223	17	458	936
316	2525	1711	46	8080	12975
194	864	976	352	2538	4851
2	21	21	12	89	144
2	21	21	12	89	144
585	2756	2773	273	17004	23305
87	1029	655	18	5035	6608
374	1268	1765	224	10868	14649
124	459	353	31	1101	2048
2218	9236	13288	793	76446	104086
28	109	110	2	335	572
412	1296	1530	259	4958	8219
322	2455	1882	210	6971	11827
1456	5376	9766	322	64182	83468
4597	13859	20954	1313	103723	146280
4184	12226	19550	1237	95490	134486
413	1633	1404	76	8233	11794
423	1705	2118	449	9313	13945
423	1705	2118	449	9313	13945
4733	19928	20875	3302	84395	133405
2812	12357	13543	2440	46348	76939
1002	5894	4240	830	13683	25317
552	2847	3486	706	11796	19255
247	278	2094	18	3894	6516
133	422	418	133	1759	2857
103	245	123	25	496	979
775	2671	3182	728	14720	22015

1-B-33 续表 23

行业	从业人员期末人数	#女性	从业人员期末人数(按人员类型分)		
			在岗职工	劳务派遣人员	其他从业人员
专用仪器仪表制造	23003	9244	21238	1590	175
环境监测专用仪器仪表制造	1079	378	1074	2	3
运输设备及生产用计数仪表制造	15016	6599	13383	1538	95
导航、气象及海洋专用仪器制造	755	299	755		
农林牧渔专用仪器仪表制造	10	1	10		
地质勘探和地震专用仪器制造	183	29	172		11
教学专用仪器制造	3438	1136	3357	34	47
电子测量仪器制造	1180	275	1155	16	9
其他专用仪器制造	1342	527	1332		10
钟表与计时仪器制造	3538	2210	3206	265	67
钟表与计时仪器制造	3538	2210	3206	265	67
光学仪器及眼镜制造	26942	13123	23935	2762	245
光学仪器制造	9972	5179	7033	2749	190
眼镜制造	16970	7944	16902	13	55
其他仪器仪表制造业	2250	1359	2250		
其他仪器仪表制造业	2250	1359	2250		
其他制造业	66194	34718	65630	260	304
日用杂品制造	60038	32772	59604	195	239
鬃毛加工、制刷及清扫工具制造	6135	3514	6049	42	44
其他日用杂品制造	53903	29258	53555	153	195
煤制品制造	211	39	210		1
煤制品制造	211	39	210		1
其他未列明制造业	5945	1907	5816	65	64
其他未列明制造业	5945	1907	5816	65	64
废弃资源综合利用业	18903	5732	14539	3643	721
金属废料和碎屑加工处理	16645	5130	12551	3384	710
金属废料和碎屑加工处理	16645	5130	12551	3384	710
非金属废料和碎屑加工处理	2258	602	1988	259	11
非金属废料和碎屑加工处理	2258	602	1988	259	11
金属制品、机械和设备修理业	18343	2628	17568	704	71
通用设备修理	187	48	184	1	2
通用设备修理	187	48	184	1	2

单位：人

从业人员期末人数(按职业类型分)					从业人员平均人数
单位负责人	专业技术人员	办事人员和有关人员	商业、服务业人员	生产、运输设备操作人员及有关人员	
837	3855	2163	330	14818	22979
45	379	277	2	376	999
445	1845	1769	44	10913	15107
39	120	123	23	450	781
1	2			7	19
7	36	25	21	94	191
115	1028	510	167	1618	3402
84	200	290	12	594	1169
101	245	169	61	766	1311
106	502	334	17	2579	3445
106	502	334	17	2579	3445
836	2947	3301	498	19360	27696
308	1142	1495	85	6942	10124
528	1805	1806	413	12418	17572
142	267	534	17	1290	2346
142	267	534	17	1290	2346
1590	4428	9302	748	50126	64623
1411	3585	8368	719	45955	58598
244	516	944	158	4273	5880
1167	3069	7424	561	41682	52718
10	36	59	3	103	208
10	36	59	3	103	208
169	807	875	26	4068	5817
169	807	875	26	4068	5817
513	1100	2735	279	14276	18754
417	835	2405	272	12716	16631
417	835	2405	272	12716	16631
96	265	330	7	1560	2123
96	265	330	7	1560	2123
469	1938	1481	179	14276	19026
31	11	21		124	195
31	11	21		124	195

1-B-33 续表 24

行业	从业人员期末人数	#女性	从业人员期末人数(按人员类型分)		
			在岗职工	劳务派遣人员	其他从业人员
专用设备修理	94	19	91		3
专用设备修理	94	19	91		3
铁路、船舶、航空航天等运输设备修理	16985	2412	16767	152	66
船舶修理	16985	2412	16767	152	66
电气设备修理	746	125	391	355	
电气设备修理	746	125	391	355	
其他机械和设备修理业	331	24	135	196	
其他机械和设备修理业	331	24	135	196	
电力、热力、燃气及水生产和供应业	**129314**	**29992**	**97365**	**29467**	**2482**
电力、热力生产和供应业	96955	19869	69710	25963	1282
电力生产	27711	5917	26135	1254	322
火力发电	20930	4277	19800	951	179
水力发电	4935	1250	4593	234	108
核力发电	364	125	364		
风力发电	192	29	188	4	
其他电力生产	1290	236	1190	65	35
电力供应	64940	13076	39385	24646	909
电力供应	64940	13076	39385	24646	909
热力生产和供应	4304	876	4190	63	51
热力生产和供应	4304	876	4190	63	51
燃气生产和供应业	7056	2015	6154	722	180
燃气生产和供应业	7056	2015	6154	722	180
燃气生产和供应业	7056	2015	6154	722	180
水的生产和供应业	25303	8108	21501	2782	1020
自来水生产和供应	21868	7085	18463	2516	889
自来水生产和供应	21868	7085	18463	2516	889
污水处理及其再生利用	3435	1023	3038	266	131
污水处理及其再生利用	3435	1023	3038	266	131

单位：人

从业人员期末人数(按职业类型分)					从业人员平均人数
单位负责人	专业技术人员	办事人员和有关人员	商业、服务业人员	生产、运输设备操作人员及有关人员	
12	16	17	25	24	84
12	16	17	25	24	84
402	1612	1396	118	13457	17676
402	1612	1396	118	13457	17676
11	264	44	36	391	742
11	264	44	36	391	742
13	35	3		280	329
13	35	3		280	329
5617	**26546**	**18005**	**5013**	**74133**	**130227**
3592	18780	11599	3666	59318	99006
1565	6738	3910	689	14809	27567
1044	4371	2591	579	12345	20810
408	1690	966	107	1764	4912
37	215	112			368
17	104	42	3	26	194
59	358	199		674	1283
1758	11255	7187	2968	41772	67168
1758	11255	7187	2968	41772	67168
269	787	502	9	2737	4271
269	787	502	9	2737	4271
459	1696	1642	333	2926	6124
459	1696	1642	333	2926	6124
459	1696	1642	333	2926	6124
1566	6070	4764	1014	11889	25097
1395	5330	3652	1002	10489	21701
1395	5330	3652	1002	10489	21701
171	740	1112	12	1400	3396
171	740	1112	12	1400	3396

1-B-34 按地区分组的规模

地　区	从业人员期末人数	#女　性	从业人员期末人数(按人员类型分)		
			在岗职工	劳务派遣人员	其他从业人员
全　省	**7208869**	**3137174**	**6885006**	**238860**	**85003**
杭州市	**1190843**	**492750**	**1090361**	**84622**	**15860**
上城区	10393	4080	9189	713	491
下城区	10441	3434	9501	715	225
江干区	146626	53972	110794	33871	1961
拱墅区	28887	8115	27451	582	854
西湖区	31731	14133	27637	3562	532
滨江区	83918	28840	69612	12957	1349
萧山区	388869	172390	374622	9642	4605
余杭区	206696	91275	189037	15273	2386
桐庐县	43117	18708	40008	2052	1057
淳安县	17739	9819	16979	557	203
建德市	39863	15438	39172	362	329
富阳市	100846	39890	97195	2747	904
临安市	81717	32656	79164	1589	964
宁波市	**1471175**	**684753**	**1404655**	**49098**	**17422**
海曙区	9265	5118	8839	92	334
江东区	17074	8095	15733	1152	189
江北区	56907	23043	52391	3516	1000
北仑区	229288	91518	210396	15982	2910
镇海区	102042	40057	94267	5968	1807
鄞州区	324012	165587	316836	4452	2724
象山县	75114	39520	70333	2610	2171
宁海县	96192	45863	93756	1097	1339
余姚市	203224	99325	192770	9149	1305
慈溪市	270581	125365	265108	3235	2238
奉化市	87476	41262	84226	1845	1405
温州市	**805843**	**343006**	**791202**	**9365**	**5276**
鹿城区	90982	36511	90496	129	357
龙湾区	137025	56088	135816	463	746
瓯海区	98078	42628	97559	117	402
洞头县	2980	1307	2724	133	123
永嘉县	77909	33307	75093	2552	264
平阳县	50454	23119	49735	517	202

以上工业法人单位从业人员

单位：人

从业人员期末人数(按职业类型分)					从业人员平均人数
单位负责人	专业技术人员	办事人员和有关人员	商业、服务业人员	生产、运输设备操作人员及有关人员	
242737	**861855**	**1064378**	**123443**	**4916456**	**7191341**
48549	**171542**	**159309**	**33789**	**777654**	**1196224**
661	1806	1674	620	5632	10472
551	2899	940	333	5718	12320
6070	19948	19466	7747	93395	148236
1144	4662	3109	1680	18292	32138
1511	5849	4239	862	19270	31051
2837	27090	10406	8976	34609	80563
12773	43243	49559	4265	279029	390645
10133	27531	29759	5415	133858	206789
1816	6426	7358	345	27172	43476
638	2817	2103	173	12008	17688
2141	4981	4752	464	27525	39667
4388	12201	15912	1090	67255	101434
3886	12089	10032	1819	53891	81745
47135	**156554**	**225982**	**25775**	**1015729**	**1471498**
407	1250	1042	475	6091	9194
768	2078	2403	152	11673	17335
2855	4830	7648	1335	40239	57427
6329	21178	28942	3764	169075	236686
4848	12085	11249	951	72909	102892
9377	37620	49415	12838	214762	323129
2790	8970	12349	685	50320	70726
1919	12917	13551	517	67288	93534
7531	17296	32831	1984	143582	201802
6991	26136	53908	2295	181251	272419
3320	12194	12644	779	58539	86354
28629	**91489**	**124271**	**11159**	**550295**	**797863**
1945	10779	12773	1769	63716	88767
4140	13058	21481	1738	96608	136896
4234	13934	15396	1590	62924	95919
193	539	333	43	1872	3040
2744	13059	12046	996	49064	77116
1678	4364	6161	107	38144	49218

1-B-34 续表 1

地　　区	从业人员期末人数	#女　性	从业人员期末人数(按人员类型分)		
			在岗职工	劳务派遣人员	其他从业人员
苍南县	37983	15848	36206	614	1163
文成县	2826	842	2593	170	63
泰顺县	2501	806	2257	239	5
瑞安市	138480	57278	136092	1080	1308
乐清市	166625	75272	162631	3351	643
嘉兴市	**827033**	**380953**	**786528**	**29586**	**10919**
南湖区	78978	32593	73297	4615	1066
秀洲区	113757	53429	105653	5374	2730
嘉善县	113612	49036	106969	5592	1051
海盐县	65239	29748	63835	245	1159
海宁市	158902	70778	154224	2000	2678
平湖市	164201	84889	153382	9338	1481
桐乡市	132344	60480	129168	2422	754
湖州市	**358181**	**146106**	**342875**	**10707**	**4599**
吴兴区	72423	26620	69479	1848	1096
南浔区	54621	22319	51981	1840	800
德清县	92585	38297	88429	3214	942
长兴县	77105	32604	73348	2440	1317
安吉县	61447	26266	59638	1365	444
绍兴市	**818342**	**375472**	**794796**	**15389**	**8157**
越城区	118744	56146	112967	4605	1172
绍兴县	265302	121110	259870	1881	3551
新昌县	59509	24901	54253	4870	386
诸暨市	169650	78718	167480	988	1182
上虞市	135694	59783	131887	2498	1309
嵊州市	69443	34814	68339	547	557
金华市	**635079**	**287290**	**615035**	**11469**	**8575**
婺城区	68933	26620	64966	3450	517
金东区	28009	12386	27591	249	169
武义县	78614	29509	77278	457	879
浦江县	51046	27239	46727	529	3790
磐安县	17041	8748	16433	545	63
兰溪市	59453	30628	58066	481	906
义乌市	135764	71429	133829	1017	918
东阳市	76681	35815	72077	4111	493
永康市	119538	44916	118068	630	840

单位：人

从业人员期末人数(按职业类型分)					从业人员平均人数
单位负责人	专业技术人员	办事人员和有关人员	商业、服务业人员	生产、运输设备操作人员及有关人员	
1836	3986	6408	716	25037	37580
79	557	534	85	1571	2776
91	341	350	384	1335	2495
5090	13090	21130	1224	97946	137735
6599	17782	27659	2507	112078	166321
28320	**75077**	**107523**	**9401**	**606712**	**831475**
2568	10131	9462	570	56247	78162
3868	11476	14986	2881	80546	115430
2858	9675	18061	1016	82002	114870
1811	6361	8864	884	47319	65452
7146	15448	21788	1131	113389	157904
5344	7218	17681	563	133395	167242
4725	14768	16681	2356	93814	132415
10043	**44100**	**63375**	**7210**	**233453**	**356289**
2929	10060	14071	3024	42339	72034
2328	7274	9283	383	35353	54552
1945	9415	14737	1105	65383	91114
1824	9920	11552	1119	52690	77873
1017	7431	13732	1579	37688	60716
26025	**108466**	**124027**	**11857**	**547967**	**809572**
3394	14597	22831	2302	75620	117325
11005	28852	33367	4334	187744	262135
1901	10856	7157	748	38847	58166
4623	28989	24562	1988	109488	168196
3206	16872	20818	1722	93076	134827
1896	8300	15292	763	43192	68923
19709	**77703**	**102344**	**10249**	**425074**	**632875**
3267	10373	11833	1350	42110	70542
816	3973	4382	458	18380	27604
2521	9055	12935	1049	53054	77556
1311	7359	10715	954	30707	51103
761	1246	2296	46	12692	16520
2379	9477	6133	295	41169	59282
3031	12836	13322	2796	98779	135348
2739	10210	10583	1489	51660	76530
2884	13174	25145	1812	76523	118390

1-B-34 续表 2

地　　区	从业人员期末人数		从业人员期末人数(按人员类型分)		
		#女　性	在岗职工	劳务派遣人　　员	其　　他从业人员
衢州市	**158221**	**60742**	**150216**	**5060**	**2945**
柯城区	43429	12767	41204	1230	995
衢江区	24550	9574	22616	1408	526
常山县	14536	6473	13746	674	116
开化县	8217	3667	8034	59	124
龙游县	32214	12309	30911	431	872
江山市	35275	15952	33705	1258	312
舟山市	**85832**	**27572**	**81542**	**2606**	**1684**
定海区	34850	12581	33515	722	613
普陀区	36550	10536	34825	893	832
岱山县	13752	4237	12585	928	239
嵊泗县	680	218	617	63	
台州市	**654306**	**262894**	**635458**	**11274**	**7574**
椒江区	78094	29551	76020	1771	303
黄岩区	68831	31080	66203	2197	431
路桥区	69575	25889	65199	3839	537
玉环县	124910	50789	123192	500	1218
三门县	26414	10754	25133	704	577
天台县	23852	10271	22900	781	171
仙居县	24423	9956	23905	2	516
温岭市	146258	58909	143496	241	2521
临海市	91949	35695	89410	1239	1300
丽水市	**177951**	**70250**	**173347**	**2612**	**1992**
莲都区	40807	15894	40299	306	202
青田县	34620	12980	33589	611	420
缙云县	39061	15045	38578	319	164
遂昌县	12052	3949	11694	340	18
松阳县	12817	4429	12392	114	311
云和县	7399	3325	7194	189	16
庆元县	9733	5262	9038	291	404
景宁县	3029	1342	2814	200	15
龙泉市	18433	8024	17749	242	442

单位：人

从业人员期末人数(按职业类型分)					从业人员平均人数
单位负责人	专业技术人员	办事人员和有关人员	商业、服务业人员	生产、运输设备操作人员及有关人员	
6733	**21592**	**19511**	**2650**	**107735**	**156500**
1989	5592	2935	1309	31604	43436
904	2632	3922	222	16870	24238
462	3221	1934	216	8703	14269
579	1471	1260	48	4859	8135
1326	3350	5035	521	21982	31872
1473	5326	4425	334	23717	34550
3184	**12730**	**12920**	**1214**	**55784**	**86234**
1620	6220	5557	563	20890	34830
1092	3993	5632	536	25297	36845
407	2343	1618	103	9281	13850
65	174	113	12	316	709
18242	**76111**	**98229**	**6211**	**455513**	**645849**
2893	11919	10912	934	51436	78407
1262	8384	12305	450	46430	65016
2101	7547	11160	1359	47408	70841
2092	14527	21299	988	86004	125088
1199	2379	3870	157	18809	25509
910	3174	4674	83	15011	23752
812	3233	5560	166	14652	24470
4570	14588	14205	1236	111659	142844
2403	10360	14244	838	64104	89922
5978	**24438**	**22882**	**2033**	**122620**	**179438**
1521	5944	4602	453	28287	40750
709	4035	4270	349	25257	35619
1549	5522	4554	198	27238	38750
233	1940	1116	126	8637	12430
429	1556	1932	71	8829	12924
176	1401	1358	75	4389	7645
420	784	1699	521	6309	9566
141	566	351	49	1922	3013
800	2690	3000	191	11752	18741

1-B-35 按轻重工业、规模和登记注册类型分组的

项目	从业人员期末人数	#女性	从业人员期末人数(按人员类型分)		
			在岗职工	劳务派遣人员	其他从业人员
总计	**325791**	**87340**	**276552**	**42215**	**7024**
一、按轻重工业分					
轻工业	88737	34130	82729	4250	1758
重工业	237054	53210	193823	37965	5266
二、按规模分					
大型企业	169667	45360	145987	20580	3100
中型企业	99619	27475	80099	17396	2124
小型企业	56195	14444	50188	4215	1792
微型企业	310	61	278	24	8
三、按登记注册类型分					
内资	285902	71888	239665	39782	6455
国有	88312	18816	61835	23873	2604
股份合作企业	314	99	206	108	
有限责任公司	163967	44380	147635	12865	3467
国有独资公司	53852	13465	47766	4814	1272
其他有限责任公司	110115	30915	99869	8051	2195
股份有限公司	29730	7495	26531	2831	368
私营企业	3579	1098	3458	105	16
私营有限责任公司	3579	1098	3458	105	16
港澳台商投资	10267	3215	9380	793	94
与港澳台商合资经营	9712	3139	8905	713	94
与港澳台商合作经营	527	68	447	80	
港澳台商独资	28	8	28		
外商投资	29622	12237	27507	1640	475
中外合资经营	29355	12098	27244	1640	471
中外合作经营	267	139	263		4

规模以上国有及国有控股工业法人单位从业人员

单位：人

从业人员期末人数(按职业类型分)					从业人员平均人数
单位负责人	专业技术人员	办事人员和有关人员	商业、服务业人员	生产、运输设备操作人员及有关人员	
12907	**60442**	**35632**	**10723**	**206087**	**327396**
3717	16706	11042	3966	53306	86333
9190	43736	24590	6757	152781	241063
4869	28231	13535	7286	115746	171576
4527	20227	11937	2484	60444	98728
3473	11872	10099	939	29812	56488
38	112	61	14	85	604
11994	55525	32915	9043	176425	290465
2695	15471	9513	3510	57123	90761
22	67	40	20	165	321
7627	31445	20872	5082	98941	165843
2798	8995	8004	1351	32704	55368
4829	22450	12868	3731	66237	110475
1570	7997	1890	396	17877	29938
80	545	600	35	2319	3602
80	545	600	35	2319	3602
207	1392	526	50	8092	9908
173	1288	503	50	7698	9339
33	91	12		391	541
1	13	11		3	28
706	3525	2191	1630	21570	27023
696	3477	2156	1628	21398	26761
10	48	35	2	172	262

1-B-36 按行业小类分组的规模以上

行业	从业人员期末人数	#女性	从业人员期末人数(按人员类型分)		
			在岗职工	劳务派遣人员	其他从业人员
总计	**325791**	**87340**	**276552**	**42215**	**7024**
采矿业	**4694**	**847**	**3399**	**349**	**946**
黑色金属矿采选业	1293	204	1093	112	88
铁矿采选	1293	204	1093	112	88
铁矿采选	1293	204	1093	112	88
有色金属矿采选业	584	136	475	83	26
常用有色金属矿采选	584	136	475	83	26
铜矿采选	584	136	475	83	26
非金属矿采选业	2817	507	1831	154	832
土砂石开采	1204	188	990	108	106
石灰石、石膏开采	744	105	547	108	89
建筑装饰用石开采	122	21	122		
耐火土石开采	150	45	133		17
粘土及其他土砂石开采	188	17	188		
石棉及其他非金属矿采选	1613	319	841	46	726
其他未列明非金属矿采选	1613	319	841	46	726
制造业	**213810**	**61579**	**197074**	**12829**	**3907**
农副食品加工业	6997	2403	6606	299	92
谷物磨制	157	52	111	39	7
谷物磨制	157	52	111	39	7
饲料加工	115	20	114		1
饲料加工	115	20	114		1
屠宰及肉类加工	978	179	863	65	50
牲畜屠宰	850	149	735	65	50
肉制品及副产品加工	128	30	128		
水产品加工	5747	2152	5518	195	34
水产品冷冻加工	5471	2024	5265	192	14
鱼糜制品及水产品干腌制加工	198	114	176	3	19
鱼油提取及制品制造	78	14	77		1
食品制造业	5979	4171	5592	372	15
焙烤食品制造	530	259	449	73	8
糕点、面包制造	530	259	449	73	8

国有及国有控股工业法人单位从业人员

单位：人

从业人员期末人数(按职业类型分)					从业人员平均人数
单位负责人	专业技术人员	办事人员和有关人员	商业、服务业人员	生产、运输设备操作人员及有关人员	
12907	**60442**	**35632**	**10723**	**206087**	**327396**
246	**676**	**450**	**2**	**3320**	**4953**
52	323	191	2	725	1318
52	323	191	2	725	1318
52	323	191	2	725	1318
45	118	18		403	596
45	118	18		403	596
45	118	18		403	596
149	235	241		2192	3039
57	150	102		895	1224
47	79	64		554	762
1	38	25		58	124
4	5	8		133	143
5	28	5		150	195
92	85	139		1297	1815
92	85	139		1297	1815
8359	**37824**	**21011**	**6083**	**140533**	**214038**
232	1018	858	490	4399	6736
24	20	22	2	89	158
24	20	22	2	89	158
1	12	55		47	120
1	12	55		47	120
61	49	218	132	518	1085
50	41	200	88	471	957
11	8	18	44	47	128
146	937	563	356	3745	5373
120	912	535	356	3548	5075
12	11	24		151	219
14	14	4		46	79
93	226	306	39	5315	4029
11	16	11		492	503
11	16	11		492	503

1-B-36 续表 1

行业	从业人员期末人数	#女性	从业人员期末人数(按人员类型分)		
			在岗职工	劳务派遣人员	其他从业人员
方便食品制造	155	92	151		4
速冻食品制造	155	92	151		4
罐头食品制造	3762	3200	3762		
蔬菜、水果罐头制造	3762	3200	3762		
调味品、发酵制品制造	654	220	654		
味精制造	654	220	654		
其他食品制造	878	400	576	299	3
盐加工	402	178	103	299	
食品及饲料添加剂制造	106	60	106		
其他未列明食品制造	370	162	367		3
酒、饮料和精制茶制造业	5308	2142	4997	36	275
酒的制造	5221	2097	4910	36	275
啤酒制造	2088	837	2046	36	6
黄酒制造	3133	1260	2864		269
精制茶加工	87	45	87		
精制茶加工	87	45	87		
烟草制品业	1104	393	1104		
卷烟制造	1104	393	1104		
卷烟制造	1104	393	1104		
纺织业	5532	3537	5319	107	106
棉纺织及印染精加工	1816	1349	1803		13
棉纺纱加工	1816	1349	1803		13
毛纺织及染整精加工	617	377	602		15
毛条和毛纱线加工	488	333	488		
毛织造加工	129	44	114		15
丝绢纺织及印染精加工	2348	1410	2280		68
缫丝加工	60	38	60		
丝印染精加工	2288	1372	2220		68
针织或钩针编织物及其制品制造	407	329	407		
针织或钩针编织物织造	121	91	121		
针织或钩针编织物印染精加工	159	128	159		
针织或钩针编织品制造	127	110	127		
非家用纺织制成品制造	344	72	227	107	10
非织造布制造	172	36	162		10
纺织带和帘子布制造	172	36	65	107	

单位：人

从业人员期末人数(按职业类型分)					从业人员平均人数
单位负责人	专业技术人员	办事人员和有关人员	商业、服务业人员	生产、运输设备操作人员及有关人员	
3	6	20	2	124	150
3	6	20	2	124	150
12	38	72		3640	1806
12	38	72		3640	1806
41	110	110	37	356	651
41	110	110	37	356	651
26	56	93		703	919
22	51	55		274	428
2	3	15		86	146
2	2	23		343	345
176	1001	883	88	3160	5312
173	991	871	88	3098	5224
78	375	408	1	1226	2121
95	616	463	87	1872	3103
3	10	12		62	88
3	10	12		62	88
8	76	77		943	1083
8	76	77		943	1083
8	76	77		943	1083
287	968	383	71	3823	5488
51	130	60		1575	1806
51	130	60		1575	1806
48	45	27	41	456	563
18	10	9	38	413	425
30	35	18	3	43	138
145	745	126		1332	2350
3	15	5		37	60
142	730	121		1295	2290
28	15	93	30	241	405
5	4	46	30	36	120
22	4	32		101	160
1	7	15		104	125
15	33	77		219	364
12	8	24		128	188
3	25	53		91	176

1-B-36 续表 2

行业	从业人员期末人数	#女性	从业人员期末人数(按人员类型分)		
			在岗职工	劳务派遣人员	其他从业人员
纺织服装、服饰业	6148	2738	6012	115	21
机织服装制造	6055	2661	5919	115	21
机织服装制造	6055	2661	5919	115	21
服饰制造	93	77	93		
服饰制造	93	77	93		
皮革、毛皮、羽毛及其制品和制鞋业	226	132	220	6	
皮革制品制造	17		11	6	
皮箱、包(袋)制造	17		11	6	
制鞋业	209	132	209		
皮鞋制造	209	132	209		
造纸和纸制品业	2840	455	2816	23	1
造纸	2840	455	2816	23	1
机制纸及纸板制造	2840	455	2816	23	1
印刷和记录媒介复制业	3291	971	3068	212	11
印刷	3271	961	3048	212	11
书、报刊印刷	2678	792	2462	212	4
本册印制	63	27	61		2
包装装潢及其他印刷	530	142	525		5
装订及印刷相关服务	20	10	20		
装订及印刷相关服务	20	10	20		
文教、工美、体育和娱乐用品制造业	335	135	316		19
工艺美术品制造	335	135	316		19
雕塑工艺品制造	200	56	200		
珠宝首饰及有关物品制造	45	18	40		5
其他工艺美术品制造	90	61	76		14
石油加工、炼焦和核燃料加工业	8387	1805	7847	520	20
精炼石油产品制造	8387	1805	7847	520	20
原油加工及石油制品制造	8387	1805	7847	520	20
化学原料和化学制品制造业	27437	7499	25220	1387	830
基础化学原料制造	19229	5631	17475	1070	684
无机碱制造	1123	194	1105	15	3
有机化学原料制造	17963	5396	16243	1044	676
其他基础化学原料制造	143	41	127	11	5

单位：人

从业人员期末人数(按职业类型分)					从业人员平均人数
单位负责人	专业技术人员	办事人员和有关人员	商业、服务业人员	生产、运输设备操作人员及有关人员	
283	65	1900	11	3889	5955
282	65	1886	11	3811	5862
282	65	1886	11	3811	5862
1		14		78	93
1		14		78	93
16	2	38		170	228
				17	17
				17	17
16	2	38		153	211
16	2	38		153	211
104	394	138		2204	2874
104	394	138		2204	2874
104	394	138		2204	2874
187	353	644	158	1949	3347
186	338	640	158	1949	3327
159	286	452	155	1626	2722
7	1	12	3	40	66
20	51	176		283	539
1	15	4			20
1	15	4			20
14	19	28	31	243	316
14	19	28	31	243	316
1		8		191	184
5	7	8	16	9	44
8	12	12	15	43	88
489	1283	819	57	5739	8466
489	1283	819	57	5739	8466
489	1283	819	57	5739	8466
1643	5088	1381	965	18360	27635
1308	3595	202	785	13339	19532
38	166	113		806	1120
1255	3416	72	785	12435	18278
15	13	17		98	134

1-B-36 续表 3

行业	从业人员期末人数	#女性	从业人员期末人数(按人员类型分) 在岗职工	劳务派遣人员	其他从业人员
肥料制造	387	55	387		
氮肥制造	387	55	387		
农药制造	1368	393	1368		
化学农药制造	715	175	715		
生物化学农药及微生物农药制造	653	218	653		
涂料、油墨、颜料及类似产品制造	629		629		
涂料制造	629		629		
合成材料制造	2253	517	2087	156	10
初级形态塑料及合成树脂制造	710	193	544	156	10
合成纤维单(聚合)体制造	1543	324	1543		
专用化学产品制造	2310	477	2021	153	136
化学试剂和助剂制造	1722	324	1576	88	58
专项化学用品制造	193	43	104	24	65
信息化学品制造	275	74	265		10
环境污染处理专用药剂材料制造	94	22	53	41	
其他专用化学产品制造	26	14	23		3
炸药、火工及焰火产品制造	1261	426	1253	8	
炸药及火工产品制造	1261	426	1253	8	
医药制造业	17353	6910	16937	158	258
化学药品原料药制造	10935	4045	10866		69
化学药品原料药制造	10935	4045	10866		69
化学药品制剂制造	5493	2473	5274	154	65
化学药品制剂制造	5493	2473	5274	154	65
中药饮片加工	247	80	247		
中药饮片加工	247	80	247		
中成药生产	248	104	248		
中成药生产	248	104	248		
生物药品制造	430	208	302	4	124
生物药品制造	430	208	302	4	124
化学纤维制造业	941	272	930	10	1
纤维素纤维原料及纤维制造	181	31	181		
人造纤维(纤维素纤维)制造	181	31	181		

单位：人

从业人员期末人数(按职业类型分)					从业人员平均人数
单位负责人	专业技术人员	办事人员和有关人员	商业、服务业人员	生产、运输设备操作人员及有关人员	
40	27	7	4	309	408
40	27	7	4	309	408
94	304	143	19	808	1374
55	125	85		450	717
39	179	58	19	358	657
1	122	90	77	339	614
1	122	90	77	339	614
42	395	317	21	1478	2213
21	146	67		476	718
21	249	250	21	1002	1495
92	392	346	39	1441	2217
51	269	243	37	1122	1626
14	27	50		102	195
11	77	49		138	280
8	15	4	2	65	90
8	4			14	26
66	253	276	20	646	1277
66	253	276	20	646	1277
669	5746	1577	2026	7335	16940
480	4121	920	271	5143	10815
480	4121	920	271	5143	10815
147	1346	485	1593	1922	5218
147	1346	485	1593	1922	5218
5	72	81		89	246
5	72	81		89	246
7	77	52		112	247
7	77	52		112	247
30	130	39	162	69	414
30	130	39	162	69	414
51	111	68		711	944
4	21	42		114	180
4	21	42		114	180

1-B-36 续表 4

行业	从业人员期末人数	#女性	从业人员期末人数(按人员类型分)		
			在岗职工	劳务派遣人员	其他从业人员
合成纤维制造	760	241	749	10	1
锦纶纤维制造	650	199	649		1
其他合成纤维制造	110	42	100	10	
橡胶和塑料制品业	16921	4537	14283	2492	146
橡胶制品业	16355	4368	13789	2427	139
轮胎制造	16355	4368	13789	2427	139
塑料制品业	566	169	494	65	7
塑料板、管、型材制造	366	59	300	65	1
塑料零件制造	200	110	194		6
非金属矿物制品业	25090	5324	24664	335	91
水泥、石灰和石膏制造	14550	3024	14342	157	51
水泥制造	14484	3014	14319	114	51
石灰和石膏制造	66	10	23	43	
石膏、水泥制品及类似制品制造	4224	583	4085	103	36
水泥制品制造	3840	510	3735	73	32
砼结构构件制造	347	67	344		3
轻质建筑材料制造	37	6	6	30	1
砖瓦、石材等建筑材料制造	314	50	314		
防水建筑材料制造	260	33	260		
其他建筑材料制造	54	17	54		
玻璃制品制造	1164	401	1104	60	
其他玻璃制品制造	1164	401	1104	60	
玻璃纤维和玻璃纤维增强塑料制品制造	4827	1265	4808	15	4
玻璃纤维及制品制造	4827	1265	4808	15	4
耐火材料制品制造	11	1	11		
耐火陶瓷制品及其他耐火材料制造	11	1	11		
黑色金属冶炼和压延加工业	14904	2276	14229	127	548
炼钢	9745	1791	9250		495
炼钢	9745	1791	9250		495
黑色金属铸造	666	82	541	124	1
黑色金属铸造	666	82	541	124	1
钢压延加工	4443	390	4388	3	52
钢压延加工	4443	390	4388	3	52

单位：人

从业人员期末人数(按职业类型分)					从业人员平均人数
单位负责人	专业技术人员	办事人员和有关人员	商业、服务业人员	生产、运输设备操作人员及有关人员	
47	90	26		597	764
45	78	21		506	657
2	12	5		91	107
286	1247	789	42	14557	17157
258	1177	731	37	14152	16654
258	1177	731	37	14152	16654
28	70	58	5	405	503
22	57	41	5	241	365
6	13	17		164	138
866	4018	3339	583	16284	26945
448	2590	2265	320	8927	15941
447	2588	2245	320	8884	15876
1	2	20		43	65
301	592	528	57	2746	4331
286	471	493	56	2534	3954
12	121	35		179	341
3			1	33	36
6	38	13		257	314
1	29	10		220	258
5	9	3		37	56
35	104	136		889	1337
35	104	136		889	1337
75	691	390	206	3465	5011
75	691	390	206	3465	5011
1	3	7			11
1	3	7			11
235	2479	946	55	11189	15007
121	1433	379		7812	9931
121	1433	379		7812	9931
26	126	94		420	653
26	126	94		420	653
80	910	469	55	2929	4374
80	910	469	55	2929	4374

1-B-36 续表 5

行业	从业人员期末人数	#女性	从业人员期末人数(按人员类型分)		
			在岗职工	劳务派遣人员	其他从业人员
铁合金冶炼	50	13	50		
铁合金冶炼	50	13	50		
有色金属冶炼和压延加工业	1459	292	1318	98	43
贵金属冶炼	570	106	570		
金冶炼	570	106	570		
有色金属合金制造	94	23	88		6
有色金属合金制造	94	23	88		6
有色金属压延加工	795	163	660	98	37
铜压延加工	593	120	497	64	32
贵金属压延加工	65	16	65		
其他有色金属压延加工	137	27	98	34	5
金属制品业	2688	498	2472	198	18
结构性金属制品制造	564	79	563		1
金属结构制造	510	66	510		
金属门窗制造	54	13	53		1
金属工具制造	940	156	895	45	
手工具制造	940	156	895	45	
集装箱及金属包装容器制造	514	116	472	28	14
金属压力容器制造	384	47	342	28	14
金属包装容器制造	130	69	130		
建筑、安全用金属制品制造	238	51	238		
建筑装饰及水暖管道零件制造	226	49	226		
其他建筑、安全用金属制品制造	12	2	12		
其他金属制品制造	432	96	304	125	3
锻件及粉末冶金制品制造	178	35	175	3	
其他未列明金属制品制造	254	61	129	122	3
通用设备制造业	16482	3025	13880	2106	496
锅炉及原动设备制造	3998	629	3729	147	122
锅炉及辅助设备制造	488	81	472	1	15
汽轮机及辅机制造	3080	469	2836	146	98
水轮机及辅机制造	430	79	421		9
金属加工机械制造	381	63	366		15
金属切削机床制造	381	63	366		15

单位：人

从业人员期末人数(按职业类型分)					从业人员平均人数
单位负责人	专业技术人员	办事人员和有关人员	商业、服务业人员	生产、运输设备操作人员及有关人员	
8	10	4		28	49
8	10	4		28	49
72	278	171	89	849	1490
34	154	32	89	261	563
34	154	32	89	261	563
10		84			94
10		84			94
28	124	55		588	833
18	96	44		435	628
2	9	3		51	66
8	19	8		102	139
185	405	764		1334	2754
15	168	39		342	571
11	159	25		315	517
4	9	14		27	54
114		604		222	935
114		604		222	935
23	140	25		326	523
19	116	9		240	382
4	24	16		86	141
6	35	52		145	279
5	33	50		138	223
1	2	2		7	56
27	62	44		299	446
7	9	22		140	184
20	53	22		159	262
1199	3924	1074	87	10198	16471
178	1323	138	19	2340	3960
28	124	22		314	473
117	1132	8		1823	3046
33	67	108	19	203	441
39	127	16	23	176	381
39	127	16	23	176	381

1-B-36 续表 6

行业	从业人员期末人数	#女性	从业人员期末人数(按人员类型分)		
			在岗职工	劳务派遣人员	其他从业人员
物料搬运设备制造	1174	207	1090	84	
轻小型起重设备制造	805	184	777	28	
电梯、自动扶梯及升降机制造	369	23	313	56	
泵、阀门、压缩机及类似机械制造	4381	848	3195	1152	34
泵及真空设备制造	449	122	447		2
气体压缩机械制造	3410	640	2258	1138	14
阀门和旋塞制造	141	20	127	14	
液压和气压动力机械及元件制造	381	66	363		18
轴承、齿轮和传动部件制造	3317	580	2724	369	224
轴承制造	133	22	133		
齿轮及齿轮减、变速箱制造	3130	550	2547	369	214
其他传动部件制造	54	8	44		10
烘炉、风机、衡器、包装等设备制造	2779	542	2343	354	82
风机、风扇制造	308	46	277	18	13
气体、液体分离及纯净设备制造	2071	442	1886	126	59
制冷、空调设备制造	400	54	180	210	10
通用零部件制造	370	140	370		
紧固件制造	370	140	370		
其他通用设备制造业	82	16	63		19
其他通用设备制造业	82	16	63		19
专用设备制造业	4463	1112	4361	75	27
采矿、冶金、建筑专用设备制造	454	105	409	30	15
石油钻采专用设备制造	226	70	196	26	4
建筑工程用机械制造	221	33	206	4	11
海洋工程专用设备制造	7	2	7		
化工、木材、非金属加工专用设备制造	327	62	327		
炼油、化工生产专用设备制造	327	62	327		
农、林、牧、渔专用机械制造	2409	704	2399		10
拖拉机制造	1687	638	1677		10
机械化农业及园艺机具制造	722	66	722		
环保、社会公共服务及其他专用设备制造	1273	241	1226	45	2
环境保护专用设备制造	1207	223	1160	45	2
水资源专用机械制造	66	18	66		

单位：人

从业人员期末人数(按职业类型分)					从业人员平均人数
单位负责人	专业技术人 员	办事人员和有关人员	商业、服务业人 员	生产、运输设备操作人员及有关人员	
426		285		463	1153
424		285		96	788
2				367	365
197	515	345		3324	4357
38	42	115		254	472
123	401	146		2740	3371
12	14	19		96	139
24	58	65		234	375
113	751	43	20	2390	3343
2	21	9		101	114
104	719	29	20	2258	3173
7	11	5		31	56
242	1029	233	25	1250	2806
28	68	35		177	307
178	926	168	1	798	2077
36	35	30	24	275	422
2	178	5		185	390
2	178	5		185	390
2	1	9		70	81
2	1	9		70	81
212	1233	660	59	2299	4558
21	225	21	51	136	470
11	181	13	2	19	232
9	41	5	49	117	231
1	3	3			7
10	132	52		133	321
10	132	52		133	321
74	483	394		1458	2474
62	282	276		1067	1712
12	201	118		391	762
107	393	193	8	572	1293
105	376	190	8	528	1233
2	17	3		44	60

1-B-36 续表 7

行业	从业人员期末人数	#女性	从业人员期末人数(按人员类型分)		
			在岗职工	劳务派遣人员	其他从业人员
汽车制造业	8573	1498	7100	1009	464
汽车整车制造	7607	1349	6375	781	451
汽车整车制造	7607	1349	6375	781	451
改装汽车制造	241	38	237		4
改装汽车制造	241	38	237		4
汽车零部件及配件制造	725	111	488	228	9
汽车零部件及配件制造	725	111	488	228	9
铁路、船舶、航空航天和其他运输设备制造业	13762	2960	13473	122	167
船舶及相关装置制造	4928	732	4704	122	102
金属船舶制造	4692	684	4473	122	97
船用配套设备制造	236	48	231		5
摩托车制造	8834	2228	8769		65
摩托车整车制造	8190	1983	8132		58
摩托车零部件及配件制造	644	245	637		7
电气机械和器材制造业	5664	2204	4367	1220	77
电机制造	899	173	793	62	44
发电机及发电机组制造	899	173	793	62	44
输配电及控制设备制造	2871	1343	2157	700	14
电容器及其配套设备制造	151	42	149		2
配电开关控制设备制造	1809	967	1340	464	5
电力电子元器件制造	450	275	214	236	
其他输配电及控制设备制造	461	59	454		7
电线、电缆、光缆及电工器材制造	259	70	242	17	
电线、电缆制造	259	70	242	17	
电池制造	63	27	63		
其他电池制造	63	27	63		
家用电力器具制造	986	310	930	37	19
家用空气调节器制造	786	259	760	26	
家用通风电器具制造	122	31	104		18
家用清洁卫生电器具制造	78	20	66	11	1

单位：人

从业人员期末人数(按职业类型分)					从业人员平均人数
单位负责人	专业技术人员	办事人员和有关人员	商业、服务业人员	生产、运输设备操作人员及有关人员	
151	1711	493	420	5798	8277
86	1548	417	420	5136	7287
86	1548	417	420	5136	7287
27	45	43		126	253
27	45	43		126	253
38	118	33		536	737
38	118	33		536	737
372	2219	1810	5	9356	14048
201	1097	1326	5	2299	4921
192	1042	1287	5	2166	4680
9	55	39		133	241
171	1122	484		7057	9127
117	996	456		6621	8431
54	126	28		436	696
228	1238	697	386	3115	5975
56	292	42	36	473	923
56	292	42	36	473	923
80	709	472	350	1260	2870
12		42	1	96	150
28	332	271	324	854	1805
5	167	41	25	212	435
35	210	118		98	480
27	68	120		44	248
27	68	120		44	248
2	3	6		52	63
2	3	6		52	63
46	52	29		859	1311
4	7	21		754	1104
13	14	4		91	126
29	31	4		14	81

1-B-36 续表 8

行业	从业人员期末人数	#女性	从业人员期末人数(按人员类型分)		
			在岗职工	劳务派遣人员	其他从业人员
照明器具制造	586	281	182	404	
照明灯具制造	536	264	132	404	
灯用电器附件及其他照明器具制造	50	17	50		
计算机、通信和其他电子设备制造业	9488	3550	7976	1446	66
计算机制造	389	173	361		28
计算机外围设备制造	130	70	111		19
其他计算机制造	259	103	250		9
通信设备制造	5343	1702	4037	1298	8
通信系统设备制造	865	148	859		6
通信终端设备制造	4478	1554	3178	1298	2
广播电视设备制造	82	33	77		5
广播电视节目制作及发射设备制造	82	33	77		5
视听设备制造	565	242	563		2
电视机制造	435	180	433		2
音响设备制造	130	62	130		
电子器件制造	2184	929	2022	144	18
电子真空器件制造	172	72	171		1
半导体分立器件制造	742	267	598	144	
集成电路制造	1076	496	1065		11
光电子器件及其他电子器件制造	194	94	188		6
电子元件制造	925	471	916	4	5
电子元件及组件制造	858	440	849	4	5
印制电路板制造	67	31	67		
仪器仪表制造业	855	394	652	101	102
通用仪器仪表制造	107	37	60	46	1
工业自动控制系统装置制造	48	14	45	2	1
电工仪器仪表制造	59	23	15	44	
专用仪器仪表制造	545	264	516	8	21
运输设备及生产用计数仪表制造	511	259	482	8	21
导航、气象及海洋专用仪器制造	34	5	34		
光学仪器及眼镜制造	203	93	76	47	80
光学仪器制造	203	93	76	47	80

单位：人

从业人员期末人数(按职业类型分)					从业人员平均人数
单位负责人	专业技术人员	办事人员和有关人员	商业、服务业人员	生产、运输设备操作人员及有关人员	
17	114	28		427	560
16	107	14		399	513
1	7	14		28	47
186	2295	738	301	5968	9574
9	182	17	26	155	416
3	46	1	26	54	129
6	136	16		101	287
58	1101	299	176	3709	5318
17	280	152	24	392	857
41	821	147	152	3317	4461
10	22	4	17	29	80
10	22	4	17	29	80
21	219	45	16	264	547
14	196	31	16	178	422
7	23	14		86	125
50	579	261	62	1232	2177
4	32		2	134	171
14	205	171		352	730
11	268	65	60	672	1084
21	74	25		74	192
38	192	112	4	579	1036
35	188	105	4	526	964
3	4	7		53	72
32	247	151	50	375	849
3	40	18	3	43	108
2	36	4		6	49
1	4	14	3	37	59
4	184	109	28	220	529
2	158	107	27	217	495
2	26	2	1	3	34
25	23	24	19	112	212
25	23	24	19	112	212

1-B-36 续表 9

行 业	从业人员期末人数	#女 性	从业人员期末人数(按人员类型分)		
			在岗职工	劳务派遣人 员	其 他从业人员
其他制造业	237	42	229		8
日用杂品制造	97	20	89		8
其他日用杂品制造	97	20	89		8
煤制品制造	140	22	140		
煤制品制造	140	22	140		
废弃资源综合利用业	322	19	68	254	
非金属废料和碎屑加工处理	322	19	68	254	
非金属废料和碎屑加工处理	322	19	68	254	
金属制品、机械和设备修理业	1024	285	1018	1	5
通用设备修理	72	10	69	1	2
通用设备修理	72	10	69	1	2
铁路、船舶、航空航天等运输设备修理	952	275	949		3
船舶修理	952	275	949		3
电力、热力、燃气及水生产和供应业	**107287**	**24914**	**76079**	**29037**	**2171**
电力、热力生产和供应业	79902	16150	53208	25634	1060
电力生产	14244	2937	13139	983	122
火力发电	9861	1856	9003	821	37
水力发电	3819	927	3593	158	68
核力发电	364	125	364		
风力发电	98	9	94	4	
其他电力生产	102	20	85		17
电力供应	64470	12937	38920	24644	906
电力供应	64470	12937	38920	24644	906
热力生产和供应	1188	276	1149	7	32
热力生产和供应	1188	276	1149	7	32
燃气生产和供应业	3913	1177	3086	672	155
燃气生产和供应业	3913	1177	3086	672	155
燃气生产和供应业	3913	1177	3086	672	155
水的生产和供应业	23472	7587	19785	2731	956
自来水生产和供应	20783	6741	17447	2471	865
自来水生产和供应	20783	6741	17447	2471	865
污水处理及其再生利用	2689	846	2338	260	91
污水处理及其再生利用	2689	846	2338	260	91

单位：人

从业人员期末人数(按职业类型分)					从业人员平均人数
单位负责人	专业技术人员	办事人员和有关人员	商业、服务业人员	生产、运输设备操作人员及有关人员	
6	29	44	3	155	241
1				96	103
1				96	103
5	29	44	3	59	138
5	29	44	3	59	138
9	42	54		217	312
9	42	54		217	312
9	42	54		217	312
68	109	181	67	599	1027
13	10	13		36	75
13	10	13		36	75
55	99	168	67	563	952
55	99	168	67	563	952
4302	**21942**	**14171**	**4638**	**62234**	**108405**
2636	15261	8930	3561	49514	82115
840	3867	1393	593	7051	14250
485	2373	1000	502	5501	9867
306	1158	748	91	1516	3812
37	215	112			368
9	63	23		3	101
3	58	10		31	102
1726	11222	6886	2968	41668	66697
1726	11222	6886	2968	41668	66697
70	172	151		795	1168
70	172	151		795	1168
226	1007	862	109	1709	3019
226	1007	862	109	1709	3019
226	1007	862	109	1709	3019
1440	5674	4379	968	11011	23271
1333	5066	3416	956	10012	20618
1333	5066	3416	956	10012	20618
107	608	963	12	999	2653
107	608	963	12	999	2653

1-B-37 按地区分组的规模以上国有

地　　区	从业人员期末人数	#女　性	从业人员期末人数(按人员类型分)		
			在岗职工	劳务派遣人　　员	其　　他从业人员
全　省	**325791**	**87340**	**276552**	**42215**	**7024**
杭州市	**95707**	**25096**	**82023**	**11213**	**2471**
上城区	2416	818	2072	99	245
下城区	3519	683	3276	152	91
江干区	19080	4964	15805	2980	295
拱墅区	16834	4141	16261	9	564
西湖区	1732	580	1361	326	45
滨江区	9049	3401	7032	1918	99
萧山区	16228	3275	14054	1492	682
余杭区	9028	2280	7146	1815	67
桐庐县	1681	250	1150	412	119
淳安县	662	149	662		
建德市	3232	890	3056	133	43
富阳市	7441	2702	6537	810	94
临安市	4805	963	3611	1067	127
宁波市	**42090**	**11459**	**36816**	**4960**	**314**
海曙区	482	124	371	88	23
江东区	2947	1045	2227	720	
江北区	1451	329	1038	398	15
北仑区	9828	1496	9714	31	83
镇海区	10068	2209	9359	678	31
鄞州区	1421	342	1416		5
象山县	6243	3859	5881	362	
宁海县	3941	885	3313	598	30
余姚市	2487	463	1815	655	17
慈溪市	1872	377	742	1020	110
奉化市	1350	330	940	410	
温州市	**13553**	**3506**	**9299**	**3056**	**1198**
鹿城区	3302	1022	3224	21	57
龙湾区	211	32	201	10	
瓯海区	93	38	13		80
洞头县	596	186	410	133	53
永嘉县	1313	387	587	593	133
平阳县	878	201	381	497	

及国有控股工业法人单位从业人员

单位：人

从业人员期末人数(按职业类型分)					从业人员平均人数
单位负责人	专业技术人员	办事人员和有关人员	商业、服务业人员	生产、运输设备操作人员及有关人员	
12907	**60442**	**35632**	**10723**	**206087**	**327396**
3510	**17574**	**8084**	**3577**	**62962**	**95273**
143	474	302	9	1488	2441
121	916	77	132	2273	3513
512	2145	903	190	15330	19515
435	2664	919	1438	11378	16838
150	559	262	19	742	911
184	2340	710	564	5251	8981
488	3257	1034	473	10976	15992
621	1427	1923	267	4790	9143
46	203	342	25	1065	1820
47	363	78	3	171	691
184	365	367	120	2196	3273
217	1572	797	95	4760	7399
362	1289	370	242	2542	4756
1735	**7462**	**4097**	**548**	**28248**	**40106**
9	120	21		332	470
109	361	370	5	2102	2954
69	353	221	3	805	1459
251	2121	1164	97	6195	9571
627	1588	1017	46	6790	10184
91	163	212		955	1392
177	467	417	75	5107	4320
186	1138	375	201	2041	4041
158	520	193	1	1615	2499
18	458	7		1389	1872
40	173	100	120	917	1344
629	**2262**	**2580**	**916**	**7166**	**13770**
219	669	465	411	1538	3288
18	23	29	17	124	210
4		9		80	103
37	115	40	15	389	627
115	73	302	4	819	1325
41	91	56		690	881

1-B-37 续表 1

地　区	从业人员期末人数	#女　性	从业人员期末人数(按人员类型分)		
			在岗职工	劳务派遣人　员	其　他从业人员
苍南县	1742	322	1023	4	715
文成县	564	146	402	139	23
泰顺县	588	172	347	239	2
瑞安市	1216	240	498	718	
乐清市	3050	760	2213	702	135
嘉兴市	**24231**	**5161**	**20820**	**3025**	**386**
南湖区	8244	1546	6675	1473	96
秀洲区	518	98	518		
嘉善县	1178	284	1008	154	16
海盐县	1489	404	1476	9	4
海宁市	2017	456	1798	59	160
平湖市	3536	650	2532	935	69
桐乡市	7249	1723	6813	395	41
湖州市	**16821**	**5239**	**15161**	**1443**	**217**
吴兴区	2325	730	2268	30	27
南浔区	65	40	65		
德清县	6829	3028	6366	440	23
长兴县	6262	1169	5564	533	165
安吉县	1340	272	898	440	2
绍兴市	**24047**	**7959**	**20815**	**2533**	**699**
越城区	9616	3333	8563	554	499
绍兴县	2345	687	1864	473	8
新昌县	4429	1586	4141	234	54
诸暨市	4411	1826	3705	638	68
上虞市	2435	368	2050	327	58
嵊州市	811	159	492	307	12
金华市	**13592**	**3866**	**11133**	**2335**	**124**
婺城区	4678	1564	4280	395	3
武义县	618	95	386	225	7
浦江县	679	138	357	310	12
磐安县	295	61	163	132	
兰溪市	2583	580	2367	195	21
义乌市	1345	291	864	466	15
东阳市	881	272	559	322	
永康市	2513	865	2157	290	66

单位：人

从业人员期末人数(按职业类型分)					从业人员平均人数
单位负责人	专业技术人员	办事人员和有关人员	商业、服务业人员	生产、运输设备操作人员及有关人员	
92	247	325	32	1046	1916
13	222	70		259	558
30	138	62	104	254	593
41	104	140		931	1220
19	580	1082	333	1036	3049
1035	**4117**	**2363**	**749**	**15967**	**24668**
343	1250	515	116	6020	8308
32	42	73		371	536
41	134	265	8	730	1197
75	605	180	4	625	1510
139	531	193	19	1135	1992
164	328	373	262	2409	3538
241	1227	764	340	4677	7587
406	**2381**	**1998**	**381**	**11655**	**18270**
98	420	468	52	1287	2306
2	10	14		39	65
50	447	805	73	5454	6724
182	1297	634	251	3898	7773
74	207	77	5	977	1402
1283	**6918**	**3034**	**459**	**12353**	**23831**
319	2264	1436	256	5341	9536
135	500	594	47	1069	2344
396	1792	191		2050	4384
282	1526	337		2266	4380
97	664	424	156	1094	2375
54	172	52		533	812
1075	**2938**	**1855**	**198**	**7526**	**13742**
595	782	705	141	2455	4819
27	30	1		560	621
34	175	89		381	677
5	116			174	295
134	643	180		1626	2596
107	302	358		578	1333
78	282	128		393	884
95	608	394	57	1359	2517

1-B-37 续表 2

地　　区	从业人员期末人数	#女　性	从业人员期末人数(按人员类型分)		
			在岗职工	劳务派遣人员	其他从业人员
衢州市	**23616**	**7015**	**21195**	**1693**	**728**
柯城区	16264	5001	14778	814	672
衢江区	1085	272	1083	2	
常山县	1085	212	877	208	
开化县	375	103	319	36	20
龙游县	1261	308	931	294	36
江山市	3546	1119	3207	339	
舟山市	**14512**	**3993**	**13492**	**912**	**108**
定海区	5630	1403	5303	262	65
普陀区	7395	2232	7038	314	43
岱山县	1160	263	887	273	
嵊泗县	327	95	264	63	
台州市	**23875**	**6584**	**21055**	**2058**	**762**
椒江区	7103	2371	6716	314	73
黄岩区	1593	460	796	794	3
路桥区	835	231	534	295	6
玉环县	827	198	583		244
三门县	725	175	249	208	268
天台县	408	92	402		6
仙居县	529	128	479		50
温岭市	9437	2448	9284	41	112
临海市	2418	481	2012	406	
丽水市	**7684**	**2076**	**5752**	**1915**	**17**
莲都区	990	313	744	246	
青田县	1164	230	727	437	
缙云县	1522	532	1193	312	17
遂昌县	1562	415	1406	156	
松阳县	418	124	304	114	
云和县	498	109	365	133	
庆元县	338	70	203	135	
景宁县	479	87	299	180	
龙泉市	713	196	511	202	

单位：人

从业人员期末人数(按职业类型分)					从业人员平均人数
单位负责人	专业技术人员	办事人员和有关人员	商业、服务业人员	生产、运输设备操作人员及有关人员	
1452	**4412**	**1723**	**798**	**15231**	**23991**
1145	2998	166	788	11167	16556
91	60	672		262	1072
6	216	211	10	642	1091
9	169	12		185	373
103	190	420		548	1318
98	779	242		2427	3581
492	**3184**	**2572**	**431**	**7833**	**14115**
295	1396	1269	64	2606	5623
141	1310	1238	356	4350	6964
14	375	65	11	695	1186
42	103			182	342
694	**5024**	**2583**	**577**	**14997**	**24417**
250	2254	678	403	3518	7186
76	314	162		1041	1575
14	208	149	6	458	921
9	166	369	76	207	855
7	160	50	66	442	727
25	199	35		149	404
11	72	96		350	519
185	1185	551		7516	9772
117	466	493	26	1316	2458
406	**2117**	**738**	**194**	**4229**	**7689**
103	320	128	1	438	980
81	171	124		788	1152
25	366	59		1072	1545
52	419	101	126	864	1557
13	158	60	44	143	418
17	157	82	23	219	496
8	152	31		147	341
8	153	51		267	483
99	221	102		291	717

1-B-38 按轻重工业、规模和登记注册类型分组的规模

项　目	从业人员期末人数	#女　性	从业人员期末人数(按人员类型分)		
			在岗职工	劳务派遣人员	其他从业人员
总　计	**1820504**	**853240**	**1687213**	**113541**	**19750**
一、按轻重工业分					
轻工业	1014011	554511	964332	37466	12213
重工业	806493	298729	722881	76075	7537
二、按规模分					
大型企业	480130	206317	422404	55551	2175
中型企业	720146	358352	667511	44198	8437
小型企业	618551	287987	595683	13789	9079
微型企业	1677	584	1615	3	59
三、按登记注册类型分					
港澳台商投资	902443	427429	853169	39997	9277
与港澳台商合资经营	489496	234225	467112	17437	4947
与港澳台商合作经营	13014	6878	12304	539	171
港澳台商独资	372211	175800	347849	20450	3912
港澳台商投资股份有限公司	27122	10276	25304	1571	247
其他港澳台投资	600	250	600		
外商投资	918061	425811	834044	73544	10473
中外合资经营	492765	226954	452810	34338	5617
中外合作经营	7073	3254	7039	7	27
外资企业	400973	187151	360567	36211	4195
外商投资股份有限公司	15651	7775	12063	2986	602
其他外商投资	1599	677	1565	2	32

以上外商投资和港澳台投资工业法人单位从业人员

单位：人

从业人员期末人数(按职业类型分)					从业人员平均人数
单位负责人	专业技术人员	办事人员和有关人员	商业、服务业人员	生产、运输设备操作人员及有关人员	
54270	**194763**	**267823**	**42743**	**1260905**	**1833572**
27233	90378	145489	28701	722210	1024187
27037	104385	122334	14042	538695	809385
9057	51318	60949	23288	335518	483862
18829	74235	100989	11892	514201	713364
26206	68936	105372	7472	410565	631017
178	274	513	91	621	5329
26192	96363	127984	25544	626360	911407
14558	51568	68907	16454	338009	493752
385	985	1685	123	9836	12920
10438	39574	53999	6349	261851	376742
802	4123	3347	2618	16232	27319
9	113	46		432	674
28078	98400	139839	17199	634545	922165
15254	56487	71884	11336	337804	490528
254	1056	1133	54	4576	7236
12101	38543	63205	5061	282063	407524
328	2051	3107	486	9679	15267
141	263	510	262	423	1610

1-B-39 按行业小类分组的规模以上外商投资

行业	从业人员期末人数	#女性	从业人员期末人数(按人员类型分)		
			在岗职工	劳务派遣人员	其他从业人员
总计	**1820504**	**853240**	**1687213**	**113541**	**19750**
采矿业	**557**	**48**	**557**		
非金属矿采选业	557	48	557		
土砂石开采	557	48	557		
石灰石、石膏开采	182	13	182		
建筑装饰用石开采	191	17	191		
粘土及其他土砂石开采	184	18	184		
制造业	**1811366**	**851233**	**1678483**	**113243**	**19640**
农副食品加工业	14635	7769	12979	310	1346
谷物磨制	549	190	390	159	
谷物磨制	549	190	390	159	
饲料加工	849	188	839	2	8
饲料加工	849	188	839	2	8
植物油加工	572	173	564		8
食用植物油加工	572	173	564		8
屠宰及肉类加工	2341	1351	2262	33	46
牲畜屠宰	760	270	760		
肉制品及副产品加工	1581	1081	1502	33	46
水产品加工	7908	4559	6984	9	915
水产品冷冻加工	7271	4106	6429	6	836
鱼糜制品及水产品干腌制加工	557	390	475	3	79
其他水产品加工	80	63	80		
蔬菜、水果和坚果加工	1606	1016	1241	4	361
蔬菜加工	1606	1016	1241	4	361
其他农副食品加工	810	292	699	103	8
淀粉及淀粉制品制造	251	81	237	14	
豆制品制造	172	28	132	38	2
其他未列明农副食品加工	387	183	330	51	6
食品制造业	29283	18417	25374	3369	540
焙烤食品制造	6646	4821	5412	1164	70
糕点、面包制造	5133	3840	4209	873	51
饼干及其他焙烤食品制造	1513	981	1203	291	19

和港澳台投资工业法人单位从业人员

单位：人

从业人员期末人数(按职业类型分)					从业人员平均人数
单位负责人	专业技术人员	办事人员和有关人员	商业、服务业人员	生产、运输设备操作人员及有关人员	
54270	**194763**	**267823**	**42743**	**1260905**	**1833572**
25	**56**	**125**	**2**	**349**	**551**
25	56	125	2	349	551
25	56	125	2	349	551
1	4	38		139	178
10	47	75	2	57	191
14	5	12		153	182
53796	**192415**	**266494**	**42513**	**1256148**	**1825345**
448	1421	2722	395	9649	14372
28	61	44	20	396	488
28	61	44	20	396	488
53	99	278	45	374	835
53	99	278	45	374	835
31	64	320		157	581
31	64	320		157	581
65	179	449	217	1431	2185
2	61	200		497	755
63	118	249	217	934	1430
193	784	1253	83	5595	7781
177	748	1207	83	5056	7090
15	29	34		479	611
1	7	12		60	80
51	112	311	1	1131	1688
51	112	311	1	1131	1688
27	122	67	29	565	814
3	58	45	15	130	224
11	37	6	14	104	160
13	27	16		331	430
789	3136	4323	3010	18025	25128
192	358	1003	2081	3012	6554
152	327	799	2081	1774	5154
40	31	204		1238	1400

1-B-39 续表 1

行　业	从业人员期末人数	#女　性	从业人员期末人数(按人员类型分)		
			在岗职工	劳务派遣人员	其他从业人员
糖果、巧克力及蜜饯制造	2256	1179	1782	469	5
糖果、巧克力制造	2215	1148	1741	469	5
蜜饯制作	41	31	41		
方便食品制造	4919	3188	3817	875	227
速冻食品制造	2659	1825	1564	875	220
方便面及其他方便食品制造	2260	1363	2253		7
罐头食品制造	7966	6087	7357	497	112
肉、禽类罐头制造	419	100	348		71
水产品罐头制造	643	397	177	460	6
蔬菜、水果罐头制造	6904	5590	6832	37	35
调味品、发酵制品制造	798	423	735	34	29
酱油、食醋及类似制品制造	236	99	213		23
其他调味品、发酵制品制造	562	324	522	34	6
其他食品制造	6698	2719	6271	330	97
营养食品制造	993	313	962	20	11
保健食品制造	1507	717	1495		12
冷冻饮品及食用冰制造	1256	425	984	258	14
食品及饲料添加剂制造	2572	1102	2463	52	57
其他未列明食品制造	370	162	367		3
酒、饮料和精制茶制造业	22465	7047	20355	1656	454
酒的制造	8788	2918	7234	1477	77
白酒制造	186	102	159	27	
啤酒制造	8219	2696	6709	1450	60
黄酒制造	383	120	366		17
饮料制造	13328	3892	12772	179	377
碳酸饮料制造	2487	513	2457	30	
瓶(罐)装饮用水制造	304	105	246	51	7
果菜汁及果菜汁饮料制造	1878	532	1841		37

单位：人

从业人员期末人数(按职业类型分)					从业人员平均人数
单位负责人	专业技术人员	办事人员和有关人员	商业、服务业人员	生产、运输设备操作人员及有关人员	
30	117	183		1926	1942
29	112	148		1926	1901
1	5	35			41
115	1583	716	354	2151	4249
71	311	258	2	2017	2037
44	1272	458	352	134	2212
64	158	938	33	6773	4638
2	17	37		363	419
2	14	87		540	636
60	127	814	33	5870	3583
34	70	180	25	489	772
11	21	49		155	253
23	49	131	25	334	519
354	850	1303	517	3674	6973
103	90	132	245	423	975
34	206	126		1141	1520
57	262	229		708	1486
158	290	793	272	1059	2647
2	2	23		343	345
931	2320	5873	2528	10813	23170
434	831	1731	236	5556	9445
5	20	27		134	191
408	774	1658	216	5163	8860
21	37	46	20	259	394
480	1457	4068	2267	5056	13389
185	39	1369	240	654	2456
12	55	37		200	302
148	289	616		825	1884

1-B-39 续表 2

行业	从业人员期末人数	#女性	从业人员期末人数(按人员类型分)		
			在岗职工	劳务派遣人员	其他从业人员
含乳饮料和植物蛋白饮料制造	1674	673	1575	97	2
固体饮料制造	180	60	178	1	1
茶饮料及其他饮料制造	6805	2009	6475		330
精制茶加工	349	237	349		
精制茶加工	349	237	349		
烟草制品业	227	40	175	49	3
其他烟草制品制造	227	40	175	49	3
其他烟草制品制造	227	40	175	49	3
纺织业	194894	105089	187881	4256	2757
棉纺织及印染精加工	110350	53754	106375	2838	1137
棉纺纱加工	22714	14297	20643	1722	349
棉织造加工	27361	16206	27079	129	153
棉印染精加工	60275	23251	58653	987	635
毛纺织及染整精加工	6429	3495	6143	171	115
毛条和毛纱线加工	2354	1248	2152	171	31
毛织造加工	2722	1578	2681		41
毛染整精加工	1353	669	1310		43
麻纺织及染整精加工	1584	930	1489	95	
麻纤维纺前加工和纺纱	767	515	672	95	
麻织造加工	67	17	67		
麻染整精加工	750	398	750		
丝绢纺织及印染精加工	6787	4560	5955	450	382
缫丝加工	118	75	116		2
绢纺和丝织加工	5559	4059	4907	378	274
丝印染精加工	1110	426	932	72	106
化纤织造及印染精加工	7359	3961	7235	5	119
化纤织造加工	5602	3254	5480	5	117
化纤织物染整精加工	1757	707	1755		2
针织或钩针编织物及其制品制造	32818	21185	32367	153	298
针织或钩针编织物织造	24508	15806	24268	142	98
针织或钩针编织物印染精加工	2268	1055	2244		24
针织或钩针编织品制造	6042	4324	5855	11	176

单位：人

从业人员期末人数(按职业类型分)					从业人员平均人数
单位负责人	专业技术人员	办事人员和有关人员	商业、服务业人员	生产、运输设备操作人员及有关人员	
21	61	274		1318	1630
6	28	91	11	44	180
108	985	1681	2016	2015	6937
17	32	74	25	201	336
17	32	74	25	201	336
15	52	10		150	224
15	52	10		150	224
15	52	10		150	224
6319	17966	26249	2125	142235	198291
3871	10296	12598	1319	82166	112040
552	1754	1516	103	18689	22866
705	2866	5593	43	18154	28289
2614	5676	5489	1173	45323	60885
246	517	361	33	4772	6702
83	179	311	12	1769	2402
132	141	294	7	2148	2945
31	197	256	14	855	1355
49	143	92	27	1273	1545
22	10	42		693	769
9	2	5	2	49	77
18	131	45	25	531	699
238	534	973	48	4994	6850
13	15	6		84	132
183	394	366	48	4068	5612
42	125	101		842	1106
204	840	331	298	5186	7337
164	561	710	298	3869	5644
40	279	121		1317	1693
843	2903	5142	139	23791	33380
580	1801	3902	124	18101	25001
116	218	286		1648	2322
147	884	954	15	4042	6057

1-B-39 续表 3

行业	从业人员期末人数	#女性	从业人员期末人数(按人员类型分)		
			在岗职工	劳务派遣人员	其他从业人员
家用纺织制成品制造	16868	11021	16073	229	566
床上用品制造	6493	4554	5958	57	478
毛巾类制品制造	1964	1365	1942		22
窗帘、布艺类产品制造	5654	3460	5505	88	61
其他家用纺织制成品制造	2757	1642	2668	84	5
非家用纺织制成品制造	12699	6183	12244	315	140
非织造布制造	3669	1571	3511	75	83
绳、索、缆制造	346	217	346		
纺织带和帘子布制造	3157	1700	2964	171	22
篷、帆布制造	2797	1434	2778		19
其他非家用纺织制成品制造	2730	1261	2645	69	16
纺织服装、服饰业	269110	186961	262255	3813	3042
机织服装制造	166883	117008	161875	2991	2017
机织服装制造	166883	117008	161875	2991	2017
针织或钩针编织服装制造	84086	56686	82586	802	698
针织或钩针编织服装制造	84086	56686	82586	802	698
服饰制造	18141	13267	17794	20	327
服饰制造	18141	13267	17794	20	327
皮革、毛皮、羽毛及其制品和制鞋业	72340	41385	71291	608	441
皮革鞣制加工	7367	2857	7296	45	26
皮革鞣制加工	7367	2857	7296	45	26
皮革制品制造	22381	13688	21722	468	191
皮革服装制造	3816	2742	3732	8	76
皮箱、包(袋)制造	13664	8195	13107	459	98
皮手套及皮装饰制品制造	2348	1448	2348		
其他皮革制品制造	2553	1303	2535	1	17
毛皮鞣制及制品加工	2361	1125	2360		1
毛皮鞣制加工	323	137	323		
毛皮服装加工	1763	893	1762		1
其他毛皮制品加工	275	95	275		

单位：人

从业人员期末人数(按职业类型分)					从业人员平均人数
单位负责人	专业技术人员	办事人员和有关人员	商业、服务业人员	生产、运输设备操作人员及有关人员	
423	1579	3506	175	11185	17322
173	861	1721	50	3688	6576
25	182	372		1385	2079
147	292	1011	120	4084	5775
78	244	402	5	2028	2892
445	1154	2146	86	8868	13115
173	195	664	35	2602	3950
8	17	95		226	338
98	345	359	16	2339	3246
63	252	669		1813	2768
103	345	359	35	1888	2813
5647	19515	32461	12444	199043	272196
3830	13035	20490	10755	118773	166708
3830	13035	20490	10755	118773	166708
1274	5401	8249	1672	67490	87075
1274	5401	8249	1672	67490	87075
543	1079	3722	17	12780	18413
543	1079	3722	17	12780	18413
1625	7511	8076	1246	53882	73475
207	966	650	76	5468	7621
207	966	650	76	5468	7621
582	1684	2672	109	17334	22517
187	543	420	14	2652	3928
256	901	1670	95	10742	13662
69	101	443		1735	2341
70	139	139		2205	2586
46	185	214	23	1893	2453
5	16	30		272	318
19	143	137		1464	1835
22	26	47	23	157	300

1-B-39 续表 4

行业	从业人员期末人数	#女性	从业人员期末人数(按人员类型分)		
			在岗职工	劳务派遣人员	其他从业人员
羽毛(绒)加工及制品制造	7790	5581	7776		14
羽毛(绒)加工	403	243	403		
羽毛(绒)制品加工	7387	5338	7373		14
制鞋业	32441	18134	32137	95	209
纺织面料鞋制造	1768	828	1592	22	154
皮鞋制造	28573	16483	28446	73	54
塑料鞋制造	90	64	90		
橡胶鞋制造	1845	668	1844		1
其他制鞋业	165	91	165		
木材加工和木、竹、藤、棕、草制品业	12670	5424	11274	1121	275
木材加工	192	86	153		39
锯材加工	122	51	115		7
单板加工	70	35	38		32
人造板制造	4607	1913	4556	38	13
胶合板制造	3422	1522	3375	38	9
纤维板制造	652	193	648		4
其他人造板制造	533	198	533		
木制品制造	5544	2143	4248	1081	215
建筑用木料及木材组件加工	100	43	80		20
木门窗、楼梯制造	782	319	781		1
地板制造	3493	1192	2338	1081	74
木制容器制造	56	15	56		
软木制品及其他木制品制造	1113	574	993		120
竹、藤、棕、草等制品制造	2327	1282	2317	2	8
竹制品制造	1837	961	1827	2	8
草及其他制品制造	490	321	490		
家具制造业	66245	24635	61313	4205	727
木质家具制造	20044	7128	19295	681	68
木质家具制造	20044	7128	19295	681	68

单位：人

从业人员期末人数(按职业类型分)					从业人员平均人数
单位负责人	专业技术人员	办事人员和有关人员	商业、服务业人员	生产、运输设备操作人员及有关人员	
174	548	1767		5301	7926
4	16	31		352	418
170	532	1736		4949	7508
616	4128	2773	1038	23886	32958
61	79	273		1355	1970
518	3951	2411	1035	20658	28911
5	2	2	3	78	97
27	94	81		1643	1831
5	2	6		152	149
444	1932	2303	96	7895	12925
11	12	13	2	154	205
8	12	5		97	133
3		8	2	57	72
101	418	874	2	3212	4881
88	191	598		2545	3569
9	173	220	2	248	643
4	54	56		419	669
258	659	850	58	3719	5505
1	5	10		84	100
35	50	72	8	617	748
185	573	552	50	2133	3517
2		4		50	56
35	31	212		835	1084
74	843	566	34	810	2334
63	746	528	34	466	1875
11	97	38		344	459
1056	3980	11082	1583	48544	65417
282	720	3429	33	15580	21043
282	720	3429	33	15580	21043

1-B-39 续表 5

行业	从业人员期末人数	#女性	从业人员期末人数(按人员类型分)		
			在岗职工	劳务派遣人员	其他从业人员
竹、藤家具制造	3260	1168	3249		11
竹、藤家具制造	3260	1168	3249		11
金属家具制造	25188	9595	23562	1471	155
金属家具制造	25188	9595	23562	1471	155
塑料家具制造	2827	1682	2247	127	453
塑料家具制造	2827	1682	2247	127	453
其他家具制造	14926	5062	12960	1926	40
其他家具制造	14926	5062	12960	1926	40
造纸和纸制品业	24792	8477	23392	1244	156
造纸	14424	4385	13773	571	80
机制纸及纸板制造	13721	4094	13070	571	80
手工纸制造	654	281	654		
加工纸制造	49	10	49		
纸制品制造	10368	4092	9619	673	76
纸和纸板容器制造	6601	2296	6171	367	63
其他纸制品制造	3767	1796	3448	306	13
印刷和记录媒介复制业	9395	4147	9051	312	32
印刷	8247	3670	7903	312	32
书、报刊印刷	127	27	124		3
本册印制	1871	1240	1793	78	
包装装潢及其他印刷	6249	2403	5986	234	29
装订及印刷相关服务	1148	477	1148		
装订及印刷相关服务	1148	477	1148		
文教、工美、体育和娱乐用品制造业	59113	33394	57050	1521	542
文教办公用品制造	9409	6099	9219	129	61
文具制造	6280	4070	6184	83	13
笔的制造	2715	1809	2689		26
其他文教办公用品制造	414	220	346	46	22

单位：人

从业人员期末人数(按职业类型分)					从业人员平均人数
单位负责人	专业技术人员	办事人员和有关人员	商业、服务业人员	生产、运输设备操作人员及有关人员	
25	154	1164	26	1891	3297
25	154	1164	26	1891	3297
542	2089	4442	49	18066	24293
542	2089	4442	49	18066	24293
31	397	450	14	1935	2643
31	397	450	14	1935	2643
176	620	1597	1461	11072	14141
176	620	1597	1461	11072	14141
1041	1932	4270	140	17409	24486
582	1271	2165	45	10361	14250
553	1245	2079	42	9802	13511
25	26	72	3	528	689
4		14		31	50
459	661	2105	95	7048	10236
296	450	1440	18	4397	6539
163	211	665	77	2651	3697
428	1303	960	61	6643	9450
421	1035	849	61	5881	8241
2	78	36	11		127
49	193	83		1546	1927
370	764	730	50	4335	6187
7	268	111		762	1209
7	268	111		762	1209
1400	5470	10482	470	41291	61013
229	848	1373	47	6912	9826
131	456	726	10	4957	6609
75	353	598	37	1652	2813
23	39	49		303	404

1-B-39 续表 6

行业	从业人员期末人数	#女性	从业人员期末人数(按人员类型分)		
			在岗职工	劳务派遣人员	其他从业人员
乐器制造	4198	2518	3862	314	22
西乐器制造	3907	2417	3578	314	15
其他乐器及零件制造	291	101	284		7
工艺美术品制造	20144	12518	19774	65	305
雕塑工艺品制造	1922	941	1804		118
金属工艺品制造	1427	650	1395		32
漆器工艺品制造	267	187	267		
花画工艺品制造	16	2	16		
天然植物纤维编织工艺品制造	1236	749	1234		2
抽纱刺绣工艺品制造	4116	2927	4045		71
地毯、挂毯制造	1467	897	1440		27
珠宝首饰及有关物品制造	3382	2193	3310	60	12
其他工艺美术品制造	6311	3972	6263	5	43
体育用品制造	8800	4249	8013	754	33
球类制造	532	287	522		10
体育器材及配件制造	2036	1064	1458	578	
训练健身器材制造	3654	1414	3650		4
运动防护用具制造	295	173	295		
其他体育用品制造	2283	1311	2088	176	19
玩具制造	11524	5983	11156	259	109
玩具制造	11524	5983	11156	259	109
游艺器材及娱乐用品制造	5038	2027	5026		12
露天游乐场所游乐设备制造	396	167	396		
游艺用品及室内游艺器材制造	4332	1750	4320		12
其他娱乐用品制造	310	110	310		
石油加工、炼焦和核燃料加工业	1483	293	1293	187	3
精炼石油产品制造	1483	293	1293	187	3
原油加工及石油制品制造	1483	293	1293	187	3
化学原料和化学制品制造业	53838	14852	49834	2681	1323
基础化学原料制造	8779	2018	8459	235	85
无机酸制造	107	22	107		

单位：人

从业人员期末人数(按职业类型分)					从业人员平均人数
单位负责人	专业技术人员	办事人员和有关人员	商业、服务业人员	生产、运输设备操作人员及有关人员	
93	162	519	50	3374	4367
77	153	469	45	3163	4080
16	9	50	5	211	287
477	2082	4816	179	12590	20952
34	111	536	14	1227	2221
58	125	217	106	921	1421
9	9	35		214	393
1	3	5		7	167
34	362	267	1	572	1218
75	576	772	15	2678	4049
26	82	179		1180	1588
80	246	1129	31	1896	3410
160	568	1676	12	3895	6485
225	806	1215	127	6427	8760
21	32	55		424	537
40	69	368	70	1489	2097
98	391	540	14	2611	3553
23	21	33	2	216	308
43	293	219	41	1687	2265
294	1044	1782	60	8344	11899
294	1044	1782	60	8344	11899
82	528	777	7	3644	5209
7	39	76		274	337
71	472	686	7	3096	4572
4	17	15		274	300
53	66	180	36	1148	1347
53	66	180	36	1148	1347
53	66	180	36	1148	1347
2491	7720	9074	1692	32861	54586
440	1104	1559	87	5589	8632
3	15	18		71	99

1-B-39 续表 7

行业	从业人员期末人数	#女性	从业人员期末人数(按人员类型分)		
			在岗职工	劳务派遣人员	其他从业人员
无机碱制造	432	79	428	4	
无机盐制造	818	158	818		
有机化学原料制造	5893	1434	5709	138	46
其他基础化学原料制造	1529	325	1397	93	39
肥料制造	185	38	185		
复混肥料制造	185	38	185		
农药制造	2862	764	2252	105	505
化学农药制造	2807	750	2197	105	505
生物化学农药及微生物农药制造	55	14	55		
涂料、油墨、颜料及类似产品制造	11489	2908	10533	778	178
涂料制造	2654	574	2340	241	73
油墨及类似产品制造	1258	229	1213	31	14
颜料制造	2007	517	1995	2	10
染料制造	4924	1401	4364	503	57
密封用填料及类似品制造	646	187	621	1	24
合成材料制造	14731	3677	14080	336	315
初级形态塑料及合成树脂制造	6844	1392	6445	179	220
合成橡胶制造	492	164	492		
合成纤维单(聚合)体制造	6398	1815	6178	149	71
其他合成材料制造	997	306	965	8	24
专用化学产品制造	12676	3684	11912	582	182
化学试剂和助剂制造	3239	814	3099	40	100
专项化学用品制造	2504	604	2297	154	53
信息化学品制造	4918	1671	4574	325	19
环境污染处理专用药剂材料制造	637	212	575	59	3
动物胶制造	755	186	755		
其他专用化学产品制造	623	197	612	4	7
日用化学产品制造	3116	1763	2413	645	58
肥皂及合成洗涤剂制造	551	319	551		
化妆品制造	1893	1207	1250	590	53
香料、香精制造	395	63	335	55	5
其他日用化学产品制造	277	174	277		

单位：人

从业人员期末人数(按职业类型分)					从业人员平均人数
单位负责人	专业技术人员	办事人员和有关人员	商业、服务业人员	生产、运输设备操作人员及有关人员	
3	99	32		298	424
22	78	212	5	501	831
304	676	1063	68	3782	5713
108	236	234	14	937	1565
6	11	168			185
6	11	168			185
107	490	397	953	915	2914
106	487	393	950	871	2859
1	3	4	3	44	55
554	1765	1902	314	6954	11596
93	438	606	219	1298	2644
155	212	203	38	650	1252
99	270	340	2	1296	1994
157	674	676	55	3362	5029
50	171	77		348	677
555	2049	2093	148	9886	14922
302	1057	1340	83	4062	6664
15	88	59		330	488
168	766	550	24	4890	6738
70	138	144	41	604	1032
669	1906	2349	178	7574	13240
255	547	680	89	1668	3290
136	441	553	33	1341	2512
133	445	751	37	3552	5471
31	204	112	2	288	607
66	168	102	10	409	751
48	101	151	7	316	609
160	395	606	12	1943	3097
30	55	76		390	557
93	171	470	12	1147	1846
27	166	42		160	397
10	3	18		246	297

1-B-39 续表 8

行业	从业人员期末人数	#女性	从业人员期末人数(按人员类型分)		
			在岗职工	劳务派遣人员	其他从业人员
医药制造业	30285	14698	26215	3672	398
化学药品原料药制造	6998	1654	6705	235	58
化学药品原料药制造	6998	1654	6705	235	58
化学药品制剂制造	6694	3130	6519	33	142
化学药品制剂制造	6694	3130	6519	33	142
中药饮片加工	302	136	302		
中药饮片加工	302	136	302		
中成药生产	3716	1770	3372	299	45
中成药生产	3716	1770	3372	299	45
兽用药品制造	190	71	190		
兽用药品制造	190	71	190		
生物药品制造	8762	5668	5505	3105	152
生物药品制造	8762	5668	5505	3105	152
卫生材料及医药用品制造	3623	2269	3622		1
卫生材料及医药用品制造	3623	2269	3622		1
化学纤维制造业	33010	11782	32084	638	288
纤维素纤维原料及纤维制造	2996	1224	2924		72
人造纤维(纤维素纤维)制造	2996	1224	2924		72
合成纤维制造	30014	10558	29160	638	216
锦纶纤维制造	1986	700	1953		33
涤纶纤维制造	21639	7822	21002	542	95
腈纶纤维制造	229	40	223	6	
丙纶纤维制造	115	66	114		1
氨纶纤维制造	4166	1203	4001	85	80
其他合成纤维制造	1879	727	1867	5	7
橡胶和塑料制品业	75515	30673	71442	3400	673
橡胶制品业	21144	5952	19781	1127	236
轮胎制造	17028	4239	15992	880	156

单位：人

从业人员期末人数(按职业类型分)					从业人员平均人数
单位负责人	专业技术人员	办事人员和有关人员	商业、服务业人员	生产、运输设备操作人员及有关人员	
1216	4865	4699	2455	17050	31901
437	984	1174	33	4370	7007
437	984	1174	33	4370	7007
266	1112	1143	1407	2766	8416
266	1112	1143	1407	2766	8416
12	55	99		136	296
12	55	99		136	296
165	730	240	767	1814	3673
165	730	240	767	1814	3673
10	51	68	5	56	184
10	51	68	5	56	184
235	1605	1414	208	5300	8662
235	1605	1414	208	5300	8662
91	328	561	35	2608	3663
91	328	561	35	2608	3663
921	2441	4966	266	24416	32999
80	353	407		2156	3013
80	353	407		2156	3013
841	2088	4559	266	22260	29986
66	319	268	17	1316	2047
502	1355	3039	165	16578	21652
2	8	5		214	228
1	18	96			113
181	242	591	45	3107	4087
89	146	560	39	1045	1859
2268	8546	12132	446	52123	76497
427	3516	1903	30	15268	21394
247	2949	1228		12604	17176

1-B-39 续表 9

行业	从业人员期末人数	#女性	从业人员期末人数(按人员类型分)		
			在岗职工	劳务派遣人员	其他从业人员
橡胶板、管、带制造	858	340	841	2	15
橡胶零件制造	1535	765	1517		18
日用及医用橡胶制品制造	378	191	351	22	5
其他橡胶制品制造	1345	417	1080	223	42
塑料制品业	54371	24721	51661	2273	437
塑料薄膜制造	6481	1919	6369	40	72
塑料板、管、型材制造	5344	2199	4832	439	73
塑料丝、绳及编织品制造	696	338	696		
泡沫塑料制造	2016	756	1965	6	45
塑料人造革、合成革制造	4660	1196	4626		34
塑料包装箱及容器制造	5684	2467	5573	66	45
日用塑料制品制造	17186	9858	16195	899	92
塑料零件制造	5859	2872	5371	455	33
其他塑料制品制造	6445	3116	6034	368	43
非金属矿物制品业	31908	10188	31282	408	218
水泥、石灰和石膏制造	1311	285	1245	45	21
水泥制造	1286	275	1220	45	21
石灰和石膏制造	25	10	25		
石膏、水泥制品及类似制品制造	6278	901	6175	24	79
水泥制品制造	3909	688	3833	11	65
砼结构构件制造	1594	67	1592		2
轻质建筑材料制造	634	99	629		5
其他水泥类似制品制造	141	47	121	13	7
砖瓦、石材等建筑材料制造	8140	2937	8077	56	7
粘土砖瓦及建筑砌块制造	594	133	594		
建筑陶瓷制品制造	6397	2374	6392		5
建筑用石加工	62	22	62		
防水建筑材料制造	255	73	255		
隔热和隔音材料制造	518	277	516		2
其他建筑材料制造	314	58	258	56	

单位：人

从业人员期末人数(按职业类型分)					从业人员平均人数
单位负责人	专业技术人员	办事人员和有关人员	商业、服务业人员	生产、运输设备操作人员及有关人员	
33	50	122		653	823
51	103	327		1054	1564
28	41	21	16	272	418
68	373	205	14	685	1413
1841	5030	10229	416	36855	55103
210	858	934	118	4361	6493
230	548	1519	25	3022	5285
22	82	82		510	661
92	203	392	14	1315	2001
132	487	760	17	3264	4635
206	723	964	105	3686	5567
494	1244	4001	53	11394	17786
265	398	767	31	4398	6093
190	487	810	53	4905	6582
1327	3149	6237	283	20912	33380
59	240	202	3	807	1316
54	236	198		798	1291
5	4	4	3	9	25
219	886	877	49	4247	6288
167	551	504	31	2656	3941
29	215	221	4	1125	1578
18	91	138	5	382	641
5	29	14	9	84	128
475	676	2894	155	3940	9355
18	57	57	33	429	608
389	482	2398	120	3008	7610
3	5	50	2	2	62
10	15	57		173	249
39	68	270		141	503
16	49	62		187	323

1-B-39 续表 10

行业	从业人员期末人数	#女性	从业人员期末人数(按人员类型分)		
			在岗职工	劳务派遣人员	其他从业人员
玻璃制造	866	352	838		28
平板玻璃制造	326	140	299		27
其他玻璃制造	540	212	539		1
玻璃制品制造	7975	3161	7879	70	26
技术玻璃制品制造	2158	754	2145	2	11
日用玻璃制品制造	2061	785	2055		6
玻璃包装容器制造	420	205	420		
制镜及类似品加工	1270	720	1255	8	7
其他玻璃制品制造	2066	697	2004	60	2
玻璃纤维和玻璃纤维增强塑料制品制造	3685	1501	3645	38	2
玻璃纤维及制品制造	3215	1379	3176	38	1
玻璃纤维增强塑料制品制造	470	122	469		1
陶瓷制品制造	2170	645	2120	5	45
卫生陶瓷制品制造	474	154	434		40
特种陶瓷制品制造	1696	491	1686	5	5
耐火材料制品制造	1005	259	830	170	5
耐火陶瓷制品及其他耐火材料制造	1005	259	830	170	5
石墨及其他非金属矿物制品制造	478	147	473		5
石墨及碳素制品制造	141	45	141		
其他非金属矿物制品制造	337	102	332		5
黑色金属冶炼和压延加工业	17049	3138	16697	164	188
炼钢	271	36	271		
炼钢	271	36	271		
黑色金属铸造	3238	676	3128	14	96
黑色金属铸造	3238	676	3128	14	96
钢压延加工	13517	2422	13275	150	92
钢压延加工	13517	2422	13275	150	92
铁合金冶炼	23	4	23		
铁合金冶炼	23	4	23		

单位：人

从业人员期末人数(按职业类型分)					从业人员平均人数
单位负责人	专业技术人员	办事人员和有关人员	商业、服务业人员	生产、运输设备操作人员及有关人员	
9	160	126		571	852
2	64	90		170	316
7	96	36		401	536
299	661	963	27	6025	8178
129	132	391		1506	2134
84	108	206	18	1645	2096
5	40	50	9	316	431
12	172	78		1008	1253
69	209	238		1550	2264
153	216	676	21	2619	3940
126	195	604	21	2269	3457
27	21	72		350	483
52	161	228	20	1709	1932
19	42	51	3	359	452
33	119	177	17	1350	1480
44	89	230	3	639	1038
44	89	230	3	639	1038
17	60	41	5	355	481
6	10	4		121	142
11	50	37	5	234	339
632	2006	2270	166	11975	17137
1	86	29		155	291
1	86	29		155	291
162	336	367	18	2355	3257
162	336	367	18	2355	3257
468	1581	1871	143	9454	13566
468	1581	1871	143	9454	13566
1	3	3	5	11	23
1	3	3	5	11	23

1-B-39 续表 11

行　业	从业人员期末人数	#女　性	从业人员期末人数(按人员类型分)		
			在岗职工	劳务派遣人　员	其　他从业人员
有色金属冶炼和压延加工业	13793	4211	13740	7	46
常用有色金属冶炼	976	240	971	2	3
铜冶炼	98	22	93	2	3
镍钴冶炼	657	138	657		
镁冶炼	118	44	118		
其他常用有色金属冶炼	103	36	103		
贵金属冶炼	93	18	93		
银冶炼	93	18	93		
稀有稀土金属冶炼	160	78	159		1
稀土金属冶炼	160	78	159		1
有色金属合金制造	3385	1089	3373		12
有色金属合金制造	3385	1089	3373		12
有色金属铸造	1109	202	1109		
有色金属铸造	1109	202	1109		
有色金属压延加工	8070	2584	8035	5	30
铜压延加工	4297	1491	4287	5	5
铝压延加工	2436	646	2416		20
贵金属压延加工	65	16	65		
稀有稀土金属压延加工	460	197	460		
其他有色金属压延加工	812	234	807		5
金属制品业	64744	25026	60076	4291	377
结构性金属制品制造	6357	1911	6236	61	60
金属结构制造	3979	1182	3933	21	25
金属门窗制造	2378	729	2303	40	35
金属工具制造	10880	5161	9383	1420	77
切削工具制造	1199	492	1123	63	13
手工具制造	4141	1637	3537	582	22
农用及园林用金属工具制造	1795	852	1326	452	17
刀剪及类似日用金属工具制造	2290	1410	1946	323	21
其他金属工具制造	1455	770	1451		4

单位：人

从业人员期末人数(按职业类型分)					从业人员平均人数
单位负责人	专业技术人员	办事人员和有关人员	商业、服务业人员	生产、运输设备操作人员及有关人员	
474	1678	2218	228	9195	13883
52	157	144	1	622	1054
7	41	1		49	98
41	65	103	1	447	722
3	18	20		77	119
1	33	20		49	115
13		25		55	94
13		25		55	94
1	10	30		119	148
1	10	30		119	148
50	408	502	188	2237	3305
50	408	502	188	2237	3305
30	177	95	34	773	1089
30	177	95	34	773	1089
328	926	1422	5	5389	8193
149	541	382		2725	4461
126	286	337	5	1682	2427
2	9	3		51	66
13	25	127		295	456
38	65	73		636	783
2113	6330	9087	650	46564	65115
265	928	1054	69	4041	6433
195	549	559	69	2607	3975
70	379	495		1434	2458
425	798	1438	24	8195	10889
51	159	243	17	729	1193
250	233	512	5	3141	4248
44	84	280	2	1385	1740
40	213	164		1873	2271
40	109	239		1067	1437

1-B-39 续表 12

行业	从业人员期末人数	#女性	从业人员期末人数(按人员类型分)		
			在岗职工	劳务派遣人员	其他从业人员
集装箱及金属包装容器制造	7211	1952	5269	1932	10
集装箱制造	2991	205	1407	1584	
金属压力容器制造	925	207	922		3
金属包装容器制造	3295	1540	2940	348	7
金属丝绳及其制品制造	2818	550	2770	23	25
金属丝绳及其制品制造	2818	550	2770	23	25
建筑、安全用金属制品制造	14845	6821	14497	208	140
建筑、家具用金属配件制造	6195	3161	6074	3	118
建筑装饰及水暖管道零件制造	6713	2978	6554	140	19
安全、消防用金属制品制造	1715	604	1712		3
其他建筑、安全用金属制品制造	222	78	157	65	
金属表面处理及热处理加工	3714	1310	3709		5
金属表面处理及热处理加工	3714	1310	3709		5
搪瓷制品制造	795	384	776	19	
搪瓷卫生洁具制造	417	149	417		
搪瓷日用品及其他搪瓷制品制造	378	235	359	19	
金属制日用品制造	12798	5117	12390	359	49
金属制厨房用器具制造	1820	631	1818		2
金属制餐具和器皿制造	7005	2688	6815	155	35
金属制卫生器具制造	899	461	892		7
其他金属制日用品制造	3074	1337	2865	204	5
其他金属制品制造	5326	1820	5046	269	11
锻件及粉末冶金制品制造	2266	723	2259	3	4
交通及公共管理用金属标牌制造	838	303	572	266	
其他未列明金属制品制造	2222	794	2215		7
通用设备制造业	136491	45725	129007	6049	1435
锅炉及原动设备制造	4883	1121	4642	131	110
锅炉及辅助设备制造	2632	598	2460	73	99
内燃机及配件制造	1577	399	1577		
汽轮机及辅机制造	534	104	478	45	11
风能原动设备制造	140	20	127	13	

单位：人

从业人员期末人数(按职业类型分)					从业人员平均人数
单位负责人	专业技术人员	办事人员和有关人员	商业、服务业人员	生产、运输设备操作人员及有关人员	
147	768	387	48	5361	7738
34	143	542	32	2240	3331
6	375	129	5	410	921
107	250	216	11	2711	3486
104	227	258	45	2184	2688
104	227	258	45	2184	2688
578	1396	2562	79	10230	14828
243	406	824	59	4663	6373
262	788	1364	20	4279	6509
62	178	339		1136	1712
11	24	35		152	234
98	223	411	13	2969	3666
98	223	411	13	2969	3666
17	119	259	6	394	796
13	104	68	6	226	416
4	15	191		168	380
267	1175	1533	206	9617	12607
41	236	241	2	1300	1753
120	685	677	162	5361	6849
18	59	144		678	979
88	195	471	42	2278	3026
212	696	685	160	3573	5470
106	402	281	4	1473	2367
61	93	87	151	446	901
45	201	317	5	1654	2202
5735	18828	23795	2537	85596	135130
240	1212	640	167	2624	4902
157	761	275	101	1338	2636
63	267	209	53	985	1599
15	150	138	13	218	535
5	34	18		83	132

1-B-39 续表 13

行业	从业人员期末人数	#女性	从业人员期末人数(按人员类型分)		
			在岗职工	劳务派遣人员	其他从业人员
金属加工机械制造	11174	2663	10675	271	228
金属切削机床制造	5638	1153	5457	42	139
金属成形机床制造	2043	407	1845	164	34
铸造机械制造	876	156	859	4	13
金属切割及焊接设备制造	1559	690	1481	59	19
机床附件制造	817	197	796		21
其他金属加工机械制造	241	60	237	2	2
物料搬运设备制造	20451	4642	19700	660	91
轻小型起重设备制造	2123	680	2114		9
起重机制造	1267	253	1254	7	6
生产专用车辆制造	1067	229	1061	1	5
连续搬运设备制造	351	101	336	11	4
电梯、自动扶梯及升降机制造	14671	3194	13996	635	40
其他物料搬运设备制造	972	185	939	6	27
泵、阀门、压缩机及类似机械制造	32522	11813	30779	1417	326
泵及真空设备制造	8695	3243	7898	671	126
气体压缩机械制造	4151	1181	4112	19	20
阀门和旋塞制造	14490	5965	13728	658	104
液压和气压动力机械及元件制造	5186	1424	5041	69	76
轴承、齿轮和传动部件制造	22469	8526	22165	147	157
轴承制造	15573	6329	15491	16	66
齿轮及齿轮减、变速箱制造	2872	865	2708	103	61
其他传动部件制造	4024	1332	3966	28	30
烘炉、风机、衡器、包装等设备制造	20725	7671	19247	1280	198
烘炉、熔炉及电炉制造	137	38	118		19
风机、风扇制造	2605	721	2212	365	28
气体、液体分离及纯净设备制造	1961	731	1559	372	30
制冷、空调设备制造	6837	2431	6257	538	42
风动和电动工具制造	7457	3062	7398		59
喷枪及类似器具制造	1090	523	1085		5
衡器制造	111	32	109		2
包装专用设备制造	527	133	509	5	13

单位：人

从业人员期末人数(按职业类型分)					从业人员平均人数
单位负责人	专业技术人员	办事人员和有关人员	商业、服务业人员	生产、运输设备操作人员及有关人员	
458	1451	1959	309	6997	11065
237	855	829	140	3577	5584
81	253	334	47	1328	2085
31	66	296		483	821
76	158	243	120	962	1512
19	93	218		487	816
14	26	39	2	160	247
1334	2876	3461	821	11959	19530
113	282	203	49	1476	2126
47	165	274	55	726	1257
52	140	359	12	504	1056
19	46	35	22	229	335
1054	1909	2359	671	8678	13783
49	334	231	12	346	973
1101	4705	6800	135	19781	32644
321	1001	1906	62	5405	8645
125	981	1101	2	1942	4104
519	2091	2741	45	9094	14806
136	632	1052	26	3340	5089
812	3187	3094	56	15320	22194
552	1974	2254	15	10778	15388
106	385	470	41	1870	2828
154	828	370		2672	3978
827	2725	3539	911	12723	20213
2	44	41	6	44	141
102	318	463	228	1494	2619
72	748	267	30	844	1885
292	665	1168	535	4177	6838
299	709	1123	110	5216	6959
41	156	170		723	1134
2		28		81	112
17	85	279	2	144	525

1-B-39 续表 14

行　业	从业人员期末人数	#女　性	从业人员期末人数(按人员类型分)		
			在岗职工	劳务派遣人　员	其　他从业人员
文化、办公用机械制造	3482	1702	3407	50	25
照相机及器材制造	2622	1357	2547	50	25
复印和胶印设备制造	530	194	530		
计算器及货币专用设备制造	330	151	330		
通用零部件制造	20098	7416	17705	2093	300
金属密封件制造	1900	693	1737	154	9
紧固件制造	12333	4815	10614	1492	227
弹簧制造	2054	711	1920	102	32
机械零部件加工	1112	310	1095		17
其他通用零部件制造	2699	887	2339	345	15
其他通用设备制造业	687	171	687		
其他通用设备制造业	687	171	687		
专用设备制造业	66961	21288	63986	2364	611
采矿、冶金、建筑专用设备制造	3709	538	3647	47	15
矿山机械制造	175	22	175		
石油钻采专用设备制造	456	118	455	1	
建筑工程用机械制造	2270	264	2254	10	6
海洋工程专用设备制造	275	51	266	3	6
建筑材料生产专用机械制造	399	65	396		3
冶金专用设备制造	134	18	101	33	
化工、木材、非金属加工专用设备制造	26045	6160	24989	789	267
炼油、化工生产专用设备制造	488	80	466		22
橡胶加工专用设备制造	1040	83	1026		14
塑料加工专用设备制造	10053	1654	9774	160	119
木材加工机械制造	436	150	238	187	11
模具制造	13977	4184	13440	442	95
其他非金属加工专用设备制造	51	9	45		6

单位：人

从业人员期末人数(按职业类型分)					从业人员平均人数
单位负责人	专业技术人员	办事人员和有关人员	商业、服务业人员	生产、运输设备操作人员及有关人员	
145	355	495	18	2469	3867
90	256	385		1891	2938
38	70	45	14	363	597
17	29	65	4	215	332
786	2226	3588	118	13380	20053
107	198	137	74	1384	1999
420	1456	2776	42	7639	12294
61	115	280	2	1596	2020
61	119	134		798	1104
137	338	261		1963	2636
32	91	219	2	343	662
32	91	219	2	343	662
2676	10575	10018	1239	42453	66641
162	483	443	24	2597	3587
13	27	24	4	107	164
30	152	22		252	458
56	143	315	10	1746	2177
46	26	34	10	159	293
15	99	32		253	359
2	36	16		80	136
923	4624	3563	704	16231	25871
14	147	71	2	254	473
20	138	65	11	806	1051
383	1769	1404	626	5871	9985
24	19	82		311	452
471	2541	1931	65	8969	13854
11	10	10		20	56

1-B-39 续表 15

行　业	从业人员期末人数	#女　性	从业人员期末人数(按人员类型分)		
			在岗职工	劳务派遣人员	其他从业人员
食品、饮料、烟草及饲料生产专用设备制造	1154	143	1010	120	24
食品、酒、饮料及茶生产专用设备制造	983	117	851	120	12
农副食品加工专用设备制造	139	19	127		12
烟草生产专用设备制造	32	7	32		
印刷、制药、日化及日用品生产专用设备制造	2227	537	2187	29	11
制浆和造纸专用设备制造	49	16	49		
印刷专用设备制造	1157	257	1130	16	11
制药专用设备制造	661	114	648	13	
照明器具生产专用设备制造	306	142	306		
玻璃、陶瓷和搪瓷制品生产专用设备制造	54	8	54		
纺织、服装和皮革加工专用设备制造	10659	3585	10393	117	149
纺织专用设备制造	2606	608	2516		90
皮革、毛皮及其制品加工专用设备制造	391	50	384		7
缝制机械制造	7662	2927	7493	117	52
电子和电工机械专用设备制造	932	315	793	114	25
电工机械专用设备制造	35	20	33		2
电子工业专用设备制造	897	295	760	114	23
农、林、牧、渔专用机械制造	5735	2416	5480	235	20
拖拉机制造	736	116	637	97	2
机械化农业及园艺机具制造	4893	2291	4753	122	18
农林牧渔机械配件制造	106	9	90	16	
医疗仪器设备及器械制造	8455	4787	7597	828	30
医疗诊断、监护及治疗设备制造	1906	1145	1160	725	21
口腔科用设备及器具制造	310	160	310		
医疗实验室及医用消毒设备和器具制造	176	101	174		2
医疗、外科及兽医用器械制造	3803	2665	3699	98	6
机械治疗及病房护理设备制造	564	267	563		1
假肢、人工器官及植(介)入器械制造	560	101	555	5	
其他医疗设备及器械制造	1136	348	1136		
环保、社会公共服务及其他专用设备制造	8045	2807	7890	85	70
环境保护专用设备制造	3007	813	2908	63	36

单位：人

从业人员期末人数(按职业类型分)					从业人员平均人数
单位负责人	专业技术人员	办事人员和有关人员	商业、服务业人员	生产、运输设备操作人员及有关人员	
52	148	190	1	763	1158
48	134	165	1	635	990
3	13	10		113	136
1	1	15		15	32
121	253	592	46	1215	2255
6	6	9		28	77
56	207	179	46	669	1146
56	40	283		282	695
2		109		195	281
1		12		41	56
704	2092	1286	63	6514	10707
131	465	241	28	1741	2688
8	47	45		291	386
565	1580	1000	35	4482	7633
28	124	126		654	959
1	4	10		20	38
27	120	116		634	921
169	636	729	55	4146	5614
37	198	68		433	783
122	433	648	55	3635	4725
10	5	13		78	106
242	897	1244	123	5949	8514
93	258	168	6	1381	1924
32	11	110		157	315
10	57	45		64	179
70	226	433	33	3041	3830
8	76	150	24	306	588
3	97	78		382	555
26	172	260	60	618	1123
275	1318	1845	223	4384	7976
141	792	517	64	1493	2863

1-B-39 续表 16

行业	从业人员期末人数	#女性	从业人员期末人数(按人员类型分)		
			在岗职工	劳务派遣人员	其他从业人员
社会公共安全设备及器材制造	3815	1474	3785	22	8
水资源专用机械制造	321	198	321		
其他专用设备制造	902	322	876		26
汽车制造业	90822	31375	80730	9501	591
汽车整车制造	11003	1815	9681	1220	102
汽车整车制造	11003	1815	9681	1220	102
改装汽车制造	478	77	472		6
改装汽车制造	478	77	472		6
汽车车身、挂车制造	174	69	157	17	
汽车车身、挂车制造	174	69	157	17	
汽车零部件及配件制造	79167	29414	70420	8264	483
汽车零部件及配件制造	79167	29414	70420	8264	483
铁路、船舶、航空航天和其他运输设备制造业	17520	5352	16473	760	287
船舶及相关装置制造	7065	1034	6254	544	267
金属船舶制造	6277	835	5484	543	250
娱乐船和运动船制造	253	66	237		16
船用配套设备制造	535	133	533	1	1
摩托车制造	817	382	807	8	2
摩托车零部件及配件制造	817	382	807	8	2
自行车制造	9150	3703	8924	208	18
脚踏自行车及残疾人座车制造	6527	2855	6442	70	15
助动自行车制造	2623	848	2482	138	3
非公路休闲车及零配件制造	121	47	121		
非公路休闲车及零配件制造	121	47	121		
潜水救捞及其他未列明运输设备制造	367	186	367		
潜水及水下救捞装备制造	201	125	201		
其他未列明运输设备制造	166	61	166		
电气机械和器材制造业	176610	87530	160230	15027	1353
电机制造	36717	17088	31230	5228	259
发电机及发电机组制造	1945	363	1826	88	31
电动机制造	10069	3117	7244	2756	69
微电机及其他电机制造	24703	13608	22160	2384	159

单位：人

从业人员期末人数(按职业类型分)					从业人员平均人数
单位负责人	专业技术人员	办事人员和有关人员	商业、服务业人员	生产、运输设备操作人员及有关人员	
106	445	883	84	2297	3914
12	13	190		106	318
16	68	255	75	488	881
2985	12415	12719	1165	61538	87718
220	1661	855	96	8171	11031
220	1661	855	96	8171	11031
36	135	70	16	221	480
36	135	70	16	221	480
7	2	23		142	174
7	2	23		142	174
2722	10617	11771	1053	53004	76033
2722	10617	11771	1053	53004	76033
643	1998	3104	420	11355	17845
165	1198	940	139	4623	7345
132	1041	853	127	4124	6507
12	34	13	12	182	257
21	123	74		317	581
31	76	81		629	717
31	76	81		629	717
420	708	2025	281	5716	9324
291	431	1776	118	3911	6604
129	277	249	163	1805	2720
5	4	15		97	105
5	4	15		97	105
22	12	43		290	354
19	11	10		161	185
3	1	33		129	169
4686	19563	27341	1420	123600	180879
945	3848	5368	243	26313	38953
83	511	146		1205	1977
225	1456	1259	145	6984	10601
637	1881	3963	98	18124	26375

1-B-39 续表 17

行业	从业人员期末人数	#女性	从业人员期末人数(按人员类型分)		
			在岗职工	劳务派遣人员	其他从业人员
输配电及控制设备制造	41151	20869	38167	2767	217
变压器、整流器和电感器制造	4383	2343	4160	146	77
电容器及其配套设备制造	264	81	264		
配电开关控制设备制造	15453	8463	15267	144	42
电力电子元器件制造	12975	6733	11182	1740	53
光伏设备及元器件制造	7193	3169	6436	734	23
其他输配电及控制设备制造	883	80	858	3	22
电线、电缆、光缆及电工器材制造	24774	13528	23261	1324	189
电线、电缆制造	21078	11765	19903	1009	166
光纤、光缆制造	2598	1191	2274	307	17
绝缘制品制造	1043	546	1029	8	6
其他电工器材制造	55	26	55		
电池制造	16475	7467	14973	1325	177
锂离子电池制造	3279	1329	3179	73	27
镍氢电池制造	989	600	989		
其他电池制造	12207	5538	10805	1252	150
家用电力器具制造	31404	13788	27896	3438	70
家用制冷电器具制造	1290	508	1266	13	11
家用空气调节器制造	1446	497	1415	26	5
家用通风电器具制造	1839	477	1820	2	17
家用厨房电器具制造	8961	4390	8076	881	4
家用清洁卫生电器具制造	9519	3675	7088	2409	22
家用美容、保健电器具制造	2520	1133	2496	22	2
家用电力器具专用配件制造	1492	875	1488		4
其他家用电力器具制造	4337	2233	4247	85	5
非电力家用器具制造	1886	987	1885		1
燃气、太阳能及类似能源家用器具制造	473	205	473		
其他非电力家用器具制造	1413	782	1412		1

单位：人

从业人员期末人数(按职业类型分)					从业人员平均人数
单位负责人	专业技术人员	办事人员和有关人员	商业、服务业人员	生产、运输设备操作人员及有关人员	
1208	4985	6259	435	28264	41313
192	395	889	130	2777	4632
6	48	32		178	265
425	1579	1550	146	11753	16112
393	1896	1730	118	8838	12533
157	916	1910	41	4169	6879
35	151	148		549	892
710	3284	4370	190	16220	23927
601	2919	3834	170	13554	20193
66	263	422	2	1845	2636
40	99	109	18	777	1043
3	3	5		44	55
271	1597	3239	173	11195	16436
43	760	439	23	2014	3143
9	55	90	75	760	1018
219	782	2710	75	8421	12275
819	3489	4262	305	22529	32316
27	103	123		1037	1298
36	88	172	18	1132	1737
47	389	485	6	912	1851
284	807	1472	2	6396	9115
177	1268	901	221	6952	9523
100	403	265	1	1751	2527
52	120	121		1199	1769
96	311	723	57	3150	4496
51	123	226	12	1474	1762
14	27	111		321	479
37	96	115	12	1153	1283

1-B-39 续表 18

行业	从业人员期末人数	#女性	从业人员期末人数(按人员类型分)		
			在岗职工	劳务派遣人员	其他从业人员
照明器具制造	23242	13241	21922	910	410
电光源制造	6792	3405	6236	303	253
照明灯具制造	15261	9136	14577	527	157
灯用电器附件及其他照明器具制造	1189	700	1109	80	
其他电气机械及器材制造	961	562	896	35	30
电气信号设备装置制造	632	418	573	35	24
其他未列明电气机械及器材制造	329	144	323		6
计算机、通信和其他电子设备制造业	169073	77816	133025	34952	1096
计算机制造	14499	6345	10083	4293	123
计算机整机制造	2216	982	1427	773	16
计算机零部件制造	6772	2996	4984	1766	22
计算机外围设备制造	4238	1852	2555	1603	80
其他计算机制造	1273	515	1117	151	5
通信设备制造	32292	10627	25180	7087	25
通信系统设备制造	17370	4777	16522	830	18
通信终端设备制造	14922	5850	8658	6257	7
广播电视设备制造	3797	2259	3013	758	26
广播电视接收设备及器材制造	2913	1876	2149	738	26
应用电视设备及其他广播电视设备制造	884	383	864	20	
雷达及配套设备制造	145	69	145		
雷达及配套设备制造	145	69	145		
视听设备制造	7824	4551	6489	1332	3
电视机制造	1677	816	1677		
音响设备制造	5912	3572	4577	1332	3
影视录放设备制造	235	163	235		
电子器件制造	64799	29006	49554	15053	192
半导体分立器件制造	4527	2240	3605	875	47
集成电路制造	3953	2112	3486	440	27
光电子器件及其他电子器件制造	56319	24654	42463	13738	118

单位：人

从业人员期末人数(按职业类型分)					从业人员平均人数
单位负责人	专业技术人员	办事人员和有关人员	商业、服务业人员	生产、运输设备操作人员及有关人员	
625	2079	3550	62	16926	25242
207	723	777	16	5069	7182
403	1281	2551	46	10980	16853
15	75	222		877	1207
57	158	67		679	930
34	83	61		454	612
23	75	6		225	318
3966	20110	21277	4405	119315	172363
350	731	2327	109	10982	14758
67	119	300		1730	2233
137	254	899	28	5454	6148
110	311	667	81	3069	4868
36	47	461		729	1509
837	9913	3320	2974	15248	32457
537	7116	1619	2838	5260	16607
300	2797	1701	136	9988	15850
145	389	555	90	2618	3985
118	235	329	12	2219	3133
27	154	226	78	399	852
2	21	21	12	89	144
2	21	21	12	89	144
200	734	949	103	5838	7501
19	80	82		1496	1650
164	654	823	103	4168	5676
17		44		174	175
1103	3876	7384	334	52102	66786
266	486	572	247	2956	4390
121	620	742	56	2414	4011
716	2770	6070	31	46732	58385

1-B-39 续表 19

行业	从业人员期末人数	#女性	从业人员期末人数(按人员类型分)		
			在岗职工	劳务派遣人员	其他从业人员
电子元件制造	41471	22816	34393	6428	650
电子元件及组件制造	37766	21502	30792	6332	642
印制电路板制造	3705	1314	3601	96	8
其他电子设备制造	4246	2143	4168	1	77
其他电子设备制造	4246	2143	4168	1	77
仪器仪表制造业	34825	15055	31292	3213	320
通用仪器仪表制造	18624	7198	17982	492	150
工业自动控制系统装置制造	6645	1940	6490	122	33
电工仪器仪表制造	782	299	734	32	16
绘图、计算及测量仪器制造	4418	2350	4336	39	43
实验分析仪器制造	625	272	624		1
试验机制造	188	48	145		43
供应用仪表及其他通用仪器制造	5966	2289	5653	299	14
专用仪器仪表制造	6851	2824	5519	1263	69
环境监测专用仪器仪表制造	258	69	256	2	
运输设备及生产用计数仪表制造	6116	2585	4804	1261	51
电子测量仪器制造	273	113	264		9
其他专用仪器制造	204	57	195		9
钟表与计时仪器制造	531	291	529		2
钟表与计时仪器制造	531	291	529		2
光学仪器及眼镜制造	8599	4573	7042	1458	99
光学仪器制造	5304	2726	3766	1458	80
眼镜制造	3295	1847	3276		19
其他仪器仪表制造业	220	169	220		
其他仪器仪表制造业	220	169	220		
其他制造业	14318	7200	13983	240	95
日用杂品制造	12716	7101	12499	175	42
鬃毛加工、制刷及清扫工具制造	2222	1294	2161	42	19
其他日用杂品制造	10494	5807	10338	133	23

单位：人

从业人员期末人数(按职业类型分)					从业人员平均人数
单位负责人	专业技术人员	办事人员和有关人员	商业、服务业人员	生产、运输设备操作人员及有关人员	
1182	3976	6023	589	29701	42426
1090	3550	5587	589	26950	38564
92	426	436		2751	3862
147	470	598	194	2737	4306
147	470	598	194	2737	4306
1012	4308	6085	870	22550	35498
613	2899	4304	806	10002	18754
201	1712	1126	127	3479	6556
27	165	124	24	442	868
186	127	1814	14	2277	4485
29	96	82	88	330	643
10	31	15		132	190
160	768	1143	553	3342	6012
166	632	562	19	5472	6711
22	110	69		57	212
105	469	393	7	5142	6021
18	23	67		165	273
21	30	33	12	108	205
19	40	90	3	379	546
19	40	90	3	379	546
209	733	1060	37	6560	9237
103	507	800	22	3872	5580
106	226	260	15	2688	3657
5	4	69	5	137	250
5	4	69	5	137	250
310	769	1511	73	11655	14356
285	744	1271	73	10343	12896
104	181	375	43	1519	2207
181	563	896	30	8824	10689

1-B-39 续表 20

行业	从业人员期末人数	#女性	从业人员期末人数(按人员类型分)		
			在岗职工	劳务派遣人员	其他从业人员
其他未列明制造业	1602	99	1484	65	53
其他未列明制造业	1602	99	1484	65	53
废弃资源综合利用业	6357	2012	3259	3078	20
金属废料和碎屑加工处理	6185	1963	3089	3078	18
金属废料和碎屑加工处理	6185	1963	3089	3078	18
非金属废料和碎屑加工处理	172	49	170		2
非金属废料和碎屑加工处理	172	49	170		2
金属制品、机械和设备修理业	1595	234	1445	147	3
专用设备修理	94	19	91		3
专用设备修理	94	19	91		3
铁路、船舶、航空航天等运输设备修理	1501	215	1354	147	
船舶修理	1501	215	1354	147	
电力、热力、燃气及水生产和供应业	**8581**	**1959**	**8173**	**298**	**110**
电力、热力生产和供应业	5173	907	5076	43	54
电力生产	4313	760	4233	39	41
火力发电	3840	647	3783	35	22
水力发电	244	67	231	4	9
风力发电	54	10	54		
其他电力生产	175	36	165		10
热力生产和供应	860	147	843	4	13
热力生产和供应	860	147	843	4	13
燃气生产和供应业	2846	876	2595	242	9
燃气生产和供应业	2846	876	2595	242	9
燃气生产和供应业	2846	876	2595	242	9
水的生产和供应业	562	176	502	13	47
自来水生产和供应	223	88	208	7	8
自来水生产和供应	223	88	208	7	8
污水处理及其再生利用	339	88	294	6	39
污水处理及其再生利用	339	88	294	6	39

单位：人

从业人员期末人数(按职业类型分)					从业人员平均人数
单位负责人	专业技术人员	办事人员和有关人员	商业、服务业人员	生产、运输设备操作人员及有关人员	
25	25	240		1312	1460
25	25	240		1312	1460
83	172	739	17	5346	6319
78	150	674	17	5266	6159
78	150	674	17	5266	6159
5	22	65		80	160
5	22	65		80	160
62	338	231	47	917	1604
12	16	17	25	24	84
12	16	17	25	24	84
50	322	214	22	893	1520
50	322	214	22	893	1520
449	**2292**	**1204**	**228**	**4408**	**7676**
269	1398	627	5	2874	5148
240	1175	515	5	2378	4288
206	985	456	5	2188	3816
17	128	35		64	244
9	27	9		9	53
8	35	15		117	175
29	223	112		496	860
29	223	112		496	860
138	766	506	223	1213	1977
138	766	506	223	1213	1977
138	766	506	223	1213	1977
42	128	71		321	551
15	54	18		136	222
15	54	18		136	222
27	74	53		185	329
27	74	53		185	329

1-B-40 按地区分组的规模以上外商投资

地　区	从业人员期末人数	#女　性	从业人员期末人数(按人员类型分)		
			在岗职工	劳务派遣人　员	其　他从业人员
全　省	**1820504**	**853240**	**1687213**	**113541**	**19750**
杭州市	**384593**	**163763**	**333251**	**46718**	**4624**
上城区	1440	584	1335		105
下城区	1464	712	1417	23	24
江干区	108539	41914	80686	26560	1293
拱墅区	6270	2490	6039	131	100
西湖区	10338	5096	8606	1681	51
滨江区	39188	13690	32312	6687	189
萧山区	121367	54249	113999	5661	1707
余杭区	49508	24605	44374	4760	374
桐庐县	13623	6024	12560	655	408
淳安县	1745	684	1737	1	7
建德市	1640	534	1545	75	20
富阳市	21838	10174	21346	392	100
临安市	7633	3007	7295	92	246
宁波市	**585029**	**283690**	**543470**	**35690**	**5869**
海曙区	3000	1988	2890		110
江东区	5801	3317	5427	323	51
江北区	19634	9391	16673	2622	339
北仑区	178736	72717	161022	15842	1872
镇海区	39873	17272	35176	4065	632
鄞州区	128448	73851	124684	2790	974
象山县	24259	13728	22355	1684	220
宁海县	21270	11335	21152	3	115
余姚市	78998	41784	71622	7008	368
慈溪市	59254	25660	58330	349	575
奉化市	25756	12647	24139	1004	613
温州市	**69658**	**31642**	**69166**	**118**	**374**
鹿城区	7174	3457	7153	1	20
龙湾区	20462	8669	20309	59	94
瓯海区	7289	3104	7204	5	80
洞头县	439	194	423		16
永嘉县	3068	1275	3066		2
平阳县	7685	3837	7678		7

和港澳台投资工业法人单位从业人员

单位：人

从业人员期末人数(按职业类型分)					从业人员平均人数
单位负责人	专业技术人员	办事人员和有关人员	商业、服务业人员	生产、运输设备操作人员及有关人员	
54270	**194763**	**267823**	**42743**	**1260905**	**1833572**
13711	**53469**	**54897**	**15244**	**247272**	**388701**
69	188	511	79	593	1524
102	132	149	53	1028	1501
4090	13609	14491	6605	69744	109091
274	1375	732	1482	2407	8200
373	1353	1079	66	7467	9836
1307	10475	4879	4658	17869	38597
3616	14113	18442	1029	84167	122680
2090	6167	7613	993	32645	50510
494	2046	1890	26	9167	13664
48	272	326	64	1035	1648
103	317	144	24	1052	1646
778	2052	3643	137	15228	22074
367	1370	998	28	4870	7730
16566	**55519**	**84351**	**16131**	**412462**	**590937**
107	442	223	14	2214	3046
228	738	875	56	3904	5866
839	1467	2872	555	13901	20101
4265	14501	21856	2863	135251	186231
1850	5553	4644	254	27572	40195
3250	13454	18573	10790	82381	127930
965	2027	4410	218	16639	22220
427	2766	2860	94	15123	20537
2394	5798	12544	462	57800	79112
1475	6234	11889	562	39094	60013
766	2539	3605	263	18583	25686
1936	**7253**	**9733**	**1263**	**49473**	**69334**
162	593	655	34	5730	6992
443	2636	3703	783	12897	20051
459	982	1536	68	4244	7602
20	60	62		297	483
91	498	384	6	2089	2968
233	649	781	13	6009	7772

1-B-40 续表 1

地 区	从业人员期末人数	#女 性	从业人员期末人数(按人员类型分)		
			在岗职工	劳务派遣人员	其他从业人员
苍南县	1936	965	1868	3	65
文成县	60	14	51		9
瑞安市	10067	4119	9937	49	81
乐清市	11478	6008	11477	1	
嘉兴市	**306933**	**148989**	**285125**	**18032**	**3776**
南湖区	22332	10121	19349	2781	202
秀洲区	56965	25202	52296	3611	1058
嘉善县	59761	26802	54776	4329	656
海盐县	13118	6378	12791	125	202
海宁市	43389	20045	41983	805	601
平湖市	79791	44787	73995	4975	821
桐乡市	31577	15654	29935	1406	236
湖州市	**104007**	**46945**	**97717**	**4998**	**1292**
吴兴区	13154	5882	12812	178	164
南浔区	15986	6899	14651	1016	319
德清县	39550	18070	36887	2365	298
长兴县	20982	9797	19118	1404	460
安吉县	14335	6297	14249	35	51
绍兴市	**207661**	**104501**	**204939**	**1208**	**1514**
越城区	48068	24209	47524	398	146
绍兴县	61753	27970	61014	65	674
新昌县	6383	3287	6330	1	52
诸暨市	33364	17661	33244	3	117
上虞市	31343	15266	30437	709	197
嵊州市	26750	16108	26390	32	328
金华市	**59586**	**29733**	**57557**	**1059**	**970**
婺城区	19017	8219	17963	972	82
金东区	1006	478	998	8	
武义县	2261	1087	2261		
浦江县	6050	3664	5481	64	505
磐安县	3196	1722	3196		
兰溪市	5701	2787	5612	15	74
义乌市	14700	8352	14454		246
东阳市	3880	1844	3852		28
永康市	3775	1580	3740		35

单位：人

从业人员期末人数(按职业类型分)					从业人员平均人数
单位负责人	专业技术人员	办事人员和有关人员	商业、服务业人员	生产、运输设备操作人员及有关人员	
58	129	389	28	1332	1745
5	8	10		37	60
214	823	981	11	8038	10081
251	875	1232	320	8800	11580
8771	**25070**	**41996**	**3140**	**227956**	**310667**
678	2421	2749	28	16456	21977
1584	5914	8187	1364	39916	57438
1199	4761	8703	648	44450	60888
313	1221	1746	120	9718	13008
1671	3774	6144	167	31633	43054
2318	3118	9649	154	64552	81918
1008	3861	4818	659	21231	32384
2065	**11777**	**18508**	**1082**	**70575**	**103007**
249	1641	2540	490	8234	13401
636	2075	2771	44	10460	15856
672	3597	5652	236	29393	38626
298	2627	3927	236	13894	20956
210	1837	3618	76	8594	14168
6664	**21488**	**32604**	**3834**	**143071**	**204526**
1604	5379	7880	1669	31536	46414
2911	4958	7562	986	45336	61558
202	819	724	300	4338	6217
808	4199	4615	368	23374	33398
631	4023	4159	224	22306	30976
508	2110	7664	287	16181	25963
1917	**7288**	**9134**	**924**	**40323**	**61122**
723	2672	2238	314	13070	19780
10	100	132	9	755	1014
70	349	426	27	1389	2232
168	983	1556	58	3285	6068
111	348	422	24	2291	3080
295	650	585	19	4152	6091
278	1048	2548	59	10767	15062
135	706	524	232	2283	3908
127	432	703	182	2331	3887

1-B-40 续表 2

地　区	从业人员期末人数	#女　性	从业人员期末人数(按人员类型分)		
			在岗职工	劳务派遣人　员	其　他从业人员
衢州市	**11713**	**5533**	**10196**	**1098**	**419**
柯城区	919	498	916	1	2
衢江区	4172	2204	3482	688	2
常山县	878	405	877		1
开化县	228	96	228		
龙游县	2372	848	1992	15	365
江山市	3144	1482	2701	394	49
舟山市	**7526**	**2950**	**6973**	**399**	**154**
定海区	1613	583	1549	31	33
普陀区	4037	1765	3833	147	57
岱山县	1857	592	1572	221	64
嵊泗县	19	10	19		
台州市	**76559**	**32086**	**71626**	**4199**	**734**
椒江区	10029	4280	9582	444	3
黄岩区	2837	1215	2837		
路桥区	11084	3587	7906	3102	76
玉环县	17774	7482	17389	241	144
三门县	1460	579	1450		10
天台县	3827	2060	3522	284	21
仙居县	4240	1883	4060		180
温岭市	17805	8089	17475	120	210
临海市	7503	2911	7405	8	90
丽水市	**7239**	**3408**	**7193**	**22**	**24**
莲都区	803	348	788		15
青田县	3565	1821	3545	18	2
缙云县	1336	540	1336		
遂昌县	647	224	643		4
云和县	123	7	123		
庆元县	141	100	141		
景宁县	32	10	28	4	
龙泉市	592	358	589		3

单位：人

从业人员期末人数(按职业类型分)					从业人员平均人数
单位负责人	专业技术人员	办事人员和有关人员	商业、服务业人员	生产、运输设备操作人员及有关人员	
324	**1082**	**1293**	**345**	**8669**	**11880**
35	84	172	6	622	918
74	215	602	25	3256	4268
39	399	63		377	866
15	53	27		133	223
75	167	267	299	1564	2392
86	164	162	15	2717	3213
265	**1423**	**1227**	**99**	**4512**	**7415**
99	594	289	10	621	1604
128	505	725	21	2658	3897
37	322	211	68	1219	1891
1	2	2		14	23
1892	**9102**	**13146**	**606**	**51813**	**78511**
473	1454	1739	74	6289	10311
40	376	494		1927	2948
175	657	1275	199	8778	11622
275	1782	3013	84	12620	18054
76	272	208		904	1529
136	506	717	3	2465	3882
82	193	1604	12	2349	4525
424	3121	2646	200	11414	17731
211	741	1450	34	5067	7909
159	**1292**	**934**	**75**	**4779**	**7472**
31	151	57	9	555	805
50	539	547	56	2373	3777
24	287	70	9	946	1305
12	204	93		338	628
5	42	76			121
10	9	26		96	134
3	19	10			32
24	41	55	1	471	670

1-B-41 按轻重工业、规模和登记注册类型分组的

项目	从业人员期末人数	#女性	从业人员期末人数(按人员类型分)		
			在岗职工	劳务派遣人员	其他从业人员
总计	**3667976**	**1643563**	**3582201**	**39976**	**45799**
一、按轻重工业分					
轻工业	2030814	1069681	1986085	15801	28928
重工业	1637162	573882	1596116	24175	16871
二、按规模分					
大型企业	299339	130806	290096	8329	914
中型企业	1067856	501643	1036667	18462	12727
小型企业	2284300	1004857	2239330	13117	31853
微型企业	16481	6257	16108	68	305
三、按登记注册类型分					
内资	3667976	1643563	3582201	39976	45799
私营企业	3667976	1643563	3582201	39976	45799
私营独资	117868	57907	116187	225	1456
私营合伙	29637	13693	27944	1273	420
私营有限责任公司	3406976	1523626	3329657	34685	42634
私营股份有限公司	113495	48337	108413	3793	1289

规模以上私营工业法人单位从业人员

单位：人

从业人员期末人数(按职业类型分)					从业人员平均人数
单位负责人	专业技术人员	办事人员和有关人员	商业、服务业人员	生产、运输设备操作人员及有关人员	
130035	**420469**	**550850**	**47451**	**2519171**	**3636328**
65634	205379	289685	28849	1441267	2004589
64401	215090	261165	18602	1077904	1631739
7464	44130	38771	5572	203402	298252
23798	114438	148508	14047	767065	1048701
97199	259947	360071	27565	1539518	2265625
1574	1954	3500	267	9186	23750
130035	420469	550850	47451	2519171	3636328
130035	420469	550850	47451	2519171	3636328
4633	10478	16265	1043	85449	114800
1166	2430	3912	233	21896	28620
120735	389457	513369	43475	2339940	3377996
3501	18104	17304	2700	71886	114912

1-B-42 按行业小类分组的规模以上

行业	从业人员期末人数	#女性	从业人员期末人数(按人员类型分)		
			在岗职工	劳务派遣人员	其他从业人员
总计	**3667976**	**1643563**	**3582201**	**39976**	**45799**
采矿业	**7741**	**1256**	**7587**	**13**	**141**
煤炭开采和洗选业	14	6	14		
褐煤开采洗选	14	6	14		
褐煤开采洗选	14	6	14		
黑色金属矿采选业	439	75	439		
铁矿采选	439	75	439		
铁矿采选	439	75	439		
有色金属矿采选业	2022	390	1904		118
常用有色金属矿采选	1242	283	1242		
铜矿采选	507	127	507		
铅锌矿采选	735	156	735		
贵金属矿采选	86	20	86		
银矿采选	86	20	86		
稀有稀土金属矿采选	694	87	576		118
钨钼矿采选	694	87	576		118
非金属矿采选业	5266	785	5230	13	23
土砂石开采	4944	713	4909	13	22
石灰石、石膏开采	464	66	462	2	
建筑装饰用石开采	1714	158	1714		
耐火土石开采	1019	250	1002	5	12
粘土及其他土砂石开采	1747	239	1731	6	10
化学矿开采	17	8	17		
化学矿开采	17	8	17		
石棉及其他非金属矿采选	305	64	304		1
其他未列明非金属矿采选	305	64	304		1
制造业	**3653821**	**1640760**	**3568534**	**39780**	**45507**
农副食品加工业	56364	28784	52215	1101	3048
谷物磨制	1143	288	1099	1	43
谷物磨制	1143	288	1099	1	43

私营工业法人单位从业人员

单位：人

从业人员期末人数(按职业类型分)					从业人员平均人数
单位负责人	专业技术人员	办事人员和有关人员	商业、服务业人员	生产、运输设备操作人员及有关人员	
130035	**420469**	**550850**	**47451**	**2519171**	**3636328**
276	**1025**	**1019**	**30**	**5391**	**7651**
2	3	9			14
2	3	9			14
2	3	9			14
8	109	107	7	208	438
8	109	107	7	208	438
8	109	107	7	208	438
82	217	202	2	1519	2046
56	184	146	2	854	1264
31	51	66		359	524
25	133	80	2	495	740
4	5	10		67	86
4	5	10		67	86
22	28	46		598	696
22	28	46		598	696
184	696	701	21	3664	5153
165	639	640	21	3479	4841
17	86	92	1	268	465
50	214	156	6	1288	1706
44	182	161	7	625	950
54	157	231	7	1298	1720
2	2	3		10	17
2	2	3		10	17
17	55	58		175	295
17	55	58		175	295
129340	**418229**	**548605**	**47333**	**2510314**	**3622302**
2280	4937	10043	2580	36524	53991
95	136	253	78	581	1131
95	136	253	78	581	1131

1-B-42 续表 1

行　业	从业人员期末人数	#女　性	从业人员期末人数(按人员类型分)		
			在岗职工	劳务派遣人　员	其　他从业人员
饲料加工	8644	2832	8434	28	182
饲料加工	8644	2832	8434	28	182
植物油加工	1510	810	1289	59	162
食用植物油加工	1425	796	1214	59	152
非食用植物油加工	85	14	75		10
制糖业	61	31	61		
制糖业	61	31	61		
屠宰及肉类加工	4768	2357	4549	109	110
牲畜屠宰	403	88	398		5
禽类屠宰	126	65	126		
肉制品及副产品加工	4239	2204	4025	109	105
水产品加工	24832	13714	22195	347	2290
水产品冷冻加工	19888	11437	17500	337	2051
鱼糜制品及水产品干腌制加工	3127	1868	2987	1	139
水产饲料制造	904	156	822		82
其他水产品加工	913	253	886	9	18
蔬菜、水果和坚果加工	11834	7163	11142	504	188
蔬菜加工	6424	3826	6310	20	94
水果和坚果加工	5410	3337	4832	484	94
其他农副食品加工	3572	1589	3446	53	73
淀粉及淀粉制品制造	247	138	218		29
豆制品制造	2427	889	2330	53	44
蛋品加工	215	135	215		
其他未列明农副食品加工	683	427	683		
食品制造业	31966	19291	28935	1462	1569
焙烤食品制造	4133	2677	4039	5	89
糕点、面包制造	2611	1813	2574		37
饼干及其他焙烤食品制造	1522	864	1465	5	52
糖果、巧克力及蜜饯制造	2174	1119	2153	21	
糖果、巧克力制造	663	289	663		
蜜饯制作	1511	830	1490	21	

单位：人

从业人员期末人数(按职业类型分)					从业人员平均人数
单位负责人	专业技术人员	办事人员和有关人员	商业、服务业人员	生产、运输设备操作人员及有关人员	
501	988	1655	497	5003	8643
501	988	1655	497	5003	8643
79	147	327	168	789	1044
73	120	308	168	756	959
6	27	19		33	85
5	1	11		44	61
5	1	11		44	61
167	620	837	201	2943	4569
28	37	144		194	404
1	2	20	28	75	128
138	581	673	173	2674	4037
955	1840	4844	671	16522	24096
745	1404	3778	495	13466	19129
132	278	315	113	2289	3094
61	109	185	30	519	993
17	49	566	33	248	880
375	988	1641	885	7945	11213
207	585	726	318	4588	6405
168	403	915	567	3357	4808
103	217	475	80	2697	3234
10	39	40	9	149	251
56	112	237	63	1959	2107
8	16	16		175	215
29	50	182	8	414	661
974	2761	4157	1189	22885	25478
117	514	841	715	1946	4200
58	399	639	673	842	2697
59	115	202	42	1104	1503
75	96	125	55	1823	2019
31	16	30	9	577	574
44	80	95	46	1246	1445

1-B-42 续表 2

行业	从业人员期末人数	#女性	从业人员期末人数(按人员类型分)		
			在岗职工	劳务派遣人员	其他从业人员
方便食品制造	3047	1709	2930	13	104
米、面制品制造	645	390	607	13	25
速冻食品制造	811	427	762		49
方便面及其他方便食品制造	1591	892	1561		30
乳制品制造	2274	797	2270	2	2
乳制品制造	2274	797	2270	2	2
罐头食品制造	13694	10283	11119	1259	1316
水产品罐头制造	156	65	156		
蔬菜、水果罐头制造	13440	10198	10865	1259	1316
其他罐头食品制造	98	20	98		
调味品、发酵制品制造	1114	526	978	104	32
味精制造	207	71	154	48	5
酱油、食醋及类似制品制造	270	175	263		7
其他调味品、发酵制品制造	637	280	561	56	20
其他食品制造	5530	2180	5446	58	26
营养食品制造	295	133	287		8
保健食品制造	1095	564	1095		
冷冻饮品及食用冰制造	418	58	409	9	
食品及饲料添加剂制造	3455	1291	3414	29	12
其他未列明食品制造	267	134	241	20	6
酒、饮料和精制茶制造业	14209	6779	12761	615	833
酒的制造	2892	1277	2730	7	155
酒精制造	35	12	35		
白酒制造	132	57	124		8
啤酒制造	218	95	218		
黄酒制造	2459	1100	2305	7	147
其他酒制造	48	13	48		
饮料制造	5678	2730	5047	598	33
碳酸饮料制造	152	75	152		
瓶(罐)装饮用水制造	1530	434	1369	149	12
果菜汁及果菜汁饮料制造	1734	842	1602	132	
含乳饮料和植物蛋白饮料制造	270	162	263	4	3
固体饮料制造	78	39	60		18
茶饮料及其他饮料制造	1914	1178	1601	313	

单位：人

从业人员期末人数(按职业类型分)					从业人员平均人数
单位负责人	专业技术人员	办事人员和有关人员	商业、服务业人员	生产、运输设备操作人员及有关人员	
129	219	463	202	2034	2988
12	45	160	30	398	610
35	32	110	36	598	812
82	142	193	136	1038	1566
124	343	235	35	1537	2196
124	343	235	35	1537	2196
159	578	1170	62	11725	6903
6		10		140	152
138	558	1140	62	11542	6671
15	20	20		43	80
68	95	92	23	836	1108
22	20	16		149	209
9	11	27	23	200	264
37	64	49		487	635
302	916	1231	97	2984	6064
20	40	61		174	288
73	202	315	41	464	1059
9	57	229		123	998
185	592	578	47	2053	3454
15	25	48	9	170	265
460	1701	2703	275	9070	13893
81	456	623	100	1632	2801
1	4	12		18	34
8	19	20	10	75	126
2	17	199			223
69	399	384	90	1517	2370
1	17	8		22	48
150	497	1025		4006	5188
7	21	30		94	151
57	210	348		915	1447
48	98	225		1363	1665
9	145	15		101	268
4	7	8		59	80
25	16	399		1474	1577

1-B-42 续表 3

行业	从业人员期末人数		从业人员期末人数(按人员类型分)		
		#女性	在岗职工	劳务派遣人员	其他从业人员
精制茶加工	5639	2772	4984	10	645
精制茶加工	5639	2772	4984	10	645
纺织业	492806	279863	484012	2102	6692
棉纺织及印染精加工	276956	151932	272220	986	3750
棉纺纱加工	59420	37900	58695	166	559
棉织造加工	104809	68291	102564	607	1638
棉印染精加工	112727	45741	110961	213	1553
毛纺织及染整精加工	15329	8131	14881	129	319
毛条和毛纱线加工	6793	4022	6662	55	76
毛织造加工	4856	2815	4639	31	186
毛染整精加工	3680	1294	3580	43	57
麻纺织及染整精加工	948	605	875	73	
麻纤维纺前加工和纺纱	506	336	433	73	
麻织造加工	442	269	442		
丝绢纺织及印染精加工	26705	17530	26256	65	384
缫丝加工	6970	4868	6852		118
绢纺和丝织加工	16732	11479	16427	65	240
丝印染精加工	3003	1183	2977		26
化纤织造及印染精加工	20513	11639	20104	28	381
化纤织造加工	15417	9733	15066	28	323
化纤织物染整精加工	5096	1906	5038		58
针织或钩针编织物及其制品制造	84279	52161	83123	137	1019
针织或钩针编织物织造	63817	40444	62912	136	769
针织或钩针编织物印染精加工	5535	2648	5457		78
针织或钩针编织品制造	14927	9069	14754	1	172
家用纺织制成品制造	37020	22851	35776	651	593
床上用品制造	18115	11606	17321	532	262
毛巾类制品制造	1231	816	1163		68
窗帘、布艺类产品制造	11943	6956	11688	79	176
其他家用纺织制成品制造	5731	3473	5604	40	87

单位：人

从业人员期末人数(按职业类型分)					从业人员平均人数
单位负责人	专业技术人员	办事人员和有关人员	商业、服务业人员	生产、运输设备操作人员及有关人员	
229	748	1055	175	3432	5904
229	748	1055	175	3432	5904
17643	48614	62191	5478	358880	488090
9601	26483	28310	2309	210253	275095
1887	6576	6411	476	44070	59548
3506	9883	12353	1084	77983	103492
4208	10024	9546	749	88200	112055
588	1652	2259	80	10750	15308
246	592	772	34	5149	6790
171	735	1036	30	2884	4911
171	325	451	16	2717	3607
29	50	90	10	769	926
19	26	26	4	431	478
10	24	64	6	338	448
835	2650	3956	76	19188	26788
225	1068	839	1	4837	7169
514	1396	2841	71	11910	16798
96	186	276	4	2441	2821
735	1470	3142	323	14843	20226
598	1190	2170	114	11345	15317
137	280	972	209	3498	4909
2954	10695	13992	1447	55191	82758
2315	9347	10582	1089	40484	62501
251	399	771	34	4080	5511
388	949	2639	324	10627	14746
1695	3356	5980	844	25145	36966
824	1861	3108	594	11728	18047
50	157	133	7	884	1325
580	1021	1740	196	8406	11916
241	317	999	47	4127	5678

1-B-42 续表 4

行　业	从业人员期末人数	#女　性	从业人员期末人数(按人员类型分)		
			在岗职工	劳务派遣人员	其他从业人员
非家用纺织制成品制造	31056	15014	30777	33	246
非织造布制造	10923	4323	10869	4	50
绳、索、缆制造	2396	1478	2387	2	7
纺织带和帘子布制造	6130	3132	6071	8	51
篷、帆布制造	6738	3396	6673	4	61
其他非家用纺织制成品制造	4869	2685	4777	15	77
纺织服装、服饰业	282007	190370	275519	2518	3970
机织服装制造	182061	120622	177742	2335	1984
机织服装制造	182061	120622	177742	2335	1984
针织或钩针编织服装制造	77810	54570	75849	172	1789
针织或钩针编织服装制造	77810	54570	75849	172	1789
服饰制造	22136	15178	21928	11	197
服饰制造	22136	15178	21928	11	197
皮革、毛皮、羽毛及其制品和制鞋业	258402	128136	254669	1769	1964
皮革鞣制加工	8401	2725	8142	176	83
皮革鞣制加工	8401	2725	8142	176	83
皮革制品制造	53810	30278	52267	1109	434
皮革服装制造	9345	6106	9144	46	155
皮箱、包(袋)制造	34685	19248	33381	1060	244
皮手套及皮装饰制品制造	4087	2859	4052		35
其他皮革制品制造	5693	2065	5690	3	
毛皮鞣制及制品加工	4251	2456	4192	3	56
毛皮鞣制加工	820	402	819		1
毛皮服装加工	1610	972	1596		14
其他毛皮制品加工	1821	1082	1777	3	41
羽毛(绒)加工及制品制造	4416	2527	4415	1	
羽毛(绒)加工	459	151	458	1	
羽毛(绒)制品加工	3957	2376	3957		

单位：人

从业人员期末人数(按职业类型分)					从业人员平均人数
单位负责人	专业技术人员	办事人员和有关人员	商业、服务业人员	生产、运输设备操作人员及有关人员	
1206	2258	4462	389	22741	30023
499	887	1438	152	7947	10590
82	179	361	25	1749	2179
255	452	667	159	4597	6137
206	343	1152	1	5036	6513
164	397	844	52	3412	4604
8197	32502	39065	3579	198664	281181
5376	22418	24123	2746	127398	182337
5376	22418	24123	2746	127398	182337
2108	7950	11712	528	55512	76699
2108	7950	11712	528	55512	76699
713	2134	3230	305	15754	22145
713	2134	3230	305	15754	22145
6954	21741	29221	2144	198342	251750
375	767	1090	137	6032	8553
375	767	1090	137	6032	8553
1657	3293	5580	297	42983	52239
445	841	1172	109	6778	9213
984	1839	3484	135	28243	34216
84	268	450	20	3265	3033
144	345	474	33	4697	5777
215	464	584	50	2938	3899
25	125	85	1	584	779
54	65	197	17	1277	1530
136	274	302	32	1077	1590
132	627	548	84	3025	4475
32	38	91	21	277	462
100	589	457	63	2748	4013

1-B-42 续表 5

行业	从业人员期末人数	#女性	从业人员期末人数(按人员类型分)		
			在岗职工	劳务派遣人员	其他从业人员
制鞋业	187524	90150	185653	480	1391
纺织面料鞋制造	6200	4006	6040	65	95
皮鞋制造	152112	70559	150813	356	943
塑料鞋制造	5877	2722	5790	5	82
橡胶鞋制造	20901	11894	20635	17	249
其他制鞋业	2434	969	2375	37	22
木材加工和木、竹、藤、棕、草制品业	42190	18062	40298	1247	645
木材加工	2059	712	1885	150	24
锯材加工	478	136	470	4	4
木片加工	299	91	299		
单板加工	1193	448	1027	146	20
其他木材加工	89	37	89		
人造板制造	10336	4018	9745	483	108
胶合板制造	6079	2432	5516	477	86
纤维板制造	1121	252	1121		
刨花板制造	60	12	60		
其他人造板制造	3076	1322	3048	6	22
木制品制造	20957	8548	20356	450	151
建筑用木料及木材组件加工	1302	534	1279	6	17
木门窗、楼梯制造	7991	3490	7520	429	42
地板制造	7546	2818	7455	10	81
木制容器制造	1445	461	1437	5	3
软木制品及其他木制品制造	2673	1245	2665		8
竹、藤、棕、草等制品制造	8838	4784	8312	164	362
竹制品制造	7708	4219	7204	164	340
藤制品制造	322	86	307		15
草及其他制品制造	808	479	801		7
家具制造业	84952	33378	82934	1215	803
木质家具制造	28799	9352	28168	449	182
木质家具制造	28799	9352	28168	449	182

单位：人

从业人员期末人数(按职业类型分)					从业人员平均人数
单位负责人	专业技术人员	办事人员和有关人员	商业、服务业人员	生产、运输设备操作人员及有关人员	
4575	16590	21419	1576	143364	182584
343	801	1024	19	4013	6298
3409	13237	17222	1315	116929	147680
210	662	707	20	4278	5917
553	1834	2187	222	16105	20326
60	56	279		2039	2363
1385	4098	7418	786	28503	42391
87	139	166	21	1646	2299
25	52	36	7	358	478
16	15	22	8	238	572
41	67	105	6	974	1164
5	5	3		76	85
363	883	1644	171	7275	10110
196	569	916	75	4323	5865
38	59	175		849	1120
2	3	1		54	62
127	252	552	96	2049	3063
671	2557	3484	217	14028	21250
37	120	386	10	749	1269
273	1234	845	41	5598	8120
215	654	1552	106	5019	7747
43	119	352	4	927	1432
103	430	349	56	1735	2682
264	519	2124	377	5554	8732
205	465	1765	376	4897	7591
24	1	196		101	330
35	53	163	1	556	811
2134	8024	14558	1769	58467	82946
926	2707	4959	595	19612	28657
926	2707	4959	595	19612	28657

1-B-42 续表 6

行业	从业人员期末人数	#女性	从业人员期末人数(按人员类型分)		
			在岗职工	劳务派遣人员	其他从业人员
竹、藤家具制造	1573	712	1487	21	65
竹、藤家具制造	1573	712	1487	21	65
金属家具制造	38465	16537	37448	610	407
金属家具制造	38465	16537	37448	610	407
塑料家具制造	2550	1023	2500		50
塑料家具制造	2550	1023	2500		50
其他家具制造	13565	5754	13331	135	99
其他家具制造	13565	5754	13331	135	99
造纸和纸制品业	75530	25636	74673	347	510
纸浆制造	50	10	50		
木竹浆制造	50	10	50		
造纸	43922	13617	43668	21	233
机制纸及纸板制造	42897	13366	42652	21	224
手工纸制造	49	24	49		
加工纸制造	976	227	967		9
纸制品制造	31558	12009	30955	326	277
纸和纸板容器制造	22254	8275	21993	44	217
其他纸制品制造	9304	3734	8962	282	60
印刷和记录媒介复制业	39679	17080	39019	176	484
印刷	38849	16745	38189	176	484
书、报刊印刷	3112	1478	3028	11	73
本册印制	2393	1427	2393		
包装装潢及其他印刷	33344	13840	32768	165	411
装订及印刷相关服务	742	309	742		
装订及印刷相关服务	742	309	742		
记录媒介复制	88	26	88		
记录媒介复制	88	26	88		
文教、工美、体育和娱乐用品制造业	126638	70023	122096	935	3607
文教办公用品制造	29210	16347	29047	81	82
文具制造	14323	7694	14229	73	21
笔的制造	13527	8063	13458	8	61

单位：人

从业人员期末人数(按职业类型分)					从业人员平均人数
单位负责人	专业技术人员	办事人员和有关人员	商业、服务业人员	生产、运输设备操作人员及有关人员	
53	168	303	53	996	1517
53	168	303	53	996	1517
699	3884	6784	1025	26073	37177
699	3884	6784	1025	26073	37177
68	267	355	26	1834	2532
68	267	355	26	1834	2532
388	998	2157	70	9952	13063
388	998	2157	70	9952	13063
2872	7734	11030	755	53139	75530
1	2	4		43	50
1	2	4		43	50
1613	4894	6030	401	30984	43829
1546	4788	5838	398	30327	42854
1	1	2		45	49
66	105	190	3	612	926
1258	2838	4996	354	22112	31651
856	1940	3326	173	15959	22463
402	898	1670	181	6153	9188
1673	5165	6642	292	25907	39321
1644	5075	6587	277	25266	38492
131	534	708	29	1710	3137
116	298	300	11	1668	2330
1397	4243	5579	237	21888	33025
22	58	46	12	604	742
22	58	46	12	604	742
7	32	9	3	37	87
7	32	9	3	37	87
4124	12598	23065	1761	85090	127084
763	2937	3718	242	21550	29325
298	1725	1601	111	10588	14627
400	1128	1837	78	10084	13372

1-B-42 续表 7

行业	从业人员期末人数	#女性	从业人员期末人数(按人员类型分)		
			在岗职工	劳务派遣人员	其他从业人员
教学用模型及教具制造	316	146	316		
墨水、墨汁制造	59	21	59		
其他文教办公用品制造	985	423	985		
乐器制造	1230	564	1221		9
西乐器制造	685	296	685		
电子乐器制造	287	159	287		
其他乐器及零件制造	258	109	249		9
工艺美术品制造	62298	36400	58247	812	3239
雕塑工艺品制造	6301	2751	6094	59	148
金属工艺品制造	9849	5180	9739	31	79
漆器工艺品制造	1763	772	1213	550	
花画工艺品制造	2393	1389	2386		7
天然植物纤维编织工艺品制造	1830	1184	1818		12
抽纱刺绣工艺品制造	20073	14025	17418	15	2640
地毯、挂毯制造	2713	1422	2701		12
珠宝首饰及有关物品制造	3247	1701	3184		63
其他工艺美术品制造	14129	7976	13694	157	278
体育用品制造	14870	7398	14781	3	86
球类制造	1870	1525	1870		
体育器材及配件制造	3274	1623	3260		14
训练健身器材制造	6645	2477	6572	3	70
运动防护用具制造	957	587	957		
其他体育用品制造	2124	1186	2122		2
玩具制造	14699	7716	14530	4	165
玩具制造	14699	7716	14530	4	165
游艺器材及娱乐用品制造	4331	1598	4270	35	26
露天游乐场所游乐设备制造	2589	796	2549	35	5
游艺用品及室内游艺器材制造	809	366	801		8
其他娱乐用品制造	933	436	920		13

单位：人

从业人员期末人数(按职业类型分)					从业人员平均人数
单位负责人	专业技术人员	办事人员和有关人员	商业、服务业人员	生产、运输设备操作人员及有关人员	
21	11	73		211	343
2	18	21		18	54
42	55	186	53	649	929
75	361	78		716	1376
48	311	53		273	825
5	39	19		224	284
22	11	6		219	267
2017	6273	12499	845	40664	62657
247	1078	699	237	4040	6224
429	1181	1657	76	6506	10016
35	107	224	1	1396	1664
89	171	339	7	1787	2416
56	139	390		1245	1864
451	1622	5663	163	12174	20024
72	252	369	24	1996	2777
196	531	361	179	1980	3184
442	1192	2797	158	9540	14488
592	1389	2494	170	10225	14707
46	77	106	4	1637	1879
185	335	449	20	2285	3276
216	677	1398	66	4288	6506
74	94	194		595	969
71	206	347	80	1420	2077
557	1068	3311	389	9374	14813
557	1068	3311	389	9374	14813
120	570	965	115	2561	4206
64	429	615	38	1443	2462
35	91	123	48	512	804
21	50	227	29	606	940

1-B-42 续表 8

行业	从业人员期末人数		从业人员期末人数(按人员类型分)		
		#女性	在岗职工	劳务派遣人员	其他从业人员
石油加工、炼焦和核燃料加工业	1010	260	998	2	10
精炼石油产品制造	1010	260	998	2	10
原油加工及石油制品制造	943	238	931	2	10
人造原油制造	67	22	67		
化学原料和化学制品制造业	95665	32414	93783	564	1318
基础化学原料制造	14461	3862	13896	50	515
无机酸制造	1140	390	1097		43
无机碱制造	245	90	245		
无机盐制造	2584	543	2550	1	33
有机化学原料制造	9167	2366	8927	49	191
其他基础化学原料制造	1325	473	1077		248
肥料制造	1073	215	1062		11
氮肥制造	735	157	724		11
复混肥料制造	202	36	202		
有机肥料及微生物肥料制造	136	22	136		
农药制造	3464	1332	3417	2	45
化学农药制造	2297	724	2285	2	10
生物化学农药及微生物农药制造	1167	608	1132		35
涂料、油墨、颜料及类似产品制造	15195	4119	15123	14	58
涂料制造	6755	1856	6724	2	29
油墨及类似产品制造	1200	513	1197		3
颜料制造	1892	373	1869	11	12
染料制造	4683	1158	4668	1	14
密封用填料及类似品制造	665	219	665		
合成材料制造	25015	7252	24376	326	313
初级形态塑料及合成树脂制造	12293	3210	11984	59	250
合成橡胶制造	1773	445	1648	119	6
合成纤维单(聚合)体制造	9065	2901	8894	132	39
其他合成材料制造	1884	696	1850	16	18
专用化学产品制造	17951	5554	17468	126	357
化学试剂和助剂制造	9550	2659	9371	23	156

单位：人

从业人员期末人数(按职业类型分)					从业人员平均人数
单位负责人	专业技术人员	办事人员和有关人员	商业、服务业人员	生产、运输设备操作人员及有关人员	
94	137	235	55	489	993
94	137	235	55	489	993
90	129	213	48	463	926
4	8	22	7	26	67
4464	13686	18143	1504	57868	94500
782	2343	2386	149	8801	14386
78	169	246	3	644	1157
6	10	6	5	218	237
108	502	369	30	1575	2555
523	1380	1545	101	5618	9136
67	282	220	10	746	1301
81	171	273	5	543	1069
61	81	230	5	358	720
8	25	39		130	205
12	65	4		55	144
242	459	1260	57	1446	3589
198	400	447	30	1222	2345
44	59	813	27	224	1244
774	2302	2636	294	9189	15038
336	1123	1347	182	3767	6703
108	202	184	50	656	1175
76	249	167	13	1387	1923
190	628	844	32	2989	4600
64	100	94	17	390	637
933	3356	5362	330	15034	24553
592	2099	1900	206	7496	12189
40	222	519		992	1798
240	813	2578	124	5310	8959
61	222	365		1236	1607
1152	2922	3380	356	10141	17621
632	1533	1993	181	5211	9346

1-B-42 续表 9

行　业	从业人员期末人数	#女　性	从业人员期末人数(按人员类型分)		
			在岗职工	劳务派遣人　员	其　他从业人员
专项化学用品制造	1953	593	1895		58
林产化学产品制造	1235	667	1150	12	73
信息化学品制造	2821	878	2693	66	62
环境污染处理专用药剂材料制造	462	124	459		3
动物胶制造	85	19	85		
其他专用化学产品制造	1845	614	1815	25	5
炸药、火工及焰火产品制造	476	149	474		2
炸药及火工产品制造	476	149	474		2
日用化学产品制造	18030	9931	17967	46	17
肥皂及合成洗涤剂制造	9212	4417	9171	34	7
化妆品制造	5516	3687	5511	2	3
口腔清洁用品制造	188	134	188		
香料、香精制造	640	238	631	9	
其他日用化学产品制造	2474	1455	2466	1	7
医药制造业	29070	12968	28583	170	317
化学药品原料药制造	10780	3473	10665		115
化学药品原料药制造	10780	3473	10665		115
化学药品制剂制造	3730	2066	3574	123	33
化学药品制剂制造	3730	2066	3574	123	33
中药饮片加工	1362	821	1332	2	28
中药饮片加工	1362	821	1332	2	28
中成药生产	3775	1773	3751	20	4
中成药生产	3775	1773	3751	20	4
兽用药品制造	802	299	791		11
兽用药品制造	802	299	791		11
生物药品制造	2479	901	2454	2	23
生物药品制造	2479	901	2454	2	23
卫生材料及医药用品制造	6142	3635	6016	23	103
卫生材料及医药用品制造	6142	3635	6016	23	103

单位：人

从业人员期末人数(按职业类型分)					从业人员平均人数
单位负责人	专业技术人员	办事人员和有关人员	商业、服务业人员	生产、运输设备操作人员及有关人员	
153	322	339	57	1082	1961
65	149	209	25	787	1260
165	548	433	12	1663	2726
13	70	109	3	267	392
2	3	6		74	85
122	297	291	78	1057	1851
45	92	52	4	283	475
45	92	52	4	283	475
455	2041	2794	309	12431	17769
173	921	1269	151	6698	9192
158	879	968	106	3405	5431
9	7	43		129	100
39	110	102	18	371	643
76	124	412	34	1828	2403
1548	5608	5618	1345	14951	28601
557	2347	1735	109	6032	10600
557	2347	1735	109	6032	10600
266	621	542	186	2115	3713
266	621	542	186	2115	3713
99	214	219	395	435	1289
99	214	219	395	435	1289
191	871	1425	168	1120	3798
191	871	1425	168	1120	3798
60	119	176	38	409	816
60	119	176	38	409	816
140	574	480	265	1020	2446
140	574	480	265	1020	2446
235	862	1041	184	3820	5939
235	862	1041	184	3820	5939

1-B-42 续表 10

行　业	从业人员期末人数	#女　性	从业人员期末人数(按人员类型分)		
			在岗职工	劳务派遣人　员	其　他从业人员
化学纤维制造业	51294	21689	50785	156	353
纤维素纤维原料及纤维制造	861	469	844		17
化纤浆粕制造	64	25	64		
人造纤维(纤维素纤维)制造	797	444	780		17
合成纤维制造	50433	21220	49941	156	336
锦纶纤维制造	6636	2640	6545	81	10
涤纶纤维制造	33599	13571	33317	70	212
腈纶纤维制造	338	81	328		10
维纶纤维制造	79	37	79		
丙纶纤维制造	1017	494	979		38
氨纶纤维制造	814	356	808		6
其他合成纤维制造	7950	4041	7885	5	60
橡胶和塑料制品业	196136	85697	191695	2079	2362
橡胶制品业	24403	10757	23916	263	224
轮胎制造	2213	847	2205		8
橡胶板、管、带制造	8143	3140	8073	28	42
橡胶零件制造	6400	3552	6296	3	101
再生橡胶制造	887	210	887		
日用及医用橡胶制品制造	1726	917	1578	126	22
其他橡胶制品制造	5034	2091	4877	106	51
塑料制品业	171733	74940	167779	1816	2138
塑料薄膜制造	14238	3799	13856	165	217
塑料板、管、型材制造	18846	6652	18153	411	282
塑料丝、绳及编织品制造	12693	6666	12381	159	153
泡沫塑料制造	6397	2730	6271	15	111
塑料人造革、合成革制造	32864	10753	32498	130	236
塑料包装箱及容器制造	13055	6838	12690	73	292
日用塑料制品制造	32581	17357	32016	208	357
塑料零件制造	18057	9101	17340	451	266
其他塑料制品制造	23002	11044	22574	204	224

单位：人

从业人员期末人数(按职业类型分)					从业人员平均人数
单位负责人	专业技术人员	办事人员和有关人员	商业、服务业人员	生产、运输设备操作人员及有关人员	
1785	5174	5604	487	38244	51585
59	62	72	4	664	1037
5	8	5	1	45	64
54	54	67	3	619	973
1726	5112	5532	483	37580	50548
271	1008	675	43	4639	6710
1055	3278	3764	276	25226	33707
4	63	25		246	342
7		72			128
28	80	241	118	550	1024
31	77	91	18	597	794
330	606	664	28	6322	7843
7316	20529	29659	1928	136704	195794
1047	2595	3681	130	16950	24128
107	323	187	10	1586	2205
418	876	1594	46	5209	8144
239	788	916	24	4433	6454
18	64	67	8	730	876
64	117	330	13	1202	1590
201	427	587	29	3790	4859
6269	17934	25978	1798	119754	171666
531	1706	2321	98	9582	14366
894	2197	3401	189	12165	19304
371	1197	1274	75	9776	12553
315	647	918	104	4413	6378
1074	4438	3747	159	23446	33175
431	1073	2032	55	9464	12909
1053	2941	5094	579	22914	32281
715	1311	3549	189	12293	17873
885	2424	3642	350	15701	22827

1-B-42 续表 11

行　业	从业人员期末人数	#女　性	从业人员期末人数(按人员类型分)		
			在岗职工	劳务派遣人员	其他从业人员
非金属矿物制品业	108878	29111	105294	2185	1399
水泥、石灰和石膏制造	13854	3060	13556	151	147
水泥制造	12961	2831	12669	149	143
石灰和石膏制造	893	229	887	2	4
石膏、水泥制品及类似制品制造	39751	6967	39103	335	313
水泥制品制造	35889	6261	35464	140	285
砼结构构件制造	2426	354	2238	188	
石棉水泥制品制造	38	15	38		
轻质建筑材料制造	1192	305	1157	7	28
其他水泥类似制品制造	206	32	206		
砖瓦、石材等建筑材料制造	7816	2071	7513	169	134
粘土砖瓦及建筑砌块制造	3267	879	3019	164	84
建筑陶瓷制品制造	760	357	760		
建筑用石加工	435	56	433		2
防水建筑材料制造	2206	460	2170		36
隔热和隔音材料制造	465	121	453		12
其他建筑材料制造	683	198	678	5	
玻璃制造	5276	1544	5161	17	98
平板玻璃制造	1819	517	1751		68
其他玻璃制造	3457	1027	3410	17	30
玻璃制品制造	18511	6627	16670	1408	433
技术玻璃制品制造	6133	1876	5768	360	5
光学玻璃制造	962	390	940	22	
日用玻璃制品制造	6673	2514	6239	11	423
玻璃包装容器制造	811	441	811		
玻璃保温容器制造	583	279	583		
制镜及类似品加工	1213	405	1208		5
其他玻璃制品制造	2136	722	1121	1015	
玻璃纤维和玻璃纤维增强塑料制品制造	6027	2501	5986	28	13
玻璃纤维及制品制造	3969	1808	3955	6	8
玻璃纤维增强塑料制品制造	2058	693	2031	22	5

单位：人

从业人员期末人数(按职业类型分)					从业人员平均人数
单位负责人	专业技术人员	办事人员和有关人员	商业、服务业人员	生产、运输设备操作人员及有关人员	
4708	14923	13191	1228	69828	108577
640	1839	2534	65	8776	13955
583	1647	2458	58	8215	13068
57	192	76	7	561	887
1835	5627	6749	330	25210	39292
1655	5117	5978	327	22812	35486
96	319	438	3	1570	2368
3	8	6		21	38
60	151	261		720	1198
21	32	66		87	202
342	1134	1362	102	4876	7549
102	289	673	63	2140	3134
18	86	148	8	500	708
20	69	63	2	281	426
134	460	239	13	1360	2098
33	142	47		243	464
35	88	192	16	352	719
196	704	963	16	3397	5260
58	430	237	13	1081	1715
138	274	726	3	2316	3545
666	2387	2957	213	12288	18563
132	653	1034	60	4254	6184
48	43	83		788	902
287	774	1428	61	4123	6594
53	136	44		578	905
28	66	19		470	571
76	102	242	83	710	1329
42	613	107	9	1365	2078
280	931	914	65	3837	6081
185	643	636	61	2444	3984
95	288	278	4	1393	2097

1-B-42 续表 12

行　　业	从业人员期末人数	#女　性	从业人员期末人数(按人员类型分)		
			在岗职工	劳务派遣人　　员	其　　他从业人员
陶瓷制品制造	3653	1744	3541	2	110
卫生陶瓷制品制造	1137	391	1119	2	16
特种陶瓷制品制造	1372	669	1370		2
日用陶瓷制品制造	32	9	32		
园林、陈设艺术及其他陶瓷制品制造	1112	675	1020		92
耐火材料制品制造	9040	2712	8891	46	103
石棉制品制造	507	196	482	3	22
云母制品制造	166	120	166		
耐火陶瓷制品及其他耐火材料制造	8367	2396	8243	43	81
石墨及其他非金属矿物制品制造	4950	1885	4873	29	48
石墨及碳素制品制造	2000	801	1982		18
其他非金属矿物制品制造	2950	1084	2891	29	30
黑色金属冶炼和压延加工业	90812	17849	90095	161	556
炼铁	195	28	195		
炼铁	195	28	195		
炼钢	1770	266	1768		2
炼钢	1770	266	1768		2
黑色金属铸造	30387	6477	30247	14	126
黑色金属铸造	30387	6477	30247	14	126
钢压延加工	57297	10805	56736	147	414
钢压延加工	57297	10805	56736	147	414
铁合金冶炼	1163	273	1149		14
铁合金冶炼	1163	273	1149		14
有色金属冶炼和压延加工业	47527	13410	46743	159	625
常用有色金属冶炼	3183	588	3126	11	46
铜冶炼	1055	134	1049		6
铅锌冶炼	411	82	385	8	18
镍钴冶炼	580	148	560		20
锡冶炼	33	8	33		
铝冶炼	1031	206	1026	3	2
其他常用有色金属冶炼	73	10	73		

单位：人

从业人员期末人数(按职业类型分)					从业人员平均人数
单位负责人	专业技术人员	办事人员和有关人员	商业、服务业人员	生产、运输设备操作人员及有关人员	
139	436	512	37	2529	4114
47	203	193	25	669	1112
43	120	154		1055	1624
1	6	5		20	30
48	107	160	12	785	1348
371	926	1413	351	5979	8798
40	11	160		296	481
3	3	25		135	125
328	912	1228	351	5548	8192
239	939	787	49	2936	4965
66	571	496		867	2020
173	368	291	49	2069	2945
4654	12101	13839	793	59425	91306
6	17	10		162	195
6	17	10		162	195
47	245	166	2	1310	1875
47	245	166	2	1310	1875
1113	3672	3876	58	21668	30550
1113	3672	3876	58	21668	30550
3446	7796	9684	729	35642	57531
3446	7796	9684	729	35642	57531
42	371	103	4	643	1155
42	371	103	4	643	1155
1886	5087	7921	1632	31001	48047
136	353	564	85	2045	3518
43	94	164	63	691	1422
20	54	78	2	257	401
31	88	111	5	345	561
3	7	5		18	33
38	110	200	15	668	1028
1		6		66	73

1-B-42 续表 13

行业	从业人员期末人数	#女性	从业人员期末人数(按人员类型分)		
			在岗职工	劳务派遣人员	其他从业人员
贵金属冶炼	323	64	323		
金冶炼	232	46	232		
银冶炼	52	9	52		
其他贵金属冶炼	39	9	39		
稀有稀土金属冶炼	249	86	249		
钨钼冶炼	127	30	127		
稀土金属冶炼	122	56	122		
有色金属合金制造	6046	1644	5992	5	49
有色金属合金制造	6046	1644	5992	5	49
有色金属铸造	779	298	779		
有色金属铸造	779	298	779		
有色金属压延加工	36947	10730	36274	143	530
铜压延加工	15772	4194	15678	5	89
铝压延加工	16449	5077	16092	33	324
贵金属压延加工	310	114	310		
稀有稀土金属压延加工	1370	540	1259	13	98
其他有色金属压延加工	3046	805	2935	92	19
金属制品业	240884	88785	236281	2508	2095
结构性金属制品制造	62581	18362	61007	1014	560
金属结构制造	18008	4317	16861	845	302
金属门窗制造	44573	14045	44146	169	258
金属工具制造	30042	12471	29752	77	213
切削工具制造	7293	2676	7202		91
手工具制造	12170	5161	12075	20	75
农用及园林用金属工具制造	5234	2321	5210	3	21
刀剪及类似日用金属工具制造	1789	743	1776		13
其他金属工具制造	3556	1570	3489	54	13
集装箱及金属包装容器制造	12377	4320	11618	675	84
集装箱制造	854	43	854		
金属压力容器制造	5131	1197	4494	590	47
金属包装容器制造	6392	3080	6270	85	37

单位：人

从业人员期末人数(按职业类型分)					从业人员平均人数
单位负责人	专业技术人员	办事人员和有关人员	商业、服务业人员	生产、运输设备操作人员及有关人员	
21	57	41		204	332
18	27	33		154	239
2	19	3		28	54
1	11	5		22	39
11	34	28	1	175	247
4	25	20	1	77	125
7	9	8		98	122
282	575	1682	51	3456	5986
282	575	1682	51	3456	5986
14	124	135		506	787
14	124	135		506	787
1422	3944	5471	1495	24615	37177
644	1657	2482	1091	9898	16135
543	1613	2181	198	11914	16258
13	20	33	163	81	314
54	130	261	6	919	1423
168	524	514	37	1803	3047
8670	28558	38361	3450	161845	237179
1925	9380	11332	1118	38826	61215
604	3667	2679	458	10600	17614
1321	5713	8653	660	28226	43601
1198	3289	4443	303	20809	29905
332	755	732	36	5438	7270
463	1199	1577	92	8839	12100
199	540	999	15	3481	5141
58	355	439	45	892	1748
146	440	696	115	2159	3646
533	1155	2563	246	7880	12148
3	28	114		709	822
272	545	807	54	3453	5101
258	582	1642	192	3718	6225

1-B-42 续表 14

行　业	从业人员期末人数	#女　性	从业人员期末人数(按人员类型分)		
			在岗职工	劳务派遣人　员	其　他从业人员
金属丝绳及其制品制造	6729	2096	6599	21	109
金属丝绳及其制品制造	6729	2096	6599	21	109
建筑、安全用金属制品制造	44255	18300	43807	182	266
建筑、家具用金属配件制造	22987	10288	22777	112	98
建筑装饰及水暖管道零件制造	16461	6557	16318	65	78
安全、消防用金属制品制造	3426	1063	3368	4	54
其他建筑、安全用金属制品制造	1381	392	1344	1	36
金属表面处理及热处理加工	20507	7352	20324	33	150
金属表面处理及热处理加工	20507	7352	20324	33	150
搪瓷制品制造	2540	903	2494		46
生产专用搪瓷制品制造	155		155		
建筑装饰搪瓷制品制造	162	35	162		
搪瓷卫生洁具制造	710	253	694		16
搪瓷日用品及其他搪瓷制品制造	1513	615	1483		30
金属制日用品制造	46333	19948	45574	264	495
金属制厨房用器具制造	8444	3415	8285	28	131
金属制餐具和器皿制造	29384	12648	28889	183	312
金属制卫生器具制造	3309	1196	3223	47	39
其他金属制日用品制造	5196	2689	5177	6	13
其他金属制品制造	15520	5033	15106	242	172
锻件及粉末冶金制品制造	7557	2118	7511	4	42
交通及公共管理用金属标牌制造	448	74	343	88	17
其他未列明金属制品制造	7515	2841	7252	150	113
通用设备制造业	332320	112301	322314	7035	2971
锅炉及原动设备制造	9597	2433	9429	106	62
锅炉及辅助设备制造	3980	869	3859	89	32
内燃机及配件制造	2841	990	2815		26
汽轮机及辅机制造	1528	333	1507	17	4
水轮机及辅机制造	1248	241	1248		

单位：人

从业人员期末人数(按职业类型分)					从业人员平均人数
单位负责人	专业技术人员	办事人员和有关人员	商业、服务业人员	生产、运输设备操作人员及有关人员	
351	900	904	103	4471	6706
351	900	904	103	4471	6706
1673	4445	7023	662	30452	43854
889	2494	3025	343	16236	22921
553	1439	3026	159	11284	16175
172	424	776	158	1896	3358
59	88	196	2	1036	1400
1017	2249	2565	153	14523	20340
1017	2249	2565	153	14523	20340
119	254	217	22	1928	2515
6	4	8		137	155
3	5	25		129	154
38	81	101	8	482	699
72	164	83	14	1180	1507
1202	5062	6938	742	32389	45124
267	795	1258	417	5707	8257
595	3485	4390	290	20624	28588
138	282	657	11	2221	3213
202	500	633	24	3837	5066
652	1824	2376	101	10567	15372
349	809	999	55	5345	7513
17	117	86	2	226	458
286	898	1291	44	4996	7401
12252	45520	50315	3326	220907	331635
409	1843	1653	41	5651	9679
206	957	623	10	2184	3968
85	306	661	6	1783	2865
63	310	242	2	911	1594
55	270	127	23	773	1252

1-B-42 续表 15

行　业	从业人员期末人数	#女　性	从业人员期末人数(按人员类型分)		
			在岗职工	劳务派遣人员	其他从业人员
金属加工机械制造	20748	5378	20562	14	172
金属切削机床制造	6186	1251	6138	13	35
金属成形机床制造	3748	537	3683		65
铸造机械制造	1659	357	1626		33
金属切割及焊接设备制造	4765	1734	4738		27
机床附件制造	2363	880	2358		5
其他金属加工机械制造	2027	619	2019	1	7
物料搬运设备制造	29863	7321	28837	846	180
轻小型起重设备制造	5124	1388	5066	38	20
起重机制造	4318	694	4082	216	20
生产专用车辆制造	2647	700	2578	64	5
连续搬运设备制造	2953	430	2925		28
电梯、自动扶梯及升降机制造	13892	3818	13262	523	107
其他物料搬运设备制造	929	291	924	5	
泵、阀门、压缩机及类似机械制造	89421	29826	88108	529	784
泵及真空设备制造	22239	7934	22065	11	163
气体压缩机械制造	12019	3515	11450	306	263
阀门和旋塞制造	41857	13895	41499	178	180
液压和气压动力机械及元件制造	13306	4482	13094	34	178
轴承、齿轮和传动部件制造	62926	21840	61814	593	519
轴承制造	39730	15425	39472	16	242
齿轮及齿轮减、变速箱制造	14828	3493	14663	16	149
其他传动部件制造	8368	2922	7679	561	128
烘炉、风机、衡器、包装等设备制造	56640	21731	55478	559	603
烘炉、熔炉及电炉制造	447	90	436		11
风机、风扇制造	3062	925	3001	3	58
气体、液体分离及纯净设备制造	9146	3387	9066	56	24
制冷、空调设备制造	16920	6300	16655	169	96
风动和电动工具制造	18935	7894	18523	42	370

单位：人

从业人员期末人数(按职业类型分)					从业人员平均人数
单位负责人	专业技术人员	办事人员和有关人员	商业、服务业人员	生产、运输设备操作人员及有关人员	
767	3578	2618	326	13459	21023
256	1169	819	40	3902	6195
170	698	393	46	2441	3720
70	388	146	20	1035	1618
150	638	913	99	2965	4903
40	474	109	4	1736	2481
81	211	238	117	1380	2106
1319	4199	5074	397	18874	29676
249	771	899	43	3162	5044
202	637	713	36	2730	4436
110	302	260	40	1935	2648
114	484	413	2	1940	2918
591	1882	2561	258	8600	13733
53	123	228	18	507	897
3425	10681	15419	868	59028	89511
824	2794	3352	125	15144	21781
513	1327	1989	38	8152	12143
1572	4796	7794	415	27280	42270
516	1764	2284	290	8452	13317
2243	8066	7990	194	44433	62511
1470	4663	5374	126	28097	39492
526	2072	1904	57	10269	14728
247	1331	712	11	6067	8291
1845	8774	8988	703	36330	56063
19	61	130		237	460
157	452	501	39	1913	3057
383	1629	1967	91	5076	9044
459	3015	2267	348	10831	16768
617	2348	2832	124	13014	18808

1-B-42 续表 16

行业	从业人员期末人数	#女性	从业人员期末人数(按人员类型分)		
			在岗职工	劳务派遣人员	其他从业人员
喷枪及类似器具制造	3925	1880	3924		1
衡器制造	775	372	766	6	3
包装专用设备制造	3430	883	3107	283	40
文化、办公用机械制造	6004	2550	5949		55
电影机械制造	74	44	74		
幻灯及投影设备制造	88	45	88		
照相机及器材制造	1517	775	1517		
复印和胶印设备制造	949	333	947		2
计算器及货币专用设备制造	2540	905	2512		28
其他文化、办公用机械制造	836	448	811		25
通用零部件制造	54428	20602	49505	4388	535
金属密封件制造	2469	849	2425		44
紧固件制造	23965	8732	23565	57	343
弹簧制造	2166	707	2136	12	18
机械零部件加工	8710	2906	8630	5	75
其他通用零部件制造	17118	7408	12749	4314	55
其他通用设备制造业	2693	620	2632		61
其他通用设备制造业	2693	620	2632		61
专用设备制造业	118899	34907	116469	921	1509
采矿、冶金、建筑专用设备制造	9134	1947	9029	29	76
矿山机械制造	3254	699	3224		30
石油钻采专用设备制造	1307	366	1292		15
建筑工程用机械制造	1593	389	1588	5	
建筑材料生产专用机械制造	1662	233	1630	16	16
冶金专用设备制造	1318	260	1295	8	15
化工、木材、非金属加工专用设备制造	41941	10263	40954	501	486
炼油、化工生产专用设备制造	2658	661	2565	37	56
橡胶加工专用设备制造	170	39	170		
塑料加工专用设备制造	10189	1761	9940	32	217
模具制造	28465	7713	27820	432	213
其他非金属加工专用设备制造	459	89	459		

单位：人

从业人员期末人数(按职业类型分)					从业人员平均人数
单位负责人	专业技术人员	办事人员和有关人员	商业、服务业人员	生产、运输设备操作人员及有关人员	
64	399	612		2850	3828
44	52	99	10	570	765
102	818	580	91	1839	3333
185	779	505	220	4315	6188
4	4	15		51	76
1	15	18		54	88
28	166	83	66	1174	1756
49	102	95	42	661	962
73	394	224	112	1737	2461
30	98	70		638	845
1961	7163	7535	567	37202	54336
125	297	327	60	1660	2501
1023	2648	3794	224	16276	23986
88	226	255	78	1519	2129
320	984	1267	34	6105	8686
405	3008	1892	171	11642	17034
98	437	533	10	1615	2648
98	437	533	10	1615	2648
5189	20258	18023	1779	73650	118844
407	1845	1364	92	5426	9291
162	707	592	33	1760	3345
61	175	109	23	939	1322
52	321	229	2	989	1548
63	251	174	4	1170	1739
69	391	260	30	568	1337
1815	7039	6167	352	26568	41491
163	597	314	17	1567	2676
15	36	12	1	106	163
505	1325	1512	125	6722	10222
1115	5030	4197	206	17917	27974
17	51	132	3	256	456

1-B-42 续表 17

行业	从业人员期末人数	#女性	从业人员期末人数(按人员类型分)		
			在岗职工	劳务派遣人员	其他从业人员
食品、饮料、烟草及饲料生产专用设备制造	3183	653	3150	15	18
食品、酒、饮料及茶生产专用设备制造	2313	487	2290	10	13
农副食品加工专用设备制造	305	52	295	5	5
烟草生产专用设备制造	247	46	247		
饲料生产专用设备制造	318	68	318		
印刷、制药、日化及日用品生产专用设备制造	7079	1678	6896	133	50
制浆和造纸专用设备制造	793	115	731	60	2
印刷专用设备制造	2403	332	2367		36
制药专用设备制造	2261	443	2178	73	10
照明器具生产专用设备制造	799	483	799		
玻璃、陶瓷和搪瓷制品生产专用设备制造	284	142	284		
其他日用品生产专用设备制造	539	163	537		2
纺织、服装和皮革加工专用设备制造	22954	7535	22697	110	147
纺织专用设备制造	12317	3401	12115	98	104
皮革、毛皮及其制品加工专用设备制造	318	44	291	10	17
缝制机械制造	10257	4055	10229	2	26
洗涤机械制造	62	35	62		
电子和电工机械专用设备制造	2690	1095	2641	11	38
电工机械专用设备制造	1561	568	1541	1	19
电子工业专用设备制造	1129	527	1100	10	19
农、林、牧、渔专用机械制造	8539	3116	8446	35	58
拖拉机制造	1092	304	1079	8	5
机械化农业及园艺机具制造	4574	1755	4544	25	5
营林及木竹采伐机械制造	173	60	173		
畜牧机械制造	164	63	164		
渔业机械制造	298	127	298		
农林牧渔机械配件制造	1986	770	1944	2	40
棉花加工机械制造	84	19	76		8
其他农、林、牧、渔业机械制造	168	18	168		

单位：人

从业人员期末人数(按职业类型分)					从业人员平均人数
单位负责人	专业技术人员	办事人员和有关人员	商业、服务业人员	生产、运输设备操作人员及有关人员	
185	540	596	67	1795	3254
120	347	386	66	1394	2375
21	39	141	1	103	301
19	70	44		114	246
25	84	25		184	332
422	1325	996	67	4269	6968
37	117	203	12	424	755
161	383	297	14	1548	2376
124	568	389	39	1141	2223
38	141	58	2	560	792
6	67	18		193	286
56	49	31		403	536
841	3556	3059	312	15186	22973
453	2143	1615	208	7898	12547
12	45	66	5	190	326
374	1368	1375	99	7041	10040
2		3		57	60
141	465	851	35	1198	2612
65	225	655	14	602	1482
76	240	196	21	596	1130
337	1269	1152	74	5707	8472
55	198	124	7	708	1042
170	665	793	67	2879	4565
5	8	15		145	163
7	12	25		120	163
10	25	30		233	280
67	317	140		1462	2012
15	8	6		55	80
8	36	19		105	167

1-B-42 续表 18

行业	从业人员期末人数	#女性	从业人员期末人数(按人员类型分)		
			在岗职工	劳务派遣人员	其他从业人员
医疗仪器设备及器械制造	7978	4030	7916	2	60
医疗诊断、监护及治疗设备制造	828	344	825		3
口腔科用设备及器具制造	556	248	556		
医疗实验室及医用消毒设备和器具制造	121	48	121		
医疗、外科及兽医用器械制造	4255	2643	4223	2	30
机械治疗及病房护理设备制造	687	329	671		16
假肢、人工器官及植(介)入器械制造	264	117	260		4
其他医疗设备及器械制造	1267	301	1260		7
环保、社会公共服务及其他专用设备制造	15401	4590	14740	85	576
环境保护专用设备制造	5981	1183	5807	56	118
地质勘查专用设备制造	115	20	115		
邮政专用机械及器材制造	131	20	131		
商业、饮食、服务专用设备制造	271	124	256		15
社会公共安全设备及器材制造	5986	2411	5970		16
交通安全、管制及类似专用设备制造	682	401	287	10	385
水资源专用机械制造	388	61	349		39
其他专用设备制造	1847	370	1825	19	3
汽车制造业	148854	55398	145919	1562	1373
汽车整车制造	8288	1830	8238	32	18
汽车整车制造	8288	1830	8238	32	18
改装汽车制造	499	89	481	9	9
改装汽车制造	499	89	481	9	9
汽车车身、挂车制造	473	138	472		1
汽车车身、挂车制造	473	138	472		1
汽车零部件及配件制造	139594	53341	136728	1521	1345
汽车零部件及配件制造	139594	53341	136728	1521	1345
铁路、船舶、航空航天和其他运输设备制造业	64172	21476	61897	728	1547
铁路运输设备制造	1351	377	1285	50	16
铁路机车车辆配件制造	864	255	798	50	16
铁路专用设备及器材、配件制造	487	122	487		

单位：人

从业人员期末人数(按职业类型分)					从业人员平均人数
单位负责人	专业技术人员	办事人员和有关人员	商业、服务业人员	生产、运输设备操作人员及有关人员	
391	1343	1576	212	4456	8141
37	327	268	41	155	791
57	107	83	16	293	594
16	11	11	3	80	140
150	631	812	31	2631	4405
60	62	49	56	460	669
11	72	94	25	62	262
60	133	259	40	775	1280
650	2876	2262	568	9045	15642
319	1512	876	53	3221	6060
7	12	10		86	110
1	12	25		93	89
11	165	39		56	274
197	762	777	95	4155	6224
22	78	94	382	106	656
13	91	53	10	221	388
80	244	388	28	1107	1841
4832	17845	24899	1012	100266	147557
108	1548	1650	52	4930	8658
108	1548	1650	52	4930	8658
33	119	100	30	217	488
33	119	100	30	217	488
29	31	66	13	334	466
29	31	66	13	334	466
4662	16147	23083	917	94785	137945
4662	16147	23083	917	94785	137945
2137	7976	10147	565	43347	64573
91	254	310	10	686	1423
52	158	216	8	430	898
39	96	94	2	256	525

1-B-42 续表 19

行业	从业人员期末人数	#女性	从业人员期末人数(按人员类型分)		
			在岗职工	劳务派遣人员	其他从业人员
船舶及相关装置制造	15503	2911	13553	663	1287
金属船舶制造	11891	1902	10025	637	1229
娱乐船和运动船制造	635	248	635		
船用配套设备制造	2496	684	2480	2	14
船舶改装与拆除	481	77	413	24	44
航空、航天器及设备制造	678	257	678		
飞机制造	358	122	358		
航空、航天相关设备制造	101	22	101		
其他航空航天器制造	219	113	219		
摩托车制造	25597	9502	25431		166
摩托车整车制造	3241	1055	3238		3
摩托车零部件及配件制造	22356	8447	22193		163
自行车制造	19305	7781	19230	13	62
脚踏自行车及残疾人座车制造	10098	4194	10040	6	52
助动自行车制造	9207	3587	9190	7	10
非公路休闲车及零配件制造	978	340	962	2	14
非公路休闲车及零配件制造	978	340	962	2	14
潜水救捞及其他未列明运输设备制造	760	308	758		2
潜水及水下救捞装备制造	114	74	114		
其他未列明运输设备制造	646	234	644		2
电气机械和器材制造业	402796	193267	395806	3920	3070
电机制造	66431	29897	65281	814	336
发电机及发电机组制造	4999	1582	4948		51
电动机制造	23817	10026	23282	461	74
微电机及其他电机制造	37615	18289	37051	353	211
输配电及控制设备制造	104467	48878	102973	829	665
变压器、整流器和电感器制造	14506	6194	14204	57	245
电容器及其配套设备制造	1327	585	1274	8	45
配电开关控制设备制造	51238	23789	50566	459	213
电力电子元器件制造	22278	12018	22024	146	108
光伏设备及元器件制造	8672	3669	8497	150	25
其他输配电及控制设备制造	6446	2623	6408	9	29

单位：人

从业人员期末人数(按职业类型分)					从业人员平均人数
单位负责人	专业技术人　员	办事人员和有关人员	商业、服务业人　员	生产、运输设备操作人员及有关人员	
570	2739	2573	85	9536	15953
379	1906	2055	32	7519	12438
32	149	95	6	353	565
131	456	363	41	1505	2489
28	228	60	6	159	461
47	107	86	1	437	716
7	55	56	1	239	380
22	23	13		43	105
18	29	17		155	231
725	2957	3795	169	17951	25539
48	520	700	22	1951	3177
677	2437	3095	147	16000	22362
616	1722	3187	298	13482	19317
378	858	1841	185	6836	10175
238	864	1346	113	6646	9142
33	101	139		705	944
33	101	139		705	944
55	96	57	2	550	681
6	13			95	103
49	83	57	2	455	578
13598	43162	64964	4982	276090	401889
2293	8163	9964	914	45097	65701
216	684	593	95	3411	5040
901	2663	3621	272	16360	23545
1176	4816	5750	547	25326	37116
4113	12772	17502	1275	68805	103924
635	2017	2623	225	9006	14277
82	159	218		868	1332
2042	6225	9487	748	32736	51441
830	2526	2913	236	15773	21949
301	950	1397	20	6004	8520
223	895	864	46	4418	6405

1-B-42 续表 20

行　业	从业人员期末人数	#女　性	从业人员期末人数(按人员类型分)		
			在岗职工	劳务派遣人　员	其　他从业人员
电线、电缆、光缆及电工器材制造	33152	13544	32856	79	217
电线、电缆制造	29357	12069	29076	76	205
光纤、光缆制造	1358	491	1358		
绝缘制品制造	792	305	781	3	8
其他电工器材制造	1645	679	1641		4
电池制造	13953	6509	13800	1	152
锂离子电池制造	1486	644	1477		9
镍氢电池制造	969	530	962		7
其他电池制造	11498	5335	11361	1	136
家用电力器具制造	111676	55245	109197	1534	945
家用制冷电器具制造	9079	3491	8886	167	26
家用空气调节器制造	7543	2573	7530	5	8
家用通风电器具制造	7600	3621	7599		1
家用厨房电器具制造	23870	12539	22868	724	278
家用清洁卫生电器具制造	13530	5941	13202	12	316
家用美容、保健电器具制造	10918	5925	10877		41
家用电力器具专用配件制造	12129	5432	11903	154	72
其他家用电力器具制造	27007	15723	26332	472	203
非电力家用器具制造	8099	3193	7938	81	80
燃气、太阳能及类似能源家用器具制造	5273	2144	5133	81	59
其他非电力家用器具制造	2826	1049	2805		21
照明器具制造	62922	35009	61812	438	672
电光源制造	26656	14819	26202	60	394
照明灯具制造	29391	16466	28768	364	259
灯用电器附件及其他照明器具制造	6875	3724	6842	14	19
其他电气机械及器材制造	2096	992	1949	144	3
电气信号设备装置制造	1329	745	1211	118	
其他未列明电气机械及器材制造	767	247	738	26	3

单位：人

从业人员期末人数(按职业类型分)					从业人员平均人数
单位负责人	专业技术人员	办事人员和有关人员	商业、服务业人员	生产、运输设备操作人员及有关人员	
1484	4174	6140	465	20889	33444
1311	3600	5509	460	18477	29552
53	199	140		966	1353
60	76	161		495	810
60	299	330	5	951	1729
399	1503	1929	263	9859	13860
37	240	371		838	1440
40	103	73		753	909
322	1160	1485	263	8268	11511
2791	10086	18060	1583	79156	111751
229	791	1662	90	6307	9756
297	1607	908	159	4572	7841
380	591	1839	594	4196	7480
571	2131	3633	224	17311	23349
318	1685	1893	253	9381	13400
258	944	1645	8	8063	11039
279	910	2621	62	8257	12455
459	1427	3859	193	21069	26431
272	979	1833	63	4952	7909
185	694	1312	47	3035	5198
87	285	521	16	1917	2711
2157	5287	9283	411	45784	63226
1005	2130	3010	180	20331	26859
967	2526	5317	224	20357	29349
185	631	956	7	5096	7018
89	198	253	8	1548	2074
57	102	142	8	1020	1296
32	96	111		528	778

1-B-42 续表 21

行业	从业人员期末人数	#女性	从业人员期末人数(按人员类型分)		
			在岗职工	劳务派遣人员	其他从业人员
计算机、通信和其他电子设备制造业	112082	57500	108740	2624	718
计算机制造	1633	646	1545	82	6
计算机整机制造	20	9	20		
计算机零部件制造	326	152	324		2
计算机外围设备制造	684	209	602	82	
其他计算机制造	603	276	599		4
通信设备制造	8825	3550	8568	190	67
通信系统设备制造	5720	2221	5575	86	59
通信终端设备制造	3105	1329	2993	104	8
广播电视设备制造	8940	4853	8909		31
广播电视节目制作及发射设备制造	712	335	708		4
广播电视接收设备及器材制造	6670	3777	6649		21
应用电视设备及其他广播电视设备制造	1558	741	1552		6
视听设备制造	10752	5955	10549	161	42
电视机制造	2557	1124	2520	20	17
音响设备制造	7083	4276	6917	141	25
影视录放设备制造	1112	555	1112		
电子器件制造	18812	9626	17957	757	98
电子真空器件制造	209	78	209		
半导体分立器件制造	2387	1121	2382		5
集成电路制造	3049	1534	2856	183	10
光电子器件及其他电子器件制造	13167	6893	12510	574	83
电子元件制造	55678	28869	54190	1060	428
电子元件及组件制造	48794	25883	47311	1059	424
印制电路板制造	6884	2986	6879	1	4
其他电子设备制造	7442	4001	7022	374	46
其他电子设备制造	7442	4001	7022	374	46
仪器仪表制造业	54079	23471	52427	1238	414
通用仪器仪表制造	31585	12932	30336	904	345
工业自动控制系统装置制造	12112	3504	11733	171	208

单位：人

从业人员期末人数(按职业类型分)					从业人员平均人数
单位负责人	专业技术人员	办事人员和有关人员	商业、服务业人员	生产、运输设备操作人员及有关人员	
3680	15372	17739	967	74324	112071
111	336	360	58	768	1597
1		19			20
28	141	22		135	328
21	60	251	2	350	646
61	135	68	56	283	603
478	1834	1981	184	4348	8808
328	1226	1395	111	2660	5794
150	608	586	73	1688	3014
211	2313	1551	36	4829	8834
23	163	203		323	718
143	1981	846	34	3666	6624
45	169	502	2	840	1492
257	1357	1280	123	7735	10878
12	571	260	2	1712	2598
185	518	789	121	5470	7171
60	268	231		553	1109
550	2554	3767	138	11803	19087
11	44	34		120	212
79	336	657		1315	2294
90	751	397	1	1810	3069
370	1423	2679	137	8558	13512
1901	6133	7775	398	39471	55439
1622	5037	7086	330	34719	48690
279	1096	689	68	4752	6749
172	845	1025	30	5370	7428
172	845	1025	30	5370	7428
2308	8190	7766	1079	34736	53723
1386	4875	4892	507	19925	31151
596	2276	2074	125	7041	11937

1-B-42 续表 22

行　业	从业人员期末人数	#女　性	从业人员期末人数(按人员类型分)		
			在岗职工	劳务派遣人员	其他从业人员
电工仪器仪表制造	5342	2236	5016	298	28
绘图、计算及测量仪器制造	1703	941	1701		2
实验分析仪器制造	2027	1114	1641	357	29
试验机制造	804	243	749		55
供应用仪表及其他通用仪器制造	9597	4894	9496	78	23
专用仪器仪表制造	7363	3276	7197	113	53
环境监测专用仪器仪表制造	417	222	414		3
运输设备及生产用计数仪表制造	3796	1804	3717	63	16
导航、气象及海洋专用仪器制造	494	193	494		
农林牧渔专用仪器仪表制造	10	1	10		
地质勘探和地震专用仪器制造	183	29	172		11
教学专用仪器制造	1203	529	1147	34	22
电子测量仪器制造	289	88	273	16	
其他专用仪器制造	971	410	970		1
钟表与计时仪器制造	2165	1370	2165		
钟表与计时仪器制造	2165	1370	2165		
光学仪器及眼镜制造	11184	4853	10947	221	16
光学仪器制造	1295	673	1074	221	
眼镜制造	9889	4180	9873		16
其他仪器仪表制造业	1782	1040	1782		
其他仪器仪表制造业	1782	1040	1782		
其他制造业	34341	18776	34200	19	122
日用杂品制造	30627	17137	30498	19	110
鬃毛加工、制刷及清扫工具制造	3699	2089	3674		25
其他日用杂品制造	26928	15048	26824	19	85
煤制品制造	71	17	70		1
煤制品制造	71	17	70		1
其他未列明制造业	3643	1622	3632		11
其他未列明制造业	3643	1622	3632		11

单位：人

从业人员期末人数(按职业类型分)					从业人员平均人数
单位负责人	专业技术人员	办事人员和有关人员	商业、服务业人员	生产、运输设备操作人员及有关人员	
193	815	871	262	3201	5169
30	125	275		1273	1622
102	301	306	45	1273	2002
93	214	108	25	364	789
372	1144	1258	50	6773	9632
363	1255	1156	150	4439	7431
5	28	131		253	395
152	563	673	7	2401	3825
30	52	69	16	327	511
1	2			7	19
7	36	25	21	94	191
76	309	125	45	648	1249
27	70	38	12	142	309
65	195	95	49	567	932
56	428	229	14	1438	2082
56	428	229	14	1438	2082
379	1386	1089	396	7934	11220
47	235	142	10	861	1331
332	1151	947	386	7073	9889
124	246	400	12	1000	1839
124	246	400	12	1000	1839
947	2512	4895	444	25543	33227
825	1771	4370	418	23243	29426
131	335	549	115	2569	3500
694	1436	3821	303	20674	25926
5	7	15		44	70
5	7	15		44	70
117	734	510	26	2256	3731
117	734	510	26	2256	3731

1-B-42 续表 23

行业	从业人员期末人数	#女性	从业人员期末人数(按人员类型分)		
			在岗职工	劳务派遣人员	其他从业人员
废弃资源综合利用业	8822	2591	7997	257	568
金属废料和碎屑加工处理	7275	2175	6519	197	559
金属废料和碎屑加工处理	7275	2175	6519	197	559
非金属废料和碎屑加工处理	1547	416	1478	60	9
非金属废料和碎屑加工处理	1547	416	1478	60	9
金属制品、机械和设备修理业	11437	1488	11377	5	55
通用设备修理	115	38	115		
通用设备修理	115	38	115		
铁路、船舶、航空航天等运输设备修理	10844	1384	10784	5	55
船舶修理	10844	1384	10784	5	55
电气设备修理	343	45	343		
电气设备修理	343	45	343		
其他机械和设备修理业	135	21	135		
其他机械和设备修理业	135	21	135		
电力、热力、燃气及水生产和供应业	**6414**	**1547**	**6080**	**183**	**151**
电力、热力生产和供应业	5237	1242	4941	167	129
电力生产	4429	1074	4133	167	129
火力发电	3512	869	3352	60	100
水力发电	365	94	302	42	21
风力发电	39	7	39		
其他电力生产	513	104	440	65	8
热力生产和供应	808	168	808		
热力生产和供应	808	168	808		
燃气生产和供应业	666	155	633	16	17
燃气生产和供应业	666	155	633	16	17
燃气生产和供应业	666	155	633	16	17
水的生产和供应业	511	150	506		5
自来水生产和供应	95	44	95		
自来水生产和供应	95	44	95		
污水处理及其再生利用	416	106	411		5
污水处理及其再生利用	416	106	411		5

单位：人

从业人员期末人数(按职业类型分)					从业人员平均人数
单位负责人	专业技术人员	办事人员和有关人员	商业、服务业人员	生产、运输设备操作人员及有关人员	
326	704	1480	143	6169	8443
249	526	1284	141	5075	7006
249	526	1284	141	5075	7006
77	178	196	2	1094	1437
77	178	196	2	1094	1437
250	1012	713	6	9456	12103
18	1	8		88	120
18	1	8		88	120
213	732	667	6	9226	11516
213	732	667	6	9226	11516
7	244	38		54	341
7	244	38		54	341
12	35			88	126
12	35			88	126
419	**1215**	**1226**	**88**	**3466**	**6375**
316	970	995	44	2912	5187
253	774	919	39	2444	4373
188	466	797	20	2041	3481
46	138	58	16	107	353
1	24	9	3	2	39
18	146	55		294	500
63	196	76	5	468	814
63	196	76	5	468	814
78	134	164	20	270	673
78	134	164	20	270	673
78	134	164	20	270	673
25	111	67	24	284	515
1	32		24	38	95
1	32		24	38	95
24	79	67		246	420
24	79	67		246	420

1-B-43 按地区分组的规模以上

地　区	从业人员期末人数	#女　性	从业人员期末人数(按人员类型分)		
			在岗职工	劳务派遣人　员	其　他从业人员
全　省	**3667976**	**1643563**	**3582201**	**39976**	**45799**
杭州市	**475948**	**216803**	**457604**	**11916**	**6428**
上城区	1842	711	1517	248	77
下城区	3853	1556	3331	484	38
江干区	11469	4421	9901	1255	313
拱墅区	5186	1660	4835	221	130
西湖区	9401	4036	8233	955	213
滨江区	12545	5309	10834	1048	663
萧山区	175449	83821	171746	1950	1753
余杭区	105106	48025	99715	3877	1514
桐庐县	23222	10792	22122	643	457
淳安县	12463	7867	12165	191	107
建德市	20821	9659	20576	22	223
富阳市	54431	21037	53115	802	514
临安市	40160	17909	39514	220	426
宁波市	**686354**	**324518**	**673260**	**4357**	**8737**
海曙区	714	221	709		5
江东区	4630	1924	4558	34	38
江北区	21996	9313	21355	178	463
北仑区	32025	13797	31084	101	840
镇海区	41020	16817	39416	653	951
鄞州区	148993	70881	146736	856	1401
象山县	39203	20959	37520	462	1221
宁海县	62098	29814	60970	56	1072
余姚市	98331	47684	96780	805	746
慈溪市	181793	87329	179719	788	1286
奉化市	55551	25779	54413	424	714
温州市	**466561**	**198645**	**462219**	**1500**	**2842**
鹿城区	65712	26165	65389	105	218
龙湾区	87401	35787	86466	391	544
瓯海区	78126	34256	77793	81	252
洞头县	1945	927	1891		54
永嘉县	24861	10226	24825	13	23
平阳县	18964	8162	18877	5	82

私营工业法人单位从业人员

单位：人

从业人员期末人数(按职业类型分)					从业人员平均人数
单位负责人	专业技术人员	办事人员和有关人员	商业、服务业人员	生产、运输设备操作人员及有关人员	
130035	**420469**	**550850**	**47451**	**2519171**	**3636328**
21236	**62958**	**65458**	**7620**	**318676**	**477850**
113	411	273	34	1011	1863
206	1674	389	109	1475	5672
654	1889	1823	715	6388	11903
326	701	1096	123	2940	6167
482	2070	1386	200	5263	9294
681	2948	2075	924	5917	11977
5986	18463	21114	1369	128517	174971
5640	14518	14748	2277	67923	104616
1005	3454	4288	290	14185	23395
382	1784	1330	67	8900	12382
1273	2662	2984	284	13618	20706
2639	6738	3730	723	35601	54898
1849	5646	5222	505	26938	40006
23197	**73361**	**110429**	**6272**	**473095**	**680149**
32	53	184		445	734
180	471	652	78	3249	4558
1225	1879	2560	237	16095	22320
1322	3325	5057	591	21730	31973
1884	3459	4300	515	30862	41318
4809	18268	23890	1618	100408	148093
1343	4782	5973	366	26739	37121
1193	7710	9108	130	43957	60258
4106	8355	16324	784	68762	96723
4800	16152	33948	1617	125276	182617
2303	8907	8433	336	35572	54434
17054	**50390**	**72335**	**6659**	**320123**	**460102**
1191	7439	9444	1066	46572	64001
2921	8293	13769	764	61654	86843
3301	11680	11761	1342	50042	76327
136	364	231	28	1186	1930
897	3521	3918	372	16153	24681
571	1898	2386	19	14090	18358

1-B-43 续表 1

地　　区	从业人员期末人数	#女　性	从业人员期末人数(按人员类型分)		
			在岗职工	劳务派遣人员	其他从业人员
苍南县	22717	10090	21913	570	234
文成县	1847	543	1817	3	27
泰顺县	1769	605	1766		3
瑞安市	87515	37549	86198	216	1101
乐清市	75704	34335	75284	116	304
嘉兴市	**378367**	**178442**	**367637**	**5216**	**5514**
南湖区	33844	14939	33134	154	556
秀洲区	41363	20203	38496	1460	1407
嘉善县	40669	16822	39714	627	328
海盐县	33989	16928	33253	45	691
海宁市	92327	42474	90244	458	1625
平湖市	67004	34251	64652	1865	487
桐乡市	69171	32825	68144	607	420
湖州市	**199632**	**81560**	**194050**	**2923**	**2659**
吴兴区	42612	15824	40882	915	815
南浔区	34383	14191	33283	703	397
德清县	37243	14650	36696	151	396
长兴县	43811	19291	42881	271	659
安吉县	41583	17604	40308	883	392
绍兴市	**439224**	**206630**	**428326**	**6465**	**4433**
越城区	43156	21327	42663	42	451
绍兴县	170865	79322	167153	1313	2399
新昌县	27963	12785	23865	3909	189
诸暨市	99283	46467	98401	243	639
上虞市	62393	30262	61052	759	582
嵊州市	35564	16467	35192	199	173
金华市	**467040**	**212956**	**458326**	**1877**	**6837**
婺城区	31909	12541	31489	247	173
金东区	22127	10219	21872	87	168
武义县	73889	27836	72812	205	872
浦江县	41569	22109	38148	148	3273
磐安县	9421	4676	8982	402	37
兰溪市	32553	18319	31872	86	595
义乌市	106409	57209	105617	160	632
东阳市	41386	19837	40836	202	348
永康市	107777	40210	106698	340	739

单位：人

从业人员期末人数(按职业类型分)					从业人员平均人数
单位负责人	专业技术人员	办事人员和有关人员	商业、服务业人员	生产、运输设备操作人员及有关人员	
1146	2261	3795	519	14996	22470
56	232	369	85	1105	1805
50	169	256	280	1014	1758
3386	8588	13908	1108	60525	86728
3399	5945	12498	1076	52786	75201
15111	**35042**	**47455**	**3659**	**277100**	**377050**
1042	4258	4273	397	23874	33380
1699	4433	4986	784	29461	41192
1242	3706	7132	321	28268	40582
1101	3059	4183	194	25452	33818
4499	9051	12538	904	65335	91626
2328	2429	5475	121	56651	67991
3200	8106	8868	938	48059	68461
6803	**24575**	**35337**	**4667**	**128250**	**197340**
2307	6252	7649	2216	24188	42079
1551	4307	5743	271	22511	34370
984	3958	6586	201	25514	36565
1220	5135	6096	482	30878	43328
741	4923	9263	1497	25159	40998
14486	**56500**	**65659**	**5610**	**296969**	**434745**
1057	5176	7830	226	28867	43743
6957	19439	21882	3062	119525	168495
806	4702	3822	208	18425	27671
2877	15578	15336	1123	64369	97633
1683	6742	10165	547	43256	61553
1106	4863	6624	444	22527	35650
13177	**55427**	**77116**	**7878**	**313442**	**463351**
1010	4554	5280	764	20301	32478
710	2858	3496	236	14827	21669
2294	8035	12283	948	50329	72971
1034	5705	8749	888	25193	41712
429	637	1239	16	7100	9458
1220	5625	3546	167	21995	31783
2409	9655	13815	2515	78015	105475
1437	6665	5702	951	26631	40970
2634	11693	23006	1393	69051	106835

1-B-43 续表 2

地 区	从业人员期末人数	#女 性	从业人员期末人数(按人员类型分)		
			在岗职工	劳务派遣人 员	其 他从业人员
衢州市	**86126**	**35375**	**82715**	**2032**	**1379**
柯城区	9798	3438	9390	210	198
衢江区	16028	5813	14884	716	428
常山县	11997	5615	11421	466	110
开化县	5688	2761	5609	23	56
龙游县	17653	6283	17224	99	330
江山市	24962	11465	24187	518	257
舟山市	**44492**	**14688**	**42986**	**478**	**1028**
定海区	15254	5286	14964	92	198
普陀区	21683	6441	20649	365	669
岱山县	7285	2859	7103	21	161
嵊泗县	270	102	270		
台州市	**282866**	**117201**	**276041**	**2807**	**4018**
椒江区	11845	4669	11757	6	82
黄岩区	27184	12090	25620	1321	243
路桥区	23314	8556	23121	17	176
玉环县	36101	14884	35857	78	166
三门县	19607	8441	18885	471	251
天台县	12350	5685	12072	150	128
仙居县	12123	5474	11865	2	256
温岭市	90165	37169	88433	21	1711
临海市	50177	20233	48431	741	1005
丽水市	**141366**	**56745**	**139037**	**405**	**1924**
莲都区	34230	13596	34034	18	178
青田县	24730	8642	24160	156	414
缙云县	34667	13489	34517	7	143
遂昌县	2563	964	2542	12	9
松阳县	12354	4298	12043		311
云和县	4700	2330	4684		16
庆元县	9014	4977	8455	156	403
景宁县	2299	1149	2272	16	11
龙泉市	16809	7300	16330	40	439

单位：人

从业人员期末人数(按职业类型分)					从业人员平均人数
单位负责人	专业技术人员	办事人员和有关人员	商业、服务业人员	生产、运输设备操作人员及有关人员	
3811	**12672**	**12759**	**1063**	**55821**	**84041**
473	1312	1437	296	6280	9743
617	1939	2260	112	11100	15499
403	2560	1607	202	7225	11770
389	925	1035	35	3304	5595
770	1923	2797	131	12032	17350
1159	4013	3623	287	15880	24084
1677	**4976**	**6552**	**231**	**31056**	**45201**
692	2728	2352	44	9438	15253
740	1557	2992	160	16234	22452
227	643	1107	24	5284	7218
18	48	101	3	100	278
8581	**27026**	**39037**	**2247**	**205975**	**274606**
447	1641	1470	89	8198	11612
534	3227	4794	157	18472	25162
558	2343	3605	313	16495	23258
664	3308	6350	423	25356	36069
912	1548	2843	71	14233	18689
482	1318	2268	62	8220	12391
433	1321	2537	41	7791	11994
3228	7506	8076	715	70640	86804
1323	4814	7094	376	36570	48627
4902	**17542**	**18713**	**1545**	**98664**	**141893**
1204	4909	3789	386	23942	34279
529	2433	2933	230	18605	25159
1401	4602	4163	189	24312	34258
97	281	393		1792	2680
412	1390	1844	27	8681	12450
97	628	898	12	3065	4887
392	603	1635	513	5871	8858
111	285	278	49	1576	2279
659	2411	2780	139	10820	17043

1-B-44 按轻重工业、规模、登记注册类型和控股情况

项目	单位数(个)	#有计算机的单位数	#有网站的单位数	#有电子商务采购的单位数
总计	**39553**	**39182**	**27043**	**4425**
一、按轻重工业分				
轻工业	19494	19273	12331	2037
重工业	20059	19909	14712	2388
二、按规模分				
大型企业	602	601	548	122
中型企业	4607	4606	3910	778
小型企业	32682	32644	22082	3476
微型企业	1662	1331	503	49
三、按登记注册类型分				
内资	32998	32694	22148	3637
国有	120	120	67	5
集体	76	73	28	
股份合作企业	336	331	178	29
联营企业	2	2	1	
集体联营	1			
其他联营	1			
有限责任公司	5330	5292	3757	505
国有独资公司	124	123	76	2
其他有限责任公司	5206	5169	3681	503
股份有限公司	682	681	601	106
私营企业	26440	26183	17509	2990
私营独资	1428	1404	714	118
私营合伙	348	341	177	26
私营有限责任公司	24247	24026	16284	2783
私营股份有限公司	417	412	334	63
其他企业	12	12	7	2
港澳台商投资	3311	3275	2543	415
与港澳台商合资经营	1842	1826	1444	242
与港澳台商合作经营	51	51	36	11
港澳台商独资	1366	1346	1017	154
港澳台商投资股份有限公司	48	48	42	6
其他港澳台投资	4	4	4	2
外商投资	3244	3213	2352	373
中外合资经营	1786	1764	1340	238
中外合作经营	44	44	30	5
外资企业	1379	1370	953	128
外商投资股份有限公司	29	29	24	1
其他外商投资	6	6	5	1
四、按控股情况分				
国有控股	701	694	423	34
集体控股	554	545	344	48
私人控股	33190	32885	22523	3772
港澳台商控股	2288	2262	1744	280
外商控股	2199	2178	1553	228
其他	621	618	456	63

分组的规模以上工业法人单位信息化情况

#有电子商务销售的单位数	年末在用计算机数（台）	年末拥有网站数（个）	全年电子商务采购金额（万元）	全年电子商务销售金额（万元）
6354	**1575547**	**31676**	**11102230**	**25747567**
3119	619354	14478	4261640	12676351
3235	956193	17198	6840590	13071216
174	372325	933	3616346	6957824
1042	486003	4787	2951333	6791040
5067	702260	25411	4480311	9480170
71	14959	545	54240	2518533
5317	1127998	26005	8275338	18401733
4	96684	78	2396	652
2	1316	35		2350
42	4581	209	53077	74473
	33	1		
725	269651	4382	1494128	4946865
3	19057	93	12849	2446035
722	250594	4289	1481279	2500830
153	124250	822	1468409	1369286
4389	631358	20469	5257046	12006902
180	13713	801	78485	212923
38	3256	202	14356	46356
4097	586464	19075	4901500	11324471
74	27925	391	262706	423153
2	125	9	283	1206
584	206070	2971	1418868	2489334
357	101923	1686	714089	1448685
11	2582	42	13837	18676
207	89566	1189	687051	1009872
7	11904	50	3742	11893
2	95	4	150	209
453	241479	2700	1408024	4856500
309	114577	1542	621822	3162343
7	1594	31	2189	19795
135	119977	1085	784006	1660866
1	3890	33	4	5
1	1441	9	2	13492
42	186405	507	709604	4412325
74	32992	408	168981	167945
5508	983810	26433	7791212	16928027
383	154704	2037	885886	1614504
265	174648	1768	1100569	2204447
82	42988	523	445978	420319

1-B-45 按行业小类分组的规模

行业	单位数(个)	#有计算机的企业数	#有网站的企业数
总 计	**39553**	**39182**	**27043**
采矿业	**145**	**142**	**44**
煤炭开采和洗选业	1		
褐煤开采洗选	1		
褐煤开采洗选	1		
黑色金属矿采选业	5	5	2
铁矿采选	5	5	2
铁矿采选	5	5	2
有色金属矿采选业	18	18	7
常用有色金属矿采选	10	10	5
铜矿采选	3	3	3
铅锌矿采选	7	7	2
贵金属矿采选	1		
银矿采选	1		
稀有稀土金属矿采选	7	7	1
钨钼矿采选	7	7	1
非金属矿采选业	121	118	35
土砂石开采	108	106	29
石灰石、石膏开采	20	20	8
建筑装饰用石开采	35	33	7
耐火土石开采	19	19	6
粘土及其他土砂石开采	34	34	8
化学矿开采	1		
化学矿开采	1		
石棉及其他非金属矿采选	12	11	5
其他未列明非金属矿采选	12	11	5
制造业	**38920**	**38553**	**26764**
农副食品加工业	784	773	459
谷物磨制	53	52	14
谷物磨制	53	52	14

以上工业法人单位信息化情况

#有电子商务采购的企业数	#有电子商务销售的企业数	年末在用计算机数(台)	年末拥有网 站 数(个)	全年电子商务采购金额(万元)	全年电子商务销售金额(万元)
4425	**6354**	**1575547**	**31676**	**11102230**	**25747567**
1	**2**	**1689**	**44**	**155**	**252**
		262	2		
		262	2		
		262	2		
		343	7		
		283	5		
		153	3		
		130	2		
		54	1		
		54	1		
1	2	1079	35	155	252
1	2	847	29	155	252
	1	238	8		2
		233	7		
		150	6		
1	1	226	8	155	250
		228	5		
		228	5		
4411	**6349**	**1444478**	**31384**	**11051983**	**25747210**
72	114	14453	522	115992	266010
2	1	522	14	3788	2
2	1	522	14	3788	2

1-B-45 续表 1

行业	单位数(个)	#有计算机的企业数	#有网站的企业数
饲料加工	133	131	80
饲料加工	133	131	80
植物油加工	31	31	16
食用植物油加工	28	28	14
非食用植物油加工	3	3	2
制糖业	1		
制糖业	1		
屠宰及肉类加工	94	94	57
牲畜屠宰	20	20	11
禽类屠宰	2	2	1
肉制品及副产品加工	72	72	45
水产品加工	297	291	171
水产品冷冻加工	225	219	125
鱼糜制品及水产品干腌制加工	36	36	30
水产饲料制造	28	28	9
鱼油提取及制品制造	1		
其他水产品加工	7		
蔬菜、水果和坚果加工	138	137	92
蔬菜加工	76	75	60
水果和坚果加工	62	62	32
其他农副食品加工	37	36	28
淀粉及淀粉制品制造	6	5	4
豆制品制造	15	15	12
蛋品加工	5	5	3
其他未列明农副食品加工	11	11	9
食品制造业	333	332	257
焙烤食品制造	51	51	35
糕点、面包制造	30	30	21
饼干及其他焙烤食品制造	21	21	14

#有电子商务采购的企业数	#有电子商务销售的企业数	年末在用计算机数（台）	年末拥有网站数（个）	全年电子商务采购金额（万元）	全年电子商务销售金额（万元）
5	6	2444	87	39430	66221
5	6	2444	87	39430	66221
3	7	652	20	5559	58789
2	6	632	18	559	52289
1	1	20	2	5000	6500
8	15	2139	70	4506	10292
1	2	751	12	1	30
		35	2		
7	13	1353	56	4505	10262
26	35	4661	186	35840	70984
21	28	3664	139	31680	68268
5	7	606	31	4160	2717
		178	9		
24	43	2801	113	25577	58931
13	20	1596	70	19822	26480
11	23	1205	43	5755	32450
4	7	1221	31	1291	792
1	2	141	4	1200	258
2	2	845	15	1	371
		29	3		
1	3	206	9	90	164
40	80	13617	312	37988	104602
5	16	2532	47	267	3428
5	10	1981	32	267	1795
	6	551	15		1634

1-B-45 续表 2

行业	单位数(个)	#有计算机的企业数	#有网站的企业数
糖果、巧克力及蜜饯制造	23	23	14
糖果、巧克力制造	11	11	8
蜜饯制作	12	12	6
方便食品制造	36	36	25
米、面制品制造	6	6	3
速冻食品制造	13	13	7
方便面及其他方便食品制造	17	17	15
乳制品制造	17	17	15
乳制品制造	17	17	15
罐头食品制造	63	63	54
肉、禽类罐头制造	2	2	2
水产品罐头制造	3	3	3
蔬菜、水果罐头制造	56	56	47
其他罐头食品制造	2	2	2
调味品、发酵制品制造	25	25	18
味精制造	8	8	4
酱油、食醋及类似制品制造	8	8	8
其他调味品、发酵制品制造	9	9	6
其他食品制造	118	117	96
营养食品制造	14	14	12
保健食品制造	22	22	18
冷冻饮品及食用冰制造	7	7	4
盐加工	3	3	2
食品及饲料添加剂制造	66	65	56
其他未列明食品制造	6	6	4
酒、饮料和精制茶制造业	227	221	153
酒的制造	59	59	48
酒精制造	1		
白酒制造	4	4	3
啤酒制造	22	22	14
黄酒制造	30	30	29
其他酒制造	2	2	2

		年末在用计算机数(台)	年末拥有网 站 数(个)	全年电子商务采购金额(万元)	全年电子商务销售金额(万元)
#有电子商务采购的企业数	#有电子商务销售的企业数				
1	5	752	17	80	2672
1	2	423	9	80	551
	3	329	8		2122
5	8	2060	31	7814	12291
2	1	66	3	101	500
1	1	720	8	180	20
2	6	1274	20	7533	11771
1	2	1179	18	80	84
1	2	1179	18	80	84
10	13	1174	60	6668	16687
1	2	141	2	450	1300
	1	48	3		235
9	10	934	53	6218	15152
		51	2		
2	4	642	19	5074	4605
1	2	188	4	5072	4551
	1	177	8		50
1	1	277	7	2	4
16	32	5278	120	18005	64834
2	8	441	17	336	1333
2	7	792	22	11	3223
		492	4		
1	2	146	3	2	221
11	14	3300	70	17657	60048
	1	107	4		10
29	45	11012	190	126076	253113
5	9	4305	62	502	1875
	1	57	3		12
		2943	15		
5	8	1189	41	502	1863
		112	3		

1-B-45 续表 3

行业	单位数(个)	#有计算机的企业数	#有网站的企业数
饮料制造	60	57	42
碳酸饮料制造	6	5	2
瓶(罐)装饮用水制造	10	10	4
果菜汁及果菜汁饮料制造	18	18	16
含乳饮料和植物蛋白饮料制造	10	9	7
固体饮料制造	4	3	2
茶饮料及其他饮料制造	12	12	11
精制茶加工	108	105	63
精制茶加工	108	105	63
烟草制品业	3	3	2
卷烟制造	2	2	2
卷烟制造	2	2	2
其他烟草制品制造	1		
其他烟草制品制造	1		
纺织业	4972	4923	2657
棉纺织及印染精加工	2215	2194	1131
棉纺纱加工	623	617	309
棉织造加工	1052	1043	520
棉印染精加工	540	534	302
毛纺织及染整精加工	206	203	106
毛条和毛纱线加工	94	93	44
毛织造加工	72	70	45
毛染整精加工	40	40	17
麻纺织及染整精加工	21	21	16
麻纤维纺前加工和纺纱	13	13	9
麻织造加工	6	6	5
麻染整精加工	2	2	2
丝绢纺织及印染精加工	332	330	154
缫丝加工	62	62	27
绢纺和丝织加工	238	236	113
丝印染精加工	32	32	14

		年末在用计算机数(台)	年末拥有网 站 数(个)	全年电子商务采购金额(万元)	全年电子商务销售金额(万元)
#有电子商务采购的企业数	#有电子商务销售的企业数				
6	8	5233	55	118846	186153
		1518	2		
1	1	342	6	29015	46572
1	2	1037	21	6	988
2	2	369	11	63139	99782
		149	2		
2	3	1318	13	26687	38812
18	28	1474	73	6728	65085
18	28	1474	73	6728	65085
	1	1164	6		2436485
	1	1073	6		2436485
	1	1073	6		2436485
357	555	103557	3026	546420	1367335
144	192	51766	1267	269925	490372
41	57	11059	365	133105	162557
64	88	18294	561	106770	238102
39	47	22413	341	30050	89712
8	10	3167	116	565	1515
5	4	1252	48	473	1144
2	5	1308	50	92	371
1	1	607	18	…	…
2	3	549	17	11003	20882
		368	10		
1	2	104	5	3	8382
1	1	77	2	11000	12500
12	19	4126	180	16487	36262
2	2	564	30	22	67
8	13	2627	132	7309	19582
2	4	935	18	9156	16614

1-B-45 续表 4

行业	单位数(个)	#有计算机的企业数	#有网站的企业数
化纤织造及印染精加工	298	298	140
化纤织造加工	267	267	127
化纤织物染整精加工	31	31	13
针织或钩针编织物及其制品制造	1023	1008	540
针织或钩针编织物织造	850	837	450
针织或钩针编织物印染精加工	41	40	16
针织或钩针编织品制造	132	131	74
家用纺织制成品制造	480	475	293
床上用品制造	234	232	135
毛巾类制品制造	18	18	15
窗帘、布艺类产品制造	136	133	83
其他家用纺织制成品制造	92	92	60
非家用纺织制成品制造	397	394	277
非织造布制造	175	174	110
绳、索、缆制造	23	23	16
纺织带和帘子布制造	79	78	56
篷、帆布制造	60	59	48
其他非家用纺织制成品制造	60	60	47
纺织服装、服饰业	2555	2526	1470
机织服装制造	1460	1439	813
机织服装制造	1460	1439	813
针织或钩针编织服装制造	829	821	489
针织或钩针编织服装制造	829	821	489
服饰制造	266	266	168
服饰制造	266	266	168
皮革、毛皮、羽毛及其制品和制鞋业	1780	1763	905
皮革鞣制加工	95	93	53
皮革鞣制加工	95	93	53

#有电子商务采购的企业数	#有电子商务销售的企业数	年末在用计算机数(台)	年末拥有网站数(个)	全年电子商务采购金额(万元)	全年电子商务销售金额(万元)
14	26	3153	154	18104	73999
14	23	2595	137	18104	69445
	3	558	17		4554
71	121	19934	615	58177	192591
63	96	15242	500	47128	153485
2	4	901	17	9831	13615
6	21	3791	98	1218	25491
46	87	12427	349	44951	278296
23	43	5625	164	21577	129927
3	6	1131	24	6127	16627
11	18	3513	89	6208	69564
9	20	2158	72	11039	62179
60	97	8535	328	127210	273419
19	32	3152	121	87170	168166
3	5	418	19	1667	5024
15	26	1769	65	10317	36282
12	18	1876	62	10817	26739
11	16	1320	61	17239	37209
184	310	94283	1650	194301	530439
97	170	60861	909	112566	262472
97	170	60861	909	112566	262472
57	91	25785	540	63965	164575
57	91	25785	540	63965	164575
30	49	7637	201	17771	103392
30	49	7637	201	17771	103392
110	186	39697	1036	146247	388734
11	9	2108	58	10342	11632
11	9	2108	58	10342	11632

1-B-45 续表 5

行业	单位数(个)	#有计算机的企业数	#有网站的企业数
皮革制品制造	454	452	267
皮革服装制造	120	120	65
皮箱、包(袋)制造	253	252	153
皮手套及皮装饰制品制造	44	44	28
其他皮革制品制造	37	36	21
毛皮鞣制及制品加工	75	75	38
毛皮鞣制加工	11	11	4
毛皮服装加工	16	16	9
其他毛皮制品加工	48	48	25
羽毛(绒)加工及制品制造	73	73	56
羽毛(绒)加工	22	22	15
羽毛(绒)制品加工	51	51	41
制鞋业	1083	1070	491
纺织面料鞋制造	55	55	27
皮鞋制造	808	801	371
塑料鞋制造	58	58	18
橡胶鞋制造	141	136	64
其他制鞋业	21	20	11
木材加工和木、竹、藤、棕、草制品业	488	480	327
木材加工	41	40	15
锯材加工	13	12	5
木片加工	11	11	2
单板加工	14	14	7
其他木材加工	3	3	1
人造板制造	159	157	93
胶合板制造	94	93	59
纤维板制造	17	17	10
刨花板制造	2	2	
其他人造板制造	46	45	24

		年末在用计算机数(台)	年末拥有网 站 数(个)	全年电子商务采购金额(万元)	全年电子商务销售金额(万元)
#有电子商务采购的企业数	#有电子商务销售的企业数				
36	65	9941	322	82206	164060
7	17	2390	72	2392	6218
22	37	5544	187	28417	63884
4	7	734	34	250	1790
3	4	1273	29	51148	92168
7	9	865	49	1640	4702
1		110	8	2	
2	3	421	13	362	565
4	6	334	28	1276	4137
12	23	2506	64	15697	79268
4	5	308	15	3558	2501
8	18	2198	49	12139	76768
44	80	24277	543	36361	129072
1	3	740	29	17	2281
29	61	20498	417	31255	98710
1	1	599	18	68	1500
11	14	2105	68	2783	24383
2	1	335	11	2238	2198
68	99	9651	411	87359	239937
4	4	776	25	1294	10091
1	1	116	6	315	912
	1	456	11		20
3	2	187	7	979	9158
		17	1		
13	22	2109	103	29937	61608
13	18	1302	66	29937	60902
		266	11		
		11			
	4	530	26		705

1-B-45 续表 6

行业	单位数(个)	#有计算机的企业数	#有网站的企业数
木制品制造	194	190	148
建筑用木料及木材组件加工	13	13	13
木门窗、楼梯制造	51	50	43
地板制造	74	72	58
木制容器制造	20	20	12
软木制品及其他木制品制造	36	35	22
竹、藤、棕、草等制品制造	94	93	71
竹制品制造	75	75	60
藤制品制造	3	3	2
草及其他制品制造	16	15	9
家具制造业	700	687	519
木质家具制造	266	263	197
木质家具制造	266	263	197
竹、藤家具制造	15	15	11
竹、藤家具制造	15	15	11
金属家具制造	261	255	207
金属家具制造	261	255	207
塑料家具制造	33	33	27
塑料家具制造	33	33	27
其他家具制造	125	121	77
其他家具制造	125	121	77
造纸和纸制品业	888	866	493
纸浆制造	1		
木竹浆制造	1		
造纸	454	435	247
机制纸及纸板制造	423	405	230
手工纸制造	6	6	4
加工纸制造	25	24	13
纸制品制造	433	430	245
纸和纸板容器制造	296	293	151
其他纸制品制造	137	137	94

		年末在用计算机数(台)	年末拥有网站数(个)	全年电子商务采购金额(万元)	全年电子商务销售金额(万元)
#有电子商务采购的企业数	#有电子商务销售的企业数				
30	42	4832	181	28541	97929
4	6	169	16	3122	10048
10	16	1768	56	10533	43648
3	5	1909	67	2816	19098
4	5	286	12	4695	5831
9	10	700	30	7376	19304
21	31	1934	102	27586	70310
20	28	1673	91	27286	70032
	1	23	2		10
1	2	238	9	300	268
72	122	28298	612	100765	359003
16	25	10322	223	9773	53192
16	25	10322	223	9773	53192
3	3	614	11	2253	7454
3	3	614	11	2253	7454
33	61	10495	254	64356	159563
33	61	10495	254	64356	159563
9	15	1217	33	5454	43325
9	15	1217	33	5454	43325
11	18	5650	91	18929	95470
11	18	5650	91	18929	95470
46	60	21062	560	90151	130510
21	26	10422	273	69986	82131
21	25	9945	255	69986	82081
		168	4		
	1	309	14		50
25	34	10635	286	20165	48380
15	17	7442	168	12569	22298
10	17	3193	118	7596	26082

1-B-45 续表 7

行业	单位数(个)	#有计算机的企业数	#有网站的企业数
印刷和记录媒介复制业	499	497	307
印刷	485	483	299
书、报刊印刷	55	55	32
本册印制	28	28	19
包装装潢及其他印刷	402	400	248
装订及印刷相关服务	13	13	7
装订及印刷相关服务	13	13	7
记录媒介复制	1		
记录媒介复制	1		
文教、工美、体育和娱乐用品制造业	1200	1183	903
文教办公用品制造	219	215	170
文具制造	108	105	87
笔的制造	88	87	66
教学用模型及教具制造	9	9	8
墨水、墨汁制造	1		
其他文教办公用品制造	13	13	8
乐器制造	24	24	17
西乐器制造	14	14	9
电子乐器制造	2	2	2
其他乐器及零件制造	8	8	6
工艺美术品制造	588	580	398
雕塑工艺品制造	60	59	40
金属工艺品制造	69	68	49
漆器工艺品制造	24	24	19
花画工艺品制造	13	13	10
天然植物纤维编织工艺品制造	36	35	28
抽纱刺绣工艺品制造	154	151	90
地毯、挂毯制造	38	38	29
珠宝首饰及有关物品制造	38	38	28
其他工艺美术品制造	156	154	105

		年末在用计算机数（台）	年末拥有网 站 数（个）	全年电子商务采购金额（万元）	全年电子商务销售金额（万元）
#有电子商务采购的企业数	#有电子商务销售的企业数				
47	56	15252	349	85267	172944
45	54	14439	341	84523	170288
3	6	2531	44	906	10684
6	7	1367	24	39247	90089
36	41	10541	273	44369	69515
2	2	756	7	745	2656
2	2	756	7	745	2656
205	306	38883	1107	973945	717073
50	68	8482	210	46970	139053
28	38	4566	109	29344	93960
17	24	3047	84	12285	35275
3	4	513	8	4794	7869
2	2	333	8	548	1950
4	2	970	17	401	157
1		715	9	5	
1	1	31	2	386	156
2	1	224	6	11	1
68	111	16039	463	831534	321640
3	5	1101	47	3642	3628
11	24	2473	54	4556	24961
2	3	785	22	360	3843
1	2	660	13	337	1059
7	9	891	31	3221	13888
13	21	3282	102	6687	28815
2	6	965	33	908	7904
6	6	1764	35	769539	159705
23	35	4118	126	42285	77836

1-B-45 续表 8

行　　业	单位数（个）	#有计算机的企业数	#有网站的企业数
体育用品制造	159	156	139
球类制造	15	15	13
体育器材及配件制造	39	38	33
训练健身器材制造	73	71	62
运动防护用具制造	11	11	11
其他体育用品制造	21	21	20
玩具制造	162	160	135
玩具制造	162	160	135
游艺器材及娱乐用品制造	48	48	44
露天游乐场所游乐设备制造	21	21	20
游艺用品及室内游艺器材制造	19	19	16
其他娱乐用品制造	8	8	8
石油加工、炼焦和核燃料加工业	46	45	30
精炼石油产品制造	46	45	30
原油加工及石油制品制造	44	43	28
人造原油制造	2	2	2
化学原料和化学制品制造业	1629	1618	1238
基础化学原料制造	312	310	231
无机酸制造	19	19	16
无机碱制造	7	7	4
无机盐制造	44	43	37
有机化学原料制造	195	194	143
其他基础化学原料制造	47	47	31
肥料制造	20	20	14
氮肥制造	5	5	5
复混肥料制造	10	10	6
有机肥料及微生物肥料制造	4	4	2
其他肥料制造	1		
农药制造	57	57	49
化学农药制造	50	50	42
生物化学农药及微生物农药制造	7	7	7

#有电子商务采购的企业数	#有电子商务销售的企业数	年末在用计算机数（台）	年末拥有网站数（个）	全年电子商务采购金额（万元）	全年电子商务销售金额（万元）
34	53	4358	192	35343	115740
3	4	224	13	1680	6714
8	13	998	54	7085	23785
15	25	2350	84	21247	69079
3	5	229	13	1497	4502
5	6	1057	28	3836	11660
35	51	5695	162	36187	84196
35	51	5695	162	36187	84196
14	21	2839	63	23509	56288
6	11	1002	31	14612	31893
6	6	1569	18	8798	9578
2	4	268	14	99	14818
4	4	3739	30	385241	133
4	4	3739	30	385241	133
4	4	3703	28	385241	133
		36	2		
170	223	65827	1428	1377446	3872238
32	41	15467	269	140048	161676
1	1	436	16	100	300
		713	4		
3	7	910	41	253	6998
24	29	11968	174	42281	51570
4	4	1440	34	97414	102809
2	2	572	14	26456	36812
2	2	405	5	26456	36812
		62	6		
		66	2		
6	9	3681	53	37235	47241
5	7	3041	45	36919	45525
1	2	640	8	317	1717

1-B-45 续表 9

行　　业	单位数(个)	#有计算机的企业数	#有网站的企业数
涂料、油墨、颜料及类似产品制造	299	297	231
涂料制造	142	140	109
油墨及类似产品制造	24	24	23
颜料制造	34	34	21
染料制造	86	86	67
密封用填料及类似品制造	13	13	11
合成材料制造	328	325	260
初级形态塑料及合成树脂制造	227	224	178
合成橡胶制造	14	14	11
合成纤维单(聚合)体制造	59	59	47
其他合成材料制造	28	28	24
专用化学产品制造	491	489	357
化学试剂和助剂制造	261	260	193
专项化学用品制造	82	82	53
林产化学产品制造	19	19	14
信息化学品制造	58	57	45
环境污染处理专用药剂材料制造	12	12	10
动物胶制造	6	6	5
其他专用化学产品制造	53	53	37
炸药、火工及焰火产品制造	9	9	7
炸药及火工产品制造	9	9	7
日用化学产品制造	113	111	89
肥皂及合成洗涤剂制造	23	23	15
化妆品制造	56	54	47
口腔清洁用品制造	2	2	2
香料、香精制造	14	14	12
其他日用化学产品制造	18	18	13
医药制造业	443	438	382
化学药品原料药制造	157	153	137
化学药品原料药制造	157	153	137

		年末在用计算机数(台)	年末拥有网 站 数(个)	全年电子商务采购金额(万元)	全年电子商务销售金额(万元)
#有电子商务采购的企业数	#有电子商务销售的企业数				
30	38	10347	272	210104	261598
11	10	3685	130	116438	115869
1		965	26	38	
3	7	1048	24	4916	21748
13	18	4317	80	88206	122015
2	3	332	12	507	1966
36	43	14565	297	837570	766927
26	28	7173	205	719720	715195
1	2	570	12	15000	5665
6	10	5508	55	99212	35192
3	3	1314	25	3638	10876
50	64	13941	405	108610	173363
25	36	5897	210	52620	99099
6	6	2020	61	4101	10154
6	8	420	22	9206	13835
9	10	3862	53	25698	32515
3	2	466	13	16885	17318
		180	5		
1	2	1096	41	100	442
		310	10		
		310	10		
14	26	6444	108	17422	2424620
5	8	1475	20	10310	1530030
5	12	3495	58	4781	810168
	1	65	2		542
2	3	795	12	2030	83480
2	2	614	16	300	400
62	85	37767	447	175003	274881
25	23	15751	162	126156	107295
25	23	15751	162	126156	107295

1-B-45 续表 10

行　　业	单位数(个)	#有计算机的企业数	#有网站的企业数
化学药品制剂制造	61	61	54
化学药品制剂制造	61	61	54
中药饮片加工	37	37	21
中药饮片加工	37	37	21
中成药生产	41	40	35
中成药生产	41	40	35
兽用药品制造	16	16	14
兽用药品制造	16	16	14
生物药品制造	59	59	53
生物药品制造	59	59	53
卫生材料及医药用品制造	72	72	68
卫生材料及医药用品制造	72	72	68
化学纤维制造业	575	567	281
纤维素纤维原料及纤维制造	19	19	10
化纤浆粕制造	2	2	1
人造纤维(纤维素纤维)制造	17	17	9
合成纤维制造	556	548	271
锦纶纤维制造	54	54	39
涤纶纤维制造	312	306	165
腈纶纤维制造	4	4	3
维纶纤维制造	1		
丙纶纤维制造	14	14	8
氨纶纤维制造	23	23	15
其他合成纤维制造	148	146	40
橡胶和塑料制品业	2334	2318	1683
橡胶制品业	276	274	219
轮胎制造	32	31	23
橡胶板、管、带制造	83	83	67
橡胶零件制造	68	68	60

		年末在用计算机数(台)	年末拥有网 站 数(个)	全年电子商务采购金额(万元)	全年电子商务销售金额(万元)
#有电子商务采购的企业数	#有电子商务销售的企业数				
3	7	6438	68	6096	63520
3	7	6438	68	6096	63520
4	10	1044	24	6415	4986
4	10	1044	24	6415	4986
2	6	4351	36	403	32405
2	6	4351	36	403	32405
2	2	503	16	2870	3350
2	2	503	16	2870	3350
11	13	7180	64	4692	11977
11	13	7180	64	4692	11977
15	24	2500	77	28371	51348
15	24	2500	77	28371	51348
34	45	16277	320	80986	147691
1	3	527	10	120	11259
		7	1		
1	3	520	9	120	11259
33	42	15750	310	80866	136432
7	8	2426	44	13893	17882
23	30	10147	191	64024	115648
		184	3		
1	2	165	11	1000	2601
	1	1554	15		2
2	1	1209	45	1949	300
293	454	55554	1989	559705	2946785
36	52	9643	270	171310	1853859
3	5	3485	23	154610	1753023
11	20	2219	90	2467	62559
11	14	1979	66	5791	10326

1-B-45 续表 11

行业	单位数(个)	#有计算机的企业数	#有网站的企业数
再生橡胶制造	12	12	8
日用及医用橡胶制品制造	21	21	18
其他橡胶制品制造	60	59	43
塑料制品业	2058	2044	1464
塑料薄膜制造	211	211	153
塑料板、管、型材制造	305	300	243
塑料丝、绳及编织品制造	158	158	94
泡沫塑料制造	90	89	62
塑料人造革、合成革制造	211	209	121
塑料包装箱及容器制造	180	179	138
日用塑料制品制造	392	390	307
塑料零件制造	226	226	156
其他塑料制品制造	285	282	190
非金属矿物制品业	1522	1510	793
水泥、石灰和石膏制造	214	214	87
水泥制造	188	188	74
石灰和石膏制造	26	26	13
石膏、水泥制品及类似制品制造	617	615	221
水泥制品制造	559	557	186
砼结构构件制造	31	31	20
石棉水泥制品制造	1		
轻质建筑材料制造	22	22	12
其他水泥类似制品制造	4	4	2
砖瓦、石材等建筑材料制造	145	144	88
粘土砖瓦及建筑砌块制造	53	53	25
建筑陶瓷制品制造	12	12	8
建筑用石加工	11	11	5
防水建筑材料制造	35	34	25
隔热和隔音材料制造	14	14	12
其他建筑材料制造	20	20	13

		年末在用计算机数(台)	年末拥有网站数(个)	全年电子商务采购金额(万元)	全年电子商务销售金额(万元)
#有电子商务采购的企业数	#有电子商务销售的企业数				
		193	17		
7	6	375	20	4242	18373
4	7	1392	54	4201	9579
257	402	45911	1719	388395	1092926
27	38	5239	172	70769	161581
30	60	7070	297	34212	143295
21	28	1750	113	27557	55909
8	12	1475	73	34216	12666
10	24	3663	130	21202	121171
26	32	4236	160	40847	124583
74	118	11102	381	85856	253743
21	28	5382	169	11591	44790
40	62	5994	224	62147	175189
86	114	37348	918	133616	285743
6	5	6264	101	211	2674
5		6056	85	201	
1	5	208	16	10	2674
4	8	11684	242	1531	10950
2	7	10064	203	1155	10574
1		969	23	320	
1	1	447	13	56	376
		181	2		
10	9	3925	96	13073	23793
2		477	25	125	
1		2004	11	24	
		156	5		
5	6	741	29	8474	17705
1	1	309	13	2650	3719
1	2	238	13	1800	2369

1-B-45 续表 12

行 业	单位数(个)	#有计算机的企业数	#有网站的企业数
玻璃制造	54	49	32
平板玻璃制造	14	9	5
其他玻璃制造	40	40	27
玻璃制品制造	176	172	126
技术玻璃制品制造	46	46	33
光学玻璃制造	9	9	7
玻璃仪器制造	1		
日用玻璃制品制造	64	62	44
玻璃包装容器制造	12	11	9
玻璃保温容器制造	5	5	4
制镜及类似品加工	17	17	12
其他玻璃制品制造	22	21	16
玻璃纤维和玻璃纤维增强塑料制品制造	95	95	83
玻璃纤维及制品制造	58	58	47
玻璃纤维增强塑料制品制造	37	37	36
陶瓷制品制造	53	53	41
卫生陶瓷制品制造	25	25	19
特种陶瓷制品制造	17	17	15
日用陶瓷制品制造	1		
园林、陈设艺术及其他陶瓷制品制造	10	10	6
耐火材料制品制造	107	107	78
石棉制品制造	2	2	1
云母制品制造	1		
耐火陶瓷制品及其他耐火材料制造	104	104	77
石墨及其他非金属矿物制品制造	61	61	37
石墨及碳素制品制造	15	15	13
其他非金属矿物制品制造	46	46	24
黑色金属冶炼和压延加工业	1015	1004	636
炼铁	1		
炼铁	1		

#有电子商务采购的企业数	#有电子商务销售的企业数	年末在用计算机数(台)	年末拥有网 站 数(个)	全年电子商务采购金额(万元)	全年电子商务销售金额(万元)
9	9	1395	35	17690	22688
1		388	7	12	
8	9	1007	28	17678	22688
23	30	5771	152	42473	57051
6	8	1933	37	13937	18028
1	1	420	10	16	25
10	13	1508	51	14347	15384
1	1	332	13	5103	7882
		238	8		
3	4	549	15	6023	9406
2	3	781	17	3047	6326
10	16	3754	105	6310	39494
5	9	3165	64	1490	24763
5	7	589	41	4820	14731
10	15	1307	50	4356	38643
5	8	510	21	4044	12358
4	5	618	19	242	26191
1	1	167	9	70	90
6	12	1741	86	1803	8174
		115	2		
6	12	1601	84	1803	8174
8	10	1507	51	46170	82276
3	2	709	19	40571	53396
5	8	798	32	5599	28880
88	123	23713	708	285855	351713

1-B-45 续表 13

行业	单位数(个)	#有计算机的企业数	#有网站的企业数
炼钢	14	13	7
炼钢	14	13	7
黑色金属铸造	318	317	194
黑色金属铸造	318	317	194
钢压延加工	667	658	427
钢压延加工	667	658	427
铁合金冶炼	15	15	8
铁合金冶炼	15	15	8
有色金属冶炼和压延加工业	797	786	491
常用有色金属冶炼	66	65	39
铜冶炼	17	16	10
铅锌冶炼	10	10	3
镍钴冶炼	13	13	10
锡冶炼	2	2	1
铝冶炼	21	21	13
镁冶炼	1		
其他常用有色金属冶炼	2	2	1
贵金属冶炼	11	11	6
金冶炼	5	5	4
银冶炼	4	4	1
其他贵金属冶炼	2	2	1
稀有稀土金属冶炼	5	5	4
钨钼冶炼	2	2	2
稀土金属冶炼	3	3	2
有色金属合金制造	95	94	68
有色金属合金制造	95	94	68
有色金属铸造	15	15	10
有色金属铸造	15	15	10
有色金属压延加工	605	596	364
铜压延加工	292	286	162

#有电子商务采购的企业数	#有电子商务销售的企业数	年末在用计算机数(台)	年末拥有网站数(个)	全年电子商务采购金额(万元)	全年电子商务销售金额(万元)
2	2	2122	11	1250	650
2	2	2122	11	1250	650
27	40	4846	214	9680	64475
27	40	4846	214	9680	64475
58	79	16570	475	271945	280088
58	79	16570	475	271945	280088
1	2	163	8	2980	6500
1	2	163	8	2980	6500
65	79	16247	543	819413	470633
3	4	1747	42	903	1214
		393	10		
1	1	84	3	560	400
	1	729	10		626
		7	2		
2	2	449	14	343	187
		50	2		
	1	299	9		9350
	1	250	7		9350
		31	1		
		18	1		
		118	4		
		35	2		
		83	2		
14	14	2844	70	40915	43643
14	14	2844	70	40915	43643
2	4	428	10	602	3697
2	4	428	10	602	3697
46	56	10811	408	776993	412730
21	23	5560	189	676611	210036

1-B-45 续表 14

行业	单位数(个)	#有计算机的企业数	#有网站的企业数
铝压延加工	228	225	136
贵金属压延加工	10	10	9
稀有稀土金属压延加工	18	18	16
其他有色金属压延加工	57	57	41
金属制品业	2364	2344	1809
结构性金属制品制造	400	394	307
金属结构制造	171	170	109
金属门窗制造	229	224	198
金属工具制造	346	345	295
切削工具制造	75	75	67
手工具制造	139	139	117
农用及园林用金属工具制造	63	63	58
刀剪及类似日用金属工具制造	16	16	14
其他金属工具制造	53	52	39
集装箱及金属包装容器制造	109	108	79
集装箱制造	6	6	6
金属压力容器制造	39	38	33
金属包装容器制造	64	64	40
金属丝绳及其制品制造	140	138	91
金属丝绳及其制品制造	140	138	91
建筑、安全用金属制品制造	514	509	421
建筑、家具用金属配件制造	214	211	165
建筑装饰及水暖管道零件制造	235	234	204
安全、消防用金属制品制造	46	45	38
其他建筑、安全用金属制品制造	19	19	14
金属表面处理及热处理加工	213	211	119
金属表面处理及热处理加工	213	211	119
搪瓷制品制造	31	31	23
生产专用搪瓷制品制造	1		
建筑装饰搪瓷制品制造	3	3	3
搪瓷卫生洁具制造	12	12	9
搪瓷日用品及其他搪瓷制品制造	15	15	11

#有电子商务采购的企业数	#有电子商务销售的企业数	年末在用计算机数(台)	年末拥有网站数(个)	全年电子商务采购金额(万元)	全年电子商务销售金额(万元)
19	25	3694	152	68163	158158
1	1	175	9	4820	5473
2	2	354	16	24067	28534
3	5	1028	42	3331	10529
351	526	67743	2217	689477	1569186
49	82	15540	383	147299	304586
14	21	7625	129	30283	98578
35	61	7915	254	117016	206008
69	110	9324	366	101668	248568
14	21	1788	81	15219	32610
25	47	3760	144	41100	110291
17	25	1915	79	29836	71760
1	2	749	18	2	3848
12	15	1112	44	15511	30059
15	14	4076	99	31882	68065
1		587	7	8	
5	5	1347	39	7312	17255
9	9	2142	53	24562	50809
12	17	2078	112	17406	45049
12	17	2078	112	17406	45049
77	106	12920	509	97446	268452
31	40	5275	188	24994	105735
34	48	5901	257	60154	104520
9	14	1365	45	11730	30582
3	4	379	19	567	27616
8	9	3747	130	1398	5344
8	9	3747	130	1398	5344
4	10	776	32	1933	30108
	1	345	4		800
1	3	258	11	90	857
3	6	169	17	1843	28451

1-B-45 续表 15

行　业	单位数(个)	#有计算机的企业数	#有网站的企业数
金属制日用品制造	365	363	298
金属制厨房用器具制造	63	63	50
金属制餐具和器皿制造	186	185	163
金属制卫生器具制造	41	40	34
其他金属制日用品制造	75	75	51
其他金属制品制造	246	245	176
锻件及粉末冶金制品制造	125	125	88
交通及公共管理用金属标牌制造	13	13	13
其他未列明金属制品制造	108	107	75
通用设备制造业	3780	3763	3027
锅炉及原动设备制造	123	123	97
锅炉及辅助设备制造	47	47	36
内燃机及配件制造	43	43	33
汽轮机及辅机制造	19	19	17
水轮机及辅机制造	12	12	9
风能原动设备制造	2	2	2
金属加工机械制造	280	278	228
金属切削机床制造	93	92	79
金属成形机床制造	54	54	50
铸造机械制造	32	32	24
金属切割及焊接设备制造	53	52	42
机床附件制造	20	20	16
其他金属加工机械制造	28	28	17
物料搬运设备制造	329	328	252
轻小型起重设备制造	56	55	46
起重机制造	44	44	34
生产专用车辆制造	40	40	28
连续搬运设备制造	36	36	31
电梯、自动扶梯及升降机制造	136	136	97
其他物料搬运设备制造	17	17	16

		年末在用计算机数(台)	年末拥有网 站 数(个)	全年电子商务采购金额(万元)	全年电子商务销售金额(万元)
#有电子商务采购的企业数	#有电子商务销售的企业数				
83	142	13412	380	237301	549715
14	30	2728	74	14534	77534
50	85	7815	198	212908	436035
9	10	1283	46	4206	8204
10	17	1586	62	5653	27943
34	36	5870	206	53145	49299
12	14	2714	96	6725	15171
2	2	722	16	25020	2150
20	20	2434	94	21400	31978
513	767	151469	3582	926919	2114163
11	12	8589	109	19049	30563
2	1	2919	41	3780	1861
8	11	2011	40	15268	28702
1		2607	17	1	
		1014	9		
		38	2		
37	49	10909	269	41261	94291
13	16	4986	98	1319	16615
6	9	1815	58	5345	14732
5	6	583	25	3024	6268
11	14	2205	55	30272	54706
1	2	734	16	1242	1310
1	2	586	17	60	660
37	51	20791	304	73112	105135
8	13	2425	52	4183	19559
3	6	2476	44	3070	2823
3	7	2090	37	2867	10617
7	7	1204	40	40226	44341
13	16	11478	111	19152	23223
3	2	1118	20	3615	4571

1-B-45 续表 16

行　　业	单位数(个)	#有计算机的企业数	#有网站的企业数
泵、阀门、压缩机及类似机械制造	1177	1170	976
泵及真空设备制造	299	297	266
气体压缩机械制造	101	101	84
阀门和旋塞制造	639	635	504
液压和气压动力机械及元件制造	138	137	122
轴承、齿轮和传动部件制造	602	601	466
轴承制造	386	385	276
齿轮及齿轮减、变速箱制造	143	143	123
其他传动部件制造	73	73	67
烘炉、风机、衡器、包装等设备制造	498	495	443
烘炉、熔炉及电炉制造	12	12	12
风机、风扇制造	47	47	42
气体、液体分离及纯净设备制造	91	91	84
制冷、空调设备制造	119	117	106
风动和电动工具制造	160	159	141
喷枪及类似器具制造	25	25	22
衡器制造	10	10	10
包装专用设备制造	34	34	26
文化、办公用机械制造	64	64	56
电影机械制造	1		
幻灯及投影设备制造	1		
照相机及器材制造	16	16	12
复印和胶印设备制造	17	17	16
计算器及货币专用设备制造	22	22	19
其他文化、办公用机械制造	7	7	7
通用零部件制造	666	663	480
金属密封件制造	39	39	32
紧固件制造	369	367	265

		年末在用计算机数(台)	年末拥有网 站 数(个)	全年电子商务采购金额(万元)	全年电子商务销售金额(万元)
#有电子商务采购的企业数	#有电子商务销售的企业数				
162	255	40687	1182	399051	832092
45	76	13290	338	112307	221216
12	15	5180	102	26374	81837
73	122	16506	588	206600	399692
32	42	5611	154	53770	129349
79	116	20427	546	88825	312183
51	63	11842	325	43032	110358
17	29	5778	145	42692	83148
11	24	2807	76	3101	118677
92	133	29668	539	187180	396831
5	2	393	12	107	150
11	13	2022	48	10440	18874
14	20	6266	96	18757	48766
14	24	10310	129	19021	54038
40	57	7479	173	129821	223752
4	8	1212	37	7674	30124
1	3	213	10	250	3771
3	6	1773	34	1110	17356
12	14	3284	68	13720	25593
5	6	1127	17	6376	16715
5	5	739	20	3919	6387
2	2	1012	20	3425	1480
	1	366	9		1012
78	126	16088	527	99203	302920
9	14	1258	35	3244	13153
42	75	8371	297	60980	201536

1-B-45 续表 17

行　　业	单位数(个)	#有计算机的企业数	#有网站的企业数
弹簧制造	39	39	30
机械零部件加工	112	111	78
其他通用零部件制造	107	107	75
其他通用设备制造业	41	41	29
其他通用设备制造业	41	41	29
专用设备制造业	1586	1577	1308
采矿、冶金、建筑专用设备制造	129	128	104
矿山机械制造	45	45	35
石油钻采专用设备制造	17	17	16
建筑工程用机械制造	26	26	22
海洋工程专用设备制造	4	4	3
建筑材料生产专用机械制造	23	22	18
冶金专用设备制造	14	14	10
化工、木材、非金属加工专用设备制造	494	493	423
炼油、化工生产专用设备制造	38	38	29
橡胶加工专用设备制造	9	9	7
塑料加工专用设备制造	141	140	126
木材加工机械制造	5	5	4
模具制造	295	295	251
其他非金属加工专用设备制造	6	6	6
食品、饮料、烟草及饲料生产专用设备制造	50	50	40
食品、酒、饮料及茶生产专用设备制造	34	34	26
农副食品加工专用设备制造	6	6	6
烟草生产专用设备制造	6	6	4
饲料生产专用设备制造	4	4	4
印刷、制药、日化及日用品生产专用设备制造	108	107	94
制浆和造纸专用设备制造	12	12	9
印刷专用设备制造	43	43	36
日用化工专用设备制造	1		
制药专用设备制造	34	34	33

#有电子商务采购的企业数	#有电子商务销售的企业数	年末在用计算机数（台）	年末拥有网站数（个）	全年电子商务采购金额（万元）	全年电子商务销售金额（万元）
9	10	959	32	18612	37284
7	11	2077	82	11219	34287
11	16	3423	81	5149	16660
5	11	1026	38	5519	14555
5	11	1026	38	5519	14555
213	272	70439	1566	211683	596222
15	20	4682	120	13740	28706
4	4	1047	39	998	393
3	4	996	18	2184	10186
5	7	1187	28	6854	13140
1	1	311	3	2782	…
2	4	534	20	922	4987
		607	12		
83	96	26505	506	106452	165025
9	8	2501	34	27145	12592
1	1	298	8	500	150
22	32	6346	148	17629	39693
2	3	145	5	472	730
49	52	17015	303	60706	111860
		200	8		
9	10	1353	45	3324	17307
9	9	1083	31	3324	7715
		97	6		
		86	4		
	1	87	4		9592
22	29	3689	112	16312	35028
1	2	199	10	2	1258
9	12	1285	49	4346	6489
9	11	1644	37	1518	3406

1-B-45 续表 18

行业	单位数(个)	#有计算机的企业数	#有网站的企业数
照明器具生产专用设备制造	8	7	7
玻璃、陶瓷和搪瓷制品生产专用设备制造	3	3	3
其他日用品生产专用设备制造	7	7	5
纺织、服装和皮革加工专用设备制造	309	306	238
纺织专用设备制造	165	163	118
皮革、毛皮及其制品加工专用设备制造	8	8	8
缝制机械制造	135	134	111
洗涤机械制造	1	1	1
电子和电工机械专用设备制造	40	39	37
电工机械专用设备制造	21	21	21
电子工业专用设备制造	19	18	16
农、林、牧、渔专用机械制造	123	121	98
拖拉机制造	15	14	11
机械化农业及园艺机具制造	79	78	63
营林及木竹采伐机械制造	1		
畜牧机械制造	2	2	2
渔业机械制造	2	2	2
农林牧渔机械配件制造	19	19	15
棉花加工机械制造	1		
其他农、林、牧、渔业机械制造	4	4	4
医疗仪器设备及器械制造	99	99	86
医疗诊断、监护及治疗设备制造	14	14	14
口腔科用设备及器具制造	9	9	8
医疗实验室及医用消毒设备和器具制造	2	2	2
医疗、外科及兽医用器械制造	43	43	35
机械治疗及病房护理设备制造	9	9	7
假肢、人工器官及植(介)入器械制造	3	3	3
其他医疗设备及器械制造	19	19	17
环保、社会公共服务及其他专用设备制造	234	234	188
环境保护专用设备制造	117	117	93

		年末在用计算机数（台）	年末拥有网 站 数（个）	全年电子商务采购金额（万元）	全年电子商务销售金额（万元）
#有电子商务采购的企业数	#有电子商务销售的企业数				
1	2	216	7	7500	20600
1	1	81	3	2800	3100
1	1	244	5	146	176
25	43	10281	290	34651	224371
12	21	3967	144	10303	25089
1		205	10	85	
12	22	6104	135	24263	199281
		5	1		
5	5	2101	48	4569	9256
3	2	1170	29	4471	9080
2	3	931	19	98	176
18	33	5310	128	12433	78151
3	2	804	13	1629	3452
11	25	3879	83	8004	65967
1	1	46	5	120	2420
		24	3		
3	3	388	19	2680	4574
	2	101	4		1739
12	12	6372	105	13924	20195
2	1	1338	15	93	1350
1	1	358	13	20	60
1	1	302	6	44	45
5	6	2413	40	5737	9657
2	2	380	7	8028	7071
		572	3		
1	1	1009	21	3	2012
24	24	10146	212	6278	18184
8	8	5424	106	1945	3769

1-B-45 续表 19

行　　业	单位数(个)	#有计算机的企业数	#有网站的企业数
地质勘查专用设备制造	2	2	2
邮政专用机械及器材制造	1		
商业、饮食、服务专用设备制造	3	3	2
社会公共安全设备及器材制造	70	70	58
交通安全、管制及类似专用设备制造	4	4	1
水资源专用机械制造	9	9	8
其他专用设备制造	28	28	23
汽车制造业	1621	1616	1279
汽车整车制造	51	50	46
汽车整车制造	51	50	46
改装汽车制造	12	12	12
改装汽车制造	12	12	12
低速载货汽车制造	1		
低速载货汽车制造	1		
汽车车身、挂车制造	6	6	3
汽车车身、挂车制造	6	6	3
汽车零部件及配件制造	1551	1547	1217
汽车零部件及配件制造	1551	1547	1217
铁路、船舶、航空航天和其他运输设备制造业	611	606	469
铁路运输设备制造	17	17	13
铁路机车车辆配件制造	8	8	6
铁路专用设备及器材、配件制造	9	9	7
船舶及相关装置制造	165	160	113
金属船舶制造	111	107	73
娱乐船和运动船制造	11	10	9
船用配套设备制造	38	38	28
船舶改装与拆除	5	5	3
航空、航天器及设备制造	7	7	6
飞机制造	3	3	2
航空、航天相关设备制造	3	3	3
其他航空航天器制造	1		

#有电子商务采购的企业数	#有电子商务销售的企业数	年末在用计算机数(台)	年末拥有网站数(个)	全年电子商务采购金额(万元)	全年电子商务销售金额(万元)
		183	2		
		51	3		
12	12	2898	61	3937	13362
		135	1		
1	1	303	8	45	50
3	2	1129	27	352	958
227	301	86281	1468	510748	1005387
15	16	15241	63	240731	392066
15	16	15241	63	240731	392066
1	2	752	16	2492	1526
1	2	752	16	2492	1526
		183	3		
		183	3		
211	283	69997	1385	267525	611795
211	283	69997	1385	267525	611795
73	116	28369	557	124017	309707
2	2	539	13	5888	6698
1	1	368	6	5513	6175
1	1	171	7	375	523
7	5	12337	117	11508	8136
5	1	10740	76	11139	821
	1	164	9		293
2	3	1325	29	370	7022
		108	3		
	1	367	8		…
		62	2		
	1	260	5		…

1-B-45 续表 20

行 业	单位数(个)	#有计算机的企业数	#有网站的企业数
摩托车制造	227	227	181
摩托车整车制造	32	32	31
摩托车零部件及配件制造	195	195	150
自行车制造	171	171	137
脚踏自行车及残疾人座车制造	99	99	78
助动自行车制造	72	72	59
非公路休闲车及零配件制造	14	14	12
非公路休闲车及零配件制造	14	14	12
潜水救捞及其他未列明运输设备制造	10	10	7
潜水及水下救捞装备制造	2	2	2
其他未列明运输设备制造	8	8	5
电气机械和器材制造业	3815	3778	3063
电机制造	554	550	462
发电机及发电机组制造	70	68	51
电动机制造	204	203	173
微电机及其他电机制造	280	279	238
输配电及控制设备制造	1192	1177	930
变压器、整流器和电感器制造	176	175	142
电容器及其配套设备制造	26	26	22
配电开关控制设备制造	538	531	422
电力电子元器件制造	260	259	194
光伏设备及元器件制造	111	106	93
其他输配电及控制设备制造	81	80	57
电线、电缆、光缆及电工器材制造	594	593	433
电线、电缆制造	516	515	373
光纤、光缆制造	28	28	22
绝缘制品制造	28	28	23
其他电工器材制造	22	22	15

#有电子商务采购的企业数	#有电子商务销售的企业数	年末在用计算机数(台)	年末拥有网 站 数(个)	全年电子商务采购金额(万元)	全年电子商务销售金额(万元)
36	55	8954	219	36626	164330
9	15	3759	41	10333	76749
27	40	5195	178	26293	87581
23	42	5581	180	63169	115397
18	28	2777	94	52291	84585
5	14	2904	86	10878	30812
2	8	268	13	1500	8801
2	8	268	13	1500	8801
3	3	223	7	5327	6345
1	1	60	2	850	2300
2	2	163	5	4477	4045
637	873	183928	3667	1418650	3371088
94	129	33426	568	227795	629737
8	8	3233	59	4654	67761
34	52	12879	224	76724	249270
52	69	17314	285	146418	312706
152	187	62925	1073	436560	1254206
26	30	8849	164	58440	65235
2	4	668	23	12	1695
67	83	31952	484	269491	987638
34	42	10686	225	71420	138040
16	19	6902	111	30706	54161
7	9	3868	66	6491	7438
103	137	17500	511	160259	492254
92	123	14625	446	153806	473163
3	3	1806	22	4450	2589
5	6	600	24	1108	8227
3	5	469	19	896	8275

1-B-45 续表 21

行业	单位数(个)	#有计算机的企业数	#有网站的企业数
电池制造	138	133	109
锂离子电池制造	25	25	20
镍氢电池制造	10	9	7
其他电池制造	103	99	82
家用电力器具制造	627	620	539
家用制冷电器具制造	41	40	33
家用空气调节器制造	45	45	39
家用通风电器具制造	50	49	41
家用厨房电器具制造	147	146	132
家用清洁卫生电器具制造	78	76	69
家用美容、保健电器具制造	60	60	53
家用电力器具专用配件制造	95	93	70
其他家用电力器具制造	111	111	102
非电力家用器具制造	83	83	73
燃气、太阳能及类似能源家用器具制造	56	56	49
其他非电力家用器具制造	27	27	24
照明器具制造	594	589	490
电光源制造	210	207	163
照明灯具制造	313	312	265
灯用电器附件及其他照明器具制造	71	70	62
其他电气机械及器材制造	33	33	27
电气信号设备装置制造	19	19	15
其他未列明电气机械及器材制造	14	14	12
计算机、通信和其他电子设备制造业	1210	1201	994
计算机制造	52	52	44
计算机整机制造	2	2	1
计算机零部件制造	14	14	12
计算机外围设备制造	22	22	19
其他计算机制造	14	14	12
通信设备制造	146	144	125
通信系统设备制造	86	85	76
通信终端设备制造	60	59	49

#有电子商务采购的企业数	#有电子商务销售的企业数	年末在用计算机数(台)	年末拥有网站数(个)	全年电子商务采购金额(万元)	全年电子商务销售金额(万元)
17	22	8220	124	68757	64535
5	6	2397	20	5961	18274
2	3	514	7	6949	7165
10	13	5309	97	55847	39096
129	193	37556	674	353118	519898
7	10	2314	38	6749	32901
10	14	3996	50	242860	36068
11	14	3556	46	2169	15611
27	48	10075	179	17325	171490
21	26	5560	88	14329	44523
17	28	2879	72	19311	72157
12	16	3418	78	6090	50486
24	37	5258	123	44286	96662
19	31	2527	107	18185	48729
11	20	1659	78	7206	16442
8	11	868	29	10980	32288
119	165	20831	576	149729	340136
40	57	6548	195	34559	93508
60	88	12405	310	96734	205899
19	20	1878	71	18436	40729
4	9	843	34	4247	21594
2	6	571	21	1595	15574
2	3	272	13	2652	6020
201	234	146911	1201	555350	1019409
7	10	7072	56	25375	48479
		1511	1		
2	2	1768	13	16581	30866
2	4	1912	26	3830	9151
3	4	1881	16	4964	8462
15	20	48861	172	146588	203368
11	12	33334	115	16018	24054
4	8	15527	57	130569	179314

1-B-45 续表 22

行 业	单位数(个)	#有计算机的企业数	#有网站的企业数
广播电视设备制造	60	60	53
广播电视节目制作及发射设备制造	6	6	6
广播电视接收设备及器材制造	40	40	35
应用电视设备及其他广播电视设备制造	14	14	12
雷达及配套设备制造	1		
雷达及配套设备制造	1		
视听设备制造	89	87	68
电视机制造	14	12	9
音响设备制造	62	62	49
影视录放设备制造	13	13	10
电子器件制造	208	205	179
电子真空器件制造	5	5	5
半导体分立器件制造	38	37	32
集成电路制造	29	29	26
光电子器件及其他电子器件制造	136	134	116
电子元件制造	588	587	471
电子元件及组件制造	530	529	424
印制电路板制造	58	58	47
其他电子设备制造	66	65	53
其他电子设备制造	66	65	53
仪器仪表制造业	608	605	514
通用仪器仪表制造	371	369	337
工业自动控制系统装置制造	141	140	124
电工仪器仪表制造	67	67	64
绘图、计算及测量仪器制造	27	27	27
实验分析仪器制造	22	22	20
试验机制造	8	8	8
供应用仪表及其他通用仪器制造	106	105	94

		年末在用计算机数（台）	年末拥有网 站 数（个）	全年电子商务采购金额（万元）	全年电子商务销售金额（万元）
#有电子商务采购的企业数	#有电子商务销售的企业数				
12	13	5047	66	27997	39724
		331	6		
8	10	3145	44	27438	36886
4	3	1571	16	559	2839
24	22	7113	81	37720	51285
3	2	1939	11	15715	15331
18	18	3849	55	19500	31196
3	2	1325	15	2505	4758
38	42	42131	219	53647	133931
		284	5		
5	5	3080	41	4513	13043
7	4	6462	27	10907	9796
26	33	32305	146	38227	111093
97	120	32720	546	253809	525450
79	104	28993	491	244141	508875
18	16	3727	55	9669	16576
8	7	3910	60	10215	17173
8	7	3910	60	10215	17173
95	105	46318	590	180747	228676
67	71	30908	388	108923	129851
25	24	11760	144	12112	33063
8	11	9342	80	53911	4471
7	8	1458	32	15121	40876
3	4	1107	21	813	5112
4	4	423	8	892	1225
20	20	5818	103	26075	45105

1-B-45 续表 23

行 业	单位数(个)	#有计算机的企业数	#有网站的企业数
专用仪器仪表制造	102	101	88
环境监测专用仪器仪表制造	6	6	6
运输设备及生产用计数仪表制造	47	47	38
导航、气象及海洋专用仪器制造	6	6	5
农林牧渔专用仪器仪表制造	1		
地质勘探和地震专用仪器制造	2	2	2
教学专用仪器制造	20	20	20
电子测量仪器制造	8	8	7
其他专用仪器制造	12	12	10
钟表与计时仪器制造	14	14	11
钟表与计时仪器制造	14	14	11
光学仪器及眼镜制造	105	105	65
光学仪器制造	27	27	27
眼镜制造	78	78	38
其他仪器仪表制造业	16	16	13
其他仪器仪表制造业	16	16	13
其他制造业	331	326	235
日用杂品制造	288	284	207
鬃毛加工、制刷及清扫工具制造	40	40	34
其他日用杂品制造	248	244	173
煤制品制造	4	4	3
煤制品制造	4	4	3
其他未列明制造业	39	38	25
其他未列明制造业	39	38	25
废弃资源综合利用业	151	145	51
金属废料和碎屑加工处理	119	115	39
金属废料和碎屑加工处理	119	115	39
非金属废料和碎屑加工处理	32	30	12
非金属废料和碎屑加工处理	32	30	12
金属制品、机械和设备修理业	53	52	29
通用设备修理	2	2	1
通用设备修理	2	2	1

#有电子商务采购的企业数	#有电子商务销售的企业数	年末在用计算机数(台)	年末拥有网站数(个)	全年电子商务采购金额(万元)	全年电子商务销售金额(万元)
15	16	8100	98	53942	73319
		739	6		
9	9	4184	40	50022	68346
		341	7		
		71	2		
4	5	1587	23	3644	4709
1	1	551	9	260	210
1	1	627	11	16	55
2	1	629	14	3157	4785
2	1	629	14	3157	4785
8	14	6251	73	13837	17076
5	6	2535	31	9212	13657
3	8	3716	42	4625	3419
3	3	430	17	888	3645
3	3	430	17	888	3645
63	91	11436	285	108155	215446
59	86	9961	252	98335	194708
11	14	1014	45	26662	23879
48	72	8947	207	71673	170829
		267	3		
		267	3		
4	5	1208	30	9820	20737
4	5	1208	30	9820	20737
1	1	1818	57	13	1120
1	1	1419	43	13	1120
1	1	1419	43	13	1120
		399	14		
		399	14		
5	2	2265	30	4449	805
		52	1		
		52	1		

1-B-45 续表 24

行 业	单位数(个)	#有计算机的企业数	#有网站的企业数
专用设备修理	1		
专用设备修理	1		
铁路、船舶、航空航天等运输设备修理	44	43	25
船舶修理	44	43	25
电气设备修理	4	4	1
电气设备修理	4	4	1
其他机械和设备修理业	2	2	1
其他机械和设备修理业	2	2	1
电力、热力、燃气及水生产和供应业	**488**	**487**	**235**
电力、热力生产和供应业	294	293	133
电力生产	188	187	85
火力发电	103	103	57
水力发电	58	58	20
核力发电	3	3	
风力发电	10	9	3
其他电力生产	14	14	5
电力供应	70	70	39
电力供应	70	70	39
热力生产和供应	36	36	9
热力生产和供应	36	36	9
燃气生产和供应业	66	66	35
燃气生产和供应业	66	66	35
燃气生产和供应业	66	66	35
水的生产和供应业	128	128	67
自来水生产和供应	90	90	52
自来水生产和供应	90	90	52
污水处理及其再生利用	38	38	15
污水处理及其再生利用	38	38	15

#有电子商务采购的企业数	#有电子商务销售的企业数	年末在用计算机数(台)	年末拥有网站数(个)	全年电子商务采购金额(万元)	全年电子商务销售金额(万元)
5	2	1968	25	4449	805
5	2	1968	25	4449	805
		140	1		
		140	1		
		39	2		
		39	2		
13	**3**	**129380**	**248**	**50092**	**105**
12	3	115561	142	50092	105
11	2	21670	89	50047	5
9	1	11649	60	49452	5
2	1	3174	21	595	…
		6235			
		151	3		
		461	5		
1	1	92798	42	45	100
1	1	92798	42	45	100
		1193	11		
		1193	11		
		3314	38		
		3314	38		
		3314	38		
1		10405	68	…	
1		9094	53	…	
1		9094	53	…	
		1311	15		
		1311	15		

1-B-46 按地区分组的规模以上工业法人单位信息化情况

地区	单位数(个)	#有计算机的企业数	#有网站的企业数	#有电子商务采购的企业数	#有电子商务销售的企业数	年末在用计算机数(台)	年末拥有网站数(个)	全年电子商务采购金额(万元)	全年电子商务销售金额(万元)
全省	**39553**	**39182**	**27043**	**4425**	**6354**	**1575547**	**31676**	**11102230**	**25747567**
杭州市	**6283**	**6229**	**4311**	**577**	**911**	**337177**	**5026**	**1651689**	**8090635**
上城区	51	50	41	10	12	5754	51	129935	2675916
下城区	51	50	38		3	4663	41		2957
江干区	377	376	270	18	35	55369	307	190697	2672353
拱墅区	108	108	74	3	4	8713	84	7019	10444
西湖区	182	182	141	11	21	12037	165	21032	63505
滨江区	242	240	190	21	33	62178	243	44534	127982
萧山区	1907	1892	1297	223	302	79615	1493	837602	1369685
余杭区	1229	1222	849	71	130	48192	1013	124193	354177
桐庐县	357	356	231	31	52	10938	271	39196	79630
淳安县	127	124	62	14	14	2719	71	14637	23768
建德市	364	363	259	55	89	9693	297	87701	228628
富阳市	712	692	476	54	94	19005	555	116200	298275
临安市	576	574	383	66	122	18301	435	38943	183317
宁波市	**7166**	**7116**	**5592**	**1143**	**1446**	**337086**	**6464**	**3981216**	**4807329**
海曙区	30	30	28	1	4	2999	45	2100	99012
江东区	78	78	60	8	7	5731	74	8593	16996
江北区	293	291	239	29	47	14292	268	577227	190360
北仑区	663	657	521	80	81	67017	586	910905	881902
镇海区	575	566	422	56	85	24043	471	592017	244039
鄞州区	1739	1721	1317	284	349	74169	1502	849313	1086093
象山县	430	430	301	58	59	14874	325	64157	101817
宁海县	469	468	378	94	121	20237	457	227584	363596
余姚市	1184	1179	991	243	303	41229	1164	385828	878589
慈溪市	1268	1259	1018	230	309	56389	1214	295880	790579
奉化市	437	437	317	60	81	16106	358	67612	154348
温州市	**4520**	**4489**	**2986**	**433**	**633**	**156942**	**3373**	**592431**	**1667953**
鹿城区	343	342	199	24	34	12844	242	17156	30911
龙湾区	768	766	509	74	115	25996	583	81997	186406
瓯海区	509	502	243	40	58	16710	275	33250	60003
洞头县	23	23	16	4	4	1101	17	2101	1772
永嘉县	339	339	236	43	67	13796	289	52797	108873
平阳县	285	284	189	26	40	7800	220	18475	53220

1-B-46 续表 1

地 区	单位数(个)	#有计算机的企业数	#有网站的企业数	#有电子商务采购的企业数	#有电子商务销售的企业数	年末在用计算机数(台)	年末拥有网站数(个)	全年电子商务采购金额(万元)	全年电子商务销售金额(万元)
苍南县	347	347	216	20	34	7388	245	19759	50418
文成县	31	30	13		1	767	16		…
泰顺县	21	21	15		3	744	18		3511
瑞安市	873	866	632	131	178	22469	696	132263	206826
乐清市	981	969	718	71	99	47327	772	234633	966014
嘉兴市	**4705**	**4677**	**2846**	**327**	**505**	**157776**	**3250**	**832926**	**1417063**
南湖区	385	384	264	24	39	17145	303	139535	162936
秀洲区	565	563	311	27	49	23639	352	212792	184876
嘉善县	627	619	364	38	52	21907	420	121215	152001
海盐县	430	429	299	49	68	18099	351	33973	103491
海宁市	1107	1100	689	98	176	30739	797	225467	571844
平湖市	609	601	379	25	28	24429	418	27585	92457
桐乡市	982	981	540	66	93	21818	609	72358	149458
湖州市	**2577**	**2545**	**1596**	**205**	**305**	**66383**	**1883**	**406795**	**778743**
吴兴区	472	462	284	42	55	14563	339	76775	99367
南浔区	477	468	275	29	52	9794	320	25351	173765
德清县	650	648	355	31	55	16491	421	16779	67849
长兴县	607	604	395	54	75	14607	445	175282	222847
安吉县	371	363	287	49	68	10928	358	112608	214916
绍兴市	**4078**	**4029**	**2671**	**460**	**604**	**139819**	**3126**	**1409547**	**1819738**
越城区	529	522	352	50	70	19388	384	61879	182638
绍兴县	1264	1232	661	96	132	32669	752	895741	567579
新昌县	225	224	159	35	33	10991	202	36541	74889
诸暨市	1021	1015	727	76	113	35655	854	107042	333334
上虞市	599	599	472	139	173	27868	587	224428	466202
嵊州市	440	437	300	64	83	13248	347	83917	195097
金华市	**3871**	**3816**	**2645**	**586**	**969**	**122119**	**3341**	**1227439**	**3107421**
婺城区	390	385	268	44	63	17670	318	77506	159593
金东区	233	228	149	30	58	5853	180	40825	137862
武义县	483	481	394	131	204	15040	490	186465	535015
浦江县	338	324	192	24	44	6861	222	12245	71731
磐安县	130	130	95	21	35	3633	119	13195	56064
兰溪市	443	439	248	34	50	10267	318	32858	104291
义乌市	789	776	482	114	205	22728	582	157799	388364
东阳市	428	425	257	41	68	14531	297	132939	245868
永康市	637	628	560	147	242	25536	815	573608	1408634

1-B-46 续表 2

地　　区	单位数(个)					年末在用计算机数(台)	年末拥有网站数(个)	全年电子商务采购金额(万元)	全年电子商务销售金额(万元)
		#有计算机的企业数	#有网站的企业数	#有电子商务采购的企业数	#有电子商务销售的企业数				
衢州市	**1004**	**995**	**683**	**126**	**171**	**31883**	**846**	**310726**	**474917**
柯城区	139	138	98	17	23	9526	137	39664	72860
衢江区	172	172	125	24	33	5284	158	51580	84856
常山县	109	109	73	8	12	2440	88	6926	21397
开化县	82	82	56	12	18	2108	67	124062	130519
龙游县	207	205	134	27	32	5676	161	50709	80128
江山市	295	289	197	38	53	6849	235	37785	85156
舟山市	**414**	**412**	**269**	**38**	**41**	**19231**	**291**	**44770**	**66949**
定海区	189	187	136	17	19	7856	151	20996	29049
普陀区	153	153	90	16	17	6896	95	9455	26698
岱山县	59	59	37	5	5	4163	39	14319	11202
嵊泗县	13	13	6			316	6		
台州市	**3733**	**3695**	**2676**	**353**	**538**	**126695**	**3104**	**438632**	**1489800**
椒江区	372	371	273	36	61	16944	326	82760	182649
黄岩区	400	399	308	51	74	15880	383	65528	222142
路桥区	390	389	273	43	63	11736	312	29560	192222
玉环县	712	708	600	65	98	25429	672	77459	348375
三门县	151	151	118	32	36	5524	135	29998	88438
天台县	130	128	107	26	32	6432	144	53804	114587
仙居县	126	126	91	15	19	4680	103	38669	42354
温岭市	1005	987	592	49	93	21080	672	29815	189560
临海市	447	436	314	36	62	18990	357	31040	109474
丽水市	**1201**	**1178**	**767**	**177**	**231**	**31070**	**969**	**206058**	**2027019**
莲都区	226	221	149	16	36	7485	166	24786	1590313
青田县	191	190	84	13	17	4940	99	21587	56987
缙云县	277	271	197	44	59	6871	267	31941	112676
遂昌县	55	54	36	6	7	2026	63	9909	14169
松阳县	119	113	72	22	24	2203	78	30235	83195
云和县	46	46	23	10	12	1400	28	5921	16046
庆元县	63	63	49	26	27	2101	85	41452	71098
景宁县	38	38	20		2	814	23		4438
龙泉市	186	182	137	40	47	3230	160	40227	78098

1-B-47　按行业大类、地区分组的规模以上工业企业综合能源消费量

单位：万吨标准煤

项　　目	综合能源消费量(等价)
总　计	**10130.5**
一、按国民经济行业大类分	
煤炭开采和洗选业	
石油和天然气开采业	
黑色金属矿采选业	4.6
有色金属矿采选业	2.6
非金属矿采选业	28.3
开采辅助活动	
其他采矿业	
农副食品加工业	63.8
食品制造业	56.0
酒、饮料和精制茶制造业	60.8
烟草制品业	5.2
纺织业	1422.1
纺织服装、服饰业	91.3
皮革、毛皮、羽毛及其制品和制鞋业	71.4
木材加工和木、竹、藤、棕、草制品业	35.4
家具制造业	29.4
造纸和纸制品业	574.3
印刷和记录媒介复制业	27.5
文教、工美、体育和娱乐用品制造业	43.4
石油加工、炼焦和核燃料加工业	656.2
化学原料和化学制品制造业	1403.7
医药制造业	138.7
化学纤维制造业	528.4
橡胶和塑料制品业	379.0
非金属矿物制品业	1104.2
黑色金属冶炼和压延加工业	1038.3
有色金属冶炼和压延加工业	193.3
金属制品业	213.9
通用设备制造业	234.3
专用设备制造业	84.6
汽车制造业	167.6
铁路、船舶、航空航天和其他运输设备制造业	64.9
电气机械和器材制造业	245.3
计算机、通信和其他电子设备制造业	130.7
仪器仪表制造业	27.0
其他制造业	23.3
废弃资源综合利用业	10.6
金属制品、机械和设备修理业	5.0
电力、热力生产和供应业	913.1
燃气生产和供应业	2.4
水的生产和供应业	49.9
二、按地区分	
杭州市	2041.0
宁波市	2380.2
温州市	451.7
嘉兴市	1267.2
湖州市	678.2
绍兴市	1395.9
金华市	692.0
衢州市	777.7
舟山市	118.5
台州市	415.3
丽水市	231.0

1-B-48 按轻重工业、行业大类和能源品种分组的

指　　标	原　煤(吨)	无烟煤(吨)	炼焦烟煤(吨)	一般烟煤(吨)	褐　煤(吨)
总　计	**133019493**	**2278049**	**12740**	**130691750**	**36954**
一、按轻重工业分					
轻工业	12178652	109700	1138	12041165	26649
重工业	120840840	2168348	11602	118650585	10306
二、按国民经济行业大类分					
采矿业	101724	15691		86033	
煤炭开采和洗选业					
石油和天然气开采业					
黑色金属矿采选业					
有色金属矿采选业	2105			2105	
非金属矿采选业	99619	15691		83928	
开采辅助活动					
其他采矿业					
制造业	35549678	2262358	12740	33237626	36954
农副食品加工业	226133	7649	112	217591	781
食品制造业	133923	4885		129038	
酒、饮料和精制茶制造业	130396	3712		126684	
烟草制品业					
纺织业	5532609	37429	653	5491013	3514
纺织服装、服饰业	223981	5741	334	217722	183
皮革、毛皮、羽毛及其制品和制鞋业	149733	4210		145523	
木材加工和木、竹、藤、棕、草制品业	26249	3868		22381	
家具制造业	25519	651	22	24846	
造纸和纸制品业	3145578	14986		3125344	5248
印刷和记录媒介复制业	39654	2956		36698	

规模以上工业企业分品种能源消费量情况

洗精煤（吨）	其它洗煤（吨）	煤制品（吨）	焦 炭（吨）	其它焦化产品（吨）	焦炉煤气（万立方米）	高炉煤气（万立方米）	转炉煤气（万立方米）
4239797	**11601**	**1171432**	**4461771**	**34523**	**69431**	**1537456**	**91964**
26519	2207	305790	14692	9622	55		
4213279	9394	865642	4447079	24901	69376	1537456	91964
19376							
19376							
4220422	11601	1171432	4461771	34523	69431	1537456	91964
		13755	98				
		6502					
10	713	3227					
1960	588	17851	1311				
329	82	7022	1005				
		60	1150				
	824	572					
		516	3157				
7331		15505	631				
			30				

1-B-48 续表 1

指　　标	原　煤 (吨)	无烟煤 (吨)	炼焦烟煤 (吨)	一般烟煤 (吨)	褐　煤 (吨)
文教、工美、体育和娱乐用品制造业	30709	1280		29429	
石油加工、炼焦和核燃料加工业	2059952	12		2059940	
化学原料和化学制品制造业	7841585	996059		6845526	
医药制造业	452928	10812		442116	
化学纤维制造业	1194916	2997		1175380	16540
橡胶和塑料制品业	1283836	6051		1276167	1618
非金属矿物制品业	9056853	16745		9031650	8458
黑色金属冶炼和压延加工业	2797037	1090446	11081	1695510	
有色金属冶炼和压延加工业	173941	12518		161423	
金属制品业	359222	17901	521	340745	55
通用设备制造业	79937	4069		75693	175
专用设备制造业	73482	381		73100	
汽车制造业	214816	6380		208436	
铁路、船舶、航空航天和其他运输设备制造业	46934	2265	17	44643	9
电气机械和器材制造业	72781	4211		68197	374
计算机、通信和其他电子设备制造业	121908	2918		118990	
仪器仪表制造业	3642	525		3117	
其他制造业	43342	701		42641	
废弃资源综合利用业	7316			7316	
金属制品、机械和设备修理业	769			769	
电力、热力、燃气及水生产和供应业	97368090			97368090	
电力、热力生产和供应业	97368090			97368090	
燃气生产和供应业					
水的生产和供应业					

洗精煤(吨)	其它洗煤(吨)	煤制品(吨)	焦炭(吨)	其它焦化产品(吨)	焦炉煤气(万立方米)	高炉煤气(万立方米)	转炉煤气(万立方米)
178		4036	545				
84376		746593	65175				
		4541	301				
12271		232016					
		48743	153	107			
24431		55478	10794	26145	481	3840	419
3997707	8091	7727	4302087		68895	1533616	91545
8643	523	2623	28416	5814			
679	81	782	4361		55		
	678	2027	13482				
71639		1251	10633				
	22	65	7865				
4255			1400				
		523	7227	1789			
6612		16	1166	668			
			9				
			645				
			124				
			6				

1-B-48 续表 2

指　　标	发生炉煤气(万立方米)	天然气(气态)(万立方米)	液化天然气(液态)(吨)	煤层气(煤田)(万立方米)	原　油(吨)
总　计	**1679**	**462255**	**88121**		**28536541**
一、按轻重工业分					
轻工业		40802	20547		131
重工业	1679	421453	67574		28536410
二、按国民经济行业大类分					
采矿业					
煤炭开采和洗选业					
石油和天然气开采业					
黑色金属矿采选业					
有色金属矿采选业					
非金属矿采选业					
开采辅助活动					
其他采矿业					
制造业	1679	163869	87321		28516185
农副食品加工业		636	24		
食品制造业		4742	709		
酒、饮料和精制茶制造业		1359	7		
烟草制品业		620			
纺织业		10436	299		63
纺织服装、服饰业		441	162		5
皮革、毛皮、羽毛及其制品和制鞋业		19	61		
木材加工和木、竹、藤、棕、草制品业		12	3		15
家具制造业		1196			44
造纸和纸制品业		1627	8		3
印刷和记录媒介复制业		895	6		7

汽 油(吨)	煤 油(吨)	柴 油(吨)	燃料油(吨)	液化石油气(吨)	炼厂干气(吨)	石脑油(吨)	润滑油(吨)
304116	**19454**	**763804**	**1777883**	**425924**	**1226083**	**2131239**	**14424**
127376	4223	187909	51130	37322		1	2039
176741	15231	575896	1726753	388603	1226083	2131238	12386
433	38	38079					37
29		3388					
152	38	2127					
251		32564					37
288311	19413	704793	1764290	425904	1226083	2131239	14382
2779	12	34719	3703	469			2
3214	6	4987	291	1173			
1250		3234	3642	244			
86		2649	660				
25737	94	23388	7071	2794			652
18141	93	14628	166	181			26
11009	554	10355	649	36			394
2256	54	4461	0	44			53
4581	6	6694	437	154			22
5737	23	17490	2451	308		1	117
4334	5	5373	102	252			1

1-B-48 续表 3

指　　标	发生炉煤气(万立方米)	天然气(气态)(万立方米)	液化天然气(液态)(吨)	煤层气(煤田)(万立方米)	原　油(吨)
文教、工美、体育和娱乐用品制造业		502	253		3
石油加工、炼焦和核燃料加工业		59			27715220
化学原料和化学制品制造业	1670	16818	27		800707
医药制造业		1669			
化学纤维制造业		3540			
橡胶和塑料制品业		4206	692		1
非金属矿物制品业		36068	8936		
黑色金属冶炼和压延加工业		23771	12510		47
有色金属冶炼和压延加工业		12670	6738		
金属制品业		12948	7292		1
通用设备制造业		5101	1852		7
专用设备制造业		3284	718		
汽车制造业	9	11925	7876		18
铁路、船舶、航空航天和其他运输设备制造业		1930	25207		
电气机械和器材制造业		3795	13438		4
计算机、通信和其他电子设备制造业		2528	255		32
仪器仪表制造业		573	41		8
其他制造业		17	21		
废弃资源综合利用业		352	3		
金属制品、机械和设备修理业		131	183		
电力、热力、燃气及水生产和供应业		298386	800		20356
电力、热力生产和供应业		298344	164		20356
燃气生产和供应业		39	634		
水的生产和供应业		3	2		

汽 油(吨)	煤 油(吨)	柴 油(吨)	燃料油(吨)	液化石油气(吨)	炼厂干气(吨)	石脑油(吨)	润滑油(吨)
6990	150	6593	165	1097			25
190	11	4057	252379	324258	1224519	2131238	620
17146	2161	37655	1264157	24380	1377		37
3643	120	5206	383	655			2
3310	1	5063	9571	92			305
17629	143	20501	14936	3494			261
7600	561	238030	122708	13330			151
9172	123	21952	25468	11316			847
3919	1189	16185	28183	2885	175		439
24167	1219	35910	12608	5125			791
30494	9637	45096	3599	7946	12		7201
14918	619	16071	830	1181			944
16522	911	27020	2661	1168			701
6015	491	30721	3531	2951			222
28904	436	37517	1647	14654			363
10515	97	11274	2011	1149			72
5447	339	3788	134	300			63
1673	357	5166	116	2338			15
491		3739	31	1931			57
441	1	5270					
15372	3	20932	13592	20			6
13207	3	19445	13592	7			6
713		919					
1452		568		13			

1-B-48 续表 4

指　标	石　蜡(吨)	溶剂油(吨)	石油焦(吨)	石油沥青(吨)	其它石油制　品(吨)
总　计	**3994**	**4520**	**752773**	**310**	**4023641**
一、按轻重工业分					
轻工业	568	3422	17373		10460
重工业	3426	1098	735401	310	4013180
二、按国民经济行业大类分					
采矿业					73
煤炭开采和洗选业					
石油和天然气开采业					
黑色金属矿采选业					
有色金属矿采选业					
非金属矿采选业					73
开采辅助活动					
其他采矿业					
制造业	3994	4520	752773	310	4023562
农副食品加工业					
食品制造业					
酒、饮料和精制茶制造业			4215		
烟草制品业					
纺织业		1737			1015
纺织服装、服饰业					9
皮革、毛皮、羽毛及其制品和制鞋业	42	418			398
木材加工和木、竹、藤、棕、草制品业	90				
家具制造业					19
造纸和纸制品业		386			
印刷和记录媒介复制业		10			

热 力 (百万千焦)	电 力 (万千瓦时)	煤矸石 用于燃料 (吨)	城市垃圾 用于燃料 (吨)	生物质废料 用于燃料 (吨)	余热余压 (百万千焦)	其它工业废料 用于燃料 (吨)	其他燃料 (吨标准煤)
334374212	**18275419**	**176613**	**4708444**	**1327452**	**36852993**	**60778**	**230805**
232974434	6704617		61C717	481632	325570	21039	69091
101399778	11570802	176613	4097727	845819	36527423	39739	161715
	70217					406	
	3						
	7983						
	7344						
	54887					406	
331002512	15381242	161872	612754	1056999	35803492	60372	102763
2098008	110479			5984			2303
3758429	85190			9542		1823	322
4847922	105690			6779			240
315669	9748						
115954422	2266113			200091	11388	1060	34628
3364596	194958			17284		176	719
1824520	170388			16941		1601	1862
465639	75717		447	162484		7518	5379
433624	76615			2855			270
56075094	861114		610717	127583	40400	15379	26081
374397	70727			1705			

1-B-48 续表 5

指　　标	石　蜡(吨)	溶剂油(吨)	石油焦(吨)	石油沥青(吨)	其它石油制　品(吨)
文教、工美、体育和娱乐用品制造业	94	145			303
石油加工、炼焦和核燃料加工业			585582		3056986
化学原料和化学制品制造业	802	721			849915
医药制造业					497
化学纤维制造业		78			1222
橡胶和塑料制品业	1300	709		58	1544
非金属矿物制品业	891		162976		87050
黑色金属冶炼和压延加工业	30				3113
有色金属冶炼和压延加工业	6	32		252	501
金属制品业	2	32			2143
通用设备制造业	118	44			7643
专用设备制造业	47	3			2458
汽车制造业	124	49			2702
铁路、船舶、航空航天和其他运输设备制造业					1339
电气机械和器材制造业	449	33			4150
计算机、通信和其他电子设备制造业		117			432
仪器仪表制造业		4			121
其他制造业					
废弃资源综合利用业					
金属制品、机械和设备修理业					1
电力、热力、燃气及水生产和供应业					6
电力、热力生产和供应业					6
燃气生产和供应业					
水的生产和供应业					

热 力 (百万千焦)	电 力 (万千瓦时)	煤 矸 石 用于燃料 (吨)	城市垃圾 用于燃料 (吨)	生物质废料 用于燃料 (吨)	余热余压 (百万千焦)	其它工业废料 用于燃料 (吨)	其他燃料 (吨标准煤)
434444	118263			38771			163
1156523	282639			4058			
94524098	2167971			113437	1066566	6770	2564
10674964	253793			20843		1000	767
16901248	1269782			15268			350
7226555	884222			1801		2254	386
2192311	1223387	161872		275558	15672016	2207	18840
1982322	1334167		1412	12267	18849460		1786
852383	508824		178	3813	163360	333	1055
1529444	519961			9958		1443	1707
536726	692024			1134			1207
343129	208528			526	302		3
686284	427466			689			232
153998	160509			264			140
745371	740283			3060		45	1761
1251766	381964			616			
14790	83805					500	
135352	61572			3689			
148482	21957					18263	
	13384						
3371700	2823960	14741	4095690	270453	1049501		128042
3371700	2646898	14741	4095690	270453	1049501		128042
	6835						
	170227						

1-B-49 按能源品种分组的规模

能源名称	计量单位	工业生产消费量	加工转换投入合计	火力发电	供热
原煤	吨	117849998	106093289	86421979	19605884
#无烟煤	吨	1638523	52863	3235	35982
炼焦烟煤	吨				
一般烟煤	吨	116211475	106040425	86418744	19569902
褐煤	吨				
洗精煤	吨	3917347	3915148		
其它洗煤	吨				
煤制品	吨	112828			
焦炭	吨	4311665			
其它焦化产品	吨	5550			
焦炉煤气	万立方米	66309	7405	7017	389
高炉煤气	万立方米	1508582	341317	329724	11593
转炉煤气	万立方米	91545	14144	12195	1949
发生炉煤气	万立方米	1670			
天然气(气态)	万立方米	305151	294411	291789	2623
液化天然气(液态)	吨	164	164	148	16
煤层气(煤田)	万立方米				
原油	吨	28535260	28535260	20356	
汽油	吨	3152	10	10	
煤油	吨	9			
柴油	吨	30994	9029	7538	405
燃料油	吨	1480192	1458247	12943	13
液化石油气	吨	323225	320119		
炼厂干气	吨	1224519	202323		2671
石脑油	吨	2131238	2131238		
润滑油	吨	40			
石蜡	吨				
溶剂油	吨				
石油焦	吨	646192	427794	330385	97409
石油沥青	吨				
其它石油制品	吨	3864331	1096665	6	
热力	百万千焦	61459034	291456	291456	
电力	万千瓦时	3463438			
煤矸石用于燃料	吨	162543	14741	8344	6397
城市垃圾用于燃料	吨	4706407	4450126	3564862	885264
生物质废料用于燃料	吨	510008	508839	309005	199834
余热余压	百万千焦	36770177	29698265	29698265	
其它工业废料用于燃料	吨				
其他燃料	吨标准煤	128042	128042	89734	38308
能源合计	吨标准煤	162641429	136346480	70231219	14470858

以上工业企业能源加工转换情况

						能源加工转换产出	回收利用
原煤入洗	炼焦	炼油及煤制油	制气	天然气液化	加工煤制品		
	51779		13646				
			13646				
	51779						
	3915148						
						2961773	
						79621	
						69494	
							1548865
							92403
						2270	
		28514904					
						2850957	
						2089726	
		1087				7690701	
		1445290				1040168	
		320119				1204612	
		199652				1226117	
		2131238				3300422	
						21846	
						1590502	
						3629257	
		1096659				10649430	
						377004483	
						24090968	
							40667714
						67477	
	3672965	47958746	12691			93271690	3549049

C.规模以上工业企业科技活动

1-C-1 按轻重工业、规模、登记注册类型、隶属关系和控股情况分组的规模以上工业法人单位R&D活动情况

项　目	单位数(个)	#有R&D活动	#有科技机构	R&D人员合计(人)	R&D人员折合全时当量合计(人年)	R&D经费内部支出合计(万元)
总　计	**39553**	**10824**	**7737**	**337155**	**263507**	**6843562**
一、按轻重工业分						
轻工业	19494	4028	2980	114273	86462	2168606
重工业	20059	6796	4757	222882	177044	4674956
二、按规模分						
大型企业	602	441	430	88309	72027	2109444
中型企业	4607	2228	1984	115547	91782	2296278
小型企业	32682	8048	5283	132128	99012	2412333
微型企业	1662	107	40	1171	685	25508
三、按登记注册类型分						
内资	32998	8710	6209	253199	196525	5019611
国有	120	22	11	1514	1072	42053
集体	76	5	3	59	48	668
股份合作企业	336	63	28	1024	722	14841
联营企业	2					
集体联营	1					
其他联营	1					
有限责任公司	5330	1558	1136	63554	50122	1334374
国有独资公司	124	30	21	1929	1393	41699
其他有限责任公司	5206	1528	1115	61625	48729	1292675
股份有限公司	682	464	405	49183	40006	1046822
私营企业	26440	6597	4625	137853	104552	2580643
私营独资	1428	228	102	2061	1596	37879
私营合伙	348	49	21	380	257	6375
私营有限责任公司	24247	6128	4346	125729	95280	2318299
私营股份有限公司	417	192	156	9683	7419	218091
其他企业	12	1	1	12	3	210
港澳台商投资	3311	1112	821	45032	36640	1037941
与港澳台商合资经营	1842	658	493	23434	19021	489762
与港澳台商合作经营	51	24	17	628	530	13146
港澳台商独资	1366	404	294	17516	13873	399419
港澳台商投资股份有限公司	48	24	16	3373	3147	135185
其他港澳台投资	4	2	1	81	69	430
外商投资	3244	1002	707	38924	30341	786010
中外合资经营	1786	604	434	23430	18353	492048
中外合作经营	44	18	15	384	345	5384
外资企业	1379	362	245	13574	10445	257950
外商投资股份有限公司	29	14	10	1209	905	26067
其他外商投资	6	4	3	327	293	4561
四、按隶属关系分						
中央	112	34	23	2838	1926	66250
地方	39441	10790	7714	334317	261581	6777312
五、按控股情况分						
国有控股	701	199	134	17532	13790	438315
集体控股	554	160	137	9644	6956	195416
私人控股	33190	8884	6341	242090	189028	4679048
港澳台商控股	2288	749	536	32226	26004	780249
外商控股	2199	608	435	23633	18272	461343
其他	621	224	154	12030	9456	289191

1-C-2 按行业中类分组的规模以上工业法人单位R&D活动情况

行业	单位数(个)	#有R&D活动	#有科技机构	R&D人员合计(人)	R&D人员折合全时当量合计(人年)	R&D经费内部支出合计(万元)
总 计	**39553**	**10824**	**7737**	**337155**	**263507**	**6843562**
采矿业	**145**	**6**	**2**	**98**	**80**	**2619**
煤炭开采和洗选业	1					
褐煤开采洗选	1					
黑色金属矿采选业	5					
铁矿采选	5					
有色金属矿采选业	18	3	1	54	43	1502
常用有色金属矿采选	10	3	1	54	43	1502
贵金属矿采选	1					
稀有稀土金属矿采选	7					
非金属矿采选业	121	3	1	44	37	1117
土砂石开采	108	3	1	44	37	1117
化学矿开采	1					
石棉及其他非金属矿采选	12					
制造业	**38920**	**10771**	**7717**	**335213**	**262477**	**6793510**
农副食品加工业	784	201	139	3735	2614	82254
谷物磨制	53	7	5	88	31	1849
饲料加工	133	41	35	682	550	20998
植物油加工	31	9	8	109	78	2390
制糖业	1					
屠宰及肉类加工	94	20	14	439	269	10130
水产品加工	297	72	45	1713	1230	32878
蔬菜、水果和坚果加工	138	39	24	497	336	9842
其他农副食品加工	37	13	8	207	122	4167
食品制造业	333	108	84	2372	1747	50310
焙烤食品制造	51	9	6	244	139	2774
糖果、巧克力及蜜饯制造	23	4	1	69	55	1360
方便食品制造	36	8	5	264	108	3659

1-C-2 续表 1

行业	单位数(个)	#有R&D活动	#有科技机构	R&D人员合计(人)	R&D人员折合全时当量合计(人年)	R&D经费内部支出合计(万元)
乳制品制造	17	6	5	189	132	2990
罐头食品制造	63	21	14	240	186	7381
调味品、发酵制品制造	25	8	8	123	97	3519
其他食品制造	118	52	45	1243	1030	28626
酒、饮料和精制茶制造业	227	50	51	1545	1134	44737
酒的制造	59	22	22	723	467	8341
饮料制造	60	7	11	493	434	27706
精制茶加工	108	21	18	329	233	8690
烟草制品业	3	2	2	156	62	4912
卷烟制造	2	1	1	122	29	3825
其他烟草制品制造	1					
纺织业	4972	680	503	16203	12098	333339
棉纺织及印染精加工	2215	306	242	7527	5525	173320
毛纺织及染整精加工	206	45	34	816	648	16351
麻纺织及染整精加工	21	4	4	652	405	4688
丝绢纺织及印染精加工	332	40	24	1113	887	21491
化纤织造及印染精加工	298	25	24	293	204	7051
针织或钩针编织物及其制品制造	1023	140	89	2664	2107	56024
家用纺织制成品制造	480	50	37	1637	1244	24573
非家用纺织制成品制造	397	70	49	1501	1078	29840
纺织服装、服饰业	2555	266	169	6514	5044	96633
机织服装制造	1460	157	89	4426	3450	64982
针织或钩针编织服装制造	829	80	49	1665	1270	25481
服饰制造	266	29	31	423	323	6171
皮革、毛皮、羽毛及其制品和制鞋业	1780	149	174	5158	3970	76204
皮革鞣制加工	95	22	21	685	513	21918
皮革制品制造	454	34	47	723	605	12428
毛皮鞣制及制品加工	75	3	8	65	49	4375
羽毛(绒)加工及制品制造	73	3		42	31	773
制鞋业	1083	87	98	3643	2773	36711

1-C-2 续表 2

行 业	单位数(个)	#有R&D活动	#有科技机构	R&D人员合计(人)	R&D人员折合全时当量合计(人年)	R&D经费内部支出合计(万元)
木材加工和木、竹、藤、棕、草制品业	488	90	65	1998	1573	35825
木材加工	41	4	3	204	172	2463
人造板制造	159	26	21	533	478	7946
木制品制造	194	36	25	814	625	19339
竹、藤、棕、草等制品制造	94	24	16	447	298	6077
家具制造业	700	116	97	3160	2306	43286
木质家具制造	266	34	25	670	475	8079
竹、藤家具制造	15	4	3	41	21	526
金属家具制造	261	49	41	1515	1249	19591
塑料家具制造	33	12	7	136	104	3085
其他家具制造	125	17	21	798	457	12003
造纸和纸制品业	888	157	113	5282	3518	99231
纸浆制造	1					
造纸	454	96	73	4000	2705	73742
纸制品制造	433	61	40	1282	814	25489
印刷和记录媒介复制业	499	66	47	1756	1165	25683
印刷	485	62	45	1695	1137	25201
装订及印刷相关服务	13	4	2	61	28	483
记录媒介复制	1					
文教、工美、体育和娱乐用品制造业	1200	287	184	6137	4682	102406
文教办公用品制造	219	66	37	1221	971	21651
乐器制造	24	8	9	302	245	3566
工艺美术品制造	588	94	61	2038	1540	30393
体育用品制造	159	46	36	919	740	12448
玩具制造	162	60	30	1086	730	15734
游艺器材及娱乐用品制造	48	13	11	571	457	18615

1-C-2 续表 3

行业	单位数(个)	#有R&D活动	#有科技机构	R&D人员合计(人)	R&D人员折合全时当量合计(人年)	R&D经费内部支出合计(万元)
石油加工、炼焦和核燃料加工业	46	8	6	120	94	2108
精炼石油产品制造	46	8	6	120	94	2108
化学原料和化学制品制造业	1629	658	484	21001	16923	700236
基础化学原料制造	312	104	88	4306	3519	124048
肥料制造	20	5	5	180	155	4085
农药制造	57	31	29	1515	1254	37871
涂料、油墨、颜料及类似产品制造	299	125	87	3736	2999	108575
合成材料制造	328	144	106	5220	4019	240837
专用化学产品制造	491	199	135	4674	3861	136970
炸药、火工及焰火产品制造	9	5	3	195	182	3863
日用化学产品制造	113	45	31	1175	934	43988
医药制造业	443	283	216	15680	13055	276155
化学药品原料药制造	157	114	92	7751	6447	155447
化学药品制剂制造	61	39	31	2919	2524	39287
中药饮片加工	37	15	10	239	176	5285
中成药生产	41	33	25	2301	1888	31393
兽用药品制造	16	7	4	95	65	2165
生物药品制造	59	48	35	1603	1298	32490
卫生材料及医药用品制造	72	27	19	772	657	10089
化学纤维制造业	575	125	101	4640	3125	153584
纤维素纤维原料及纤维制造	19	4	2	57	55	1793
合成纤维制造	556	121	99	4583	3070	151790
橡胶和塑料制品业	2334	559	361	11154	8728	226548
橡胶制品业	276	95	57	2448	1843	51048
塑料制品业	2058	464	304	8706	6885	175500
非金属矿物制品业	1522	255	188	5656	4214	125565
水泥、石灰和石膏制造	214	15	17	204	145	6309
石膏、水泥制品及类似制品制造	617	44	29	673	492	15035

1-C-2 续表 4

行 业	单位数(个)	#有R&D活动	#有科技机构	R&D人员合计(人)	R&D人员折合全时当量合计(人年)	R&D经费内部支出合计(万元)
砖瓦、石材等建筑材料制造	145	31	16	670	411	20342
玻璃制造	54	10	7	273	170	4321
玻璃制品制造	176	42	39	1265	970	27273
玻璃纤维和玻璃纤维增强塑料制品制造	95	36	16	600	535	11501
陶瓷制品制造	53	17	11	483	349	6866
耐火材料制品制造	107	47	38	1066	795	24490
石墨及其他非金属矿物制品制造	61	13	15	422	346	9429
黑色金属冶炼和压延加工业	1015	187	109	4688	3509	171762
炼铁	1					
炼钢	14	4	3	572	506	46318
黑色金属铸造	318	69	43	1349	975	25152
钢压延加工	667	110	61	2707	1983	97294
铁合金冶炼	15	3	2	50	34	2967
有色金属冶炼和压延加工业	797	168	139	4428	3521	133833
常用有色金属冶炼	66	12	17	294	202	9807
贵金属冶炼	11	3	3	31	30	665
稀有稀土金属冶炼	5	1	1	6	6	108
有色金属合金制造	95	21	16	960	729	20482
有色金属铸造	15	5	4	139	103	1994
有色金属压延加工	605	126	98	2998	2451	100779
金属制品业	2364	645	405	14543	10355	242908
结构性金属制品制造	400	80	51	3023	2309	68452
金属工具制造	346	102	66	2060	1418	29161
集装箱及金属包装容器制造	109	26	19	772	494	11735
金属丝绳及其制品制造	140	28	13	603	380	8734
建筑、安全用金属制品制造	514	168	99	2739	1967	42000
金属表面处理及热处理加工	213	44	24	655	564	12322
搪瓷制品制造	31	9	7	95	87	2196
金属制日用品制造	365	121	89	3277	2062	43625
其他金属制品制造	246	67	37	1319	1074	24683

1-C-2 续表 5

行业	单位数(个)	#有R&D活动	#有科技机构	R&D人员合计(人)	R&D人员折合全时当量合计(人年)	R&D经费内部支出合计(万元)
通用设备制造业	3780	1505	1060	44866	35553	826739
锅炉及原动设备制造	123	54	39	2322	1728	60996
金属加工机械制造	280	129	96	3940	2983	68227
物料搬运设备制造	329	132	96	5272	4338	132436
泵、阀门、压缩机及类似机械制造	1177	517	337	13500	11108	250317
轴承、齿轮和传动部件制造	602	219	158	6935	5288	104934
烘炉、风机、衡器、包装等设备制造	498	234	191	7905	6432	130006
文化、办公用机械制造	64	40	31	1276	873	18450
通用零部件制造	666	164	100	3469	2636	58971
其他通用设备制造业	41	16	12	247	168	2402
专用设备制造业	1586	766	557	20263	15908	366133
采矿、冶金、建筑专用设备制造	129	50	37	1368	1071	20889
化工、木材、非金属加工专用设备制造	494	254	187	7251	5646	131105
食品、饮料、烟草及饲料生产专用设备制造	50	18	14	325	164	5976
印刷、制药、日化及日用品生产专用设备制造	108	71	45	1312	892	17971
纺织、服装和皮革加工专用设备制造	309	122	89	3173	2564	75118
电子和电工机械专用设备制造	40	19	10	456	421	7204
农、林、牧、渔专用机械制造	123	53	34	1677	1254	23960
医疗仪器设备及器械制造	99	59	42	1605	1338	29387
环保、社会公共服务及其他专用设备制造	234	120	99	3096	2558	54522
汽车制造业	1621	673	447	27451	21320	468224
汽车整车制造	51	29	27	3950	2958	93053
改装汽车制造	12	6	5	171	129	3395
低速载货汽车制造	1					
汽车车身、挂车制造	6	1	1	6	6	309
汽车零部件及配件制造	1551	636	413	23242	18147	369731

1-C-2 续表 6

行 业	单位数（个）	#有R&D活动	#有科技机构	R&D人员合 计（人）	R&D人员折合全时当量合计（人年）	R&D经费内部支出合 计（万元）
铁路、船舶、航空航天和其他运输设备制造业	611	169	127	5102	3726	127684
铁路运输设备制造	17	7	6	192	145	2941
船舶及相关装置制造	165	38	24	2004	1486	74175
航空、航天器及设备制造	7	6	2	126	99	1380
摩托车制造	227	76	57	1888	1320	34927
自行车制造	171	35	32	792	639	13185
非公路休闲车及零配件制造	14	4	4	27	18	406
潜水救捞及其他未列明运输设备制造	10	3	2	73	20	671
电气机械和器材制造业	3815	1576	1156	52497	42187	996738
电机制造	554	271	210	10075	8224	187717
输配电及控制设备制造	1192	458	354	18070	15420	319582
电线、电缆、光缆及电工器材制造	594	201	122	5187	3693	153183
电池制造	138	60	50	3587	2723	81038
家用电力器具制造	627	315	237	9776	7392	164976
非电力家用器具制造	83	41	33	588	454	10698
照明器具制造	594	213	144	4915	4034	76301
其他电气机械及器材制造	33	17	6	299	246	3245
计算机、通信和其他电子设备制造业	1210	600	443	33367	27812	737410
计算机制造	52	25	16	931	775	14124
通信设备制造	146	88	62	11930	10954	363786
广播电视设备制造	60	34	25	1657	1214	29787
雷达及配套设备制造	1					
视听设备制造	89	41	38	2703	2170	46175
电子器件制造	208	129	88	6195	5180	108380
电子元件制造	588	253	188	9266	6908	162187
其他电子设备制造	66	29	25	659	593	12711
仪器仪表制造业	608	338	246	14188	11338	210959
通用仪器仪表制造	371	224	164	9957	7959	152447

1-C-2 续表 7

行 业	单位数(个)	#有R&D活动	#有科技机构	R&D人员合计(人)	R&D人员折合全时当量合计(人年)	R&D经费内部支出合计(万元)
专用仪器仪表制造	102	64	45	2594	2102	38497
钟表与计时仪器制造	14	7	5	215	183	2871
光学仪器及眼镜制造	105	36	28	1312	995	16029
其他仪器仪表制造业	16	7	4	110	99	1114
其他制造业	331	66	31	1164	942	22464
日用杂品制造	288	54	24	857	705	17713
煤制品制造	4	2	1	107	98	1690
其他未列明制造业	39	10	6	200	139	3062
废弃资源综合利用业	151	12	10	248	184	7513
金属废料和碎屑加工处理	119	5	4	90	61	3110
非金属废料和碎屑加工处理	32	7	6	158	123	4403
金属制品、机械和设备修理业	53	6	3	141	70	2127
通用设备修理	2	2	1	34	18	391
专用设备修理	1					
铁路、船舶、航空航天等运输设备修理	44	3	1	90	35	1302
电气设备修理	4					
其他机械和设备修理业	2					
电力、热力、燃气及水生产和供应业	**488**	**47**	**18**	**1844**	**950**	**47434**
电力、热力生产和供应业	294	36	13	1697	842	42325
电力生产	188	24	11	1321	639	33909
电力供应	70	12	2	376	203	8416
热力生产和供应	36					
燃气生产和供应业	66	2		18	15	1182
燃气生产和供应业	66	2		18	15	1182
水的生产和供应业	128	9	5	129	94	3927
自来水生产和供应	90	3	1	20	15	529
污水处理及其再生利用	38	6	4	109	79	3398

1-C-3 按地区分组的规模以上工业法人单位R&D活动情况

地 区	单位数（个）	#有R&D活动	#有科技机构	R&D人员合计（人）	R&D人员折合全时当量合计（人年）	R&D经费内部支出合计（万元）
全 省	**39553**	**10824**	**7737**	**337155**	**263507**	**6843562**
杭州市	**6283**	**1453**	**1149**	**68830**	**55433**	**1602128**
上城区	51	18	12	1555	1254	45392
下城区	51	9	10	571	325	12656
江干区	377	151	86	8459	6786	181079
拱墅区	108	42	23	2359	2006	53596
西湖区	182	64	33	2654	2319	42879
滨江区	242	118	76	16003	14813	455367
萧山区	1907	312	306	15165	10931	362493
余杭区	1229	278	193	9118	7200	169874
桐庐县	357	59	59	1639	1299	29655
淳安县	127	17	14	417	351	8200
建德市	364	86	84	2406	1854	46612
富阳市	712	187	135	4962	3691	110868
临安市	576	112	118	3522	2603	83458
宁波市	**7166**	**3205**	**2013**	**79807**	**63972**	**1419568**
海曙区	30	16	7	1024	829	16427
江东区	78	43	26	1271	1002	19568
江北区	293	102	70	4247	3612	74093
北仑区	663	201	144	10187	8474	221478
镇海区	575	199	146	5101	3912	98007
鄞州区	1739	609	392	18715	16031	353399
象山县	430	113	80	2990	1963	60574
宁海县	469	282	170	6026	4191	91961
余姚市	1184	804	334	10529	8671	181045
慈溪市	1268	646	529	15558	11889	239738
奉化市	437	190	115	4159	3398	63277
温州市	**4520**	**1017**	**779**	**36678**	**28809**	**530170**
鹿城区	343	111	80	3936	3064	51579
龙湾区	768	179	124	4947	3602	85471
瓯海区	509	152	112	3867	2743	50366
洞头县	23	19	8	487	438	6401
永嘉县	339	89	86	4010	3282	53532
平阳县	285	43	38	1530	1117	18346

1-C-3 续表 1

地　　区	单位数(个)	#有R&D活动	#有科技机构	R&D人员合计(人)	R&D人员折合全时当量合计(人年)	R&D经费内部支出合计(万元)
苍南县	347	56	40	1100	711	18486
文成县	31	15	7	134	96	3401
泰顺县	21	11	6	158	85	3488
瑞安市	873	179	137	6906	5311	112717
乐清市	981	163	141	9603	8360	126382
嘉兴市	**4705**	**1160**	**1004**	**33959**	**25585**	**769523**
南湖区	385	76	80	4605	3070	121810
秀洲区	565	102	93	4059	3311	69323
嘉善县	627	113	110	3851	3166	93638
海盐县	430	146	103	3495	2345	76081
海宁市	1107	277	328	7079	5492	157528
平湖市	609	197	95	4875	3879	107013
桐乡市	982	249	195	5995	4321	144131
湖州市	**2577**	**546**	**435**	**16268**	**12651**	**429633**
吴兴区	472	111	60	3904	3190	119254
南浔区	477	67	50	2316	1847	79254
德清县	650	116	107	3801	3193	82288
长兴县	607	148	142	3752	2181	97513
安吉县	371	104	76	2495	2240	51324
绍兴市	**4078**	**912**	**700**	**32564**	**26768**	**802801**
越城区	529	63	55	2576	1863	48043
绍兴县	1264	175	172	6077	4716	214238
新昌县	225	59	38	6566	6162	117605
诸暨市	1021	383	167	9338	7369	219065
上虞市	599	124	174	5407	4569	140662
嵊州市	440	108	94	2600	2089	63188
金华市	**3871**	**955**	**675**	**24628**	**17016**	**479037**
婺城区	390	72	40	3841	2326	59106
金东区	233	51	39	1680	1047	25270
武义县	483	116	112	1883	1562	32265
浦江县	338	88	93	1695	1436	34590
磐安县	130	39	27	640	518	14224
兰溪市	443	68	55	1768	1189	43731
义乌市	789	286	80	4866	3213	108197
东阳市	428	40	36	3011	1921	67839
永康市	637	195	193	5244	3803	93816

1-C-3 续表 2

地 区	单位数(个)	#有R&D活动	#有科技机构	R&D人员合计(人)	R&D人员折合全时当量合计(人年)	R&D经费内部支出合计(万元)
衢州市	**1004**	**226**	**136**	**6104**	**4334**	**124132**
柯城区	139	44	31	1526	1210	41858
衢江区	172	38	26	515	363	10241
常山县	109	19	12	358	284	7507
开化县	82	15	10	614	467	16537
龙游县	207	28	16	1160	594	16102
江山市	295	82	41	1931	1416	31888
舟山市	**414**	**89**	**71**	**4399**	**3137**	**126946**
定海区	189	41	38	2581	1818	54007
普陀区	153	30	24	1248	874	40928
岱山县	59	16	8	558	439	31655
嵊泗县	13	2	1	12	6	357
台州市	**3733**	**1023**	**645**	**28598**	**21938**	**446273**
椒江区	372	71	62	3691	2939	73461
黄岩区	400	106	66	2908	2032	45499
路桥区	390	89	60	3175	2455	58185
玉环县	712	244	125	5757	4309	70130
三门县	151	35	21	967	769	14094
天台县	130	35	25	1223	819	16902
仙居县	126	27	18	993	828	18372
温岭市	1005	329	212	6520	5176	96189
临海市	447	87	56	3364	2610	53443
丽水市	**1201**	**237**	**130**	**5151**	**3739**	**106104**
莲都区	226	34	24	877	633	26968
青田县	191	29	15	1000	730	31732
缙云县	277	53	55	1458	1032	19940
遂昌县	55	10	5	306	258	6637
松阳县	119	30	1	311	198	4017
云和县	46	16	3	349	251	5038
庆元县	63	23	16	381	301	5196
景宁县	38	4	1	36	26	819
龙泉市	186	38	10	433	309	5757

1-C-4 按轻重工业、规模、登记注册类型、隶属关系和控股情况分组的规模以上工业法人单位科技活动人员情况

单位：人

项　目	科技活动人员数	#参加科技项目人员	#科技管理和服务人员	#女　性	#高中级技术职称人员	#全时人员
总　计	**491997**	**443601**	**48396**	**104112**	**90993**	**313927**
一、按轻重工业分						
轻工业	180918	163733	17185	50640	32039	110425
重工业	311079	279868	31211	53472	58954	203502
二、按规模分						
大型企业	128850	114650	14200	30372	23084	92190
中型企业	164977	148692	16285	35476	27888	105589
小型企业	195817	178153	17664	37983	39423	115246
微型企业	2353	2106	247	281	598	902
三、按登记注册类型分						
内资	367941	331483	36458	75060	71835	231689
国有	3199	2753	446	626	1773	1934
集体	85	69	16	11	22	49
股份合作企业	1286	1195	91	177	309	747
有限责任公司	89953	81345	8608	17873	18578	58184
国有独资公司	3023	2705	318	718	1208	1604
其他有限责任公司	86930	78640	8290	17155	17370	56580
股份有限公司	64956	56780	8176	14207	12840	45520
私营企业	208428	189307	19121	42161	38299	125221
私营独资	3335	3085	250	568	698	1852
私营合伙	605	565	40	102	107	244
私营有限责任公司	191492	173720	17772	38715	35246	113992
私营股份有限公司	12996	11937	1059	2776	2248	9133

1-C-4 续表

单位：人

项 目	科技活动人员数	#参加科技项目人员	#科技管理和服务人员	#女 性	#高中级技术职称人员	#全时人员
其他企业	34	34		5	14	34
港澳台商投资	65581	59844	5737	15853	9695	43735
与港澳台商合资经营	34528	31659	2869	8253	5228	22602
与港澳台商合作经营	859	740	119	313	150	430
港澳台商独资	25949	23706	2243	6341	3770	17803
港澳台商投资股份有限公司	4159	3654	505	942	540	2819
其他港澳台投资	86	85	1	4	7	81
外商投资	58475	52274	6201	13199	9463	38503
中外合资经营	35457	31684	3773	7815	6410	23726
中外合作经营	478	440	38	113	46	373
外资企业	20162	18040	2122	4725	2613	12615
外商投资股份有限公司	2026	1796	230	411	306	1605
其他外商投资	352	314	38	135	88	184
四、按隶属关系分						
中央	5233	4537	696	1041	2751	2845
地方	486764	439064	47700	103071	88242	311082
五、按控股情况分						
国有控股	27484	24573	2911	6406	9690	16562
集体控股	13880	11953	1927	3173	2642	9193
私人控股	351747	318116	33631	71582	63832	222464
港澳台商控股	46538	42031	4507	11255	6766	31386
外商控股	35586	31787	3799	8075	5354	22523
其他	16762	15141	1621	3621	2709	11799

1-C-5 按行业中类分组的规模以上工业法人单位科技活动人员情况

单位：人

行业	科技活动人员数	#参加科技项目人员	#科技管理和服务人员	#女性	#高中级技术职称人员	#全时人员
总计	**491997**	**443601**	**48396**	**104112**	**90993**	**313927**
采矿业	**135**	**114**	**21**	**10**	**58**	**63**
黑色金属矿采选业	6	6			1	1
铁矿采选	6	6			1	1
有色金属矿采选业	58	49	9	6	27	25
常用有色金属矿采选	58	49	9	6	27	25
非金属矿采选业	71	59	12	4	30	37
土砂石开采	71	59	12	4	30	37
制造业	**487655**	**439607**	**48048**	**103538**	**88720**	**312018**
农副食品加工业	5462	4792	670	1411	1438	2601
谷物磨制	143	137	6	43	27	63
饲料加工	938	878	60	175	225	533
植物油加工	230	211	19	73	94	130
屠宰及肉类加工	653	561	92	154	139	328
水产品加工	2286	1922	364	610	675	964
蔬菜、水果和坚果加工	897	800	97	265	213	380
其他农副食品加工	315	283	32	91	65	203
食品制造业	3895	3228	667	1134	884	1736
焙烤食品制造	385	298	87	85	66	145
糖果、巧克力及蜜饯制造	72	64	8	17	7	23
方便食品制造	452	395	57	150	50	201
乳制品制造	346	333	13	131	48	74
罐头食品制造	382	340	42	100	104	190
调味品、发酵制品制造	210	180	30	49	51	92
其他食品制造	2048	1618	430	602	558	1011
酒、饮料和精制茶制造业	2868	2478	390	671	708	1501
酒的制造	1417	1193	224	322	338	707
饮料制造	776	681	95	242	253	554
精制茶加工	675	604	71	107	117	240
烟草制品业	278	216	62	68	141	130
卷烟制造	243	183	60	57	132	110
其他烟草制品制造	35	33	2	11	9	20

1-C-5 续表 1

单位：人

行 业	科技活动人员数	#参加科技项目人员	#科技管理和服务人员	#女 性	#高中级技术职称人员	#全时人员
纺织业	28697	25945	2752	9981	4852	15643
棉纺织及印染精加工	14394	12796	1598	5002	2467	7814
毛纺织及染整精加工	1393	1302	91	559	298	740
麻纺织及染整精加工	853	796	57	121	78	359
丝绢纺织及印染精加工	1502	1362	140	796	281	1057
化纤织造及印染精加工	749	708	41	190	133	355
针织或钩针编织物及其制品制造	4976	4626	350	1782	764	2618
家用纺织制成品制造	2566	2265	301	875	521	1281
非家用纺织制成品制造	2264	2090	174	656	310	1419
纺织服装、服饰业	14571	13115	1456	7743	2476	9247
机织服装制造	9895	8698	1197	5447	1711	6368
针织或钩针编织服装制造	3181	3010	171	1685	497	1935
服饰制造	1495	1407	88	611	268	944
皮革、毛皮、羽毛及其制品和制鞋业	9331	8760	571	3111	1470	6324
皮革鞣制加工	1022	953	69	234	116	830
皮革制品制造	2327	2211	116	917	359	1731
毛皮鞣制及制品加工	243	233	10	100	35	155
羽毛(绒)加工及制品制造	75	66	9	35	21	23
制鞋业	5664	5297	367	1825	939	3585
木材加工和木、竹、藤、棕、草制品业	3334	2913	421	756	649	2094
木材加工	302	274	28	75	35	193
人造板制造	1053	931	122	195	243	566
木制品制造	1239	1080	159	349	274	835
竹、藤、棕、草等制品制造	740	628	112	137	97	500
家具制造业	6887	6100	787	1347	782	4173
木质家具制造	1902	1718	184	295	207	952
竹、藤家具制造	270	253	17	65	39	238
金属家具制造	2981	2586	395	606	353	2094
塑料家具制造	285	253	32	38	50	100
其他家具制造	1449	1290	159	343	133	789

1-C-5 续表 2

单位：人

行业	科技活动人员数	#参加科技项目人员	#科技管理和服务人员	#女性	#高中级技术职称人员	#全时人员
造纸和纸制品业	7506	6921	585	1400	1732	4002
造纸	5563	5119	444	958	1256	2593
纸制品制造	1943	1802	141	442	476	1409
印刷和记录媒介复制业	2578	2399	179	655	420	1350
印刷	2485	2315	170	630	412	1309
装订及印刷相关服务	93	84	9	25	8	41
文教、工美、体育和娱乐用品制造业	10118	9156	962	2458	1603	6102
文教办公用品制造	1946	1812	134	481	374	1047
乐器制造	433	366	67	96	82	217
工艺美术品制造	3654	3312	342	1071	496	2318
体育用品制造	1438	1306	132	254	268	900
玩具制造	1597	1451	146	458	249	885
游艺器材及娱乐用品制造	1050	909	141	98	134	735
石油加工、炼焦和核燃料加工业	463	451	12	83	87	387
精炼石油产品制造	463	451	12	83	87	387
化学原料和化学制品制造业	28846	25799	3047	6218	6046	17812
基础化学原料制造	6097	5450	647	1201	1501	3512
肥料制造	224	219	5	37	88	159
农药制造	2164	1979	185	562	487	1478
涂料、油墨、颜料及类似产品制造	4765	4262	503	1087	971	2752
合成材料制造	7546	6754	792	1421	1138	4792
专用化学产品制造	6260	5540	720	1440	1410	3954
炸药、火工及焰火产品制造	239	220	19	43	118	148
日用化学产品制造	1551	1375	176	427	333	1017
医药制造业	19165	17037	2128	6920	3945	13926
化学药品原料药制造	9171	8240	931	3023	2125	6351
化学药品制剂制造	3418	3054	364	1354	576	2681
中药饮片加工	303	275	28	98	61	187
中成药生产	2918	2513	405	1164	620	2096
兽用药品制造	194	171	23	69	39	124
生物药品制造	2053	1850	203	791	429	1575
卫生材料及医药用品制造	1108	934	174	421	95	912

1-C-5 续表 3

单位：人

行 业	科技活动人员数	#参加科技项目人员	#科技管理和服务人员	#女 性	#高中级技术职称人员	#全时人员
化学纤维制造业	7814	7214	600	1662	1337	4534
纤维素纤维原料及纤维制造	145	139	6	16	28	90
合成纤维制造	7669	7075	594	1646	1309	4444
橡胶和塑料制品业	17466	16046	1420	3432	3072	10482
橡胶制品业	5042	4709	333	1183	827	3438
塑料制品业	12424	11337	1087	2249	2245	7044
非金属矿物制品业	9263	8389	874	1624	1674	5675
水泥、石灰和石膏制造	557	499	58	62	127	163
石膏、水泥制品及类似制品制造	1224	1110	114	168	264	682
砖瓦、石材等建筑材料制造	1263	1171	92	297	231	908
玻璃制造	357	328	29	34	50	103
玻璃制品制造	1950	1725	225	320	307	1299
玻璃纤维和玻璃纤维增强塑料制品制造	1207	1107	100	201	138	843
陶瓷制品制造	632	578	54	134	136	334
耐火材料制品制造	1448	1308	140	282	300	940
石墨及其他非金属矿物制品制造	625	563	62	126	121	403
黑色金属冶炼和压延加工业	6787	6186	601	835	1622	3985
炼铁	10	10				
炼钢	808	752	56	57	277	486
黑色金属铸造	1679	1554	125	228	272	881
钢压延加工	4239	3821	418	544	1060	2614
铁合金冶炼	51	49	2	6	13	4
有色金属冶炼和压延加工业	7163	6516	647	1064	1023	4547
常用有色金属冶炼	860	721	139	142	163	631
贵金属冶炼	38	36	2	6	19	34
稀有稀土金属冶炼	35	34	1	10	4	34
有色金属合金制造	1294	1192	102	231	136	956
有色金属铸造	189	186	3	23	18	88
有色金属压延加工	4747	4347	400	652	683	2804

1-C-5 续表 4

单位：人

行业	科技活动人员数	#参加科技项目人员	#科技管理和服务人员	#女性	#高中级技术职称人员	#全时人员
金属制品业	21143	19228	1915	3236	3656	12470
结构性金属制品制造	4407	3826	581	711	835	2829
金属工具制造	2897	2631	266	458	490	1692
集装箱及金属包装容器制造	1198	1125	73	174	221	806
金属丝绳及其制品制造	829	785	44	74	124	404
建筑、安全用金属制品制造	4126	3766	360	644	673	2452
金属表面处理及热处理加工	959	893	66	168	170	513
搪瓷制品制造	181	169	12	16	36	77
金属制日用品制造	4740	4320	420	710	828	2529
其他金属制品制造	1806	1713	93	281	279	1168
通用设备制造业	60607	54623	5984	9988	12438	38053
锅炉及原动设备制造	3388	2937	451	570	1052	2217
金属加工机械制造	4977	4549	428	608	1067	3297
物料搬运设备制造	7468	6502	966	1042	1569	5126
泵、阀门、压缩机及类似机械制造	16829	15468	1361	2843	3351	10517
轴承、齿轮和传动部件制造	10214	9261	953	1901	1867	5573
烘炉、风机、衡器、包装等设备制造	10811	9655	1156	1942	2415	7424
文化、办公用机械制造	1580	1416	164	272	273	909
通用零部件制造	5031	4555	476	783	774	2778
其他通用设备制造业	309	280	29	27	70	212
专用设备制造业	27409	24853	2556	3822	6118	17725
采矿、冶金、建筑专用设备制造	1968	1742	226	208	474	1022
化工、木材、非金属加工专用设备制造	9481	8831	650	1252	1898	6003
食品、饮料、烟草及饲料生产专用设备制造	559	515	44	74	105	295
印刷、制药、日化及日用品生产专用设备制造	1609	1427	182	172	336	1037
纺织、服装和皮革加工专用设备制造	4337	3951	386	541	938	2902
电子和电工机械专用设备制造	1015	748	267	152	162	645
农、林、牧、渔专用机械制造	2128	1932	196	339	538	1581
医疗仪器设备及器械制造	2037	1881	156	501	418	1412
环保、社会公共服务及其他专用设备制造	4275	3826	449	583	1249	2828

1-C-5 续表 5

单位：人

行 业	科技活动人员数	#参加科技项目人员	#科技管理和服务人员	#女 性	#高中级技术职称人员	#全时人员
汽车制造业	35866	32801	4065	5574	5518	25290
汽车整车制造	5408	4613	795	779	687	4272
改装汽车制造	236	211	25	21	51	167
低速载货汽车制造	87	76	11	7	31	57
汽车车身、挂车制造	41	37	4	7	4	33
汽车零部件及配件制造	31094	27864	3230	4760	4745	20761
铁路、船舶、航空航天和其他运输设备制造业	8580	7874	706	1418	1454	5112
铁路运输设备制造	210	192	18	56	56	164
船舶及相关装置制造	3171	2856	315	379	423	2061
航空、航天器及设备制造	164	155	9	21	42	105
摩托车制造	2606	2395	211	467	570	1224
自行车制造	2304	2164	140	486	342	1466
非公路休闲车及零配件制造	48	43	5	5	16	33
潜水救捞及其他未列明运输设备制造	77	69	8	4	5	59
电气机械和器材制造业	73720	65864	7856	13655	13529	49834
电机制造	13600	12116	1484	2261	2595	8293
输配电及控制设备制造	23811	20590	3221	4389	5031	17033
电线、电缆、光缆及电工器材制造	7235	6595	640	1388	1562	4614
电池制造	4926	4558	368	846	780	3411
家用电力器具制造	16166	14843	1323	2968	1971	11040
非电力家用器具制造	850	785	65	96	131	571
照明器具制造	6786	6051	735	1624	1421	4621
其他电气机械及器材制造	346	326	20	83	38	251
计算机、通信和其他电子设备制造业	46780	42263	4517	9508	6749	34156
计算机制造	1247	1100	147	262	269	949
通信设备制造	18043	16091	1952	3047	1963	14390
广播电视设备制造	2112	1961	151	426	324	1342
雷达及配套设备制造	27	25	2	4	1	10
视听设备制造	3226	3045	181	601	477	2107
电子器件制造	8269	7473	796	1773	1414	5999
电子元件制造	12461	11427	1034	3090	2016	8589
其他电子设备制造	1395	1141	254	305	285	770

1-C-5 续表 6 单位：人

行 业	科技活动人员数	#参加科技项目人员	#科技管理和服务人员	#女 性	#高中级技术职称人员	#全时人员
仪器仪表制造业	17550	16235	1315	3317	2920	11748
通用仪器仪表制造	12327	11398	929	2342	1935	8434
专用仪器仪表制造	3122	2850	272	535	604	1970
钟表与计时仪器制造	257	243	14	80	46	216
光学仪器及眼镜制造	1673	1589	84	327	294	1048
其他仪器仪表制造业	171	155	16	33	41	80
其他制造业	1986	1753	233	362	247	1123
日用杂品制造	1560	1375	185	292	192	942
煤制品制造	132	115	17	7	15	37
其他未列明制造业	294	263	31	63	40	144
废弃资源综合利用业	321	292	29	58	75	171
金属废料和碎屑加工处理	146	138	8	19	33	60
非金属废料和碎屑加工处理	175	154	21	39	42	111
金属制品、机械和设备修理业	201	160	41	27	55	85
通用设备修理	40	35	5	4	8	22
专用设备修理	18	15	3	1	2	14
铁路、船舶、航空航天等运输设备修理	103	75	28	19	35	24
其他机械和设备修理业	40	35	5	3	10	25
电力、热力、燃气及水生产和供应业	**4207**	**3880**	**327**	**564**	**2215**	**1846**
电力、热力生产和供应业	3902	3620	282	504	2107	1726
电力生产	2213	2028	185	144	963	437
电力供应	1681	1585	96	358	1142	1289
热力生产和供应	8	7	1	2	2	
燃气生产和供应业	18	18		2	6	1
燃气生产和供应业	18	18		2	6	1
水的生产和供应业	287	242	45	58	102	119
自来水生产和供应	117	89	28	17	36	18
污水处理及其再生利用	170	153	17	41	66	101

1-C-6 按地区分组的规模以上工业法人单位科技活动人员情况

单位：人

地 区	科技活动人员数	#参加科技项目人员	#科技管理和服务人员	#女 性	#高中级技术职称人员	#全时人员
全 省	**491997**	**443601**	**48396**	**104112**	**90993**	**313927**
杭州市	**107128**	**93663**	**13465**	**23064**	**19149**	**72062**
上城区	2355	2127	228	523	596	1857
下城区	1041	943	98	160	384	477
江干区	13558	11641	1917	3282	2156	10312
拱墅区	2759	2372	387	628	921	1705
西湖区	3736	3190	546	843	690	2843
滨江区	22620	19710	2910	4357	3453	16163
萧山区	24570	20730	3840	5220	3747	14781
余杭区	13812	12717	1095	3242	2445	9483
桐庐县	3874	3520	354	1200	784	2711
淳安县	847	718	129	200	208	589
建德市	3324	3039	285	688	767	1688
富阳市	8642	7751	891	1467	1704	5045
临安市	5990	5205	785	1254	1294	4408
宁波市	**107581**	**100346**	**7235**	**22515**	**17121**	**68943**
海曙区	1113	997	116	540	144	459
江东区	1657	1467	190	379	216	1153
江北区	4638	4269	369	1060	773	2742
北仑区	13230	12410	820	3008	2120	9205
镇海区	8046	7498	548	1843	1262	5268
鄞州区	21093	19685	1408	4617	2898	14332
象山县	3941	3327	614	822	846	2184
宁海县	7770	7386	384	1446	1350	4488
余姚市	16450	16058	392	3293	3379	10928
慈溪市	24865	22723	2142	4580	3444	15013
奉化市	4778	4526	252	927	689	3171
温州市	**48054**	**41015**	**7039**	**9297**	**8628**	**33155**
鹿城区	4616	4135	481	1028	959	2965
龙湾区	6824	6072	752	1133	1224	4573
瓯海区	4620	4147	473	932	843	2910
洞头县	672	539	133	140	103	385
永嘉县	5074	4322	752	1610	824	3691
平阳县	2268	2094	174	362	444	1402

1-C-6 续表 1

单位：人

地 区	科技活动人员数	#参加科技项目人员	#科技管理和服务人员	#女 性	#高中级技术职称人员	#全时人员
苍南县	1455	1310	145	257	344	790
文成县	159	150	9	26	38	63
泰顺县	202	164	38	19	44	81
瑞安市	8215	6595	1620	1408	1166	6008
乐清市	13949	11487	2462	2382	2639	10287
嘉兴市	**53016**	**48990**	**4026**	**13849**	**9569**	**34202**
南湖区	6559	5882	677	1372	1226	3994
秀洲区	5662	4957	705	1485	1119	3725
嘉善县	6210	5643	567	1254	897	4591
海盐县	4960	4493	467	1101	1407	2561
海宁市	12048	11292	756	3025	1826	7443
平湖市	7768	7509	259	2857	1556	5490
桐乡市	9809	9214	595	2755	1538	6398
湖州市	**25187**	**22737**	**2450**	**4621**	**4876**	**16000**
吴兴区	4597	4049	548	778	956	3102
南浔区	3734	3227	507	716	896	2438
德清县	6056	5467	589	1221	1106	4077
长兴县	6830	6234	596	1160	1263	3611
安吉县	3970	3760	210	746	655	2772
绍兴市	**50030**	**45325**	**4705**	**11237**	**11329**	**28286**
越城区	5031	4178	853	1195	1084	3022
绍兴县	11831	10702	1129	2423	2484	4833
新昌县	8090	7205	885	2084	1506	6318
诸暨市	12827	11558	1269	2477	3463	7753
上虞市	8415	8000	415	2227	2094	4484
嵊州市	3836	3682	154	831	698	1876
金华市	**38268**	**33622**	**4646**	**7895**	**7242**	**26191**
婺城区	5110	4568	542	1018	915	3702
金东区	2007	1798	209	387	469	1435
武义县	3683	3253	430	496	725	2217
浦江县	5550	4776	774	1383	611	3734
磐安县	681	614	67	160	165	412
兰溪市	3093	2642	451	809	842	1900
义乌市	6310	5635	675	1607	1172	3957
东阳市	3931	3617	314	973	908	2891
永康市	7903	6719	1184	1062	1435	5943

1-C-6 续表 2

单位：人

地 区	科技活动人员数	#参加科技项目人员	#科技管理和服务人员	#女 性	#高中级技术职称人员	#全时人员
衢州市	**9232**	**8181**	**1051**	**1705**	**2123**	**5401**
柯城区	2884	2528	356	579	817	1726
衢江区	947	835	112	163	228	650
常山县	668	547	121	118	138	342
开化县	1146	1050	96	167	236	432
龙游县	1315	1161	154	282	280	872
江山市	2272	2060	212	396	424	1379
舟山市	**6889**	**6023**	**866**	**927**	**1143**	**3612**
定海区	3646	3339	307	373	517	1723
普陀区	2347	1906	441	396	502	1302
岱山县	856	740	116	154	113	579
嵊泗县	40	38	2	4	11	8
台州市	**38104**	**35856**	**2248**	**6976**	**6994**	**20558**
椒江区	5184	4735	449	983	1295	3696
黄岩区	3123	3093	30	702	620	1078
路桥区	3709	3374	335	541	735	2269
玉环县	7439	7066	373	1161	1076	3012
三门县	1283	1220	63	204	290	949
天台县	1990	1786	204	421	412	1493
仙居县	1500	1442	58	468	327	1021
温岭市	9411	9168	243	1493	1656	3442
临海市	4465	3972	493	1003	583	3598
丽水市	**7508**	**6893**	**615**	**1726**	**2069**	**4517**
莲都区	1599	1431	168	340	401	913
青田县	1164	1088	76	249	153	855
缙云县	2042	1975	67	349	767	1300
遂昌县	374	346	28	117	127	276
松阳县	329	303	26	100	62	200
云和县	481	407	74	132	110	247
庆元县	603	501	102	178	159	313
景宁县	46	42	4	8	12	16
龙泉市	870	800	70	253	278	397

1-C-7 按轻重工业、规模、登记注册类型、隶属关系和

项　目	企业内部用于科技活动的经费支出	#人员人工费	#原材料费
总　计	**9465691**	**2893370**	**4379551**
一、按轻重工业分			
轻工业	3255586	958526	1539033
重工业	6210106	1934844	2840518
二、按规模分			
大型企业	2995178	947475	1320808
中型企业	3182930	949250	1521709
小型企业	3211402	983482	1503265
微型企业	76181	13162	33768
三、按登记注册类型分			
内资	6791672	2059362	3180518
国有	73582	11638	38405
集体	1064	386	406
股份合作企业	17069	5983	8288
有限责任公司	1826364	582534	801137
国有独资公司	62254	22472	21107
其他有限责任公司	1764110	560062	780030
股份有限公司	1271888	405958	597529
私营企业	3601184	1052818	1734391
私营独资	56105	16967	25276
私营合伙	10734	2877	4733
私营有限责任公司	3261850	955491	1561109
私营股份有限公司	272496	77484	143274
其他企业	521	46	361
港澳台商投资	1473604	443442	659469
与港澳台商合资经营	765654	196685	406804
与港澳台商合作经营	17301	4897	7674
港澳台商独资	551387	176969	212765
港澳台商投资股份有限公司	138703	64663	32011
其他港澳台投资	560	228	215
外商投资	1200415	390566	539564
中外合资经营	772958	233682	368522
中外合作经营	7026	2386	3062
外资企业	371000	138925	143449
外商投资股份有限公司	45657	13803	23742
其他外商投资	3774	1770	790
四、按隶属关系分			
中央	116969	33488	37395
地方	9348722	2859882	4342155
五、按控股情况分			
国有控股	708477	186705	341476
集体控股	252387	70544	123520
私人控股	6368340	1942492	3001320
港澳台商控股	1068481	337233	442046
外商控股	681229	242578	285041
其他	386778	113818	186148

控股情况分组的规模以上工业法人单位科技活动经费情况

单位：万元

#折旧费用与长期费用摊销	#无形资产摊 销	委托外单位开展科技活动的经费支出	#对境内研究机构支出	#对境内高等学校支出	#对境外支出
546924	**93708**	**353146**	**164656**	**62358**	**57822**
181079	31382	107560	58223	20302	12689
365845	62325	245586	106433	42056	45133
178600	34721	191669	87124	23727	43962
184152	29589	83479	46347	15014	6276
177476	28964	71357	25824	22615	7584
6696	434	6641	5360	1002	
396518	65747	215112	100596	50949	17542
2433	797	10747	2671	1364	
41	3				
574	56	202	66	67	
117881	21361	80195	40737	15524	11982
8283	361	6374	4528	1227	235
109599	21001	73821	36208	14297	11747
82587	11840	48458	22419	9054	2923
192986	31690	75505	34701	24938	2637
2237	533	1668	1195	172	
287	94	215	96		
175431	28355	66690	29273	23383	2476
15031	2708	6932	4137	1383	161
16		5	3	2	
88532	13341	50299	17139	8311	15196
51240	9058	24709	8944	3367	11349
516	941	85	35	50	
33057	2771	20194	7611	4715	3847
3690	571	5311	549	179	
29					
61874	14620	87735	46921	3098	25084
39862	10198	73132	38393	2433	21239
444	79				
18127	3751	9132	3237	486	3845
3402	593	5224	5179	45	
39		247	112	135	
7813	249	31537	5901	3581	11280
539111	93459	321609	158755	58777	46542
48370	11309	73005	29613	8422	20193
16983	2026	6018	3180	1994	238
352736	56772	168185	80967	43689	8539
66729	11583	35118	15139	5642	3941
35083	9045	57941	26646	1653	23505
27024	2972	12880	9110	959	1407

1-C-8 按行业中类分组的规模以上

行　业	企业内部用于科技活动的经费支出	#人员人工费	#原材料费
总　计	**9465691**	**2893370**	**4379551**
采矿业	**2563**	**788**	**1457**
黑色金属矿采选业	1	1	
铁矿采选	1	1	
有色金属矿采选业	1003	469	314
常用有色金属矿采选	1003	469	314
非金属矿采选业	1560	318	1143
土砂石开采	1560	318	1143
制造业	**9369054**	**2875511**	**4343929**
农副食品加工业	104772	27197	50562
谷物磨制	2770	590	1525
饲料加工	27965	5687	16144
植物油加工	4070	1205	1716
屠宰及肉类加工	13950	3160	6388
水产品加工	34012	9422	14617
蔬菜、水果和坚果加工	14101	4165	6338
其他农副食品加工	7903	2969	3835
食品制造业	82676	19893	41144
焙烤食品制造	5739	1487	2910
糖果、巧克力及蜜饯制造	1318	390	609
方便食品制造	6179	2204	2423
乳制品制造	5453	1102	2422
罐头食品制造	9844	2023	4217
调味品、发酵制品制造	4366	577	2323
其他食品制造	49778	12111	26241
酒、饮料和精制茶制造业	79959	22904	38913
酒的制造	19811	6871	9094
饮料制造	48993	13249	25886
精制茶加工	11156	2784	3932
烟草制品业	15731	5373	3771
卷烟制造	14616	4645	3482
其他烟草制品制造	1115	728	289

工业法人单位科技活动经费情况

单位：万元

		委托外单位开展科技活动的经费支出			
#折旧费用与长期费用摊销	#无形资产摊　销		#对境内研究机构支出	#对境内高等学校支出	#对境外支出
546924	**93708**	**353146**	**164656**	**62358**	**57822**
46	**25**	**2**	**2**		
18		2	2		
18		2	2		
28	25				
28	25				
543875	**93303**	**333645**	**157701**	**60663**	**57772**
5751	750	3167	1691	1378	51
222		19		18	
1313	392	973	284	637	51
203	…	193	147	46	
444	109	244	60	153	
2387	96	654	355	288	
814	106	1057	838	220	
368	48	28	7	16	
5251	1377	2500	1291	917	49
304	36	30	10	10	
33	2	2		2	
674	160	82		82	
246	94	49		49	
520	632	707	627	80	
427	77	219	144	75	
3047	376	1410	510	619	49
4388	505	531	277	252	
1626	378	299	146	150	
2026	71	33	7	26	
735	56	200	124	76	
5698	152	3317	2547	770	
5652	152	3192	2422	770	
45		125	125		

1-C-8 续表 1

行 业	企业内部用于科技活动的经费支出	#人员人工费	#原材料费
纺织业	546702	140937	271954
棉纺织及印染精加工	295768	73342	146971
毛纺织及染整精加工	23005	6319	12635
麻纺织及染整精加工	5579	1475	2657
丝绢纺织及印染精加工	23836	7803	11408
化纤织造及印染精加工	19061	4137	10193
针织或钩针编织物及其制品制造	96219	27059	45993
家用纺织制成品制造	40157	11652	18466
非家用纺织制成品制造	43078	9151	23632
纺织服装、服饰业	202372	77396	84644
机织服装制造	127119	53390	49873
针织或钩针编织服装制造	48761	15824	21673
服饰制造	26492	8182	13098
皮革、毛皮、羽毛及其制品和制鞋业	142652	47342	70799
皮革鞣制加工	30820	6627	18657
皮革制品制造	35691	12140	17442
毛皮鞣制及制品加工	9999	1613	6936
羽毛(绒)加工及制品制造	1360	709	448
制鞋业	64783	26254	27316
木材加工和木、竹、藤、棕、草制品业	60160	13053	35864
木材加工	3777	1006	2077
人造板制造	17764	3885	10888
木制品制造	30338	5669	19188
竹、藤、棕、草等制品制造	8281	2493	3711
家具制造业	96351	31486	45914
木质家具制造	30161	10076	14427
竹、藤家具制造	6630	1520	4416
金属家具制造	35342	11139	15846
塑料家具制造	4447	1981	1534
其他家具制造	19772	6770	9692

单位：万元

#折旧费用与长期费用摊销	#无形资产摊 销	委托外单位开展科技活动的经费支出	#对境内研究机构支出	#对境内高等学校支出	#对境外支出
29718	5134	10537	2869	1758	659
18804	2662	7654	2306	858	86
776	239	144	8		30
160	13	186	126	60	
1162	350	213	2	211	
420	40	376	93	15	127
3777	1058	1369	190	463	132
1966	546	551	145	111	280
2654	228	44		41	4
6653	1077	5137	594	1234	1302
4214	808	5022	590	1129	1302
1714	123	74	5	65	
725	146	41		41	
3731	805	1908	1418	335	100
567	500	5		5	
234	56	187	187		
71					
8					
2851	249	1716	1231	330	100
3027	435	584	180	340	20
291		65		65	
557	164	67	62		
1640	164	364	80	224	20
539	107	89	38	51	
6197	772	2361	557	444	133
1488	96	140	95	46	
407	83	300	200		100
2908	253	1426	50	194	33
357	8	80	2		
1039	332	415	211	204	

1-C-8 续表 2

行　业	企业内部用于科技活动的经费支出	#人员人工费	#原材料费
造纸和纸制品业	142720	33750	81785
造纸	107520	23845	64261
纸制品制造	35200	9905	17524
印刷和记录媒介复制业	36409	11635	16358
印刷	35466	11229	16115
装订及印刷相关服务	943	406	243
文教、工美、体育和娱乐用品制造业	163226	49044	74364
文教办公用品制造	28992	9038	12539
乐器制造	4564	2113	1038
工艺美术品制造	64697	17250	31307
体育用品制造	17758	7217	7240
玩具制造	19349	7429	7963
游艺器材及娱乐用品制造	27866	5997	14277
石油加工、炼焦和核燃料加工业	4487	1103	1232
精炼石油产品制造	4487	1103	1232
化学原料和化学制品制造业	965812	194888	551785
基础化学原料制造	160102	40425	78820
肥料制造	4685	1239	2224
农药制造	47740	16611	23780
涂料、油墨、颜料及类似产品制造	129662	40945	61386
合成材料制造	405609	44621	270320
专用化学产品制造	160731	35114	90424
炸药、火工及焰火产品制造	4151	1781	2005
日用化学产品制造	53133	14154	22826
医药制造业	302195	110536	107936
化学药品原料药制造	159420	53195	65024
化学药品制剂制造	44612	16682	10764
中药饮片加工	5705	1986	2283
中成药生产	36893	13205	11298
兽用药品制造	3374	1440	1125
生物药品制造	39385	19231	12274
卫生材料及医药用品制造	12807	4797	5169

单位：万元

		委托外单位开展科技活动的经费支出			
#折旧费用与长期费用摊销	#无形资产摊　销		#对境内研究机构支出	#对境内高等学校支出	#对境外支出
9387	926	590	211	379	
6409	875	454	193	261	
2978	51	136	18	118	
2328	258	469	125	26	305
2323	43	469	125	26	305
5	215				
7927	1188	1486	723	584	45
2540	255	146	1	103	
299	111	251	246		
3049	520	226	2	224	
988	175	521	400	67	45
601	32	284	60	146	
450	95	58	13	45	
157		1957	1117	92	
157		1957	1117	92	
51911	10174	20929	10795	6034	3453
10353	2104	5117	2160	2804	41
981	1	86	35	51	
2445	422	3885	2414	842	426
5125	595	2267	1882	378	2
21576	6011	4860	3453	580	828
9265	756	4414	761	1186	2156
109		34	24	9	
2056	284	266	68	183	
25799	9509	53955	36205	8026	8341
15301	4070	35972	21487	5485	8160
3537	3469	11669	10710	556	89
218	7	67	29	27	
2591	1565	2709	2313	265	15
450	130	996	407	467	77
2480	257	2125	1210	902	
1222	10	416	49	324	

1-C-8 续表 3

行业	企业内部用于科技活动的经费支出	#人员人工费	#原材料费
化学纤维制造业	272864	43707	177202
纤维素纤维原料及纤维制造	8591	2060	4601
合成纤维制造	264273	41647	172601
橡胶和塑料制品业	366601	100002	200944
橡胶制品业	130314	34702	79689
塑料制品业	236287	65299	121255
非金属矿物制品业	193808	50782	103701
水泥、石灰和石膏制造	18032	3801	10163
石膏、水泥制品及类似制品制造	23779	6435	11880
砖瓦、石材等建筑材料制造	40064	10974	23857
玻璃制造	6036	1476	3096
玻璃制品制造	37867	9976	20002
玻璃纤维和玻璃纤维增强塑料制品制造	21073	5209	11881
陶瓷制品制造	7627	2296	3215
耐火材料制品制造	29269	7724	14054
石墨及其他非金属矿物制品制造	10061	2891	5554
黑色金属冶炼和压延加工业	293112	41121	189317
炼铁	30	20	10
炼钢	81180	6427	66413
黑色金属铸造	27500	8786	13238
钢压延加工	181651	25698	107348
铁合金冶炼	2751	191	2308
有色金属冶炼和压延加工业	235829	42806	127748
常用有色金属冶炼	39430	5131	17239
贵金属冶炼	844	345	366
稀有稀土金属冶炼	767	151	465
有色金属合金制造	26655	5730	14102
有色金属铸造	2342	1079	934
有色金属压延加工	165791	30371	94642

单位：万元

#折旧费用与长期费用摊销	#无形资产摊 销	委托外单位开展科技活动的经费支出	#对境内研究机构支出	#对境内高等学校支出	#对境外支出
13185	999	2128	1472	444	
287	19				
12899	981	2128	1472	444	
19376	1177	4172	386	1375	1037
6787	148	678	136	431	
12590	1029	3494	250	944	1037
10194	2219	3100	1436	909	131
679	275	711	711		
1062	284	216	87	70	
1258	131	400	35	361	
402	30	35			35
2449	877	292	52	228	
1641	24	484	343	13	96
470	7				
1814	569	828	208	162	
419	22	135		75	
15842	2593	1270	449	662	
3239	400	149	100	49	
1767	36	177	29	148	
10777	2157	944	320	465	
59					
15546	1417	1730	947	182	
2883	111	882	816	58	
66		30		30	
68	5	15	15		
1122	963	549	46	1	
223	3				
11184	336	255	70	93	

1-C-8 续表 4

行业	企业内部用于科技活动的经费支出	#人员人工费	#原材料费
金属制品业	321784	101907	151778
结构性金属制品制造	90640	27795	43893
金属工具制造	35297	12777	14631
集装箱及金属包装容器制造	18169	6692	8346
金属丝绳及其制品制造	12114	4115	5969
建筑、安全用金属制品制造	53092	15760	26093
金属表面处理及热处理加工	21524	5301	12684
搪瓷制品制造	3932	956	2260
金属制日用品制造	58327	18573	25448
其他金属制品制造	28688	9937	12452
通用设备制造业	973245	332787	451617
锅炉及原动设备制造	74613	26221	35904
金属加工机械制造	75580	26094	35153
物料搬运设备制造	162353	46102	87490
泵、阀门、压缩机及类似机械制造	261852	86512	127810
轴承、齿轮和传动部件制造	132753	45270	57198
烘炉、风机、衡器、包装等设备制造	164209	64668	65699
文化、办公用机械制造	20211	8788	6155
通用零部件制造	78697	28082	34759
其他通用设备制造业	2976	1048	1450
专用设备制造业	446528	149009	205424
采矿、冶金、建筑专用设备制造	26395	8564	13017
化工、木材、非金属加工专用设备制造	161360	52770	77210
食品、饮料、烟草及饲料生产专用设备制造	8723	2859	4227
印刷、制药、日化及日用品生产专用设备制造	21405	6839	11443
纺织、服装和皮革加工专用设备制造	83987	25006	40322
电子和电工机械专用设备制造	11065	4834	3941
农、林、牧、渔专用机械制造	30907	10008	12467
医疗仪器设备及器械制造	31427	13897	10568
环保、社会公共服务及其他专用设备制造	71257	24232	32230

单位：万元

#折旧费用与长期费用摊销	#无形资产摊　销	委托外单位开展科技活动的经费支出	#对境内研究机构支出	#对境内高等学校支出	#对境外支出
20034	4164	14557	4888	5890	921
6123	2399	9736	3955	3616	...
1945	131	1426	335	573	109
1034	104	1962	15	1115	812
989	61	44	36		
2973	674	536	230	117	
809	41	47		47	
216	19				
3628	493	313	157	100	
2318	241	494	160	323	
54519	6392	41982	17651	6770	11995
3866	849	2626	661	1891	17
4567	619	1724	593	278	549
6277	969	19606	5229	610	11160
15009	1763	2515	823	1049	35
9884	830	1301	362	715	103
7782	974	5456	3720	1488	48
671	94	673	73	93	85
6286	288	8079	6188	647	
177	7	2	2		
26219	5914	10148	3620	4863	298
1312	216	671	81	333	
10401	1112	2192	655	773	89
318	14	53	23	12	
788	316	55	10	39	
4513	1650	3412	444	2835	
442	53	127		87	
2999	249	1077	933	144	
2271	92	1179	464	329	152
3174	2213	1381	1011	310	58

1-C-8 续表 5

行　　业	企业内部用于科技活动的经费支出	#人员人工费	#原材料费
汽车制造业	572824	205910	216810
汽车整车制造	107091	34533	37572
改装汽车制造	4590	1313	2173
低速载货汽车制造	1802	315	1117
汽车车身、挂车制造	934	185	551
汽车零部件及配件制造	458408	169563	175397
铁路、船舶、航空航天和其他运输设备制造业	203096	63019	90369
铁路运输设备制造	2635	1109	899
船舶及相关装置制造	119963	36425	54612
航空、航天器及设备制造	2398	1017	643
摩托车制造	41372	12473	16383
自行车制造	35011	11440	16971
非公路休闲车及零配件制造	1050	352	474
潜水救捞及其他未列明运输设备制造	666	204	388
电气机械和器材制造业	1299540	394827	598705
电机制造	233591	81214	89527
输配电及控制设备制造	379067	122506	169117
电线、电缆、光缆及电工器材制造	201554	41816	117248
电池制造	98884	23891	54758
家用电力器具制造	275892	87893	120563
非电力家用器具制造	13913	4263	5823
照明器具制造	93502	31939	40328
其他电气机械及器材制造	3138	1306	1341
计算机、通信和其他电子设备制造业	946541	436871	263140
计算机制造	15164	6806	5440
通信设备制造	476523	272193	64099
广播电视设备制造	39283	16109	14589
雷达及配套设备制造	290	188	66
视听设备制造	61467	21326	24678
电子器件制造	132394	51540	52879
电子元件制造	196395	59973	89615
其他电子设备制造	25026	8736	11775

单位：万元

#折旧费用与长期费用摊销	#无形资产摊销	委托外单位开展科技活动的经费支出	#对境内研究机构支出	#对境内高等学校支出	#对境外支出
47474	10797	51880	20822	1627	20948
11840	3884	19134	5856	197	12963
417	46	170	152	18	
179	80	55		55	
56	2				
34982	6786	32522	14814	1357	7984
17476	2172	18757	14153	598	320
139	12	388			
13399	1678	15920	12609	177	
290	42				
2289	230	2360	1493	403	320
1318	180	89	51	18	
22	26				
20	5				
76311	14255	38527	14217	6069	4857
13334	6393	6718	1888	2560	1970
25098	2814	17504	6601	1422	651
11216	1602	4547	1927	514	1285
7359	322	1525	518	556	269
13331	2487	6922	2746	753	647
603	185	79	79		
5170	445	1234	459	265	35
201	7				
44346	5729	23625	8654	7267	2201
604	40	644		92	
14277	1743	14062	4850	5823	
1998	71	303	258	45	
30					
2708	1014	472	42	92	62
8081	1184	5433	2420	120	2007
15526	1412	2377	775	1070	132
1123	266	334	309	25	

1-C-8 续表 6

行　　业	企业内部用于科技活动的经费支出	#人员人工费	#原材料费
仪器仪表制造业	249346	113115	69080
通用仪器仪表制造	177455	83509	43601
专用仪器仪表制造	44394	17942	15580
钟表与计时仪器制造	3452	1287	1455
光学仪器及眼镜制造	22604	9644	8045
其他仪器仪表制造业	1442	734	399
其他制造业	35888	10000	15167
日用杂品制造	25354	8077	9832
煤制品制造	5018	580	2330
其他未列明制造业	5516	1343	3005
废弃资源综合利用业	8944	2074	4677
金属废料和碎屑加工处理	4749	1104	2958
非金属废料和碎屑加工处理	4196	970	1718
金属制品、机械和设备修理业	2882	1037	1224
通用设备修理	477	294	177
专用设备修理	472	174	186
铁路、船舶、航空航天等运输设备修理	1273	418	392
其他机械和设备修理业	660	150	469
电力、热力、燃气及水生产和供应业	**94074**	**17072**	**34165**
电力、热力生产和供应业	89317	15827	32021
电力生产	61595	11173	27595
电力供应	27280	4636	4016
热力生产和供应	441	18	410
燃气生产和供应业	1273	162	564
燃气生产和供应业	1273	162	564
水的生产和供应业	3484	1082	1580
自来水生产和供应	515	318	109
污水处理及其再生利用	2969	764	1471

单位：万元

#折旧费用与长期费用摊销	#无形资产摊　销	委托外单位开展科技活动的经费支出	#对境内研究机构支出	#对境内高等学校支出	#对境外支出
13345	1807	12047	8304	1289	604
8829	1295	8773	5987	880	178
2069	448	2912	2222	263	426
219	10				
2039	55	300	95	147	
188		62			
1313	304	208	35	131	3
786	69	133	35	56	3
280		50		50	
248	235	25		25	
726	270	20		20	
173	1				
553	270	20		20	
50	35	67	67		
6		67	67		
9	30				
36	5				
3003	**380**	**19499**	**6952**	**1695**	**50**
2877	363	19129	6661	1666	
2818	202	9352	4878	384	
52	155	9778	1784	1282	
7	6				
91					
91					
35	17	370	291	29	50
35	17	370	291	29	50

1-C-9 按地区分组的规模以上工业

地　区	企业内部用于科技活动的经费支出	#人员人工费	#原材料费	#折旧费用与长期费用摊销
全　省	**9465691**	**2893370**	**4379551**	**546924**
杭州市	**2292495**	**856049**	**896088**	**133551**
上城区	66656	26025	26080	7864
下城区	19676	6325	12049	719
江干区	291457	116275	122238	15518
拱墅区	70677	15117	41337	3935
西湖区	50774	23683	15742	2523
滨江区•	563620	323487	72714	20806
萧山区	530003	133321	261946	45328
余杭区	244506	86729	112758	12018
桐庐县	62595	23652	28828	2472
淳安县	23508	4106	10914	1335
建德市	49652	17547	23094	2535
富阳市	183326	43633	91038	11923
临安市	136046	36151	77350	6574
宁波市	**1971159**	**627583**	**904134**	**128135**
海曙区	16486	7068	5122	1141
江东区	25194	8752	10810	2406
江北区	78373	31785	29753	6693
北仑区	371725	85126	209935	21836
镇海区	174616	52984	85504	9216
鄞州区	392863	137780	171810	25926
象山县	69014	20897	32243	3129
宁海县	109958	36214	47901	9463
余姚市	265113	92345	113928	18464
慈溪市	394894	130654	165423	22347
奉化市	72924	23977	31707	7514
温州市	**602748**	**197023**	**288330**	**31515**
鹿城区	55434	19655	25146	2739
龙湾区	94711	26811	49133	7046
瓯海区	49372	20253	21272	2334
洞头县	7266	2148	3713	206
永嘉县	58129	24505	24817	2644
平阳县	28044	7876	15326	1381

法人单位科技活动经费情况

单位：万元

#无形资产摊销	委托外单位开展科技活动的经费支出	#对境内研究机构支出	#对境内高等学校支出	#对境外支出
93708	**353146**	**164656**	**62358**	**57822**
19588	**94567**	**34360**	**17894**	**30263**
266	3893	2680	1135	79
44	453	306	147	
2840	23116	9239	1260	11799
2925	7795	7129	578	89
255	962	246	438	
2457	16488	5407	7038	
6507	18858	3874	2475	11825
756	10466	1546	2188	1571
468	2714	400	252	1760
175	143	58	40	
383	1708	397	733	445
2043	5815	1387	1258	2695
471	2158	1692	353	
23051	**72275**	**35177**	**5360**	**14184**
31	60	24	10	
125	370	279	91	
408	582	291	201	63
7475	6081	2967	532	2099
1830	12203	3418	925	2003
3780	7410	3513	857	1928
574	3768	348	131	
757	692	308	296	45
1722	16578	7127	1193	1968
5509	19524	12281	791	6078
840	5008	4621	332	
4291	**22893**	**9349**	**2656**	**1349**
505	1209	692	216	100
702	911	262	480	
197	384	208	176	
1	522	415	96	
194	899	603	296	
47	1363	1148	75	120

1-C-9 续表 1

地　区	企业内部用于科技活动的经费支出	#人员人工费	#原材料费	#折旧费用与长期费用摊销
苍南县	21653	5817	10485	1536
文成县	3191	807	1615	130
泰顺县	2609	716	789	782
瑞安市	108253	30100	60641	5909
乐清市	174087	58337	75394	6810
嘉兴市	**1142519**	**282369**	**648948**	**50435**
南湖区	140811	36653	85814	5908
秀洲区	94937	31961	41756	8194
嘉善县	139776	32974	82020	4745
海盐县	114363	32682	55617	8015
海宁市	252070	64472	144583	10735
平湖市	152246	35552	75109	7019
桐乡市	248317	48076	164049	5819
湖州市	**580587**	**116082**	**339980**	**33968**
吴兴区	116331	24744	66536	10109
南浔区	106844	14339	75650	6187
德清县	117446	29444	56679	5835
长兴县	162934	28490	100492	8236
安吉县	77032	19066	40623	3602
绍兴市	**1174426**	**331002**	**526280**	**62574**
越城区	120978	29332	65442	8112
绍兴县	360631	67764	173126	19926
新昌县	119473	48216	50245	7589
诸暨市	275744	88134	127499	11338
上虞市	213361	70535	71916	11204
嵊州市	84240	27021	38052	4406
金华市	**665189**	**175019**	**314174**	**40144**
婺城区	69346	20460	26518	4921
金东区	26741	7500	12411	1211
武义县	55001	20123	24732	2588
浦江县	106040	29705	58301	6261
磐安县	11023	3228	5520	673
兰溪市	53828	12620	23665	3612
义乌市	130212	29805	64626	6223
东阳市	75657	15249	40642	5695
永康市	137341	36329	57759	8962

单位：万元

#无形资产摊 销	委托外单位开展科技活动的经费支出	#对境内研究机构支出	#对境内高等学校支出	#对境外支出
219	753	5	148	255
48	48	20	28	
20				
385	1208	71	306	831
1973	15596	5926	835	43
7856	**21731**	**10805**	**2029**	**3082**
631	2405	547	401	908
2462	3859	531	161	1870
584	5202	5090	111	
833	5334	1490	346	
1567	1657	1114	244	76
1595	1889	1632	251	
186	1385	401	515	229
5440	**10029**	**4180**	**3146**	**927**
974	1671	920	563	24
1226	1407	559	461	326
747	2264	1423	637	190
1995	2464	697	737	354
498	2222	581	749	33
16626	**38265**	**18069**	**15108**	**1571**
986	2364	720	1569	
5019	15021	6775	5200	
1542	7859	4392	1952	1513
4186	5842	2681	2982	15
3615	5038	2461	2534	43
1279	2141	1042	872	
6974	**14707**	**7771**	**5357**	**152**
700	2171	1452	232	20
147	668	519	138	
367	1362	678	565	100
1187	410	60	316	22
15	351	18	305	
1027	1486	622	312	
777	3557	2068	1457	
643	1598	790	806	
2111	3105	1564	1226	10

1-C-9 续表 2

地　　区	企业内部用于科技活动的经费支出	#人员人工费	#原材料费	#折旧费用与长期费用摊销
衢州市	**161562**	**39293**	**79016**	**11418**
柯城区	62303	13703	30769	4137
衢江区	15385	3392	9158	982
常山县	12677	3923	5949	725
开化县	21227	5075	8770	1431
龙游县	16395	4869	8491	969
江山市	33577	8331	15880	3174
舟山市	**183850**	**54548**	**83298**	**14373**
定海区	71483	19625	34836	2315
普陀区	68195	24686	23684	7499
岱山县	43666	10139	24509	4555
嵊泗县	505	98	268	5
台州市	**539130**	**177134**	**235933**	**32373**
椒江区	92219	28769	40072	7121
黄岩区	47001	15347	20616	3063
路桥区	61043	17624	33073	3092
玉环县	86747	33135	34231	2547
三门县	16123	5287	7111	752
天台县	23996	8233	9714	1993
仙居县	23343	8631	9904	2078
温岭市	126820	41023	54546	4910
临海市	61836	19085	26666	6816
丽水市	**129876**	**34163**	**61601**	**8438**
莲都区	35453	7880	16521	2087
青田县	35881	6732	20251	1667
缙云县	25298	9239	10129	2308
遂昌县	7616	2584	3479	862
松阳县	3641	1222	1528	259
云和县	5493	1973	2317	276
庆元县	6186	1814	2628	334
景宁县	991	141	614	19
龙泉市	9318	2578	4134	627

单位：万元

#无形资产摊销	委托外单位开展科技活动的经费支出	#对境内研究机构支出	#对境内高等学校支出	#对境外支出
1774	**4901**	**3408**	**1424**	
840	1923	1427	496	
69	194	5	135	
16	871	604	267	
10	565	355	210	
176	220	114	106	
664	1129	903	212	
1345	**14237**	**8702**	**1806**	**205**
164	3031	991	1665	205
1170	10963	7559	56	
7	243	152	85	
5				
5615	**48357**	**31189**	**5658**	**5934**
3322	18834	11426	1799	5569
208	2588	2068	470	5
693	6178	5701	262	
615	845	578	267	
46	825	654	172	
57	2271	1515	381	
25	3722	2251	1235	
359	5447	4372	660	323
290	7647	2625	413	37
1147	**3004**	**1321**	**718**	**155**
548	967	197	46	
230	613	559	49	
87	227	74	130	23
103	282	4	133	132
38	112	112		
16	142	89	53	
46	253	188	65	
10	20	10	10	
69	389	89	232	

1-C-10 按轻重工业、规模、登记注册类型、隶属关系和控股情况分组的规模以上工业法人单位科技项目情况

项目	项目数（个）	参加项目人员（人）	参加项目人员实际工作时间（人年）	项目经费内部支出（万元）
总计	**58269**	**443601**	**317707**	**9381511**
一、按轻重工业分				
轻工业	20557	163733	113724	3222552
重工业	37712	279868	203983	6158960
二、按规模分				
大型企业	7448	114650	87785	2925472
中型企业	16497	148692	107140	3122431
小型企业	33919	178153	121571	3264846
微型企业	405	2106	1211	68762
三、按登记注册类型分				
内资	45055	331483	235026	6781450
国有	338	2753	1986	74933
集体	15	69	48	1039
股份合作企业	192	1195	779	17483
有限责任公司	9880	81345	59697	1797326
国有独资公司	388	2705	1831	58545
其他有限责任公司	9492	78640	57867	1738781
股份有限公司	5643	56780	42226	1271751
私营企业	28983	189307	130275	3618148
私营独资	594	3085	2143	56950
私营合伙	108	565	331	10669
私营有限责任公司	26870	173720	119239	3279009
私营股份有限公司	1411	11937	8562	271520

1-C-10 续表

项 目	项目数（个）	参加项目人员（人）	参加项目人员实际工作时间（人年）	项目经费内部支出（万元）
其他企业	4	34	14	770
港澳台商投资	6948	59844	44463	1419149
与港澳台商合资经营	4086	31659	23388	730338
与港澳台商合作经营	112	740	571	16636
港澳台商独资	2495	23706	17338	532411
港澳台商投资股份有限公司	246	3654	3099	139263
其他港澳台投资	9	85	66	501
外商投资	6266	52274	38218	1180913
中外合资经营	3749	31684	23540	768698
中外合作经营	75	440	376	6833
外资企业	2251	18040	12659	359196
外商投资股份有限公司	143	1796	1376	41698
其他外商投资	48	314	268	4488
四、按隶属关系分				
中央	506	4537	2833	106000
地方	57763	439064	314874	9275511
五、按控股情况分				
国有控股	2676	24573	17846	707475
集体控股	1211	11953	7697	245245
私人控股	44102	318116	227005	6356533
港澳台商控股	4614	42031	31059	1024687
外商控股	3906	31787	22923	666102
其他	1760	15141	11177	381469

1-C-11 按行业中类分组的规模以上工业法人单位科技项目情况

行业	项目数(个)	参加项目人员(人)	参加项目人员实际工作时间(人年)	项目经费内部支出(万元)
总计	**58269**	**443601**	**317707**	**9381511**
采矿业	**17**	**114**	**80**	**2939**
黑色金属矿采选业	1	6	1	1
铁矿采选	1	6	1	1
有色金属矿采选业	5	49	35	1392
常用有色金属矿采选	5	49	35	1392
非金属矿采选业	11	59	44	1547
土砂石开采	11	59	44	1547
制造业	**57792**	**439607**	**315324**	**9273202**
农副食品加工业	657	4792	3088	111337
谷物磨制	25	137	61	2838
饲料加工	201	878	628	28160
植物油加工	26	211	155	4724
屠宰及肉类加工	70	561	358	15036
水产品加工	174	1922	1218	37363
蔬菜、水果和坚果加工	119	800	496	15336
其他农副食品加工	42	283	173	7880
食品制造业	511	3228	2112	84329
焙烤食品制造	38	298	172	5482
糖果、巧克力及蜜饯制造	9	64	47	1311
方便食品制造	36	395	145	5544
乳制品制造	28	333	161	6010
罐头食品制造	59	340	222	9425
调味品、发酵制品制造	43	180	132	5716
其他食品制造	298	1618	1232	50841
酒、饮料和精制茶制造业	317	2478	1601	78665
酒的制造	120	1193	699	18569
饮料制造	124	681	503	47485
精制茶加工	73	604	399	12611
烟草制品业	73	216	84	7915
卷烟制造	64	183	55	6828
其他烟草制品制造	9	33	29	1088

1-C-11　续表 1

行　业	项目数（个）	参加项目人员（人）	参加项目人员实际工作时间（人年）	项目经费内部支出（万元）
纺织业	2741	25945	17548	556382
棉纺织及印染精加工	1266	12796	8744	300089
毛纺织及染整精加工	159	1302	992	24848
麻纺织及染整精加工	12	796	416	5365
丝绢纺织及印染精加工	138	1362	915	26301
化纤织造及印染精加工	114	708	434	19115
针织或钩针编织物及其制品制造	567	4626	3199	100030
家用纺织制成品制造	206	2265	1537	38289
非家用纺织制成品制造	279	2090	1312	42345
纺织服装、服饰业	1064	13115	9822	196284
机织服装制造	572	8698	6580	123713
针织或钩针编织服装制造	347	3010	2127	47350
服饰制造	145	1407	1115	25221
皮革、毛皮、羽毛及其制品和制鞋业	815	8760	6289	139389
皮革鞣制加工	97	953	638	30429
皮革制品制造	229	2211	1755	37564
毛皮鞣制及制品加工	46	233	147	9656
羽毛(绒)加工及制品制造	9	66	50	1361
制鞋业	434	5297	3699	60379
木材加工和木、竹、藤、棕、草制品业	379	2913	2173	59073
木材加工	37	274	202	3664
人造板制造	117	931	742	18073
木制品制造	147	1080	791	28877
竹、藤、棕、草等制品制造	78	628	438	8459
家具制造业	685	6100	4361	90093
木质家具制造	230	1718	1188	27745
竹、藤家具制造	29	253	226	5696
金属家具制造	271	2586	1962	32681
塑料家具制造	51	253	166	4892
其他家具制造	104	1290	819	19079

1-C-11 续表 2

行 业	项目数 (个)	参加项目 人 员 (人)	参加项目人员 实际工作时间 (人年)	项目经费 内部支出 (万元)
造纸和纸制品业	616	6921	4117	139039
造纸	411	5119	3059	105741
纸制品制造	205	1802	1058	33298
印刷和记录媒介复制业	269	2399	1446	39885
印刷	263	2315	1411	39198
装订及印刷相关服务	6	84	35	688
文教、工美、体育和娱乐用品制造业	1223	9156	6413	157876
文教办公用品制造	367	1812	1315	28728
乐器制造	42	366	273	4596
工艺美术品制造	308	3312	2266	59310
体育用品制造	188	1306	963	16710
玩具制造	204	1451	940	19237
游艺器材及娱乐用品制造	114	909	657	29293
石油加工、炼焦和核燃料加工业	64	451	148	4502
精炼石油产品制造	64	451	148	4502
化学原料和化学制品制造业	3776	25799	18902	940784
基础化学原料制造	717	5450	3903	158227
肥料制造	36	219	147	5065
农药制造	255	1979	1524	47649
涂料、油墨、颜料及类似产品制造	692	4262	3114	128238
合成材料制造	821	6754	4883	382227
专用化学产品制造	1035	5540	4168	161557
炸药、火工及焰火产品制造	21	220	183	4376
日用化学产品制造	199	1375	981	53445
医药制造业	2663	17037	12959	295521
化学药品原料药制造	1183	8240	6320	160235
化学药品制剂制造	468	3054	2482	43561
中药饮片加工	91	275	180	6128
中成药生产	435	2513	1846	33618
兽用药品制造	42	171	122	3246
生物药品制造	280	1850	1295	36237
卫生材料及医药用品制造	164	934	713	12496

1-C-11 续表 3

行 业	项目数(个)	参加项目人员(人)	参加项目人员实际工作时间(人年)	项目经费内部支出(万元)
化学纤维制造业	728	7214	4511	266878
纤维素纤维原料及纤维制造	24	139	118	8338
合成纤维制造	704	7075	4393	258540
橡胶和塑料制品业	2272	16046	11405	371082
橡胶制品业	457	4709	3543	133176
塑料制品业	1815	11337	7861	237906
非金属矿物制品业	1243	8389	5547	192986
水泥、石灰和石膏制造	46	499	248	20992
石膏、水泥制品及类似制品制造	163	1110	719	23915
砖瓦、石材等建筑材料制造	260	1171	679	39317
玻璃制造	42	328	194	5951
玻璃制品制造	184	1725	1187	35498
玻璃纤维和玻璃纤维增强塑料制品制造	137	1107	879	20389
陶瓷制品制造	81	578	363	7783
耐火材料制品制造	247	1308	888	28131
石墨及其他非金属矿物制品制造	83	563	391	11010
黑色金属冶炼和压延加工业	994	6186	4120	279717
炼铁	2	10	10	30
炼钢	150	752	609	79079
黑色金属铸造	254	1554	1075	28630
钢压延加工	578	3821	2395	169194
铁合金冶炼	10	49	31	2783
有色金属冶炼和压延加工业	799	6516	4748	231649
常用有色金属冶炼	80	721	525	37454
贵金属冶炼	7	36	34	874
稀有稀土金属冶炼	8	34	26	721
有色金属合金制造	145	1192	872	27092
有色金属铸造	29	186	139	2273
有色金属压延加工	530	4347	3152	163235

1-C-11 续表 4

行　　业	项目数(个)	参加项目人员(人)	参加项目人员实际工作时间(人年)	项目经费内部支出(万元)
金属制品业	2606	19228	12504	319215
结构性金属制品制造	351	3826	2609	84105
金属工具制造	465	2631	1655	36065
集装箱及金属包装容器制造	155	1125	705	19398
金属丝绳及其制品制造	116	785	448	11818
建筑、安全用金属制品制造	587	3766	2489	52210
金属表面处理及热处理加工	122	893	698	22709
搪瓷制品制造	31	169	131	3882
金属制日用品制造	498	4320	2481	60585
其他金属制品制造	281	1713	1288	28442
通用设备制造业	8681	54623	39678	986445
锅炉及原动设备制造	366	2937	1989	72946
金属加工机械制造	703	4549	3170	74187
物料搬运设备制造	1106	6502	4805	159787
泵、阀门、压缩机及类似机械制造	2712	15468	11633	280184
轴承、齿轮和传动部件制造	1251	9261	6578	134376
烘炉、风机、衡器、包装等设备制造	1588	9655	7222	165678
文化、办公用机械制造	216	1416	923	20071
通用零部件制造	690	4555	3186	76290
其他通用设备制造业	49	280	172	2928
专用设备制造业	4543	24853	17631	445325
采矿、冶金、建筑专用设备制造	281	1742	1208	27725
化工、木材、非金属加工专用设备制造	1640	8831	6260	160786
食品、饮料、烟草及饲料生产专用设备制造	99	515	292	8475
印刷、制药、日化及日用品生产专用设备制造	342	1427	911	20372
纺织、服装和皮革加工专用设备制造	630	3951	2871	84372
电子和电工机械专用设备制造	137	748	486	10844
农、林、牧、渔专用机械制造	343	1932	1357	28707
医疗仪器设备及器械制造	400	1881	1444	30644
环保、社会公共服务及其他专用设备制造	671	3826	2803	73402

1-C-11 续表 5

行 业	项目数（个）	参加项目人员（人）	参加项目人员实际工作时间（人年）	项目经费内部支出（万元）
汽车制造业	4026	32801	23447	574978
汽车整车制造	228	4613	3266	110059
改装汽车制造	56	211	129	4090
低速载货汽车制造	5	76	67	1728
汽车车身、挂车制造	4	37	27	1058
汽车零部件及配件制造	3733	27864	19958	458043
铁路、船舶、航空航天和其他运输设备制造业	933	7874	5391	188750
铁路运输设备制造	37	192	128	2859
船舶及相关装置制造	198	2856	1919	106859
航空、航天器及设备制造	31	155	117	1950
摩托车制造	426	2395	1538	42495
自行车制造	228	2164	1647	33043
非公路休闲车及零配件制造	7	43	24	895
潜水救捞及其他未列明运输设备制造	6	69	18	649
电气机械和器材制造业	8814	65864	48151	1286465
电机制造	1441	12116	9031	230997
输配电及控制设备制造	2689	20590	15902	370429
电线、电缆、光缆及电工器材制造	924	6595	4421	203568
电池制造	559	4558	3088	100232
家用电力器具制造	1925	14843	10514	272527
非电力家用器具制造	172	785	526	14518
照明器具制造	1028	6051	4415	90944
其他电气机械及器材制造	76	326	253	3251
计算机、通信和其他电子设备制造业	3865	42263	33231	933393
计算机制造	134	1100	848	16674
通信设备制造	600	16091	14355	459369
广播电视设备制造	204	1961	1415	38281
雷达及配套设备制造	5	25	15	203
视听设备制造	469	3045	2257	59626
电子器件制造	849	7473	5855	140426
电子元件制造	1458	11427	7615	194464
其他电子设备制造	146	1141	873	24351

1-C-11 续表 6

行　　业	项目数（个）	参加项目人员（人）	参加项目人员实际工作时间（人年）	项目经费内部支出（万元）
仪器仪表制造业	2151	16235	12261	248978
通用仪器仪表制造	1497	11398	8660	177672
专用仪器仪表制造	415	2850	2153	44324
钟表与计时仪器制造	28	243	183	3293
光学仪器及眼镜制造	177	1589	1153	22208
其他仪器仪表制造业	34	155	113	1481
其他制造业	230	1753	1373	34310
日用杂品制造	179	1375	1097	24492
煤制品制造	13	115	96	4598
其他未列明制造业	38	263	180	5219
废弃资源综合利用业	34	292	177	9205
金属废料和碎屑加工处理	18	138	64	4750
非金属废料和碎屑加工处理	16	154	112	4455
金属制品、机械和设备修理业	20	160	89	2756
通用设备修理	7	35	18	468
专用设备修理	3	15	15	434
铁路、船舶、航空航天等运输设备修理	9	75	25	1219
其他机械和设备修理业	1	35	31	635
电力、热力、燃气及水生产和供应业	**460**	**3880**	**2303**	**105371**
电力、热力生产和供应业	399	3620	2147	97837
电力生产	207	2028	1001	68921
电力供应	191	1585	1146	28487
热力生产和供应	1	7	1	428
燃气生产和供应业	4	18	13	1182
燃气生产和供应业	4	18	13	1182
水的生产和供应业	57	242	142	6352
自来水生产和供应	31	89	37	1748
污水处理及其再生利用	26	153	106	4605

1-C-12　按地区分组的规模以上工业法人单位科技项目情况

地　区	项目数(个)	参加项目人员(人)	参加项目人员实际工作时间(人年)	项目经费内部支出(万元)
全　省	**58269**	**443601**	**317707**	**9381511**
杭州市	**10942**	**93663**	**70221**	**2246114**
上城区	298	2127	1541	57361
下城区	108	943	481	18478
江干区	1271	11641	8736	285269
拱墅区	398	2372	1911	64623
西湖区	496	3190	2493	51472
滨江区	844	19710	17878	557000
萧山区	2594	20730	13677	501422
余杭区	2101	12717	9132	243409
桐庐县	496	3520	2531	61881
淳安县	97	718	535	24412
建德市	381	3039	2120	51975
富阳市	959	7751	5557	193865
临安市	899	5205	3629	134948
宁波市	**16234**	**100346**	**73960**	**1928730**
海曙区	126	997	717	16117
江东区	330	1467	1042	22695
江北区	742	4269	3272	73069
北仑区	1563	12410	9756	354530
镇海区	1269	7498	4951	171673
鄞州区	3036	19685	15818	386552
象山县	551	3327	1936	69402
宁海县	1602	7386	4614	105772
余姚市	2998	16058	12127	270931
慈溪市	3186	22723	16340	386366
奉化市	831	4526	3390	71624
温州市	**4929**	**41015**	**28689**	**607897**
鹿城区	439	4135	2978	56239
龙湾区	895	6072	3834	93312
瓯海区	514	4147	2771	55360
洞头县	78	539	441	8635
永嘉县	389	4322	3314	58234
平阳县	260	2094	1241	27847

1-C-12 续表 1

地 区	项目数(个)	参加项目人员(人)	参加项目人员实际工作时间(人年)	项目经费内部支出(万元)
苍南县	251	1310	763	21683
文成县	40	150	94	3662
泰顺县	18	164	75	3004
瑞安市	873	6595	4615	109364
乐清市	1172	11487	8561	170557
嘉兴市	**5995**	**48990**	**33969**	**1149346**
南湖区	647	5882	3534	158932
秀洲区	686	4957	3549	85543
嘉善县	661	5643	4286	137739
海盐县	603	4493	2830	120049
海宁市	1527	11292	7935	250521
平湖市	711	7509	5703	145895
桐乡市	1160	9214	6133	250668
湖州市	**3545**	**22737**	**15774**	**576511**
吴兴区	724	4049	3043	115891
南浔区	589	3227	2236	101929
德清县	836	5467	4282	115853
长兴县	849	6234	3179	165380
安吉县	547	3760	3035	77458
绍兴市	**4119**	**45325**	**33679**	**1199493**
越城区	518	4178	2782	115062
绍兴县	622	10702	7571	364960
新昌县	508	7205	6273	117857
诸暨市	1256	11558	8415	298066
上虞市	756	8000	5905	216101
嵊州市	459	3682	2733	87447
金华市	**3761**	**33622**	**21569**	**638219**
婺城区	449	4568	2764	66871
金东区	270	1798	1022	26656
武义县	326	3253	2492	56753
浦江县	334	4776	3725	83110
磐安县	94	614	459	13713
兰溪市	364	2642	1407	50974
义乌市	782	5635	3332	128750
东阳市	296	3617	2048	81039
永康市	846	6719	4320	130352

1-C-12 续表 2

地 区	项目数(个)	参加项目人员(人)	参加项目人员实际工作时间(人年)	项目经费内部支出(万元)
衢州市	**1037**	**8181**	**5389**	**156932**
柯城区	373	2528	1751	63149
衢江区	144	835	528	16336
常山县	44	547	394	10912
开化县	69	1050	761	21694
龙游县	127	1161	550	14388
江山市	280	2060	1405	30454
舟山市	**393**	**6023**	**3946**	**174055**
定海区	190	3339	2136	68694
普陀区	136	1906	1249	53910
岱山县	61	740	546	50890
嵊泗县	6	38	15	560
台州市	**6222**	**35856**	**25088**	**550163**
椒江区	996	4735	3391	89418
黄岩区	662	3093	1937	48269
路桥区	413	3374	2361	64757
玉环县	1058	7066	4808	89194
三门县	226	1220	876	17231
天台县	246	1786	1121	23626
仙居县	183	1442	1119	24403
温岭市	1815	9168	6517	131532
临海市	623	3972	2958	61733
丽水市	**975**	**6893**	**4567**	**131903**
莲都区	189	1431	945	36603
青田县	142	1088	746	35196
缙云县	304	1975	1241	25872
遂昌县	39	346	267	7254
松阳县	37	303	174	3714
云和县	51	407	279	5534
庆元县	86	501	363	6660
景宁县	8	42	29	984
龙泉市	119	800	523	10087

1-C-13 按轻重工业、规模、登记注册类型、隶属关系和

项 目	机构数（个）	机构人员合计（人）	#博士毕业
总 计	**8278**	**282873**	**3103**
一、按轻重工业分			
轻工业	3212	98960	1226
重工业	5066	183913	1877
二、按规模分			
大型企业	636	85664	974
中型企业	2208	100830	955
小型企业	5392	95729	1151
微型企业	42	650	23
三、按登记注册类型分			
内资	6649	208625	2529
国有	12	696	9
集体	3	32	
股份合作企业	29	600	5
有限责任公司	1237	51434	601
国有独资公司	29	2206	35
其他有限责任公司	1208	49228	566
股份有限公司	554	44507	622
私营企业	4813	111348	1286
私营独资	103	1159	13
私营合伙	22	200	1
私营有限责任公司	4502	101449	1169
私营股份有限公司	186	8540	103
其他企业	1	8	6
港澳台商投资	853	39966	262
与港澳台商合资经营	509	18957	167
与港澳台商合作经营	18	391	
港澳台商独资	309	17783	71
港澳台商投资股份有限公司	16	2830	24
其他港澳台投资	1	5	
外商投资	776	34282	312
中外合资经营	474	21344	187
中外合作经营	17	299	2
外资企业	267	11003	98
外商投资股份有限公司	15	1349	14
其他外商投资	3	287	11
四、按隶属关系分			
中央	27	1928	17
地方	8251	280945	3086
五、按控股情况分			
国有控股	193	13897	243
集体控股	156	7081	103
私人控股	6714	201275	2306
港澳台商控股	558	29919	183
外商控股	479	20423	192
其他	178	10278	76

控股情况分组的规模以上工业法人单位办科技机构情况

		机构经费支出（万元）	仪器和设备原价（万元）		在境外设立机构数（个）
#硕士毕业	#本科毕业			#进　口	
15904	**128877**	**6505642**	**4047255**	**534396**	**111**
4678	41905	2127269	1311131	178102	41
11226	86972	4378373	2736124	356294	70
7529	43291	2402057	1241833	256660	20
4352	44275	2284714	1536675	152900	39
3936	40987	1806746	1233181	100603	52
87	324	12125	35566	24233	
10456	95160	4683450	2894828	321182	81
64	279	38765	6866	1855	
	12	260	73		
14	273	9158	9023	1570	
3063	25109	1266970	793356	102941	21
194	1108	48747	51244	28146	4
2869	24001	1218223	742112	74795	17
3374	22271	1057715	656509	81266	17
3941	47214	2310322	1428741	133551	43
25	426	23865	12410	230	
1	70	5985	1182	21	1
3455	42514	2065020	1267730	114247	38
460	4204	215452	147420	19053	4
	2	260	260		
3255	17291	990418	648497	145672	9
691	8319	451325	343872	36779	7
23	152	10797	4052	75	
1756	7467	402383	286336	106311	2
785	1352	125841	14235	2507	
	1	72	2		
2193	16426	831775	503931	67542	21
1096	10625	567856	331337	42589	16
6	125	3813	5170	125	
969	4896	220148	148094	22520	3
80	599	35763	18877	2041	1
42	181	4196	453	267	1
205	1294	59726	66340	27128	
15699	127583	6445916	3980915	507268	111
1592	7749	511251	321178	74918	11
384	3493	178717	205729	20389	3
9045	90113	4348611	2652066	256236	73
2898	13006	737213	449309	128474	7
1439	9085	438429	279420	34421	13
546	5431	291421	139552	19958	4

1-C-14 按行业中类分组的规模以上

行业	机构数(个)	机构人员合计(人)	#博士毕业
总 计	**8278**	**282873**	**3103**
采矿业	**2**	**29**	
有色金属矿采选业	1	16	
常用有色金属矿采选	1	16	
非金属矿采选业	1	13	
土砂石开采	1	13	
制造业	**8258**	**282300**	**3096**
农副食品加工业	143	2744	98
谷物磨制	5	96	3
饲料加工	36	622	32
植物油加工	8	130	8
屠宰及肉类加工	14	388	15
水产品加工	45	890	31
蔬菜、水果和坚果加工	27	483	9
其他农副食品加工	8	135	
食品制造业	91	2238	64
焙烤食品制造	6	120	5
糖果、巧克力及蜜饯制造	1	5	
方便食品制造	5	407	5
乳制品制造	9	184	6
罐头食品制造	14	173	11
调味品、发酵制品制造	8	101	2
其他食品制造	48	1248	35
酒、饮料和精制茶制造业	54	1540	43
酒的制造	23	629	7
饮料制造	11	638	20
精制茶加工	20	273	16
烟草制品业	3	236	7
卷烟制造	2	216	7
其他烟草制品制造	1	20	

工业法人单位办科技机构情况

		机构经费支出（万元）	仪器和设备原价（万元）		在境外设立机构数（个）
#硕士毕业	#本科毕业			#进口	
15904	**128877**	**6505642**	**4047255**	**534396**	**111**
4	**14**	**2053**	**465**		
2	10	344	265		
2	10	344	265		
2	4	1209	200		
2	4	1209	200		
15867	**128477**	**6479015**	**4035691**	**534196**	**111**
252	1174	71919	33973	2279	
5	49	2409	1284	266	
66	271	18774	6739	72	
16	40	2096	1001		
38	178	12936	5480	418	
60	363	24907	12189	1165	
30	237	7793	6389	358	
37	36	3005	891		
204	995	49592	28319	364	1
4	65	3143	1997	3	
	2	80	50		
14	141	4627	1712		
12	79	4988	1163	50	
20	71	7471	3773	83	
9	60	2575	3641		
145	577	26708	15984	229	1
233	665	64126	38024	16459	1
41	254	15671	11529	1906	1
173	330	41871	23086	14553	
19	81	6584	3410		
52	100	5779	30703	23748	
51	90	5329	30361	23614	
1	10	450	342	134	

1-C-14 续表 1

行 业	机构数（个）	机构人员合计（人）	#博士毕业
纺织业	546	13403	133
棉纺织及印染精加工	264	7611	80
毛纺织及染整精加工	37	727	
麻纺织及染整精加工	5	404	
丝绢纺织及印染精加工	27	529	5
化纤织造及印染精加工	24	270	
针织或钩针编织物及其制品制造	96	1854	15
家用纺织制成品制造	42	891	13
非家用纺织制成品制造	51	1117	20
纺织服装、服饰业	172	6409	41
机织服装制造	91	4673	32
针织或钩针编织服装制造	49	1148	7
服饰制造	32	588	2
皮革、毛皮、羽毛及其制品和制鞋业	188	4838	21
皮革鞣制加工	30	705	1
皮革制品制造	47	982	8
毛皮鞣制及制品加工	11	114	5
制鞋业	100	3037	7
木材加工和木、竹、藤、棕、草制品业	75	1701	48
木材加工	3	221	3
人造板制造	22	509	16
木制品制造	28	645	21
竹、藤、棕、草等制品制造	22	326	8
家具制造业	102	3013	25
木质家具制造	27	635	8
竹、藤家具制造	5	158	
金属家具制造	42	1180	11
塑料家具制造	7	102	4
其他家具制造	21	938	2

#硕士毕业	#本科毕业	机构经费支出（万元）	仪器和设备原价（万元）	#进口	在境外设立机构数（个）
327	5350	346996	240497	53523	4
207	3091	207279	141842	27871	1
8	248	13009	8617	2834	
3	115	4507	10258	2962	
7	199	12884	6981	848	
6	108	9571	3780		1
50	718	49938	39002	14830	1
29	377	22313	12139	2222	1
17	494	27495	17879	1957	
142	2465	99355	42128	5931	7
108	1912	71593	16018	2798	4
24	333	16708	16000	2240	2
10	220	11054	10110	894	1
86	1735	84159	42494	3931	2
7	198	23467	8558	2018	
25	338	15453	9390	933	1
8	38	5564	600	155	
46	1161	39675	23946	825	1
82	757	38081	21448	1344	
10	149	3113	2795		
17	162	11475	3731	208	
38	274	18929	12183	1136	
17	172	4565	2740		
76	1098	50415	28745	1673	1
19	220	14909	4948	475	
1	58	4415	10237	584	
17	391	15421	8173	350	1
10	55	2905	932	21	
29	374	11765	4456	244	

1-C-14 续表 2

行 业	机构数(个)	机构人员合计(人)	#博士毕业
造纸和纸制品业	115	3455	54
造纸	74	2330	47
纸制品制造	41	1125	7
印刷和记录媒介复制业	49	1389	11
印刷	47	1345	11
装订及印刷相关服务	2	44	
文教、工美、体育和娱乐用品制造业	194	5144	27
文教办公用品制造	37	1348	2
乐器制造	9	350	4
工艺美术品制造	70	1648	12
体育用品制造	37	743	3
玩具制造	30	734	5
游艺器材及娱乐用品制造	11	321	1
石油加工、炼焦和核燃料加工业	6	75	3
精炼石油产品制造	6	75	3
化学原料和化学制品制造业	530	17190	355
基础化学原料制造	103	3481	75
肥料制造	7	156	6
农药制造	35	1443	34
涂料、油墨、颜料及类似产品制造	89	3301	43
合成材料制造	112	4225	86
专用化学产品制造	148	3502	86
炸药、火工及焰火产品制造	3	87	2
日用化学产品制造	33	995	23
医药制造业	282	12678	363
化学药品原料药制造	136	6194	254
化学药品制剂制造	33	2198	33
中药饮片加工	12	182	9
中成药生产	33	1894	18
兽用药品制造	4	120	3
生物药品制造	43	1302	41
卫生材料及医药用品制造	21	788	5

		机构经费支出（万元）	仪器和设备原价（万元）		在境外设立机构数（个）
#硕士毕业	#本科毕业			#进 口	
124	1434	86674	59623	11416	
87	1034	64424	31801	9188	
37	400	22250	27822	2228	
34	505	20372	23162	887	
33	500	20063	23145	887	
1	5	308	17		
88	1947	96838	40815	2910	3
21	570	18687	11091	476	1
	134	4112	4003	366	
42	632	33607	10580	1539	1
5	272	9982	5457	481	
13	197	9297	4202	48	1
7	142	21153	5483		
12	44	1716	960		
12	44	1716	960		
1356	7967	707747	391750	26632	10
309	1637	130760	80476	2866	5
13	100	4031	5977	22	
151	644	43014	28461	5294	
175	1686	101673	48240	2766	1
244	1817	259770	142760	9195	2
354	1718	120739	66285	5430	2
5	41	1954	1788		
105	324	45806	17763	1058	
1700	6890	246504	217376	25658	6
952	3265	141853	156069	20715	3
288	1318	38969	18850	719	
20	70	3675	3001	743	
126	1136	20966	17915	1695	1
29	46	2609	1786	114	1
249	716	29077	12846	997	1
36	339	9356	6908	675	

1-C-14 续表 3

行 业	机构数（个）	机构人员合计（人）	#博士毕业
化学纤维制造业	110	4586	27
纤维素纤维原料及纤维制造	2	51	
合成纤维制造	108	4535	27
橡胶和塑料制品业	375	10102	74
橡胶制品业	59	3470	24
塑料制品业	316	6632	50
非金属矿物制品业	204	3985	64
水泥、石灰和石膏制造	19	255	8
石膏、水泥制品及类似制品制造	29	473	5
砖瓦、石材等建筑材料制造	19	289	5
玻璃制造	7	150	
玻璃制品制造	40	858	11
玻璃纤维和玻璃纤维增强塑料制品制造	22	548	7
陶瓷制品制造	11	263	
耐火材料制品制造	42	741	21
石墨及其他非金属矿物制品制造	15	408	7
黑色金属冶炼和压延加工业	112	3386	56
炼钢	4	519	9
黑色金属铸造	45	1041	7
钢压延加工	61	1783	40
铁合金冶炼	2	43	
有色金属冶炼和压延加工业	143	3877	34
常用有色金属冶炼	17	508	6
贵金属冶炼	3	26	1
稀有稀土金属冶炼	1	9	
有色金属合金制造	16	723	8
有色金属铸造	4	102	
有色金属压延加工	102	2509	19

#硕士毕业	#本科毕业	机构经费支出（万元）	仪器和设备原价（万元）	#进口	在境外设立机构数（个）
138	1827	155865	154764	8427	1
	23	1197	190		1
138	1804	154668	154575	8427	
337	4423	290370	192152	45149	2
87	1604	118052	72685	17790	1
250	2819	172318	119468	27359	1
188	1736	104429	66646	8370	3
14	86	11500	7445		
10	132	11402	5525	320	1
17	136	12109	12123		
4	67	3259	1140	88	
38	383	23599	11581	1388	
35	274	11434	10308	5071	1
17	124	3879	1478	348	
35	374	19168	12389	725	
18	160	7979	4659	430	1
138	1334	207264	90032	7468	
56	170	72348	4551	1366	
24	331	20927	14419	298	
57	811	111849	70348	5803	
1	22	2140	715		
176	1715	163727	86447	7351	2
27	262	27134	8466		
2	10	417	1208	665	
1	4	152	27		
43	349	20916	13752	1068	
	37	1856	1722		
103	1053	113253	61271	5617	2

1-C-14 续表 4

行　业	机构数(个)	机构人员合计(人)	#博士毕业
金属制品业	418	10905	84
结构性金属制品制造	59	2012	31
金属工具制造	66	1417	11
集装箱及金属包装容器制造	19	772	2
金属丝绳及其制品制造	13	308	1
建筑、安全用金属制品制造	99	2010	13
金属表面处理及热处理加工	25	391	4
搪瓷制品制造	7	80	
金属制日用品制造	93	2973	14
其他金属制品制造	37	942	8
通用设备制造业	1102	35390	335
锅炉及原动设备制造	44	1720	28
金属加工机械制造	99	3435	39
物料搬运设备制造	104	4283	23
泵、阀门、压缩机及类似机械制造	350	10719	50
轴承、齿轮和传动部件制造	161	4747	44
烘炉、风机、衡器、包装等设备制造	199	7181	47
文化、办公用机械制造	32	798	9
通用零部件制造	101	2335	95
其他通用设备制造业	12	172	
专用设备制造业	589	16276	170
采矿、冶金、建筑专用设备制造	41	1059	8
化工、木材、非金属加工专用设备制造	195	5831	36
食品、饮料、烟草及饲料生产专用设备制造	15	312	2
印刷、制药、日化及日用品生产专用设备制造	45	755	7
纺织、服装和皮革加工专用设备制造	101	2686	28
电子和电工机械专用设备制造	10	284	7
农、林、牧、渔专用机械制造	34	1337	19
医疗仪器设备及器械制造	46	1295	24
环保、社会公共服务及其他专用设备制造	102	2717	39

		机构经费支 出（万元）	仪 器 和设备原价（万元）		在境外设立机构数（个）
#硕士毕业	#本科毕业			#进 口	
260	4149	201159	200271	45381	7
80	952	61225	29297	33	2
32	538	19440	15285	4287	
17	315	14779	8958	1530	
9	119	4667	79841	36542	
42	674	26075	19388	391	
11	197	15759	4644	1520	
1	24	1499	1119		
32	828	40211	22813	532	5
36	502	17504	18926	548	
1431	15840	661976	473284	45077	5
175	982	45597	35389	3746	
111	1453	54162	39948	9311	
243	2235	120362	42301	2171	1
257	4645	181998	138844	9384	3
118	2041	77143	96897	10675	
298	3275	124977	70489	6408	1
52	313	10996	3736	322	
176	819	45397	44961	3062	
1	77	1344	721		
639	7228	323462	205333	24227	14
47	591	18368	10447	28	
150	2449	121923	97614	19123	5
7	133	5431	3883	525	
15	353	10266	6084	468	
102	1164	67589	35298	1598	2
38	99	4983	3347	1432	
33	565	22515	14180	70	1
98	568	18912	7449	257	4
149	1306	53475	27030	728	2

1-C-14 续表 5

行 业	机构数（个）	机构人员合计（人）	#博士毕业
汽车制造业	466	23689	181
汽车整车制造	29	4382	60
改装汽车制造	5	166	
低速载货汽车制造	1	87	
汽车车身、挂车制造	1	21	
汽车零部件及配件制造	430	19033	121
铁路、船舶、航空航天和其他运输设备制造业	134	5118	34
铁路运输设备制造	6	169	1
船舶及相关装置制造	26	1747	8
航空、航天器及设备制造	2	64	
摩托车制造	62	1639	15
自行车制造	32	1406	10
非公路休闲车及零配件制造	4	27	
潜水救捞及其他未列明运输设备制造	2	66	
电气机械和器材制造业	1246	44824	350
电机制造	237	8954	72
输配电及控制设备制造	380	14139	121
电线、电缆、光缆及电工器材制造	132	4070	50
电池制造	62	3244	49
家用电力器具制造	245	9831	40
非电力家用器具制造	34	555	1
照明器具制造	150	3916	17
其他电气机械及器材制造	6	115	
计算机、通信和其他电子设备制造业	499	30573	274
计算机制造	16	787	7
通信设备制造	76	13375	102
广播电视设备制造	25	1172	5

		机构经费支出（万元）	仪器和设备原价（万元）		在境外设立机构数（个）
#硕士毕业	#本科毕业			#进口	
775	11244	437686	316978	41204	10
212	2363	102417	53566	21367	
5	83	2936	2533		
4	56	1728	879	13	1
2	7	102	234		
552	8735	330503	259767	19825	9
101	2321	163799	86459	2630	1
5	79	2671	991		
19	867	95860	57447		1
7	38	1279	1925		
47	616	35632	19614	2463	
17	688	27291	5806	167	
6	12	495	429		
	21	571	246		
1702	20718	879171	511150	38639	19
348	4040	163707	92845	5730	4
751	6979	261167	166660	8159	7
164	1856	127282	107737	18036	3
213	1283	66570	29443	2982	
143	4500	193093	85133	2398	2
5	256	7389	3475	92	1
78	1764	58648	25508	1206	2
	40	1216	348	37	
4247	16222	698410	307428	72941	10
52	341	9707	4133	90	
3383	8070	370788	124729	38634	2
51	507	26912	14951	2220	

1-C-14 续表 6

行　业	机构数（个）	机构人员合计（人）	#博士毕业
雷达及配套设备制造	1	27	
视听设备制造	48	2036	23
电子器件制造	101	4883	44
电子元件制造	207	7612	90
其他电子设备制造	25	681	3
仪器仪表制造业	266	12314	114
通用仪器仪表制造	180	8813	74
专用仪器仪表制造	47	1979	27
钟表与计时仪器制造	5	207	2
光学仪器及眼镜制造	30	1270	11
其他仪器仪表制造业	4	45	
其他制造业	31	1037	2
日用杂品制造	24	934	1
煤制品制造	1	9	
其他未列明制造业	6	94	1
废弃资源综合利用业	10	139	4
金属废料和碎屑加工处理	4	85	2
非金属废料和碎屑加工处理	6	54	2
金属制品、机械和设备修理业	3	46	
通用设备修理	1	18	
专用设备修理	1	18	
铁路、船舶、航空航天等运输设备修理	1	10	
电力、热力、燃气及水生产和供应业	**18**	**544**	**7**
电力、热力生产和供应业	13	487	6
电力生产	11	466	6
电力供应	2	21	
水的生产和供应业	5	57	1
自来水生产和供应	1	5	
污水处理及其再生利用	4	52	1

#硕士毕业	#本科毕业	机构经费支出（万元）	仪器和设备原价（万元）	#进口	在境外设立机构数（个）
1	6	203	26	15	
76	979	54023	16561	1889	
333	2242	93133	41142	12157	2
329	3673	131673	99250	17853	6
22	404	11972	6636	85	
939	6290	195610	93483	10449	2
809	4559	143551	59146	1999	2
65	1004	34371	15451	604	
4	66	2575	590		
60	642	14636	17914	7836	
1	19	477	383	10	
13	224	18308	6226	129	
6	186	13351	5474		
2	5	770	90		
5	33	3587	662	129	
9	54	6884	4929		
6	31	2731	2377		
3	23	4153	2552		
6	26	625	95		
2	9	180	3		
4	14	174	56		
	3	271	36		
33	**386**	**24574**	**11099**	**200**	
26	362	22614	10282	200	
24	349	22557	10253	200	
2	13	56	29		
7	24	1961	818		
	3	83	28		
7	21	1878	790		

1-C-15 按地区分组的规模以上

地 区	机构数(个)	机构人员合计(人)	#博士毕业	#硕士毕业
全 省	**8278**	**282873**	**3103**	**15904**
杭州市	**1273**	**63819**	**805**	**7589**
上城区	15	1566	29	266
下城区	11	404	10	72
江干区	97	7671	68	631
拱墅区	26	1507	18	214
西湖区	39	1920	22	170
滨江区	106	16077	165	4168
萧山区	326	14535	174	677
余杭区	220	6920	123	495
桐庐县	60	1867	18	104
淳安县	14	521	7	21
建德市	89	2243	35	184
富阳市	148	4035	75	257
临安市	122	4553	61	330
宁波市	**2055**	**65691**	**405**	**1992**
海曙区	7	223	2	6
江东区	29	958	16	53
江北区	70	3115	17	112
北仑区	152	9154	57	345
镇海区	148	4633	30	131
鄞州区	397	13861	103	536
象山县	83	1840	22	74
宁海县	172	4842	19	87
余姚市	334	8969	38	212
慈溪市	545	14888	87	377
奉化市	118	3208	14	59
温州市	**806**	**29702**	**232**	**861**
鹿城区	85	2668	7	39
龙湾区	125	4600	37	165
瓯海区	113	3134	17	64
洞头县	8	210	8	12
永嘉县	88	4056	17	92
平阳县	39	1252	2	13

工业法人单位办科技机构情况

#本科毕业	机构经费支出（万元）	仪器和设备原价（万元）	#进口	在境外设立机构数（个）
128877	**6505642**	**4047255**	**534396**	**111**
34217	**1594447**	**870583**	**165197**	**17**
837	48307	50568	32597	
209	8202	6316	1672	
4062	207777	107846	26593	3
846	46912	16927	3242	1
989	32428	15154	561	1
9825	408013	162309	39386	5
6873	353255	233053	22005	1
4010	150809	75801	5362	3
1015	28789	21315	1690	1
232	21229	18085	6109	
1021	48016	34719	4215	
2014	131208	81896	14809	1
2284	109502	46595	6957	1
27840	**1333474**	**795949**	**98549**	**32**
93	4015	2185	56	
466	15928	16264	1526	
1364	51806	51124	6118	1
4242	256146	144859	38169	1
2046	103234	46330	3182	1
6145	304070	126606	10483	2
860	45912	19000	1411	
1877	78499	51937	4272	4
3316	145583	110960	21052	6
6337	270721	159187	7093	13
1094	57561	67497	5190	4
12177	**437878**	**337898**	**27102**	**9**
1041	42196	39607	1816	1
2000	67533	53880	3978	
1262	49145	28815	2314	1
57	2591	3569		
1563	48722	32947	339	1
514	17966	14572	730	

1-C-15 续表 1

地　区	机构数（个）	机构人员合计（人）	#博士毕业	#硕士毕业
苍南县	48	882	22	37
文成县	7	83	2	5
泰顺县	6	112		3
瑞安市	140	5332	58	140
乐清市	147	7373	62	291
嘉兴市	**1081**	**29736**	**268**	**1122**
南湖区	93	3716	43	194
秀洲区	101	3880	40	126
嘉善县	114	3752	35	212
海盐县	107	2806	26	148
海宁市	342	7818	79	195
平湖市	97	2266	16	63
桐乡市	227	5498	29	184
湖州市	**471**	**11381**	**173**	**573**
吴兴区	66	2126	32	170
南浔区	53	1440	24	61
德清县	112	2888	39	131
长兴县	157	3416	44	130
安吉县	83	1511	34	81
绍兴市	**773**	**28108**	**454**	**1413**
越城区	59	2039	47	183
绍兴县	196	5442	64	171
新昌县	49	4470	136	336
诸暨市	179	6075	92	330
上虞市	191	7956	93	331
嵊州市	99	2126	22	62
金华市	**737**	**18424**	**286**	**781**
婺城区	45	2376	59	104
金东区	39	1086	11	34
武义县	112	2286	19	70
浦江县	93	1816	23	43
磐安县	27	447	17	16
兰溪市	62	1640	16	67
义乌市	91	1996	24	87
东阳市	53	2357	67	230
永康市	215	4420	50	130

#本科毕业	机构经费支出（万元）	仪器和设备原价（万元）	#进口	在境外设立机构数（个）
429	13538	17996	2953	
47	1916	972		
33	1526	3720		
1948	90257	77429	13233	3
3283	102490	64392	1739	3
11397	**809552**	**599350**	**112289**	**6**
1898	123192	67983	9185	
1429	75272	124469	43971	
1323	109595	49987	4707	1
1084	87358	60807	9301	
2870	176001	123355	29382	3
838	77274	62391	8562	
1955	160859	110359	7182	2
5406	**317064**	**184359**	**15506**	**4**
1037	68956	45532	3564	1
651	48305	43735	4765	1
1517	78475	34570	1886	2
1523	82595	41695	4242	
678	38733	18829	1049	
14220	**913959**	**509352**	**53377**	**7**
1284	56490	86482	7344	1
2871	301137	135262	18412	1
2319	104394	52222	10056	
3208	176349	90384	9294	3
3610	214752	112793	6469	2
928	60837	32209	1800	
8063	**357682**	**244919**	**24333**	**15**
1110	42151	28017	2711	2
510	17776	11982	1835	2
837	44197	44970	1422	5
864	29583	20077	146	
162	12820	3886	68	
667	30833	27215	5097	2
899	49119	26154	4386	
1060	63423	17994	2720	2
1954	67779	64624	5948	2

1-C-15 续表 2

地　区	机构数（个）	机构人员合计（人）	#博士毕业	#硕士毕业
衢州市	**156**	**4262**	**102**	**228**
柯城区	38	1159	39	76
衢江区	26	461	8	17
常山县	12	189	7	7
开化县	14	755	16	49
龙游县	18	605	12	18
江山市	48	1093	20	61
舟山市	**75**	**3242**	**32**	**78**
定海区	39	1747	18	45
普陀区	26	1170	11	24
岱山县	9	320	3	9
嵊泗县	1	5		
台州市	**716**	**25032**	**308**	**1143**
椒江区	69	3222	73	291
黄岩区	68	2351	34	125
路桥区	67	2858	29	77
玉环县	134	4010	25	136
三门县	26	804	9	19
天台县	29	1578	38	62
仙居县	25	951	18	100
温岭市	227	6245	32	125
临海市	71	3013	50	208
丽水市	**135**	**3476**	**38**	**124**
莲都区	26	599	7	50
青田县	15	607	1	8
缙云县	55	1540	16	33
遂昌县	5	253	6	16
松阳县	1	40	3	3
云和县	3	66		1
庆元县	19	286	3	9
景宁县	1	5		1
龙泉市	10	80	2	3

#本科毕业	机构经费支出（万元）	仪器和设备原价（万元）	#进口	在境外设立机构数（个）
1950	**81332**	**60297**	**3608**	**7**
518	25491	24238	1797	1
173	8304	5151	110	
66	2553	2435		
327	17107	14226	698	
217	9506	6220	924	
649	18371	8027	80	6
1410	**147857**	**64340**	**3889**	**2**
678	60018	43374	3784	1
589	48259	14541	18	1
138	39569	6401	87	
5	10	25		
10484	**429419**	**343607**	**30014**	**11**
1474	71741	62088	11926	2
1163	42142	39731	2356	1
1212	57589	21760	890	
1489	59807	43055	2932	3
411	12417	14333	1487	
824	19354	22254	144	2
494	21145	21873	354	
2138	92100	47813	2815	
1279	53125	70701	7111	3
1713	**82978**	**36601**	**532**	**1**
265	23218	11148	149	
255	23996	7627		
838	22740	12761	322	
149	5322	1424	61	1
34	322	15		
10	567	153		
115	4213	1807		
3	435	475		
44	2165	1192		

1-C-16 按轻重工业、规模、登记注册类型、隶属关系和控股情况

项目	专利申请数(件)	#发明专利	有效发明专利数(件)	#境外授权	专利所有权转让及许可数(件)
总计	**77067**	**15036**	**22578**	**696**	**1228**
一、按轻重工业分					
轻工业	28419	4445	5728	210	281
重工业	48648	10591	16850	486	947
二、按规模分					
大型企业	12069	3576	5991	236	136
中型企业	22401	3972	6648	235	337
小型企业	42154	7328	9794	224	748
微型企业	443	160	145	1	7
三、按登记注册类型分					
内资	58369	11164	15954	435	1001
国有	1254	519	268		1
集体	3	1	2		
股份合作企业	144	26	50	1	
有限责任公司	9724	2409	3964	161	186
国有独资公司	364	154	119		
其他有限责任公司	9360	2255	3845	161	186
股份有限公司	6498	1794	3020	93	140
私营企业	40734	6413	8648	180	674
私营独资	754	86	121		32
私营合伙	81	6	17	1	8
私营有限责任公司	38094	5882	7728	113	585
私营股份有限公司	1805	439	782	66	49
其他企业	12	2	2		
港澳台商投资	10575	2160	4246	130	61
与港澳台商合资经营	5374	915	1404	33	30
与港澳台商合作经营	169	9	10		
港澳台商独资	4343	1055	2616	85	30
港澳台商投资股份有限公司	687	180	210	12	1
其他港澳台投资	2	1	6		
外商投资	8123	1712	2378	131	166
中外合资经营	5210	1020	1321	49	82
中外合作经营	30	9	6		
外资企业	2602	594	896	59	84
外商投资股份有限公司	247	76	141	23	
其他外商投资	34	13	14		
四、按隶属关系分					
中央	1605	662	485	1	
地方	75462	14374	22093	695	1228
五、按控股情况分					
国有控股	2873	1151	1481	101	24
集体控股	1659	433	692	42	18
私人控股	57998	10204	14713	301	1004
港澳台商控股	7686	1750	3497	115	37
外商控股	4901	984	1505	104	130
其他	1950	514	690	33	15

分组的规模以上工业法人单位科技活动成果情况

专利所有权转让及许可收入(万元)	发表科技论文(篇)	拥有注册商标数(件)	#境外注册	形成国家或行业标准数(项)	新产品产值(万元)	新产品销售收入(万元)	#出口
21291	**4320**	**46904**	**6726**	**3375**	**158622184**	**148820993**	**29813756**
8324	1133	25478	2529	1098	61800428	57565206	15348514
12968	3187	21426	4197	2277	96821756	91255788	14465243
24	1998	16273	3431	777	56952198	54448177	11303870
1993	1196	16191	1929	1178	58244793	54553016	11028750
19254	1033	14017	1250	1409	42779826	39311221	7437299
20	93	423	116	11	645368	508580	43837
5953	3758	38820	5401	2793	113715897	106564380	19406131
	897	20	2	16	190465	177262	316
	1	3			7332	6486	
	7	42		17	230517	204436	35620
5040	1204	8685	1412	594	30068485	28312146	3617304
	326	788	177	19	810430	808225	148629
5040	878	7897	1235	575	29258055	27503921	3468675
290	798	9051	1577	738	21314881	20207500	3664930
623	851	21019	2410	1428	61903113	57655439	12087962
	5	93	7	24	562988	499259	103120
		10			92042	83028	25760
497	743	18543	1832	1309	55457758	51591305	10844277
126	103	2373	571	95	5790325	5481848	1114805
					1105	1111	
9706	225	3727	460	283	23072343	21343041	5688839
6675	134	1904	189	161	13887182	12502553	3050143
		18	3	1	222853	248315	36235
3031	56	1252	221	102	7233822	6894106	2425377
	35	549	47	19	1722142	1691815	172536
		4			6344	6253	4548
5632	337	4357	865	299	21833944	20913572	4718786
5608	271	2715	577	151	13778801	13182938	2584410
		15	2	6	201096	190091	67938
24	46	908	98	95	6901139	6499119	1776096
	14	500	186	46	814765	875127	283891
	6	219	2	1	138144	166297	6452
	1072	462	116	19	1468056	1509230	8622
21291	3248	46442	6610	3356	157154128	147311763	29805134
10	1799	1977	365	89	7849314	7687099	1048319
230	166	798	162	70	3258619	3131122	424580
7388	1808	36879	5192	2664	111963294	104545915	20274618
8016	156	2783	337	178	15241047	14154096	4022340
5647	191	2584	380	183	13699177	12967291	3149084
	200	1883	290	191	6610734	6335470	894815

1-C-17 按行业中类分组的规模以上

行业	专利申请数(件)	#发明专利	有效发明专利数(件)	#境外授权	专利所有权转让及许可数(件)
总计	**77067**	**15036**	**22578**	**696**	**1228**
采矿业	**16**	**2**	**2**		
有色金属矿采选业	3				
常用有色金属矿采选	3				
贵金属矿采选					
稀有稀土金属矿采选					
非金属矿采选业	13	2	2		
土砂石开采	13	2	2		
石棉及其他非金属矿采选					
制造业	**75690**	**14480**	**22230**	**696**	**1223**
农副食品加工业	324	115	152	3	2
谷物磨制	3	2	3		
饲料加工	106	46	58		1
植物油加工	9	8	5		
屠宰及肉类加工	28	10	5		
水产品加工	42	24	34	1	1
蔬菜、水果和坚果加工	119	12	31	2	
其他农副食品加工	17	13	16		
食品制造业	428	106	125		2
焙烤食品制造	24	3	4		
糖果、巧克力及蜜饯制造	40	5	2		
方便食品制造	75	4	5		
乳制品制造	28	8	2		
罐头食品制造	66	10	5		
调味品、发酵制品制造	10	4	14		
其他食品制造	185	72	93		2
酒、饮料和精制茶制造业	165	36	66		
酒的制造	53	22	28		
饮料制造	52	5	15		
精制茶加工	60	9	23		

工业法人单位科技活动成果情况

专利所有权转让及许可收入(万元)	发表科技论文(篇)	拥有注册商标数(件)	#境外注册	形成国家或行业标准数(项)	新产品产值(万元)	新产品销售收入(万元)	#出口
21291	**4320**	**46904**	**6726**	**3375**	**158622184**	**148820993**	**29813756**
					19238	**18240**	
					7029	5836	
					5630	5630	
					1194		
					206	206	
					12208	12404	
					9910	9691	
					2299	2713	
21290	**3346**	**46870**	**6726**	**3363**	**158392706**	**148602784**	**29812344**
16	54	815	34	31	1238507	1213524	140905
	3	5		1	64125	64746	
16	12	104	12	3	595344	609398	28061
	3	8		2	106163	102717	1259
	8	151	5	2	104017	90791	2665
	16	149	4	4	222958	208399	85520
	9	307	12	6	116749	109077	23401
	3	91	1	13	29151	28396	
	44	1202	35	35	1360286	1339334	316699
	2	82	2	1	51171	52173	2091
	4	62	4		5347	5327	450
	1	21	3		87370	86145	
	2	36	7	1	47799	46685	
	5	170	3	24	94207	84203	29192
		89	2	4	66336	63585	2791
	30	742	14	5	1008056	1001216	282174
	84	1497	55	27	740121	641827	27727
	70	633	54	1	191076	170065	2918
	13	729			445266	398300	4516
	1	135	1	26	103779	73461	20294

1-C-17 续表 1

行　　业	专利申请数(件)	#发明专利	有效发明专利数(件)	#境外授权	专利所有权转让及许可数(件)
烟草制品业	255	112	53		
卷烟制造	246	108	52		
其他烟草制品制造	9	4	1		
纺织业	3883	469	587	8	8
棉纺织及印染精加工	1658	268	277	3	6
毛纺织及染整精加工	68	28	22		
麻纺织及染整精加工	16	12	19		1
丝绢纺织及印染精加工	141	39	13		
化纤织造及印染精加工	180	16	29		
针织或钩针编织物及其制品制造	1040	29	85		
家用纺织制成品制造	525	22	63		1
非家用纺织制成品制造	255	55	79	5	
纺织服装、服饰业	1160	88	129	3	9
机织服装制造	727	52	86	2	9
针织或钩针编织服装制造	315	25	32	1	
服饰制造	118	11	11		
皮革、毛皮、羽毛及其制品和制鞋业	1515	92	47	5	2
皮革鞣制加工	112	22	8		1
皮革制品制造	895	39	15	5	1
毛皮鞣制及制品加工	38	23			
羽毛(绒)加工及制品制造	7				
制鞋业	463	8	24		
木材加工和木、竹、藤、棕、草制品业	853	137	201	14	5
木材加工	26	17	25		1
人造板制造	162	40	47	2	
木制品制造	443	57	97	4	4
竹、藤、棕、草等制品制造	222	23	32	8	
家具制造业	2259	169	109	2	50
木质家具制造	495	51	28	2	
竹、藤家具制造	47	1			
金属家具制造	630	69	46		20
塑料家具制造	271	23	24		30
其他家具制造	816	25	11		

专利所有权转让及许可收入(万元)	发表科技论文(篇)	拥有注册商标数(件)	#境外注册	形成国家或行业标准数(项)	新产品产值(万元)	新产品销售收入(万元)	#出口
	78	343	116	4	10293	10240	
	78	343	116	4	6497	6445	
					3796	3796	
3016	75	1895	151	149	12121840	11544378	2519246
…	56	294	33	30	7260099	7069599	1125112
	3	33	6		391846	359529	81802
		8	1		63746	56863	24632
	1	380	28	36	607195	555283	134351
	3	13		5	496585	438020	119495
	3	308	30	22	1901018	1782775	500048
3016	8	768	33	31	675878	624950	277778
	1	91	20	25	725472	657359	256028
…	56	2778	475	25	4840709	4232096	1925666
…	11	2505	459	17	2703577	2302137	698795
	45	234	13	7	1630225	1490633	1044252
		39	3	1	506907	439326	182619
	8	1782	210	26	3554038	3424266	1236399
	2	21		9	547169	521128	116488
	2	419	25		1060909	1020372	636299
		10	3	3	164789	161280	28351
		1			119645	119532	53005
	4	1331	182	14	1661527	1601953	402256
4	26	419	29	62	1007802	922392	199866
	2	35	3	14	63883	65452	3856
	1	134	4	4	260011	236753	65289
4	22	177	17	36	540375	495769	74756
	1	73	5	8	143534	124418	55965
	15	966	40	38	2051205	1896261	1097712
		215	13	8	667774	571750	252681
		3	1		48230	46322	39535
	6	83	19	23	762634	707149	532122
	2	39	2	1	63771	43167	31243
	7	626	5	6	508796	527873	242131

1-C-17 续表 2

行　业	专利申请数(件)	#发明专利	有效发明专利数(件)	#境外授权	专利所有权转让及许可数(件)
造纸和纸制品业	596	139	93		4
造纸	377	82	66		4
纸制品制造	219	57	27		
印刷和记录媒介复制业	287	97	84		
印刷	287	97	84		
装订及印刷相关服务					
文教、工美、体育和娱乐用品制造业	3023	200	372	15	13
文教办公用品制造	713	37	84	11	6
乐器制造	22	3	13		
工艺美术品制造	925	38	156	1	7
体育用品制造	583	64	73	2	
玩具制造	586	26	29		
游艺器材及娱乐用品制造	194	32	17	1	
石油加工、炼焦和核燃料加工业	18	16	40	1	
精炼石油产品制造	18	16	40	1	
化学原料和化学制品制造业	2621	1167	1999	92	48
基础化学原料制造	372	238	275	7	16
肥料制造	28	19	38		
农药制造	125	80	186	7	13
涂料、油墨、颜料及类似产品制造	389	202	389	2	2
合成材料制造	830	319	519	63	2
专用化学产品制造	755	264	506	12	15
炸药、火工及焰火产品制造	8	1	7		
日用化学产品制造	114	44	79	1	
医药制造业	1196	638	1466	117	23
化学药品原料药制造	384	296	823	82	15
化学药品制剂制造	135	98	211	10	
中药饮片加工	56	8	9		

专利所有权转让及许可收入(万元)	发表科技论文(篇)	拥有注册商标数(件)	#境外注册	形成国家或行业标准数(项)	新产品产值(万元)	新产品销售收入(万元)	#出口
150	14	304	28	11	2651181	2508888	260280
150	12	66		2	1849944	1753372	175643
	2	238	28	9	801237	755516	84637
	4	208	7	9	617029	603979	101028
	4	207	7	9	613919	600966	99930
		1			3110	3012	1098
…	3	1929	427	72	3552343	3416107	1016402
		866	297	43	362381	373838	143468
		39		6	38947	35470	9972
…	3	415	49	11	2169571	2067611	360938
		247	17	3	179095	173841	103622
		293	45	3	221769	203196	125474
		69	19	6	580580	562152	272929
	65	11			83849	191135	
	65	11			83849	191135	
6515	410	3768	322	294	16837533	16325042	1285559
9	170	187	22	89	3212738	3116484	227610
	6	9			80806	76051	25484
6503	32	789	197	15	446246	413791	180740
	46	280	29	55	2141754	2097688	303356
3	38	214	12	31	7452208	7275738	230241
…	107	446	34	77	2375047	2235873	145729
	1	3			14934	14256	226
	10	1840	28	27	1113802	1095162	172174
5000	408	3985	108	298	4106745	3704738	1304551
5000	144	941	48	88	2455176	2224844	1091664
	44	1071	13	66	660308	580517	12081
	48	198		2	15932	15146	850

1-C-17 续表 3

行 业	专利申请数(件)	#发明专利	有效发明专利数(件)	#境外授权	专利所有权转让及许可数(件)
中成药生产	135	86	209	18	7
兽用药品制造	31	6	14		
生物药品制造	258	112	165	7	1
卫生材料及医药用品制造	197	32	35		
化学纤维制造业	536	155	164	2	17
纤维素纤维原料及纤维制造	16	11	11		1
合成纤维制造	520	144	153	2	16
橡胶和塑料制品业	3309	446	605	18	33
橡胶制品业	510	78	128	11	3
塑料制品业	2799	368	477	7	30
非金属矿物制品业	1328	346	470	6	12
水泥、石灰和石膏制造	8	3	2		
石膏、水泥制品及类似制品制造	88	13	23		
砖瓦、石材等建筑材料制造	144	38	52	4	6
玻璃制造	32	1	1		
玻璃制品制造	162	80	85		2
玻璃纤维和玻璃纤维增强塑料制品制造	226	27	52	2	2
陶瓷制品制造	243	55	44		
耐火材料制品制造	313	102	120		2
石墨及其他非金属矿物制品制造	112	27	91		
黑色金属冶炼和压延加工业	533	153	217		38
炼钢	24	9	9		
黑色金属铸造	223	57	78		38
钢压延加工	285	86	128		
铁合金冶炼	1	1	2		
有色金属冶炼和压延加工业	806	209	360	1	11
常用有色金属冶炼	45	19	38		
贵金属冶炼	2	2			
稀有稀土金属冶炼	20	17	11		
有色金属合金制造	102	42	63	1	
有色金属铸造	73	3	2		
有色金属压延加工	564	126	246		11

专利所有权转让及许可收入(万元)	发表科技论文(篇)	拥有注册商标数(件)	#境外注册	形成国家或行业标准数(项)	新产品产值(万元)	新产品销售收入(万元)	#出口
	97	1032	6	114	451764	393223	11458
	7	79		1	38427	35166	8853
	45	601	38	17	348308	326542	170144
	23	63	3	10	136831	129301	9501
	14	246	19	30	7705074	7328090	459065
	1	10		1	183635	180884	2376
	13	236	19	29	7521440	7147206	456689
21	108	1392	320	164	6572368	6253374	1400633
20	35	478	163	80	1460696	1490252	270308
1	73	914	157	84	5111672	4763122	1130325
10	57	576	61	77	3122427	2985248	394088
		12		25	279921	241121	12
	22	85		15	460017	433684	
	6	148	1	4	698517	747478	24783
		2	1		127930	120780	12111
	4	114	31	6	517014	483631	85797
10	10	34	3	10	371920	344731	167891
	5	44	8	1	66114	55613	33065
…	7	106	11	12	419239	394320	10496
	3	31	6	4	181756	163892	59933
	162	208	64	24	6275409	5816365	369129
	98	5		2	1321743	1312419	85701
	6	42	4	2	444749	409381	57999
	58	160	60	20	4453094	4039034	225430
		1			55823	55532	
10	31	468	48	42	5080738	4923148	457537
	2	7	2	1	665558	640983	22610
		1			1307	1638	1223
					3669	805	
	17	77	13	7	435751	450130	56554
		3			22365	20601	1070
10	12	380	33	34	3952088	3808992	376080

1-C-17 续表 4

行业	专利申请数(件)	#发明专利	有效发明专利数(件)	#境外授权	专利所有权转让及许可数(件)
金属制品业	3858	545	842	11	67
结构性金属制品制造	530	111	141	4	29
金属工具制造	646	127	126	1	3
集装箱及金属包装容器制造	276	17	44		
金属丝绳及其制品制造	98	9	9		
建筑、安全用金属制品制造	1001	122	264	2	10
金属表面处理及热处理加工	49	1	38		25
搪瓷制品制造	3	2	1		
金属制日用品制造	900	84	148	3	
其他金属制品制造	355	72	71	1	
通用设备制造业	10168	1885	3006	82	205
锅炉及原动设备制造	351	66	134		6
金属加工机械制造	805	158	220	8	
物料搬运设备制造	1664	323	377	15	46
泵、阀门、压缩机及类似机械制造	2549	401	796	9	74
轴承、齿轮和传动部件制造	1064	170	336	8	36
烘炉、风机、衡器、包装等设备制造	2302	487	798	40	36
文化、办公用机械制造	249	45	77		5
通用零部件制造	1137	218	238	2	2
其他通用设备制造业	47	17	30		
专用设备制造业	6505	1383	1940	23	119
采矿、冶金、建筑专用设备制造	323	87	140		17
化工、木材、非金属加工专用设备制造	2041	358	573	11	11
食品、饮料、烟草及饲料生产专用设备制造	106	12	91		13
印刷、制药、日化及日用品生产专用设备制造	470	84	125		25
纺织、服装和皮革加工专用设备制造	1292	257	274	8	7
电子和电工机械专用设备制造	229	65	39		4
农、林、牧、渔专用机械制造	595	154	211		3
医疗仪器设备及器械制造	584	164	159	2	29
环保、社会公共服务及其他专用设备制造	865	202	328	2	10

专利所有权转让及许可收入(万元)	发表科技论文(篇)	拥有注册商标数(件)	#境外注册	形成国家或行业标准数(项)	新产品产值(万元)	新产品销售收入(万元)	#出口
	195	2122	156	114	4776059	4394750	1406047
	159	554	35	25	1421729	1290305	170453
	2	194	43	32	391786	372098	149737
	1	16	1	3	363780	312844	154457
	2	14		4	112538	111865	38841
	8	755	37	26	733256	695472	233798
	1	17		1	335592	302266	32104
		13			49129	60432	9759
	1	372	38	8	986899	881114	571639
	21	187	2	15	381351	368354	45261
5981	398	4692	883	626	15055021	14272261	2770848
	81	98	6	31	892969	846614	92542
	17	243	18	40	951513	896853	115204
281	51	848	273	61	3128831	2962433	343545
	83	1688	306	207	3997123	3803362	819160
5600	37	463	139	54	1520433	1392149	291433
	82	1085	85	179	2854547	2751556	521224
100	6	113	16	5	216084	183770	47382
	41	132	31	47	1468279	1411918	537671
		22	9	2	25241	23607	2688
288	170	2535	384	196	6031913	5650819	1259566
	8	56	2	21	474651	438204	163517
…	59	975	27	44	1982411	1906071	430706
	4	34	6	20	89663	70637	22701
	1	70	3	12	294078	250257	48075
20	8	553	250	66	1129934	1073902	227885
	13	68	12		66709	63794	23143
	6	238	42	9	504805	457976	177554
	1	369	36	6	271748	243467	43939
268	70	172	6	18	1217914	1146512	122047

1-C-17 续表 5

行业	专利申请数(件)	#发明专利	有效发明专利数(件)	#境外授权	专利所有权转让及许可数(件)
汽车制造业	4892	759	1114	20	132
汽车整车制造	857	138	97		
改装汽车制造	36	10	7		
低速载货汽车制造	1		18		
汽车车身、挂车制造	7	7	2		
汽车零部件及配件制造	3991	604	990	20	132
铁路、船舶、航空航天和其他运输设备制造业	1007	88	136	1	43
铁路运输设备制造	28	3	17		
船舶及相关装置制造	276	45	51		9
航空、航天器及设备制造	33	2	3		
摩托车制造	299	21	38	1	32
自行车制造	358	15	25		2
非公路休闲车及零配件制造	6		2		
潜水救捞及其他未列明运输设备制造	7	2			
电气机械和器材制造业	13412	2266	2931	88	215
电机制造	2026	359	523	36	48
输配电及控制设备制造	3469	674	1095	15	94
电线、电缆、光缆及电工器材制造	947	116	269	3	1
电池制造	819	292	203	3	10
家用电力器具制造	3551	507	587	18	50
非电力家用器具制造	205	16	17		10
照明器具制造	2160	273	229	11	2
其他电气机械及器材制造	235	29	8	2	
计算机、通信和其他电子设备制造业	6678	1990	3989	165	136
计算机制造	101	27	123	12	2
通信设备制造	1829	912	2382	74	26
广播电视设备制造	499	87	29		
雷达及配套设备制造					

专利所有权转让及许可收入（万元）	发表科技论文（篇）	拥有注册商标数（件）	#境外注册	形成国家或行业标准数（项）	新产品产值（万元）	新产品销售收入（万元）	#出口
1	171	2477	777	115	9261129	8513184	1236872
	4	814	381	3	2569029	2466196	102751
		28		2	45658	44484	
		8		5	58630	58630	
		1			40198	38085	302
1	167	1626	396	105	6547614	5905789	1133819
	44	653	188	20	3223530	2668918	1238659
		123	51		60121	39720	1289
	37	111	68	3	1987520	1537483	806351
	2	11			30008	21523	1627
		328	64	14	677463	649891	232497
	5	79	5	3	459007	410983	193922
		1			3310	2973	2973
					6100	6346	
271	347	6006	1030	422	20569439	19060516	4030359
230	42	1149	262	47	3087191	2650496	904239
	191	1489	312	176	6006711	5619244	601030
	46	346	65	55	3549284	3476910	348912
15	39	338	104	53	1587014	1576692	150358
2	21	1926	120	39	4659324	4151392	1164689
		251	35	16	180409	165134	36895
24	8	459	117	36	1463894	1386140	810078
		48	15		35612	34509	14159
8	133	1784	381	206	11425793	10593957	2472367
		38	2	3	515486	484655	20774
8	12	659	194	75	4268360	4224815	642883
	17	73	6	37	641182	522906	121443
					29672	20770	15424

1-C-17 续表 6

行业	专利申请数(件)	#发明专利	有效发明专利数(件)	#境外授权	专利所有权转让及许可数(件)
视听设备制造	700	77	52	1	7
电子器件制造	1515	476	742	48	6
电子元件制造	1844	388	619	30	47
其他电子设备制造	190	23	42		48
仪器仪表制造业	3524	569	868	16	29
通用仪器仪表制造	2528	451	625	12	27
专用仪器仪表制造	662	80	167	4	2
钟表与计时仪器制造	71	4	2		
光学仪器及眼镜制造	186	27	62		
其他仪器仪表制造业	77	7	12		
其他制造业	532	95	49	3	
日用杂品制造	450	79	41	3	
煤制品制造					
其他未列明制造业	82	16	8		
废弃资源综合利用业	11	9	14		
金属废料和碎屑加工处理	4	2	1		
非金属废料和碎屑加工处理	7	7	13		
金属制品、机械和设备修理业	8	1	2		
通用设备修理	1		2		
专用设备修理	3				
铁路、船舶、航空航天等运输设备修理	4	1			
电力、热力、燃气及水生产和供应业	**1361**	**554**	**346**		**5**
电力、热力生产和供应业	1344	545	340		5
电力生产	114	30	83		4
电力供应	1230	515	257		1
燃气生产和供应业					
燃气生产和供应业					
水的生产和供应业	17	9	6		
自来水生产和供应					
污水处理及其再生利用	17	9	6		

专利所有权转让及许可收入(万元)	发表科技论文(篇)	拥有注册商标数(件)	#境外注册	形成国家或行业标准数(项)	新产品产值(万元)	新产品销售收入(万元)	#出 口
	27	149	25	1	919627	535112	305333
…	27	200	31	42	2026155	1937083	725630
	49	643	120	39	2713744	2558660	579644
	1	22	3	9	311566	309956	61238
	148	1348	248	186	3270247	3048132	549170
	78	838	98	134	2490456	2328463	391495
	57	319	102	39	518250	482052	51124
	10	6			39807	39539	25344
	3	175	48	13	215956	192486	80141
		10			5778	5593	1066
	24	457	130	56	779810	670648	335964
	22	450	130	56	688070	585626	285971
	2				13866	11776	
		7			77874	73247	49992
		3		3	467141	446092	
		2			361077	345217	
		1		3	106065	100875	
		1		1	3128	3077	
					2264	2264	
					568	526	
		1		1	296	287	
1	**974**	**34**		**12**	**210240**	**199969**	**1413**
1	954	32		12	157382	149282	1413
1	155	32		2	157382	149282	1413
	799			10			
		1			26045	26041	
		1			26045	26041	
	20	1			26814	24646	
	15				14039	14039	
	5	1			12775	10607	

1-C-18 按地区分组的规模以上

地　区	专利申请数(件)	#发明专利	有效发明专利数(件)	#境外授权	专利所有权转让及许可数(件)	专利所有权转让及许可收入(万元)
全　省	**77067**	**15036**	**22578**	**696**	**1228**	**21291**
杭州市	**13703**	**3585**	**6829**	**216**	**247**	**7692**
上城区	578	152	113	2	1	…
下城区	60	14	17		1	20
江干区	1649	372	600	34	19	5764
拱墅区	361	106	120	6		
西湖区	447	114	216	1	26	100
滨江区	2270	1307	3113	117	33	
萧山区	2886	509	945	21	71	11
余杭区	1958	431	646	16	11	21
桐庐县	581	75	128		6	1500
淳安县	116	31	37		9	
建德市	415	88	233	4	7	
富阳市	1437	240	412	8	53	276
临安市	945	146	249	7	10	
宁波市	**24972**	**3997**	**4865**	**201**	**555**	**4**
海曙区	48	17	40			
江东区	267	95	142	17	31	
江北区	491	132	215	1		
北仑区	2220	563	695	76	60	
镇海区	1813	257	529	4	27	
鄞州区	6291	934	1100	38	157	…
象山县	469	95	127		12	
宁海县	1233	242	244	14	44	1
余姚市	5664	701	768	14	43	
慈溪市	5751	843	835	35	153	…
奉化市	725	118	170	2	28	2
温州市	**7324**	**1074**	**1698**	**25**	**145**	
鹿城区	630	85	123	8		
龙湾区	932	164	323	3	48	
瓯海区	685	77	171	1	16	
洞头县	41	6	29			
永嘉县	481	60	111			
平阳县	264	51	71		1	
苍南县	305	60	121		6	

工业法人单位科技活动成果情况

发表科技论文(篇)	拥有注册商标数(件)	#境外注册	形成国家或行业标准数(项)	新产品产值(万元)	新产品销售收入(万元)	#出口
4320	**46904**	**6726**	**3375**	**158622184**	**148820993**	**29813756**
1306	**8740**	**1363**	**864**	**35019335**	**34265446**	**4348477**
98	1110	133	5	346589	343075	92736
22	3		2	195280	162990	20681
141	849	152	78	4233246	4266161	528036
111	155	4	16	569864	568262	14156
68	712	13	101	793434	786742	24627
141	1187	230	120	4507999	4421969	633831
319	836	73	152	11289853	10995624	1287856
112	1688	177	108	4278571	4170194	754757
41	145	26	11	1195336	1169014	301730
8	50		3	542564	503692	30885
66	410	192	68	1084741	1058087	193238
81	640	72	120	3752513	3644004	225599
98	955	291	80	2229347	2175632	240345
593	**7465**	**1187**	**422**	**30259609**	**27267747**	**6996232**
4	652	17	4	132003	124152	58075
15	124	17	9	234438	216401	78178
47	690	54	12	1434449	1404020	222408
99	714	227	65	5263424	5029285	1167396
88	359	42	47	2552722	2508068	346559
51	987	185	81	6276268	5797988	1299033
84	184	14	9	1707504	1263038	333097
34	471	177	24	1613142	1354991	374676
30	1123	144	54	4295370	3877316	1162474
133	1754	202	106	5786311	4808656	1367348
8	407	108	11	963979	883834	586989
211	**6915**	**1314**	**301**	**8452001**	**7675057**	**1130129**
22	796	55	29	541183	503257	130743
46	793	40	47	1361743	1235620	221788
30	1321	550	30	659767	606079	217830
2	40		1	55199	51042	7247
22	1377	179	34	1119328	1035808	84887
3	273	29	32	337101	283628	78142
12	206	14	5	252510	228049	22937

1-C-18 续表 1

地 区	专利申请数(件)	#发明专利	有效发明专利数(件)	#境外授权	专利所有权转让及许可数(件)	专利所有权转让及许可收入(万元)
文成县	41	2	1			
泰顺县	71	8	7			
瑞安市	1850	235	297	6	29	
乐清市	2024	326	444	7	45	
嘉兴市	**7034**	**1042**	**1264**	**17**	**72**	**5019**
南湖区	554	96	190	1		
秀洲区	745	100	118	9		
嘉善县	684	147	195	2	15	3
海盐县	557	82	169	1	18	5005
海宁市	2015	182	225		30	
平湖市	1227	140	134	1	4	1
桐乡市	1252	295	233	3	5	10
湖州市	**5489**	**1323**	**1338**	**27**	**47**	**8308**
吴兴区	831	219	389	4	8	257
南浔区	934	143	263	4	1	
德清县	1264	349	282	2	4	5000
长兴县	1286	448	310	9	13	3051
安吉县	1174	164	94	8	21	
绍兴市	**6317**	**1365**	**2292**	**35**	**29**	**10**
越城区	671	218	303	2	2	
绍兴县	1030	193	237	9	1	
新昌县	837	251	401	17	10	
诸暨市	1893	281	588	5	1	
上虞市	1438	329	659	2	15	10
嵊州市	448	93	104			
金华市	**4635**	**791**	**1683**	**72**	**61**	**231**
婺城区	574	178	230	6	1	
金东区	370	41	66	3		
武义县	452	45	188		3	
浦江县	251	36	134		15	…
磐安县	567	42	51	4	1	
兰溪市	205	81	125	2	7	1
义乌市	692	148	385	11	6	…
东阳市	536	124	278	46	11	230
永康市	988	96	226		17	

发表科技论文(篇)	拥有注册商标数(件)	#境外注册	形成国家或行业标准数(项)	新产品产值(万元)	新产品销售收入(万元)	#出口
	75	1		32560	32095	5688
	25	14	1	17664	19926	4249
10	925	163	36	1829053	1625674	207519
64	1084	269	86	2245894	2053879	149098
153	**3144**	**185**	**252**	**24675573**	**23488390**	**4956781**
12	130	2	21	3026778	2981711	576974
10	1202	70	22	2498641	2314749	556816
3	153	30	21	3237729	2940564	857115
48	208	21	46	1712680	1702078	250001
20	913	34	38	5064226	4568109	1346675
41	403	14	5	4093266	4074667	784438
19	135	14	99	5042254	4906512	584762
203	**1504**	**226**	**305**	**9402806**	**8922066**	**1497237**
56	342	26	33	2087145	1965573	96676
43	345	80	44	2054080	1961082	229210
41	399	66	73	1891712	1848691	562563
39	210	40	120	2474619	2347634	254288
24	208	14	35	895251	799086	354500
394	**5004**	**496**	**503**	**24874434**	**23573861**	**4134526**
102	881	49	39	1904951	2049189	422090
21	494	35	17	8273549	7892566	635116
78	778	101	100	2642904	2565807	1064122
159	2311	231	196	6514270	6460427	963810
2	404	77	97	4128762	3588881	786098
32	136	3	54	1409998	1016991	263289
328	**6228**	**843**	**359**	**7549170**	**7088029**	**2159591**
102	1009	397	30	762230	662223	109927
7	72	10	14	344545	322890	200937
30	756	95	86	915016	868107	370813
7	78	7	16	648449	523090	237230
3	110	2	3	142362	132429	34927
68	795	4	107	720073	694643	134259
56	1319	50	53	1570800	1485607	357285
51	205	50	20	510679	488826	163546
4	1884	228	30	1935016	1910216	550667

1-C-18 续表 2

地　区	专利申请数(件)	#发明专利	有效发明专利数(件)	#境外授权	专利所有权转让及许可数(件)	专利所有权转让及许可收入(万元)
衢州市	**1074**	**296**	**432**	**1**	**5**	**28**
柯城区	213	108	170	1		
衢江区	233	30	37			
常山县	43	5	14			
开化县	78	32	45			
龙游县	124	41	99			
江山市	383	80	67		5	28
舟山市	**349**	**76**	**168**	**1**	**3**	
定海区	123	42	115	1	1	
普陀区	137	20	42		2	
岱山县	88	13	11			
嵊泗县	1	1				
台州市	**3481**	**750**	**1537**	**97**	**51**	**…**
椒江区	576	203	344	40	16	
黄岩区	398	69	155	5	1	…
路桥区	329	48	123	7	1	
玉环县	554	93	364	24		
三门县	132	37	92	1	1	
天台县	194	46	68	5	6	
仙居县	69	46	91	7	1	
温岭市	637	56	87	3	1	
临海市	592	152	213	5	24	
丽水市	**1598**	**271**	**225**	**4**	**13**	
莲都区	355	83	67	2	5	
青田县	76	15	32	1		
缙云县	405	66	59			
遂昌县	105	25	27		2	
松阳县	9	2	4		1	
云和县	226	19	2		1	
庆元县	147	17	19			
景宁县	4	2	1			
龙泉市	271	42	14	1	4	

发表科技论文(篇)	拥有注册商标数(件)	#境外注册	形成国家或行业标准数(项)	新产品产值(万元)	新产品销售收入(万元)	#出口
168	**419**	**33**	**54**	**2719298**	**2585507**	**181597**
133	116	23	18	1083554	1013044	29356
2	55	3	5	289827	280484	54238
	18	1		99025	106304	18428
6	21		5	115407	98980	5276
9	99	3	11	411944	385487	42560
18	110	3	15	719540	701208	31740
60	**174**	**5**	**17**	**1873548**	**1425102**	**685581**
11	136	4	10	816191	390085	176840
13	23		4	912507	906771	503348
36	13	1	3	144501	127886	5393
	2			350	360	
136	**5082**	**1023**	**252**	**10073530**	**9001656**	**3292485**
36	558	207	36	1244031	1171912	599467
4	686	129	7	1056165	1008745	372895
	670	126	14	1078846	1037096	255945
5	787	118	48	1699356	1596762	638097
18	289	25	40	364245	296555	51577
8	299	61	2	538767	455940	186915
18	284	5	3	267320	243174	66323
15	907	137	57	1828939	1743289	614512
32	602	215	45	1995861	1448184	506754
37	**2229**	**51**	**36**	**3722880**	**3528132**	**431122**
12	1677	18	15	582547	498570	26268
4	15	2	1	1650504	1607973	20152
9	362	25	3	628020	601833	280200
4	28	2	5	73484	69193	9346
	8		2	436996	414427	31025
3	6	2		170831	165910	37522
	96		6	101125	95638	3691
2	1			9631	9060	2560
3	36	2	4	69743	65526	20357

1-C-19 按轻重工业、规模、登记注册类型、隶属关系和控股情况

项　目	来自政府部门的科技活动经费	研究开发费用加计扣除减免税
总　计	**170650**	**421148**
一、按轻重工业分		
轻工业	51582	132645
重工业	119068	288503
二、按规模分		
大型企业	49459	146279
中型企业	51885	161766
小型企业	68946	112786
微型企业	360	317
三、按登记注册类型分		
内资	131248	297667
国有	2635	332
集体		
股份合作企业	209	433
有限责任公司	36437	93434
国有独资公司	2452	2062
其他有限责任公司	33985	91372
股份有限公司	31626	82100
私营企业	60262	121368
私营独资	416	174
私营合伙	55	7
私营有限责任公司	51545	104513
私营股份有限公司	8246	16674
其他企业	80	
港澳台商投资	20730	67898
与港澳台商合资经营	7345	42447
与港澳台商合作经营	286	290
港澳台商独资	6173	20162
港澳台商投资股份有限公司	6927	5000
外商投资	18671	55582
中外合资经营	10716	43633
中外合作经营	32	120
外资企业	6779	11045
外商投资股份有限公司	565	607
其他外商投资	579	177
四、按隶属关系分		
中央	2334	9163
地方	168315	411985
五、按控股情况分		
国有控股	20523	33929
集体控股	7131	9790
私人控股	107127	282062
港澳台商控股	15980	51657
外商控股	10435	24105
其他	9454	19606

分组的规模以上工业法人单位技术改造、技术获取及减免税情况

单位：万元

高新技术企业减免税	引进国外技术经费支出	引进技术消化吸收经费支出	购买国内技术经费支出	技术改造经费支出
656617	**110385**	**52623**	**170628**	**2575455**
169748	46781	24991	105175	691624
486869	63605	27632	65453	1883831
344699	48166	31990	70377	1571564
210694	35123	10804	39400	552410
101030	17047	9441	30583	329593
194	10050	388	30268	121888
397976	78939	37206	152962	1876493
223		18		57626
			29	7
764	54	432	293	11949
86860	32958	15556	62584	611353
838	11731	1088	30998	80931
86021	21228	14468	31586	530422
185784	21694	13619	47371	692088
124346	24233	7581	42686	503471
1378	23	24	859	6957
3				93
98053	21392	7255	41377	472189
24914	2819	302	450	24232
188039	9841	3228	12633	168809
56143	2768	1688	5663	112386
1290				435
89039	5954	176	6053	50614
41566	1120	1364	918	5374
70602	21605	12190	5033	530152
56636	7376	3384	4645	488833
84				9713
11574	14230	8805	343	24239
2071			46	7206
237				162
566	7365	18	31973	236176
656051	103021	52605	138655	2339278
46748	25286	10392	49242	1005227
18443	5251	1388	6193	41111
351442	46392	24664	99525	1307586
157006	9508	2635	9646	77791
38943	19719	11903	3130	65204
44037	4229	1642	2892	78536

1-C-20 按行业中类分组的规模以上工业

行　业	来自政府部门的科技活动经费	研究开发费用加计扣除减免税
总　计	**170650**	**421148**
采矿业		**78**
黑色金属矿采选业		
铁矿采选		
有色金属矿采选业		
常用有色金属矿采选		
非金属矿采选业		78
土砂石开采		78
制造业	**166199**	**417006**
农副食品加工业	6171	1413
谷物磨制	45	
饲料加工	685	986
植物油加工	208	10
屠宰及肉类加工	301	42
水产品加工	3780	316
蔬菜、水果和坚果加工	887	59
其他农副食品加工	265	
食品制造业	1959	1317
焙烤食品制造	39	
糖果、巧克力及蜜饯制造	78	
方便食品制造	58	
乳制品制造	219	
罐头食品制造	553	
调味品、发酵制品制造	22	43
其他食品制造	990	1274
酒、饮料和精制茶制造业	1541	2135
酒的制造	435	465
饮料制造	141	1389
精制茶加工	965	282

法人单位技术改造、技术获取及减免税情况

单位：万元

高新技术企业减免税	引进国外技术经费支出	引进技术消化吸收经费支出	购买国内技术经费支出	技术改造经费支出
656617	**110385**	**52623**	**170628**	**2575455**
40				**271**
				1
				1
				270
				270
40				
40				
655224	**110335**	**52573**	**169152**	**2446729**
1282	8	38	113	10820
704			93	1303
			20	304
		35		3042
578				5511
				425
	8	4		236
1524		130	119	12360
			42	260
		39	4	1633
				4988
		51	43	621
39				1767
1485		40	30	3091
76	180	16	533	9388
16	160		507	9113
60	20	16	26	274

1-C-20 续表 1

行　业	来自政府部门的科技活动经费	研究开发费用加计扣除减免税
烟草制品业		
卷烟制造		
其他烟草制品制造		
纺织业	6072	25808
棉纺织及印染精加工	1743	7000
毛纺织及染整精加工	94	27
麻纺织及染整精加工		40
丝绢纺织及印染精加工	1147	941
化纤织造及印染精加工	2	83
针织或钩针编织物及其制品制造	693	16281
家用纺织制成品制造	1834	490
非家用纺织制成品制造	558	947
纺织服装、服饰业	1616	3248
机织服装制造	1395	2534
针织或钩针编织服装制造	120	389
服饰制造	101	326
皮革、毛皮、羽毛及其制品和制鞋业	963	956
皮革鞣制加工	117	205
皮革制品制造	14	
毛皮鞣制及制品加工	260	
制鞋业	572	752
木材加工和木、竹、藤、棕、草制品业	1097	1000
木材加工	50	191
人造板制造	134	340
木制品制造	666	470
竹、藤、棕、草等制品制造	247	
家具制造业	343	21855
木质家具制造	66	62

单位：万元

高新技术企业减免税	引进国外技术经费支出	引进技术消化吸收经费支出	购买国内技术经费支出	技术改造经费支出
	7355		30155	58280
	7355		30155	56402
				1878
22311	5101	2201	10639	50204
16418	1900	548	5083	28833
1436	255	92	23	1711
	2068	926	85	
523				45
43				4998
1446	821	434	5044	7929
1189		82	151	2857
1256	56	119	252	3831
9736	1704	1430	939	10807
8489	1344	1270	260	10251
1248	360	160	380	189
			300	368
477	300	599	1555	7623
				857
			736	2558
477	300	599	819	4209
1598	113	1	50	3826
570				873
116				665
813	113	1	50	2221
99				67
3944	1547	2	653	6414
412			98	591

1-C-20 续表 2

行　业	来自政府部门的科技活动经费	研究开发费用加计扣除减免税
竹、藤家具制造	13	
金属家具制造	189	2807
塑料家具制造		427
其他家具制造	75	18559
造纸和纸制品业	676	2116
造纸	412	1258
纸制品制造	264	858
印刷和记录媒介复制业	104	1527
印刷	104	1527
文教、工美、体育和娱乐用品制造业	1706	1761
文教办公用品制造	660	39
乐器制造	49	144
工艺美术品制造	621	132
体育用品制造	126	604
玩具制造	239	281
游艺器材及娱乐用品制造	11	561
石油加工、炼焦和核燃料加工业	4	47
精炼石油产品制造	4	47
化学原料和化学制品制造业	11726	44973
基础化学原料制造	1757	11503
肥料制造	221	455
农药制造	915	4361
涂料、油墨、颜料及类似产品制造	1164	7040
合成材料制造	2559	11333
专用化学产品制造	4768	8698
炸药、火工及焰火产品制造	65	766
日用化学产品制造	277	818
医药制造业	16038	25237
化学药品原料药制造	9676	16759

单位：万元

高新技术企业减免税	引进国外技术经费支出	引进技术消化吸收经费支出	购买国内技术经费支出	技术改造经费支出
1978	119		229	1891
150	2	2		156
1404	1427		326	3776
2309	2970	1780	2700	20758
1070	2460	1780	2680	19993
1239	510		20	765
4704			430	2983
4704			430	2983
1655		755	110	7680
196				4829
321		693		
131		63		1242
415				
178			100	126
415			10	1483
113			33	128060
113			33	128060
64852	13789	3704	7932	147856
16948	6489	2146	531	63916
44				582
4311	426	90	929	27415
16918	4469	1038	2	11046
16052	670	60	4604	14030
9946	1735	369	1428	28491
260			12	2299
372			425	77
52865	11733	11990	24239	201539
32298	9432	10932	20357	132713

1-C-20. 续表 3

行　业	来自政府部门的科技活动经费	研究开发费用加计扣除减免税
化学药品制剂制造	2633	2435
中药饮片加工	437	
中成药生产	1230	3853
兽用药品制造	185	175
生物药品制造	1252	1179
卫生材料及医药用品制造	626	837
化学纤维制造业	1263	7360
合成纤维制造	1263	7360
橡胶和塑料制品业	2216	9247
橡胶制品业	213	3388
塑料制品业	2003	5859
非金属矿物制品业	4801	9438
水泥、石灰和石膏制造	1386	
石膏、水泥制品及类似制品制造	511	343
砖瓦、石材等建筑材料制造	273	4180
玻璃制造	1	839
玻璃制品制造	242	1308
玻璃纤维和玻璃纤维增强塑料制品制造	712	456
陶瓷制品制造	424	553
耐火材料制品制造	887	782
石墨及其他非金属矿物制品制造	366	977
黑色金属冶炼和压延加工业	1730	5972
炼钢	128	
黑色金属铸造	427	2073
钢压延加工	1174	3899
铁合金冶炼	1	
有色金属冶炼和压延加工业	2233	4624
常用有色金属冶炼	404	41
贵金属冶炼	90	

单位：万元

高新技术企业减免税	引进国外技术经费支　出	引进技术消化吸收经费支出	购买国内技术经费支　出	技术改造经费支出
9077	311	304	1269	35544
34				243
8880	10	440	689	25001
200	77	188	1157	774
1915			165	5447
462	1904	126	602	1815
6972	1920	2032	25280	158563
6972	1920	2032	25280	158563
11145	809	524	9281	501167
2251			291	439013
8894	809	524	8991	62154
10575	1136	786	566	21683
			13	806
238				2415
886	125	507	84	1094
42				15
2114		48	11	70
5276				13488
500	9			69
570	1002	232	413	917
949			45	2809
9256	681	334	905	87306
				20938
2283	431	234	905	8194
6973	250	100		58174
6704	85	87	5957	63821
1361			180	27250
				1273

1-C-20 续表 4

行　业	来自政府部门的科技活动经费	研究开发费用加计扣除减免税
有色金属合金制造	920	2620
有色金属铸造	20	50
有色金属压延加工	799	1913
金属制品业	3749	22657
结构性金属制品制造	947	13714
金属工具制造	418	1316
集装箱及金属包装容器制造	424	214
金属丝绳及其制品制造	84	695
建筑、安全用金属制品制造	375	846
金属表面处理及热处理加工	135	54
搪瓷制品制造	20	505
金属制日用品制造	995	3708
其他金属制品制造	351	1605
通用设备制造业	18188	47221
锅炉及原动设备制造	1621	3680
金属加工机械制造	2308	2032
物料搬运设备制造	1689	5731
泵、阀门、压缩机及类似机械制造	4963	21958
轴承、齿轮和传动部件制造	2657	5366
烘炉、风机、衡器、包装等设备制造	2560	6627
文化、办公用机械制造	1098	949
通用零部件制造	1194	845
其他通用设备制造业	99	33
专用设备制造业	11738	31056
采矿、冶金、建筑专用设备制造	713	1482
化工、木材、非金属加工专用设备制造	2755	11669
食品、饮料、烟草及饲料生产专用设备制造	191	903
印刷、制药、日化及日用品生产专用设备制造	257	1873
纺织、服装和皮革加工专用设备制造	3561	4207

单位：万元

高新技术企业减免税	引进国外技术经费支出	引进技术消化吸收经费支出	购买国内技术经费支出	技术改造经费支出
2077	85	7	327	20269
46				
3220		80	5449	15029
14079	3850	1202	226	36318
6056	12	16	14	8881
1852	3823	779	68	4365
1187		389	20	7542
29				488
572		18	115	7198
145				194
568				171
1673	16			2130
1995			9	5350
90770	9366	5810	10936	263519
13231	322	48	668	31663
5260	2635	3523	764	11019
19235	171	10	828	14960
26148	4824	682	5008	64303
5630	725	576	2345	51079
14777	1	462	1094	40509
302				462
6158	688	508	229	49450
29				75
36056	9100	1528	5476	76004
1139		218	66	4071
21200	6800	282	4026	34895
158				142
762	48		11	756
4557	96	325	1244	6022

1-C-20 续表 5

行业	来自政府部门的科技活动经费	研究开发费用加计扣除减免税
电子和电工机械专用设备制造	159	427
农、林、牧、渔专用机械制造	1021	3535
医疗仪器设备及器械制造	798	1737
环保、社会公共服务及其他专用设备制造	2283	5224
汽车制造业	10551	25928
汽车整车制造	5385	8586
改装汽车制造	87	603
低速载货汽车制造	22	
汽车零部件及配件制造	5058	16739
铁路、船舶、航空航天和其他运输设备制造业	3980	4537
铁路运输设备制造	338	317
船舶及相关装置制造	1937	2081
航空、航天器及设备制造	16	202
摩托车制造	1408	1842
自行车制造	281	94
电气机械和器材制造业	18892	59258
电机制造	4974	17331
输配电及控制设备制造	6374	16603
电线、电缆、光缆及电工器材制造	2554	7716
电池制造	2881	3590
家用电力器具制造	1304	10539
非电力家用器具制造	118	193
照明器具制造	623	3209
其他电气机械及器材制造	65	78
计算机、通信和其他电子设备制造业	26854	36845
计算机制造	2001	1584
通信设备制造	9678	11875
广播电视设备制造	467	2639

单位：万元

高新技术企业减免税	引进国外技术经费支出	引进技术消化吸收经费支出	购买国内技术经费支出	技术改造经费支出
192				306
570	63	10	1	6345
2672	275	40	18	3028
4807	1818	653	110	20439
44379	9498	3624	7504	218975
9404	3107	444	121	38164
79			312	546
				705
34896	6390	3180	7072	179560
5600	2951	894	3073	11665
14				524
5117		23	6	1041
		42		171
197	2951	829	3067	9289
272				641
91709	14638	10131	5134	224673
19552	11465	7701	3468	94353
35877	1191	152	919	27551
5632	1305	2008	591	32450
6665	2	2	30	30465
18728	541	268	28	34648
93	133		67	115
5161			31	5092
133252	5104	2241	10898	57445
1962				844
84530	1836		314	5962
7927			3103	6591

1-C-20 续表 6

行　业	来自政府部门的科技活动经费	研究开发费用加计扣除减免税
视听设备制造	880	1677
电子器件制造	10390	7692
电子元件制造	3171	9902
其他电子设备制造	266	1476
仪器仪表制造业	9512	19368
通用仪器仪表制造	7807	12871
专用仪器仪表制造	1603	5020
钟表与计时仪器制造		73
光学仪器及眼镜制造	101	1387
其他仪器仪表制造业	1	17
其他制造业	288	72
日用杂品制造	26	60
煤制品制造	8	
其他未列明制造业	254	13
废弃资源综合利用业	189	30
金属废料和碎屑加工处理	178	30
非金属废料和碎屑加工处理	11	
金属制品、机械和设备修理业		
通用设备修理		
电力、热力、燃气及水生产和供应业	**4450**	**4064**
电力、热力生产和供应业	3683	4064
电力生产	2483	3739
电力供应	1200	325
热力生产和供应		
水的生产和供应业	768	
自来水生产和供应		
污水处理及其再生利用	768	

单位：万元

高新技术企业减免税	引进国外技术经费支出	引进技术消化吸收经费支出	购买国内技术经费支出	技术改造经费支出
5549	3136	1424	3881	531
20454		723	668	10855
12058	120	72	2632	31068
772	13	22	300	1594
26983	3958	365	3692	36238
21202	3928	301	2789	23704
4081		34	902	5054
240				
1444	30	30		7456
16				24
301	2440	370	25	10058
280				8194
	2440	370	25	328
21				1536
				682
				143
				538
				15
				15
1353	**50**	**50**	**1476**	**128455**
1353			1476	125224
1263			1476	120454
90				778
				3991
	50	50		3231
				3231
	50	50		

1-C-21 按地区分组的规模以上工业法人单位技术改造、技术获取及减免税情况

单位：万元

地 区	来自政府部门的科技活动经费	研究开发费用加计扣除减免税	高新技术企业减免税	引进国外技术经费支出	引进技术消化吸收经费支出	购买国内技术经费支出	技术改造经费支出
全 省	**170650**	**421148**	**656617**	**110385**	**52623**	**170628**	**2575455**
杭州市	**50229**	**139386**	**222349**	**20218**	**6123**	**39221**	**808745**
上城区	2281	3383	5148	7355		30155	59034
下城区	439	1274	6086				27713
江干区	3921	38864	21797	120	451	1657	455815
拱墅区	1507	2095	7964				39862
西湖区	1296	3827	5314		30	279	5533
滨江区	19284	19604	91396			5	3414
萧山区	7905	23548	30777	4311	1068	2535	67856
余杭区	5529	17715	22764	714	580	770	24317
桐庐县	918	1763	3780	3652	616	614	6186
淳安县	607	1249	2537			1	582
建德市	1205	3122	2193	426	90	607	25847
富阳市	2150	8879	4930	3624	2509	784	73788
临安市	3187	14063	17665	16	779	1813	18800
宁波市	**20737**	**59717**	**123248**	**15772**	**2058**	**26419**	**451818**
海曙区	9	122	259				
江东区	277	1237	4788	402	530	39	4222
江北区	1962	4573	5816	4059	9	21536	10588
北仑区	2931	18808	45328	1001	693	29	62989
镇海区	1938	3848	12005	2102	437	2000	152296
鄞州区	4187	13667	24961	4806	30	1483	71739
象山县	1328	1422	2728	1		37	10263
宁海县	645	5817	7459	201	233	1	38285
余姚市	4289	3477	9311	1573		190	21732
慈溪市	1740	3599	5890	269	126	640	62039
奉化市	1433	3149	4703	1360		465	17665
温州市	**10522**	**36002**	**56325**	**4527**	**3265**	**4709**	**110387**
鹿城区	706	1920	1396	676	238	1374	6662
龙湾区	2143	6702	5537	1864		632	21180
瓯海区	738	1565	840	16		607	3991
洞头县	1497	603	472				126
永嘉县	752	3244	2850		519	521	11600
平阳县	386	1253	2839	124	33	255	708

1-C-21 续表 1

单位：万元

地 区	来自政府部门的科技活动经费	研究开发费用加计扣除减免税	高新技术企业减免税	引进国外技术经费支出	引进技术消化吸收经费支出	购买国内技术经费支出	技术改造经费支出
苍南县	698	1436	1042				6594
文成县	301						406
泰顺县	221		172			75	51
瑞安市	1782	8230	15526	604	395	945	45042
乐清市	1297	11048	25651	1244	2081	300	14026
嘉兴市	**10330**	**34003**	**60931**	**25184**	**14544**	**34424**	**266498**
南湖区	2041	3778	10293	1047	358		30721
秀洲区	1321	5439	8766	1344	1422	165	3482
嘉善县	324	1425	8737	3596		226	1071
海盐县	782	7068	3098	6805	2740	3273	4528
海宁市	2910	6282	10526	1932	588	28341	60895
平湖市	767	5887	9759	9739	7456	1273	38842
桐乡市	2184	4124	9752	720	1980	1146	126958
湖州市	**11733**	**24860**	**34536**	**724**	**845**	**3490**	**69728**
吴兴区	2780	5234	9423		145	7	9690
南浔区	2046	5810	10777	239	119	125	24158
德清县	1984	5509	6218	138	544	340	17235
长兴县	3687	4173	6864	191	28	1164	15696
安吉县	1236	4134	1254	155	10	1855	2949
绍兴市	**25185**	**41847**	**68415**	**11697**	**9696**	**23615**	**403108**
越城区	2130	20210	8210	374	281	2012	33245
绍兴县	4139	2258	5628	612	511	1565	3261
新昌县	4598	4440	23191	1054	3106	5144	144249
诸暨市	8991	5986	8485	2763	1023	13121	96096
上虞市	3122	7753	21525	4478	2932	490	119608
嵊州市	2205	1201	1378	2417	1842	1284	6650
金华市	**11223**	**30861**	**23378**	**4136**	**3954**	**9146**	**121703**
婺城区	2407	8132	5870	1338	1000	1448	28003
金东区	638	1634	2448	753	274	2454	8407
武义县	561	2582	965	337	361	438	8549
浦江县	395	446	814		35	29	3625
磐安县	258	186	156				432
兰溪市	987	3281	3791		438	536	28507
义乌市	3297	1622	2923		548	135	17220
东阳市	1244	1901	1949	150	300	2612	22297
永康市	1435	11078	4463	1558	999	1493	4663

1-C-21 续表 2

单位：万元

地区	来自政府部门的科技活动经费	研究开发费用加计扣除减免税	高新技术企业减免税	引进国外技术经费支出	引进技术消化吸收经费支出	购买国内技术经费支出	技术改造经费支出
衢州市	**5594**	**10035**	**14699**	**3853**	**1426**	**9494**	**88100**
柯城区	2493	4842	3141	3690	1338	2110	60371
衢江区	505	668	502	53	70	20	5058
常山县	347	31	42				36
开化县	995	2025	8026	31	17	7300	5169
龙游县	327	631	740			52	7986
江山市	927	1839	2248	80	1	13	9479
舟山市	**7313**	**3487**	**6464**	**9588**	**1419**	**346**	**8403**
定海区	2854	1225	585	7148	944	315	3216
普陀区	4035	902	1353	2440	370	25	4775
岱山县	360	1360	4526		105	6	362
嵊泗县	64						51
台州市	**13519**	**39158**	**43996**	**14664**	**9290**	**19061**	**234987**
椒江区	5693	8601	11227	6601	6643	13069	99117
黄岩区	562	5208	2992			19	10549
路桥区	681	3618	2398			20	2965
玉环县	756	4240	3732	1855	625	2079	47089
三门县	521	801	1047			375	8296
天台县	542	1479	2756				3894
仙居县	1203	2720	3422		72	578	25082
温岭市	2093	9354	8864	3438	1106	2086	11215
临海市	1468	3138	7558	2771	844	837	26781
丽水市	**4265**	**1791**	**2276**	**23**	**5**	**704**	**11978**
莲都区	633	748	672				617
青田县	1004	41	29				102
缙云县	527	267	689	23	5	700	7255
遂昌县	470	205	106			4	1435
松阳县	538	105					215
云和县	141	1	129				127
庆元县	145	423	397				279
景宁县	60		6				
龙泉市	749		248		1		1949

1-C-22 按轻重工业、规模、登记注册类型、隶属关系和控股情况分组的规模以上大中型工业法人单位R&D活动情况

项 目	单位数(个)	#有R&D活动	#有科技机构	R&D人员合计(人)	R&D人员折合全时当量合计(人年)	R&D经费内部支出合计(万元)
总 计	**5209**	**2669**	**2414**	**203856**	**163810**	**4405722**
一、按轻重工业分						
轻工业	2845	1159	1089	74199	57188	1438435
重工业	2364	1510	1325	129657	106622	2967287
二、按规模分						
大型企业	602	441	430	88309	72027	2109444
中型企业	4607	2228	1984	115547	91782	2296278
三、按登记注册类型分						
内资	3648	1934	1789	146399	116931	3047274
国有	67	17	6	1360	937	39676
集体	3					
股份合作企业	15	9	7	435	303	7581
有限责任公司	877	482	433	41295	33181	912384
国有独资公司	41	18	12	1559	1150	31591
其他有限责任公司	836	464	421	39736	32032	880794
股份有限公司	357	312	290	45019	36881	958119
私营企业	2326	1113	1053	58278	45626	1129304
私营独资	41	10	10	170	145	4896
私营合伙	6	2	3	49	28	892
私营有限责任公司	2175	1019	967	50827	39916	956438
私营股份有限公司	104	82	73	7232	5537	167077
其他企业	3	1		12	3	210
港澳台商投资	819	386	337	30911	25846	788091
与港澳台商合资经营	474	233	200	14762	12360	334687
与港澳台商合作经营	14	9	6	373	329	6189
港澳台商独资	311	128	119	12572	10174	316662
港澳台商投资股份有限公司	20	16	12	3204	2984	130553
外商投资	742	349	288	26546	21033	570356
中外合资经营	417	215	170	16059	12676	355679
中外合作经营	6	3	3	108	103	1327
外资企业	303	119	104	9046	7218	185927
外商投资股份有限公司	15	11	10	1170	872	25625
其他外商投资	1	1	1	163	163	1799
四、按隶属关系分						
中央	49	19	15	1973	1552	50384
地方	5160	2650	2399	201883	162257	4355338
五、按控股情况分						
国有控股	224	103	77	14284	11690	371099
集体控股	120	72	71	7498	5299	153117
私人控股	3651	1934	1786	133939	108011	2701478
港澳台商控股	557	250	221	22613	18652	606802
外商控股	513	225	191	16637	13029	341375
其他	144	85	68	8885	7127	231850

1-C-23 按行业中类分组的规模以上大中型工业法人单位R&D活动情况

行业	单位数(个)	#有R&D活动	#有科技机构	R&D人员合计(人)	R&D人员折合全时当量合计(人年)	R&D经费内部支出合计(万元)
总计	**5209**	**2669**	**2414**	**203856**	**163810**	**4405722**
采矿业	**9**	**2**	**1**	**37**	**29**	**1027**
黑色金属矿采选业	2					
铁矿采选	2					
有色金属矿采选业	3	2	1	37	29	1027
常用有色金属矿采选	3	2	1	37	29	1027
非金属矿采选业	4					
土砂石开采	2					
石棉及其他非金属矿采选	2					
制造业	**5098**	**2643**	**2403**	**202999**	**163268**	**4377023**
农副食品加工业	64	31	34	1540	1118	27731
谷物磨制	1					
饲料加工	8	4	4	126	112	3801
植物油加工	3		1			
屠宰及肉类加工	9	4	4	243	140	6713
水产品加工	29	15	16	959	724	13189
蔬菜、水果和坚果加工	11	7	7	148	119	3001
其他农副食品加工	3	1	1	64	23	1028
食品制造业	68	28	25	1229	929	27600
焙烤食品制造	14	3	3	156	107	1859
糖果、巧克力及蜜饯制造	4					
方便食品制造	5	3	3	237	86	3285
乳制品制造	7	4	4	140	101	2442
罐头食品制造	23	9	6	102	70	4641
调味品、发酵制品制造	2	2	1	23	18	414
其他食品制造	13	7	8	571	547	14960
酒、饮料和精制茶制造业	42	17	19	1098	843	34743
酒的制造	21	13	13	609	412	6957
饮料制造	19	3	5	467	413	27309
精制茶加工	2	1	1	22	18	477

1-C-23 续表 1

行 业	单位数（个）	#有R&D活动	#有科技机构	R&D人员合计（人）	R&D人员折合全时当量合计（人年）	R&D经费内部支出合计（万元）
烟草制品业	1					
卷烟制造	1					
纺织业	619	206	213	10551	8031	216463
棉纺织及印染精加工	404	125	133	5343	4037	128560
毛纺织及染整精加工	19	10	9	423	356	8580
麻纺织及染整精加工	6	3	3	644	402	4499
丝绢纺织及印染精加工	19	7	6	650	497	9945
化纤织造及印染精加工	15	2	5	20	20	1235
针织或钩针编织物及其制品制造	77	29	24	1390	1145	30401
家用纺织制成品制造	37	13	17	1287	975	17771
非家用纺织制成品制造	42	17	16	794	601	15473
纺织服装、服饰业	465	89	74	4387	3524	64868
机织服装制造	317	59	52	3233	2632	47471
针织或钩针编织服装制造	117	20	15	942	737	14927
服饰制造	31	10	7	212	155	2470
皮革、毛皮、羽毛及其制品和制鞋业	320	73	84	4295	3314	63257
皮革鞣制加工	15	9	10	511	370	16471
皮革制品制造	58	12	13	537	449	10046
毛皮鞣制及制品加工	3	1	2	50	39	3829
羽毛(绒)加工及制品制造	18	2		27	25	226
制鞋业	226	49	59	3170	2432	32686
木材加工和木、竹、藤、棕、草制品业	33	29	22	1295	1057	23607
木材加工	2	2	2	184	154	1947
人造板制造	9	6	6	298	289	3575
木制品制造	15	14	9	570	443	15373
竹、藤、棕、草等制品制造	7	7	5	243	172	2712

1-C-23 续表 2

行　　业	单位数(个)	#有R&D活动	#有科技机构	R&D人员合计(人)	R&D人员折合全时当量合计(人年)	R&D经费内部支出合计(万元)
家具制造业	142	43	45	2286	1694	29591
木质家具制造	54	13	13	397	328	3738
竹、藤家具制造	2		2			
金属家具制造	67	24	19	1240	1035	16619
塑料家具制造	3		1			
其他家具制造	16	6	10	649	332	9234
造纸和纸制品业	83	39	35	3505	2391	71853
造纸	56	27	23	2698	1923	54737
纸制品制造	27	12	12	807	468	17116
印刷和记录媒介复制业	37	14	13	953	682	15293
印刷	36	14	13	953	682	15293
装订及印刷相关服务	1					
文教、工美、体育和娱乐用品制造业	143	71	61	3396	2635	61975
文教办公用品制造	20	15	11	657	542	11054
乐器制造	5	3	3	213	197	2575
工艺美术品制造	72	23	23	1165	873	17930
体育用品制造	15	9	8	369	317	5419
玩具制造	24	16	11	606	388	9022
游艺器材及娱乐用品制造	7	5	5	386	317	15975
石油加工、炼焦和核燃料加工业	3					
精炼石油产品制造	3					
化学原料和化学制品制造业	167	131	114	11315	9386	454850
基础化学原料制造	29	23	22	2732	2236	74538
肥料制造	4	1	1	118	99	3435
农药制造	13	10	11	1050	893	25614
涂料、油墨、颜料及类似产品制造	28	25	22	2010	1617	66603
合成材料制造	51	36	30	2916	2335	192430
专用化学产品制造	25	21	18	1624	1478	56206
炸药、火工及焰火产品制造	2	2	1	128	128	2816
日用化学产品制造	15	13	9	737	599	33208

1-C-23 续表 3

行 业	单位数(个)	#有R&D活动	#有科技机构	R&D人员合 计(人)	R&D人员折合全时当量合计(人年)	R&D经费内部支出合 计(万元)
医药制造业	103	90	83	11377	9619	200622
化学药品原料药制造	51	48	45	6241	5241	128781
化学药品制剂制造	19	16	14	2325	2041	31206
中药饮片加工	3	1	1	45	30	878
中成药生产	10	10	9	1771	1461	20982
生物药品制造	11	10	9	621	484	14748
卫生材料及医药用品制造	9	5	5	374	362	4027
化学纤维制造业	89	36	41	3271	2114	118328
纤维素纤维原料及纤维制造	2					
合成纤维制造	87	36	41	3271	2114	118328
橡胶和塑料制品业	205	94	87	5033	4219	104709
橡胶制品业	32	18	16	1290	997	29981
塑料制品业	173	76	71	3743	3222	74729
非金属矿物制品业	113	47	35	2628	1937	61870
水泥、石灰和石膏制造	37	5	6	100	73	3802
石膏、水泥制品及类似制品制造	14	6	4	322	240	6171
砖瓦、石材等建筑材料制造	6	3	1	226	120	10476
玻璃制造	8	3	2	145	96	2438
玻璃制品制造	28	14	10	681	482	14401
玻璃纤维和玻璃纤维增强塑料制品制造	8	6	4	382	351	7527
陶瓷制品制造	3	2	1	103	64	1645
耐火材料制品制造	6	6	5	475	321	11472
石墨及其他非金属矿物制品制造	3	2	2	194	190	3939
黑色金属冶炼和压延加工业	81	42	36	2803	2117	131790
炼钢	4	3	3	564	501	45823
黑色金属铸造	23	14	10	580	435	11765
钢压延加工	54	25	23	1659	1181	74202

1-C-23 续表 4

行业	单位数(个)	#有R&D活动	#有科技机构	R&D人员合计(人)	R&D人员折合全时当量合计(人年)	R&D经费内部支出合计(万元)
有色金属冶炼和压延加工业	60	33	35	2662	2132	85435
常用有色金属冶炼	7	3	5	194	114	6456
贵金属冶炼	1					
有色金属合金制造	8	5	3	682	528	14018
有色金属铸造	4	2	2	56	44	1217
有色金属压延加工	40	22	25	1719	1436	63287
金属制品业	236	121	104	7694	5696	128586
结构性金属制品制造	47	22	22	2196	1717	55499
金属工具制造	34	17	11	819	614	9913
集装箱及金属包装容器制造	19	10	9	585	381	9383
金属丝绳及其制品制造	7	5	2	312	189	3329
建筑、安全用金属制品制造	51	25	20	939	787	10965
金属表面处理及热处理加工	16	4	4	124	118	3434
搪瓷制品制造	4	1		20	20	490
金属制日用品制造	45	30	29	2290	1495	26819
其他金属制品制造	13	7	7	409	377	8754
通用设备制造业	448	319	283	24655	20416	483453
锅炉及原动设备制造	17	10	12	1380	1026	41512
金属加工机械制造	28	24	24	1875	1486	34761
物料搬运设备制造	53	41	36	3414	2818	98190
泵、阀门、压缩机及类似机械制造	131	97	85	7009	5988	134143
轴承、齿轮和传动部件制造	92	60	46	4132	3382	59617
烘炉、风机、衡器、包装等设备制造	78	54	53	4680	4032	76117
文化、办公用机械制造	7	6	4	628	418	8287
通用零部件制造	41	27	23	1537	1266	30826
其他通用设备制造业	1					
专用设备制造业	163	122	106	7503	6055	146882
采矿、冶金、建筑专用设备制造	11	8	7	403	326	7153

1-C-23 续表 5

行 业	单位数(个)	#有R&D活动	#有科技机构	R&D人员合计(人)	R&D人员折合全时当量合计(人年)	R&D经费内部支出合计(万元)
化工、木材、非金属加工专用设备制造	56	45	42	2830	2275	61160
食品、饮料、烟草及饲料生产专用设备制造	1					
印刷、制药、日化及日用品生产专用设备制造	5	4	1	70	57	1053
纺织、服装和皮革加工专用设备制造	31	21	20	1449	1153	29799
电子和电工机械专用设备制造	5	3	3	163	163	2311
农、林、牧、渔专用机械制造	17	15	12	1049	807	13851
医疗仪器设备及器械制造	15	9	6	434	390	10847
环保、社会公共服务及其他专用设备制造	22	16	14	1022	880	19082
汽车制造业	244	179	165	18660	14912	323006
汽车整车制造	21	16	17	3642	2799	81112
汽车零部件及配件制造	223	163	148	15018	12113	241894
铁路、船舶、航空航天和其他运输设备制造业	93	50	43	3263	2477	97603
船舶及相关装置制造	27	13	11	1576	1207	66037
摩托车制造	39	23	18	1135	764	21729
自行车制造	27	14	14	552	506	9837
电气机械和器材制造业	608	430	376	34017	27804	660241
电机制造	113	87	81	6940	5781	132030
输配电及控制设备制造	154	108	91	11093	9979	204698
电线、电缆、光缆及电工器材制造	50	34	27	2586	1616	78363
电池制造	46	31	26	3010	2253	68559
家用电力器具制造	156	111	106	7610	5800	129499
非电力家用器具制造	11	7	6	165	132	3798
照明器具制造	77	51	38	2585	2218	43022
其他电气机械及器材制造	1					
计算机、通信和其他电子设备制造业	281	189	168	23983	20488	590454
计算机制造	13	5	4	329	258	2738
通信设备制造	35	27	23	10289	9693	341115
广播电视设备制造	19	15	13	1258	948	25243

1-C-23 续表 6

行业	单位数(个)	#有R&D活动	#有科技机构	R&D人员合计(人)	R&D人员折合全时当量合计(人年)	R&D经费内部支出合计(万元)
视听设备制造	22	16	16	1977	1559	35653
电子器件制造	64	46	36	4060	3542	78340
电子元件制造	112	75	65	5873	4307	104735
其他电子设备制造	16	5	11	197	181	2630
仪器仪表制造业	117	94	87	8849	7073	135936
通用仪器仪表制造	68	58	52	6156	4956	100542
专用仪器仪表制造	18	16	15	1464	1162	20388
钟表与计时仪器制造	4	3	4	156	137	2062
光学仪器及眼镜制造	25	16	15	1037	785	12720
其他仪器仪表制造业	2	1	1	36	34	225
其他制造业	44	23	14	623	542	13706
日用杂品制造	41	22	12	584	506	12840
其他未列明制造业	3	1	2	39	35	865
废弃资源综合利用业	8	1	1	48	36	1541
金属废料和碎屑加工处理	8	1	1	48	36	1541
金属制品、机械和设备修理业	18	2		80	28	1031
铁路、船舶、航空航天等运输设备修理	17	2		80	28	1031
电气设备修理	1					
电力、热力、燃气及水生产和供应业	**102**	**24**	**10**	**820**	**512**	**27671**
电力、热力生产和供应业	78	20	9	781	478	25566
电力生产	18	8	7	405	275	17150
电力供应	58	12	2	376	203	8416
热力生产和供应	2					
燃气生产和供应业	4	1		14	12	1159
燃气生产和供应业	4	1		14	12	1159
水的生产和供应业	20	3	1	25	22	946
自来水生产和供应	18	2		17	14	494
污水处理及其再生利用	2	1	1	8	8	452

1-C-24 按地区分组的规模以上大中型工业法人单位R&D活动情况

地 区	单位数（个）	#有R&D活动	#有科技机构	R&D人员合计（人）	R&D人员折合全时当量合计（人年）	R&D经费内部支出合计（万元）
全 省	**5209**	**2669**	**2414**	**203856**	**163810**	**4405722**
杭州市	**870**	**394**	**367**	**43997**	**36789**	**1149574**
上城区	11	7	5	1128	1006	37062
下城区	6	1	2	358	184	9632
江干区	111	63	34	6085	5010	140816
拱墅区	12	10	6	1516	1290	41665
西湖区	24	14	12	1415	1274	21839
滨江区	47	35	32	12814	11986	394714
萧山区	320	107	124	10380	7791	263512
余杭区	155	70	58	4544	3640	96956
桐庐县	23	8	11	826	705	12039
淳安县	13	3	5	129	109	4245
建德市	19	9	10	1001	839	22217
富阳市	71	36	37	1925	1504	51053
临安市	58	31	31	1876	1450	53825
宁波市	**1106**	**714**	**568**	**43278**	**35665**	**842665**
海曙区	9	7	3	751	604	9443
江东区	15	11	8	546	413	11252
江北区	46	34	26	2378	2031	47249
北仑区	149	63	48	6621	5626	162552
镇海区	74	44	39	2411	1974	43918
鄞州区	252	141	114	9902	8893	203995
象山县	50	28	18	1640	1006	39670
宁海县	64	50	40	2935	2019	46295
余姚市	151	132	88	4643	4042	89165
慈溪市	222	162	151	9326	7228	153411
奉化市	74	42	33	2125	1831	35715
温州市	**581**	**266**	**246**	**22779**	**18957**	**311923**
鹿城区	84	52	39	2957	2397	35770
龙湾区	97	36	31	2380	1905	39526
瓯海区	84	43	38	1894	1387	23379
洞头县	1					
永嘉县	60	28	36	2990	2431	35885
平阳县	31	8	9	984	697	9636

1-C-24 续表 1

地区	单位数(个)	#有R&D活动	#有科技机构	R&D人员合计(人)	R&D人员折合全时当量合计(人年)	R&D经费内部支出合计(万元)
苍南县	21	7	7	287	215	5198
文成县	1					
泰顺县	2	1	1	14	1	98
瑞安市	92	37	34	4068	3233	72527
乐清市	108	53	50	7094	6582	89229
嘉兴市	**590**	**300**	**305**	**20736**	**15894**	**509181**
南湖区	55	30	31	3563	2265	105275
秀洲区	88	43	45	3003	2513	51900
嘉善县	77	34	44	2492	2015	60362
海盐县	47	25	24	987	817	32724
海宁市	103	63	85	4206	3437	105546
平湖市	144	60	33	3405	2642	74640
桐乡市	76	45	43	3080	2205	78734
湖州市	**220**	**122**	**91**	**9002**	**7215**	**241616**
吴兴区	36	23	12	1737	1379	64363
南浔区	32	22	15	1535	1305	54835
德清县	52	26	22	2134	1771	44249
长兴县	53	25	22	1990	1280	55745
安吉县	47	26	20	1606	1481	22425
绍兴市	**641**	**263**	**285**	**21472**	**18364**	**538958**
越城区	100	27	30	1667	1235	31674
绍兴县	235	72	94	4335	3494	158585
新昌县	36	24	20	5749	5493	105999
诸暨市	118	67	57	4514	3790	103416
上虞市	99	50	65	3874	3282	109653
嵊州市	53	23	19	1333	1069	29631
金华市	**454**	**227**	**208**	**14444**	**9798**	**275229**
婺城区	58	26	18	2683	1513	40374
金东区	16	11	10	752	489	10374
武义县	61	29	39	760	651	13711
浦江县	39	11	19	394	328	10645
磐安县	10	5	4	214	167	3147
兰溪市	48	20	18	1164	744	32536
义乌市	90	60	26	2718	1879	53629
东阳市	41	18	17	2549	1576	56927
永康市	91	47	57	3210	2451	53886

1-C-24 续表 2

地 区	单位数（个）	#有R&D活动	#有科技机构	R&D人员合计（人）	R&D人员折合全时当量合计（人年）	R&D经费内部支出合计（万元）
衢州市	**93**	**45**	**35**	**3573**	**2484**	**74172**
柯城区	16	11	7	1107	874	32633
衢江区	18	4	5	114	98	2384
常山县	9	2	2	68	43	1306
开化县	5	4	5	423	352	13709
龙游县	22	9	5	756	345	7851
江山市	23	15	11	1105	773	16289
舟山市	**69**	**31**	**29**	**3296**	**2339**	**101516**
定海区	29	18	15	1892	1309	39508
普陀区	28	8	9	989	700	33553
岱山县	11	5	5	415	331	28456
嵊泗县	1					
台州市	**470**	**254**	**246**	**18382**	**14104**	**289108**
椒江区	53	27	25	3160	2546	64902
黄岩区	43	26	24	1772	1289	26993
路桥区	50	32	29	2311	1775	41544
玉环县	93	62	54	3038	2307	37138
三门县	21	10	9	476	375	8119
天台县	22	15	13	876	561	12145
仙居县	22	9	8	750	618	13162
温岭市	96	47	62	3958	3093	54177
临海市	70	26	22	2041	1540	30929
丽水市	**114**	**52**	**34**	**2728**	**2074**	**64531**
莲都区	30	10	6	528	419	20098
青田县	19	6	5	669	462	24272
缙云县	27	15	14	854	604	9590
遂昌县	9	4	3	187	186	5152
松阳县	7	5	1	115	86	1433
云和县	5	2		79	69	1116
庆元县	7	6	4	160	132	1883
景宁县	1					
龙泉市	9	4	1	136	116	987

1-C-25 按轻重工业、规模、登记注册类型、隶属关系和控股情况分组的规模以上大中型工业法人单位科技活动人员情况

单位：人

项目	科技活动人员数	#参加科技项目人员	#科技管理和服务人员	#女性	#高中级技术职称人员	#全时人员
总计	**293827**	**263342**	**30485**	**65848**	**50972**	**197779**
一、按轻重工业分						
轻工业	113344	102347	10997	33432	18652	72094
重工业	180483	160995	19488	32416	32320	125685
二、按规模分						
大型企业	128850	114650	14200	30372	23084	92190
中型企业	164977	148692	16285	35476	27888	105589
三、按登记注册类型分						
内资	208279	186345	21934	44951	38644	139507
国有	2886	2472	414	572	1654	1804
股份合作企业	539	499	40	63	132	396
有限责任公司	59118	53246	5872	12259	11214	40120
国有独资公司	2352	2145	207	549	935	1188
其他有限责任公司	56766	51101	5665	11710	10279	38932
股份有限公司	59230	51747	7483	13078	11548	41731
私营企业	86494	78369	8125	18976	14094	55444
私营独资	267	242	25	34	45	124
私营合伙	80	68	12	20	8	42
私营有限责任公司	76376	69125	7251	16726	12429	48181
私营股份有限公司	9771	8934	837	2196	1612	7097
其他企业	12	12		3	2	12
港澳台商投资	44967	40973	3994	11307	6137	30729
与港澳台商合资经营	21996	20292	1704	5410	3078	14677
与港澳台商合作经营	509	432	77	239	73	184
港澳台商独资	18621	16865	1756	4783	2560	13245
港澳台商投资股份有限公司	3841	3384	457	875	426	2623
外商投资	40581	36024	4557	9590	6191	27543
中外合资经营	24602	21887	2715	5592	4246	17012
中外合作经营	125	119	6	15	5	123
外资企业	13717	12140	1577	3494	1597	8700
外商投资股份有限公司	1952	1725	227	386	278	1555
其他外商投资	185	153	32	103	65	153
四、按隶属关系分						
中央	4115	3597	518	872	2026	2421
地方	289712	259745	29967	64976	48946	195358
五、按控股情况分						
国有控股	22354	20027	2327	5560	7803	14049
集体控股	10808	9345	1463	2442	1943	7086
私人控股	190299	170918	19381	40842	31350	128632
港澳台商控股	32366	29103	3263	8125	4418	22549
外商控股	25247	22417	2830	6053	3575	16308
其他	12753	11532	1221	2826	1883	9155

1-C-26　按行业中类分组的规模以上大中型工业法人单位科技活动人员情况

单位：人

行　　业	科技活动人员数	#参加科技项目人员	#科技管理和服务人员	#女　性	#高中级技术职称人员	#全时人员
总　计	**293827**	**263342**	**30485**	**65848**	**50972**	**197779**
采矿业	**46**	**40**	**6**	**5**	**27**	**19**
黑色金属矿采选业	6	6			1	1
铁矿采选	6	6			1	1
有色金属矿采选业	40	34	6	5	26	18
常用有色金属矿采选	40	34	6	5	26	18
制造业	**291433**	**261102**	**30331**	**65424**	**49528**	**196348**
农副食品加工业	2250	1903	347	605	627	1054
谷物磨制	13	13		10		
饲料加工	175	164	11	54	28	163
植物油加工	55	55		35	11	10
屠宰及肉类加工	366	305	61	64	55	184
水产品加工	1261	1017	244	309	458	520
蔬菜、水果和坚果加工	266	240	26	92	67	129
其他农副食品加工	114	109	5	41	8	48
食品制造业	2102	1701	401	623	430	806
焙烤食品制造	281	209	72	59	45	115
方便食品制造	398	347	51	145	39	175
乳制品制造	288	281	7	102	37	52
罐头食品制造	130	118	12	38	33	60
调味品、发酵制品制造	69	54	15	21	18	26
其他食品制造	936	692	244	258	258	378
酒、饮料和精制茶制造业	1813	1544	269	474	511	1084
酒的制造	1105	922	183	256	274	574
饮料制造	622	542	80	209	225	496
精制茶加工	86	80	6	9	12	14
纺织业	18267	16442	1825	6663	3020	10286
棉纺织及印染精加工	10274	9118	1156	3716	1772	5764
毛纺织及染整精加工	728	673	55	283	157	432
麻纺织及染整精加工	839	782	57	117	72	359
丝绢纺织及印染精加工	764	669	95	533	168	631

1-C-26 续表 1

单位：人

行业	科技活动人员数	#参加科技项目人员	#科技管理和服务人员	#女性	#高中级技术职称人员	#全时人员
化纤织造及印染精加工	97	95	2	32	19	65
针织或钩针编织物及其制品制造	2602	2440	162	974	306	1345
家用纺织制成品制造	1835	1616	219	625	405	856
非家用纺织制成品制造	1128	1049	79	383	121	834
纺织服装、服饰业	9095	7972	1123	4880	1259	5867
机织服装制造	6958	5943	1015	3856	905	4549
针织或钩针编织服装制造	1527	1446	81	763	230	953
服饰制造	610	583	27	261	124	365
皮革、毛皮、羽毛及其制品和制鞋业	6498	6116	382	2209	974	4768
皮革鞣制加工	766	727	39	205	60	692
皮革制品制造	1172	1120	52	375	140	1000
毛皮鞣制及制品加工	109	106	3	51	10	83
羽毛(绒)加工及制品制造	47	45	2	33	13	18
制鞋业	4404	4118	286	1545	751	2975
木材加工和木、竹、藤、棕、草制品业	1843	1577	266	461	326	1133
木材加工	261	237	24	61	27	158
人造板制造	491	414	77	92	89	199
木制品制造	778	672	106	250	180	545
竹、藤、棕、草等制品制造	313	254	59	58	30	231
家具制造业	5023	4371	652	1030	448	3158
木质家具制造	1298	1163	135	174	126	694
竹、藤家具制造	187	172	15	56	32	177
金属家具制造	2347	2001	346	534	215	1701
塑料家具制造	101	80	21	12	2	30
其他家具制造	1090	955	135	254	73	556
造纸和纸制品业	4532	4213	319	916	1138	2629
造纸	3437	3196	241	655	821	1784
纸制品制造	1095	1017	78	261	317	845
印刷和记录媒介复制业	1205	1114	91	366	206	614
印刷	1177	1094	83	362	205	614
装订及印刷相关服务	28	20	8	4	1	

1-C-26 续表 2

单位：人

行 业	科技活动人员数	#参加科技项目人员	#科技管理和服务人员	#女 性	#高中级技术职称人员	#全时人员
文教、工美、体育和娱乐用品制造业	5169	4742	427	1331	722	3369
文教办公用品制造	1055	981	74	304	200	570
乐器制造	286	245	41	54	33	127
工艺美术品制造	1819	1634	185	589	224	1203
体育用品制造	441	418	23	104	83	416
玩具制造	833	779	54	213	96	523
游艺器材及娱乐用品制造	735	685	50	67	86	530
石油加工、炼焦和核燃料加工业	322	322		45	63	272
精炼石油产品制造	322	322		45	63	272
化学原料和化学制品制造业	15866	14346	1520	3517	3197	9922
基础化学原料制造	3816	3442	374	760	1030	2077
肥料制造	158	153	5	24	68	134
农药制造	1501	1392	109	429	303	1041
涂料、油墨、颜料及类似产品制造	2602	2391	211	596	521	1427
合成材料制造	4506	4054	452	882	580	3036
专用化学产品制造	2171	1922	249	515	422	1526
炸药、火工及焰火产品制造	140	135	5	32	89	109
日用化学产品制造	972	857	115	279	184	572
医药制造业	13791	12327	1464	5276	2753	10317
化学药品原料药制造	7419	6634	785	2564	1697	5076
化学药品制剂制造	2666	2371	295	1095	413	2270
中药饮片加工	60	52	8	25	8	40
中成药生产	2151	1941	210	837	433	1576
生物药品制造	914	848	66	453	188	840
卫生材料及医药用品制造	581	481	100	302	14	515
化学纤维制造业	5531	5137	394	1220	867	3394
合成纤维制造	5531	5137	394	1220	867	3394
橡胶和塑料制品业	8961	8128	833	1946	1323	5871
橡胶制品业	3462	3241	221	846	509	2601
塑料制品业	5499	4887	612	1100	814	3270
非金属矿物制品业	4186	3791	395	830	719	2919
水泥、石灰和石膏制造	280	261	19	22	66	60
石膏、水泥制品及类似制品制造	499	457	42	74	89	323

1-C-26 续表 3

单位：人

行业	科技活动人员数	#参加科技项目人员	#科技管理和服务人员	#女性	#高中级技术职称人员	#全时人员
砖瓦、石材等建筑材料制造	718	697	21	207	98	690
玻璃制造	169	148	21	13	22	8
玻璃制品制造	860	733	127	177	206	618
玻璃纤维和玻璃纤维增强塑料制品制造	814	750	64	149	53	666
陶瓷制品制造	123	113	10	26	25	90
耐火材料制品制造	506	440	66	106	123	306
石墨及其他非金属矿物制品制造	217	192	25	56	37	158
黑色金属冶炼和压延加工业	3954	3657	297	477	1061	2349
炼钢	800	745	55	56	269	486
黑色金属铸造	672	626	46	97	94	351
钢压延加工	2482	2286	196	324	698	1512
有色金属冶炼和压延加工业	4224	3827	397	634	462	2876
常用有色金属冶炼	574	464	110	99	107	442
贵金属冶炼	12	10	2		10	10
有色金属合金制造	766	728	38	159	50	651
有色金属铸造	101	101		19	10	56
有色金属压延加工	2771	2524	247	357	285	1717
金属制品业	10623	9688	935	1757	1732	6600
结构性金属制品制造	3079	2637	442	496	616	2082
金属工具制造	960	895	65	134	111	688
集装箱及金属包装容器制造	819	771	48	127	102	552
金属丝绳及其制品制造	318	317	1	5	32	149
建筑、安全用金属制品制造	1551	1414	137	294	234	1066
金属表面处理及热处理加工	240	221	19	55	29	126
搪瓷制品制造	47	44	3	3	8	
金属制日用品制造	3021	2813	208	507	512	1469
其他金属制品制造	588	576	12	136	88	468
通用设备制造业	32750	29201	3549	6006	6766	21787
锅炉及原动设备制造	2021	1747	274	383	705	1271
金属加工机械制造	2314	2140	174	318	556	1633
物料搬运设备制造	4808	4152	656	688	1013	3351

1-C-26 续表 4

单位：人

行 业	科技活动人员数	#参加科技项目人员	#科技管理和服务人员	#女 性	#高中级技术职称人员	#全时人员
泵、阀门、压缩机及类似机械制造	8769	7997	772	1706	1553	6002
轴承、齿轮和传动部件制造	5912	5323	589	1193	1034	3499
烘炉、风机、衡器、包装等设备制造	6093	5363	730	1238	1556	4458
文化、办公用机械制造	665	600	65	122	65	269
通用零部件制造	2168	1879	289	358	284	1304
专用设备制造业	10303	9222	1081	1467	2342	7113
采矿、冶金、建筑专用设备制造	453	378	75	23	138	226
化工、木材、非金属加工专用设备制造	3764	3510	254	496	888	2551
食品、饮料、烟草及饲料生产专用设备制造	85	80	5	6	3	10
印刷、制药、日化及日用品生产专用设备制造	130	119	11	36	10	99
纺织、服装和皮革加工专用设备制造	2029	1898	131	272	380	1479
电子和电工机械专用设备制造	594	369	225	105	43	293
农、林、牧、渔专用机械制造	1271	1145	126	223	337	960
医疗仪器设备及器械制造	481	453	28	103	96	365
环保、社会公共服务及其他专用设备制造	1496	1270	226	203	447	1130
汽车制造业	24955	21806	3149	3793	3432	18014
汽车整车制造	4951	4197	754	723	588	3974
汽车零部件及配件制造	20004	17609	2395	3070	2844	14040
铁路、船舶、航空航天和其他运输设备制造业	5789	5318	471	1059	862	3458
船舶及相关装置制造	2595	2321	274	321	284	1731
摩托车制造	1565	1442	123	351	348	620
自行车制造	1629	1555	74	387	230	1107
电气机械和器材制造业	47085	41579	5506	8797	8224	32900
电机制造	9291	8233	1058	1597	1768	5856
输配电及控制设备制造	14192	11870	2322	2583	3244	10674
电线、电缆、光缆及电工器材制造	3506	3226	280	584	489	2033
电池制造	4069	3778	291	664	624	2803
家用电力器具制造	12406	11350	1056	2417	1262	8913
非电力家用器具制造	299	262	37	22	40	186
照明器具制造	3276	2818	458	913	796	2394
其他电气机械及器材制造	46	42	4	17	1	41

1-C-26 续表 5

单位：人

行业	科技活动人员数	#参加科技项目人员	#科技管理和服务人员	#女性	#高中级技术职称人员	#全时人员
计算机、通信和其他电子设备制造业	33252	29973	3279	6549	4341	25564
计算机制造	375	340	35	67	64	319
通信设备制造	15399	13657	1742	2647	1396	12731
广播电视设备制造	1430	1331	99	262	194	975
视听设备制造	2274	2169	105	379	287	1400
电子器件制造	5207	4766	441	998	1002	4030
电子元件制造	7780	7109	671	2009	1241	5734
其他电子设备制造	787	601	186	187	157	375
仪器仪表制造业	10666	9885	781	2217	1539	7349
通用仪器仪表制造	7416	6872	544	1547	992	5307
专用仪器仪表制造	1678	1526	152	321	306	1055
钟表与计时仪器制造	186	176	10	68	34	152
光学仪器及眼镜制造	1320	1255	65	272	194	807
其他仪器仪表制造业	66	56	10	9	13	28
其他制造业	1237	1087	150	253	135	823
日用杂品制造	1134	992	142	222	122	760
其他未列明制造业	103	95	8	31	13	63
废弃资源综合利用业	48	48		5	15	28
金属废料和碎屑加工处理	48	48		5	15	28
金属制品、机械和设备修理业	93	65	28	18	34	24
铁路、船舶、航空航天等运输设备修理	93	65	28	18	34	24
电力、热力、燃气及水生产和供应业	**2348**	**2200**	**148**	**419**	**1417**	**1412**
电力、热力生产和供应业	2246	2115	131	402	1384	1395
电力生产	646	611	35	49	248	169
电力供应	1600	1504	96	353	1136	1226
燃气生产和供应业	14	14		1	5	
燃气生产和供应业	14	14		1	5	
水的生产和供应业	88	71	17	16	28	17
自来水生产和供应	79	62	17	12	22	8
污水处理及其再生利用	9	9		4	6	9

1-C-27 按地区分组的规模以上大中型工业法人单位科技活动人员情况

单位：人

地 区	科技活动人员数	#参加科技项目人员	#科技管理和服务人员	#女 性	#高中级技术职称人员	#全时人员
全 省	**293827**	**263342**	**30485**	**65848**	**50972**	**197779**
杭州市	**67349**	**58470**	**8879**	**14933**	**10825**	**46781**
上城区	1607	1517	90	376	373	1398
下城区	693	644	49	99	293	203
江干区	9990	8629	1361	2512	1496	7966
拱墅区	1819	1571	248	436	674	1091
西湖区	2132	1728	404	547	353	1556
滨江区	18072	15623	2449	3416	2222	13331
萧山区	16155	13481	2674	3631	2306	9590
余杭区	6875	6351	524	1739	1184	4870
桐庐县	1329	1208	121	422	231	1012
淳安县	306	250	56	65	51	151
建德市	1437	1310	127	299	324	676
富阳市	3445	3140	305	612	593	2181
临安市	3489	3018	471	779	725	2756
宁波市	**58353**	**54217**	**4136**	**13284**	**8348**	**39082**
海曙区	808	700	108	419	87	361
江东区	689	635	54	185	81	414
江北区	2556	2367	189	552	500	1376
北仑区	8962	8478	484	2193	1580	6276
镇海区	4155	3917	238	1110	552	2797
鄞州区	11175	10317	858	2708	1267	7841
象山县	2148	1653	495	540	506	1040
宁海县	3507	3374	133	728	490	2157
余姚市	7187	7093	94	1621	1233	5108
慈溪市	14679	13316	1363	2751	1761	9930
奉化市	2487	2367	120	477	291	1782
温州市	**28928**	**24107**	**4821**	**6387**	**4854**	**21916**
鹿城区	3403	3088	315	815	688	2221
龙湾区	3142	2823	319	625	417	2300
瓯海区	2532	2286	246	581	407	1721
洞头县	154	67	87	76	37	105
永嘉县	3777	3191	586	1402	493	2842

1-C-27 续表 1

单位：人

地　　区	科技活动人员数	#参加科技项目人员	#科技管理和服务人员	#女　性	#高中级技术职称人员	#全时人员
平阳县	1330	1257	73	232	195	853
苍南县	360	318	42	61	88	210
泰顺县	15	13	2	4	5	6
瑞安市	4764	3588	1176	915	572	3780
乐清市	9451	7476	1975	1676	1952	7878
嘉兴市	**31337**	**28793**	**2544**	**8263**	**4786**	**21652**
南湖区	4985	4453	532	989	922	3030
秀洲区	4152	3622	530	1155	814	2659
嘉善县	3913	3512	401	794	488	3075
海盐县	1713	1525	188	435	376	1111
海宁市	6539	6062	477	1585	854	4498
平湖市	5013	4857	156	1849	671	3552
桐乡市	5022	4762	260	1456	661	3727
湖州市	**12920**	**11720**	**1200**	**2443**	**2512**	**8776**
吴兴区	1987	1703	284	361	493	1546
南浔区	2356	2057	299	464	593	1633
德清县	3131	2846	285	666	495	2119
长兴县	3134	2890	244	512	627	1789
安吉县	2312	2224	88	440	304	1689
绍兴市	**34231**	**30879**	**3352**	**8237**	**7573**	**20133**
越城区	3513	2951	562	872	664	2168
绍兴县	9008	8046	962	1927	1907	3597
新昌县	7036	6253	783	1865	1300	5718
诸暨市	6757	6060	697	1464	1896	4590
上虞市	6060	5760	300	1742	1543	3291
嵊州市	1857	1809	48	367	263	769
金华市	**20908**	**18630**	**2278**	**4570**	**4009**	**15191**
婺城区	3380	3074	306	655	540	2450
金东区	910	826	84	207	225	717
武义县	1547	1363	184	176	313	999
浦江县	1798	1538	260	439	165	1204
磐安县	227	206	21	67	57	181
兰溪市	1789	1603	186	521	519	1004
义乌市	3416	3025	391	942	514	2608
东阳市	3174	2949	225	841	705	2331
永康市	4667	4046	621	722	971	3697

1-C-27 续表 2

单位：人

地 区	科技活动人员数	#参加科技项目人员	#科技管理和服务人员	#女 性	#高中级技术职称人员	#全时人员
衢州市	**5289**	**4744**	**545**	**933**	**1174**	**3095**
柯城区	2015	1764	251	361	621	1143
衢江区	216	189	27	34	37	183
常山县	313	262	51	58	60	127
开化县	729	679	50	78	138	298
龙游县	835	753	82	202	151	630
江山市	1181	1097	84	200	167	714
舟山市	**4986**	**4305**	**681**	**650**	**863**	**2624**
定海区	2565	2323	242	246	407	1109
普陀区	1803	1442	361	301	400	1040
岱山县	618	540	78	103	56	475
台州市	**24688**	**22964**	**1724**	**4873**	**4299**	**15011**
椒江区	4292	3914	378	830	1003	3126
黄岩区	1867	1841	26	453	352	679
路桥区	2695	2438	257	370	505	1723
玉环县	4192	3908	284	684	514	2213
三门县	646	605	41	114	144	486
天台县	1503	1335	168	290	287	1158
仙居县	1130	1082	48	346	192	732
温岭市	5513	5332	181	1084	1005	2482
临海市	2850	2509	341	702	297	2412
丽水市	**3838**	**3563**	**275**	**975**	**979**	**2518**
莲都区	1004	902	102	225	219	592
青田县	762	715	47	206	61	587
缙云县	1108	1097	11	197	479	727
遂昌县	214	205	9	68	72	212
松阳县	118	109	9	56	14	67
云和县	119	103	16	26	27	65
庆元县	304	231	73	102	65	179
龙泉市	209	201	8	95	42	89

1-C-28 按轻重工业、规模、登记注册类型、隶属关系和控股

项　目	企业内部用于科技活动的经费支出	#人员人工费	#原材料费	#折旧费用与长期费用摊销
总　计	**6178108**	**1896726**	**2842517**	**362752**
一、按轻重工业分				
轻工业	2137654	631029	1013529	117797
重工业	4040454	1265697	1828988	244955
二、按规模分				
大型企业	2995178	947475	1320808	178600
中型企业	3182930	949250	1521709	184152
三、按登记注册类型分				
内资	4158468	1278388	1934974	249977
国有	69080	10226	36048	2366
股份合作企业	8744	2947	4452	349
有限责任公司	1260151	410669	546168	80126
国有独资公司	38971	15009	12753	2479
其他有限责任公司	1221180	395660	533416	77648
股份有限公司	1167682	374896	546661	76400
私营企业	1652601	479633	801539	90736
私营独资	5808	1468	2436	197
私营合伙	892	346	374	
私营有限责任公司	1436533	416489	689600	79078
私营股份有限公司	209368	61329	109129	11460
其他企业	210	18	105	
港澳台商投资	1117929	332289	494139	67847
与港澳台商合资经营	548887	131531	301502	38964
与港澳台商合作经营	9975	2775	4207	261
港澳台商独资	426092	135399	158617	25505
港澳台商投资股份有限公司	132974	62584	29813	3117
外商投资	901712	286049	413404	44929
中外合资经营	584290	172894	281954	28940
中外合作经营	1243	551	531	22
外资企业	269449	98486	107154	12584
外商投资股份有限公司	44980	13529	23448	3380
其他外商投资	1750	590	318	4
四、按隶属关系分				
中央	91327	22154	31256	1772
地方	6086781	1874571	2811262	360980
五、按控股情况分				
国有控股	579127	152489	283879	39106
集体控股	200324	53031	100482	14693
私人控股	3753755	1159926	1756979	211828
港澳台商控股	818551	260224	327165	51677
外商控股	505011	178664	215048	24398
其他	321340	92392	158964	21051

情况分组的规模以上大中型工业法人单位科技活动经费情况

单位：万元

#无形资产摊　销	委托外单位开展科技活动的经费支出	#对境内研究机构支出	#对境内高等学校支出	#对境外支出
64310	**275148**	**133471**	**38741**	**50238**
21586	82330	46285	12741	11130
42724	192818	87186	26000	39108
34721	191669	87124	23727	43962
29589	83479	46347	15014	6276
42292	149128	73371	29869	14161
610	9736	1693	1331	
	65		65	
16689	54182	29357	10320	9570
123	2788	2030	411	235
16566	51394	27327	9909	9335
10931	45649	20490	8748	2785
14062	39497	21831	9405	1806
12	1090	1090		
12138	32553	16988	8435	1644
1913	5854	3754	971	161
10610	44786	14952	6724	14109
7544	21604	7260	2297	11280
925				
1682	18328	7143	4395	2830
460	4853	549	32	
11407	81234	45149	2148	21968
8115	69888	37049	1658	20660
2707	5876	2809	310	1308
586	5224	5179	45	
	247	112	135	
77	23544	1975	2782	11280
64233	251605	131496	35959	38958
10633	59887	22332	7230	19389
1712	5023	2302	1917	205
33617	114839	60255	23073	5936
9298	30218	14071	4855	2560
6979	53777	26067	1074	20802
2071	11406	8445	592	1347

1-C-29 按行业中类分组的规模以上大中型

行业	企业内部用于科技活动的经费支出	#人员人工费	#原材料费
总　计	**6178108**	**1896726**	**2842517**
采矿业	**615**	**314**	**198**
黑色金属矿采选业	1	1	
铁矿采选	1	1	
有色金属矿采选业	614	313	198
常用有色金属矿采选	614	313	198
制造业	**6131802**	**1888117**	**2830450**
农副食品加工业	38598	10978	17887
谷物磨制	66	38	17
饲料加工	4346	1052	2241
植物油加工	765	382	235
屠宰及肉类加工	9837	2178	4425
水产品加工	13917	4601	6371
蔬菜、水果和坚果加工	5748	1395	2481
其他农副食品加工	3920	1332	2116
食品制造业	48209	11188	24152
焙烤食品制造	4044	1075	2050
方便食品制造	5410	1981	2101
乳制品制造	4756	962	2045
罐头食品制造	5434	1100	1831
调味品、发酵制品制造	808	243	291
其他食品制造	27756	5827	15835
酒、饮料和精制茶制造业	61673	18759	31151
酒的制造	17279	6117	8201
饮料制造	43144	12213	22495
精制茶加工	1251	430	455
纺织业	348782	92455	166251
棉纺织及印染精加工	219777	55389	106939
毛纺织及染整精加工	11500	3024	6892
麻纺织及染整精加工	5377	1433	2538
丝绢纺织及印染精加工	9364	4139	3327
化纤织造及印染精加工	4942	889	2069

工业法人单位科技活动经费情况

单位：万元

#折旧费用与长期费用摊销	#无形资产摊销	委托外单位开展科技活动的经费支出	#对境内研究机构支出	#对境内高等学校支出	#对境外支出
362752	**64310**	**275148**	**133471**	**38741**	**50238**
11					
11					
11					
360120	**64124**	**264462**	**131447**	**37340**	**50238**
2367	36	1097	916	112	50
323		129	28	52	50
101					
355	10	20			
800	16	308	288	20	
617	10	630	600	30	
170		10		10	
2242	873	1272	993	254	
75					
643	154	77		77	
193	10				
353	500	652	610	42	
13		144	144		
966	209	399	239	135	
3292	428	300	129	171	
1436	335	247	112	135	
1764	67				
93	27	53	17	36	
21296	3260	8713	2012	1421	291
14899	1815	6734	1629	671	86
402	188	73			
160	13	126	126		
451	162	191		191	
20					

1-C-29 续表 1

行　　业	企业内部用于科技活动的经费支出	#人员人工费	#原材料费
针织或钩针编织物及其制品制造	51122	14902	21938
家用纺织制成品制造	25697	8237	10958
非家用纺织制成品制造	21004	4442	11591
纺织服装、服饰业	129405	53271	50410
机织服装制造	93918	41285	35543
针织或钩针编织服装制造	24949	8085	10532
服饰制造	10539	3901	4336
皮革、毛皮、羽毛及其制品和制鞋业	105903	35091	51832
皮革鞣制加工	24679	5023	14914
皮革制品制造	21793	6961	10503
毛皮鞣制及制品加工	7077	979	4887
羽毛(绒)加工及制品制造	611	325	180
制鞋业	51742	21804	21348
木材加工和木、竹、藤、棕、草制品业	32006	7345	18407
木材加工	3028	832	1564
人造板制造	6791	1532	4059
木制品制造	19391	3998	11810
竹、藤、棕、草等制品制造	2795	985	975
家具制造业	68866	22933	33417
木质家具制造	21522	7210	10571
竹、藤家具制造	5273	1068	3844
金属家具制造	27126	9034	11751
塑料家具制造	1014	625	367
其他家具制造	13932	4996	6884
造纸和纸制品业	100061	21879	57953
造纸	78515	15935	47532
纸制品制造	21546	5944	10421
印刷和记录媒介复制业	18798	6645	8002
印刷	18379	6473	7999
装订及印刷相关服务	420	172	4

单位：万元

		委托外单位开展科技活动的经费支出			
#折旧费用与长期费用摊销	#无形资产摊　销		#对境内研究机构支出	#对境内高等学校支出	#对境外支出
2541	610	1191	175	449	
1329	412	372	82	85	205
1494	61	27		27	
4749	639	4627	435	1071	1270
3459	553	4572	435	1016	1270
1161	87	55		55	
129		1		1	
3102	644	1762	1312	317	100
421	500				
112	…	158	158		
51					
8					
2509	144	1603	1154	317	100
1652	199	256	121	135	
269		65		65	
220	47	30	30		
1060	99	131	61	70	
104	53	30	30		
4307	482	2000	398	370	133
999	61	114	77	37	
270		300	200		100
2235	213	1294	10	152	33
21					
783	208	292	111	181	
7627	859	465	201	264	
5418	825	339	193	146	
2209	35	126	8	118	
1316	215	325		20	305
1316		325		20	305
	215				

1-C-29 续表 2

行 业	企业内部用于科技活动的经费支出	#人员人工费	#原材料费
文教、工美、体育和娱乐用品制造业	97945	27051	45196
文教办公用品制造	14922	5004	5962
乐器制造	2738	1419	320
工艺美术品制造	39325	9127	19701
体育用品制造	6749	2693	2689
玩具制造	9800	3980	3907
游艺器材及娱乐用品制造	24410	4828	12617
石油加工、炼焦和核燃料加工业	1965	470	4
精炼石油产品制造	1965	470	4
化学原料和化学制品制造业	669284	122938	394423
基础化学原料制造	97871	27431	43071
肥料制造	3952	943	1969
农药制造	32128	11930	15157
涂料、油墨、颜料及类似产品制造	83292	28439	37653
合成材料制造	338566	29927	234770
专用化学产品制造	69912	12451	43222
炸药、火工及焰火产品制造	2880	1108	1557
日用化学产品制造	40684	10710	17023
医药制造业	217431	81603	73952
化学药品原料药制造	130524	42991	52548
化学药品制剂制造	34849	13624	6977
中药饮片加工	898	260	212
中成药生产	24990	9196	7354
生物药品制造	20385	13133	4304
卫生材料及医药用品制造	5785	2398	2557
化学纤维制造业	205822	30620	141936
合成纤维制造	205822	30620	141936
橡胶和塑料制品业	213940	58900	124291
橡胶制品业	106869	28444	67814
塑料制品业	107071	30456	56478
非金属矿物制品业	95488	25070	55007
水泥、石灰和石膏制造	10050	2412	5827

单位：万元

		委托外单位开展科技活动的经费支出			
#折旧费用与长期费用摊销	#无形资产摊　销		#对境内研究机构支出	#对境内高等学校支出	#对境外支出
4746	480	1073	696	255	45
1824	216	24	1	23	
207		246	246		
1518	225	92		92	
503	21	455	400	10	45
339	18	216	48	90	
354		40		40	
		1953	1112	92	
		1953	1112	92	
36511	8359	15335	9020	4028	2042
6713	1935	4147	1810	2226	
961		12		12	
1793	290	3542	2227	756	426
3484	371	1716	1535	181	
18514	5515	3466	3100	367	
3812	175	2297	345	336	1616
70		4	4		
1164	74	150		150	
18462	7867	46377	31571	5854	8245
12670	3935	33176	19815	4927	8157
2921	3027	10564	9611	550	89
125					
1588	807	2243	1952	175	
745	87	210	193	17	
413	10	185		185	
10299	758	1923	1347	394	
10299	758	1923	1347	394	
11611	259	1227	89	628	38
5544	27	354	71	283	
6067	232	873	18	345	38
4058	559	1113	772	210	131
215	114	330	330		

1-C-29 续表 3

行 业	企业内部用于科技活动的经费支出	#人员人工费	#原材料费
石膏、水泥制品及类似制品制造	6497	1721	3487
砖瓦、石材等建筑材料制造	28395	7783	17781
玻璃制造	2854	566	1766
玻璃制品制造	17015	4594	9257
玻璃纤维和玻璃纤维增强塑料制品制造	14634	3551	8536
陶瓷制品制造	1715	344	875
耐火材料制品制造	10367	3217	4587
石墨及其他非金属矿物制品制造	3961	882	2892
黑色金属冶炼和压延加工业	236686	26451	159274
炼钢	80954	6389	66338
黑色金属铸造	12074	4296	5282
钢压延加工	143658	15766	87654
有色金属冶炼和压延加工业	155634	28022	84116
常用有色金属冶炼	30125	3189	12199
贵金属冶炼	457	200	250
有色金属合金制造	14609	3462	6787
有色金属铸造	1546	751	584
有色金属压延加工	108897	20421	64297
金属制品业	165754	55213	76749
结构性金属制品制造	69932	21323	33076
金属工具制造	10638	4458	4282
集装箱及金属包装容器制造	13479	5062	6258
金属丝绳及其制品制造	3841	1713	1543
建筑、安全用金属制品制造	17671	5744	8382
金属表面处理及热处理加工	6433	1509	4775
搪瓷制品制造	1191	308	661
金属制日用品制造	32380	10731	13847
其他金属制品制造	10192	4365	3926
通用设备制造业	560486	190114	269175
锅炉及原动设备制造	50126	16705	26725
金属加工机械制造	38215	13315	17273

单位：万元

#折旧费用与长期费用摊销	#无形资产摊 销	委托外单位开展科技活动的经费支出	#对境内研究机构支出	#对境内高等学校支出	#对境外支出
476	4	24	24		
647		120		120	
211	7	35			35
705	409	18		18	
1335		393	283	13	96
6					
427	25	186	135	51	
37		8		8	
12480	761	786	173	463	
3239	400	49		49	
1117	26	55	27	28	
8124	335	683	147	386	
12186	983	1358	887	68	
2594	96	871	816	55	
513	832	432	27	1	
129	2				
8950	53	55	43	12	
11506	2967	11820	4086	5019	8
5251	2211	9650	3923	3562	
598	21	470		98	
921	100	1113	15	1070	8
538					
1361	361	233	59	73	
41	12				
68	4				
1656	197	189	89	100	
1074	62	116		116	
30982	3198	33600	14845	3072	11779
2318	515	786	260	526	
2031	178	1357	567	94	526

1-C-29 续表 4

行　　业	企业内部用于科技活动的经费支出	#人员人工费	#原材料费
物料搬运设备制造	118292	32025	66550
泵、阀门、压缩机及类似机械制造	139256	45168	70585
轴承、齿轮和传动部件制造	74709	25967	32223
烘炉、风机、衡器、包装等设备制造	94991	39367	37462
文化、办公用机械制造	7699	3937	1166
通用零部件制造	37199	13631	17192
专用设备制造业	190715	62364	91191
采矿、冶金、建筑专用设备制造	6750	2164	3423
化工、木材、非金属加工专用设备制造	78900	24232	41095
食品、饮料、烟草及饲料生产专用设备制造	1700	435	936
印刷、制药、日化及日用品生产专用设备制造	1696	585	750
纺织、服装和皮革加工专用设备制造	36953	11768	18736
电子和电工机械专用设备制造	4616	2266	1599
农、林、牧、渔专用机械制造	18251	6177	6683
医疗仪器设备及器械制造	9805	3967	3636
环保、社会公共服务及其他专用设备制造	32044	10770	14332
汽车制造业	408028	150226	146592
汽车整车制造	96911	32064	31667
汽车零部件及配件制造	311118	118163	114925
铁路、船舶、航空航天和其他运输设备制造业	160966	49801	72137
船舶及相关装置制造	108453	33499	49254
摩托车制造	26144	7991	9700
自行车制造	26369	8311	13183
电气机械和器材制造业	860070	258969	395470
电机制造	167407	58352	61723
输配电及控制设备制造	234655	75628	104894
电线、电缆、光缆及电工器材制造	103697	18859	61752
电池制造	81260	19192	46275
家用电力器具制造	218171	67996	97850
非电力家用器具制造	5443	1907	2030
照明器具制造	48985	16813	20764
其他电气机械及器材制造	452	223	183

单位：万元

#折旧费用与长期费用摊销	#无形资产摊销	委托外单位开展科技活动的经费支出	#对境内研究机构支出	#对境内高等学校支出	#对境外支出
4201	317	18823	4695	483	11160
8818	890	1236	331	476	3
5858	539	777	196	398	90
4362	739	3745	2707	1038	
138	1	11	11		
3257	19	6867	6078	58	
10761	4035	3044	1690	998	65
360	34	116		37	
3550	697	1010	448	331	65
122		5	5		
66	…	6			
2085	1355	779	317	422	
101	26				
2135	85	968	874	94	
731	55	50		50	
1610	1783	110	46	64	
36299	9295	49704	19875	999	20789
11476	3767	19031	5799	152	12963
24823	5529	30673	14076	848	7826
15476	1842	17294	13596	242	320
12975	1635	15175	12057	1	
1424	80	2036	1493	223	320
1078	127	84	46	18	
50044	10389	29278	10476	3862	2671
9477	5335	5403	1853	1481	1770
16573	1782	14251	4261	757	632
5158	653	2235	1313	234	
5811	266	1238	248	551	269
10123	1951	5645	2561	695	
231	165				
2641	237	506	240	145	
30					

1-C-29 续表 5

行　业	企业内部用于科技活动的经费支出	#人员人工费	#原材料费
计算机、通信和其他电子设备制造业	754987	357227	193146
计算机制造	3081	975	1382
通信设备制造	442730	253732	56380
广播电视设备制造	28706	10294	12112
视听设备制造	48224	16088	20191
电子器件制造	92951	33662	40205
电子元件制造	124734	38177	54879
其他电子设备制造	14562	4301	7998
仪器仪表制造业	159920	74876	38380
通用仪器仪表制造	115628	57045	21658
专用仪器仪表制造	22858	8732	8858
钟表与计时仪器制造	2376	1006	1020
光学仪器及眼镜制造	18764	7903	6813
其他仪器仪表制造业	295	190	31
其他制造业	21838	7041	8406
日用杂品制造	18801	6212	6855
其他未列明制造业	3037	829	1551
废弃资源综合利用业	1510	246	1264
金属废料和碎屑加工处理	1510	246	1264
金属制品、机械和设备修理业	1031	370	280
铁路、船舶、航空航天等运输设备修理	1031	370	280
电力、热力、燃气及水生产和供应业	**45692**	**8295**	**11870**
电力、热力生产和供应业	43593	7834	11004
电力生产	17841	3684	7881
电力供应	25752	4150	3124
燃气生产和供应业	1251	151	559
燃气生产和供应业	1251	151	559
水的生产和供应业	848	310	306
自来水生产和供应	305	239	35
污水处理及其再生利用	543	71	272

单位：万元

#折旧费用与长期费用摊销	#无形资产摊销	委托外单位开展科技活动的经费支出	#对境内研究机构支出	#对境内高等学校支出	#对境外支出
33900	3874	19596	7707	6508	1601
109	12				
12533	1450	12963	4636	5512	
1655	46	132	87	45	
1853	774	177	24	92	62
5846	278	4722	2420	42	1407
11115	1125	1301	240	816	132
789	187	300	300		
8196	736	8144	6989	517	354
5522	571	5974	5347	306	99
783	113	2014	1612	146	255
190	…				
1680	52	95	30	65	
21		62			
654	124	21			3
534	14	21			3
121	110				
2621	**186**	**10687**	**2024**	**1401**	
2529	186	10687	2024	1401	
2477	31	909	240	119	
52	155	9778	1784	1282	
91					
91					

1-C-30 按地区分组的规模以上大中型工业法人单位科技活动经费情况

单位：万元

地区	企业内部用于科技活动的经费支出	#人员人工费	#原材料费	#折旧费用与长期费用摊销	#无形资产摊销	委托外单位开展科技活动的经费支出	#对境内研究机构支出	#对境内高等学校支出	#对境外支出
全省	**6178108**	**1896726**	**2842517**	**362752**	**64310**	**275148**	**133471**	**38741**	**50238**
杭州市	**1644517**	**622396**	**620815**	**93985**	**13828**	**71741**	**24569**	**11685**	**26733**
上城区	46567	19073	20493	1932	87	271	251	20	
下城区	15134	4335	10133	571	10	304	182	122	
江干区	236822	94177	103062	11512	1701	19891	7883	658	11033
拱墅区	57939	10434	36793	2961	2652	7311	6820	403	89
西湖区	26724	12374	7981	1396	81	258	69	177	
滨江区	486742	277463	56621	18655	2206	13785	5258	5743	
萧山区	377904	92013	189710	35730	4337	14942	965	2107	11355
余杭区	143342	49088	67720	6661	557	6440	205	1022	675
桐庐县	21727	9490	8767	1148	298	1902	117	25	1760
淳安县	16082	1740	7424	959	135				
建德市	22910	8174	11414	1833	160	1402	292	550	426
富阳市	96928	18744	46772	5905	1277	3483	1027	607	1395
临安市	95697	25290	53926	4721	328	1752	1500	252	
宁波市	**1216789**	**362498**	**587807**	**78251**	**17649**	**55364**	**28817**	**2047**	**11522**
海曙区	9959	5006	2632	679	1	45	9	10	
江东区	15131	4152	7571	1730	29	145	80	65	
江北区	50077	20352	18513	4400	121	144		117	
北仑区	299946	60373	179028	16833	7303	3997	2330	153	1094
镇海区	95089	26634	48301	4663	1302	10089	2617	413	1909
鄞州区	229612	77007	106031	15062	2470	4414	2386	174	1684
象山县	42621	11302	20592	1557	460	3724	346	89	
宁海县	54128	17745	23773	4404	373	362	178	132	38
余姚市	130358	44093	58956	8869	403	10488	4723	370	1662
慈溪市	245123	81828	103531	14293	4519	17333	11554	494	5135
奉化市	44744	14006	18880	5763	667	4624	4594	30	
温州市	**346208**	**127979**	**154782**	**17138**	**2034**	**18296**	**6924**	**1561**	**1229**
鹿城区	41048	14862	18036	2081	295	908	575	200	100
龙湾区	44200	12909	22162	3714	264	294	11	149	
瓯海区	28418	13335	10413	1066	81	287	200	87	
洞头县	588	355	192	11		423	415	8	
永嘉县	39900	18705	15168	1914	179	833	537	296	

1-C-30 续表 1

单位：万元

地 区	企业内部用于科技活动的经费支出	#人员人工费	#原材料费	#折旧费用与长期费用摊销	#无形资产摊销	委托外单位开展科技活动的经费支出	#对境内研究机构支出	#对境内高等学校支出	#对境外支出
平阳县	15077	4128	8226	616	2	1218	1143	75	
苍南县	5901	2242	2262	554	10	301		46	255
泰顺县	98	65	33						
瑞安市	67016	18339	38526	3713	175	1073	20	223	831
乐清市	103962	43040	39764	3470	1028	12960	4023	478	43
嘉兴市	**743969**	**175754**	**434881**	**34461**	**5904**	**13641**	**7985**	**1096**	**2364**
南湖区	120669	28805	77777	4883	601	1671	100	385	908
秀洲区	71824	24451	30209	6471	1690	2734	31	135	1270
嘉善县	91315	20868	53150	2944	476	5087	5075	11	
海盐县	70924	15966	39837	3942	318	306		88	
海宁市	155280	37184	91439	6849	1201	1177	801	185	
平湖市	95196	24426	43834	5244	1569	1823	1608	210	
桐乡市	138761	24054	98636	4128	51	844	368	82	187
湖州市	**307490**	**59480**	**186589**	**18814**	**1006**	**4992**	**2201**	**1393**	**574**
吴兴区	64373	13111	38871	5998	126	195		195	
南浔区	69585	9179	49346	4647	242	932	559	247	126
德清县	60503	15081	28438	2700	215	1586	1065	411	110
长兴县	78027	12781	51025	4136	278	890	335	250	304
安吉县	35002	9328	18910	1334	146	1390	242	290	33
绍兴市	**854616**	**243431**	**383314**	**46094**	**12089**	**32204**	**16832**	**10739**	**1528**
越城区	98365	23442	54536	6645	625	2075	686	1389	
绍兴县	281009	52766	135163	14478	2892	12453	6602	2965	
新昌县	106743	43266	45355	6116	1501	7304	4323	1466	1513
诸暨市	152882	53188	71389	7319	2920	4330	2306	1955	15
上虞市	171233	56621	57417	9109	3364	4083	1924	2159	
嵊州市	44384	14148	19454	2427	787	1959	991	805	
金华市	**370175**	**98724**	**169082**	**25833**	**4296**	**8972**	**5073**	**2547**	**110**
婺城区	45968	12951	18188	3706	423	1183	639	116	
金东区	11957	3338	5747	404	53	28	5	23	
武义县	25241	8589	12100	1046	252	552	450	2	100
浦江县	37436	10928	20126	2525	412	248	15	233	
磐安县	3140	1305	1506	215	3	30		30	
兰溪市	36885	8735	14552	2770	627	1236	582	133	
义乌市	66482	17628	31510	3815	387	2103	1499	584	
东阳市	62186	12501	32616	5289	604	1233	435	796	
永康市	80880	22750	32737	6063	1534	2360	1449	632	10

1-C-30 续表 2

单位：万元

地 区	企业内部用于科技活动的经费支出	#人员人工费	#原材料费	#折旧费用与长期费用摊销	#无形资产摊销	委托外单位开展科技活动的经费支出	#对境内研究机构支出	#对境内高等学校支出	#对境外支出
衢州市	**99376**	**23667**	**47704**	**6679**	**1108**	**2443**	**1637**	**805**	
柯城区	46840	9862	23573	3009	683	1237	760	477	
衢江区	5321	848	3814	444		50		48	
常山县	6631	2099	2931	571	10	601	601		
开化县	16487	3949	5821	1130	8	205	65	140	
龙游县	7795	2604	3694	400	146	164	104	60	
江山市	16303	4306	7871	1125	262	186	106	80	
舟山市	**143292**	**44181**	**66668**	**11923**	**1248**	**13270**	**8080**	**1597**	**205**
定海区	49040	13375	25421	1454	88	2828	921	1557	205
普陀区	54625	21961	18596	6056	1157	10262	7009	10	
岱山县	39628	8844	22652	4414	3	180	150	30	
台州市	**350270**	**116112**	**150194**	**24692**	**4767**	**44117**	**30162**	**3823**	**5842**
椒江区	78185	24163	34038	6119	3146	18395	11142	1699	5515
黄岩区	27405	10037	11465	2108	168	2398	1980	413	5
路桥区	43615	12382	24328	2298	396	5751	5701	50	
玉环县	51966	19546	20624	1997	610	691	537	154	
三门县	8723	2758	3757	493	16	375	308	68	
天台县	17689	6140	7257	1549	25	1825	1475	350	
仙居县	15908	6395	6096	1379	12	2895	2184	488	
温岭市	70340	22992	28537	3985	223	5091	4372	390	320
临海市	36439	11700	14092	4764	172	6695	2462	213	3
丽水市	**79256**	**19399**	**38915**	**4881**	**381**	**1928**	**867**	**245**	**132**
莲都区	24192	5694	11510	1036	137	814	130		
青田县	29190	4809	16975	1392	93	551	539	12	
缙云县	13004	4855	4736	1281	24	119	44	75	
遂昌县	5715	1790	2741	716	103	256	4	120	132
松阳县	1366	541	503	124	5				
云和县	1302	426	558	72	10	46	46		
庆元县	2936	881	1158	92	5	30	30		
龙泉市	1550	404	732	170	3	113	75	38	

1-C-31　按轻重工业、规模、登记注册类型、隶属关系和控股情况分组的规模以上大中型工业法人单位科技项目情况

项　目	项目数（个）	参加项目人员（人）	参加项目人员实际工作时间（人年）	项目经费内部支出（万元）
总　计	**23945**	**263342**	**194925**	**6047903**
一、按轻重工业分				
轻工业	9485	102347	72878	2106346
重工业	14460	160995	122047	3941557
二、按规模分				
大型企业	7448	114650	87785	2925472
中型企业	16497	148692	107140	3122431
三、按登记注册类型分				
内资	17493	186345	136941	4099835
国有	300	2472	1764	69196
股份合作企业	58	499	318	8675
有限责任公司	4676	53246	40215	1231348
国有独资公司	273	2145	1463	43046
其他有限责任公司	4403	51101	38753	1188302
股份有限公司	4805	51747	38792	1168478
私营企业	7653	78369	55849	1621928
私营独资	46	242	147	5720
私营合伙	3	68	31	892
私营有限责任公司	6746	69125	49228	1406149
私营股份有限公司	858	8934	6443	209167
其他企业	1	12	3	210
港澳台商投资	3404	40973	31106	1064642
与港澳台商合资经营	1941	20292	15342	518221
与港澳台商合作经营	50	432	362	9030
港澳台商独资	1205	16865	12559	405488
港澳台商投资股份有限公司	208	3384	2843	131903
外商投资	3048	36024	26878	883426
中外合资经营	1842	21887	16654	580988
中外合作经营	8	119	111	1259
外资企业	1037	12140	8629	258330
外商投资股份有限公司	126	1725	1330	41031
其他外商投资	35	153	153	1818
四、按隶属关系分				
中央	327	3597	2439	86527
地方	23618	259745	192486	5961376
五、按控股情况分				
国有控股	1970	20027	15073	583377
集体控股	757	9345	5849	193027
私人控股	15950	170918	127040	3689961
港澳台商控股	2205	29103	21889	773740
外商控股	1993	22417	16365	491915
其他	1065	11532	8709	315882

1-C-32 按行业中类分组的规模以上大中型工业法人单位科技项目情况

行　　业	项目数(个)	参加项目人员(人)	参加项目人员实际工作时间(人年)	项目经费内部支出(万元)
总　计	**23945**	**263342**	**194925**	**6047903**
采矿业	**5**	**40**	**25**	**1003**
黑色金属矿采选业	1	6	1	1
铁矿采选	1	6	1	1
有色金属矿采选业	4	34	24	1002
常用有色金属矿采选	4	34	24	1002
制造业	**23657**	**261102**	**193428**	**5999702**
农副食品加工业	182	1903	1282	41536
谷物磨制	1	13	1	66
饲料加工	36	164	131	4327
植物油加工	2	55	48	1038
屠宰及肉类加工	35	305	207	10434
水产品加工	65	1017	674	16611
蔬菜、水果和坚果加工	33	240	155	5415
其他农副食品加工	10	109	65	3646
食品制造业	195	1701	1090	47622
焙烤食品制造	27	209	141	4095
方便食品制造	26	347	110	4753
乳制品制造	21	281	131	5250
罐头食品制造	18	118	71	4773
调味品、发酵制品制造	7	54	41	999
其他食品制造	96	692	597	27752
酒、饮料和精制茶制造业	206	1544	1066	59131
酒的制造	97	922	566	15839
饮料制造	106	542	426	41776
精制茶加工	3	80	74	1516
纺织业	1161	16442	11513	354055
棉纺织及印染精加工	683	9118	6404	221626
毛纺织及染整精加工	65	673	553	11357
麻纺织及染整精加工	10	782	409	5163
丝绢纺织及印染精加工	40	669	442	10752
化纤织造及印染精加工	8	95	74	4833

1-C-32 续表 1

行 业	项目数(个)	参加项目人员(人)	参加项目人员实际工作时间(人年)	项目经费内部支出(万元)
针织或钩针编织物及其制品制造	162	2440	1757	55051
家用纺织制成品制造	89	1616	1094	25063
非家用纺织制成品制造	104	1049	780	20210
纺织服装、服饰业	444	7972	6125	126925
机织服装制造	286	5943	4634	91542
针织或钩针编织服装制造	128	1446	1002	24396
服饰制造	30	583	489	10987
皮革、毛皮、羽毛及其制品和制鞋业	384	6116	4466	102819
皮革鞣制加工	56	727	477	24115
皮革制品制造	59	1120	940	23543
毛皮鞣制及制品加工	18	106	74	6507
羽毛(绒)加工及制品制造	4	45	42	611
制鞋业	247	4118	2933	48043
木材加工和木、竹、藤、棕、草制品业	171	1577	1219	30662
木材加工	27	237	179	2828
人造板制造	45	414	367	6739
木制品制造	72	672	497	18025
竹、藤、棕、草等制品制造	27	254	176	3070
家具制造业	380	4371	3221	64041
木质家具制造	135	1163	854	19807
竹、藤家具制造	12	172	166	4279
金属家具制造	178	2001	1563	25622
塑料家具制造	3	80	52	1014
其他家具制造	52	955	586	13320
造纸和纸制品业	266	4213	2544	94516
造纸	183	3196	2017	74695
纸制品制造	83	1017	527	19820
印刷和记录媒介复制业	89	1114	745	18946
印刷	88	1094	735	18742
装订及印刷相关服务	1	20	10	204

1-C-32 续表 2

行　　业	项目数(个)	参加项目人员(人)	参加项目人员实际工作时间(人年)	项目经费内部支出(万元)
文教、工美、体育和娱乐用品制造业	497	4742	3373	94228
文教办公用品制造	153	981	756	14408
乐器制造	20	245	211	2779
工艺美术品制造	108	1634	1107	35677
体育用品制造	41	418	338	6102
玩具制造	85	779	478	9676
游艺器材及娱乐用品制造	90	685	483	25587
石油加工、炼焦和核燃料加工业	32	322	48	1965
精炼石油产品制造	32	322	48	1965
化学原料和化学制品制造业	1450	14346	10950	642692
基础化学原料制造	382	3442	2476	89670
肥料制造	19	153	91	4163
农药制造	113	1392	1136	32047
涂料、油墨、颜料及类似产品制造	293	2391	1744	81734
合成材料制造	363	4054	3087	319451
专用化学产品制造	182	1922	1644	71601
炸药、火工及焰火产品制造	11	135	125	2957
日用化学产品制造	87	857	648	41069
医药制造业	1514	12327	9482	212497
化学药品原料药制造	786	6634	5112	131667
化学药品制剂制造	308	2371	1982	33954
中药饮片加工	10	52	32	1048
中成药生产	286	1941	1435	23026
生物药品制造	84	848	526	17362
卫生材料及医药用品制造	40	481	395	5439
化学纤维制造业	446	5137	3127	199196
合成纤维制造	446	5137	3127	199196
橡胶和塑料制品业	707	8128	6113	216291
橡胶制品业	183	3241	2590	109436
塑料制品业	524	4887	3523	106855
非金属矿物制品业	464	3791	2494	92778
水泥、石灰和石膏制造	16	261	90	10121

1-C-32 续表 3

行 业	项目数（个）	参加项目人员（人）	参加项目人员实际工作时间（人年）	项目经费内部支出（万元）
石膏、水泥制品及类似制品制造	51	457	321	6478
砖瓦、石材等建筑材料制造	162	697	373	27911
玻璃制造	18	148	88	2685
玻璃制品制造	74	733	503	16203
玻璃纤维和玻璃纤维增强塑料制品制造	66	750	617	14147
陶瓷制品制造	10	113	61	1738
耐火材料制品制造	43	440	266	9559
石墨及其他非金属矿物制品制造	24	192	174	3938
黑色金属冶炼和压延加工业	529	3657	2447	221786
炼钢	149	745	606	78584
黑色金属铸造	79	626	453	12318
钢压延加工	301	2286	1388	130884
有色金属冶炼和压延加工业	345	3827	2879	147779
常用有色金属冶炼	42	464	341	28290
贵金属冶炼	1	10	10	457
有色金属合金制造	68	728	556	14736
有色金属铸造	19	101	84	1437
有色金属压延加工	215	2524	1888	102859
金属制品业	795	9688	6567	159747
结构性金属制品制造	184	2637	1781	63072
金属工具制造	120	895	623	10835
集装箱及金属包装容器制造	84	771	502	14512
金属丝绳及其制品制造	20	317	173	3506
建筑、安全用金属制品制造	148	1414	1087	16050
金属表面处理及热处理加工	15	221	213	7093
搪瓷制品制造	5	44	42	1190
金属制日用品制造	155	2813	1662	33453
其他金属制品制造	64	576	483	10036
通用设备制造业	3423	29201	22236	571767
锅炉及原动设备制造	182	1747	1135	48525
金属加工机械制造	192	2140	1556	36979

1-C-32 续表 4

行业	项目数(个)	参加项目人员(人)	参加项目人员实际工作时间(人年)	项目经费内部支出(万元)
物料搬运设备制造	608	4152	3096	117210
泵、阀门、压缩机及类似机械制造	937	7997	6296	154870
轴承、齿轮和传动部件制造	606	5323	4112	76651
烘炉、风机、衡器、包装等设备制造	679	5363	4253	96257
文化、办公用机械制造	39	600	380	7690
通用零部件制造	180	1879	1409	33587
专用设备制造业	1187	9222	6669	186628
采矿、冶金、建筑专用设备制造	36	378	289	6294
化工、木材、非金属加工专用设备制造	478	3510	2590	79574
食品、饮料、烟草及饲料生产专用设备制造	5	80	4	1544
印刷、制药、日化及日用品生产专用设备制造	18	119	105	1690
纺织、服装和皮革加工专用设备制造	215	1898	1363	35192
电子和电工机械专用设备制造	38	369	175	4537
农、林、牧、渔专用机械制造	147	1145	824	16106
医疗仪器设备及器械制造	96	453	382	9523
环保、社会公共服务及其他专用设备制造	154	1270	938	32169
汽车制造业	1832	21806	16204	404023
汽车整车制造	168	4197	3024	98698
汽车零部件及配件制造	1664	17609	13181	305325
铁路、船舶、航空航天和其他运输设备制造业	486	5318	3812	139876
船舶及相关装置制造	120	2321	1619	88243
摩托车制造	243	1442	920	26782
自行车制造	123	1555	1273	24851
电气机械和器材制造业	3820	41579	30975	847817
电机制造	683	8233	6280	163324
输配电及控制设备制造	994	11870	9735	226785
电线、电缆、光缆及电工器材制造	249	3226	1859	105900
电池制造	395	3778	2501	82794
家用电力器具制造	1134	11350	8167	215811
非电力家用器具制造	46	262	191	5848
照明器具制造	309	2818	2205	46945
其他电气机械及器材制造	10	42	37	411

1-C-32 续表 5

行 业	项目数(个)	参加项目人员(人)	参加项目人员实际工作时间(人年)	项目经费内部支出(万元)
计算机、通信和其他电子设备制造业	1776	29973	24336	737318
计算机制造	26	340	255	2827
通信设备制造	208	13657	12522	424694
广播电视设备制造	114	1331	985	27781
视听设备制造	325	2169	1585	46881
电子器件制造	427	4766	3838	100882
电子元件制造	612	7109	4713	120864
其他电子设备制造	64	601	438	13389
仪器仪表制造业	764	9885	7490	159741
通用仪器仪表制造	513	6872	5267	115864
专用仪器仪表制造	134	1526	1143	22901
钟表与计时仪器制造	17	176	133	2245
光学仪器及眼镜制造	94	1255	914	18457
其他仪器仪表制造业	6	56	33	274
其他制造业	105	1087	903	20833
日用杂品制造	100	992	826	18019
其他未列明制造业	5	95	77	2814
废弃资源综合利用业	1	48	32	1541
金属废料和碎屑加工处理	1	48	32	1541
金属制品、机械和设备修理业	6	65	19	948
铁路、船舶、航空航天等运输设备修理	6	65	19	948
电力、热力、燃气及水生产和供应业	**283**	**2200**	**1473**	**47198**
电力、热力生产和供应业	246	2115	1420	43958
电力生产	56	611	341	18199
电力供应	190	1504	1079	25759
燃气生产和供应业	3	14	11	1159
燃气生产和供应业	3	14	11	1159
水的生产和供应业	34	71	41	2081
自来水生产和供应	27	62	33	1538
污水处理及其再生利用	7	9	8	543

1-C-33 按地区分组的规模以上大中型工业法人单位科技项目情况

地　　区	项目数(个)	参加项目人员(人)	参加项目人员实际工作时间(人年)	项目经费内部支出(万元)
全　省	**23945**	**263342**	**194925**	**6047903**
杭州市	**4699**	**58470**	**46002**	**1607728**
上城区	147	1517	1224	44835
下城区	59	644	282	14107
江干区	604	8629	6781	232545
拱墅区	234	1571	1277	52634
西湖区	191	1728	1327	27496
滨江区	340	15623	14391	475331
萧山区	1349	13481	9276	356179
余杭区	808	6351	4626	146044
桐庐县	95	1208	969	21418
淳安县	30	250	186	17112
建德市	120	1310	981	23410
富阳市	270	3140	2456	100736
临安市	452	3018	2227	95884
宁波市	**5843**	**54217**	**41264**	**1184861**
海曙区	54	700	504	9134
江东区	81	635	430	13507
江北区	309	2367	1827	46298
北仑区	713	8478	6826	288062
镇海区	471	3917	2643	91991
鄞州区	1030	10317	8706	228392
象山县	204	1653	897	42188
宁海县	571	3374	2121	50245
余姚市	841	7093	5580	133160
慈溪市	1308	13316	9878	238645
奉化市	261	2367	1851	43240
温州市	**1805**	**24107**	**18123**	**345988**
鹿城区	257	3088	2302	41409
龙湾区	243	2823	2003	43126
瓯海区	182	2286	1591	30957
洞头县	20	67	59	588
永嘉县	173	3191	2420	39648

1-C-33　续表 1

地　区	项目数（个）	参加项目人员（人）	参加项目人员实际工作时间（人年）	项目经费内部支出（万元）
平阳县	79	1257	742	15226
苍南县	47	318	224	5714
泰顺县	1	13	1	98
瑞安市	276	3588	2651	69486
乐清市	527	7476	6130	99737
嘉兴市	**2447**	**28793**	**20045**	**734426**
南湖区	392	4453	2528	138378
秀洲区	320	3622	2599	64300
嘉善县	284	3512	2717	89433
海盐县	148	1525	1096	65747
海宁市	492	6062	4368	150964
平湖市	326	4857	3590	88535
桐乡市	485	4762	3147	137068
湖州市	**1258**	**11720**	**8553**	**298057**
吴兴区	203	1703	1245	58890
南浔区	325	2057	1492	66367
德清县	295	2846	2255	59391
长兴县	274	2890	1662	79140
安吉县	161	2224	1900	34269
绍兴市	**1994**	**30879**	**23814**	**858140**
越城区	327	2951	2039	92244
绍兴县	320	8046	5929	283740
新昌县	339	6253	5583	105348
诸暨市	440	6060	4698	161074
上虞市	416	5760	4227	172274
嵊州市	152	1809	1337	43460
金华市	**1555**	**18630**	**11696**	**345123**
婺城区	213	3074	1752	44001
金东区	112	826	482	11644
武义县	100	1363	1066	24391
浦江县	69	1538	1221	27828
磐安县	22	206	145	3017
兰溪市	239	1603	827	34405
义乌市	257	3025	1852	63863
东阳市	186	2949	1607	62054
永康市	357	4046	2744	73921

1-C-33 续表 2

地　区	项目数(个)	参加项目人员(人)	参加项目人员实际工作时间(人年)	项目经费内部支出(万元)
衢州市	**469**	**4744**	**3112**	**96423**
柯城区	235	1764	1198	46789
衢江区	32	189	155	5382
常山县	15	262	173	5744
开化县	39	679	558	16233
龙游县	62	753	317	6594
江山市	86	1097	712	15681
舟山市	**209**	**4305**	**2790**	**125196**
定海区	107	2323	1444	45584
普陀区	64	1442	938	40035
岱山县	38	540	407	39578
台州市	**3181**	**22964**	**16196**	**351063**
椒江区	744	3914	2834	75676
黄岩区	319	1841	1202	27797
路桥区	225	2438	1697	46682
玉环县	480	3908	2733	51901
三门县	96	605	423	9319
天台县	156	1335	832	17361
仙居县	86	1082	826	16615
温岭市	818	5332	3808	71222
临海市	257	2509	1840	34490
丽水市	**368**	**3563**	**2476**	**78746**
莲都区	87	902	620	25634
青田县	95	715	460	28147
缙云县	110	1097	717	12525
遂昌县	21	205	193	5222
松阳县	6	109	74	1372
云和县	8	103	81	1325
庆元县	24	231	183	2932
龙泉市	17	201	147	1590

1-C-34　按轻重工业、规模、登记注册类型、隶属关系和控股情况分组的规模以上大中型工业法人单位办科技机构情况

项　　目	机构数（个）	机构人员合计（人）	#博士毕业	#硕士毕业	#本科毕业	机构经费支出（万元）	仪器和设备原价（万元）	#进口	在境外设立机构数（个）
总　计	**2844**	**186494**	**1929**	**11881**	**87566**	**4686772**	**2778508**	**409560**	**59**
一、按轻重工业分									
轻工业	1277	69179	742	3316	30011	1581341	927222	127930	21
重工业	1567	117315	1187	8565	57555	3105431	1851287	281631	38
二、按规模分									
大型企业	636	85664	974	7529	43291	2402057	1241833	256660	20
中型企业	2208	100830	955	4352	44275	2284714	1536675	152900	39
三、按登记注册类型分									
内资	2141	131344	1574	7304	61915	3222962	1847930	227311	44
国有	7	594	8	52	201	36458	3912	1366	
股份合作企业	7	299	5	13	142	6061	5973	1570	
有限责任公司	518	36040	430	2283	17739	954311	536576	62904	12
国有独资公司	19	1817	23	129	934	36926	18437	4412	4
其他有限责任公司	499	34223	407	2154	16805	917385	518139	58493	8
股份有限公司	432	41272	565	3155	20635	985769	600349	73559	16
私营企业	1177	53139	566	1801	23198	1240362	701120	87911	16
私营独资	10	106		3	47	4066	1314		
私营合伙	3	40			16	872	146	10	
私营有限责任公司	1064	46433	488	1438	19842	1067255	574527	69254	13
私营股份有限公司	100	6560	78	360	3293	168169	125134	18647	3
港澳台商投资	362	29506	150	2868	13108	790290	536485	133040	3
与港澳台商合资经营	212	12577	86	483	5661	328378	273831	29798	2
与港澳台商合作经营	7	154		12	71	4870	2092	75	
港澳台商独资	131	14110	43	1612	6090	333574	246827	100659	1
港澳台商投资股份有限公司	12	2665	21	761	1286	123467	13736	2507	
外商投资	341	25644	205	1709	12543	673520	394093	49210	12
中外合资经营	201	15941	119	797	8125	466365	264370	32983	10
中外合作经营	5	77	1	3	33	932	4089	75	
外资企业	119	8092	64	797	3666	168712	106745	14110	
外商投资股份有限公司	15	1349	14	80	599	35763	18877	2041	1
其他外商投资	1	185	7	32	120	1750	11		1
四、按隶属关系分									
中央	18	1526	6	135	1072	50181	30305	3514	
地方	2826	184968	1923	11746	86494	4636591	2748203	406046	59
五、按控股情况分									
国有控股	135	12182	217	1432	6760	465634	260061	49576	10
集体控股	87	5452	77	276	2666	144735	184431	17829	3
私人控股	2070	122061	1339	5977	56518	2886796	1637882	185333	34
港澳台商控股	237	23092	117	2622	10269	600542	376045	119506	3
外商控股	225	15572	123	1128	6993	343135	213079	23577	8
其他	90	8135	56	446	4360	245931	107010	13740	1

1-C-35 按行业中类分组的规模以上

行业	机构数(个)	机构人员合计(人)	#博士毕业
总 计	**2844**	**186494**	**1929**
采矿业	**1**	**16**	
有色金属矿采选业	1	16	
常用有色金属矿采选	1	16	
制造业	**2833**	**186117**	**1924**
农副食品加工业	36	1130	23
谷物磨制	1	13	
饲料加工	4	162	6
植物油加工	1	18	
屠宰及肉类加工	4	239	2
水产品加工	16	515	13
蔬菜、水果和坚果加工	9	156	2
其他农副食品加工	1	27	
食品制造业	28	1417	19
焙烤食品制造	3	82	1
方便食品制造	3	393	5
乳制品制造	6	165	
罐头食品制造	6	70	4
调味品、发酵制品制造	1	37	
其他食品制造	9	670	9
酒、饮料和精制茶制造业	20	1088	26
酒的制造	14	478	5
饮料制造	5	572	19
精制茶加工	1	38	2
纺织业	252	9761	92
棉纺织及印染精加工	153	6251	70
毛纺织及染整精加工	12	475	
麻纺织及染整精加工	4	398	
丝绢纺织及印染精加工	8	255	2

大中型工业法人单位办科技机构情况

#硕士毕业	#本科毕业	机构经费支出（万元）	仪器和设备原价（万元）	#进 口	在境外设立机构数（个）
11881	**87566**	**4686772**	**2778508**	**409560**	**59**
2	**10**	**844**	**265**		
2	10	844	265		
2	10	844	265		
11861	**87263**	**4668731**	**2772289**	**409560**	**59**
83	495	33158	17475	814	
1	12	56	70		
11	56	3641	2145		
	3	229	109		
14	112	10305	4576	390	
32	207	14937	7089	66	
19	95	2963	3466	358	
6	10	1028	20		
111	543	30664	13913	52	1
1	48	2809	1856	3	
13	131	4181	1512		
11	71	4331	1040	50	
16	20	5293	1796		
	9	594	1042		
70	264	13456	6667		1
200	504	54970	33871	16362	1
27	208	13963	10924	1813	1
170	288	40241	22564	14549	
3	8	766	384		
257	4041	265634	183097	43196	2
178	2582	175363	120224	25966	1
4	165	8053	6140	2704	
3	114	4495	10080	2962	
3	104	6464	3322	498	

1-C-35 续表 1

行　业	机构数（个）	机构人员合计（人）	#博士毕业
化纤织造及印染精加工	5	68	
针织或钩针编织物及其制品制造	30	1015	13
家用纺织制成品制造	22	613	5
非家用纺织制成品制造	18	686	2
纺织服装、服饰业	77	5156	22
机织服装制造	54	4148	15
针织或钩针编织服装制造	15	727	6
服饰制造	8	281	1
皮革、毛皮、羽毛及其制品和制鞋业	97	3886	9
皮革鞣制加工	18	544	
皮革制品制造	13	676	5
毛皮鞣制及制品加工	5	47	
制鞋业	61	2619	4
木材加工和木、竹、藤、棕、草制品业	31	1126	30
木材加工	2	204	3
人造板制造	7	327	12
木制品制造	12	432	11
竹、藤、棕、草等制品制造	10	163	4
家具制造业	49	2322	18
木质家具制造	14	512	8
竹、藤家具制造	4	153	
金属家具制造	20	895	9
塑料家具制造	1	28	
其他家具制造	10	734	1
造纸和纸制品业	37	2226	42
造纸	24	1534	39
纸制品制造	13	692	3
印刷和记录媒介复制业	14	671	10
印刷	14	671	10

#硕士毕业	#本科毕业	机构经费支出（万元）	仪器和设备原价（万元）	#进口	在境外设立机构数（个）
	12	4136	1872		
38	486	32183	25575	8201	
23	259	18035	9483	1623	1
8	319	16406	6402	1242	
117	2002	81859	28955	4678	2
91	1725	64447	14240	2477	1
22	200	11785	11695	1667	
4	77	5628	3020	535	1
61	1446	69881	35309	3516	1
4	150	18996	5185	1603	
20	257	12232	7731	933	
2	14	3638	259	155	
35	1025	35014	22135	825	1
58	567	21293	9098	98	
9	144	2633	2653		
13	96	5076	1559	98	
27	214	11330	4376		
9	113	2255	510		
57	856	40982	24505	1386	1
17	170	13627	4100	442	
1	57	4279	10192	584	
11	274	12891	6216	144	1
3	25	893	256		
25	330	9293	3740	217	
101	970	65828	40967	9517	
76	714	50876	24220	7554	
25	256	14952	16747	1963	
25	262	11376	10352	471	
25	262	11376	10352	471	

1-C-35 续表 2

行　业	机构数（个）	机构人员合计（人）	#博士毕业
文教、工美、体育和娱乐用品制造业	69	3135	15
文教办公用品制造	11	1003	2
乐器制造	3	242	4
工艺美术品制造	31	956	8
体育用品制造	8	278	
玩具制造	11	481	
游艺器材及娱乐用品制造	5	175	1
化学原料和化学制品制造业	151	9828	178
基础化学原料制造	35	2107	57
肥料制造	3	101	1
农药制造	17	971	26
涂料、油墨、颜料及类似产品制造	23	2010	14
合成材料制造	36	2488	46
专用化学产品制造	25	1490	28
炸药、火工及焰火产品制造	1	62	2
日用化学产品制造	11	599	4
医药制造业	141	9395	281
化学药品原料药制造	89	4915	221
化学药品制剂制造	15	1750	29
中药饮片加工	1	60	
中成药生产	16	1479	6
生物药品制造	14	633	22
卫生材料及医药用品制造	6	558	3
化学纤维制造业	50	3638	19
合成纤维制造	50	3638	19
橡胶和塑料制品业	98	5994	38
橡胶制品业	18	2685	9
塑料制品业	80	3309	29

#硕士毕业	#本科毕业	机构经费支出（万元）	仪器和设备原价（万元）	#进口	在境外设立机构数（个）
58	1275	71105	27363	1530	2
16	463	12895	8996	446	1
	64	2787	2470		
25	422	25555	6899	555	1
2	106	3997	2113	481	
8	114	6183	2116	48	
7	106	19688	4770		
918	4558	511140	273801	14575	6
249	1066	77675	48880	384	5
8	76	3435	4681		
121	396	33224	22989	4546	
125	1164	75217	34952	2620	
145	998	220993	121278	5145	1
205	685	62029	28675	1880	
4	22	1477	1090		
61	151	36989	11257		
1394	5128	185548	175928	23691	3
828	2578	118296	137920	20158	3
267	1053	31992	15313	719	
10	20	1048	1180	560	
83	931	14148	11304	988	
186	325	14465	6780	590	
20	221	5599	3431	675	
102	1446	122755	107212	6497	
102	1446	122755	107212	6497	
196	2883	198653	145053	38419	
70	1331	104619	63926	16157	
126	1552	94035	81126	22262	

1-C-35 续表 3

行业	机构数(个)	机构人员合计(人)	#博士毕业
非金属矿物制品业	49	1673	32
水泥、石灰和石膏制造	8	129	3
石膏、水泥制品及类似制品制造	4	185	2
砖瓦、石材等建筑材料制造	4	35	4
玻璃制造	2	71	
玻璃制品制造	11	395	4
玻璃纤维和玻璃纤维增强塑料制品制造	9	448	7
陶瓷制品制造	1	6	
耐火材料制品制造	8	231	10
石墨及其他非金属矿物制品制造	2	173	2
黑色金属冶炼和压延加工业	38	2273	49
炼钢	4	519	9
黑色金属铸造	11	487	4
钢压延加工	23	1267	36
有色金属冶炼和压延加工业	38	2419	22
常用有色金属冶炼	5	343	3
有色金属合金制造	3	485	6
有色金属铸造	2	56	
有色金属压延加工	28	1535	13
金属制品业	115	6513	57
结构性金属制品制造	29	1463	30
金属工具制造	11	498	3
集装箱及金属包装容器制造	9	625	
金属丝绳及其制品制造	2	153	
建筑、安全用金属制品制造	20	893	4
金属表面处理及热处理加工	4	102	2
金属制日用品制造	33	2323	13
其他金属制品制造	7	456	5
通用设备制造业	314	20610	218
锅炉及原动设备制造	16	1140	18

		机构经费支出（万元）	仪器和设备原价（万元）		在境外设立机构数（个）
#硕士毕业	#本科毕业			#进口	
95	676	44332	29545	6523	
4	39	3831	1533		
5	45	3191	2358		
6	18	4497	6128		
	20	1340	141		
20	144	11028	4961	1388	
35	239	9270	9328	5071	
	1	197	79		
22	103	7290	4646	64	
3	67	3689	372		
102	891	181629	70715	7097	
56	170	72348	4551	1366	
7	136	10601	6198		
39	585	98680	59967	5731	
120	1131	114219	43090	6099	2
19	206	22275	6915		
28	249	12948	4994	1068	
	17	1142	713		
73	659	77855	30468	5031	2
143	2361	122603	138360	41220	5
66	715	50041	18874		
10	166	6390	3916	777	
9	239	11556	6787	1530	
2	29	2597	77196	36542	
13	294	8591	5168	22	
2	62	6611	2049	1520	
25	560	28177	14193	287	5
16	296	8641	10176	542	
945	9331	413889	281869	27745	2
132	674	33544	29752	3557	

1-C-35 续表 4

行　业	机构数（个）	机构人员合计（人）	#博士毕业
金属加工机械制造	27	1978	24
物料搬运设备制造	44	2887	14
泵、阀门、压缩机及类似机械制造	93	6132	28
轴承、齿轮和传动部件制造	47	2533	15
烘炉、风机、衡器、包装等设备制造	60	4533	30
文化、办公用机械制造	4	245	
通用零部件制造	23	1162	89
专用设备制造业	130	7052	74
采矿、冶金、建筑专用设备制造	10	301	1
化工、木材、非金属加工专用设备制造	49	2798	23
食品、饮料、烟草及饲料生产专用设备制造	2	75	
印刷、制药、日化及日用品生产专用设备制造	1	7	
纺织、服装和皮革加工专用设备制造	29	1490	22
电子和电工机械专用设备制造	3	126	1
农、林、牧、渔专用机械制造	12	909	13
医疗仪器设备及器械制造	7	311	6
环保、社会公共服务及其他专用设备制造	17	1035	8
汽车制造业	177	18032	142
汽车整车制造	18	4084	57
汽车零部件及配件制造	159	13948	85
铁路、船舶、航空航天和其他运输设备制造业	48	3672	21
船舶及相关装置制造	13	1453	3
摩托车制造	21	1103	12
自行车制造	14	1116	6
电气机械和器材制造业	448	30345	228
电机制造	107	6445	55
输配电及控制设备制造	112	8684	66
电线、电缆、光缆及电工器材制造	30	2162	24
电池制造	38	2707	38

		机构经费支出（万元）	仪器和设备原价（万元）		在境外设立机构数（个）
#硕士毕业	#本科毕业			#进口	
78	919	31506	16896	3276	
183	1554	92955	25756	1980	
169	2654	103818	80085	7752	1
70	1076	43671	62025	7472	
163	2062	80389	40442	3031	1
3	65	2399	797	56	
147	327	25608	26116	621	
245	3167	161502	98607	11213	8
6	139	6147	2543		
94	1304	71671	53201	9448	1
1	55	1544	144		
	2	60	14		
59	657	34462	19797	1057	2
2	25	2271	747		
17	372	15096	7682	49	1
16	131	4188	2240		2
50	482	26063	12242	659	2
609	9012	343632	245480	36862	7
205	2216	92446	50710	21267	
404	6796	251186	194770	15595	7
54	1753	137413	74647	2404	1
12	745	89635	55040		1
29	385	24518	15091	2404	
13	623	23261	4517		
1232	14490	637119	351009	25682	8
274	2969	120420	67189	4197	4
536	4403	183038	111970	4798	2
69	1039	74007	65404	11568	1
177	1047	55203	22917	1752	

1-C-35 续表 5

行　　业	机构数（个）	机构人员合　计（人）	#博士毕业
家用电力器具制造	111	8034	36
非电力家用器具制造	6	204	
照明器具制造	43	2068	9
其他电气机械及器材制造	1	41	
计算机、通信和其他电子设备制造业	210	23502	189
计算机制造	4	356	
通信设备制造	29	11996	78
广播电视设备制造	13	944	5
视听设备制造	22	1441	12
电子器件制造	49	3273	31
电子元件制造	82	5075	61
其他电子设备制造	11	417	2
仪器仪表制造业	101	8345	69
通用仪器仪表制造	64	5925	53
专用仪器仪表制造	17	1183	12
钟表与计时仪器制造	4	186	2
光学仪器及眼镜制造	15	1048	2
其他仪器仪表制造业	1	3	
其他制造业	14	860	1
日用杂品制造	12	808	1
其他未列明制造业	2	52	
废弃资源综合利用业	1	48	
金属废料和碎屑加工处理	1	48	
电力、热力、燃气及水生产和供应业	**10**	**361**	**5**
电力、热力生产和供应业	9	355	5
电力生产	7	334	5
电力供应	2	21	
水的生产和供应业	1	6	
污水处理及其再生利用	1	6	

		机构经费支出（万元）	仪器和设备原价（万元）		在境外设立机构数（个）
#硕士毕业	#本科毕业			#进　口	
124	3810	165116	70298	2395	1
2	126	3002	1142		
50	1079	35910	12033	972	
	17	423	57		
3825	13121	592172	249760	70274	7
3	125	2597	2587		
3222	7425	352909	116768	38466	
47	409	24871	11093	1348	
43	724	44837	14022	1684	
259	1518	69194	30790	11973	2
235	2653	90816	71860	16718	5
16	267	6947	2641	85	
747	4166	137947	57660	9641	
671	3070	103134	31753	1714	
21	523	20894	9766	484	
4	53	2067	566		
51	517	11821	15565	7433	
	3	30	10	10	
6	170	15877	4621		
6	160	12840	4356		
	10	3037	265		
	18	1541	31		
	18	1541	31		
18	**293**	**17196**	**5954**		
17	288	16554	5901		
15	275	16597	5872		
2	13	56	29		
1	5	543	53		
1	5	543	53		

1-C-36 按地区分组的规模以上大中型

地 区	机构数(个)	机构人员合计(个人)	#博士毕业	#硕士毕业
全 省	**2844**	**186494**	**1929**	**11881**
杭州市	**462**	**44742**	**487**	**6211**
上城区	6	1153	19	202
下城区	3	230	7	67
江干区	42	5924	34	452
拱墅区	7	1029	16	191
西湖区	15	1264	14	123
滨江区	54	14053	132	3898
萧山区	140	10351	100	442
余杭区	80	3901	52	302
桐庐县	12	979	8	76
淳安县	5	217	2	7
建德市	15	1010	15	73
富阳市	48	1874	55	136
临安市	35	2757	33	242
宁波市	**590**	**39920**	**230**	**1295**
海曙区	3	146		6
江东区	9	402	12	31
江北区	26	1979	5	66
北仑区	51	6545	36	248
镇海区	40	2369	12	54
鄞州区	119	7760	72	369
象山县	20	841	10	40
宁海县	41	2617	7	38
余姚市	88	5334	22	140
慈溪市	158	9947	51	273
奉化市	35	1980	3	30
温州市	**266**	**19303**	**128**	**573**
鹿城区	44	1920	6	26
龙湾区	31	2483	11	85
瓯海区	38	1841	6	35
洞头县	1	54		6
永嘉县	38	3180	5	71

工业法人单位办科技机构情况

#本科毕业	机构经费支出（万元）	仪器和设备原价（万元）	#进口	在境外设立机构数（个）
87566	**4686772**	**2778508**	**409560**	**59**
24690	**1253716**	**618050**	**112177**	**6**
606	40478	18631	8983	
89	5358	5388	1672	
3125	176997	84688	20689	
615	41935	9835	3082	
618	21552	10905	549	
8684	374246	149587	36927	4
5075	271093	172066	17181	
2311	98957	47661	4003	1
671	16308	13308	574	
89	17088	14599	6081	
469	23410	18093	3212	
927	83585	47517	5473	1
1411	82709	25772	3752	
17803	**905226**	**518537**	**80838**	**9**
64	2707	1602	56	
216	9759	12976	1374	
915	34752	36492	5198	
3163	211156	109462	31795	
1140	57500	21863	2420	
3552	200432	74023	9151	
480	26349	8503	310	
1172	43748	31221	3080	2
2071	87959	74306	18473	1
4371	192909	91287	3987	6
659	37956	56803	4994	
7857	**291020**	**194212**	**16643**	**6**
762	32192	30825	1250	1
1040	34903	26433	1972	
740	28801	15420	1144	
20	676	1413		
1261	36104	19021	153	1

1-C-36 续表 1

地　区	机构数(个)	机构人员合计(个人)	#博士毕业	#硕士毕业
平阳县	10	761	1	6
苍南县	13	300	7	15
泰顺县	1	14		
瑞安市	36	3434	45	90
乐清市	54	5316	47	239
嘉兴市	**364**	**19237**	**159**	**761**
南湖区	44	2742	32	137
秀洲区	53	2958	25	106
嘉善县	47	2555	16	147
海盐县	26	1365	9	98
海宁市	98	4586	54	135
平湖市	35	1413	13	39
桐乡市	61	3618	10	99
湖州市	**118**	**5946**	**85**	**318**
吴兴区	16	1109	20	132
南浔区	18	933	16	33
德清县	25	1405	23	74
长兴县	35	1689	14	57
安吉县	24	810	12	22
绍兴市	**350**	**20617**	**342**	**1054**
越城区	32	1514	36	120
绍兴县	115	4229	52	136
新昌县	30	4022	133	318
诸暨市	68	4071	44	190
上虞市	81	5809	65	255
嵊州市	24	972	12	35
金华市	**261**	**11390**	**179**	**523**
婺城区	20	1717	44	82
金东区	10	472	1	8
武义县	39	1031	11	31
浦江县	19	641	3	6
磐安县	4	146	7	5
兰溪市	25	1095	7	55
义乌市	36	1330	8	45
东阳市	30	1970	55	185
永康市	78	2988	43	106

#本科毕业	机构经费支出（万元）	仪器和设备原价（万元）	#进 口	在境外设立机构数（个）
287	11327	6056	275	
147	5091	6737	463	
5	65	14		
1133	65485	51507	10630	3
2462	76376	36787	757	1
7640	**576603**	**436641**	**88565**	**1**
1480	109753	53942	7237	
1069	59259	111691	41213	
857	75392	38228	4457	1
561	54343	25669	4343	
1928	125805	71257	18864	
533	50261	47602	7400	
1212	101790	88251	5053	
2723	**166632**	**100692**	**10986**	**2**
520	40064	21010	2225	
445	32162	32806	3234	
696	43699	20589	1497	2
738	33998	18670	3562	
324	16709	7618	469	
10728	**714393**	**381953**	**46265**	**7**
1021	45115	81513	7211	1
2215	244375	100868	16443	1
2129	98008	48533	9921	
2216	122417	59638	6747	3
2705	173084	75703	5743	2
442	31394	15699	200	
5054	**230992**	**145216**	**21500**	**12**
810	32461	19478	2299	2
241	8134	8644	1835	1
336	20473	17897	181	5
396	13859	9557	19	
51	2732	661	3	
460	24344	21997	4906	
575	32087	17148	4008	
867	53463	12669	2414	2
1318	43440	37164	5834	2

1-C-36 续表 2

地　区	机构数（个）	机构人员合计（个人）	#博士毕业	#硕士毕业
衢州市	**51**	**2630**	**55**	**163**
柯城区	13	747	24	58
衢江区	5	181		4
常山县	2	36		3
开化县	9	638	14	47
龙游县	5	375	8	13
江山市	17	653	9	38
舟山市	**33**	**2343**	**15**	**47**
定海区	16	1108	12	28
普陀区	11	944	2	14
岱山县	6	291	1	5
台州市	**312**	**18344**	**233**	**868**
椒江区	32	2717	68	262
黄岩区	26	1590	31	109
路桥区	33	2203	20	49
玉环县	63	2738	19	86
三门县	14	537	4	10
天台县	17	1302	23	49
仙居县	15	694	12	85
温岭市	75	4362	17	63
临海市	37	2201	39	155
丽水市	**37**	**2022**	**16**	**68**
莲都区	6	285	4	35
青田县	5	455		4
缙云县	14	928	4	14
遂昌县	3	202	5	11
松阳县	1	40	3	3
庆元县	7	106		1
龙泉市	1	6		

#本科毕业	机构经费支出（万元）	仪器和设备原价（万元）	#进口	在境外设立机构数（个）
1229	**52927**	**40599**	**1567**	**6**
310	17297	18594	618	1
67	2637	655		
18	183	1168		
286	15445	12445	68	
124	4945	3628	882	
424	12420	4110		5
1119	**125456**	**52072**	**3642**	**2**
483	44289	35978	3624	1
505	42635	10564	18	1
131	38532	5530		
7756	**313273**	**270593**	**27116**	**8**
1236	62605	55833	11633	2
867	27216	24467	2066	
948	45517	17659	675	
1075	42389	27936	2458	2
298	8608	10962	1487	
689	15837	20901	144	2
347	16238	18565	354	
1405	61013	35229	2557	
891	33850	59041	5742	2
967	**56536**	**19943**	**260**	
87	17157	8015		
177	20822	5718		
480	11490	4554	260	
125	4765	1283		
34	322	15		
60	1485	255		
4	495	103		

1-C-37 按轻重工业、规模、登记注册类型、隶属关系和控股情况

项目	专利申请数(件)	#发明专利	有效发明专利数(件)	#境外授权	专利所有权转让及许可数(件)
总计	**34470**	**7548**	**12639**	**471**	**473**
一、按轻重工业分					
轻工业	12520	2068	3311	150	130
重工业	21950	5480	9328	321	343
二、按规模分					
大型企业	12069	3576	5991	236	136
中型企业	22401	3972	6648	235	337
三、按登记注册类型分					
内资	23472	5176	8153	315	318
国有	1249	519	264		1
股份合作企业	42	2	20		
有限责任公司	4828	1216	2162	118	26
国有独资公司	103	37	62		
其他有限责任公司	4725	1179	2100	118	26
股份有限公司	5455	1493	2582	89	104
私营企业	11888	1946	3123	108	187
私营独资	11	1	5		
私营合伙					
私营有限责任公司	10601	1640	2537	42	186
私营股份有限公司	1276	305	581	66	1
其他企业	10		2		
港澳台商投资	6105	1417	3188	86	35
与港澳台商合资经营	2870	436	644	12	10
与港澳台商合作经营	119	1			
港澳台商独资	2504	808	2354	74	25
港澳台商投资股份有限公司	612	172	190		
外商投资	4893	955	1298	70	120
中外合资经营	3235	624	789	27	62
中外合作经营					
外资企业	1424	267	376	20	58
外商投资股份有限公司	231	61	130	23	
其他外商投资	3	3	3		
四、按隶属关系分					
中央	1300	536	362	1	
地方	33170	7012	12277	470	473
五、按控股情况分					
国有控股	2250	940	1252	101	5
集体控股	1185	308	514	41	14
私人控股	22139	4215	6831	178	342
港澳台商控股	4582	1252	2852	79	19
外商控股	3072	500	786	53	88
其他	1242	333	404	19	5

分组的规模以上大中型工业法人单位科技活动成果情况

专利所有权转让及许可收入（万元）	发表科技论文（篇）	拥有注册商标数（件）	#境外注册	形成国家或行业标准数（项）	新产品产值（万元）	新产品销售收入（万元）	#出口
2017	**3194**	**32464**	**5360**	**1955**	**115196991**	**109001193**	**22332620**
89	672	18702	2063	770	45418229	42594413	11487797
1928	2522	13762	3297	1185	69778762	66406780	10844823
24	1998	16273	3431	777	56952198	54448177	11303870
1993	1196	16191	1929	1178	58244793	54553016	11028750
305	2773	26056	4208	1556	78782086	74556701	14141296
	892	16	2	15	168751	157317	200
	3	16		4	131974	119618	10348
1	838	6466	1083	387	23060939	21855549	2832493
	229	437	61	15	613117	617110	139968
1	609	6029	1022	372	22447822	21238439	2692525
290	755	8164	1518	651	19827798	18953336	3541094
14	285	11394	1605	499	35592624	33470881	7757161
		6			104331	75785	10448
					497	432	400
14	201	9654	1078	428	30854695	28983803	6739852
	84	1734	527	71	4633102	4410861	1006462
1679	152	2770	344	207	18730900	17336900	4821882
1664	82	1422	139	124	11214750	10033913	2492920
		7		1	117282	144528	16788
15	35	845	160	65	5792387	5573741	2147780
	35	496	45	17	1606481	1584719	164394
32	269	3638	808	192	17684006	17107591	3369442
8	214	2153	541	86	11265900	10922421	1890329
		1		1	20411	17398	17398
24	40	773	80	58	5467128	5151728	1181069
	9	499	186	46	809076	866043	280646
	6	212	1	1	121491	150000	
	933	85		15	1367131	1403361	8622
2017	2261	32379	5360	1940	113829860	107597832	22323998
10	1575	1474	248	70	7086999	6949967	1014252
230	116	580	157	50	2660994	2564621	369418
1730	1057	24564	4090	1429	76565589	72199085	14547889
	116	2106	255	122	12287316	11476899	3402092
47	164	2216	344	128	11142958	10625380	2216925
	166	1524	266	156	5453134	5185241	782044

1-C-38 按行业中类分组的规模以上大中型

行业	专利申请数(件)	#发明专利	有效发明专利数(件)	#境外授权	专利所有权转让及许可数(件)
总 计	**34470**	**7548**	**12639**	**471**	**473**
采矿业					
有色金属矿采选业					
常用有色金属矿采选					
制造业	**33179**	**7017**	**12340**	**471**	**471**
农副食品加工业	45	27	56	3	
饲料加工	8	3	10		
植物油加工					
屠宰及肉类加工	7	3	3		
水产品加工	7	6	20	1	
蔬菜、水果和坚果加工	14	6	20	2	
其他农副食品加工	9	9	3		
食品制造业	123	24	39		
焙烤食品制造	20	2	2		
方便食品制造	36	1	5		
乳制品制造	15	6	1		
罐头食品制造	26	3	2		
调味品、发酵制品制造					
其他食品制造	26	12	29		
酒、饮料和精制茶制造业	72	22	34		
酒的制造	23	16	18		
饮料制造	45	5	15		
精制茶加工	4	1	1		
纺织业	1687	235	401	5	8
棉纺织及印染精加工	837	174	236	3	6
毛纺织及染整精加工	17	1	11		
麻纺织及染整精加工	10	6	15		1
丝绢纺织及印染精加工	42	7	12		
化纤织造及印染精加工	6		6		
针织或钩针编织物及其制品制造	324	13	37		
家用纺织制成品制造	329	19	53		1
非家用纺织制成品制造	122	15	31	2	

工业法人单位科技活动成果情况

专利所有权转让及许可收入（万元）	发表科技论文（篇）	拥有注册商标数（件）	#境外注册	形成国家或行业标准数（项）	新产品产值（万元）	新产品销售收入（万元）	#出口
2017	**3194**	**32464**	**5360**	**1955**	**115196991**	**109001193**	**22332620**
					100	**100**	
					100	100	
					100	100	
2016	**2273**	**32464**	**5360**	**1943**	**115107249**	**108917562**	**22331207**
	23	217	26	9	531271	528524	80565
	1	31	12	1	253750	271190	20103
		1			63530	61350	
	6	48	3		72043	69509	2665
	9	52	3	2	94997	81611	49882
	6	85	8	6	28142	26139	7915
	1				18810	18725	
	17	784	10	26	976591	976225	286250
	2	64	2	1	31228	31548	
	1	6			79309	77974	
	1	16			29969	29549	
	1	159	3	24	58881	46454	23039
		9	2		4433	4332	
	12	530	3	1	772771	786369	263212
	80	1242	44	2	473747	455941	3023
	66	498	43		150941	134314	61
	13	717			319136	318042	
	1	27	1	2	3671	3585	2962
…	56	1094	112	89	8087391	7791689	1730370
…	45	139	27	21	5331519	5224805	769050
	1	16	5		248336	220896	76927
		5	1		57380	53922	23995
		55	17	7	290005	289706	109371
		1			170669	150761	37479
	3	100	19	18	1187185	1125537	355950
	7	725	30	18	390199	350880	168830
		53	13	25	412098	375182	188768

1-C-38 续表 1

行业	专利申请数(件)	#发明专利	有效发明专利数(件)	#境外授权	专利所有权转让及许可数(件)
纺织服装、服饰业	729	31	105	2	5
机织服装制造	485	20	81	2	5
针织或钩针编织服装制造	191	11	19		
服饰制造	53		5		
皮革、毛皮、羽毛及其制品和制鞋业	587	44	40	5	
皮革鞣制加工	42	12	6		
皮革制品制造	354	25	12	5	
毛皮鞣制及制品加工	5	1			
羽毛(绒)加工及制品制造	7				
制鞋业	179	6	22		
木材加工和木、竹、藤、棕、草制品业	187	57	104	7	4
木材加工	16	12	22		1
人造板制造	51	8	14		
木制品制造	67	32	61	4	3
竹、藤、棕、草等制品制造	53	5	7	3	
家具制造业	1306	94	38	2	18
木质家具制造	266	47	20	2	
竹、藤家具制造	1	1			
金属家具制造	402	35	11		18
塑料家具制造	31				
其他家具制造	606	11	7		
造纸和纸制品业	202	62	56		3
造纸	98	39	44		3
纸制品制造	104	23	12		
印刷和记录媒介复制业	105	38	37		
印刷	105	38	37		
文教、工美、体育和娱乐用品制造业	1359	77	185	12	5
文教办公用品制造	302	6	51	10	

专利所有权转让及许可收入(万元)	发表科技论文(篇)	拥有注册商标数(件)	#境外注册	形成国家或行业标准数(项)	新产品产值(万元)	新产品销售收入(万元)	#出口
	34	2481	465	18	3582385	3148789	1445373
	8	2349	454	16	2105898	1787268	461377
	26	124	11	2	1228481	1141971	902660
		8			248006	219549	81336
	8	1565	197	25	2627073	2537150	904225
	2	21		9	448929	427074	114316
	2	319	16		704547	687170	523675
		6	2	2	88073	84198	16572
		1			92517	92951	36705
	4	1218	179	14	1293008	1245758	212957
4	23	320	25	53	668027	641072	141434
	2	35	3	14	44685	46907	3162
		118	3	4	129084	116891	52694
4	20	139	15	34	427859	414497	58836
	1	28	4	1	66399	62777	26743
	6	646	32	24	1649170	1551952	929488
		143	11	8	489351	434108	222200
		1			46314	45441	38654
	6	48	16	11	678859	629725	489837
					14620		
		454	5	5	420026	442679	178797
50	10	237	28	6	1933844	1848041	237656
50	9	53			1364980	1302061	165580
	1	184	28	6	568863	545980	72077
	4	177	7	9	386589	379571	77736
	4	177	7	9	386589	379571	77736
	3	1544	374	48	2467015	2418871	655296
		826	289	35	237727	261498	84632

1-C-38 续表 2

行 业	专利申请数(件)	#发明专利	有效发明专利数(件)	#境外授权	专利所有权转让及许可数(件)
乐器制造	18	3	13		
工艺美术品制造	355	10	82	1	5
体育用品制造	352	35	16		
玩具制造	225	4	9		
游艺器材及娱乐用品制造	107	19	14	1	
石油加工、炼焦和核燃料加工业	10	8	28	1	
精炼石油产品制造	10	8	28	1	
化学原料和化学制品制造业	1015	503	1083	78	27
基础化学原料制造	185	145	152	6	16
肥料制造	7	1	22		
农药制造	42	35	150	7	11
涂料、油墨、颜料及类似产品制造	159	98	235	2	
合成材料制造	343	162	306	62	
专用化学产品制造	210	37	178		
炸药、火工及焰火产品制造	6	1	7		
日用化学产品制造	63	24	33	1	
医药制造业	517	375	1010	84	18
化学药品原料药制造	269	218	669	70	12
化学药品制剂制造	87	66	140	7	
中药饮片加工	6	6	3		
中成药生产	53	32	92		5
生物药品制造	82	45	98	7	1
卫生材料及医药用品制造	20	8	8		
化学纤维制造业	394	96	85		14
纤维素纤维原料及纤维制造	5				
合成纤维制造	389	96	85		14
橡胶和塑料制品业	1042	156	267	7	4
橡胶制品业	121	31	65	5	1
塑料制品业	921	125	202	2	3

专利所有权转让及许可收入(万元)	发表科技论文(篇)	拥有注册商标数(件)	#境外注册	形成国家或行业标准数(项)	新产品产值(万元)	新产品销售收入(万元)	#出口
		28		1	30839	30019	6552
	3	266	27	4	1486709	1437387	187771
		153	9		63309	66308	44889
		227	32	2	133937	119099	78690
		44	17	6	514495	504560	252762
	61	4			49940	157754	
	61	4			49940	157754	
1509	287	2618	293	93	12761067	12479762	880351
9	158	89	18	16	2342731	2277407	146855
	6	3			69438	71693	25111
1500	27	511	185	12	286258	272116	163756
	15	135	25	20	1585233	1560414	219624
	19	123	10	9	6307422	6208045	153064
	53	222	31	27	1216486	1149370	80681
	1	2			3617	3160	226
	8	1533	24	9	949882	937558	91035
	286	3061	89	262	3205085	2880646	1100050
	130	889	48	85	2103752	1902678	956368
	33	766	2	60	573572	499159	10909
	32	1					
	80	881	5	111	250377	215610	11237
	11	514	34	3	196902	182548	113897
		10		3	80482	80651	7639
	8	166	19	20	6500073	6257187	411718
	1	2			168857	174528	2264
	7	164	19	20	6331216	6082659	409454
	42	916	273	108	4131757	4037424	924735
	31	346	142	68	1143590	1204672	203123
	11	570	131	40	2988168	2832751	721612

1-C-38 续表 3

行业	专利申请数(件)	#发明专利	有效发明专利数(件)	#境外授权	专利所有权转让及许可数(件)
非金属矿物制品业	401	90	144	2	2
水泥、石灰和石膏制造	5	1			
石膏、水泥制品及类似制品制造	24	9	12		
砖瓦、石材等建筑材料制造	15		9		
玻璃制造					
玻璃制品制造	78	21	32		
玻璃纤维和玻璃纤维增强塑料制品制造	116	20	40	2	2
陶瓷制品制造	2	2			
耐火材料制品制造	145	33	33		
石墨及其他非金属矿物制品制造	16	4	18		
黑色金属冶炼和压延加工业	277	82	121		3
炼钢	24	9	9		
黑色金属铸造	81	26	15		3
钢压延加工	172	47	97		
有色金属冶炼和压延加工业	359	77	238	1	2
常用有色金属冶炼	25	13	27		
有色金属合金制造	46	14	44	1	
有色金属铸造	18				
有色金属压延加工	270	50	167		2
金属制品业	1760	258	359	5	18
结构性金属制品制造	315	79	63	4	9
金属工具制造	201	50	49		
集装箱及金属包装容器制造	127	15	14		
金属丝绳及其制品制造	11				
建筑、安全用金属制品制造	376	39	117	1	9
金属表面处理及热处理加工	7		3		
搪瓷制品制造					
金属制日用品制造	576	59	103		
其他金属制品制造	147	16	10		
通用设备制造业	4445	860	1423	51	25
锅炉及原动设备制造	106	26	62		1

专利所有权转让及许可收入（万元）	发表科技论文（篇）	拥有注册商标数（件）	#境外注册	形成国家或行业标准数（项）	新产品产值（万元）	新产品销售收入（万元）	#出口
10	22	394	41	27	1823800	1761262	226682
		7		1	195983	160781	
	7	71		9	158514	153985	
	1	123			542245	594969	1440
					52934	50734	8021
	4	85	29	4	298571	270515	32146
10	9	14	3	6	292332	270458	137171
	1	89	9	3	212766	196853	5025
		5		4	70456	62968	42880
	160	140	60	11	5140464	4819592	306871
	98	5		2	1292348	1288715	85701
	6	17			211519	202103	37644
	56	118	60	9	3636597	3328774	183527
10	27	402	45	31	3529237	3512885	368513
	2	3			464461	445796	
	16	57	13	6	237510	271915	28313
					15148	13403	251
10	9	342	32	25	2812119	2781771	339950
	161	1133	75	44	2838896	2572629	939964
	149	454	22	19	1009451	900482	87639
	2	87	9	5	170322	161562	64357
	1	9	1	2	311783	263907	147821
		1			41904	41469	30646
	3	243	9	7	236807	229763	128520
		1		1	151766	128288	28989
					25446	37898	6598
	1	315	33	7	733359	655322	426577
	5	23	1	3	158058	153939	18817
155	258	2867	652	341	10536193	10116128	2022910
	74	65	5	27	599995	575464	82704

1-C-38 续表 4

行　业	专利申请数(件)	#发明专利	有效发明专利数(件)	#境外授权	专利所有权转让及许可数(件)
金属加工机械制造	305	58	80	4	
物料搬运设备制造	1126	191	182	7	3
泵、阀门、压缩机及类似机械制造	870	108	248	3	21
轴承、齿轮和传动部件制造	473	72	217	2	
烘炉、风机、衡器、包装等设备制造	1156	268	491	35	
文化、办公用机械制造	8	4	4		
通用零部件制造	401	133	139		
专用设备制造业	2060	483	641	6	10
采矿、冶金、建筑专用设备制造	69	29	22		
化工、木材、非金属加工专用设备制造	615	133	245	3	
食品、饮料、烟草及饲料生产专用设备制造	6		6		
印刷、制药、日化及日用品生产专用设备制造	16	11	4		
纺织、服装和皮革加工专用设备制造	521	116	134	2	1
电子和电工机械专用设备制造	70	20	7		4
农、林、牧、渔专用机械制造	330	94	128		3
医疗仪器设备及器械制造	114	26	13		2
环保、社会公共服务及其他专用设备制造	319	54	82	1	
汽车制造业	2471	422	595	10	108
汽车整车制造	771	127	49		
汽车零部件及配件制造	1700	295	546	10	108
铁路、船舶、航空航天和其他运输设备制造业	498	46	63		
船舶及相关装置制造	210	30	25		
摩托车制造	88	5	15		
自行车制造	200	11	23		
电气机械和器材制造业	6201	1143	1676	71	135
电机制造	1336	240	394	36	48
输配电及控制设备制造	1392	276	498	6	30
电线、电缆、光缆及电工器材制造	380	55	137	3	
电池制造	429	165	168	3	10
家用电力器具制造	1981	318	355	15	45

专利所有权转让及许可收入(万元)	发表科技论文(篇)	拥有注册商标数(件)	#境外注册	形成国家或行业标准数(项)	新产品产值(万元)	新产品销售收入(万元)	#出口
	9	121	13	13	593755	566276	79900
155	43	661	244	38	2504300	2367029	248432
	49	1025	211	141	2678870	2567495	575248
	29	286	109	5	906756	839032	224905
	47	639	41	98	2119126	2085998	354686
	2	5	1		85162	74371	23044
	5	65	28	19	1048230	1040463	433992
	92	1543	283	81	3346785	3193725	737252
		32	1	1	128148	106963	5282
	30	772	6	20	1139619	1106819	271101
		1			29959	29959	12720
					77487	72804	15863
	1	400	234	44	646635	609493	163435
	11	43			26358	24495	13896
		131	39	3	343493	325903	146199
		57		1	89170	81568	18447
	50	107	3	12	865916	835722	90309
1	153	1740	652	52	7258609	6805522	962293
	2	795	381		2392863	2303133	92557
1	151	945	271	52	4865747	4502389	869736
	40	384	127	15	2680205	2242739	1147849
	35	105	68	3	1800281	1409041	801205
		230	58	9	513008	497681	187515
	5	49	1	3	366915	336017	159128
269	236	4278	344	305	15416602	14214724	2934552
230	32	879	239	27	2361202	1959306	683267
	132	971	262	122	4156081	3868315	413159
	17	116	26	43	2431574	2425751	227129
15	35	289	77	49	1341842	1335383	113336
	13	1544	114	26	4122283	3679838	963137

1-C-38 续表 5

行业	专利申请数(件)	#发明专利	有效发明专利数(件)	#境外授权	专利所有权转让及许可数(件)
非电力家用器具制造	25	3	4		
照明器具制造	630	86	115	8	2
其他电气机械及器材制造	28		5		
计算机、通信和其他电子设备制造业	3401	1350	3023	108	60
计算机制造	37	9	16		
通信设备制造	1289	809	2289	71	16
广播电视设备制造	425	80	25		
视听设备制造	144	23	12		
电子器件制造	712	226	275	15	2
电子元件制造	760	192	378	22	42
其他电子设备制造	34	11	28		
仪器仪表制造业	1603	287	462	8	2
通用仪器仪表制造	1216	238	334	6	2
专用仪器仪表制造	202	26	89	2	
钟表与计时仪器制造	42	2			
光学仪器及眼镜制造	128	19	37		
其他仪器仪表制造业	15	2	2		
其他制造业	319	69	27	3	
日用杂品制造	316	68	25	3	
其他未列明制造业	3	1	2		
废弃资源综合利用业					
金属废料和碎屑加工处理					
金属制品、机械和设备修理业	4	1			
铁路、船舶、航空航天等运输设备修理	4	1			
电力、热力、燃气及水生产和供应业	**1291**	**531**	**299**		**2**
电力、热力生产和供应业	1291	531	299		2
电力生产	61	16	42		1
电力供应	1230	515	257		1
水的生产和供应业					
自来水生产和供应					

专利所有权转让及许可收入(万元)	发表科技论文(篇)	拥有注册商标数(件)	#境外注册	形成国家或行业标准数(项)	新产品产值(万元)	新产品销售收入(万元)	#出口
		208	35	11	65481	51451	9566
24	7	270	91	27	932387	888746	519025
		1			5752	5935	5935
8	83	1288	332	80	9340860	8642688	2127307
		8			409619	381921	9483
8	11	555	193	9	3976471	3940048	635071
	7	59	6	2	516048	445264	95392
	27	83	14	1	723067	351222	255374
…	12	132	16	30	1700491	1628134	670639
	26	438	100	32	1825740	1703375	420933
		13	3	6	189424	192725	40416
	87	836	134	108	2334079	2188002	427332
	68	580	74	87	1758375	1651976	312009
	19	88	13	12	375173	346128	31203
		5			31741	31992	19699
		158	47	9	168724	157842	64422
		5			66	64	
	6	386	121	55	660860	587431	321412
	6	386	121	55	606768	534373	271420
					54092	53059	49992
					169339	169348	
					169339	169348	
		1		1	296	287	
		1		1	296	287	
1	**921**			**12**	**89642**	**83531**	**1413**
1	906			12	89642	83531	1413
1	107			2	89642	83531	1413
	799			10			
	15						
	15						

1-C-39 按地区分组的规模以上大中型

地区	专利申请数(件)	#发明专利	有效发明专利数(件)	#境外授权	专利所有权转让及许可数(件)	专利所有权转让及许可收入(万元)
全省	**34470**	**7548**	**12639**	**471**	**473**	**2017**
杭州市	**6606**	**1970**	**4293**	**121**	**89**	**1722**
上城区	203	22	32	2	1	…
下城区	22	10	7			
江干区	1015	186	367	12	2	164
拱墅区	201	83	53	1		
西湖区	268	68	97		2	
滨江区	1742	1049	2528	81	16	
萧山区	1336	204	511	7	44	
余杭区	771	158	259	8	2	8
桐庐县	170	13	17		5	1500
淳安县	16	4	6		9	
建德市	174	25	101	4	6	
富阳市	378	85	164		1	50
临安市	310	63	151	6	1	
宁波市	**10537**	**1780**	**2313**	**144**	**206**	**1**
海曙区	19	2	11			
江东区	68	41	36	9		
江北区	283	73	114			
北仑区	1271	343	402	68	8	
镇海区	729	70	276	2		
鄞州区	2289	349	441	21	27	
象山县	175	47	60			
宁海县	548	96	116	4	35	1
余姚市	2058	290	337	7		
慈溪市	2834	427	448	33	112	…
奉化市	263	42	72		24	
温州市	**2532**	**385**	**706**	**17**	**19**	
鹿城区	319	21	42	8		
龙湾区	319	55	125		9	
瓯海区	224	18	52		9	
洞头县	1	1	7			
永嘉县	240	38	74			
平阳县	58	10	14			

工业法人单位科技活动成果情况

发表科技论文(篇)	拥有注册商标数(件)	#境外注册	形成国家或行业标准数(项)	新产品产值(万元)	新产品销售收入(万元)	#出口
3194	**32464**	**5360**	**1955**	**115196991**	**109001193**	**22332620**
904	**5651**	**1080**	**364**	**25579126**	**25053017**	**3175778**
17	740	10		274318	271064	79223
22	1			149786	119161	20212
104	505	137	36	3695055	3748895	443943
96	94	2	7	465033	461763	10652
52	487	13	66	475958	476376	11238
68	917	230	40	4144437	4056776	622374
266	478	43	89	8260353	8048984	959686
62	1073	143	36	2904806	2827044	489154
36	44	1	6	609213	591799	179024
	5		2	239882	210751	13014
56	281	174	15	472050	452933	39381
44	156	46	32	2257091	2191044	113868
81	870	281	35	1631143	1596427	194010
454	**5183**	**862**	**236**	**22406177**	**20712882**	**5178445**
3	646	17	1	76939	73223	32792
15	32	5	6	136143	122096	62427
42	431	24	4	1172599	1165242	153890
63	534	221	42	4724574	4502723	1051667
71	171	26	19	1873772	1861162	181245
30	649	121	45	4269497	4034632	837027
75	82	2	5	894088	697880	247416
30	357	153	18	1058661	890185	204497
11	639	62	20	3008053	2813711	811793
110	1431	171	70	4437053	3851915	1055851
4	211	60	6	754798	700114	539839
130	**4726**	**1066**	**148**	**5468445**	**5038076**	**749612**
14	575	37	21	399146	383154	89985
27	381	8	8	775143	714521	142695
2	1187	540	10	380225	353357	150449
2	11			9941	8439	
11	1305	176	18	924173	868348	63791
3	216	23	9	157708	129098	39748

1-C-39 续表 1

地　　区	专利申请数(件)	#发明专利	有效发明专利数(件)	#境外授权	专利所有权转让及许可数(件)	专利所有权转让及许可收入(万元)
苍南县	38	9	31			
泰顺县	16					
瑞安市	344	75	108	3	1	
乐清市	973	158	253	6		
嘉兴市	**2926**	**449**	**669**	**9**	**22**	**11**
南湖区	288	58	134	1		
秀洲区	422	59	59	4		
嘉善县	275	59	140	2		
海盐县	200	18	32			
海宁市	712	98	113		17	
平湖市	556	69	85		3	1
桐乡市	473	88	106	2	2	10
湖州市	**1963**	**561**	**571**	**13**	**29**	**15**
吴兴区	252	82	171	1	1	
南浔区	405	90	105	4		
德清县	488	172	172		1	
长兴县	453	167	107	6	9	15
安吉县	365	50	16	2	18	
绍兴市	**3197**	**750**	**1502**	**28**	**23**	**10**
越城区	430	143	205	1	2	
绍兴县	499	59	80	4	1	
新昌县	563	186	366	17	5	
诸暨市	772	141	367	5		
上虞市	864	197	457	1	15	10
嵊州市	69	24	27			
金华市	**2306**	**436**	**943**	**48**	**38**	**230**
婺城区	351	125	161		1	
金东区	143	14	39			
武义县	244	29	75		2	
浦江县	32	8	41			
磐安县	18	5	13			
兰溪市	99	57	77	2	7	…
义乌市	311	48	150		2	
东阳市	431	95	255	46	10	230
永康市	677	55	132		16	

发表科技论文(篇)	拥有注册商标数(件)	#境外注册	形成国家或行业标准数(项)	新产品产值(万元)	新产品销售收入(万元)	#出口
12	93	4	1	93889	77042	6048
	3			2391	2391	2391
3	237	38	17	1059405	970569	133808
56	718	240	64	1666425	1531156	120699
69	**2154**	**153**	**161**	**17924133**	**17049315**	**3747008**
9	82	2	17	2675748	2638746	505073
4	978	65	16	1742975	1591526	409960
1	124	28	17	2297309	2062738	742194
5	47	8	30	1021033	1038397	153692
20	595	26	28	3363819	2970442	873999
21	267	13	2	3389481	3391816	646905
9	61	11	51	3433769	3355649	415185
134	**651**	**147**	**161**	**6089431**	**5858751**	**1046910**
35	102	14	12	1389340	1349024	59225
35	190	69	31	1610152	1540949	164748
30	180	33	45	1073157	1035219	374711
28	128	23	67	1412048	1376986	141387
6	51	8	6	604734	556573	306839
247	**3630**	**418**	**376**	**20498447**	**19447623**	**3606337**
93	787	46	33	1558996	1713578	357890
11	406	28	8	6522816	6200875	492477
64	724	100	92	2481337	2412772	1054473
59	1320	170	120	5320966	5344699	818014
2	304	73	79	3652944	3129574	705280
18	89	1	44	961388	646125	178203
224	**4737**	**756**	**213**	**4876465**	**4643957**	**1400161**
79	881	393	13	480508	419694	70191
3	23	4	12	199732	203243	128755
10	438	61	16	373028	359202	194622
1	19	2	1	304744	237615	118983
3	81	1	1	53483	47638	15791
65	687	4	103	448962	438818	100436
36	740	36	31	1076033	1010822	209634
24	164	48	12	433547	423350	148860
3	1704	207	24	1506429	1503576	412891

1-C-39 续表 2

地 区	专利申请数(件)	#发明专利	有效发明专利数(件)	#境外授权	专利所有权转让及许可数(件)	专利所有权转让及许可收入(万元)
衢州市	**377**	**128**	**170**		**5**	**28**
柯城区	135	72	97			
衢江区	62	6	3			
常山县	8		2			
开化县	26	8	15			
龙游县	67	11	24			
江山市	79	31	29		5	28
舟山市	**129**	**24**	**108**	**1**	**1**	
定海区	45	14	87	1	1	
普陀区	50	5	14			
岱山县	34	5	7			
台州市	**2292**	**507**	**1023**	**88**	**33**	
椒江区	466	178	300	40	1	
黄岩区	124	36	83	5	1	
路桥区	286	30	72	4		
玉环县	320	60	250	24		
三门县	67	22	37		1	
天台县	100	36	64	5	6	
仙居县	32	25	59	5	1	
温岭市	493	33	51			
临海市	404	87	107	5	23	
丽水市	**514**	**92**	**94**	**2**	**8**	
莲都区	220	30	23	1	5	
青田县	20	2	2	1		
缙云县	123	29	36			
遂昌县	30	15	22		2	
松阳县			2			
云和县	47	4	1		1	
庆元县	58	6	6			
龙泉市	16	6	2			

发表科技论文(篇)	拥有注册商标数(件)	#境外注册	形成国家或行业标准数(项)	新产品产值(万元)	新产品销售收入(万元)	#出口
144	**235**	**27**	**25**	**1691940**	**1620369**	**97964**
130	104	23	15	949904	886468	11127
	26	1	1	78135	75795	19101
	2	1		26929	37077	13604
5	17		4	64510	56586	5276
3	65	1	3	152221	141608	24140
6	21	1	2	420242	422835	24717
49	**134**	**2**	**12**	**1521647**	**1146886**	**525537**
7	119	2	7	601568	222563	35377
10	11		2	801312	816058	486761
32	4		3	118768	108265	3400
95	**3570**	**812**	**230**	**6827051**	**6246467**	**2526666**
28	484	199	35	1081294	1053233	572040
4	573	118	7	641946	617670	245494
	539	113	10	957876	923983	210395
4	507	102	44	1010739	945215	461515
12	187	15	37	230147	192386	30920
8	161	6	2	268801	278850	126885
15	147	5		187523	170555	43654
10	607	121	56	1241805	1171086	409281
14	365	133	39	1206922	893490	426482
13	**1793**	**37**	**19**	**2314129**	**2183851**	**278201**
6	1496	18	15	429717	350231	8219
	2	1	1	1110439	1082324	14200
6	257	14		368365	358349	210331
1	7	2		43647	41970	6430
	1		1	163556	160743	12078
				138394	134371	25251
	25		1	50328	48103	
	5	2	1	9684	7761	1693

1-C-40 按轻重工业、规模、登记注册类型、隶属关系和控股情况分

项目	来自政府部门的科技活动经费	研究开发费用加计扣除减免税
总计	**101344**	**308044**
一、按轻重工业分		
轻工业	33712	110820
重工业	67632	197224
二、按规模分		
大型企业	49459	146279
中型企业	51885	161766
三、按登记注册类型分		
内资	75841	205772
国有	1425	325
股份合作企业	154	272
有限责任公司	22994	62098
国有独资公司	2269	1366
其他有限责任公司	20725	60732
股份有限公司	28322	74581
私营企业	22946	68496
私营独资	6	85
私营有限责任公司	16166	56554
私营股份有限公司	6774	11858
港澳台商投资	13709	56342
与港澳台商合资经营	3856	34385
与港澳台商合作经营		199
港澳台商独资	4856	17479
港澳台商投资股份有限公司	4997	4278
外商投资	11794	45930
中外合资经营	7012	36946
中外合作经营	12	
外资企业	4201	8200
外商投资股份有限公司	508	607
其他外商投资	61	177
四、按隶属关系分		
中央	2246	5520
地方	99099	302525
五、按控股情况分		
国有控股	17627	27103
集体控股	5548	6635
私人控股	53199	198523
港澳台商控股	11204	42860
外商控股	6516	17498
其他	7250	15426

组的规模以上大中型工业法人单位技术改造、技术获取及减免税情况

单位：万元

高新技术企业减免税	引进国外技术经费支出	引进技术消化吸收经费支出	购买国内技术经费支出	技术改造经费支出
555393	**83288**	**42794**	**109777**	**2123974**
153005	34947	23152	64851	542398
402388	48341	19643	44926	1581576
344699	48166	31990	70377	1571564
210694	35123	10804	39400	552410
326786	54965	29153	100118	1468320
90		18		22025
611		389	198	11531
63700	18320	11419	24050	454944
573	4376	1088	843	24440
63127	13944	10330	23207	430504
177149	17329	12550	46683	679287
85237	19317	4777	29187	300533
1292			650	1083
62937	17342	4516	28296	284155
21008	1975	260	241	15295
166651	8833	2415	7174	150458
43428	2118	1050	4767	99452
34				435
83006	5596		1489	45197
40183	1120	1364	918	5374
61956	19490	11227	2485	505195
50775	6013	3104	2415	477695
9110	13477	8123	24	20294
2071			46	7206
566	10	18	342	179714
554828	83278	42776	109435	1944260
41394	15492	10022	17326	877335
15350	5201	1383	2452	35849
283477	35723	17631	81530	1012969
142146	8527	1744	4631	68686
34273	18016	10940	1864	57625
38753	330	1075	1974	71510

1-C-41 按行业中类分组的规模以上大中型

行业	来自政府部门的科技活动经费	研究开发费用加计扣除减免税
总计	**101344**	**308044**
采矿业		
黑色金属矿采选业		
铁矿采选		
有色金属矿采选业		
常用有色金属矿采选		
制造业	**101288**	**307719**
农副食品加工业	2997	1101
饲料加工	36	786
屠宰及肉类加工	6	
水产品加工	2559	316
蔬菜、水果和坚果加工	197	
其他农副食品加工	200	
食品制造业	551	570
焙烤食品制造		
方便食品制造	53	
乳制品制造	189	
罐头食品制造	248	
调味品、发酵制品制造		
其他食品制造	61	570
酒、饮料和精制茶制造业	494	1853
酒的制造	315	465
饮料制造	75	1389
精制茶加工	104	
纺织业	4668	23093
棉纺织及印染精加工	1098	5997
毛纺织及染整精加工	61	27
麻纺织及染整精加工		40

工业法人单位技术改造、技术获取及减免税情况

单位：万元

高新技术企业减免税	引进国外技术经费支出	引进技术消化吸收经费支出	购买国内技术经费支出	技术改造经费支出
555393	**83288**	**42794**	**109777**	**2123974**
				271
				1
				1
				270
				270
555303	**83288**	**42794**	**109777**	**2065582**
834				7200
256				292
				1680
578				5124
				104
274		65	63	5595
			20	
		14		1313
				2722
		51	43	
				291
274				1268
16	20	16	451	9306
16			451	9076
	20	16		230
20533	4142	1446	5884	31649
16284	1897	260	3924	25621
1060				
	2068	926	85	

1-C-41 续表 1

行　业	来自政府部门的科技活动经费	研究开发费用加计扣除减免税
丝绢纺织及印染精加工	1003	164
化纤织造及印染精加工		
针织或钩针编织物及其制品制造	440	16118
家用纺织制成品制造	1812	463
非家用纺织制成品制造	253	285
纺织服装、服饰业	1155	2841
机织服装制造	1077	2444
针织或钩针编织服装制造	75	389
服饰制造	3	8
皮革、毛皮、羽毛及其制品和制鞋业	853	752
皮革鞣制加工	46	
皮革制品制造	8	
毛皮鞣制及制品加工	260	
制鞋业	539	752
木材加工和木、竹、藤、棕、草制品业	848	960
木材加工	50	191
人造板制造	34	300
木制品制造	553	469
竹、藤、棕、草等制品制造	212	
家具制造业	251	21232
木质家具制造	65	60
竹、藤家具制造	13	
金属家具制造	125	2766
其他家具制造	48	18406
造纸和纸制品业	501	1607
造纸	363	976
纸制品制造	138	631

单位：万元

高新技术企业减免税	引进国外技术经费支出	引进技术消化吸收经费支出	购买国内技术经费支出	技术改造经费支出
207				
8				660
1254	120	141	1745	1981
1189			130	2780
532	56	119		606
9521	1704	1430	560	10518
8274	1344	1270	260	10218
1248	360	160		
			300	300
477	300	599	1445	3972
			736	2546
477	300	599	709	1426
1523	113		50	2156
570				873
84				
813	113		50	1283
56				
3710	1519		156	5001
412			45	220
1895	93			1155
1404	1427		111	3626
2002	2970	1750	2670	17399
763	2460	1750	2670	16839
1239	510			560

1-C-41 续表 2

行　　业	来自政府部门的科技活动经费	研究开发费用加计扣除减免税
印刷和记录媒介复制业	33	1433
印刷	33	1433
文教、工美、体育和娱乐用品制造业	824	1124
文教办公用品制造	286	
乐器制造	49	144
工艺美术品制造	303	132
体育用品制造	80	76
玩具制造	106	252
游艺器材及娱乐用品制造		519
石油加工、炼焦和核燃料加工业		
精炼石油产品制造		
化学原料和化学制品制造业	6267	28161
基础化学原料制造	1201	6248
肥料制造	217	441
农药制造	777	2693
涂料、油墨、颜料及类似产品制造	338	3783
合成材料制造	1979	9316
专用化学产品制造	1455	4260
炸药、火工及焰火产品制造	60	753
日用化学产品制造	240	667
医药制造业	12975	20434
化学药品原料药制造	8869	13894
化学药品制剂制造	2374	2069
中药饮片加工	58	
中成药生产	927	3254
生物药品制造	322	624
卫生材料及医药用品制造	425	592
化学纤维制造业	323	6293
合成纤维制造	323	6293

单位：万元

高新技术企业减免税	引进国外技术经费支出	引进技术消化吸收经费支出	购买国内技术经费支出	技术改造经费支出
4421				1348
4421				1348
1343		755		5911
123				4740
321		693		
131		63		509
264				
111				12
393				650
			33	128000
			33	128000
49878	11988	3367	2469	119676
12159	5398	2100	231	57048
5				539
3039	426	90	824	26607
15402	4459	1031		9613
14343			57	6156
4696	1705	145	973	17427
183			4	2285
53			380	
47514	11348	11471	21236	185471
30059	9134	10609	18904	127007
8658	311	304	1042	34816
				230
7813		433	689	23317
623				75
362	1904	126	602	25
6275	1920	2032	25280	151487
6275	1920	2032	25280	151487

1-C-41 续表 3

行　　业	来自政府部门的科技活动经费	研究开发费用加计扣除减免税
橡胶和塑料制品业	1004	6467
橡胶制品业	54	2914
塑料制品业	950	3553
非金属矿物制品业	2044	5904
水泥、石灰和石膏制造	630	
石膏、水泥制品及类似制品制造	362	157
砖瓦、石材等建筑材料制造	107	4069
玻璃制造	1	13
玻璃制品制造	47	644
玻璃纤维和玻璃纤维增强塑料制品制造	693	433
耐火材料制品制造	205	152
石墨及其他非金属矿物制品制造		436
黑色金属冶炼和压延加工业	1136	5392
炼钢	128	
黑色金属铸造	276	1644
钢压延加工	731	3748
有色金属冶炼和压延加工业	1748	3597
常用有色金属冶炼	343	
有色金属合金制造	816	2150
有色金属压延加工	589	1447
金属制品业	2047	18185
结构性金属制品制造	636	12394
金属工具制造	81	968
集装箱及金属包装容器制造	390	171
金属丝绳及其制品制造	1	84
建筑、安全用金属制品制造	150	338
搪瓷制品制造	20	89
金属制日用品制造	702	3573
其他金属制品制造	68	568

单位：万元

高新技术企业减免税	引进国外技术经费支出	引进技术消化吸收经费支出	购买国内技术经费支出	技术改造经费支出
8612	809	358	9102	474428
1824			291	436251
6789	809	358	8812	38177
8274	125	500	13	17669
			13	590
192				
565	125	500		935
10				
1377				70
5276				13488
271				231
583				2355
8295		100	259	79999
				20938
1348			259	5001
6947		100		54060
5980	85	7	5793	51421
1361			180	27245
1560	85	7	184	13455
3059			5429	10722
9707	371	666	68	23406
4634	11	16	14	7602
892	344	261		2375
755		389	20	7181
259			34	242
568				
1535	16			1078
1064				4929

1-C-41 续表 4

行 业	来自政府部门的科技活动经费	研究开发费用加计扣除减免税
通用设备制造业	9903	32596
锅炉及原动设备制造	1156	2521
金属加工机械制造	1062	805
物料搬运设备制造	915	4062
泵、阀门、压缩机及类似机械制造	2716	17121
轴承、齿轮和传动部件制造	1140	3525
烘炉、风机、衡器、包装等设备制造	1795	4133
文化、办公用机械制造	515	352
通用零部件制造	605	78
专用设备制造业	4743	18013
采矿、冶金、建筑专用设备制造	134	120
化工、木材、非金属加工专用设备制造	1254	8251
食品、饮料、烟草及饲料生产专用设备制造	34	747
纺织、服装和皮革加工专用设备制造	1488	2241
电子和电工机械专用设备制造	40	309
农、林、牧、渔专用机械制造	700	2917
医疗仪器设备及器械制造	162	459
环保、社会公共服务及其他专用设备制造	931	2969
汽车制造业	4715	19997
汽车整车制造	1753	8447
汽车零部件及配件制造	2963	11551
铁路、船舶、航空航天和其他运输设备制造业	3294	2935
船舶及相关装置制造	1818	1805
摩托车制造	1249	1036
自行车制造	227	94
电气机械和器材制造业	11290	44085
电机制造	2779	13148

单位：万元

高新技术企业减免税	引进国外技术经费支出	引进技术消化吸收经费支出	购买国内技术经费支出	技术改造经费支出
73398	6027	4068	6682	221152
11239	322	48	653	31359
3650	2588	3093	742	5544
17168	171		823	12373
20538	1946	239	1528	50182
4399	725	423	1930	37437
11507	1	72	879	36647
				461
4896	274	192	128	47150
26353	8777	1449	4026	53797
88		156	28	3057
17397	6782	274	2711	23075
3602	85	325	1180	3263
110				
297				5742
1578	92	40		
3281	1818	653	107	18660
41523	7654	3085	6767	186961
9294	3107	444	121	38099
32229	4546	2641	6646	148862
5313	2951	847	2795	9348
5001		18		1031
67	2951	829	2795	7708
245				609
79496	12163	7048	3391	182479
16541	10726	6184	2888	89017

1-C-41 续表 5

行　业	来自政府部门的科技活动经费	研究开发费用加计扣除减免税
输配电及控制设备制造	3525	9804
电线、电缆、光缆及电工器材制造	1457	5592
电池制造	2627	3590
家用电力器具制造	709	9808
照明器具制造	194	2142
计算机、通信和其他电子设备制造业	19798	29009
计算机制造		77
通信设备制造	8736	10645
广播电视设备制造	147	2620
视听设备制造	648	1328
电子器件制造	8252	5684
电子元件制造	2015	7879
其他电子设备制造		775
仪器仪表制造业	6811	10029
通用仪器仪表制造	6091	6617
专用仪器仪表制造	682	2104
钟表与计时仪器制造		73
光学仪器及眼镜制造	38	1235
其他制造业	15	60
日用杂品制造	15	60
其他未列明制造业		
电力、热力、燃气及水生产和供应业	**56**	**325**
电力、热力生产和供应业	56	325
电力生产	56	
电力供应		325
水的生产和供应业		
自来水生产和供应		

单位：万元

高新技术企业减免税	引进国外技术经费支出	引进技术消化吸收经费支出	购买国内技术经费支出	技术改造经费支出
29411	1003	79	282	15097
4133		521	181	10813
6567			25	30421
18364	435	263	15	33584
4480				3547
119176	4452	1449	8427	44224
83474	1327		239	5612
7914			3000	6035
4890	3071	1424	3876	296
14061			541	7553
8271	53	16	470	23134
566		9	300	1594
20576	3850	288	2157	26435
16380	3850	268	2157	15310
2633		20		4835
240				
1323				6290
280				9575
280				8039
				1536
90				**58121**
90				54890
				54112
90				778
				3231
				3231

1-C-42 按地区分组的规模以上大中型工业法人单位技术改造、技术获取及减免税情况

单位：万元

地区	来自政府部门的科技活动经费	研究开发费用加计扣除减免税	高新技术企业减免税	引进国外技术经费支出	引进技术消化吸收经费支出	购买国内技术经费支出	技术改造经费支出
全　省	**101344**	**308044**	**555393**	**83288**	**42794**	**109777**	**2123974**
杭州市	**32974**	**101749**	**189177**	**10483**	**4359**	**6432**	**701219**
上城区	1430	2584	4653				2632
下城区	350	919	5759				27631
江干区	2989	35057	19095		231		445395
拱墅区	1000	744	7315				36401
西湖区	772	1540	3289				4497
滨江区	15099	14998	84496			5	2823
萧山区	3319	16725	24940	3266	673	2446	57003
余杭区	3771	10506	16627	714	580	689	22219
桐庐县	313	854	2636	3652	616	518	4968
淳安县	245	341	157				197
建德市	838	2569	1332	426	90	602	23365
富阳市	614	5688	2344	2424	1405	500	56750
临安市	2236	9225	16534		764	1672	17339
宁波市	**12880**	**45035**	**97250**	**13073**	**1386**	**16006**	**375521**
海曙区		100	220				
江东区	129	672	4175				3815
江北区	1389	3089	3637	3441	9	12449	10192
北仑区	2125	15904	36880	954	693	24	48981
镇海区	939	3310	9513	2039	306	1576	143032
鄞州区	2809	8391	19247	4102	30	1176	57196
象山县	517	1010	1658			37	3046
宁海县	60	5141	6942	200	233		31939
余姚市	2525	2307	6649	720		32	16019
慈溪市	1251	2452	4604	257	116	473	46795
奉化市	1138	2659	3726	1360		239	14508
温州市	**4541**	**26314**	**51325**	**3414**	**842**	**2786**	**59170**
鹿城区	441	1491	1285	608	100	723	5434
龙湾区	989	4903	3719	1864		342	5112
瓯海区	451	745	644	16		287	1768
洞头县		510	460				
永嘉县	510	2699	2673		519	521	8865

1-C-42 续表 1

单位：万元

地 区	来自政府部门的科技活动经费	研究开发费用加计扣除减免税	高新技术企业减免税	引进国外技术经费支出	引进技术消化吸收经费支出	购买国内技术经费支出	技术改造经费支出
平阳县	152	804	2346	124	33	15	245
苍南县	348	852	642				4447
泰顺县	…						
瑞安市	1038	5952	14836	436	191	848	30579
乐清市	613	8359	24720	367		50	2720
嘉兴市	**5188**	**19444**	**50597**	**19508**	**12859**	**29708**	**226766**
南湖区	1588	2728	10100	1047	358		30356
秀洲区	683	3618	6247	1344	1283	160	3462
嘉善县	149	1265	8298	3596		226	1050
海盐县	39	2157	1382	1759	1362	2322	3409
海宁市	590	4816	9115	1553	420	25011	42628
平湖市	635	1214	7282	9489	7456	843	19615
桐乡市	1503	3647	8173	720	1980	1146	126247
湖州市	**6073**	**14374**	**27367**	**369**	**416**	**871**	**54850**
吴兴区	1388	2024	7106				3823
南浔区	1118	4492	10169	239		50	19807
德清县	902	3268	4550		416	307	15495
长兴县	2298	1327	4713			404	13630
安吉县	367	3263	828	129		111	2095
绍兴市	**13640**	**35523**	**62702**	**10531**	**9128**	**21478**	**358246**
越城区	1298	20024	7624	344	281	2012	30996
绍兴县	2093	995	4502	610	509	1515	1305
新昌县	4165	4117	22803	672	3106	5144	139613
诸暨市	3347	3818	6866	2752	1023	11670	62903
上虞市	2317	5604	19581	4166	2609	455	117654
嵊州市	420	965	1327	1987	1600	683	5774
金华市	**5108**	**22520**	**16927**	**3441**	**3255**	**5582**	**96657**
婺城区	1089	6298	3606	1273	1000	1443	22731
金东区	230	830	1964	753	274	2422	5909
武义县	120	295	211	337	304	166	6230
浦江县	187	152	231			29	1334
磐安县	20	79	151				230
兰溪市	873	2094	3266		433	206	26013
义乌市	712	913	2042		548	135	10453
东阳市	590	1169	1591	100	300	480	20303
永康市	1289	10691	3865	978	397	701	3454

1-C-42 续表 2

单位：万元

地　　区	来自政府部门的科技活动经费	研究开发费用加计扣除减免税	高新技术企业减免税	引进国外技术经费支出	引进技术消化吸收经费支出	购买国内技术经费支出	技术改造经费支出
衢州市	**2794**	**7582**	**13198**	**2630**	**900**	**7789**	**72921**
柯城区	1722	4054	2655	2625	900	443	58368
衢江区		124	33				337
常山县	80	31	42				36
开化县	320	1965	8026	5		7300	5080
龙游县	202	223	388			46	3786
江山市	471	1185	2054				5314
舟山市	**5846**	**3100**	**6128**	**7148**	**1044**	**315**	**5774**
定海区	2401	1015	469	7148	944	315	1044
普陀区	3307	841	1175				4392
岱山县	139	1245	4484		100		338
台州市	**10976**	**31478**	**39051**	**12691**	**8604**	**18155**	**165749**
椒江区	5439	7969	10627	6601	6591	12997	65662
黄岩区	421	4045	2282				7874
路桥区	503	3019	1967			20	2319
玉环县	436	3242	3638	408	332	2079	30170
三门县	261	441	561				4340
天台县	542	1391	2756				3890
仙居县	846	2092	3066			569	23603
温岭市	1396	7942	7922	2912	875	1666	9810
临海市	1132	1337	6233	2771	807	824	18082
丽水市	**1325**	**925**	**1672**			**654**	**7101**
莲都区	105	569	614				278
青田县	500						
缙云县	105	61	406			650	3565
遂昌县	355		70			4	1435
松阳县	196						
云和县	54		108				
庆元县	5	295	316				133
龙泉市	6		157				1690

第2篇

建筑业

A.全部建筑业企业

2-A-1 按登记注册类型、隶属关系、资质等级、控股情况和

项目	企业数(个)	从业人员期末人数(人)	#女性
总计	**23419**	**7659188**	**650806**
一、按登记注册类型分			
内资	23343	7623229	646050
国有	80	27043	2863
集体	196	69725	7521
股份合作企业	58	6843	933
联营企业	5	1298	63
国有联营	1		
集体联营	2	11	2
其他联营	2	486	41
有限责任公司	2092	2328363	139651
国有独资公司	124	36158	2964
其他有限责任公司	1968	2292205	136687
股份有限公司	118	499947	48985
私营企业	20773	4689867	446006
私营独资	568	5820	920
私营合伙	71	1553	159
私营有限责任公司	19993	4558162	436330
私营股份有限公司	141	124332	8597
其他企业	21	143	28
港澳台商投资	37	20726	2572
与港澳台商合资经营	26	15508	2049
与港澳台商合作经营	1		
港澳台商独资	9	358	56
港澳台商投资股份有限公司	1		
外商投资	39	15233	2184
中外合资经营	14	14808	2095
中外合作经营	2	25	9
外资企业	20	383	79
其他外商投资	3	17	1
二、按隶属关系分			
中央	24	18075	2360
地方	23395	7641113	648446

行业小类分组的全部建筑业企业主要经济指标

营业收入（万元）	#主营业务收　入	营业税金及附加（万元）	#主营业务税金及附加	资产总计（万元）	实收资本（万元）
174395858	**173231721**	**5889797**	**5839972**	**111562599**	**25136388**
173350375	172194332	5864516	5817364	110365930	24677786
1287707	1278953	32327	31852	1211671	154342
1259006	1248114	45620	45029	898652	163647
149684	149349	4951	4950	91377	25359
26282	26282	847	847	16440	3681
29	29	1	1	191	7
8113	8113	377	377	2268	664
59799910	59328737	1938241	1927074	37123339	6062872
2238974	2230237	61643	61073	3901400	569468
57560936	57098500	1876598	1866001	33221939	5493404
13406585	13184966	435554	434534	9713814	1103485
97418212	96974944	3406897	3373000	61301723	17162812
104011	103365	1640	1635	100705	28249
23397	22867	870	835	9537	4568
93280929	92859039	3261979	3228612	58634350	16701222
4009876	3989673	142407	141917	2557131	428774
2987	2987	78	78	8913	1588
712764	705076	14441	11767	793501	159222
574711	572622	11496	11496	568793	103409
6148	5943	242	242	94412	36995
332718	332313	10840	10840	403169	299380
319369	319005	10433	10433	99210	40594
962	962	23	23	4924	624
11467	11426	373	373	298451	257912
920	920	11	11	584	250
2567724	2555173	58440	57738	2229967	288774
171828133	170676549	5831357	5782234	109332633	24847614

2-A-1 续表 1

项目	企业数(个)	从业人员期末人数(人)	#女性
三、按企业资质等级分			
施工总承包	3927	6347698	515490
特级	63	1233153	74179
一级	699	3235964	235970
二级	1184	1261082	131709
三级及以下	1981	617499	73632
专业承包	2601	493425	52423
特级	38	162	25
一级	352	271707	25128
二级	590	105987	11531
三级及以下	1621	115569	15739
劳务分包	631	668019	48585
特级	4	184	38
一级	298	479909	35307
二级	138	54687	4851
三级及以下	191	133239	8389
资质以外	16260	150046	34308
四、按控股情况分			
国有控股	397	183042	16913
集体控股	422	242925	16954
私人控股	22332	7017852	600589
港澳台商控股	28	19434	2483
外商控股	22	14229	2048
其他	218	181706	11819
五、按国民经济行业小类分			
房屋建筑业	4110	5723001	438825
房屋建筑业	4110	5723001	438825
房屋建筑业	4110	5723001	438825
土木工程建筑业	5356	1293164	137432
铁路、道路、隧道和桥梁工程建筑	2361	916719	95674
铁路工程建筑	44	6263	550
公路工程建筑	430	244992	18459

营业收入（万元）	#主营业务收入	营业税金及附加（万元）	#主营业务税金及附加	资产总计（万元）	实收资本（万元）
149866008	148988796	5191958	5153183	83992095	17808362
36222192	35856368	1243904	1242055	16444642	1567608
76487383	76251868	2645291	2630712	40190517	7537874
25109828	24904220	865967	855222	16646702	4626825
12046607	11976340	436806	425194	10710234	4076055
15528285	15287096	414125	404943	16359148	3212037
2336	2334	41	41	4599	2499
9522334	9380350	239364	235460	9549066	1363678
2562676	2523892	72458	72124	2743184	768504
3440939	3380520	102262	97317	4062298	1077356
4918635	4911655	165451	164392	1164619	185751
1540	540	50	50	1228	1258
3037381	3036485	105876	105828	536622	107155
422218	418620	14462	14292	144838	38053
1457496	1456009	45064	44223	481932	39285
4082930	4044175	118254	117454	10046737	3930238
10878770	10790196	290992	288268	11387068	1606607
6230710	6124303	188090	186940	4901536	690979
151769751	150954033	5249528	5206429	91140528	21891847
644434	636849	12553	9980	740838	160607
304592	304550	10343	10343	314097	253245
4567601	4421790	138189	138012	3078533	533102
122862856	122258343	4226785	4200516	63560547	12202207
122862856	122258343	4226785	4200516	63560547	12202207
122862856	122258343	4226785	4200516	63560547	12202207
34857781	34505756	1169575	1155493	32553223	8987737
23431445	23320499	819289	814610	19206368	5772330
356971	356268	10329	10317	275871	62340
7692176	7682503	260293	260170	6633286	1343731

2-A-1 续表 2

项　　目	企业数 (个)	从业人员 期末人数 (人)	#女性
市政道路工程建筑	1595	555520	64490
其他道路、隧道和桥梁工程建筑	292	109944	12175
水利和内河港口工程建筑	492	98753	9803
水源及供水设施工程建筑	250	48069	4826
河湖治理及防洪设施工程建筑	146	41385	4359
港口及航运设施工程建筑	96	9299	618
海洋工程建筑	30	742	124
海洋工程建筑	30	742	124
工矿工程建筑	201	62252	4222
工矿工程建筑	201	62252	4222
架线和管道工程建筑	587	56090	7219
架线及设备工程建筑	383	41425	5525
管道工程建筑	204	14665	1694
其他土木工程建筑	1685	158608	20390
其他土木工程建筑	1685	158608	20390
建筑安装业	3497	189973	22921
电气安装	1120	57455	7613
电气安装	1120	57455	7613
管道和设备安装	975	54061	5664
管道和设备安装	975	54061	5664
其他建筑安装业	1402	78457	9644
其他建筑安装业	1402	78457	9644
建筑装饰和其他建筑业	10456	453050	51628
建筑装饰业	7736	306924	37441
建筑装饰业	7736	306924	37441
工程准备活动	2109	66405	6542
建筑物拆除活动	453	13807	1435
其他工程准备活动	1656	52598	5107
提供施工设备服务	157	15351	1090
提供施工设备服务	157	15351	1090
其他未列明建筑业	454	64370	6555
其他未列明建筑业	454	64370	6555

营业收入(万元)	#主营业务收入	营业税金及附加(万元)	#主营业务税金及附加	资产总计(万元)	实收资本(万元)
12336207	12246968	436377	432161	9935916	3562759
3046092	3034760	112291	111962	2361295	803501
3354289	3346106	107240	106346	4200183	889811
1365007	1358050	45335	45050	1960443	361475
1347036	1346084	45786	45220	1235758	297607
642246	641972	16120	16075	1003982	230729
13155	12969	353	353	566953	195703
13155	12969	353	353	566953	195703
1618157	1553218	43622	43517	1048231	296477
1618157	1553218	43622	43517	1048231	296477
2590110	2563684	71910	69911	3634565	642109
2161910	2135973	59549	57568	2743754	398479
428200	427710	12361	12344	890811	243630
3850625	3709280	127161	120756	3896923	1191306
3850625	3709280	127161	120756	3896923	1191306
6749838	6603534	174489	172153	6155891	1538766
2072476	2027319	60053	58472	1787358	431371
2072476	2027319	60053	58472	1787358	431371
1665816	1653554	52355	52204	1326881	357800
1665816	1653554	52355	52204	1326881	357800
3011546	2922662	62081	61477	3041652	749595
3011546	2922662	62081	61477	3041652	749595
9925382	9864089	318947	311811	9292939	2407678
7340440	7295534	230969	226145	6287121	1762407
7340440	7295534	230969	226145	6287121	1762407
1592907	1588008	55074	53006	2412162	445976
207850	206670	9123	7261	372402	130284
1385057	1381338	45951	45745	2039760	315692
221716	219542	7439	7370	131193	52923
221716	219542	7439	7370	131193	52923
770320	761005	25465	25290	462463	146372
770320	761005	25465	25290	462463	146372

2-A-2 按地区分组的全部

地　区	企业数(个)	从业人员期末人数(人)	#女性	营业收入(万元)
全　省	**23419**	**7659188**	**650806**	**174395858**
杭州市	**7421**	**1637604**	**141055**	**39688423**
上城区	266	49330	4201	2288678
下城区	365	31272	4957	1179174
江干区	720	253487	22988	3926045
拱墅区	1149	264814	24732	4422418
西湖区	959	293658	17786	8161936
滨江区	318	60946	6998	4041289
萧山区	1321	408086	28537	10603941
余杭区	987	103387	11530	1919144
桐庐县	183	24499	2394	425553
淳安县	104	12171	1793	292686
建德市	129	11724	2057	256098
富阳市	688	86336	9474	1442764
临安市	232	37894	3608	728698
宁波市	**4188**	**1125977**	**102496**	**23857202**
海曙区	672	69713	10986	2781816
江东区	619	128286	11195	3649296
江北区	251	75130	3251	1138901
北仑区	612	67448	6333	1440434
镇海区	238	67181	5946	2301250
鄞州区	646	113292	12093	2193686
象山县	195	357625	32350	6058268
宁海县	139	44042	4074	941280
余姚市	267	51126	4815	997616
慈溪市	399	115595	8571	1686840
奉化市	150	36539	2882	667814
温州市	**2296**	**551795**	**40727**	**9674017**
鹿城区	545	125696	9958	2399505
龙湾区	225	70855	6382	1264785
瓯海区	132	77596	6319	1443141
洞头县	78	4208	300	139798
永嘉县	127	24546	1862	509393
平阳县	202	37568	2980	586031

建筑业企业主要经济指标

#主营业务收入	营业税金及附加（万元）	#主营业务税金及附加	资产总计（万元）	实收资本（万元）
173231721	**5889797**	**5839972**	**111562599**	**25136388**
39337301	**1188600**	**1178896**	**30228117**	**6563555**
2248663	62461	61861	1595801	284669
1170162	37252	35978	936112	257221
3830235	109682	106075	2450258	616625
4412241	126312	125589	2799600	758106
8129675	242324	240886	5042458	974451
3973582	125120	124599	3304476	580308
10542424	326818	326008	9031741	1633814
1899111	59542	59287	2033241	603589
424704	15673	15650	425932	123581
291158	10340	10122	204208	70671
253924	8329	8261	260572	93611
1434181	40713	40586	1510151	393015
727242	24036	23996	633567	173893
23694855	**769291**	**763407**	**18768516**	**3727704**
2766917	92840	92134	1684791	337686
3640633	108122	107783	3039705	523583
1126930	36097	35969	909949	160917
1429940	43848	41829	1358730	380689
2235384	61484	60675	1744283	298092
2180061	74587	74551	1766609	426393
6046775	204552	204550	4259868	522735
940331	34859	34812	647295	225701
987312	34876	34274	1159906	249272
1673487	53986	52790	1496164	427533
667083	24040	24039	701215	175103
9630366	**339996**	**338352**	**7270192**	**2282621**
2384114	91603	91148	1943026	588225
1264267	42292	41696	1000189	353169
1441353	49967	49962	1094816	221886
134466	4524	4524	81932	39210
507558	18228	18212	454454	137402
585946	19994	19580	386067	175429

2-A-2 续表 1

地 区	企业数(个)	从业人员期末人数(人)	#女性	营业收入(万元)
苍南县	261	46538	2833	904760
文成县	27	8198	332	137283
泰顺县	87	67532	2816	950659
瑞安市	245	44378	2518	639269
乐清市	367	44680	4427	699393
嘉兴市	**1431**	**269170**	**25743**	**7526597**
南湖区	363	34522	4705	1226665
秀洲区	205	34658	3552	848325
嘉善县	118	13698	1195	290034
海盐县	117	23759	4157	384661
海宁市	156	38482	2117	1707111
平湖市	254	33345	4020	927512
桐乡市	218	90706	5997	2142289
湖州市	**744**	**180486**	**17079**	**4734148**
吴兴区	267	100540	7546	3032132
南浔区	73	6297	550	145343
德清县	164	28593	4154	635547
长兴县	137	27781	3149	595535
安吉县	103	17275	1680	325591
绍兴市	**1728**	**1848738**	**132301**	**44500835**
越城区	349	305967	15298	6718429
绍兴县	303	487721	33705	12431261
新昌县	92	59615	7912	1310257
诸暨市	369	450996	29763	11705718
上虞市	416	455935	39024	10295303
嵊州市	199	88504	6599	2039869
金华市	**1731**	**988250**	**94989**	**23667817**
婺城区	374	119478	12293	2635175
金东区	81	34046	4884	698237
武义县	56	11698	1805	267534
浦江县	44	27668	1721	594298
磐安县	88	48739	5409	940335
兰溪市	126	22225	3664	446444
义乌市	408	76932	9745	1578389
东阳市	419	616224	51011	15874700
永康市	135	31240	4457	632706

#主营业务收入	营业税金及附加(万元)	#主营业务税金及附加	资产总计(万元)	实收资本(万元)
901166	27384	27351	448535	183007
137278	4875	4874	112585	22969
949854	33710	33693	635659	188427
632611	21669	21584	584383	188452
691752	25750	25727	528547	184445
7418535	**238228**	**235310**	**5187395**	**1119573**
1221246	37913	37816	895084	240228
808678	23649	22613	631404	154460
288967	9060	9059	235371	85709
383009	13558	11923	360339	100185
1648976	54708	54627	1618569	205147
925867	30798	30739	713001	130205
2141792	68541	68531	733628	203639
4701700	**165210**	**163574**	**4640886**	**1154608**
3005442	102892	102383	2198730	376269
145099	5054	4940	184462	64402
630365	20657	20548	670442	223686
595278	25447	25445	905353	385847
325516	11160	10258	681899	104404
44201699	**1636595**	**1621709**	**17770393**	**3201976**
6668996	226534	225227	3194194	654211
12388457	450762	449324	4159186	752251
1309137	43138	43097	425140	111128
11667152	448965	437833	3877508	717998
10149475	390417	390413	5398902	789285
2018484	76778	75816	715463	177103
23572029	**829669**	**822039**	**13049140**	**2843474**
2628245	88024	87359	1735665	456649
697750	23718	23718	449073	136593
267027	9224	9002	262065	64598
594109	20655	20638	261569	64929
937762	34319	34288	575406	179692
445582	14322	14316	343070	92114
1576839	53914	53868	1275885	477101
15792754	562883	556243	7775050	1264977
631962	22608	22607	371357	106822

2-A-2 续表 2

地　　区	企业数(个)	从业人员期末人数(人)	#女性	营业收入(万元)
衢州市	**652**	**171947**	**23754**	**3401331**
柯城区	279	51107	6725	1125245
衢江区	53	17967	2491	468267
常山县	68	18238	1501	243027
开化县	58	27630	3786	521546
龙游县	61	27172	3561	566261
江山市	133	29833	5690	476984
舟山市	**1290**	**81197**	**8670**	**1750189**
定海区	995	48914	6013	1069097
普陀区	189	20041	1619	506131
岱山县	70	9401	938	143579
嵊泗县	36	2841	100	31382
台州市	**1429**	**707244**	**51849**	**13645051**
椒江区	344	69534	9694	1643759
黄岩区	117	81756	5711	1413120
路桥区	109	47207	2796	1423110
玉环县	124	6249	482	143601
三门县	133	40171	2934	657031
天台县	75	36115	3222	630904
仙居县	82	29068	1693	773579
温岭市	212	249327	12890	4771457
临海市	233	147817	12427	2188490
丽水市	**509**	**96780**	**12143**	**1950249**
莲都区	223	44605	5777	937876
青田县	62	6607	930	170735
缙云县	46	10245	1057	183305
遂昌县	36	3033	514	41124
松阳县	26	9552	793	151239
云和县	19	6687	696	96081
庆元县	28	3600	534	78711
景宁县	21	3720	662	94563
龙泉市	48	8731	1180	196616

#主营业务收入	营业税金及附加(万元)	#主营业务税金及附加	资产总计(万元)	实收资本(万元)
3387910	**115722**	**112760**	**1834688**	**640092**
1119596	35220	32441	667219	211040
465085	15715	15715	236465	113455
241742	8072	7940	278814	54292
521100	21745	21745	194370	81318
565291	18578	18527	198196	75730
475095	16393	16392	259624	104257
1740750	**55915**	**55581**	**2338400**	**561067**
1063445	33418	33162	1472940	356924
502778	16779	16737	604540	134626
143568	4672	4671	148849	33828
30959	1047	1011	112070	35689
13617995	**477602**	**476132**	**8875541**	**2517195**
1630288	64790	63593	1148154	254491
1412640	46859	46855	584314	164845
1422455	49716	49709	1589100	166609
142887	4727	4725	250470	63845
656131	22813	22813	343485	136264
630854	23049	23048	253045	103300
773579	27097	27096	445167	134130
4764539	156475	156293	2434556	444833
2184621	82076	81999	1827250	1048879
1928581	**72969**	**72211**	**1599333**	**524525**
932841	33380	33034	641211	243757
169418	6913	6901	190893	66234
174268	6786	6737	180483	50153
41124	1623	1623	36757	16423
151139	5355	5355	114405	35458
90299	3429	3113	81132	22585
78561	3579	3579	42221	20237
94456	3429	3429	140445	20342
196474	8475	8440	171787	49336

B.联网直报总承包和专业承包建筑业企业

2-B-1 按登记注册类型、隶属关系、资质等级、控股情况

项　　目	企业数(个)	#有工作量企业数	#亏损企业数	年初存货(万元)	流动资产合计	#应收工程款	#存货
总　计	**6066**	**5839**	**695**	**19511828**	**80390258**	**17179289**	**21906852**
一、按登记注册类型分							
内资	6036	5809	684	19294027	79808100	17058400	21723668
国有	46	45	5	305647	895681	150047	326514
集体	75	72	7	149396	704419	70657	175569
股份合作企业	10	10	1	15766	70149	10395	27339
联营企业	3	3		426	10727	2837	620
国有联营	1						
其他联营	2	2		361	1768	1177	532
有限责任公司	1182	1137	133	6710579	27440715	5354770	7002181
国有独资公司	44	41	6	473157	1849066	363084	535047
其他有限责任公司	1138	1096	127	6237422	25591650	4991686	6467134
股份有限公司	82	80	7	2011491	7934302	1912915	2624091
私营企业	4638	4462	531	10100720	42752108	9556780	11567353
私营独资	6	6	2	861	5005	1501	821
私营合伙	4	4	1	1555	3790	909	1815
私营有限责任公司	4555	4381	524	9686034	40708528	8920446	11131767
私营股份有限公司	73	71	4	412270	2034785	633924	432951
港澳台商投资	22	22	8	200431	515806	105686	165439
与港澳台商合资经营	18	18	7	155605	388673	103065	165073
港澳台商独资	3	3	1	246	6777	2621	366
港澳台商投资股份有限公司	1						
外商投资	8	8	3	17371	66353	15203	17745
中外合资经营	7	7	2	16686	64880	14958	17581
外资企业	1						
二、按隶属关系分							
中央	20	19		453297	1822090	306179	541214
地方	6046	5820	695	19058531	78568169	16873109	21365638

和行业小类分组的总承包和专业承包建筑业企业财务状况

单位：万元

固定资产合计	固定资产减值准备	固定资产原价	累计折旧	#本年折旧	在建工程(个)	资产总计	流动负债合计	#应付账款	非流动负债合计
9963075	**36239**	**13543209**	**5089040**	**850805**	**1057159**	**99613482**	**56719142**	**11898027**	**1917794**
9893917	36230	13423989	5031032	843255	1051327	98928759	56314632	11808124	1917703
115492	6	195869	103344	11735	12709	1098232	660958	195040	173366
86331	2	135122	50956	5351	1869	823293	575176	64682	7659
8524	150	12763	6072	1053	800	79951	41652	1576	582
4458		10075	5700	463	83	16250	9119	4599	2
500		916	500	25	83	2268	1090	338	2
2896068	8695	3959179	1524434	248451	308795	33488747	20964416	4835887	749892
266436	598	391352	151135	19445	15779	2344043	1541687	641107	106583
2629632	8098	3567826	1373299	229006	293016	31144704	19422728	4194780	643309
646012	722	802390	324870	44738	116458	9695642	5532711	1679700	371325
6137031	26655	8308590	3015657	531465	610612	53726644	28530601	5026640	614877
2135		3231	1284	215	80	8498	3125	545	
591		881	290	59		4432	1268	675	
5939153	24533	8016985	2900531	513892	592628	51184697	26956308	4632597	604323
195151	2122	287493	113552	17299	17904	2529017	1569900	392822	10554
62330	10	105296	50893	6391	5815	607482	364065	83553	82
57213	10	99784	49809	6575	5750	474877	357230	83067	82
4494		5512	1083	316	65	11626	6835	486	
6827		13924	7115	659	18	77241	40445	6350	9
5667		10077	4428	484	18	74609	40377	6344	9
251651	525	483336	256016	33002	13878	2226190	1596553	799236	62301
9711424	35714	13059873	4833024	817803	1043281	97387293	55122588	11098791	1855493

2-B-1 续表 1

项 目	企业数(个)	#有工作量企业数	#亏损企业数	年初存货(万元)	流动资产合计	#应收工程款	#存货
三、按企业资质等级分							
施工总承包	3727	3636	338	16414226	68456748	13826901	18948803
特级	40	40		3071474	13791954	3074083	3834109
一级	683	680	19	8286384	32825201	6265414	9376583
二级	1169	1156	59	3488798	13374407	2706425	3858257
三级及以下	1835	1760	260	1567569	8465186	1780979	1879855
专业承包	2339	2203	357	3097603	11933510	3352388	2958049
一级	334	333	22	1972363	6824210	2190980	1711137
二级	566	549	61	428144	2042456	549466	455316
三级及以下	1439	1321	274	697096	3066845	611943	791595
四、按控股情况分							
国有控股	213	209	23	1897208	7229668	1455989	2072893
集体控股	219	206	17	914297	3872022	618025	1246142
私人控股	5518	5311	635	16124862	66560357	14542595	17843597
港澳台商控股	16	16	5	169373	444215	85531	139676
外商控股	4	4	2	11002	44868	8164	11246
其他	96	93	13	395086	2239129	468986	593299
五、按国民经济行业小类分							
房屋建筑业	2295	2233	219	12491934	50662258	10398409	14713555
房屋建筑业	2295	2233	219	12491934	50662258	10398409	14713555
房屋建筑业	2295	2233	219	12491934	50662258	10398409	14713555
土木工程建筑业	1898	1842	193	4651584	21144536	4305458	5124658
铁路、道路、隧道和桥梁工程建筑	1128	1101	106	2940918	13354390	2734885	3130427
铁路工程建筑	14	14		44193	224091	42280	47956
公路工程建筑	220	217	17	1083741	4653216	1073435	1159866
市政道路工程建筑	794	771	85	1537180	7050077	1306131	1559571
其他道路、隧道和桥梁工程建筑	100	99	4	275804	1427006	313040	363035
水利和内河港口工程建筑	167	163	21	373689	2335475	533442	280320
水源及供水设施工程建筑	81	78	8	128394	865293	219650	54660

单位：万元

固定资产合计	固定资产减值准备	固定资产原价	累计折旧	#本年折旧	在建工程(个)	资产总计	流动负债合计	#应付账款	非流动负债合计
8210919	31351	11108075	4096624	683921	811223	83538153	46738121	9442540	1638949
936091		1218432	451951	72841	88815	16406318	10215677	2398327	488977
3609683	5570	5177005	2067757	314041	347666	40023558	23301930	4439797	709392
2292774	16976	2974162	1057608	172610	296874	16608883	8493750	1583289	235457
1372370	8805	1738476	519308	124429	77869	10499395	4726765	1021128	205123
1752156	4889	2435134	992416	166384	245936	16075329	9981020	2455487	278846
874732	260	1179697	485501	73543	151651	9543005	6227043	1721023	219968
379713	432	555930	227345	38338	39548	2696406	1533698	333863	15928
497711	4197	699507	279570	55003	54737	3835918	2220279	400601	42950
696758	606	1113433	508469	78952	52094	8909329	6194272	2215875	591760
376426	14	501628	205114	31613	70706	4725947	3298158	675226	124613
8628532	34776	11566492	4222812	719658	907137	82569878	45185812	8700903	1180764
51390		71837	27468	3916	4910	518185	292772	61088	
4912		10560	5656	529	8	53363	25628	4822	9
205057	845	279260	119520	16137	22305	2836780	1722499	240114	20649
5665715	22390	7199002	2528791	432316	714382	61189235	35961404	6432121	1093343
5665715	22390	7199002	2528791	432316	714382	61189235	35961404	6432121	1093343
5665715	22390	7199002	2528791	432316	714382	61189235	35961404	6432121	1093343
3281068	9203	4880724	1962728	319630	229159	26885379	13662424	3375250	574482
2085139	7705	3131544	1267588	202363	157900	17014204	7872165	1652175	426458
15571		27405	12139	1825		247004	167094	55802	4535
654962	128	1085682	477473	66058	24650	5913314	3268483	753701	292000
1143857	7380	1582120	589633	110903	111801	8931274	3466844	675941	76374
270749	197	436337	188343	23578	21448	1922612	969745	166732	53549
409710	479	617975	259243	38386	12829	2976201	1831368	774417	74685
155479	113	204185	84493	11692	4096	1159761	623584	259415	44334

2-B-1 续表 2

项　　目	企业数(个)	#有工作量企业数	#亏损企业数	年初存货(万元)	流动资产合计	#应收工程款	#存货
河湖治理及防洪设施工程建筑	59	59	4	113042	906530	220659	116435
港口及航运设施工程建筑	27	26	9	132254	563652	93133	109225
海洋工程建筑	3	3		5845	58677	7579	4881
海洋工程建筑	3	3		5845	58677	7579	4881
工矿工程建筑	79	72	6	112703	598975	167176	101351
工矿工程建筑	79	72	6	112703	598975	167176	101351
架线和管道工程建筑	211	202	30	611522	2536318	379811	873788
架线及设备工程建筑	150	141	21	533187	2166448	309761	771770
管道工程建筑	61	61	9	78335	369869	70050	102017
其他土木工程建筑	310	301	30	606908	2260702	482566	733891
其他土木工程建筑	310	301	30	606908	2260702	482566	733891
建筑安装业	679	644	117	1056039	3987126	869442	1283129
电气安装	247	229	41	299291	1241097	260211	368593
电气安装	247	229	41	299291	1241097	260211	368593
管道和设备安装	156	148	24	252097	805143	143783	280597
管道和设备安装	156	148	24	252097	805143	143783	280597
其他建筑安装业	276	267	52	504651	1940886	465448	633939
其他建筑安装业	276	267	52	504651	1940886	465448	633939
建筑装饰和其他建筑业	1194	1120	166	1312271	4596338	1605979	785511
建筑装饰业	922	863	133	561397	3618709	1312413	607901
建筑装饰业	922	863	133	561397	3618709	1312413	607901
工程准备活动	190	181	28	707532	748263	226299	121298
建筑物拆除活动	85	80	12	14836	107937	21802	17446
其他工程准备活动	105	101	16	692697	640326	204497	103852
提供施工设备服务	18	18	3	14127	57398	16494	17436
提供施工设备服务	18	18	3	14127	57398	16494	17436
其他未列明建筑业	64	58	2	29215	171969	50774	38875
其他未列明建筑业	64	58	2	29215	171969	50774	38875

单位：万元

固定资产合　计	固定资产减值准备	固定资产原　价	累计折旧	#本年折旧	在建工程（个）	资产总计	流动负债合　计	#应付账款	非流动负债合　计
95871	366	147353	59191	7790	7104	1081819	676370	254468	12055
158360		266437	115559	18904	1629	734621	531414	260534	18296
1992		3109	1118	212		75855	26886	3659	3400
1992		3109	1118	212		75855	26886	3659	3400
177371	39	259910	97547	16288	14831	931140	458208	142610	23040
177371	39	259910	97547	16288	14831	931140	458208	142610	23040
228940	247	354573	165473	28380	25805	3069232	2157396	461804	27087
179462	229	288463	138141	23880	18114	2607932	1861776	414979	22973
49478	18	66110	27332	4500	7691	461299	295619	46825	4114
377915	734	513613	171760	34001	17794	2818749	1316402	340586	19813
377915	734	513613	171760	34001	17794	2818749	1316402	340586	19813
510385	1630	743661	314442	49892	68950	4913952	3096173	882745	35916
137770	501	199374	84355	16018	19658	1465426	864227	221091	11595
137770	501	199374	84355	16018	19658	1465426	864227	221091	11595
94970	355	134358	49394	7718	4932	995737	598075	117187	12652
94970	355	134358	49394	7718	4932	995737	598075	117187	12652
277645	774	409930	180693	26156	44360	2452790	1633871	544467	11669
277645	774	409930	180693	26156	44360	2452790	1633871	544467	11669
505907	3016	719822	283079	48966	44669	6624916	3999141	1207911	214053
336287	911	444578	165426	30165	39303	4474664	2360295	921850	210516
336287	911	444578	165426	30165	39303	4474664	2360295	921850	210516
133533	1651	224278	99151	15046	4516	1861427	1501837	241867	1518
38081	1071	58090	21900	3976	765	151259	66070	9504	661
95452	580	166188	77251	11070	3751	1710169	1435766	232363	857
16593	446	23207	7196	1550	482	74804	41109	18932	343
16593	446	23207	7196	1550	482	74804	41109	18932	343
19495	8	27759	11306	2205	368	214021	95900	25262	1677
19495	8	27759	11306	2205	368	214021	95900	25262	1677

2-B-1 续表 3

项 目	负债合计	所有者权益合计	#实收资本				
				国家资本	集体资本	法人资本	个人资本
总 计	**60583510**	**38828795**	**20673737**	**678594**	**490217**	**5900212**	**13542252**
一、按登记注册类型分							
内资	60072472	38655109	20562900	672038	489687	5850645	13524882
国有	839329	258903	138891	83644	500	54747	
集体	594137	228705	143811	629	128139	6916	8126
股份合作企业	43266	36685	22968		14221	458	8289
联营企业	9121	7129	3674	3010	285	379	
国有联营	8028	5953	3010	3010			
其他联营	1092	1176	664		285	379	
有限责任公司	22135445	11269381	5329943	558066	267501	2001625	2486600
国有独资公司	1692383	648420	393121	297903		95218	
其他有限责任公司	20443062	10620961	4936822	260162	267501	1906407	2486600
股份有限公司	6597836	3096816	1094074	12291	3011	482656	595646
私营企业	29853338	23757490	13829539	14398	76029	3303865	10426221
私营独资	3372	5127	5649			2058	3591
私营合伙	1268	3164	2265				2265
私营有限责任公司	28248238	22824803	13405156	14398	67029	3217287	10097416
私营股份有限公司	1600460	924397	416469		9000	84520	322949
港澳台商投资	470583	136899	88831	6556	530	38194	14077
与港澳台商合资经营	357312	117565	71729	6556	530	31287	13357
港澳台商独资	6854	4772	5103			427	
港澳台商投资股份有限公司	106417	14562	12000			6480	720
外商投资	40454	36787	22006			11372	3293
中外合资经营	40387	34222	19442			11372	3293
外资企业	67	2565	2565				
二、按隶属关系分							
中央	1663270	559680	286440	118155	11610	154126	
地方	58920240	38269115	20387297	560439	478607	5746086	13542252

单位：万元

港澳台资本	外商资本	营业收入	#主营业务收　入	营业成本	#主营业务成　本	营业税金及附加	#主营业务税金及附加	其他业务利　润	销售费用
38689	**23774**	**164850543**	**163738902**	**148926792**	**147613711**	**5592514**	**5544587**	**180804**	**448708**
11157	14491	163823842	162720295	147996091	146797930	5567851	5522598	179374	440110
		1278735	1270034	1142515	1134371	32100	31624	3441	874
		1204157	1200293	1105328	1104363	44058	43483	2699	1255
		143074	142739	131383	131359	4770	4769	310	562
		26253	26253	24071	24071	846	846		2
		18139	18139	16770	16770	469	469		…
		8113	8113	7301	7301	377	377		2
2147	14005	57173093	56704288	52143751	51704393	1857165	1846059	93856	101083
		2199985	2191487	1966507	1960823	60619	60050	2025	1240
2147	14005	54973108	54512801	50177244	49743570	1796546	1786009	91831	99842
	470	13395266	13173667	12006433	11811824	435139	434119	28186	20777
9010	16	90603264	90203021	81442610	80887551	3193774	3161698	50882	315558
		11259	11192	9778	9765	431	431	54	16
		15905	15905	14039	14039	627	627		61
9010	16	86596923	86216948	77810377	77266680	3051176	3019590	47258	301037
		3979177	3958977	3608416	3597067	141539	141049	3571	14443
26663	2811	709819	702130	636636	522011	14346	11673	1320	8238
17188	2811	574249	572161	519527	518717	11489	11489	1247	4740
4676		4389	4184	3426	3294	183	183	73	73
4800		131181	125785	113682		2674			3425
869	6472	316882	316477	294066	293771	10317	10317	110	360
869	3907	316069	315705	293256	292987	10295	10295	95	360
	2565	813	772	810	784	22	22	15	
2549		2565670	2553118	2247074	2238430	58388	57686	3588	1870
36139	23774	162284873	161185784	146679718	145375282	5534125	5486901	177216	446838

2-B-1 续表 4

项目	负债合计	所有者权益合计	#实收资本				
				国家资本	集体资本	法人资本	个人资本
三、按企业资质等级分							
施工总承包	49955335	33484368	17586865	619639	354483	4898252	11683153
特级	10883495	5522823	1532538	72220		758337	701982
一级	24873195	15123829	7492546	367590	121617	1726360	5259176
二级	8992195	7562995	4601380	109426	150825	914837	3423979
三级及以下	5206449	5274721	3960401	70403	82041	1498718	2298017
专业承包	10628175	5344427	3086872	58955	135734	1001960	1859099
一级	6653985	2877695	1359538	22663	19344	516344	784759
二级	1589655	1106751	747332	8973	19886	207811	504290
三级及以下	2384534	1359981	980002	27319	96504	277805	570050
四、按控股情况分							
国有控股	6923667	1985662	1182849	638709	5082	495628	26867
集体控股	3512412	1208315	645740	9373	315265	283146	37956
私人控股	47969258	34404662	18272124	24418	161615	4751934	13319089
港澳台商控股	399209	118976	73117		530	34464	13506
外商控股	25638	27725	16330			10116	
其他	1753327	1083453	483577	6094	7725	324924	144834
五、按国民经济行业小类分							
房屋建筑业	37780747	23354394	11348787	198007	216605	2837357	8057906
房屋建筑业	37780747	23354394	11348787	198007	216605	2837357	8057906
房屋建筑业	37780747	23354394	11348787	198007	216605	2837357	8057906
土木工程建筑业	15223871	11611452	7092382	400048	199833	2315686	4172065
铁路、道路、隧道和桥梁工程建筑	9032165	7958059	4953120	174820	61746	1733350	2983204
铁路工程建筑	171832	75172	47234	5000	810	16000	25424
公路工程建筑	3636143	2274490	1251306	105030	33273	344258	768744
市政道路工程建筑	4193148	4716825	3165514	42282	20232	1269601	1833398
其他道路、隧道和桥梁工程建筑	1031041	891571	489067	22508	7430	103491	355638
水利和内河港口工程建筑	1950203	1025998	671827	93109	11369	212774	352026
水源及供水设施工程建筑	684278	475482	271427	78499	1860	74591	116477

单位：万元

港澳台资本	外商资本	营业收入	#主营业务收入	营业成本	#主营业务成本	营业税金及附加	#主营业务税金及附加	其他业务利润	销售费用
14499	16839	149574851	148702501	135813015	134813879	5184340	5145557	143899	324189
		36216378	35850558	33349932	33196866	1243734	1241886	55925	11561
3282	14520	76364925	76129458	69681671	69170864	2642618	2628039	54786	127671
	2314	25077336	24871728	22368606	22158590	865047	854303	23682	102789
11217	5	11916213	11850757	10412806	10287560	432940	421329	9505	82168
24190	6935	15275692	15036402	13113777	12799832	408174	399031	36905	124519
13191	3238	9521104	9379125	8330202	8102395	239190	235289	17517	63683
3807	2565	2508339	2469555	2123485	2092199	70937	70604	6392	23413
7192	1132	3246249	3187722	2660090	2605238	98046	93138	12996	37423
2558	14005	10496721	10408454	9558674	9490243	280838	278115	15425	10279
		6080171	5981058	5386247	5313237	183474	182348	26455	14801
12958	2110	143086339	142315499	129216076	128301246	4974084	4932858	135657	412288
22304	2314	641170	633585	574494	459902	12553	9880	1250	7715
869	5345	294269	294228	275461	275435	9970	9970	15	4
		4251874	4106080	3915341	3773648	131595	131417	2001	3621
18544	20368	118529996	117933551	108360989	107707665	4084925	4058789	114586	220599
18544	20368	118529996	117933551	108360989	107707665	4084925	4058789	114586	220599
18544	20368	118529996	117933551	108360989	107707665	4084925	4058789	114586	220599
4125	624	33372458	33030494	29382492	28976208	1127907	1113951	41833	147574
		22980339	22874460	20457619	20254509	805932	801269	12520	84393
		347586	346883	310322	309761	10152	10140	56	248
		7621757	7612119	6857538	6850970	258044	257923	4792	15349
		12050497	11965994	10630996	10463745	427053	422846	5012	58466
		2960498	2949465	2658763	2630033	110683	110360	2660	10330
2549		3222438	3214415	2864978	2860302	105104	104218	3570	13857
		1335909	1328962	1170105	1167821	44780	44496	2599	9346

2-B-1 续表 5

项目	负债合计	所有者权益合计	#实收资本	国家资本	集体资本	法人资本	个人资本
河湖治理及防洪设施工程建筑	697305	384514	266970	2448	9	59504	205009
港口及航运设施工程建筑	568619	166002	133431	12162	9500	78679	30541
海洋工程建筑	60886	14969	4518	500		1029	2989
海洋工程建筑	60886	14969	4518	500		1029	2989
工矿工程建筑	493444	424833	260827	36392	11659	98881	113476
工矿工程建筑	493444	424833	260827	36392	11659	98881	113476
架线和管道工程建筑	2297344	769221	448545	66246	111066	104307	165892
架线及设备工程建筑	1986761	618505	352117	41591	110233	83915	115360
管道工程建筑	310583	150717	96427	24656	834	20392	50532
其他土木工程建筑	1389830	1418372	753545	28982	3993	165345	554478
其他土木工程建筑	1389830	1418372	753545	28982	3993	165345	554478
建筑安装业	3195553	1625797	973714	63434	65501	343208	492000
电气安装	902740	481284	284336	9360	57771	68153	148489
电气安装	902740	481284	284336	9360	57771	68153	148489
管道和设备安装	623183	363583	204567	15573	4780	54844	129371
管道和设备安装	623183	363583	204567	15573	4780	54844	129371
其他建筑安装业	1669630	780929	484812	38501	2949	220211	214141
其他建筑安装业	1669630	780929	484812	38501	2949	220211	214141
建筑装饰和其他建筑业	4383338	2237151	1258854	17105	8278	403960	820281
建筑装饰业	2722401	1747836	932966	4230	6975	339846	572723
建筑装饰业	2722401	1747836	932966	4230	6975	339846	572723
工程准备活动	1521260	340168	237205	11388	1227	39612	184978
建筑物拆除活动	68674	82585	69093	198		8970	59925
其他工程准备活动	1452586	257583	168112	11190	1227	30642	125053
提供施工设备服务	42004	32801	25130			4996	20134
提供施工设备服务	42004	32801	25130			4996	20134
其他未列明建筑业	97674	116347	63554	1487	77	19507	42446
其他未列明建筑业	97674	116347	63554	1487	77	19507	42446

单位：万元

		营业收入	#主营业务收入	营业成本	#主营业务成本	营业税金及附加	#主营业务税金及附加	其他业务利润	销售费用
港澳台资本	外商资本								
		1327329	1326411	1207393	1205051	45200	44635	871	2005
2549		559201	559041	487430	487429	15124	15087	100	2506
		9345	9161	7316	7268	302	302		6
		9345	9161	7316	7268	302	302		6
	419	1553864	1488927	1333121	1265477	41658	41553	13492	16413
	419	1553864	1488927	1333121	1265477	41658	41553	13492	16413
829	205	2412041	2386985	1998618	1980247	67118	65173	9432	16329
820	200	2053451	2028806	1699109	1680770	56171	54242	9135	13074
9	5	358590	358179	299509	299477	10947	10930	297	3255
747		3194431	3056546	2720841	2608406	107793	101436	2818	16576
747		3194431	3056546	2720841	2608406	107793	101436	2818	16576
8866	706	5731925	5604595	4947699	4840313	148339	146318	13794	32610
562		1688596	1649595	1412928	1385647	51988	50449	8049	7095
562		1688596	1649595	1412928	1385647	51988	50449	8049	7095
		1410971	1399996	1235580	1227163	46066	45985	922	7635
		1410971	1399996	1235580	1227163	46066	45985	922	7635
8303	706	2632357	2555004	2299190	2227503	50284	49884	4824	17879
8303	706	2632357	2555004	2299190	2227503	50284	49884	4824	17879
7154	2076	7216165	7170263	6235612	6089525	231343	225530	10591	47925
7132	2060	5687368	5654537	4909492	4774907	179515	175870	7679	38519
7132	2060	5687368	5654537	4909492	4774907	179515	175870	7679	38519
		1133757	1130252	992093	987731	39101	37083	1087	7013
		148573	147529	122530	122183	7070	5210	457	3694
		985184	982723	869563	865547	32031	31873	630	3319
		131140	130430	114280	114117	4356	4340	507	342
		131140	130430	114280	114117	4356	4340	507	342
22	16	263900	255044	219747	212771	8371	8237	1318	2052
22	16	263900	255044	219747	212771	8371	8237	1318	2052

2-B-1 续表 6

项目	管理费用	#税金	财务费用	#利息收入	#利息支出	资产减值损失
总计	**3301387**	**149003**	**1212756**	**193886**	**1213082**	**69350**
一、按登记注册类型分						
内资	3278350	147869	1200276	192253	1201982	65887
国有	80816	1004	2681	576	2545	-1145
集体	29944	1609	3155	1587	4672	4
股份合作企业	2407	110	229	778	667	
联营企业	930	5	22	18	40	
国有联营	816	1	-6	14	9	
其他联营	114	3	28	4	31	
有限责任公司	1096362	45942	355971	88562	373789	25745
国有独资公司	76378	2244	9256	10283	19058	8802
其他有限责任公司	1019983	43698	346715	78279	354730	16943
股份有限公司	200022	7578	119334	21195	133434	35292
私营企业	1867870	91622	718884	79537	686835	5991
私营独资	767	10	40	2	40	
私营合伙	368	6	26	...	23	
私营有限责任公司	1796562	88650	686037	65571	649998	2817
私营股份有限公司	70172	2956	32780	13963	36775	3174
港澳台商投资	17719	941	10816	1494	9411	3463
与港澳台商合资经营	15189	686	10352	1490	9225	174
港澳台商独资	338	35	189	3	184	
港澳台商投资股份有限公司	2193	219	275		1	3289
外商投资	5318	193	1664	139	1689	
中外合资经营	5052	152	1707	96	1689	
外资企业	266	41	-43	43		
二、按隶属关系分						
中央	139684	3080	4692	3304	6261	261
地方	3161704	145923	1208065	190582	1206821	69089

单位：万元

公允价值变动收益	投资收益	营业利润	营业外收入	#补贴收入	营业外支出	利润总额	应交所得税	应付职工薪酬（本年贷方累计发生额）	在境外完成的营业收入
2478	**180185**	**5242665**	**142025**	**22812**	**144129**	**5309602**	**1252418**	**29265915**	**665561**
2478	179448	5218168	141162	22812	143621	5284754	1247188	29100518	659975
	1905	23600	2940	107	859	25843	9453	166012	3684
	708	20658	870	4	408	21624	6636	279441	105
	-23	3701	251		119	3833	2335	39713	
		382			22	360	90	3211	
		90			14	76	19	1735	
		292			8	284	71	1476	
1908	106210	1691575	36961	8282	27624	1715733	382110	10136418	499371
	11175	87829	2939	1511	2668	88615	24983	326473	83046
1908	95035	1603746	34023	6771	24956	1627119	357127	9809945	416325
2	11599	459621	12453	1117	4805	468335	100869	2524421	21875
567	59048	3018631	87687	13303	109783	3049027	745695	15951303	134941
		225			8	218	97	1690	
		783	1		…	783	291	2717	
567	50316	2907556	83785	12294	106610	2930022	721979	15453532	128531
	8733	110067	3902	1009	3165	118004	23328	493364	6410
	737	19340	791		310	19818	3978	77755	5585
	737	13517	777		234	14056	2530	67679	5585
		180			1	179	52	514	
		5643	14		75	5582	1396	9563	
		5157	72		199	5031	1252	87642	
		5399	61		97	5363	1252	87553	
		-242	11		102	-332		88	
	7367	121051	3343	623	2029	122406	33879	247673	53809
2478	172817	5121615	138682	22190	142101	5187197	1218539	29018242	611752

2-B-1 续表 7

项 目	管理费用	#税 金	财务费用	#利息收入	#利息支出	资产减值损失
三、按企业资质等级分						
施工总承包	2540566	115099	1019870	173116	1020815	24553
特级	313869	11614	220346	55104	226151	13082
一级	1150871	49220	547657	89280	551056	4614
二级	638454	30404	179197	19578	177826	3684
三级及以下	437373	23861	72670	9155	65782	3173
专业承包	760821	33903	192886	20770	192267	44797
一级	325497	13402	123015	14035	122265	41427
二级	147436	7711	32797	2278	31858	1383
三级及以下	287888	12790	37075	4456	38144	1987
四、按控股情况分						
国有控股	348962	8852	28977	33184	61799	13669
集体控股	297491	10665	19999	6592	26195	7095
私人控股	2565702	126019	1119517	144613	1076299	45127
港澳台商控股	14431	799	9405	1407	7891	3463
外商控股	3774	127	1091	96	1075	
其他	71028	2540	33767	7995	39823	-3
五、按国民经济行业小类分						
房屋建筑业	1570552	78158	840679	147286	834936	18750
房屋建筑业	1570552	78158	840679	147286	834936	18750
房屋建筑业	1570552	78158	840679	147286	834936	18750
土木工程建筑业	1117769	46325	274009	34487	276868	9798
铁路、道路、隧道和桥梁工程建筑	583814	27950	198980	24125	197297	1740
铁路工程建筑	14524	139	1380	186	1041	263
公路工程建筑	173567	9616	66365	6896	70590	226
市政道路工程建筑	334167	15190	107430	12800	103026	564
其他道路、隧道和桥梁工程建筑	61556	3006	23805	4244	22640	687
水利和内河港口工程建筑	87968	4241	26544	2572	28817	5542
水源及供水设施工程建筑	44958	1597	10168	993	11734	5425

单位：万元

公允价值变动收益	投资收益	营业利润	营业外收入	#补贴收入	营业外支出	利润总额	应交所得税	应付职工薪酬(本年贷方累计发生额)	在境外完成的营业收入
2607	164080	4596380	116928	17299	125324	4650296	1104989	27010309	626265
2	45512	945122	14584	1419	6375	965221	196039	6687627	162052
2455	104294	2260058	51311	10892	53054	2306171	550576	13705437	438928
22	12287	902273	42411	2579	55118	891146	233387	4445398	18289
128	1987	488927	8622	2409	10777	487758	124987	2171847	6997
-129	16104	646285	25097	5513	18805	659307	147429	2255606	39295
	9023	403511	12205	2191	10574	405783	84600	1372419	25855
-183	2648	108997	4723	943	3606	111923	24803	391129	9204
54	4433	133777	8169	2380	4625	141600	38026	492058	4237
	26210	281638	15602	4191	8307	289112	72735	1629776	257658
-115	14273	190842	7845	779	4448	197497	52731	1139092	12739
2593	117739	4629027	116818	17359	130127	4680989	1103236	25649051	285767
	737	19848	790		304	20331	3929	72833	5585
		3969	55		144	3880	1055	84053	
	21226	117342	916	484	801	117794	18732	691110	103811
2504	126852	3363906	84586	11807	100594	3392996	796548	22062207	437367
2504	126852	3363906	84586	11807	100594	3392996	796548	22062207	437367
2504	126852	3363906	84586	11807	100594	3392996	796548	22062207	437367
-74	48234	1323854	41075	6148	31854	1354543	327597	5244014	214865
-45	28724	836725	19599	1480	18042	853860	205914	3587676	121642
	59	10753	1824		462	12115	2930	44150	
	16902	261515	6323	652	3864	271054	64725	1149043	55676
-95	11876	469941	10403	615	10365	478414	116455	1958181	65966
51	-113	94517	1049	213	3350	92277	21805	436301	
	2037	119092	5452	1160	4866	121158	34028	440377	73317
	302	51249	2137	1021	3143	50505	12392	190831	35662

2-B-1 续表 8

项目	管理费用	#税金	财务费用	#利息收入	#利息支出	资产减值损失
河湖治理及防洪设施工程建筑	28307	1748	8520	1316	10213	356
港口及航运设施工程建筑	14703	897	7856	263	6871	-238
海洋工程建筑	823	18	125	7	131	294
海洋工程建筑	823	18	125	7	131	294
工矿工程建筑	99404	1809	7210	899	7777	135
工矿工程建筑	99404	1809	7210	899	7777	135
架线和管道工程建筑	225982	7501	8268	5169	10800	2771
架线及设备工程建筑	202804	6593	6173	5519	8585	2631
管道工程建筑	23178	908	2095	-350	2214	140
其他土木工程建筑	119779	4805	32882	1715	32047	-683
其他土木工程建筑	119779	4805	32882	1715	32047	-683
建筑安装业	333645	12443	37950	8561	46012	7303
电气安装	136263	4441	7435	1239	9066	1838
电气安装	136263	4441	7435	1239	9066	1838
管道和设备安装	63121	2279	12966	888	13147	840
管道和设备安装	63121	2279	12966	888	13147	840
其他建筑安装业	134262	5723	17549	6435	23798	4626
其他建筑安装业	134262	5723	17549	6435	23798	4626
建筑装饰和其他建筑业	279421	12077	60118	3552	55266	33499
建筑装饰业	204204	8905	45714	2228	40802	33612
建筑装饰业	204204	8905	45714	2228	40802	33612
工程准备活动	52392	2550	11800	807	11510	-132
建筑物拆除活动	10700	425	1383	11	1200	-22
其他工程准备活动	41692	2124	10418	795	10310	-110
提供施工设备服务	4667	71	794	4	754	
提供施工设备服务	4667	71	794	4	754	
其他未列明建筑业	18159	551	1810	514	2200	19
其他未列明建筑业	18159	551	1810	514	2200	19

单位：万元

公允价值变动收益	投资收益	营业利润	营业外收入	#补贴收入	营业外支出	利润总额	应交所得税	应付职工薪酬(本年贷方累计发生额)	在境外完成的营业收入
	1696	36072	2035	85	1030	38257	9730	198215	23192
	38	31771	1280	53	692	32396	11907	51331	14463
		480	1		16	465	126	2383	
		480	1		16	465	126	2383	
	5640	59930	3342	721	1943	63198	16120	272305	7635
	5640	59930	3342	721	1943	63198	16120	272305	7635
-155	10908	110406	6223	677	3507	114927	28715	462370	12271
-155	10791	90836	5443	628	3009	95025	23358	412293	12271
	117	19570	780	49	498	19902	5357	50077	
125	925	197222	6459	2110	3480	200936	42694	478905	
125	925	197222	6459	2110	3480	200936	42694	478905	
-11	3365	225208	10352	3257	5296	231941	56886	823240	13328
17	592	70965	4005	138	2241	73630	18286	221861	150
17	592	70965	4005	138	2241	73630	18286	221861	150
-28	417	43887	1605	542	872	44865	10538	232161	
-28	417	43887	1605	542	872	44865	10538	232161	
	2356	110356	4743	2577	2184	113447	28062	369218	13178
	2356	110356	4743	2577	2184	113447	28062	369218	13178
59	1734	329698	6012	1601	6386	330122	71387	1136454	
36	479	275247	4022	1497	3243	276258	57724	902740	
36	479	275247	4022	1497	3243	276258	57724	902740	
18	1243	34024	1490	49	2577	33492	9359	174156	
18	33	4911	280	3	96	5107	1475	20000	
	1210	29113	1210	46	2481	28385	7884	154156	
	2	6678	14		172	6522	1630	18314	
	2	6678	14		172	6522	1630	18314	
5	9	13749	486	54	394	13851	2674	41244	
5	9	13749	486	54	394	13851	2674	41244	

2-B-2 按地区分组的总承包和

地区	企业数(个)	#有工作量企业数	#亏损企业数	年初存货	流动资产合计	#应收工程款	#存货	固定资产合计
全 省	**6066**	**5839**	**695**	**19511828**	**80390258**	**17179289**	**21906852**	**9963075**
杭州市	**1515**	**1445**	**274**	**4762940**	**19959672**	**4194119**	**4934518**	**2371260**
上城区	89	83	21	278454	1236399	189717	409804	73018
下城区	79	74	18	158321	702956	127503	111835	82164
江干区	148	146	27	477039	1620108	311534	584060	251583
拱墅区	170	165	28	322035	1774276	390947	393546	206123
西湖区	177	168	32	639009	3453174	762355	842022	244547
滨江区	56	53	6	995273	2335928	454587	415313	286203
萧山区	305	290	26	1278335	5502737	1238763	1508749	754748
余杭区	176	167	51	241302	1229475	236305	266753	162645
桐庐县	46	46	4	44948	258783	54785	50691	37753
淳安县	44	43	11	45558	156975	35614	24894	19371
建德市	46	42	14	33537	191271	27646	38314	13897
富阳市	122	114	22	185687	1087316	281809	206220	178483
临安市	57	54	14	63444	410274	82556	82318	60724
宁波市	**976**	**934**	**90**	**3506806**	**14077843**	**3442306**	**4086229**	**1415679**
海曙区	94	83	9	297927	1318849	432031	328275	79402
江东区	122	117	18	435574	2044764	745549	535533	231261
江北区	49	48	11	165032	751576	127110	172343	42402
北仑区	105	104	10	262428	894941	216377	258353	97927
镇海区	61	60	2	484952	1378436	220783	497392	190315
鄞州区	99	96	11	216929	1088285	262978	306965	128292
象山县	78	77	2	1084635	3634547	793186	1275258	214734
宁海县	67	59	11	42474	430106	77761	60169	113685
余姚市	109	105	4	135852	893114	183154	184242	100094
慈溪市	125	124	8	252114	1151186	276927	299858	166597
奉化市	67	61	4	128891	492040	106450	167843	50972
温州市	**639**	**609**	**68**	**1554163**	**5362291**	**715552**	**1648739**	**747879**
鹿城区	167	159	27	439603	1374497	159868	454221	209361
龙湾区	79	74	9	263362	703973	90839	286328	90997
瓯海区	68	64	12	202306	936566	76664	265174	73685
洞头县	8	8	1	15600	55206	8069	8371	10264
永嘉县	36	36	1	78986	355029	87477	87436	40882
平阳县	61	60	4	58608	245067	52627	63652	69698

专业承包建筑业企业财务状况

单位：万元

固定资产减值准备	固定资产原　价	累计折旧	#本年折旧	在建工程(个)	资产总计	流动负债合　计	#应付账款	非流动负债合　计
36239	**13543209**	**5089040**	**850805**	**1057159**	**99613482**	**56719142**	**11898027**	**1917794**
7207	**3293095**	**1323179**	**241680**	**320533**	**26205266**	**16473990**	**3902283**	**757530**
17	100925	46825	6393	6499	1434738	1041503	350897	18604
45	155252	73924	11199	429	832298	529084	237208	18366
461	349119	162747	22559	52685	2101853	1281445	306376	50586
215	283890	112051	23182	24957	2159843	1366314	337066	30287
590	368018	158092	40728	25024	4492348	2883043	881525	348585
394	389731	131766	29654	27957	3067616	2008496	587116	79047
1284	1012049	408437	61793	132375	7895525	4979649	806368	180831
152	213420	77163	17575	22758	1539900	957559	152489	13078
	50536	19242	2817	595	305572	150245	20933	334
580	32003	14110	2321	385	188406	106225	20401	1265
	23633	10707	1116	967	225540	134581	22758	12
2254	234038	78880	17390	17934	1380641	719401	118527	14601
1216	80483	29237	4952	7968	580986	316443	60620	1934
4618	**1933304**	**743634**	**126002**	**126731**	**16867867**	**9803478**	**2764790**	**338609**
181	123295	52863	9997	5169	1536470	907113	232776	4427
747	333206	146963	22791	25203	2592059	1607095	569529	32250
	57242	19165	3260	3396	817556	607227	145815	1608
88	167973	78424	12934	6145	1052930	625772	210523	-414
1693	245134	96474	15632	22257	1654687	978656	482924	172492
347	176885	66405	11348	13240	1315834	776103	189702	56717
22	281348	103997	19386	6671	4240070	2197856	542910	53039
6	115975	25970	6275	15368	562976	285568	62516	9656
203	122791	45809	6411	20830	1114068	673171	129658	3632
1251	243290	87406	12233	4838	1417326	851686	162111	4399
80	66163	20161	5736	3615	563893	293232	36325	803
1002	**1036072**	**326172**	**54941**	**24404**	**6566293**	**3811222**	**370063**	**53468**
127	285920	83954	12206	5566	1728289	1053053	126585	37066
464	120983	38589	7152	5511	832250	492090	52409	2289
73	105536	33895	5007	1654	1077191	779235	22030	4750
	12635	4956	1009	1161	67627	17819	1284	
2	62836	23685	4424	1205	437689	200892	27125	5744
17	98944	32561	5712	1634	335605	144363	19736	277

2-B-2 续表 1

地区	企业数(个)	#有工作量企业数	#亏损企业数	年初存货	流动资产合计	#应收工程款	#存货	固定资产合计
苍南县	68	65	3	38801	281629	72471	47764	84901
文成县	8	8	1	20591	73126	15948	12142	11820
泰顺县	40	37	7	156949	498769	58453	186927	49917
瑞安市	63	58	2	175275	471549	51475	141510	49681
乐清市	41	40	1	104081	366880	41662	95214	56673
嘉兴市	**325**	**310**	**24**	**894319**	**3845427**	**678306**	**1142161**	**403942**
南湖区	71	70	1	94875	532640	117318	92772	70659
秀洲区	63	57	6	174047	464496	78547	200329	79236
嘉善县	29	28	6	48204	163510	33411	46817	25506
海盐县	26	26	5	43291	232999	53290	45207	25740
海宁市	42	37	2	229963	1347443	199966	439585	78139
平湖市	44	43	3	178276	579694	71288	172784	45833
桐乡市	50	49	1	125664	524646	124487	144666	78829
湖州市	**216**	**207**	**26**	**814336**	**2930528**	**565370**	**1034774**	**354727**
吴兴区	84	79	6	542448	1610536	290297	725161	181713
南浔区	16	16	3	20860	80585	32853	20423	15890
德清县	47	46	6	36617	284578	70531	47235	45641
长兴县	40	37	4	82960	423470	89443	68805	69535
安吉县	29	29	7	131452	531360	82245	173150	41948
绍兴市	**661**	**651**	**40**	**3059398**	**13698197**	**3367021**	**3438776**	**1971063**
越城区	161	160	15	440538	2181573	455897	525275	437092
绍兴县	129	125	4	652704	3339596	623844	665409	453292
新昌县	45	45	2	71736	303039	111737	83051	73512
诸暨市	140	139	7	660955	2963733	616993	841703	466591
上虞市	129	126	11	1048756	4389328	1394972	1176047	408144
嵊州市	57	56	1	184709	520928	163578	147291	132432
金华市	**687**	**670**	**50**	**2259082**	**10273180**	**2549326**	**2622566**	**1347634**
婺城区	139	134	20	267129	1358598	305427	373201	169364
金东区	35	34	6	83644	338423	85194	102488	62697
武义县	28	27	2	42672	210333	23472	62893	38373
浦江县	22	22	1	41316	147621	32238	56422	33824
磐安县	42	42		92794	390475	165575	99007	99557
兰溪市	43	42	2	75573	256630	46438	73582	46585
义乌市	152	147	17	179930	956443	154397	218441	171649
东阳市	186	182	1	1406386	6358475	1643581	1556619	656049
永康市	40	40	1	69638	256183	93005	79914	69536

单位：万元

固定资产减值准备	固定资产原价	累计折旧	#本年折旧	在建工程(个)	资产总计	流动负债合计	#应付账款	非流动负债合计
149	113305	30869	6597	2186	387674	147934	23479	606
	19274	8084	1125	294	109674	60167	4506	
170	66872	21443	3545	2922	586707	288711	26178	653
1	72033	25578	4148	1295	550810	356048	22527	750
	77734	22559	4018	977	452777	270911	44205	1333
36	**544158**	**204689**	**30439**	**51040**	**4574659**	**3025997**	**761459**	**46058**
	108887	40706	6843	178	726690	402953	84661	2297
36	107109	33666	5269	5472	567249	295121	53258	10083
	32015	8522	1853	617	198004	108168	23229	10
	23344	10075	1849	10253	277825	200835	66667	6112
	101854	44813	6557	20624	1512316	1233099	417416	10416
	66606	30228	3857	3277	651063	427401	47623	10226
	104345	36681	4210	10620	641511	358421	68605	6914
5414	**425493**	**167687**	**24877**	**59139**	**3555843**	**2264198**	**345038**	**49014**
792	240142	109496	16380	28788	1958822	1243467	183965	18707
	20075	6356	962	1909	101076	54014	11879	412
235	55948	17945	2205	6194	364845	208537	63238	1564
653	73507	21932	3267	16946	541214	324431	47896	20721
3733	35821	11959	2064	5302	589886	433750	38060	7610
5592	**2653916**	**1021681**	**153272**	**227244**	**17071092**	**8770392**	**1910207**	**326898**
1187	473512	177253	24919	132935	3044390	1511854	183629	135232
2052	661123	287075	40947	30203	4059999	2217582	490971	34927
64	107528	38950	4631	1184	402361	152909	48976	6212
1420	574026	178995	35239	39307	3658418	2018515	350667	1702
202	660819	268948	37219	15491	5224927	2580878	778212	144418
667	176909	70461	10317	8124	680996	288655	57751	4408
3588	**1776269**	**651225**	**107623**	**186217**	**12443338**	**6333916**	**1194526**	**128096**
81	276883	113495	17147	2112	1626538	890854	187013	10860
45	103338	47389	10197	6310	424122	187846	24947	692
29	49012	12636	2169	733	255098	149644	12885	6337
165	53690	27383	3586	6649	189521	66825	14228	646
	119763	36816	5393	2518	542482	231534	55626	1360
1	65330	21519	6252	1497	319362	160470	18744	3114
89	199987	71263	7893	39901	1205727	563826	58420	31847
3178	809496	285930	49723	122190	7545287	3945293	782085	73229
	98770	34795	5265	4307	335200	137624	40580	11

2-B-2 续表 2

地　区	企业数(个)	#有工作量企业数	#亏损企业数	年初存货	流动资产合计	#应收工程款	#存货	固定资产合计
衢州市	**226**	**220**	**24**	**295560**	**1387242**	**324240**	**325705**	**235370**
柯城区	82	79	12	145783	520268	107679	124267	70811
衢江区	31	30	4	27381	163975	43912	56847	44933
常山县	24	23	2	16524	238376	81302	19554	18005
开化县	21	21	2	37180	111617	21247	46162	52154
龙游县	28	28	1	34815	154299	47218	44006	32610
江山市	40	39	3	33876	198707	22883	34868	16857
舟山市	**133**	**131**	**39**	**665893**	**1626357**	**252640**	**614051**	**143191**
定海区	86	85	23	492927	1020496	135050	480418	75591
普陀区	30	29	10	104803	397771	99372	70577	45454
岱山县	9	9	3	44440	125615	13378	42588	6249
嵊泗县	8	8	3	23723	82476	4841	20468	15897
台州市	**438**	**421**	**38**	**1427779**	**6094851**	**852685**	**1756636**	**789420**
椒江区	74	67	14	228754	935596	77351	356932	70601
黄岩区	42	42	5	166263	414530	62794	126982	70420
路桥区	36	34	3	179056	805767	120126	240256	95439
玉环县	29	29	5	21690	73964	11649	21330	18598
三门县	31	30		49376	214742	69463	63868	76511
天台县	25	23	1	35128	168282	24641	35524	48362
仙居县	27	26	2	66595	354098	48730	87010	55639
温岭市	101	98	6	427010	1546463	308366	494895	234361
临海市	73	72	2	253907	1581409	129565	329839	119490
丽水市	**250**	**241**	**22**	**271554**	**1134671**	**237724**	**302698**	**182910**
莲都区	98	94	8	96266	452374	101628	99173	101978
青田县	18	18		67604	157617	33897	57868	9833
缙云县	27	26	1	39526	134976	27781	56158	15086
遂昌县	17	17	5	2896	27662	9466	2826	4350
松阳县	12	11	1	25866	81548	16684	29828	10441
云和县	11	11	1	3168	69572	12181	3394	5147
庆元县	19	19	1	2917	27981	7527	5147	10797
景宁县	14	14	1	5053	45976	12534	6020	9247
龙泉市	34	31	4	28259	136966	16027	42285	16032

单位：万元

固定资产减值准备	固定资产原价	累计折旧	#本年折旧	在建工程(个)	资产总计	流动负债合计	#应付账款	非流动负债合计
5011	**314786**	**102013**	**21094**	**6424**	**1725581**	**864413**	**124033**	**7588**
224	86858	31233	5135	3597	618962	348658	72413	1491
	59221	15905	3186	444	231563	75393	12833	2438
4784	23405	6611	1331	28	261553	193801	4563	923
	73712	21941	5929	76	182801	51257	3905	800
4	44107	14003	2341	2215	192920	81773	15085	1564
	27482	12321	3173	66	237782	113532	15233	374
673	**204738**	**75768**	**13023**	**12814**	**1878363**	**1404756**	**119837**	**18097**
673	115987	45347	7541	3743	1155525	885959	72795	3127
	56907	18766	2930	7231	484842	357924	33674	8836
	12504	7069	1310	794	135746	100497	10625	
	19339	4586	1242	1047	102250	60376	2743	6134
909	**1121709**	**389049**	**60113**	**27393**	**7328550**	**3291883**	**315194**	**182234**
	98803	42529	6518	11566	1048563	511015	28765	117887
	109577	39798	5608	638	541368	241574	26809	20170
	130896	44864	8338	2019	1008987	561526	39338	26410
	23756	8493	1452	2399	98963	47952	10287	1211
447	109583	35937	6381	2729	296855	106762	21910	1765
380	66339	19428	1733		232921	84628	10287	
	82304	28321	7844	1093	420753	232691	36070	
82	326305	108476	14432	4013	1923753	1000773	86679	13666
	174147	61203	7808	2938	1756386	504962	55051	1127
2189	**239669**	**83942**	**17741**	**15221**	**1396632**	**674897**	**90599**	**10202**
1405	128666	43566	10451	8915	579985	233141	49509	5189
203	16084	6846	1716	151	177814	92663	4641	817
	21913	7754	1082	596	152905	84101	12034	2558
	5748	1623	400	138	34134	16421	1923	52
364	10906	4381	961	1935	110564	66454	1137	998
	9543	4416	510	6	79079	51204	8347	139
	11245	769	291		41972	15116	2639	
17	12323	3485	832	364	56914	27857	4134	22
200	23241	11103	1497	3116	163266	87939	6235	427

2-B-2 续表 3

地区	负债合计	所有者权益合计						
			#实收资本					
				国家资本	集体资本	法人资本	个人资本	港澳台资本
全省	**60583510**	**38828795**	**20673737**	**678594**	**490217**	**5900212**	**13542252**	**38689**
杭州市	**17591701**	**8559878**	**5019389**	**232890**	**108313**	**1408576**	**3240114**	**9674**
上城区	1060424	374314	222329	905	11460	85133	124011	820
下城区	547752	284546	206104	79260	2500	42353	80194	1796
江干区	1359786	742067	482556	7418	668	152873	317554	3843
拱墅区	1399295	759949	554256	19106	4920	131140	399090	
西湖区	3262092	1228104	740613	62624	32421	240899	388594	15
滨江区	2258464	809152	489928	50765	29900	182793	226469	
萧山区	5229775	2620069	1199850	3008	11520	316315	862945	3000
余杭区	974072	565828	427987	5000	116	79435	343436	
桐庐县	153671	151901	89609	503		26022	63084	
淳安县	107547	80859	58659		1500	7028	50131	
建德市	140865	83685	78171	2328	4000	20637	51206	
富阳市	777744	598632	314508	1600	5932	83232	223044	200
临安市	320215	260771	154821	372	3376	40715	110358	
宁波市	**10901988**	**5954929**	**3080470**	**144863**	**58460**	**825240**	**2041588**	**10111**
海曙区	920959	614336	278243	598	4050	97273	176114	
江东区	1704301	887455	388525	62598	7800	94252	223876	
江北区	608835	208721	118918	5320	4600	21638	87360	
北仑区	633349	419581	254300	31557	2450	55172	162572	2549
镇海区	1182321	472366	273808	39760	9556	130583	93866	43
鄞州区	847563	467175	311549		13530	81250	216770	
象山县	2847290	1392780	505867	500	200	202777	302390	
宁海县	299301	263676	189983	2500	8152	22080	157251	
余姚市	689613	421346	224320		2050	30794	186476	5000
慈溪市	865238	552087	387787	1420	2000	59393	322456	2518
奉化市	303219	255408	147169	610	4072	30030	112457	
温州市	**3911829**	**2651583**	**1871766**	**117442**	**98319**	**375115**	**1280890**	
鹿城区	1090974	637293	492417	105018	13094	83674	290631	
龙湾区	517330	312170	247587		14100	39631	193856	
瓯海区	784082	293110	209353	641	14832	31011	162869	
洞头县	20819	46808	24850		3934	13616	7300	
永嘉县	207744	229945	122470	7600	12003	22250	80617	
平阳县	155012	180593	140572		20604	29036	90932	

单位：万元

外商资本	营业收入	#主营业务收入	营业成本	#主营业务成本	营业税金及附加	#主营业务税金及附加	其他业务利润	销售费用
23774	**164850543**	**163738902**	**148926792**	**147613711**	**5592514**	**5544587**	**180804**	**448708**
19823	**33709184**	**33375924**	**30614028**	**30159197**	**996370**	**987132**	**82262**	**95255**
	2041391	2001456	1867282	1835057	57284	56694	4121	2934
	912357	907014	803618	800895	29060	27817	2357	1692
200	2898904	2804584	2609224	2538080	76397	72828	5565	5568
	2976253	2967280	2734713	2592336	77463	76823	2088	11091
16060	6835817	6810441	6331463	6310178	200734	199329	6143	8458
	3507962	3440533	3179047	3153005	106788	106269	38446	7646
3063	10093641	10034154	9154385	9050208	310148	309441	13625	35402
	1524633	1505267	1368544	1354294	47018	46892	3290	3127
	409544	409316	356100	356099	15145	15134	228	6625
	287264	285760	257541	257424	10122	9904	1120	1084
	243404	241234	218530	217271	7981	7913	348	94
500	1304995	1297106	1124316	1085800	36103	35998	4391	10694
	673018	671779	609266	608550	22128	22090	541	842
208	**22920816**	**22766196**	**20364229**	**20254742**	**744592**	**739751**	**39782**	**63075**
208	2684913	2672222	2343016	2332970	89423	88825	1827	5659
	3449226	3440654	3029953	3024869	102532	102267	3605	19148
	1091899	1080064	999847	989491	34534	34407	4085	630
	1323452	1313988	1151734	1144013	41468	39464	1604	4315
	2146281	2080624	1939497	1887527	57716	57582	13998	1307
	2067166	2054245	1815570	1801100	71351	71326	1753	6445
	6035919	6024429	5473379	5471034	204117	204116	8797	9980
	880440	879538	769925	769592	34353	34334	200	2551
	964169	954063	821491	820014	33430	32957	2681	5221
	1632346	1622045	1467119	1461474	52339	51143	957	5433
	645006	644325	552698	552659	23330	23330	275	2387
	9159759	**9125682**	**8256622**	**8189928**	**324737**	**323198**	**7255**	**25547**
	2284516	2269990	2068512	2056363	88161	87764	1909	4658
	1203036	1202537	1080445	1062128	40350	39754	382	1523
	1429446	1427662	1327223	1326672	49568	49563	999	3621
	115141	115106	98360	98360	3977	3977	33	692
	492825	492404	431761	431678	17742	17733	243	894
	547458	547374	481044	464725	18962	18548	74	2245

2-B-2 续表 4

地　　区	负债合计	所有者权益合计	#实收资本					
				国家资本	集体资本	法人资本	个人资本	港澳台资本
苍南县	152564	235110	152075	2934	2012	36342	110786	
文成县	62345	47329	20494		1216	495	18783	
泰顺县	290286	296420	163896	1250	2400	72781	87465	
瑞安市	358404	192297	160197		1200	34956	124041	
乐清市	272268	180509	137857		12925	11322	113610	
嘉兴市	**3182436**	**1304544**	**889107**	**18320**	**13609**	**210542**	**646636**	
南湖区	499793	226897	172796	1000		40753	131043	
秀洲区	313724	167072	126385	4020		24712	97653	
嘉善县	108178	89826	70657		2009	13519	55129	
海盐县	206947	70878	59200	500	2000	16478	40222	
海宁市	1250590	260500	188806	10000	4500	69010	105295	
平湖市	437644	213420	106368	800	3000	3107	99461	
桐乡市	365561	275950	164896	2000	2100	42964	117832	
湖州市	**2372896**	**1180718**	**650536**	**31033**	**25598**	**193178**	**398478**	**2251**
吴兴区	1300494	656099	323521	20254	14985	113265	174881	137
南浔区	54824	46252	29964	611	2100	19219	8034	
德清县	211018	153828	121069	3000	1200	26490	88827	1552
长兴县	355769	185445	99383	1248	6000	26594	65541	
安吉县	450791	139095	76600	5920	1313	7610	61195	562
绍兴市	**9425154**	**7602663**	**2929461**	**49827**	**43589**	**898697**	**1926604**	**7022**
越城区	1717750	1323898	593308	22360	8922	240381	321174	
绍兴县	2320409	1699152	697013	266	1000	247658	438233	7022
新昌县	168114	234247	98601	800	4880	38848	54072	
诸暨市	2060530	1597888	660140	4400	18746	179915	457079	
上虞市	2790515	2434319	727104	22000	6540	178162	519983	
嵊州市	367837	313159	153295		3500	13734	136062	
金华市	**6639263**	**5804075**	**2588480**	**35618**	**40619**	**650843**	**1854771**	**6630**
婺城区	908816	717723	411647	20118	17916	53078	320281	256
金东区	188650	235473	123957			30228	92875	854
武义县	156978	98121	61205		2636	11566	47003	
浦江县	69283	120239	57143	3613	1808	18971	32751	
磐安县	250297	292185	160736			13126	147610	
兰溪市	164211	155151	78578	3000	1494	16730	56634	720
义乌市	608443	597284	430905	765	11272	65445	353424	
东阳市	4154185	3391102	1171774	5727	1000	413795	746452	4800
永康市	138401	196799	92535	2395	4493	27905	57742	

单位：万元

外商资本	营业收入	#主营业务收入	营业成本	#主营业务成本	营业税金及附加	#主营业务税金及附加	其他业务利润	销售费用
	850152	847142	750630	749103	26184	26153	1453	6858
	133934	133934	118940	118940	4738	4738		365
	906710	906211	819720	819570	32240	32240	9	2107
	613110	606470	554999	542430	20952	20866	1941	1810
	583432	576853	524987	519958	21864	21864	212	774
	7120907	**7015181**	**6548047**	**6453483**	**228999**	**226096**	**6364**	**11990**
	1158884	1154716	1068176	1065708	35816	35722	1158	4200
	773787	734694	683055	678621	21895	20859	1379	1936
	267155	266243	246938	246794	8325	8325	780	272
	346544	344900	318466	286822	12601	10966	26	1136
	1683832	1625923	1572527	1517656	54100	54020	2607	1701
	904815	903260	820633	819993	30037	29987	340	515
	1985890	1985445	1838252	1837890	66225	66216	75	2230
	4571487	**4543380**	**4129405**	**4105899**	**159236**	**157652**	**3030**	**11821**
	2982034	2955726	2711881	2691091	100365	99856	2352	4460
	124292	124078	111453	111293	4474	4360	212	482
	586902	585600	534687	534332	19376	19317	369	1001
	576871	576653	504903	504903	24908	24907	107	5103
	301388	301324	266480	264280	10114	9212	-10	776
3722	**43975897**	**43677314**	**39874542**	**39754700**	**1617824**	**1602972**	**11973**	**106527**
470	6609445	6560165	6047236	6004844	223690	222383	4910	10048
2834	12372815	12330110	11373877	11373188	449043	447610	2719	28076
	1296682	1295562	1162723	1161329	42523	42482	59	5853
	11518401	11479950	10469351	10436010	442055	430946	2281	30916
419	10172357	10026652	9046604	9025666	385017	385017	1276	23794
	2006198	1984876	1774751	1753664	75496	74534	728	7840
	23336428	**23242252**	**21027427**	**20686442**	**819294**	**811743**	**8522**	**62329**
	2561901	2555235	2296650	2294917	85438	84808	5190	8842
	681081	680853	594045	594045	23212	23212	229	3461
	262464	261980	229551	223403	8980	8758	229	2158
	573061	572882	509509	509371	19917	19900	168	1675
	923937	921466	814173	813956	33674	33644	193	5521
	432878	432016	372277	372272	13997	13991	849	1073
	1515136	1514443	1353590	1332976	52260	52254	428	4011
	15776103	15694214	14328802	14016741	559872	553235	1032	33686
	609867	609164	528831	528761	21943	21943	205	1901

2-B-2 续表 5

地区	负债合计	所有者权益合计	#实收资本	国家资本	集体资本	法人资本	个人资本	港澳台资本
衢州市	**885943**	**839315**	**566122**	**9157**	**27161**	**107106**	**422647**	**31**
柯城区	351332	267307	181088	5000	7369	34878	133841	
衢江区	77830	153733	111504		4008	38590	68906	
常山县	194737	66816	41555	687	1899	13036	25896	22
开化县	52281	130521	73957		2577	3200	68180	
龙游县	86766	106154	71431	3470	8649	12322	46977	9
江山市	122997	114785	86587		2660	5080	78847	
舟山市	**1428888**	**449451**	**357815**	**20663**	**7582**	**54594**	**274876**	**100**
定海区	895086	260439	203046	19663	5000	35467	142816	100
普陀区	366795	118023	99950		652	7342	91956	
岱山县	100497	35249	26530	1000	1000	2450	22080	
嵊泗县	66510	35740	28289		930	9335	18023	
台州市	**3529920**	**3798498**	**2255070**	**16410**	**46776**	**1070814**	**1118199**	**2871**
椒江区	656366	392066	197254	2070	8008	38805	148371	
黄岩区	261744	279624	140462	5800	988	16770	116904	
路桥区	596068	412919	145131	600	2546	6476	135509	
玉环县	51697	47266	45321	998	1000	4516	38807	
三门县	108587	188268	107589		618	16136	90835	
天台县	86574	146347	98431	550	2538	28172	67171	
仙居县	232785	187968	120544		360	63117	57067	
温岭市	1022877	900876	374850	2553	8098	38821	325377	
临海市	513221	1243164	1025489	3840	22620	858001	138158	2871
丽水市	**713492**	**683140**	**465524**	**2372**	**20191**	**105508**	**337453**	
莲都区	251411	328574	210639	1	9047	38021	163570	
青田县	93531	84283	63014		100	40626	22288	
缙云县	87421	65484	43180	958	2000	5150	35072	
遂昌县	16473	17661	14583	828	1300	2509	9947	
松阳县	67452	43112	33618	585	1234	8266	23533	
云和县	54039	25040	20761		1000		19761	
庆元县	16404	25568	19738		3000	6442	10296	
景宁县	28137	28777	17972		1310	1488	15174	
龙泉市	98625	64641	42018		1200	3006	37812	

单位：万元

外商资本	营业收入	#主营业务收入	营业成本	#主营业务成本	营业税金及附加	#主营业务税金及附加	其他业务利润	销售费用
21	**3277746**	**3266100**	**2962445**	**2900218**	**112470**	**109515**	**2359**	**18294**
	1069010	1063676	970606	912362	34361	31586	342	5527
	466531	463350	424586	423242	15687	15687	415	653
16	231053	230779	207955	205622	7687	7555		447
	500232	499786	434363	434339	21018	21018	423	5284
5	552800	551923	501413	501165	18013	17965	561	6345
	458120	456587	423523	423487	15704	15704	618	39
	1631156	**1622840**	**1482054**	**1478538**	**52169**	**51857**	**4503**	**8101**
	973888	969004	876732	874268	30411	30174	2211	7793
	487764	484755	450249	449474	16196	16157	2182	200
	139843	139842	129598	129598	4560	4560	1	90
	29661	29238	25475	25197	1003	967	109	18
	13269979	**13246194**	**12019155**	**12007553**	**466714**	**465278**	**13917**	**36517**
	1578981	1566918	1430821	1426812	62784	61593	10446	3574
	1342835	1342376	1238982	1238519	45663	45661	102	3493
	1410900	1410396	1274297	1274032	49280	49280	239	783
	127386	127353	113894	113894	4432	4432		1569
	630121	630121	560394	559394	21993	21993		1894
	617005	617005	551107	551107	22769	22769		2847
	748110	748110	663592	663592	26381	26380		2004
	4745138	4738220	4309877	4304843	155557	155375	1421	15832
	2069504	2065695	1876192	1875360	77855	77795	1709	4522
	1877185	**1857839**	**1648839**	**1623013**	**70109**	**69393**	**838**	**9253**
	911546	907832	804344	801703	32447	32143	363	3967
	161197	160880	136121	135832	6376	6364	10	160
	182026	172990	162685	145528	6736	6688	12	1034
	39840	39840	34413	34413	1565	1565		310
	120550	120451	106427	106427	4234	4234	99	15
	94542	88762	86196	80827	3380	3064	113	32
	78586	78436	67798	67798	3572	3572	5	732
	94163	94056	80878	80877	3407	3406	106	254
	194735	194593	169978	169608	8390	8355	130	2750

2-B-2 续表 6

地　区	管理费用	#税　金	财务费用	#利息收入	#利息支出	资产减值损失	公允价值变动收益
全　省	**3301387**	**149003**	**1212756**	**193886**	**1213082**	**69350**	**2478**
杭州市	**905194**	**33385**	**318198**	**59579**	**308988**	**9365**	**1876**
上城区	70803	1834	11324	1331	12179	-530	
下城区	46447	1508	4890	1099	5845	-108	-49
江干区	132339	3655	22554	1986	21706	-763	147
拱墅区	79672	2780	22225	2543	20277	80	23
西湖区	128282	3484	37134	20957	53330	4537	1859
滨江区	87607	3192	51886	5339	25128	1222	
萧山区	206574	9590	111103	17763	113439	4326	-155
余杭区	52748	1461	14364	976	12399	213	
桐庐县	9408	345	1981	526	2383		
淳安县	10549	901	1675	312	1879	114	
建德市	9503	122	2540	1080	3437	173	
富阳市	51344	3753	28435	5292	28880	101	51
临安市	19919	759	8087	375	8108		
宁波市	**539386**	**24268**	**175150**	**31894**	**183490**	**18325**	**-46**
海曙区	55012	2128	21360	4016	23384	5403	…
江东区	98006	3434	19973	9162	28418	6803	-46
江北区	18686	527	7660	1720	8247	-167	
北仑区	57561	1331	7401	2335	9410	995	
镇海区	56860	1889	5320	1803	4738	1173	
鄞州区	69542	3387	17990	736	16758	120	
象山县	71027	4790	51111	8540	50658	5711	
宁海县	18105	971	4429	177	4270	391	
余姚市	28996	2288	12340	1542	11629	89	
慈溪市	44305	2887	18208	1656	18532	4	
奉化市	21286	636	9359	206	7447	-2196	
温州市	**257883**	**15675**	**60523**	**16129**	**70555**	**58**	**…**
鹿城区	66857	1831	21202	8722	27931	1	…
龙湾区	41310	3356	6736	550	6973		
瓯海区	22301	1980	8618	4267	12388		
洞头县	2277	321	923	4	851	57	
永嘉县	16271	1371	5418	1113	5406		
平阳县	21344	1522	1520	248	1706		

单位：万元

投资收益	营业利润	营业外收入	#补贴收入	营业外支出	利润总额	应交所得税	应付职工薪酬（本年贷方累计发生额）	在境外完成的营业收入
180185	**5242665**	**142025**	**22812**	**144129**	**5309602**	**1252418**	**29265915**	**665561**
99929	**850362**	**38564**	**7099**	**29399**	**883887**	**190485**	**5464559**	**411925**
7596	39533	3902	245	1646	42048	9746	361490	13026
162	27986	902	21	589	28346	6722	107233	35662
12570	56594	4622	311	1960	70406	12498	465743	5012
8129	59060	1547	435	2636	57992	14791	526674	4500
14724	139078	3965	718	2531	141569	31226	1079791	277906
8668	81504	7711	1077	2575	86656	17446	455220	51604
14379	285102	9767	3399	8675	287204	61035	1668664	24215
570	37376	4322	539	4087	38062	9866	302890	
564	20284	254	7	270	20834	5555	84281	
280	6378	29		266	6171	1745	44811	
420	4626	539		299	5264	1269	39667	
9424	57606	482	6	2427	65014	15336	211087	
22444	35236	520	341	1439	34321	3251	117010	
16120	**1016516**	**49053**	**8389**	**58383**	**1015926**	**265476**	**4583326**	**30496**
887	165685	3750	1321	2157	167471	37452	418412	
10379	175615	4184	1162	4226	182433	48785	468629	4652
181	30873	899	227	2065	29749	7203	289322	
1963	60518	4647	2424	1786	64904	19529	217049	3254
1450	86763	2533	775	2560	86757	25613	451294	14463
389	86909	2626	1934	6113	83504	24436	340219	4223
1162	221803	2175	351	710	223280	55092	1599907	3905
-107	50687	24946	85	35893	39704	10972	155811	
535	57450	1546	1	273	59121	12984	164685	
-458	42438	962	52	2324	40670	12161	354742	
-260	37776	786	58	274	38335	11248	123256	
2229	**244581**	**5036**	**841**	**6674**	**243429**	**64802**	**1839723**	**1655**
881	36032	1394	75	1581	35938	10796	449932	
659	32766	277		123	33486	7867	256547	
-184	17928	563	75	572	17919	4704	308072	
	8855	52	5	12	8894	2858	11946	
-215	20750	454		543	20339	3912	78208	
	22343	470		1137	21676	5414	110668	

2-B-2 续表 7

地　区	管理费用	#税　金	财务费用	#利息收入	#利息支出	资产减值损　失	公允价值变动收益
苍南县	30146	1279	2660	120	2622		
文成县	4058	94	1505	-59	1570		
泰顺县	12812	400	7381	239	6252		
瑞安市	20459	938	2245	449	2119		
乐清市	20048	2584	2314	476	2739		
嘉兴市	**134744**	**5467**	**56708**	**6710**	**51325**	**368**	**60**
南湖区	24947	1690	7607	3995	10929	43	
秀洲区	22676	465	5816	425	5967	-1	
嘉善县	5626	393	1884	64	1854		
海盐县	7144	226	3965	142	3822	110	
海宁市	27754	923	14459	1725	11943		
平湖市	20439	702	11556	257	10845	77	60
桐乡市	26157	1068	11421	103	5966	139	
湖州市	**120928**	**8633**	**39414**	**5513**	**39812**	**589**	
吴兴区	75412	4771	25372	4059	26404	639	
南浔区	4980	142	508	189	654		
德清县	13419	383	5142	1044	5649	-84	
长兴县	16245	1890	4189	101	4072	112	
安吉县	10873	1447	4203	121	3032	-78	
绍兴市	**558418**	**24141**	**262122**	**37455**	**273706**	**33414**	**40**
越城区	90135	3476	60215	4058	59233	2	
绍兴县	145800	6909	48912	7810	47468	1798	
新昌县	21389	1734	8949	125	8637	114	-5
诸暨市	132135	6544	64459	11694	71160	1369	43
上虞市	124738	4091	68606	13084	76119	30090	2
嵊州市	44222	1386	10981	684	11088	42	
金华市	**382844**	**16720**	**177303**	**20100**	**153770**	**5400**	**587**
婺城区	54956	2332	26749	-66	24936	521	587
金东区	17259	1247	7330	1056	2940		
武义县	8265	206	3163	1186	3979	12	
浦江县	13924	348	2921	94	2648	69	
磐安县	24594	997	8065	395	5245	100	
兰溪市	12014	907	4784	-171	3135	180	
义乌市	37325	1765	8625	471	7873	772	
东阳市	194884	7904	112202	17055	100574	3745	
永康市	19623	1014	3464	82	2441	1	

单位：万元

投资收益	营业利润	营业外收入	#补贴收入	营业外支出	利润总额	应交所得税	应付职工薪酬（本年贷方累计发生额）	在境外完成的营业收入
1028	34616	538	224	1059	34240	9048	160432	1655
	4327	4		6	4325	1434	23385	
50	32501	547	…	161	32887	8371	175125	
1	20743	43	1	1109	19678	5046	130022	
8	13721	695	461	369	14047	5352	135386	
8082	**110188**	**11665**	**3212**	**10755**	**120615**	**28667**	**1173657**	**8434**
-427	17647	1307	4	431	18059	4673	193732	100
99	7684	550	101	225	7669	2412	154489	1924
5	4114	47	8	149	4012	1650	53876	
205	3964	175		759	3585	1169	66253	6410
7867	13959	7213	2872	8110	23005	5770	153153	
136	21160	1514	89	644	22200	3450	138485	
198	41659	860	137	438	42086	9543	413669	
2004	**110387**	**3651**	**404**	**1404**	**113192**	**28227**	**604511**	
755	63290	2808	351	552	65521	13064	364362	
2	2670	52		84	2638	816	15913	
110	13428	284	54	485	13269	4548	93899	
1155	22026	262		186	22642	7307	84731	
-17	8975	245		97	9122	2492	45607	
12415	**1382861**	**12446**	**1742**	**16010**	**1389508**	**305056**	**7497142**	**56260**
2497	180526	1087	19	2946	179572	45126	1124209	
6314	289129	7968	1203	2632	301355	70884	2170427	3779
	55230	8	1	2808	52430	8557	230966	29646
1150	394609	1495	301	4999	391431	88664	1875783	6940
1985	370319	1400	186	1615	371787	68655	1783250	15895
469	93050	488	32	1011	92933	23171	312508	
21847	**882663**	**6024**	**428**	**6899**	**882611**	**186019**	**4248272**	**142589**
809	89559	1476	16	1017	90601	29293	370602	500
-3	35774	146	…	212	35706	9243	130494	
19	10388	243	80	238	10393	3457	48889	
	25046	52	7	29	25068	6235	104387	
16	37825	1068		2745	36147	7308	149685	21521
240	28543	66	…	61	28788	7576	67547	
571	59124	689		663	59152	13842	262434	
20190	562593	2033	244	1286	563341	99494	3013143	120568
4	33812	251	82	648	33415	9571	101091	

2-B-2 续表 8

地　　区	管理费用	#税　金	财务费用	#利息收入	#利息支出	资产减值损　　失	公允价值变动收益
衢州市	**84179**	**6185**	**18877**	**419**	**17771**	**1072**	**-24**
柯城区	29804	3564	5660	237	5717	1154	
衢江区	12023	954	3370	232	3067		
常山县	7849	223	1012	49	1118	25	5
开化县	13960	429	1654	12	1440	-93	
龙游县	12992	444	3332	62	2984	-13	-29
江山市	7551	571	3848	-173	3446	-2	
舟山市	**54919**	**2790**	**17167**	**11398**	**25240**	**184**	
定海区	35338	2376	9776	5340	12233	178	
普陀区	14062	318	4588	4211	8563		
岱山县	3671	71	1396	1836	3027	7	
嵊泗县	1848	24	1407	11	1417		
台州市	**208471**	**9657**	**77375**	**4147**	**80604**	**403**	**10**
椒江区	20345	983	9376	733	9111	36	
黄岩区	17110	1950	8115	341	8386		
路桥区	19602	1321	2996	-1509	6436		
玉环县	5586	300	273	37	291		
三门县	14296	441	3880	36	3957		
天台县	9401	226	4682	119	3779		
仙居县	18070	792	7742	93	7237		
温岭市	67196	2316	32843	4128	35149	192	10
临海市	36865	1328	7469	170	6258	175	
丽水市	**54421**	**2082**	**9921**	**543**	**7822**	**173**	**-25**
莲都区	21347	962	5335	310	3881	132	-25
青田县	6003	153	998	87	776		
缙云县	4676	172	783	28	684		
遂昌县	1464	18	163	3	162	40	
松阳县	5107	20	648	16	670		
云和县	2731	50	394	4	387		
庆元县	2995	38	130	7	41		
景宁县	3956	70	239	51	270		
龙泉市	6144	600	1231	38	951		

单位：万元

投资收益	营业利润	营业外收入	#补贴收入	营业外支出	利润总额	应交所得税	应付职工薪酬（本年贷方累计发生额）	在境外完成的营业收入
1955	**81974**	**1841**	**230**	**940**	**83267**	**20692**	**536615**	
1573	23511	1004	28	495	24033	6021	168700	
78	10227	161	1	127	10324	2399	59785	
3	5952	34	…	191	5794	1687	44399	
106	23954	580	202	19	24823	6199	76441	
19	10699	30		38	10700	2793	78306	
176	7633	32		71	7594	1594	108985	
1219	**16569**	**4066**	**43**	**3068**	**18780**	**5616**	**331725**	
582	13659	2762	36	2125	14892	3660	203341	
616	2457	1011	7	798	3285	1401	92617	
	521	252		31	742	408	29572	
22	-67	42		114	-139	147	6195	
15357	**462223**	**7973**	**140**	**8422**	**475323**	**127932**	**2672912**	**1257**
3320	52202	669	1	2523	53661	13130	251549	
522	29734	250		520	29726	8262	249920	
6932	63941	3689		801	73762	16459	270631	
148	1780	179	…	50	1909	857	21214	
80	27665	296	7	939	27108	9798	122172	
17	26217	68		23	26263	9244	116473	
4	30326	40		239	30128	7414	108722	1152
3520	164362	2582	72	2684	167206	46951	999242	
813	65998	200	60	645	65561	15818	532989	105
-971	**84341**	**1707**	**284**	**2177**	**83066**	**29447**	**313473**	**12945**
-1371	43558	601	272	1000	41950	14915	146349	12945
50	11532	100		443	11240	3145	24428	
-8	6112	79		163	6020	1834	32595	
159	1925	87		58	2113	1353	9873	
12	4120	265		42	4355	2294	24511	
	1810	217	3	176	1848	1198	17501	
	3214	9		46	3178	1144	13647	
5	5435	10		7	5438	1512	15661	
182	6635	340	9	242	6924	2051	28908	

2-B-3 按登记注册类型、隶属关系、资质等级、控股情况

项目	签订的合同额	上年结转合同额	本年新签合同额	直接从建设单位承揽工程完成的产值	自行完成施工产值
总计	**346723932**	**138721782**	**208002151**	**199022750**	**196799450**
一、按登记注册类型分					
内资	344235444	137875620	206359824	197679789	195467480
国有	2620648	1226218	1394430	1304205	1082182
集体	2897728	1277239	1620488	1519603	1518762
股份合作企业	372741	133858	238882	214106	214106
联营企业	59548	32738	26810	25102	25102
国有联营	47587	31723	15864	16742	16742
其他联营	11961	1015	10946	8360	8360
有限责任公司	129205939	56014152	73191787	68102420	67482532
国有独资公司	4893761	2409585	2484176	2173849	2087537
其他有限责任公司	124312178	53604567	70707611	65928571	65394994
股份有限公司	29884099	12586357	17297742	18210333	17538335
私营企业	179194742	66605058	112589684	108304020	107606461
私营独资	10950	1104	9846	8894	8894
私营合伙	28699	8087	20612	15121	15121
私营有限责任公司	171171119	63366268	107804852	103381677	102740583
私营股份有限公司	7983973	3229599	4754375	4898328	4841863
港澳台商投资	1413520	698395	715125	721958	711068
与港澳台商合资经营	910158	334386	575773	618128	617633
港澳台商独资	3715	728	2986	3695	3695
港澳台商投资股份有限公司	499647	363281	136366	100135	89740
外商投资	1074969	147767	927202	621003	620903
中外合资经营	1074969	147767	927202	621003	620903
外资企业					
二、按隶属关系分					
中央	4607459	2302414	2305045	2126447	1836794
地方	342116473	136419368	205697106	196896303	194962656

和行业小类分组的总承包和专业承包建筑业企业生产经营情况

单位：万元

					建筑业总产值按构成分			
分包出去工程的产值	从建设单位以外承揽工程完成的产值	建筑业总产值	#装饰装修产值	#在外省完成的产值	建筑工程产值	安装工程产值	其他产值	竣工产值
2223299	**5200792**	**202000242**	**12273666**	**100756436**	**183587720**	**13756720**	**4655802**	**124623805**
2212309	5168078	200635558	12208526	99816951	182334261	13654638	4646660	123817086
222022	9526	1091708	5942	188746	831080	253863	6764	586298
841	41467	1560229	14348	789811	1448814	87043	24373	1386066
	68	214174	4418	16580	213440	733		88315
	12	25114			25114			862
		16742			16742			
	12	8372			8372			862
619889	1431645	68914177	4315760	37912619	61344335	6223912	1345930	41680461
86312	34776	2122314	20518	903799	1916294	113608	92412	1179210
533577	1396869	66791863	4295242	37008820	59428041	6110304	1253518	40501251
671998	736933	18275268	1434745	12031711	16325690	1387589	561989	11314432
697559	2948428	110554889	6433315	48877484	102145788	5701498	2707603	68760652
		8894	953		3545	5349		8506
	1446	16566	1115	3111	12570	2708	1288	5817
641094	2830310	105570893	6290541	47366839	97462970	5504895	2603029	66027677
56464	116672	4958536	140706	1507534	4666703	188546	103287	2718652
10890	30823	741891	3640	451011	658399	74549	8943	464627
495	25999	643632	3060	448892	568673	66017	8943	463615
		3695	580	2119	2684	1011		1011
10395	4824	94563			87043	7521		
100	1891	622793	61500	488474	595060	27533	200	342093
100	1077	621980	61500	488474	594447	27533		341280
	813	813			614		200	813
289653	8144	1844938	2156	749541	1425760	336447	82731	783413
1933647	5192648	200155304	12271509	100006895	182161960	13420273	4573071	123840392

2-B-3 续表 1

项目	签订的合同额	上年结转合同额	本年新签合同额	直接从建设单位承揽工程完成的产值	自行完成施工产值
三、按企业资质等级分					
施工总承包	324281519	132076264	192205255	184585319	182644177
特级	87806853	38176139	49630714	46745851	45974774
一级	169413822	70768396	98645425	96543460	95754118
二级	46943858	17459016	29484842	28225133	28000879
三级及以下	20116987	5672713	14444275	13070875	12914406
专业承包	22442413	6645518	15796895	14437430	14155273
一级	14756609	4620109	10136500	9269620	9107884
二级	3467409	878150	2589259	2360545	2312045
三级及以下	4218395	1147258	3071137	2807265	2735344
四、按控股情况分					
国有控股	23788550	10801535	12987015	11888847	11567231
集体控股	13196743	5348221	7848522	7161236	6993995
私人控股	297296154	117069354	180226801	173823056	172138751
港澳台商控股	1328913	654630	674284	655840	644950
外商控股	1041702	131845	909857	597646	597646
其他	10071870	4716198	5355672	4896125	4856877
五、按国民经济行业小类分					
房屋建筑业	268244286	113296075	154948211	149870566	148530451
房屋建筑业	268244286	113296075	154948211	149870566	148530451
房屋建筑业	268244286	113296075	154948211	149870566	148530451
土木工程建筑业	59289376	19907602	39381775	36729162	36177509
铁路、道路、隧道和桥梁工程建筑	41859503	14245258	27614245	26242902	26035649
铁路工程建筑	781923	287380	494543	356153	355675
公路工程建筑	14696649	5965219	8731430	8410033	8326758
市政道路工程建筑	20607966	5644270	14963696	14183040	14082252
其他道路、隧道和桥梁工程建筑	5772965	2348389	3424576	3293676	3270963
水利和内河港口工程建筑	6377553	2405102	3972451	3403638	3392105
水源及供水设施工程建筑	2918261	1136875	1781386	1352439	1343662

单位：万元

分包出去工程的产值	从建设单位以外承揽工程完成的产值	建筑业总产值			建筑业总产值按构成分			竣工产值
			#装饰装修产值	#在外省完成的产值	建筑工程产值	安装工程产值	其他产值	
1941142	3563390	186207567	7265655	95523126	172407495	9844713	3955359	115248822
771076	1097994	47072769	2642819	32869172	43512804	2940406	619559	28873873
789343	1439412	97193529	3374040	51067446	90527789	4750774	1914966	57268046
224254	631177	28632056	883258	9222096	26653658	1236814	741584	19683978
156469	394807	13309213	365538	2364412	11713244	916719	679250	9422925
282157	1637402	15792675	5008010	5233310	11180225	3912007	700443	9374983
161736	1189969	10297853	3710454	4301688	8041549	1906940	349365	5714071
48500	232083	2544128	759170	533569	1616509	764432	163188	1627022
71921	215350	2950694	538386	398052	1522168	1240636	187890	2033891
321616	476444	12043674	445327	4186314	10166470	1424972	452232	6437040
167241	245947	7239942	163076	3658261	5580077	1506738	153127	6105439
1684305	4403447	176542198	11405635	89567116	162307120	10254294	3980784	108707026
10890	30737	675687	2184	449696	597306	71891	6490	444498
	813	598460	60960	481370	585110	13150	200	328731
39248	43405	4900281	196484	2413679	4351637	485675	62969	2601072
1340114	2560293	151090744	6816736	82800536	141364600	7103175	2622969	95477534
1340114	2560293	151090744	6816736	82800536	141364600	7103175	2622969	95477534
1340114	2560293	151090744	6816736	82800536	141364600	7103175	2622969	95477534
551654	1356745	37534253	456727	13763900	34109493	2089144	1335616	21869919
207253	996519	27032167	321025	10344177	25911318	326447	794403	15523885
477	5785	361460	382	34013	341510	13609	6341	143646
83275	349392	8676150	78631	3294390	8483457	60228	132465	4614083
100787	494909	14577161	197730	5824356	13744662	188551	643948	9046000
22713	146433	3417396	44282	1191419	3341689	64059	11648	1720157
11533	41991	3434096	25532	952229	3276647	87892	69557	1771416
8778	25630	1369291	25462	334573	1252856	56174	60261	664553

2-B-3 续表 2

项目	签订的合同额	上年结转合同额	本年新签合同额	直接从建设单位承揽工程完成的产值	自行完成施工产值
河湖治理及防洪设施工程建筑	2569407	875139	1694268	1484175	1482570
港口及航运设施工程建筑	889885	393088	496797	567024	565873
海洋工程建筑	8491	4659	3832	5049	5049
海洋工程建筑	8491	4659	3832	5049	5049
工矿工程建筑	2637789	1144709	1493081	1534081	1369647
工矿工程建筑	2637789	1144709	1493081	1534081	1369647
架线和管道工程建筑	3316499	795662	2520837	2280342	2132988
架线及设备工程建筑	2803446	676628	2126818	1880083	1762392
管道工程建筑	513054	119034	394019	400259	370597
其他土木工程建筑	5089541	1312212	3777329	3263152	3242072
其他土木工程建筑	5089541	1312212	3777329	3263152	3242072
建筑安装业	8534812	2648001	5886810	5054605	4833350
电气安装	2614354	559392	2054962	1755780	1719272
电气安装	2614354	559392	2054962	1755780	1719272
管道和设备安装	2432407	835403	1597005	1366601	1320664
管道和设备安装	2432407	835403	1597005	1366601	1320664
其他建筑安装业	3488050	1253206	2234844	1932224	1793415
其他建筑安装业	3488050	1253206	2234844	1932224	1793415
建筑装饰和其他建筑业	10655458	2870103	7785354	7368417	7258140
建筑装饰业	8368771	2193005	6175766	5943675	5859881
建筑装饰业	8368771	2193005	6175766	5943675	5859881
工程准备活动	1676190	488922	1187269	1032525	1007094
建筑物拆除活动	231009	81152	149857	138965	133443
其他工程准备活动	1445182	407770	1037412	893561	873651
提供施工设备服务	323840	146557	177283	145576	145366
提供施工设备服务	323840	146557	177283	145576	145366
其他未列明建筑业	286657	41620	245036	246640	245799
其他未列明建筑业	286657	41620	245036	246640	245799

单位：万元

分包出去工程的产值	从建设单位以外承揽工程完成的产值	建筑业总产值	#装饰装修产值	#在外省完成的产值	建筑业总产值按构成分			竣工产值
					建筑工程产值	安装工程产值	其他产值	
1605	7244	1489814	70	405078	1465298	19412	5104	781461
1150	9118	574991		212578	558493	12306	4192	325402
	7111	12159		850	9828		2331	21207
	7111	12159		850	9828		2331	21207
164434	11078	1380725	8626	1018698	1102039	213144	65542	836640
164434	11078	1380725	8626	1018698	1102039	213144	65542	836640
147354	117198	2250187	28505	224178	817999	1333663	98525	1483386
117691	87167	1849559	1086	185633	570994	1214992	63572	1198156
29663	30031	400628	27419	38546	247005	118670	34953	285230
21080	182848	3424919	73040	1223767	2991662	127999	305258	2233385
21080	182848	3424919	73040	1223767	2991662	127999	305258	2233385
221255	746970	5580320	111841	1762960	1336056	3900732	343533	2890770
36508	55990	1775262	10367	365440	221954	1502322	50985	1034487
36508	55990	1775262	10367	365440	221954	1502322	50985	1034487
45937	170381	1491044	18689	598365	309810	1114420	66814	856081
45937	170381	1491044	18689	598365	309810	1114420	66814	856081
138809	520599	2314015	82785	799155	804292	1283990	225733	1000202
138809	520599	2314015	82785	799155	804292	1283990	225733	1000202
110277	536784	7794924	4888361	2429040	6777571	663669	353684	4385584
83794	317622	6177503	4849531	2006466	5471243	477880	228381	3505070
83794	317622	6177503	4849531	2006466	5471243	477880	228381	3505070
25431	202216	1209310	5725	292776	1121741	9525	78044	646765
5521	12643	146086	1744	30741	106980	2967	36140	74958
19910	189573	1063224	3981	262035	1014761	6558	41905	571807
210	13127	158493	30215	54313	58328	97416	2750	24183
210	13127	158493	30215	54313	58328	97416	2750	24183
841	3819	249617	2890	75484	126260	78848	44510	209566
841	3819	249617	2890	75484	126260	78848	44510	209566

2-B-3 续表 3

项目	房屋建筑施工面积(万平方米)	#新开工面积	#实行投标承包面积	#新开工面积
总计	**185018**	**79306**	**152480**	**66661**
一、按登记注册类型分				
内资	184042	78603	151755	66137
国有	55	30	50	28
集体	2320	865	1693	570
股份合作企业	158	76	124	54
联营企业	15	11		
国有联营				
其他联营	15	11		
有限责任公司	68598	27620	59454	24696
国有独资公司	502	93	497	93
其他有限责任公司	68096	27526	58958	24603
股份有限公司	17505	6188	15337	6087
私营企业	95390	43813	75097	34702
私营独资				
私营合伙	19	13	19	13
私营有限责任公司	91552	42312	71823	33258
私营股份有限公司	3819	1488	3255	1431
港澳台商投资	525	378	274	198
与港澳台商合资经营	525	378	274	198
港澳台商独资				
港澳台商投资股份有限公司				
外商投资	451	326	451	326
中外合资经营	451	326	451	326
外资企业				
二、按隶属关系分				
中央	54	32	12	11
地方	184964	79275	152467	66650

年末自有施工机械设备			主要建筑材料消耗量						企业总产值（万元）
净值（万元）	总台数（台）	总功率（万千瓦）	钢材（重量）（万吨）	木材（体积）（万立方米）	水泥（重量）（万吨）	平板玻璃（重量箱）	平板玻璃（面积）（万平方米）	铝材（重量）（万吨）	
4559074	**1037379**	**2038.37**	**9822.60**	**3701.45**	**35047.01**	**38974610**	**18559**	**426.51**	**206383610**
4522258	1032309	2032.31	9757.80	3689.75	34863.34	38945104	18542	425.45	204980776
60822	13059	24.43	23.40	3.01	136.39	6622	5	0.08	1252916
47261	14100	20.74	60.31	21.20	210.43	325372	127	2.02	1567020
6434	3990	1.93	13.23	2.44	14.92	52926	19	0.59	214174
4598	280	0.99	1.28	0.58	17.82	345	2	0.01	25114
3959	94	0.92	0.55	0.16	16.88				16742
639	186	0.07	0.74	0.42	0.94	345	2	0.01	8372
1239127	272955	527.21	3546.76	1158.36	11954.88	13009678	6315	108.69	71090075
64476	10616	25.74	70.38	5.45	226.24	39742	16	0.06	2716313
1174652	262339	501.47	3476.38	1152.91	11728.63	12969936	6299	108.63	68373762
179960	39721	93.44	913.45	334.90	3076.91	5244042	2032	31.73	18627647
2984056	688204	1363.58	5199.36	2169.27	19452.00	20306119	10043	282.33	112203829
68	44	0.21	0.06	0.98	0.46	4151	4	0.04	8894
569	130	0.18	0.62	0.34	4.96	3526	1	0.01	16566
2912190	669834	1334.00	5008.38	2120.29	17974.39	19535883	9706	272.11	107113177
71229	18196	29.19	190.29	47.66	1472.20	762559	332	10.16	5065192
32976	3762	4.03	43.97	2.01	32.78	15766	10	0.64	779041
32766	3719	3.88	43.96	1.88	32.44	15634	10	0.64	644707
208	23	0.15	0.01	0.13	0.34	132	…		3767
2	20	…							130566
3840	1308	2.02	20.83	9.69	150.89	13740	7	0.42	623793
3840	1308	2.02	20.83	9.69	150.89	13740	7	0.42	622980
									813
152572	16197	38.59	28.17	0.98	94.32	499	1	0.03	2513328
4406501	1021182	1999.78	9794.43	3700.47	34952.70	38974111	18558	426.47	203870282

2-B-3 续表 4

项　目	房屋建筑施工面积(万平方米)	#新开工面　积	#实行投标承包面积	#新开工面积
三、按企业资质等级分				
施工总承包	180430	76327	150263	65076
特级	55120	21724	53657	21592
一级	90066	37471	75666	32450
二级	24436	11874	16098	8241
三级及以下	10808	5259	4842	2794
专业承包	4588	2979	2216	1585
一级	3264	2149	1741	1272
二级	847	530	246	170
三级及以下	477	299	230	143
四、按控股情况分				
国有控股	5897	1838	5782	1805
集体控股	5975	2769	5073	2249
私人控股	165504	71475	135218	59945
港澳台商控股	475	334	225	154
外商控股	419	294	419	294
其他	6747	2597	5762	2213
五、按国民经济行业小类分				
房屋建筑业	178207	75633	148344	64474
房屋建筑业	178207	75633	148344	64474
房屋建筑业	178207	75633	148344	64474
土木工程建筑业	5916	3096	3830	1975
铁路、道路、隧道和桥梁工程建筑	4700	2385	3096	1571
铁路工程建筑	31	18	23	18
公路工程建筑	470	247	320	160
市政道路工程建筑	3660	1843	2403	1175
其他道路、隧道和桥梁工程建筑	538	276	348	219
水利和内河港口工程建筑	283	160	232	131
水源及供水设施工程建筑	62	34	24	17

年末自有施工机械设备			主要建筑材料消耗量						企业总产值(万元)
净值(万元)	总台数(台)	总功率(万千瓦)	钢材(重量)(万吨)	木材(体积)(万立方米)	水泥(重量)(万吨)	平板玻璃(重量箱)	平板玻璃(面积)(万平方米)	铝材(重量)(万吨)	
4045045	899683	1814.09	9342.80	3567.28	34502.68	36812446	17099	397.87	190083610
405146	100441	189.49	2730.09	1025.53	8224.67	14195556	6404	60.12	48254443
1843197	423143	848.79	4782.44	1765.06	18619.31	16774995	7594	222.03	98602779
1140148	247529	465.47	1304.02	541.45	5389.76	4283659	2212	69.43	29338750
656554	128570	310.34	526.25	235.25	2268.94	1558236	889	46.30	13887638
514029	137696	224.27	479.80	134.17	544.33	2162164	1460	28.63	16300000
248046	65723	81.33	354.89	92.80	373.99	1428338	550	19.24	10484861
116214	39256	93.87	79.52	22.35	93.79	447567	739	5.75	2650181
149769	32717	49.08	45.39	19.02	76.55	286259	171	3.65	3164958
283620	41694	103.92	531.25	177.14	1471.44	504847	185	4.95	13048435
125270	42252	58.28	277.35	45.80	429.25	451296	189	9.24	7509396
4045507	931554	1841.53	8722.47	3343.80	31938.36	36402139	17453	401.24	179405385
30670	3721	3.09	40.37	2.01	31.17	8250	6	0.61	711839
3377	1187	1.91	19.97	9.67	150.88	10217	6	0.41	598460
70629	16971	29.63	231.19	123.04	1025.92	1597861	720	10.05	5110096
2578781	685988	1140.12	8453.06	3250.51	26304.76	35586840	16437	360.28	153600990
2578781	685988	1140.12	8453.06	3250.51	26304.76	35586840	16437	360.28	153600990
2578781	685988	1140.12	8453.06	3250.51	26304.76	35586840	16437	360.28	153600990
1710440	247543	780.51	1157.46	347.48	8108.63	1383337	772	43.32	38591270
1162332	163485	571.79	974.84	262.39	6979.72	1124976	643	34.93	27369239
11190	1615	3.40	15.24	0.65	55.25	8925	4	0.03	362681
409389	57113	261.18	318.23	59.25	3064.71	142946	86	5.70	8739143
589650	84154	252.43	559.52	180.72	3055.87	689832	413	22.23	14827619
152103	20603	54.79	81.86	21.78	803.89	283273	141	6.97	3439796
229876	27053	81.23	62.15	23.54	522.56	30585	13	0.26	3508447
69952	14204	37.42	22.87	5.99	249.03	15731	7	0.11	1427791

2-B-3 续表 5

项　　目	房屋建筑施工面积(万平方米)	#新开工面　积	#实行投标承包面积	
				#新开工面积
河湖治理及防洪设施工程建筑	221	126	208	114
港口及航运设施工程建筑	…			
海洋工程建筑				
海洋工程建筑				
工矿工程建筑	42	25	4	2
工矿工程建筑	42	25	4	2
架线和管道工程建筑	78	18	25	12
架线及设备工程建筑	40	17	21	10
管道工程建筑	38	2	4	2
其他土木工程建筑	813	508	472	258
其他土木工程建筑	813	508	472	258
建筑安装业	703	489	249	163
电气安装	30	7	12	4
电气安装	30	7	12	4
管道和设备安装	109	74	35	20
管道和设备安装	109	74	35	20
其他建筑安装业	564	408	203	139
其他建筑安装业	564	408	203	139
建筑装饰和其他建筑业	191	89	57	48
建筑装饰业	42	16	6	2
建筑装饰业	42	16	6	2
工程准备活动	133	66	41	40
建筑物拆除活动	…		…	
其他工程准备活动	132	66	41	40
提供施工设备服务				
提供施工设备服务				
其他未列明建筑业	16	6	10	6
其他未列明建筑业	16	6	10	6

年末自有施工机械设备			主要建筑材料消耗量						企业总产值（万元）
净值（万元）	总台数（台）	总功率（万千瓦）	钢材（重量）（万吨）	木材（体积）（万立方米）	水泥（重量）（万吨）	平板玻璃（重量箱）	平板玻璃（面积）（万平方米）	铝材（重量）（万吨）	
38822	10575	27.86	33.98	16.08	233.48	14522	6	0.15	1501690
121103	2274	15.96	5.31	1.47	40.05	332	…	…	578966
621	13	0.38	0.01		0.09				12159
621	13	0.38	0.01		0.09				12159
78188	13554	38.38	21.77	9.26	92.60	590	1	1.37	1619114
78188	13554	38.38	21.77	9.26	92.60	590	1	1.37	1619114
68686	19862	30.70	24.19	3.18	59.39	18532	24	2.11	2398472
51283	18169	23.90	14.72	1.99	29.83	3418	1	0.08	1992744
17402	1693	6.80	9.47	1.19	29.55	15114	23	2.02	405728
170737	23576	58.02	74.49	49.12	454.28	208654	90	4.65	3683839
170737	23576	58.02	74.49	49.12	454.28	208654	90	4.65	3683839
105758	48855	49.72	129.15	7.73	257.90	85635	58	5.04	6252290
22171	13491	15.61	22.16	0.60	8.60	8267	4	0.28	1835208
22171	13491	15.61	22.16	0.60	8.60	8267	4	0.28	1835208
18266	15216	10.63	21.22	1.65	225.17	14540	6	0.93	1562937
18266	15216	10.63	21.22	1.65	225.17	14540	6	0.93	1562937
65322	20148	23.47	85.78	5.49	24.14	62828	47	3.83	2854145
65322	20148	23.47	85.78	5.49	24.14	62828	47	3.83	2854145
164095	54993	68.02	82.93	95.73	375.72	1918798	1293	17.86	7939060
72673	45126	33.07	33.29	87.57	194.99	1902420	1284	16.45	6289873
72673	45126	33.07	33.29	87.57	194.99	1902420	1284	16.45	6289873
82003	7278	31.33	41.55	1.07	161.73	11966	6	0.10	1226774
21310	1455	9.13	0.43	0.05	1.03				151201
60693	5823	22.19	41.12	1.02	160.70	11966	6	0.10	1075573
4737	988	0.73	5.21	6.52	5.36	4025	3	1.28	159429
4737	988	0.73	5.21	6.52	5.36	4025	3	1.28	159429
4681	1601	2.89	2.88	0.58	13.64	387	…	0.03	262985
4681	1601	2.89	2.88	0.58	13.64	387	…	0.03	262985

2-B-4 按地区分组的总承包和

地区	签订的合同额	上年结转合同额	本年新签合同额	直接从建设单位承揽工程完成的产值	自行完成施工产值	分包出去工程的产值
全省	**346723932**	**138721782**	**208002151**	**199022750**	**196799450**	**2223299**
杭州市	**66234009**	**26548398**	**39685611**	**37176277**	**35973925**	**1202351**
上城区	5184626	2500935	2683691	2297228	2251507	45720
下城区	1713338	692440	1020899	789081	776876	12205
江干区	5768053	2968143	2799910	2820992	2560923	260070
拱墅区	6043698	2726734	3316964	3216379	3068271	148108
西湖区	14691076	5669879	9021197	8060917	7553309	507608
滨江区	8013465	3433229	4580236	3798051	3781237	16814
萧山区	16725826	5789349	10936477	11343337	11188255	155082
余杭区	3147220	1085941	2061279	1750380	1738442	11938
桐庐县	802420	329084	473337	438285	437359	926
淳安县	409500	114430	295070	269892	269892	
建德市	379067	116597	262470	233783	232914	869
富阳市	2081253	525189	1556064	1462053	1432628	29425
临安市	1274468	596451	678017	695899	682313	13586
宁波市	**51366548**	**20662525**	**30704023**	**30604657**	**30283293**	**321364**
海曙区	5660145	2099360	3560785	3519557	3497841	21716
江东区	6822310	2682093	4140218	3916296	3852708	63588
江北区	2971024	1556042	1414982	1331334	1331334	
北仑区	1887722	613482	1274240	1294184	1288891	5293
镇海区	4572595	1838027	2734569	2614069	2537576	76493
鄞州区	4411397	1320007	3091390	2762013	2751966	10047
象山县	16692843	7681384	9011459	9971129	9836551	134578
宁海县	1528942	468073	1060869	1001614	1001559	55
余姚市	1969858	772804	1197054	1263192	1256824	6368
慈溪市	3398761	1175504	2223257	2018651	2016055	2596
奉化市	1450950	455749	995202	912618	911988	630
温州市	**23922478**	**11422146**	**12500332**	**11282066**	**11228174**	**53892**
鹿城区	6496158	3230851	3265307	3014675	2980473	34202
龙湾区	3032945	1361444	1671501	1478531	1466546	11985
瓯海区	4561093	2979301	1581792	1831034	1823615	7419
洞头县	119548	35961	83586	71957	71957	
永嘉县	1152730	501021	651709	516823	516823	
平阳县	957859	316029	641830	660269	660039	230

专业承包建筑业企业生产经营情况

单位：万元

从建设单位以外承揽工程完成的产值	建筑业总产值	#装饰装修产值	#在外省完成的产值	建筑业总产值按构成分			竣工产值
				建筑工程产值	安装工程产值	其他产值	
5200792	**202000242**	**12273666**	**100756436**	**183587720**	**13756720**	**4655802**	**124623805**
1580779	**37554704**	**3216682**	**12048961**	**33244948**	**3270944**	**1038812**	**21021307**
13535	2265042	184030	655577	1527464	676939	60639	1452212
109852	886727	48046	271399	655123	216083	15522	391081
52676	2613599	257332	544414	2230211	366322	17066	1687956
123347	3191618	155927	926456	2687832	428809	74977	1639556
732710	8286018	668942	3305614	7630283	348717	307018	4774255
84561	3865798	446926	1187270	3712853	56320	96625	1830002
367297	11555552	1242535	4571095	10434963	821787	298802	5884292
20376	1758819	67737	144687	1630429	125796	2593	1203974
2752	440111	9255	47355	399258	26791	14062	382402
10602	280494	6418	7190	240485	30724	9285	259831
64	232978	11679	1347	197096	25628	10255	142903
25225	1457854	79131	271391	1225269	113914	118671	894620
37783	720096	38724	115167	673684	33115	13297	478224
1071263	**31354555**	**1624886**	**12645934**	**27745638**	**2699734**	**909183**	**18465941**
33425	3531266	176055	1117305	3276009	234653	20604	1974639
170626	4023334	195676	1459361	3414395	371204	237736	1745765
5786	1337119	185419	522344	1196770	140349		692091
133432	1422323	79450	369300	1088104	314749	19471	766265
128234	2665810	32175	713170	2410263	159450	96097	1275161
213103	2965069	197044	1035721	2504621	433611	26837	1716045
150900	9987452	538947	6245852	8733044	802854	451554	6791548
13576	1015135	23096	209838	972498	31549	11089	541694
50173	1306997	87965	186151	1202677	97616	6705	779676
167728	2183783	85531	441598	2106249	53428	24106	1457644
4280	916268	23528	345295	841008	60273	14986	725413
263248	**11491422**	**593450**	**3907554**	**10746321**	**662086**	**83015**	**6623154**
73933	3054406	294452	1109066	2904611	144462	5333	1718596
14143	1480689	68500	403278	1258957	206321	15411	754713
67634	1891249	37408	673336	1841807	40669	8773	1356897
16487	88444	13630	47877	54279	33904	261	71558
15150	531973	1238	39065	469275	38386	24313	224723
14154	674193	26201	232948	628511	44221	1461	495674

2-B-4 续表 1

地　区	签订的合同额	上年结转合同额	本年新签合同额	直接从建设单位承揽工程完成的产值	自行完成施工产值	分包出去工程的产值
苍南县	1308462	341258	967204	904287	904287	
文成县	212433	73566	138868	107930	107930	
泰顺县	2428040	1019586	1408454	1128029	1128017	12
瑞安市	1803590	808292	995298	710484	710439	45
乐清市	1849621	754836	1094785	858047	858047	
嘉兴市	**13676930**	**4764793**	**8912137**	**9369327**	**9281189**	**88139**
南湖区	2128939	813622	1315317	1477218	1471728	5491
秀洲区	1852514	764238	1088276	1084324	1068955	15369
嘉善县	492093	168637	323456	285804	285804	
海盐县	772374	285165	487209	495897	493210	2687
海宁市	2677078	857765	1819313	2004504	1970723	33781
平湖市	1749440	667596	1081844	1199437	1199437	
桐乡市	4004492	1207770	2796722	2822143	2791332	30811
湖州市	**8370257**	**3190073**	**5180184**	**5221433**	**5207786**	**13647**
吴兴区	5096223	1915202	3181022	3418840	3416392	2449
南浔区	199357	78292	121065	133310	133310	
德清县	1220022	483103	736919	686138	675904	10234
长兴县	1148843	496514	652329	628674	628310	364
安吉县	705812	216962	488850	354471	353871	600
绍兴市	**86335763**	**32292312**	**54043452**	**54490825**	**54140361**	**350464**
越城区	14242227	6376138	7866089	7956255	7837109	119147
绍兴县	22765156	6007103	16758053	15843687	15740571	103116
新昌县	2531289	866290	1665000	1520100	1520100	
诸暨市	24931720	10548795	14382925	14366255	14339385	26870
上虞市	18485124	7165447	11319676	12514574	12413243	101332
嵊州市	3380248	1328538	2051710	2289954	2289954	
金华市	**56583887**	**25230427**	**31353460**	**26888340**	**26746567**	**141772**
婺城区	5473858	2234819	3239039	3038838	2986783	52055
金东区	1210499	401946	808553	729750	729750	
武义县	612039	188051	423988	344936	343258	1678
浦江县	963311	375046	588266	560285	560285	
磐安县	2021702	770732	1250970	1061861	1044489	17373
兰溪市	677770	165428	512343	517414	517414	
义乌市	2792561	931744	1860817	1691027	1686345	4682
东阳市	41698394	19730797	21967597	18285382	18219550	65831
永康市	1133753	431865	701888	658847	658694	153

单位：万元

从建设单位以外承揽工程完成的产值	建筑业总产值	#装饰装修产值	#在外省完成的产值	建筑业总产值按构成分			竣工产值
				建筑工程产值	安装工程产值	其他产值	
2755	907042	11218	625347	855697	40998	10347	600890
29712	137642	499	40385	100161	28536	8945	88925
10381	1138397	79426	493429	1127058	5634	5706	586235
3577	714016	42108	85256	663360	48438	2219	277654
15323	873370	18771	157068	842605	30518	247	447288
144237	**9425426**	**484934**	**3038658**	**8697144**	**434614**	**293668**	**6666795**
5522	1477249	106302	427650	1333043	74193	70013	1225486
25824	1094780	98490	274474	969608	49060	76112	643726
12679	298483	6911	52737	233691	49095	15696	236959
1837	495047	9054	52316	452964	26624	15459	383078
58145	2028867	114375	367099	1920505	52133	56229	1343624
19653	1219090	42375	516356	1163084	44831	11175	915134
20578	2811910	107428	1348026	2624249	138678	48984	1918789
58963	**5266749**	**277187**	**1084920**	**4680211**	**431553**	**154985**	**3033831**
6542	3422934	226284	827892	3021402	302462	99071	1846158
	133310	3748	11323	125793	6059	1457	75553
3596	679501	21144	89453	636343	30802	12356	352564
43196	671506	17088	148454	571629	60315	39562	497778
5628	359499	8923	7797	325045	31916	2538	261779
1093093	**55233455**	**3448204**	**39382086**	**50541548**	**3495244**	**1196663**	**36365722**
133104	7970213	406058	5527154	7341593	459088	169532	5845518
320576	16061147	710150	11151568	14871236	833164	356747	11388107
29376	1549476	85048	912356	1361592	133679	54204	1021335
156753	14496138	708113	11019344	12653631	1332850	509658	8844302
408867	12822109	1259321	9198308	12127905	673889	20315	8007766
44418	2334372	279514	1572857	2185591	62574	86207	1258694
369004	**27115571**	**1756222**	**17515044**	**24793464**	**1774721**	**547386**	**15974088**
95817	3082600	197513	1288945	2779448	145307	157846	2062070
20870	750620	105446	252297	743332	4626	2662	344398
2927	346184	8719	125412	313434	12735	20015	243488
	560285	33943	354410	529700	24108	6477	407463
17661	1062150	70087	516542	882369	115979	63803	568625
439	517852	24653	206024	447878	13971	56004	397932
6913	1693258	129387	487078	1639620	44978	8661	1031366
220697	18440247	1101975	13998801	16881194	1352041	207013	10519449
3681	662374	84500	285534	576491	60977	24906	399298

2-B-4 续表 2

地　　区	签订的合同额	上年结转合同额	本年新签合同额	直接从建设单位承揽工程完成的产值	自行完成施工产值	分包出去工程的产值
衢州市	**5367926**	**1651130**	**3716796**	**3687441**	**3675239**	**12202**
柯城区	1771035	633838	1137197	1123861	1120633	3229
衢江区	722817	235678	487139	494232	491374	2858
常山县	486531	139918	346614	357243	355179	2064
开化县	747665	156276	591390	551650	551650	
龙游县	753204	139604	613600	607235	603371	3864
江山市	886673	345816	540857	553221	553033	187
舟山市	**3293085**	**1595847**	**1697238**	**1746422**	**1736528**	**9894**
定海区	1936622	889844	1046778	1048571	1045584	2987
普陀区	988469	487662	500807	495650	492359	3291
岱山县	321541	199439	122103	171238	167622	3616
嵊泗县	46453	18903	27551	30964	30964	
台州市	**28423643**	**10427809**	**17995835**	**16543393**	**16533577**	**9816**
椒江区	3034315	1120194	1914122	1864504	1863770	734
黄岩区	3149784	1528057	1621728	1661225	1659698	1528
路桥区	2247692	455857	1791835	1831999	1826847	5152
玉环县	185382	32365	153017	127399	127399	
三门县	1096582	399594	696989	765408	765408	
天台县	983072	315954	667118	649346	649346	
仙居县	1253962	428511	825451	782722	782722	
温岭市	11150564	3907457	7243107	5715141	5715011	130
临海市	5322290	2239820	3082470	3145647	3143375	2272
丽水市	**3149407**	**936324**	**2213083**	**2012570**	**1992811**	**19759**
莲都区	1507571	506260	1001311	954312	940516	13797
青田县	282975	56898	226077	165877	165877	
缙云县	360922	108696	252225	194991	191602	3389
遂昌县	74188	21289	52898	45402	45104	298
松阳县	234564	44922	189642	124869	124869	
云和县	182665	75775	106890	126475	125700	775
庆元县	119394	30436	88958	95860	94360	1500
景宁县	119053	18201	100852	87519	87519	
龙泉市	268077	73847	194230	217264	217264	

单位：万元

从建设单位以外承揽工程完成的产值	建筑业总产值	#装饰装修产值	#在外省完成的产值	建筑业总产值按构成分			竣工产值
				建筑工程产值	安装工程产值	其他产值	
44058	**3719296**	**165378**	**1059757**	**3376950**	**221340**	**121006**	**2455463**
15869	1136501	96914	342882	960764	118093	57645	713396
19802	511175	17696	141556	464393	28002	18780	293124
4334	359513	4963	115976	301465	32473	25575	245448
189	551839	19564	213211	539721	8852	3266	367461
3864	607235	19890	73606	568762	23267	15206	390369
	553033	6351	172527	541845	10654	535	445666
61646	**1798174**	**64169**	**202044**	**1700243**	**92581**	**5350**	**1487910**
37593	1083177	53060	125326	989618	90819	2739	987332
18495	510853	9102	32360	508774	1762	317	338105
4298	171920	1840	43507	171334		586	136995
1260	32224	167	850	30516		1708	25477
425375	**16958952**	**576072**	**9692486**	**16230227**	**520977**	**207749**	**11069532**
30609	1894379	79717	679319	1837232	34518	22629	1579362
6324	1666022	36208	879051	1517957	95558	52507	987571
7531	1834378	45109	1141136	1805958	22678	5742	897420
4110	131509	7910	6655	104838	18047	8625	111535
43410	808819	50367	410585	801378	5440	2000	534809
175	649521	15322	253722	645040	2714	1768	570947
1492	784214	10140	434618	671082	6854	106278	266090
315973	6030984	282687	4119711	5808983	215193	6808	3783370
15751	3159126	48611	1767690	3037759	119976	1392	2338430
89126	**2081938**	**66483**	**178991**	**1831027**	**152926**	**97984**	**1460062**
55399	995915	34319	65609	898445	73790	23680	688080
4724	170601	948	1357	147063	6789	16749	126044
15170	206772	14453	25990	158461	31718	16593	170917
386	45490	853		39987	5371	133	38190
	124869	2651	30972	107142	5285	12442	71309
807	126507	2854	9885	112705	4945	8858	110125
2364	96724	1978		84410	12314		74373
3896	91415	4692	12839	83087	5439	2889	61808
6380	223644	3736	32338	199728	7276	16640	119217

2-B-4 续表 3

地　　区	房屋建筑施工面积(万平方米)	#新开工面　积	#实行投标承包面积	#新开工面积	年末自有施工机械设备 净值(万元)	总台数(台)	总功率(万千瓦)
全　省	**185018**	**79306**	**152480**	**66661**	**4559074**	**1037379**	**2038.37**
杭州市	**29538**	**11964**	**24705**	**10686**	**832466**	**185792**	**346.04**
上城区	1980	639	1927	636	19646	9073	13.38
下城区	168	31	137	21	35058	8801	18.39
江干区	2694	747	2101	536	76037	20846	26.81
拱墅区	2864	916	2061	851	66453	15961	26.25
西湖区	7150	2596	6513	2577	87472	14155	35.10
滨江区	1525	449	1209	405	76651	12156	29.95
萧山区	8882	4345	7135	3694	278960	54850	116.73
余杭区	1852	761	1654	692	64690	15705	25.70
桐庐县	404	230	318	192	20689	9943	7.72
淳安县	198	90	159	70	12615	3094	7.56
建德市	168	96	115	67	7443	2785	4.98
富阳市	1082	727	877	652	61919	11781	23.96
临安市	572	338	498	293	24834	6642	9.50
宁波市	**25043**	**9511**	**18411**	**7305**	**684957**	**122951**	**235.32**
海曙区	2115	840	1609	803	35676	6033	9.19
江东区	2325	972	1980	782	83938	11040	24.50
江北区	1491	396	1394	378	20387	6194	9.22
北仑区	457	188	302	114	41266	10522	20.47
镇海区	1383	537	1285	512	109327	14134	21.87
鄞州区	2486	1317	1794	1056	55763	13667	26.34
象山县	9700	2927	7387	2547	118688	23569	49.55
宁海县	642	332	251	142	53200	8497	22.14
余姚市	964	505	512	260	47297	8913	15.43
慈溪市	2727	1117	1379	545	93894	14299	27.72
奉化市	754	380	516	165	25521	6083	8.89
温州市	**11218**	**3277**	**8922**	**2576**	**360794**	**72066**	**150.62**
鹿城区	2430	677	2008	615	63499	12227	29.95
龙湾区	1350	406	1099	331	54612	9378	16.18
瓯海区	3119	582	2932	531	41982	11514	13.95
洞头县	68	48	50	41	4098	1089	1.59
永嘉县	275	79	224	57	21581	4715	8.76
平阳县	488	172	190	92	35253	6565	20.04

主要建筑材料消耗量						企　业 总产值 (万元)
钢　材 (重量) (万吨)	木　材 (体积) (万立方米)	水　泥 (重量) (万吨)	平板玻璃 (重量箱)	平板玻璃 (面积) (万平方米)	铝　材 (重量) (万吨)	
9822.60	**3701.45**	**35047.01**	**38974610**	**18559**	**426.51**	**206383610**
1899.96	**601.32**	**5292.35**	**5448666**	**2160**	**58.19**	**39406424**
76.41	17.93	150.04	312654	127	3.78	2403889
21.11	6.98	80.04	29997	13	0.76	931688
96.86	28.51	290.93	294481	120	7.12	2947643
136.00	35.48	272.53	429114	168	7.12	3297595
416.41	167.05	930.23	639860	258	8.06	8470203
139.77	61.38	611.32	77865	41	3.21	4579060
831.43	213.91	2134.73	2502538	971	20.92	11761929
57.74	34.25	329.30	424187	152	2.58	1832952
17.05	7.40	86.11	79025	29	1.16	445065
12.83	3.59	28.96	68801	53	0.46	284645
6.41	3.72	26.13	32286	13	0.22	247996
59.31	13.05	231.39	388741	145	2.09	1473789
28.62	8.07	120.64	169117	70	0.71	729972
1465.88	**507.61**	**4630.43**	**8115709**	**3723**	**59.68**	**32350989**
131.21	31.31	284.65	256834	255	0.69	3603883
126.40	40.47	328.15	450613	181	6.05	4483406
116.84	36.38	700.92	1129660	351	3.48	1348978
32.26	11.70	115.83	147586	623	1.29	1448685
113.44	47.71	483.75	101741	69	1.64	2759845
109.46	40.75	288.97	293089	164	5.56	2989811
573.74	135.33	1512.20	4801438	1682	20.73	10255380
42.85	76.22	195.52	190935	58	2.52	1021464
52.22	22.01	179.11	172902	107	2.13	1325669
146.47	49.64	446.02	393008	165	11.23	2197404
21.00	16.08	95.31	177903	68	4.36	916463
474.42	**160.84**	**1985.08**	**1765295**	**759**	**25.06**	**11659138**
121.14	43.12	379.02	453087	151	4.75	3150150
71.11	29.75	246.71	214297	149	1.78	1488611
71.01	16.13	223.52	378171	149	2.83	1891985
5.11	1.30	7.21	58380	36	2.98	99089
20.66	4.61	115.05	10710	10	0.33	534801
22.34	5.43	157.74	57609	27	0.67	677077

2-B-4 续表 4

地区	房屋建筑施工面积(万平方米)	#新开工面积	#实行投标承包面积	#新开工面积	年末自有施工机械设备		
					净值(万元)	总台数(台)	总功率(万千瓦)
苍南县	233	84	141	53	48078	9788	22.29
文成县	42	25	29	20	6824	637	2.21
泰顺县	1089	429	880	338	31433	4439	10.42
瑞安市	989	329	742	251	26329	6346	11.48
乐清市	1133	446	627	248	27105	5368	13.75
嘉兴市	**8478**	**3885**	**7856**	**3562**	**197846**	**71299**	**116.59**
南湖区	1360	455	1219	368	46831	6209	17.09
秀洲区	984	380	781	268	33147	9482	14.76
嘉善县	320	138	320	138	12479	2270	3.90
海盐县	460	294	425	264	6769	7510	7.07
海宁市	1483	782	1394	715	28502	8181	14.48
平湖市	1367	508	1242	503	21711	5668	6.78
桐乡市	2504	1328	2475	1307	48409	31979	52.51
湖州市	**4099**	**2049**	**3207**	**1631**	**126125**	**33722**	**76.12**
吴兴区	2351	1216	2043	1063	66338	18053	41.45
南浔区	163	89	109	61	6988	2015	1.91
德清县	672	344	425	203	13314	5742	11.50
长兴县	495	241	322	186	23863	4798	12.83
安吉县	419	160	308	119	15622	3114	8.43
绍兴市	**51215**	**25144**	**43739**	**21327**	**938614**	**246013**	**449.55**
越城区	7047	3044	6703	2861	159794	31017	70.60
绍兴县	13407	8445	10994	6878	273403	58861	107.05
新昌县	1523	849	966	560	43369	12217	18.91
诸暨市	16390	6675	13253	5448	215787	78214	121.18
上虞市	11448	5237	10974	5045	191498	52104	112.56
嵊州市	1400	894	850	536	54764	13600	19.27
金华市	**32302**	**14239**	**28007**	**12299**	**714748**	**135342**	**269.34**
婺城区	2466	1034	2007	784	89412	17247	46.56
金东区	304	166	61	60	23643	5653	20.51
武义县	402	234	101	84	10614	2634	3.53
浦江县	671	405	549	228	23156	4703	11.02
磐安县	1441	656	1003	496	43232	9295	17.32
兰溪市	458	244	209	111	26497	4555	9.19
义乌市	1430	658	709	330	84432	11900	28.59
东阳市	24613	10580	23074	10047	381986	72675	117.14
永康市	516	261	294	160	31776	6680	15.50

主要建筑材料消耗量						企业总产值(万元)
钢材(重量)(万吨)	木材(体积)(万立方米)	水泥(重量)(万吨)	平板玻璃(重量箱)	平板玻璃(面积)(万平方米)	铝材(重量)(万吨)	
20.70	7.92	112.14	55159	23	1.21	930278
11.04	0.74	19.72	11984	6	0.56	137642
60.30	27.61	301.36	134561	62	2.32	1143943
29.52	7.17	189.38	119041	49	0.88	732098
41.48	17.07	233.22	272296	97	6.76	873466
568.61	**166.57**	**1458.95**	**1233387**	**547**	**38.59**	**9599040**
83.80	18.91	336.25	144753	77	6.75	1478089
31.23	53.90	108.97	129086	83	10.19	1099026
18.11	4.86	49.29	40617	22	6.15	298488
14.90	3.00	69.10	128605	50	0.56	499520
82.98	20.66	292.98	306279	154	1.64	2187454
55.23	27.23	137.58	87430	44	2.53	1223863
282.36	38.01	464.78	396617	118	10.75	2812601
212.36	**132.05**	**660.27**	**747637**	**453**	**9.81**	**5316205**
130.11	76.39	392.85	452524	208	4.80	3449640
7.35	2.79	42.56	8560	4	0.51	134254
28.08	25.60	76.41	129353	166	2.13	694447
35.15	20.96	108.63	77596	51	1.44	673946
11.68	6.30	39.82	79604	24	0.92	363917
2431.52	**1152.33**	**10153.48**	**9044898**	**4286**	**108.22**	**55876948**
385.03	118.22	1402.94	937289	519	15.44	8017848
593.41	343.09	2873.87	2181967	1122	31.64	16101416
64.37	27.38	308.37	372240	136	5.08	1549703
703.60	356.09	2965.64	2820887	1332	29.94	14824761
593.40	275.01	2158.75	2282762	944	21.52	12822309
91.71	32.55	443.91	449753	234	4.61	2560911
1504.28	**527.86**	**4638.69**	**7896719**	**4331**	**65.46**	**27470611**
97.79	32.28	407.59	608240	297	7.67	3144711
24.00	20.04	175.38	45917	31	1.45	751941
19.91	6.29	63.08	46894	25	6.06	346184
23.20	13.22	95.52	249368	112	0.79	561842
73.19	23.27	135.92	76676	66	2.64	1062571
26.10	10.01	109.45	84155	78	1.20	531173
81.03	36.36	338.55	267957	141	4.32	1702496
1127.69	366.26	3214.63	6334653	3503	34.13	18701697
31.37	20.13	98.56	182859	77	7.19	667994

2-B-4 续表 5

地区	房屋建筑施工面积(万平方米)	#新开工面积	#实行投标承包面积	#新开工面积	年末自有施工机械设备		
					净值(万元)	总台数(台)	总功率(万千瓦)
衢州市	**2834**	**1587**	**2382**	**1317**	**114031**	**34081**	**67.84**
柯城区	743	258	603	157	26389	8713	19.80
衢江区	297	181	142	73	27999	2847	10.48
常山县	247	158	180	118	6580	1032	2.68
开化县	451	302	402	294	22314	6330	14.67
龙游县	412	375	401	370	19126	12026	12.11
江山市	683	313	654	305	11624	3133	8.10
舟山市	**1577**	**448**	**1263**	**288**	**55374**	**14060**	**26.03**
定海区	811	253	693	187	36338	9277	15.39
普陀区	553	153	359	61	14510	3381	7.17
岱山县	191	32	188	31	3180	1054	2.54
嵊泗县	22	9	22	9	1347	348	0.93
台州市	**17255**	**6576**	**13291**	**5274**	**443464**	**81777**	**160.64**
椒江区	2787	685	1650	555	25896	7614	9.49
黄岩区	2482	863	1721	643	38540	8584	17.69
路桥区	612	410	410	246	39954	7439	15.68
玉环县	97	56	67	40	4296	1115	2.73
三门县	580	270	565	264	56879	7692	14.57
天台县	417	241	417	241	33157	5852	7.97
仙居县	290	181	216	128	26801	5919	11.28
温岭市	7127	2585	6158	2216	143149	25701	56.20
临海市	2863	1285	2088	941	74793	11861	25.03
丽水市	**1460**	**626**	**695**	**396**	**90654**	**40276**	**140.27**
莲都区	699	293	276	160	50239	30580	119.56
青田县	153	92	106	70	4384	904	1.41
缙云县	153	26	39	15	5520	1901	2.17
遂昌县	30	16	23	12	3260	491	1.23
松阳县	111	38	86	37	5126	1079	2.38
云和县	125	55	90	45	5172	907	3.41
庆元县	63	16	10	8	4710	1608	3.16
景宁县	45	28	32	27	3906	1106	2.84
龙泉市	82	62	34	23	8339	1700	4.10

主要建筑材料消耗量						企业总产值(万元)
钢材(重量)(万吨)	木材(体积)(万立方米)	水泥(重量)(万吨)	平板玻璃(重量箱)	平板玻璃(面积)(万平方米)	铝材(重量)(万吨)	
151.01	**62.95**	**826.68**	**550134**	**253**	**9.91**	**3743696**
46.76	14.36	152.21	68988	43	2.48	1154636
24.85	6.61	202.15	87052	34	2.71	511220
16.27	6.55	83.39	55629	22	1.02	359649
17.85	13.19	109.05	85550	53	2.07	553641
25.26	13.87	156.23	193580	57	0.70	608291
20.03	8.38	123.65	59335	45	0.93	556261
141.88	**34.71**	**249.15**	**464556**	**248**	**1.34**	**1810801**
117.14	18.65	167.01	218790	88	0.91	1091691
13.60	11.21	55.65	216365	94	0.11	514542
9.07	4.48	21.76	28567	56	0.31	171921
2.06	0.36	4.73	834	10	0.01	32647
880.99	**319.15**	**4789.16**	**3472305**	**1645**	**41.35**	**17018856**
95.39	24.34	231.56	232861	189	2.79	1907535
78.77	23.96	364.17	704858	273	3.84	1669803
75.48	11.30	1638.41	123607	102	4.52	1846478
6.17	3.65	36.40	3628	6	0.48	134299
51.96	17.63	166.52	122560	62	14.06	808819
13.76	3.50	116.43	75819	29	1.09	649684
40.12	22.98	239.83	81383	34	0.24	784215
363.15	101.04	1485.56	1602920	651	9.27	6037543
156.20	110.75	510.29	524669	298	5.05	3180479
91.69	**36.06**	**362.77**	**235304**	**153**	**8.89**	**2130902**
44.08	16.14	156.66	114043	73	5.40	1031078
7.62	2.77	29.81	39420	31	0.22	170601
10.62	6.02	18.92	12290	9	0.38	206772
1.12	0.22	9.01	1459	1	0.01	47045
5.05	1.73	23.87	12622	6	0.36	124869
2.32	1.45	13.42	12308	5	0.32	132364
6.04	3.06	23.71	24587	11	1.58	96932
3.95	2.20	60.98	7312	12	0.33	97345
10.89	2.48	26.38	11263	7	0.30	223895

2-B-5 按登记注册类型、隶属关系、资质等级、控股情况和

项目	北京	天津	河北	山西	内蒙古	辽宁
总计	**1010433**	**3543862**	**2218736**	**1560140**	**2137408**	**2337656**
一、按登记注册类型分						
内资	1003709	3408362	2216929	1558280	2128728	2328129
国有	18218		1295	7557		4813
集体	152	189	15101		26382	14999
股份合作企业						
有限责任公司	664040	1613561	938594	615244	875864	783262
国有独资公司		160	6781	18324	16399	3340
其他有限责任公司	664040	1613401	931813	596920	859466	779922
股份有限公司	84084	644567	131689	91532	179086	317146
私营企业	237215	1150045	1130251	843947	1047396	1207910
私营合伙					368	
私营有限责任公司	224729	1129307	1112970	841464	1040228	1187455
私营股份有限公司	12487	20738	17281	2483	6800	20455
港澳台商投资	3683	39439	1807	1860	5160	5095
与港澳台商合资经营	3683	39439	1807	1860	5160	5095
港澳台商独资						
外商投资	3041	96061			3520	4433
中外合资经营	3041	96061			3520	4433
二、按隶属关系分						
中央	27856	11977	26347	13013	5848	4386
地方	982577	3531885	2192389	1547127	2131560	2333270
三、按企业资质等级分						
施工总承包	883268	3382644	2120084	1491647	1937778	2076841
特级	649235	2199007	722209	496798	489814	997033
一级	162844	1074323	1138297	809687	1272474	913750
二级	71189	88820	239827	137328	133906	142812
三级及以下		20494	19751	47834	41584	23246
专业承包	127165	161218	98653	68493	199630	260816
一级	107978	147216	71889	57400	176667	178406
二级	12678	2958	10984	5069	4822	69640
三级及以下	6509	11044	15780	6024	18140	12769
四、按控股情况分						
国有控股	97822	40581	57417	55114	127703	24984
集体控股	9966	319232	53464	152	160593	78570
私人控股	851342	3006379	1995011	1476075	1802009	2159878
港澳台商控股	3683	39439	1807	1860	5160	5095
外商控股	2955	96061			3520	4433
其他	44666	42170	111038	26940	38423	64697

行业小类分组的总承包和专业承包建筑业企业在外省完成产值情况

单位：万元

吉林	黑龙江	上海	江苏	安徽	福建	江西	山东	河南
413540	**842529**	**11150005**	**14822341**	**10908773**	**2202211**	**5598516**	**7009731**	**4062412**
413107	841580	10728537	14675386	10818444	2196663	5589029	6993326	4040317
20		26628	25367	8031	9201	5358		13119
733	19395	341377	78293	58260	7067	98168	7336	8439
			13000			1580	2000	
89752	359636	2923758	5048525	4458132	996822	1753905	2539583	1701416
2637	7783	56604	141373	35137	72629	32764	14259	39784
87115	351853	2867155	4907152	4422995	924193	1721141	2525324	1661632
58028	48232	2649786	2195657	602933	230933	443435	758545	250471
264574	414317	4786988	7314544	5691088	952640	3286582	3685862	2066872
						2743		
263998	414317	4699555	7055488	5593338	906447	3220542	3541722	2018119
576		87433	259055	97750	46194	63297	144140	48753
272	949	214233	74092	17601	5548	9474	15159	22095
272	949	214233	74092	17601	5026	7877	15159	22095
					522	1597		
161		207235	72864	72728		13	1246	
161		207235	72864	72728		13	1246	
	55	48454	92071	12858	147983	57476	15920	33194
413540	842474	11101551	14730270	10895915	2054227	5541040	6993811	4029218
361865	800507	10738835	14010539	10398832	1988392	5438218	6607237	3940326
80394	182454	4955477	4516955	2801928	669379	1395886	1807237	1098475
252709	530072	5287546	7312524	5891186	1065663	3015675	3948168	2424129
12319	55365	464762	1774962	1320504	190625	771772	651014	291536
16443	32616	31049	406098	385215	62724	254885	200818	126187
51675	42022	411170	811803	509941	213819	160298	402494	122086
45544	40159	310742	654985	416513	182822	120128	340045	97701
1285	65	56623	100442	53146	18122	18833	26330	5915
4846	1798	43806	56376	40282	12876	21337	36119	18470
15441	9076	132033	602786	282620	267307	145139	199645	73553
3475	104763	722651	664174	404048	40063	137389	217923	149022
394237	727687	9801925	13318246	9585716	1860859	4970017	6457185	3784186
272	949	214233	73583	16901	5548	9454	15159	22095
		207152	72810	67454		13		
116	55	72011	90742	552035	28434	336503	119819	33556

2-B-5 续表 1

项　目	北京	天津	河北	山西	内蒙古	辽宁
五、按国民经济行业小类分						
房屋建筑业	860722	3260100	1804282	1211632	1620498	1975242
房屋建筑业	860722	3260100	1804282	1211632	1620498	1975242
房屋建筑业	860722	3260100	1804282	1211632	1620498	1975242
土木工程建筑业	44130	171284	322112	297671	296132	157238
铁路、道路、隧道和桥梁工程建筑	10293	84550	217356	149711	189745	102071
铁路工程建筑				13013		
公路工程建筑		37416	34881	42491	61623	22139
市政道路工程建筑	9638	44039	168704	17808	113209	75798
其他道路、隧道和桥梁工程建筑	655	3095	13772	76398	14913	4134
水利和内河港口工程建筑		36269	29192	14423	954	11150
水源及供水设施工程建筑			4848	11490	954	3650
河湖治理及防洪设施工程建筑		25500	739	2933		
港口及航运设施工程建筑		10769	23605			7500
海洋工程建筑			850			
海洋工程建筑			850			
工矿工程建筑	18700	2588	53525	116818	52779	37201
工矿工程建筑	18700	2588	53525	116818	52779	37201
架线和管道工程建筑		1295	11637	75		3607
架线及设备工程建筑		1295	11637			3472
管道工程建筑				75		135
其他土木工程建筑	15137	46582	9552	16645	52654	3209
其他土木工程建筑	15137	46582	9552	16645	52654	3209
建筑安装业	30680	53681	46355	19470	48948	97143
电气安装	6463	10659	10328	12369	13427	11520
电气安装	6463	10659	10328	12369	13427	11520
管道和设备安装	4289	2072	8435	3696	9806	46037
管道和设备安装	4289	2072	8435	3696	9806	46037
其他建筑安装业	19929	40951	27592	3405	25714	39586
其他建筑安装业	19929	40951	27592	3405	25714	39586
建筑装饰和其他建筑业	74900	58797	45989	31368	171831	108033
建筑装饰业	59783	43281	45864	31368	56797	93499
建筑装饰业	59783	43281	45864	31368	56797	93499
工程准备活动	56	15516			115034	14534
建筑物拆除活动	56				15240	
其他工程准备活动		15516			99794	14534
提供施工设备服务						
提供施工设备服务						
其他未列明建筑业	15062		125			
其他未列明建筑业	15062		125			

单位：万元

吉林	黑龙江	上海	江苏	安徽	福建	江西	山东	河南
353188	682468	9397107	12402566	9125890	1445930	4805325	6172774	3672880
353188	682468	9397107	12402566	9125890	1445930	4805325	6172774	3672880
353188	682468	9397107	12402566	9125890	1445930	4805325	6172774	3672880
42750	112685	1308274	1751244	1410214	609323	673186	596476	299893
35089	99271	1066853	1383297	1065761	422171	576315	291654	153756
		12690	3500	1545	1149			916
5107	22283	268082	337673	148482	215136	186284	44908	86119
22092	65252	644150	882086	699126	143735	305334	198248	62675
7890	11737	141931	160039	216609	62151	84697	48498	4045
		179273	111831	84213	116719	30552	54745	61925
		8657	37478	33901	24521	26949	20528	41202
		162206	63179	50311	3974	3603	18297	20723
		8411	11175		88224		15920	
6587	3363	1052	20060	87728	19225	7696	81419	39457
6587	3363	1052	20060	87728	19225	7696	81419	39457
576	1193	37663	56513	27096	2993	11494	2241	18655
576	1193	37135	54141	9996	2868	11476	2241	18610
		528	2371	17100	125	18		45
498	8858	23432	179543	145417	48214	47130	166417	26101
498	8858	23432	179543	145417	48214	47130	166417	26101
7210	1689	242791	251278	136099	48481	39430	129641	44774
1744	613	12403	53994	22929	21584	11993	17602	19343
1744	613	12403	53994	22929	21584	11993	17602	19343
2812	287	117404	97151	53898	7538	18643	38900	6927
2812	287	117404	97151	53898	7538	18643	38900	6927
2654	789	112985	100133	59272	19359	8795	73139	18504
2654	789	112985	100133	59272	19359	8795	73139	18504
10393	45688	201833	417253	236570	98477	80574	110840	44866
10279	37571	144116	366114	206613	55904	58175	105825	41086
10279	37571	144116	366114	206613	55904	58175	105825	41086
113		29769	41773	22480	7271	9319	2169	3779
			1975	1665	1598	1562		3680
113		29769	39798	20815	5673	7757	2169	99
		8175		661	35221	10256		
		8175		661	35221	10256		
	8117	19773	9367	6818	82	2824	2846	
	8117	19773	9367	6818	82	2824	2846	

2-B-5 续表 2

项 目	湖北	湖南	广东	广西	海南	重庆
总 计	**4187974**	**2503845**	**4609241**	**1394221**	**1832819**	**1573032**
一、按登记注册类型分						
内资	4181636	2486179	4601345	1394027	1812713	1570295
国有	391	640		19324	471	21007
集体	17285	39946	4272	6417	23720	
股份合作企业						
有限责任公司	1399998	917255	1944602	713602	574106	480167
国有独资公司	19337	62253	11152	2830	3890	21712
其他有限责任公司	1380661	855002	1933450	710772	570216	458455
股份有限公司	351599	229391	1153126	26157	314957	202746
私营企业	2412364	1298947	1499345	628528	899460	866375
私营合伙						
私营有限责任公司	2409219	1293519	1487239	628528	465675	815146
私营股份有限公司	3145	5428	12106		433784	51229
港澳台商投资	4526	17667	7696	193		2737
与港澳台商合资经营	4526	17667	7696	193		2737
港澳台商独资						
外商投资	1813		200		20106	
中外合资经营	1813		200		20106	
二、按隶属关系分						
中央	33088	739		19214	27776	36589
地方	4154886	2503106	4609241	1375007	1805043	1536443
三、按企业资质等级分						
施工总承包	3997665	2379752	4421287	1315200	1680469	1455486
特级	1451243	667998	1978357	303370	511789	378340
一级	1881703	1368308	2252339	822992	1073293	868680
二级	573059	280201	129886	139091	80582	156582
三级及以下	91660	63246	60706	49748	14806	51885
专业承包	190310	124094	187954	79021	152350	117546
一级	146833	116050	148185	57493	132229	105876
二级	29636	4480	27815	18961	13268	10045
三级及以下	13841	3564	11955	2567	6854	1625
四、按控股情况分						
国有控股	315737	87425	59171	48700	105936	72037
集体控股	111247	73972	95684	29977	29615	2472
私人控股	3739396	2287084	4336626	1292620	1555212	1483942
港澳台商控股	4526	17667	7696	193		2737
外商控股	1813				20106	
其他	15256	37698	110064	22731	121950	11844

单位：万元

四川	贵州	云南	西藏	陕西	甘肃	青海	宁夏	新疆
2521398	**1840516**	**1448000**	**113724**	**3812859**	**847263**	**1406871**	**1352797**	**1493581**
2518771	1840165	1447972	113724	3809218	847263	1406823	1352797	1493495
3000					6900	2880		14526
11891	5762	339		2900	1388			
915789	861905	528047	95894	1965992	408375	670704	336172	737917
18487	22150	11290		12597	75772	9433	56494	128429
897302	839755	516757	95894	1953395	332603	661271	279678	609488
304334	159920	311353		189529	29734	21217	2214	49312
1283756	812578	608234	17831	1650797	400867	712022	1014412	691740
1175020	771521	598340	16831	1647997	400867	712022	1012835	682405
108736	41057	9894	1000	2800			1577	9336
	351	28		1214		48		86
	351	28		1214		48		86
2628				2427				
2628				2427				
21487	34033	51788		5708	21519			163
2499911	1806483	1396212	113724	3807151	825744	1406871	1352797	1493418
2374005	1723943	1369926	96774	3662845	785368	1387030	1308957	1387409
815918	388569	492950	48739	1662857	173603	369462	100028	463671
1042135	937008	695594	16055	1848594	516709	889714	1074253	681025
408544	291661	143753	31979	123304	78639	105814	111093	221168
107408	106706	37629		28090	16418	22041	23583	21546
147394	116573	78075	16951	150014	61895	19840	43840	106172
116246	108297	68641	15747	141528	55921	12200	39025	89226
8014	4817	6185	654	4083	2423	7483	4037	4758
23134	3459	3248	550	4403	3552	158	778	12189
224999	312982	72611	49150	166871	161390	54691	65098	258297
38778	47095	15209	13446	33236	17491	22101	27774	34679
2218118	1314954	1331699	51129	3463439	641466	1255490	1259925	1145266
	351	28		1214		48		
2628				2427				
36876	165133	28454		145672	26917	74541		55338

2-B-5 续表 3

项　目	湖北	湖南	广东	广西	海南	重庆
五、按国民经济行业小类分						
房屋建筑业	3482528	1960726	3394791	1145081	1512258	955779
房屋建筑业	3482528	1960726	3394791	1145081	1512258	955779
房屋建筑业	3482528	1960726	3394791	1145081	1512258	955779
土木工程建筑业	574239	497991	1067304	204815	171561	502126
铁路、道路、隧道和桥梁工程建筑	467381	434036	994507	150828	119602	389155
铁路工程建筑						
公路工程建筑	161775	264470	146135	86960	11570	119425
市政道路工程建筑	251451	150956	801363	44629	76127	247367
其他道路、隧道和桥梁工程建筑	54155	18610	47010	19240	31906	22363
水利和内河港口工程建筑	22441	3155	4205	13960	27355	10473
水源及供水设施工程建筑	21767	2000	161	410		6313
河湖治理及防洪设施工程建筑	674	1155	4043	300		
港口及航运设施工程建筑				13250	27355	4160
海洋工程建筑						
海洋工程建筑						
工矿工程建筑	14243	22942	16741	14682	17469	29597
工矿工程建筑	14243	22942	16741	14682	17469	29597
架线和管道工程建筑	13493	2585	8777	4246	1166	
架线及设备工程建筑	3913	1511	2277	4121	1166	
管道工程建筑	9580	1074	6500	125		
其他土木工程建筑	56681	35274	43074	21099	5969	72901
其他土木工程建筑	56681	35274	43074	21099	5969	72901
建筑安装业	68671	18883	89828	17060	26887	57775
电气安装	18299	3154	6678	376	1184	27501
电气安装	18299	3154	6678	376	1184	27501
管道和设备安装	21774	10473	7242	4762	17894	21670
管道和设备安装	21774	10473	7242	4762	17894	21670
其他建筑安装业	28597	5256	75908	11922	7809	8604
其他建筑安装业	28597	5256	75908	11922	7809	8604
建筑装饰和其他建筑业	62537	26245	57319	27265	122114	57352
建筑装饰业	60265	25675	45416	26967	121658	57352
建筑装饰业	60265	25675	45416	26967	121658	57352
工程准备活动	736	555	10894	73		
建筑物拆除活动			1026			
其他工程准备活动	736	555	9868	73		
提供施工设备服务						
提供施工设备服务						
其他未列明建筑业	1536	15	1009	225	456	
其他未列明建筑业	1536	15	1009	225	456	

单位：万元

四川	贵州	云南	西藏	陕西	甘肃	青海	宁夏	新疆
1914679	1151728	953274	70040	3454408	549203	1295132	1210651	959657
1914679	1151728	953274	70040	3454408	549203	1295132	1210651	959657
1914679	1151728	953274	70040	3454408	549203	1295132	1210651	959657
494846	609072	453399	19371	197751	270720	88134	83664	436294
350830	480473	350454	10054	175041	218440	48099	53043	254343
		1200						
195718	215652	204991		15835	139875	6686	42452	170224
136854	204114	144262	5663	115166	66474	41413	10592	76034
18259	60707		4392	44040	12091			8085
41092	21736	28036		1436	4608	6125	329	36034
30194	18846	4324		1436	2611			32334
10898	2890	22851			977	6125		3700
		861			1020		329	
18883	71630	62489	9317	18550	30710	12612	18204	112432
18883	71630	62489	9317	18550	30710	12612	18204	112432
6402	4	1193		865	6900			3512
6402		1193			6900			3512
	4			865				
77639	35229	11228		1859	10062	21299	12088	29974
77639	35229	11228		1859	10062	21299	12088	29974
30899	27738	27249	23183	35938	8435	17801	36109	78837
9766		7810	1136	23274	636	13333	13090	12233
9766		7810	1136	23274	636	13333	13090	12233
10740	12548	774	6900	2875	4649	4266	13473	40433
10740	12548	774	6900	2875	4649	4266	13473	40433
10393	15190	18665	15148	9790	3150	202	9547	26171
10393	15190	18665	15148	9790	3150	202	9547	26171
80975	51978	14077	1130	124762	18905	5804	22372	18793
68288	51702	12027	900	122638	10390	5804	22372	18738
68288	51702	12027	900	122638	10390	5804	22372	18738
12687		2051	230	2124	1560			55
880				2100	960			
11807		2051	230	24	600			55
	276				6955			
	276				6955			

2-B-6 按地区分组的总承包和专业承包

地　区	北京	天津	河北	山西	内蒙古	辽宁	吉林
全　省	**1010433**	**3543862**	**2218736**	**1560140**	**2137408**	**2337656**	**413540**
杭州市	**267105**	**252987**	**149903**	**183366**	**233176**	**323192**	**83627**
上城区	10182	18707	14327	25258	13059	10960	5360
下城区	34		7187	6549	79	172	500
江干区	22034	9729	6427	1146	2753	40467	1311
拱墅区	1945	556	19800	12534	8267	46214	983
西湖区	82415	112741	77783	24022	77941	17736	20610
滨江区	85295	49651	1327	22288	37935	124036	7030
萧山区	51915	52575	19181	80777	83535	71444	35825
余杭区	1456	1700	1356	1793		450	
桐庐县			300				
淳安县							113
建德市							
富阳市	10113	7329			2112	11453	11896
临安市	1717		2216	9000	7496	260	
宁波市	**51330**	**556762**	**130850**	**74477**	**246659**	**384406**	**74048**
海曙区		11663				40189	52833
江东区	16687	160	3042	3446	95914	14961	9893
江北区	6526	11620	2935		4750	52623	
北仑区		6367	4345	4399	18448		
镇海区		11227	21542		2328	388	
鄞州区	2983	69	19575	693	44963	1823	9720
象山县	25050	471663	56975	63933	45025	241648	1602
宁海县		41000	18560				
余姚市					11013	28000	
慈溪市		2994	2928	1544		4775	
奉化市	84		947	462	24218		
温州市	**1165**	**6558**	**140888**	**199687**	**157326**	**151903**	**23678**
鹿城区	8		18606	47909	77647	62173	6693
龙湾区			55345	24451	157	29832	
瓯海区		5936	12519	24476	23943	29978	8416
洞头县	434	622	784	434	380	1663	
永嘉县	610				1875		
平阳县			7676	28240	10610	2275	2830

建筑业企业在外省完成产值情况

单位：万元

黑龙江	上海	江苏	安徽	福建	江西	山东	河南
842529	**11150005**	**14822341**	**10908773**	**2202211**	**5598516**	**7009731**	**4062412**
100877	**1129983**	**1772506**	**1624022**	**261938**	**557872**	**691012**	**498506**
435	5751	87807	65151	19711	36605	28707	26325
3969	7413	49598	9643	13843	16980	740	33399
	11179	81035	72945	6219	9578	44254	12617
31591	39610	142062	155525	19269	22564	72652	24099
7569	62680	376396	296926	88271	166565	186054	120099
1193	144960	123009	61714	37123	55274	72332	14870
47442	844604	826005	824384	61358	225076	241202	260673
	1904	8096	22982	10942	729	19729	676
4678	344	23612	4200		5800	45	
		1777	181				
			70		1277		
	9185	36168	66169	5203	16052	22552	3015
4000	2352	16940	44131		1374	2746	2733
133073	**1752030**	**2709685**	**1056891**	**424797**	**484639**	**835764**	**295842**
2720	32640	268706	225212	106051	46997	167527	
46326	156654	334447	85480	18660	124952	47471	9575
	31771	87354	24760	5048	10836	12211	17700
4542	1612	60778	34457	20421	18899	21824	147
	16054	252381	65759	102274	46486	18722	40
6105	36249	167642	143152	46242	126797	10668	173646
36359	1381802	1261492	359210	107501	43024	500628	67942
		20033	7507	11310	15844	8867	
1876	177	12327	705		4160	1170	2942
34356	47547	168448	47422	1325	19327	11042	23104
789	47526	76079	63227	5966	27318	35635	746
33775	**75312**	**532696**	**355020**	**160848**	**166386**	**323472**	**172244**
2675	37479	125885	140815	43767	55897	49336	32412
25545	4111	76329	21075	24823	12732	8695	8303
	9579	101046	71985	16162	21593	123367	41148
124	71	36042	90	1145	531	301	213
				29338			
2317	14200	1425	18126	3974	68	3879	2302

2-B-6 续表 1

地 区	北京	天津	河北	山西	内蒙古	辽宁	吉林
苍南县	114		45534	47164	34652	18555	5738
文成县					3980		
泰顺县			424	20013	4083	7428	
瑞安市							
乐清市				7000			
嘉兴市	**73248**	**3036**	**50344**	**14104**	**44761**	**66867**	**8768**
南湖区			1100			48	
秀洲区	7585	61	9149		44397	3472	576
嘉善县	223	196	1295				
海盐县							
海宁市	1868	2779	6700	2104	364	7303	8192
平湖市							
桐乡市	63572		32100	12000		56044	
湖州市	**28537**	**33692**	**3700**	**2483**	**3606**	**24774**	**60753**
吴兴区		1050	739	2483	3606	21349	60753
南浔区						1088	
德清县	28537	6624				837	
长兴县		26018				1500	
安吉县			2961				
绍兴市	**216529**	**1825917**	**757539**	**387749**	**654715**	**832014**	**95990**
越城区	6000	852490	74778	23103	129677	86208	2972
绍兴县	120272	471073	227147	109625	220854	294157	1405
新昌县		8310	28465	18948	26595		
诸暨市	19752	344111	305018	162438	131723	160241	22117
上虞市	53570	122912	111674	73635	141311	291408	48264
嵊州市	16935	27022	10456		4555		21232
金华市	**353150**	**654340**	**857034**	**474509**	**500462**	**472728**	**49606**
婺城区	427	14726	68831	12668	22919	43994	9236
金东区			1170		496	2429	
武义县							
浦江县				7000			
磐安县		5000	30663		35		
兰溪市						17420	
义乌市				895		616	23500
东阳市	343085	634614	756369	453946	477012	383270	16870
永康市	9638					24999	

单位：万元

黑龙江	上海	江苏	安徽	福建	江西	山东	河南
3114		3176	41079	21575	14242	47116	36738
		18885					
	5672	143387	45020	19846	7515	54278	34089
	4200	16685	6743	220	24434	17402	3230
		9837	10036		29374	19099	13810
35560	**185523**	**669529**	**306007**	**11874**	**76940**	**343592**	**45871**
	86375	137619	18656	1305	60785	39842	150
	15390	62308	21413	436	7986	27746	8404
	40049	6367	2956	276	50		774
	631	4721	23978	6410			16000
35560	16023	46561	32848	447	2129	43743	697
	27035	41601	3680		800	1094	
	20	370351	202477	3000	5190	231167	19846
	53007	**118497**	**325740**	**59760**	**107034**	**28068**	**25100**
	30342	63618	264464	59760	105856	4672	13208
	903	5083	180				
	1542	33631	10577		1178		274
	20220	16166	47112			22770	11618
			3407			625	
300257	**6432904**	**6297568**	**4131364**	**821753**	**2558446**	**3072811**	**1624027**
67535	776874	1173291	580430	16019	132881	328486	142274
120183	1993044	1901049	1105023	147437	799718	1072153	349508
48649	20282	184734	103735	16958	54937	124620	31518
32190	774001	1335436	1340818	544288	632698	1070180	728201
15478	2598078	1549502	715398	94035	784504	348098	366705
16222	270625	153557	285960	3015	153708	129274	5822
87343	**374670**	**1312479**	**1736466**	**173120**	**747267**	**971369**	**993929**
32011	34142	146629	110208	7635	65458	115256	87321
232		4781	7166	1354	5779	11916	148535
	11	10892	36217	86	30403		
6718	14979	14124	48788			32886	2450
2000	34174	3136	44989	278	3386	16935	43104
	15562	10011	21790	9007	29976	7610	51512
11737		11764	106947		25	2454	
34644	275801	1103837	1317659	149213	612241	744412	652668
		7306	42702	5548		39900	8339

2-B-6 续表 2

地　　区	北京	天津	河北	山西	内蒙古	辽宁	吉林
衢州市			**5469**	**8900**	**15793**		**11584**
柯城区				7500	553		
衢江区			5469				
常山县				1400			
开化县							
龙游县					15240		
江山市							11584
舟山市	**2780**		**850**	**3900**		**24**	
定海区	2780			3900		24	
普陀区							
岱山县							
嵊泗县			850				
台州市	**16589**	**209731**	**110276**	**210965**	**280912**	**81177**	**5488**
椒江区		31676		7113		4540	4119
黄岩区		28730	2620	1300			
路桥区		17738	16542	26354		16533	
玉环县					1680		
三门县		73069	11957		7000		
天台县		12067			11628		1051
仙居县			10542	8776	5867	792	255
温岭市	8255	46451	36919	165570	226919	55550	63
临海市	8335		31696	1852	27818	3762	
丽水市		**838**	**11885**			**572**	
莲都区			11637				
青田县		838					
缙云县			248			572	
松阳县							
云和县							
景宁县							
龙泉市							

单位：万元

黑龙江	上海	江苏	安徽	福建	江西	山东	河南
8834	**4029**	**68283**	**264117**	**17218**	**188839**	**85418**	**38347**
	4029	34300	82927	8500	78755	36522	7683
		13955	13754	743	13050	1323	21074
		2328	51150		4918	4393	1096
8834		6894	47207		28761	42838	8493
		7234	9367	4391	1169		
		3571	59712	3583	62187	342	
55	**7669**	**75478**	**25670**	**14295**		**6930**	**4420**
55	2234	37196	17256	6218		6930	4420
		12784		8077			
	5435	25498	8414				
142756	**1125783**	**1239341**	**1066973**	**250892**	**673619**	**645840**	**364126**
53676	131773	89321	78318	2420	33996	63234	59320
8649	19584	235054	187526	4152	118839	58935	4500
52700	219650	195697	66089	13386	104412	20648	77880
	18814	63226	43822	16303	23689	15594	38023
	15407	33046	19550	4501	35411	30949	11750
		68715	8312	5788	55241	12287	15085
26031	328729	525163	350804	176130	97260	363264	154532
1700	391827	29120	312553	28213	204772	80930	3036
	9095	**26279**	**16505**	**5717**	**37474**	**5456**	
		5842	10150	294	11874	4583	
			519				
	343	9937	5836	1585	3238	873	
		10500			14229		
	8752				1133		
				3839			
					7000		

2-B-6 续表 3

地　区	湖北	湖南	广东	广西	海南	重庆	四川
全　省	**4187974**	**2503845**	**4609241**	**1394221**	**1832819**	**1573032**	**2521398**
杭州市	**437044**	**445098**	**245808**	**140221**	**263724**	**204406**	**429712**
上城区	11984	2935	6996	4595	47043	11704	114453
下城区	6366		2023	73	9646	6313	34412
江干区	18118	920	6684	11348	12262	30817	18041
拱墅区	20458	51770	80481	15662	6920	4752	6842
西湖区	227190	111468	91055	22746	113662	100624	108692
滨江区	40461	36349	5228	2632	5100	3794	14348
萧山区	83329	232151	23335	64435	66280	28025	102777
余杭区	1754	7399	3482	8632	1330		28281
桐庐县	7000	463		866			
淳安县			4711				408
建德市							
富阳市	8119	1642	15930	8720		18379	1459
临安市	12266		5884	512	1482		
宁波市	**254608**	**174523**	**1083441**	**136759**	**333049**	**298606**	**282105**
海曙区	4620	35156	11308	36048	218	25812	34297
江东区	69296	13621	112678	6116	16017	108259	10064
江北区	965	14627	579	29119	270		4777
北仑区	8940	27317	45307	11589	9117	20459	32377
镇海区	37041		19800	13488	31700	5320	516
鄞州区	5382	7636	65782	8898	22050	848	26451
象山县	66354	69453	818700	15423	248786	10107	166966
宁海县	4641	1332	2606	12847	4891	19423	4050
余姚市	7553	1500	93			103391	
慈溪市	3258	1492	6548	1003		855	2554
奉化市	46559	2390	41	2227		4134	55
温州市	**117459**	**195465**	**201739**	**31977**	**32978**	**53853**	**141143**
鹿城区	40462	87759	119967	6356	3890	8570	41902
龙湾区	7503	3273		8560		5343	17535
瓯海区	34679	68303	10661		11619	17687	
洞头县	273	129	110			1321	490
永嘉县	2833	150	3612				
平阳县	4937	36	12311	4500		2813	1750

单位：万元

贵州	云南	西藏	陕西	甘肃	青海	宁夏	新疆
1840516	**1448000**	**113724**	**3812859**	**847263**	**1406871**	**1352797**	**1493581**
392207	**99833**	**50774**	**425328**	**226252**	**144218**	**72878**	**341386**
50	8149	586	46074	579	11039	10047	11002
55413	1704	825	1436	2241	25		817
16644	6918		37289	38455	15730	33	9463
31327	25294	1048	31732	17100	20	4898	30484
196862	23608	47739	270303	85765	107634	41300	39160
32406	3922	576	5140	22343	2963	525	173447
58575	26687		29327	37439	2834	14083	75815
			139	20554	103		1200
				47			
931	3552		3878	1729	3871	1935	
						57	
103274	**205657**	**2204**	**254955**	**61713**	**33810**	**30568**	**179413**
			15311				
26016	16	1000	26239		1760	35	100528
1254			174872			27749	
10603			159	7097			97
91			1129	30062	154		36670
52799	12516	1204		20632	19246		1952
	133021		32741	3922	12311	1207	3008
4593							32334
4145	7100						
2661	48015		3863		339	1577	4623
1113	4988		591				201
154747	**126972**	**8609**	**62148**	**36986**	**62923**	**43510**	**136092**
12332	29415		12195	9957	13027	18597	3336
14679	21182		5629	36	3929	21697	2515
7680			2900		30160		
190			65	88	372	705	1302
342							305
34488	1328	4392	21273	4764	4572	1404	36459

2-B-6 续表 4

地 区	湖北	湖南	广东	广西	海南	重庆	四川
苍南县	10349	22136	26666	11261	17469	8325	10069
文成县							
泰顺县	3367	3129	4592	1300		9793	59147
瑞安市	1389	10550	404				
乐清市	11668		23416				10250
嘉兴市	**170280**	**142035**	**19508**	**39805**	**416565**	**81408**	**29511**
南湖区	18817		1878	4310	1243	3899	10359
秀洲区	15140	7008	3630	1060	456	831	3794
嘉善县							
海盐县					576		
海宁市	58603			1592	7316	36882	
平湖市	17376	5520		12276	406974		
桐乡市	60344	129507	14000	20567		39796	15358
湖州市	**31091**	**18242**	**111**	**1878**	**421**	**12419**	**3741**
吴兴区	27741	17058			421	12419	120
南浔区							681
德清县	3350	1024		1878			
长兴县			111				2940
安吉县		160					
绍兴市	**1182071**	**982419**	**1348912**	**621568**	**331849**	**626069**	**936151**
越城区	178026	68020	230154	155982	6374	694	52072
绍兴县	259857	238383	329894	84004	84309	192555	104534
新昌县	29234	24300	3692	72757	3379	32931	28776
诸暨市	507446	482329	279018	203702	86436	242461	367909
上虞市	112998	96647	489132	105123	95871	154427	372210
嵊州市	94510	72740	17023		55480	3000	10651
金华市	**746285**	**260782**	**1287988**	**295291**	**398990**	**131194**	**439240**
婺城区	15535	27312	13805	17221	43270	30479	124888
金东区		2259	23633	758	180	2052	3283
武义县		11338					21003
浦江县	13049			65	39861	4500	21971
磐安县		5363	172634		3112		
兰溪市	17107	12364		7164		1750	1105
义乌市	31849	25416	41100	1400	6513	9638	800
东阳市	668746	176230	1006394	268683	283548	82775	266191
永康市		500	30423		22506		

单位：万元

贵州	云南	西藏	陕西	甘肃	青海	宁夏	新疆
51921	40351	3317	5808	22141	10863	529	65347
	17520						
33115	17176	900	14278			578	4301
							22528
108464	**47612**		**29272**	**11000**	**637**		**6538**
11554	27976			990	637		105
24864	194		1222	6955			399
551							
3358	14893		28050	3055			6034
68137	4550						
30187	**49991**			**12453**			**49635**
29543	49991			12453			46247
							3389
644							
485496	**358641**	**36751**	**949880**	**163655**	**292035**	**583616**	**473393**
1332	42361		161123	12449	112885	97818	14846
63056	171769	13446	319778		92097	58224	207014
9770	4530		2100		33137		
249138	58576	23305	97160	129329	47305	400684	241836
76070	59013		258770	20277	6612	26890	9697
86129	22393		110949	1600			
373639	**374344**	**660**	**1763570**	**238157**	**781767**	**524779**	**139887**
7854	9701	660	57493	31120	18658	101242	18248
1311	29030				5543		390
					15461		
	17270			3289		127461	
	36940		34796		79998		
510	203		354	925			1655
30080	118189				45450	14000	4706
288029	153927		1645811	202203	616657	268076	114888
45854	9085		24116	620		14000	

2-B-6 续表 5

地　区	湖北	湖南	广东	广西	海南	重庆	四川
衢州市	**55229**	**43564**	**10985**	**27306**	**508**	**6138**	**4197**
柯城区	25768			1490	262		2075
衢江区	9600			110	246	4224	2122
常山县		6596		25706			
开化县	8610	28913					
龙游县		3268	10985				
江山市	11251	4788				1914	
舟山市	**330**	**400**	**2440**	**31738**		**8060**	
定海区	330	400	2440	31738		3900	
普陀区							
岱山县						4160	
嵊泗县							
台州市	**1190698**	**237002**	**401923**	**67679**	**54736**	**148664**	**238610**
椒江区		4312	85351	734			
黄岩区	126891	1740	3404	35143		1335	2235
路桥区	106886	15358		4365		17365	5337
玉环县				803		4172	
三门县	27040	7848	7488		5540	9675	15163
天台县	17788	3263	13723	3658			5509
仙居县	8358	95105	43006	398	4162	658	38927
温岭市	780584	51409	46234	19618	21434	103409	97772
临海市	123152	57968	202716	2960	23600	12049	73667
丽水市	**2879**	**4316**	**6386**			**2215**	**16990**
莲都区	86	200	5936			388	13097
青田县							
缙云县	2793	116	450				
松阳县		4000					
云和县							
景宁县							
龙泉市						1827	3893

单位：万元

贵州	云南	西藏	陕西	甘肃	青海	宁夏	新疆
47922	**55762**	**3065**	**3675**		**27640**	**17833**	**39105**
26729	409		3675			12020	9685
4466	4302				25480		21637
	18390						
	32662						
16727		3065			2160		
						5813	7783
	5350						**11656**
	5350						156
							11500
144581	**118596**	**5663**	**320726**	**94443**	**60089**	**76105**	**108505**
			28070	1348			
11300			1238	5878			20000
38396	93251				32550		
			26334				
22503	7100			4818			
24875	4528		13529				9413
45406	13718	5663	118280	73812	27539	74105	79092
2101			133275	8588		2000	
	5243	**6000**	**3306**	**2605**	**3752**	**3508**	**7971**
							1523
	2243						
	3000	6000					
			3306	2605	3752	3508	6448

2-B-7 按登记注册类型、隶属关系、资质等级、控股情况和行业

项目	房屋建筑竣工面积(万平方米)	住宅房屋	商业及服务用房屋	办公用房屋	科研、教育、医疗用房屋	文化、体育和娱乐用房	厂房及建筑物
总 计	**61549**	**33209**	**5086**	**4419**	**1829**	**715**	**14827**
一、按登记注册类型分							
内资	61078	33100	5075	4410	1812	709	14519
国有	21	9	5	2	…		5
集体	796	543	62	23	12	13	98
股份合作企业	37	23		4	…		9
联营企业	1						1
其他联营	1						1
有限责任公司	20241	12085	1956	1546	744	278	3285
国有独资公司	113	52	48	6	2		5
其他有限责任公司	20128	12034	1908	1540	742	278	3280
股份有限公司	5372	3215	456	470	132	136	748
私营企业	34610	17225	2596	2365	923	281	10373
私营合伙	4	1			1		1
私营有限责任公司	33565	16587	2470	2335	896	257	10203
私营股份有限公司	1042	637	126	30	25	24	168
港澳台商投资	308	15	8	2	11	6	261
与港澳台商合资经营	308	15	8	2	11	6	261
外商投资	163	94	2	8	6		47
中外合资经营	163	94	2	8	6		47
二、按隶属关系分							
中央	17	1	1	…			13
地方	61532	33208	5084	4419	1829	715	14814
三、按企业资质等级分							
施工总承包	58713	33135	5011	4411	1806	598	12498
特级	14936	9511	1165	1480	649	271	1583
一级	28850	17612	2910	1921	697	240	4986
二级	10402	4485	662	681	300	61	3905
三级及以下	4525	1527	275	328	161	27	2024
专业承包	2836	74	74	8	23	117	2329
一级	1966	36	73	5	9	116	1533
二级	600	9	…				576
三级及以下	270	28	1	3	14	1	219
四、按控股情况分							
国有控股	1442	853	197	157	58	25	126
集体控股	2564	1568	323	115	15	54	441
私人控股	55435	29580	4408	4041	1695	622	13740
港澳台商控股	259	15	8	2	11	6	213
外商控股	145	94	2	8	6		29
其他	1704	1099	147	97	44	8	278

小类分组的总承包和专业承包建筑业企业房屋竣工面积及价值

仓 库	其他未列明的房屋建筑物	竣工房屋价值（万元）	住宅房屋	商业及服务用房屋	办公用房屋	科研、教育、医疗用房屋	文化、体育和娱乐用房	厂房及建筑物	仓 库	其他未列明的房屋建筑物
546	**919**	**90522777**	**52197383**	**8324381**	**7312599**	**3064700**	**1225973**	**16383520**	**582800**	**1431422**
546	908	89746292	51958345	8299910	7290983	3028731	1220462	15952713	582800	1412350
…	…	32938	15427	9911	2512	22		4908	51	108
2	43	1201832	847707	93559	31758	18260	15471	98443	1565	95069
1		59558	48389		4056	423		6083	607	
		759						759		
		759						759		
161	184	31271812	18764928	3338738	2830168	1341163	516908	4017311	189684	272912
	…	241629	89789	128036	13232	5356		5104		111
161	184	31030182	18675139	3210702	2816936	1335807	516908	4012206	189684	272800
88	127	9199826	5738073	798461	856174	268072	216476	961765	105701	255104
294	553	47979568	26543820	4059242	3566315	1400791	471606	10863445	285192	789157
		3717	1374			1112		1230		
287	530	46176141	25487804	3782136	3515283	1347459	407297	10643387	275233	717543
8	23	1799710	1054642	277106	51032	52220	64310	218827	9959	71614
	5	449070	16410	19350	7330	23350	5511	369819		7300
	5	449070	16410	19350	7330	23350	5511	369819		7300
	6	327414	222628	5121	14286	12618		60989		11772
	6	327414	222628	5121	14286	12618		60989		11772
	2	33734	3517	1736	185			25888		2407
546	918	90489043	52193866	8322645	7312414	3064700	1225973	16357632	582800	1429015
484	770	88422712	52106203	8246694	7305582	3052133	1085193	14860495	547429	1218984
145	132	26122291	16162476	2233702	3002006	1269235	548441	2430560	192555	283316
185	301	44641473	28208517	4698876	3029188	1197036	420425	6335537	207560	544333
104	203	12650470	5916743	973523	885543	394758	79464	4062796	103263	234379
49	133	5008480	1818466	340593	388845	191104	36863	2031602	44052	156955
62	150	2100065	91180	77687	7017	12567	140780	1523026	35370	212438
50	143	1643928	42164	77168	5416	4877	140077	1134800	30869	208557
11	3	290468	19416	124				264777	4029	2122
1	4	165669	29600	396	1601	7690	703	123448	473	1759
11	16	3240686	1608457	475645	525935	131054	66745	261493	19309	52049
2	45	4286879	2658347	576486	196615	23336	116225	614899	2172	98798
527	823	80002286	46205634	6994022	6329771	2813125	1027729	14842646	554959	1234400
	5	432843	15710	19350	7330	23350	5511	354292		7300
	6	319464	222628	5121	14286	12618		53038		11772
5	24	2240618	1486607	253757	138662	61216	9762	257152	6360	27102

2-B-7 续表

项　　目	房屋建筑竣工面积(万平方米)	住宅房屋	商业及服务用房屋	办公用房屋	科研、教育、医疗用房屋	文化、体育和娱乐用房	厂房及建筑物
五、按国民经济行业小类分							
房屋建筑业	58364	31827	4806	4148	1738	675	13854
房屋建筑业	58364	31827	4806	4148	1738	675	13854
房屋建筑业	58364	31827	4806	4148	1738	675	13854
土木工程建筑业	2786	1306	277	241	76	33	708
铁路、道路、隧道和桥梁工程建筑	2209	1105	187	194	68	11	583
铁路工程建筑	1			...			
公路工程建筑	195	123	3	5	4	...	51
市政道路工程建筑	1806	878	171	162	42	11	500
其他道路、隧道和桥梁工程建筑	208	104	13	27	22		32
水利和内河港口工程建筑	128	64	26	15			17
水源及供水设施工程建筑	34	21	...	3			6
河湖治理及防洪设施工程建筑	93	43	26	13			11
港口及航运设施工程建筑	...	...					
工矿工程建筑	17	1		1			14
工矿工程建筑	17	1		1			14
架线和管道工程建筑	43	12		4	2		23
架线及设备工程建筑	11	...		...	...		9
管道工程建筑	32	11		4	2		14
其他土木工程建筑	389	123	64	26	7	22	71
其他土木工程建筑	389	123	64	26	7	22	71
建筑安装业	351	60	2	20	14	7	244
电气安装	16	2	...		12		2
电气安装	16	2	...		12		2
管道和设备安装	77	26	1	9	1		39
管道和设备安装	77	26	1	9	1		39
其他建筑安装业	258	31	...	10	1	7	204
其他建筑安装业	258	31	...	10	1	7	204
建筑装饰和其他建筑业	48	16	1	10	...	...	21
建筑装饰业	27	6		7			14
建筑装饰业	27	6		7			14
工程准备活动	20	10	1	3	...		6
建筑物拆除活动	...						...
其他工程准备活动	19	10	1	3	...		6
其他未列明建筑业	2	...	...	...	...	...	1
其他未列明建筑业	2	...	...	...	...	...	1

仓　库	其他未列明的房屋建筑物	竣工房屋价值（万元）	住宅房屋	商业及服务用房屋	办公用房屋	科研、教育、医疗用房屋	文化、体育和娱乐用房	厂房及建筑物	仓　库	其他未列明的房屋建筑物
516	800	86266224	50090037	7943915	6929283	2967258	1173902	15348833	552241	1260755
516	800	86266224	50090037	7943915	6929283	2967258	1173902	15348833	552241	1260755
516	800	86266224	50090037	7943915	6929283	2967258	1173902	15348833	552241	1260755
26	119	3824795	1975354	377400	335904	89631	45964	801514	29387	169642
22	40	3028486	1723024	236856	270816	78448	12721	626223	25129	55270
1	...	3882			455				2805	622
	10	283983	192922	5050	7398	4120	238	60626		13628
21	20	2488067	1403973	215799	217796	56831	12483	532591	22324	26270
	9	252554	126129	16006	45166	17497		33006		14750
...	5	211484	103007	51055	24611			25245	250	7316
	5	52514	37904	413	1918			5159		7120
...	...	158172	64305	50642	22694			20086	250	196
		798	798							
		30274	2236		1623			26415		
		30274	2236		1623			26415		
2		49171	15440		6617	2195		22161	2758	
1		14163	370		349	132		11868	1444	
1		35007	15070		6268	2063		10292	1314	
1	74	505381	131647	89489	32237	8988	33243	101470	1251	107056
1	74	505381	131647	89489	32237	8988	33243	101470	1251	107056
4	...	360882	102868	1663	31287	7659	6107	209746	1171	380
		9784	2196	231		5557		1800		
		9784	2196	231		5557		1800		
1	...	126419	53998	1171	17030	1005		52424	472	320
1	...	126419	53998	1171	17030	1005		52424	472	320
3	...	224678	46675	261	14257	1097	6107	155522	700	60
3	...	224678	46675	261	14257	1097	6107	155522	700	60
...	1	70876	29124	1403	16125	152	...	23428	...	645
		32862	8410		9183			15269		
		32862	8410		9183			15269		
	...	36386	20619	993	6942	152		7211		469
		55						55		
	...	36331	20619	993	6942	152		7157		469
...	...	1628	95	410	...	...	...	947	...	176
...	...	1628	95	410	...	...	...	947	...	176

2-B-8 按地区分组的总承包和专业

地 区	房屋建筑竣工面积(万平方米)	住宅房屋	商业及服务用房屋	办公用房屋	科研、教育、医疗用房屋	文化、体育和娱乐用房	厂房及建筑物	仓 库	其他未列明的房屋建筑物
全 省	**61549**	**33209**	**5086**	**4419**	**1829**	**715**	**14827**	**546**	**919**
杭州市	**9613**	**4707**	**659**	**684**	**273**	**163**	**2850**	**111**	**167**
上城区	631	463	66	58	8	14	16	4	2
下城区	71	51	1	2			17		
江干区	507	336	50	34	14	3	62	1	7
拱墅区	718	475	61	14	49	1	100	5	12
西湖区	1676	1104	163	180	38	27	143	7	15
滨江区	461	203	38	53	3	24	124	...	16
萧山区	3693	1375	164	263	114	82	1567	52	77
余杭区	582	235	32	42	11	...	241	6	15
桐庐县	156	76	6	5	1	1	56	6	5
淳安县	115	69	12	3	9		14	...	7
建德市	64	22	4	2	1	...	33	...	...
富阳市	625	141	35	21	9	4	384	27	5
临安市	314	156	28	7	16	8	92	3	6
宁波市	**7842**	**4104**	**490**	**374**	**229**	**95**	**2327**	**78**	**145**
海曙区	503	400	23	16	8	3	33		20
江东区	589	382	51	32	8	18	90	8	1
江北区	242	154		7	11	8	58	2	3
北仑区	203	82		1	...	1	110	7	1
镇海区	394	133	36	18	22	6	170	4	4
鄞州区	800	387	34	38	28	3	288	18	5
象山县	3192	1977	298	212	108	43	455	31	68
宁海县	240	95	12	17	10	...	88	...	18
余姚市	454	120	7	3	11	...	309	2	1
慈溪市	898	187	27	20	4	13	629	5	12
奉化市	328	189	2	10	18	1	96	2	10
温州市	**2473**	**1264**	**238**	**115**	**100**	**12**	**684**	**3**	**57**
鹿城区	574	323	83	22	27	4	97		19
龙湾区	270	172		14	5		77	2	1
瓯海区	718	482	73	31	10	3	110		9
洞头县	48	33		7			7		
永嘉县	74	25	4	4	6	1	26		8
平阳县	128	29		8	8	1	81	...	1

承包建筑业企业房屋竣工面积及价值

竣工房屋价值（万元）	住宅房屋	商业及服务用房屋	办公用房屋	科研、教育、医疗用房屋	文化、体育和娱乐用房	厂房及建筑物	仓　库	其他未列明的房屋建筑物
90522777	**52197383**	**8324381**	**7312599**	**3064700**	**1225973**	**16383520**	**582800**	**1431422**
13774617	**7353834**	**1046183**	**1392014**	**383390**	**238424**	**2980347**	**101476**	**278950**
1111884	789287	101225	125651	12577	24518	20368	5623	32637
105327	75860	1200	2464			25803		
837348	566452	96295	49562	25675	9610	65890	3201	20664
1023846	679648	103923	9817	64470	1362	134515	5821	24291
3220237	1852634	326125	645744	72376	54742	220800	9830	37987
524482	270297	42196	63793	5306	23897	102554	250	16189
4818609	2174702	219031	371452	135376	105904	1671064	36524	104556
708340	319684	44867	66212	15092	26	241926	6108	14425
182522	94186	9027	7273	1705	1678	59761	5559	3333
152008	85485	19388	4452	13264		15399	197	13822
64385	26390	5324	3538	1319	341	27289	46	138
621791	203432	38930	31417	11957	4551	301016	24403	6085
403838	215777	38650	10640	24273	11797	93962	3915	4824
12639883	**7388056**	**935334**	**679410**	**406942**	**192436**	**2696366**	**79371**	**261968**
1214156	977984	59069	32089	22351	10912	58875		52877
1012639	648176	100558	67642	25899	46727	116304	7175	160
368412	245644		9063	10265	7772	90674	2006	2988
242667	113541		2579	841	336	121627	520	3224
720165	227031	92896	35292	56785	22996	271711	8417	5037
1156708	700913	58291	65856	27482	6983	279940	13398	3844
5657610	3556494	541440	390609	202520	83064	696638	36219	150626
414003	182758	27565	27574	12600	301	135843	202	27160
498660	166895	11025	3418	13743	743	300211	1311	1315
896298	282395	41786	30221	5737	11602	508596	8120	7840
458567	286225	2705	15067	28718	1001	115949	2004	6898
3663120	**1963360**	**463951**	**193160**	**166902**	**20137**	**745673**	**3467**	**106471**
981223	556612	193996	42332	48516	8700	112622		18444
488206	358101		29910	7794		89574	1841	987
1025345	643738	131444	55412	18030	4979	122070		49672
47867	33866		9084			4917		
117070	40862	8606	8007	10897	1242	35127		12329
135682	47551		7845	10112	974	66306	115	2780

2-B-8 续表 1

地　区	房屋建筑竣工面积(万平方米)	住宅房屋	商业及服务用房屋	办公用房屋	科研、教育、医疗用房屋	文化、体育和娱乐用房	厂房及建筑物	仓　库	其他未列明的房屋建筑物
苍南县	80	15	8	4	8	2	40		3
文成县	23	15	1	2	1	…	2		2
泰顺县	189	72	63	10	20	…	24		…
瑞安市	136	43	5	2	9		74	2	1
乐清市	234	55	2	10	7	1	146		14
嘉兴市	**3113**	**1292**	**505**	**183**	**99**	**26**	**952**	**16**	**41**
南湖区	513	267	107	36	7	2	94	1	1
秀洲区	279	93	44	23	20	2	81		17
嘉善县	126	44	23	1	…		47	11	
海盐县	187	98	19	7	5	1	51		6
海宁市	555	177	82	36	21	6	221	1	10
平湖市	441	201	66	10	5	1	158		
桐乡市	1012	413	165	70	40	14	299	3	7
湖州市	**1635**	**592**	**192**	**123**	**56**	**11**	**630**	**23**	**7**
吴兴区	878	412	137	69	34	8	212	3	3
南浔区	75	27	3		…		45		
德清县	216	46	11	8	7		142		1
长兴县	319	74	37	44	6	3	134	20	1
安吉县	147	33	4	2	8		97		3
绍兴市	**19281**	**10760**	**1701**	**1712**	**490**	**205**	**4062**	**187**	**163**
越城区	2878	1639	407	184	42	83	472	40	12
绍兴县	6486	2827	642	826	179	49	1823	89	50
新昌县	650	441	6	6		7	136	1	53
诸暨市	4518	3026	342	219	166	38	697	18	12
上虞市	3966	2357	278	449	84	21	726	31	21
嵊州市	782	469	26	29	19	7	209	7	16
金华市	**9723**	**6090**	**758**	**719**	**283**	**144**	**1502**	**50**	**177**
婺城区	1004	554	115	61	29	7	219	12	6
金东区	178	70	10	19			79		
武义县	208	71	7	11	3	…	100	1	14
浦江县	313	148	41	32	15	…	67	1	8
磐安县	387	219	32	42	7	4	74	5	6
兰溪市	281	85	32	6	10	2	139	4	5
义乌市	520	158	54	53	14	1	181	3	56
东阳市	6593	4677	436	486	202	129	562	24	77
永康市	239	108	31	8	3	1	82	1	5

竣工房屋价值(万元)	住宅房屋	商业及服务用房屋	办公用房屋	科研、教育、医疗用房屋	文化、体育和娱乐用房	厂房及建筑物	仓库	其他未列明的房屋建筑物
96499	23509	8270	4659	9515	2329	44346		3873
40398	25482	1084	4966	1801	39	3464		3563
270277	89812	107064	13947	29985	291	29138		40
160107	50455	10768	3258	18987		73627	1511	1502
300446	93373	2719	13742	11266	1585	164481		13281
4596761	**2125952**	**849865**	**284407**	**179069**	**51574**	**1012676**	**16754**	**76464**
831824	457114	177364	58193	10550	5568	119522	590	2923
352722	116180	65896	33408	44403	271	77490		15073
181777	62822	47198	5605	418		55062	10672	
283832	142794	45948	10619	10285	2512	50048		21626
698512	258159	131135	52268	37634	8766	184945	797	24807
682494	360476	146458	12723	9231	2659	150947		
1565600	728408	235867	111590	66547	31798	374661	4695	12035
1990394	**828463**	**295878**	**161997**	**91803**	**23058**	**560424**	**18216**	**10556**
1216343	576191	231462	101628	57673	18759	223058	3713	3859
62232	23152	2480		243		36358		
210705	73410	20346	11697	11217		92597		1437
334774	105937	35388	46248	8480	4299	117528	14503	2391
166341	49772	6202	2425	14191		90883		2869
29142264	**16835512**	**2814491**	**2829075**	**819240**	**369904**	**5003483**	**216567**	**253993**
4837219	2831630	690778	316873	68654	171926	708697	36117	12545
9326129	4414727	967825	1276291	292805	70826	2122050	104004	77602
748319	493072	7145	6596		9349	144457	1049	86651
6969778	4691202	605933	406801	280667	72692	866709	22909	22866
6386913	3848590	510880	789050	154379	37619	963446	47103	35846
873906	556292	31930	33465	22735	7492	198124	5386	18484
13485534	**8936527**	**1049005**	**1001573**	**565734**	**222997**	**1432269**	**55395**	**222034**
1371943	885056	162169	73450	51331	9653	172138	10323	7822
163678	77795	7512	16290			62082		
193930	89107	6961	11769	5266	395	77581	600	2252
318762	160750	33574	29035	18540	451	65553	560	10299
460489	258060	45359	50913	11732	4849	77202	3998	8376
281487	113425	40251	6047	15234	3116	83136	4443	15835
602363	241411	68729	44563	10554	1499	167516	2696	65395
9826984	6966315	649967	760703	447646	202134	663879	31871	104469
265899	144608	34486	8803	5431	900	63181	903	7587

2-B-8 续表 2

地 区	房屋建筑竣工面积(万平方米)	住宅房屋	商业及服务用房屋	办公用房屋	科研、教育、医疗用房屋	文化、体育和娱乐用房	厂房及建筑物	仓 库	其他未列明的房屋建筑物
衢州市	**1439**	**750**	**77**	**88**	**45**	**4**	**424**	**27**	**25**
柯城区	326	174	12	13	16	2	93	7	9
衢江区	151	86	3	2		…	51		9
常山县	150	66	8	6	8	…	58	3	…
开化县	245	122	14	26	7		60	13	3
龙游县	302	123	11	26	11	2	123	5	3
江山市	265	179	29	14	2	1	39	…	1
舟山市	**397**	**234**	**34**	**45**	**23**	**13**	**43**	**…**	**4**
定海区	260	143	22	37	18	7	30	…	1
普陀区	89	60	8	4	2	6	8		3
岱山县	43	31	4	…	2	1	5		
嵊泗县	5			4	1		…		…
台州市	**5327**	**3136**	**382**	**326**	**179**	**32**	**1162**	**39**	**71**
椒江区	609	520	15	2	4	…	48	1	18
黄岩区	715	417	29	32	10	5	217	3	2
路桥区	321	176	16	49	6	2	67	4	…
玉环县	44	4		…	5		31		3
三门县	231	121	9	16	13	…	70	1	
天台县	191	79	7	31	8		62	4	1
仙居县	131	53	10	5	4	…	44	6	9
温岭市	1916	1041	154	123	115	18	450	13	1
临海市	1170	724	142	68	14	5	173	6	38
丽水市	**706**	**280**	**51**	**50**	**52**	**10**	**192**	**11**	**61**
莲都区	339	124	28	29	38	7	71	5	36
青田县	77	35		4	1		38		
缙云县	54	16	5	1	6		24	2	1
遂昌县	15	5	2	2	1		5	…	
松阳县	26	11	9	2	2		2		…
云和县	78	47	1	1	2	…	24	2	
庆元县	40	9	4	5	2		18	1	1
景宁县	28	14		7	1	2	4		
龙泉市	50	19	1	1	1		6		23

竣工房屋价值(万元)	住宅房屋	商业及服务用房屋	办公用房屋	科研、教育、医疗月房屋	文化、体育和娱乐用房	厂房及建筑物	仓　库	其他未列明的房屋建筑物
1548326	**915489**	**80393**	**103976**	**38157**	**4785**	**340246**	**32014**	**33266**
373989	212052	12706	15546	12636	2127	93964	11707	13251
152539	109650	2463	3352		36	24355		12682
135766	72127	6442	6818	8058	83	40837	1116	286
280386	136845	21005	34362	7416		62732	14759	3266
262438	116100	13512	23713	7892	1564	92378	4095	3185
343208	268716	24264	20185	2155	976	25980	337	595
846186	**430308**	**88182**	**127590**	**72146**	**42492**	**74585**	**473**	**10410**
564853	253004	56944	110082	62079	22914	55688	473	3669
194339	120589	24421	8774	4270	18247	11654		6385
77339	56716	6817	1054	4967	1331	6454		
9655			7680	830		789		356
7950939	**5037246**	**632315**	**480674**	**269747**	**48894**	**1332489**	**44740**	**104835**
1163355	1040145	21679	2616	9211	183	52867	2941	33713
872190	539364	50766	32314	16556	8212	220445	2164	2370
488724	278989	29134	79462	11343	1976	81273	6140	408
56995	8392		469	8109		36647		3380
335428	186013	13243	16396	13934	1443	102459	1941	
266397	122889	12058	44245	8930		70396	6920	959
139183	63425	10412	4762	3590	70	41183	4844	10897
2721320	1573980	267463	192313	177516	28248	466655	14716	429
1907347	1224050	227561	108097	20560	8762	260565	5074	52679
884754	**382638**	**68784**	**58724**	**71570**	**11272**	**204963**	**14326**	**72476**
442481	184084	36296	32588	52590	8842	79395	7646	41039
105503	64051		3800	1081		36570		
50623	14144	5695	577	7210		19629	2531	837
13904	5637	3392	1410	723		2486	258	
31278	10295	16164	1287	1960		1084		488
93940	57639	1435	680	3137	161	27674	3215	
51048	9612	4712	6132	2401		26340	677	1174
33134	14184		10293	1572	2270	4815		
62844	22992	1091	1957	895		6971		28937

2-B-9 按登记注册类型、隶属关系、资质等级、总承包和专业承包

项目	从事主营业务活动的从业人员期末人数	从事主营业务活动的从业人员平均人数	从业人员期末人数	#女性	#工程技术人员	#一级建造师	#现场施工人员
总计	**6945425**	**6734819**	**6823369**	**564680**	**1012125**	**32804**	**5063573**
一、按登记注册类型分							
内资	6910108	6705032	6788154	560081	1009246	32617	5041313
国有	26482	27752	26473	2667	5271	484	17782
集体	66712	67335	68250	7221	11977	257	55550
股份合作企业	5703	6323	6372	810	1113	31	5094
联营企业	1171	1127	1287	61	265	11	928
国有联营	685	758	801	20	210	10	516
其他联营	486	369	486	41	55	1	412
有限责任公司	2198204	2111695	1980383	120813	241883	9863	1653139
国有独资公司	43975	44672	35109	2679	6862	525	22556
其他有限责任公司	2154229	2067023	1945274	118134	235021	9338	1630583
股份有限公司	485514	506117	498995	48899	63660	2165	347968
私营企业	4126322	3984683	4206394	379610	685077	19806	2960852
私营独资	369	354	383	40	86	8	54
私营合伙	1093	1003	1101	24	205	5	950
私营有限责任公司	3979803	3835359	4084038	371204	668616	19069	2872067
私营股份有限公司	145057	147967	120872	8342	16170	724	87781
港澳台商投资	20550	15096	20431	2512	1783	140	9695
与港澳台商合资经营	15802	14890	15434	2031	1697	130	9591
港澳台商独资	148	156	148	20	71		64
港澳台商投资股份有限公司	4600	50	4849	461	15	10	40
外商投资	14767	14691	14784	2087	1096	47	12565
中外合资经营	14760	14676	14777	2084	1094	47	12565
外资企业	7	15	7	3	2		
二、按隶属关系分							
中央	19953	23665	18024	2349	6446	672	9176
地方	6925472	6711154	6805345	562331	1005679	32132	5054397

控股情况、行业小类、人员类型和职业类型分组的建筑业企业从业人员

单位：人

	从业人员期末人数(按人员类型分)			从业人员期末人数(按职业类型分)					从业人员平均人数
#持证上岗人员	在岗职工	劳务派遣人员	其他从业人员	单位负责人	专业技术人员	办事人员和有关人员	商业、服务业人员	生产、运输设备操作人员及有关人员	
2240380	**4917549**	**1440369**	**465451**	**89428**	**1192050**	**532757**	**101685**	**4907449**	**6476728**
2236486	4889614	1434340	464200	88991	1188188	530888	101129	4878958	6442395
8236	13342	5869	7262	516	5224	2027	239	18467	26461
29677	65195	1935	1120	560	10499	4798	296	52097	68727
3829	2914		3458	88	1273	349	78	4584	6761
121	1287			23	241	21		1002	1136
37	801			11	186	12		592	758
84	486			12	55	9		410	378
678420	1413525	453571	113287	21721	296187	142797	25279	1494399	1897699
5263	12938	2519	19652	1012	7174	2488	111	24324	32592
673157	1400587	451052	93635	20709	289013	140309	25168	1470075	1865107
155173	268607	185204	45184	3827	80505	33152	6324	375187	486846
1361030	3124744	787761	293889	62256	794259	347744	68913	2933222	3954765
28	236		147	26	101	78	10	168	368
868	1087		14	31	249	31		790	1011
1336317	3059607	744236	280195	60895	778364	340226	68311	2836242	3833008
23817	63814	43525	13533	1304	15545	7409	592	96022	120378
2763	15271	4207	953	350	2678	1346	361	15696	19649
2691	14668	38	728	331	2484	1158	361	11100	15003
42	143		5	8	59	28		53	146
30	460	4169	220	11	135	160		4543	4500
1131	12664	1822	298	87	1184	523	195	12795	14684
1131	12659	1822	296	86	1178	523	195	12795	14669
	5		2	1	6				15
7587	15054	1027	1943	651	6242	2777	101	8253	18353
2232793	4902495	1439342	463508	88777	1185808	529980	101584	4899196	6458375

2-B-9 续表 1

项　　目	从事主营业务活动的从业人员期末人数	从事主营业务活动的从业人员平均人数	从业人员期末人数	#女性	#工程技术人员	#一级建造师	#现场施工人员
三、按企业资质等级分							
施工总承包	6471100	6263922	6335382	513517	917127	27520	4748722
特级	1353349	1374962	1232841	74127	100687	4481	1142366
一级	3264785	3165286	3228960	235280	419967	14422	2421836
二级	1264051	1168042	1260549	131599	244952	6244	826528
三级及以下	588915	555632	613032	72511	151521	2373	357992
专业承包	474325	470897	487987	51163	94998	5284	314851
一级	272876	272589	271654	25115	39629	3107	192719
二级	96801	91914	104874	11208	26344	1248	60621
三级及以下	104648	106394	111459	14840	29025	929	61511
四、按控股情况分							
国有控股	281108	283730	127065	12311	28967	2529	191364
集体控股	202314	209220	206428	16172	26546	947	145824
私人控股	6272389	6058940	6297645	520790	929011	28369	4581533
港澳台商控股	19178	13943	19059	2413	1578	113	9456
外商控股	14060	14058	14061	1998	946	28	12276
其他	156376	154928	159111	10996	25077	818	123120
五、按国民经济行业小类分							
房屋建筑业	5307111	5114910	5188150	396463	690635	18669	4019668
房屋建筑业	5307111	5114910	5188150	396463	690635	18669	4019668
房屋建筑业	5307111	5114910	5188150	396463	690635	18669	4019668
土木工程建筑业	1232020	1231194	1224515	125302	241586	9627	769803
铁路、道路、隧道和桥梁工程建筑	896953	892424	893644	90554	168551	6277	563275
铁路工程建筑	10249	10251	5953	469	1511	111	5617
公路工程建筑	244164	260116	241952	17831	43085	1884	154294
市政道路工程建筑	530919	511558	543261	61965	105358	3427	326154
其他道路、隧道和桥梁工程建筑	111621	110499	102478	10289	18597	855	77210
水利和内河港口工程建筑	102132	99921	95426	9050	23492	1135	58062
水源及供水设施工程建筑	45206	43923	46579	4417	11424	438	26017

单位：人

	从业人员期末人数(按人员类型分)			从业人员期末人数(按职业类型分)					
#持证上岗人员	在岗职工	劳务派遣人员	其他从业人员	单位负责人	专业技术人员	办事人员和有关人员	商业、服务业人员	生产、运输设备操作人员及有关人员	从业人员平均人数
2097719	4581730	1336856	416796	75636	1084942	475661	97910	4601233	6023930
476847	685002	539057	8782	8261	110263	41147	16660	1056510	1239265
1087583	2389296	610813	228851	30081	517734	237874	58896	2384375	3051003
366742	1021357	121263	117929	22796	282660	124176	14645	816272	1177553
166547	486075	65723	61234	14498	174285	72464	7709	344076	556109
142661	335819	103513	48655	13792	107108	57096	3775	306216	452798
78599	174116	71228	26310	4919	49149	25793	1877	189916	247610
30116	76749	17359	10766	3353	25279	13961	539	61742	96817
33946	84954	14926	11579	5520	32680	17342	1359	54558	108371
37648	57691	31735	37639	3408	29943	10425	594	82695	117968
103017	165879	30633	9916	1830	27184	13053	862	163499	203276
2045244	4607200	1288108	402337	82453	1107165	486568	96805	4524654	5966239
2582	14540	4169	350	274	2378	1166	361	14880	18355
960	12344	1703	14	66	1011	481	195	12308	14059
50929	59895	84021	15195	1397	24369	21064	2868	109413	156831
1769484	3748757	1180587	258806	52900	824297	338891	84803	3887259	4925774
1769484	3748757	1180587	258806	52900	824297	338891	84803	3887259	4925774
1769484	3748757	1180587	258806	52900	824297	338891	84803	3887259	4925774
353845	899903	160022	164590	24744	270499	145507	13759	770006	1173114
252339	646443	129768	117433	16542	187486	109593	10659	569364	851236
1853	4941	916	96	205	1876	519	32	3321	6344
62680	170384	32126	39442	3866	42432	28016	2402	165236	243259
152434	382928	90291	70042	10628	121715	67749	4665	338504	502465
35372	88190	6435	7853	1843	21463	13309	3560	62303	99168
32580	70695	5174	19557	1711	24794	8945	428	59548	92148
12805	30061	2904	13614	743	11686	5343	234	28573	44697

2-B-9 续表 2

项目	从事主营业务活动的从业人员期末人数	从事主营业务活动的从业人员平均人数	从业人员期末人数	#女性	#工程技术人员	#一级建造师	#现场施工人员
河湖治理及防洪设施工程建筑	49658	47313	40578	4163	9555	471	28140
港口及航运设施工程建筑	7268	8685	8269	470	2513	226	3905
海洋工程建筑	474	474	474	63	99	2	93
海洋工程建筑	474	474	474	63	99	2	93
工矿工程建筑	54156	52701	55970	3484	8552	518	32574
工矿工程建筑	54156	52701	55970	3484	8552	518	32574
架线和管道工程建筑	57214	62161	51266	6240	12726	537	31005
架线及设备工程建筑	44866	49999	38025	4868	9613	424	23056
管道工程建筑	12348	12162	13241	1372	3113	113	7949
其他土木工程建筑	121091	123513	127735	15911	28166	1158	84794
其他土木工程建筑	121091	123513	127735	15911	28166	1158	84794
建筑安装业	147019	143082	149583	14992	32932	1761	91234
电气安装	42561	39982	40136	4539	12363	492	25012
电气安装	42561	39982	40136	4539	12363	492	25012
管道和设备安装	41801	41333	44649	3660	6986	429	30677
管道和设备安装	41801	41333	44649	3660	6986	429	30677
其他建筑安装业	62657	61767	64798	6793	13583	840	35545
其他建筑安装业	62657	61767	64798	6793	13583	840	35545
建筑装饰和其他建筑业	259275	245633	261121	27923	46972	2747	182868
建筑装饰业	204515	190470	210198	21659	35980	2048	152832
建筑装饰业	204515	190470	210198	21659	35980	2048	152832
工程准备活动	32355	39013	31146	3445	7842	491	19951
建筑物拆除活动	5215	5324	5711	646	1889	71	3564
其他工程准备活动	27140	33689	25435	2799	5953	420	16387
提供施工设备服务	4712	4868	4985	169	579	100	3283
提供施工设备服务	4712	4868	4985	169	579	100	3283
其他未列明建筑业	17693	11282	14792	2650	2571	108	6802
其他未列明建筑业	17693	11282	14792	2650	2571	108	6802

单位：人

	从业人员期末人数(按人员类型分)			从业人员期末人数(按职业类型分)					从业人员平均人数
#持证上岗人员	在岗职工	劳务派遣人员	其他从业人员	单位负责人	专业技术人员	办事人员和有关人员	商业、服务业人员	生产、运输设备操作人员及有关人员	
17665	35671	1758	3149	758	10528	3206	194	25892	38764
2110	4963	512	2794	210	2580	396		5083	8687
89	473		1	14	104	22		334	474
89	473		1	14	104	22		334	474
16342	49143	3621	3206	1875	10362	7116	1462	35155	54343
16342	49143	3621	3206	1875	10362	7116	1462	35155	54343
20700	34913	10117	6236	1727	14284	6653	699	27903	50261
16593	26610	7357	4058	1312	10438	5170	658	20447	38073
4107	8303	2760	2178	415	3846	1483	41	7456	12188
31795	98236	11342	18157	2875	33469	13178	511	77702	124652
31795	98236	11342	18157	2875	33469	13178	511	77702	124652
43007	113385	25322	10876	4845	47649	18784	1013	77292	137266
13564	31700	5665	2771	1406	12896	5711	274	19849	36734
13564	31700	5665	2771	1406	12896	5711	274	19849	36734
14562	31798	10144	2707	1344	19034	3177	181	20913	38039
14562	31798	10144	2707	1344	19034	3177	181	20913	38039
14881	49887	9513	5398	2095	15719	9896	558	36530	62493
14881	49887	9513	5398	2095	15719	9896	558	36530	62493
74044	155504	74438	31179	6939	49605	29575	2110	172892	240574
64038	123368	63377	23453	5599	37829	20799	1895	144076	190888
64038	123368	63377	23453	5599	37829	20799	1895	144076	190888
6704	23087	3377	4682	1020	7810	5104	111	17101	32850
1926	4796	322	593	354	1625	696	68	2968	5670
4778	18291	3055	4089	666	6185	4408	43	14133	27180
1002	1397	3486	102	61	1149	282	20	3473	5089
1002	1397	3486	102	61	1149	282	20	3473	5089
2300	7652	4198	2942	259	2817	3390	84	8242	11747
2300	7652	4198	2942	259	2817	3390	84	8242	11747

2-B-10 按地区分组的总承包和

地　区	从事主营业务活动的从业人员期末人数	从事主营业务活动的从业人员平均人数	从业人员期末人数	#女性	#工程技术人员	#一级建造师	#现场施工人员	#持证上岗人员
全　省	**6945425**	**6734819**	**6823369**	**564680**	**1012125**	**32804**	**5063573**	**2240380**
杭州市	**1274082**	**1259282**	**1021168**	**87322**	**180767**	**8243**	**861892**	**401301**
上城区	60237	63541	28138	3078	5900	530	25572	9773
下城区	20927	22660	20982	1771	3952	346	12372	5920
江干区	93916	94328	91648	7454	14826	948	74722	30349
拱墅区	106296	109884	115098	12164	22508	1012	67232	36753
西湖区	276110	274047	131533	8674	17824	1486	224040	53763
滨江区	101796	106409	38757	4996	9656	905	49812	29627
萧山区	403397	386428	380034	24771	61374	1679	269406	168880
余杭区	76433	73390	75819	8449	16972	546	55536	24995
桐庐县	22731	21450	23581	2172	4661	108	11122	5169
淳安县	11278	9676	11715	1649	3154	78	6765	4583
建德市	10715	10465	11054	1926	3327	42	7309	3638
富阳市	57891	55424	58477	7143	11262	427	41162	16974
临安市	32355	31580	34332	3075	5351	136	16842	10877
宁波市	**1091521**	**987587**	**1071361**	**93870**	**172908**	**5041**	**750726**	**333207**
海曙区	95225	83654	65824	10035	15152	443	40128	32015
江东区	168026	143707	124219	10264	15884	668	88788	29674
江北区	77866	56466	71243	2679	3662	168	63993	14614
北仑区	57039	54535	62935	5455	8470	327	43222	9739
镇海区	44261	40673	45771	3645	8727	542	32194	17329
鄞州区	101355	89502	108191	10858	10894	610	83160	32581
象山县	310263	300143	356976	32176	56890	1270	240155	132835
宁海县	46493	40870	37658	3397	8485	163	22100	9211
余姚市	46392	44938	49899	4592	15944	241	40465	17478
慈溪市	109725	100797	113419	8079	21017	457	80089	31428
奉化市	34876	32302	35226	2690	7783	152	16432	6303
温州市	**509332**	**466292**	**528517**	**36304**	**81808**	**2602**	**385810**	**139349**
鹿城区	116682	108937	120249	8608	16998	709	89030	23718
龙湾区	65422	62034	67937	6168	11826	365	49036	20140
瓯海区	72990	69211	76057	6087	11261	358	59713	19035
洞头县	3282	3314	3642	193	692	23	2837	485
永嘉县	23226	22122	23997	1737	6207	238	17876	9201
平阳县	34981	31536	36514	2720	6793	147	22882	8079

专业承包建筑业企业从业人员

单位：人

从业人员期末人数(按人员类型分)			从业人员期末人数(按职业类型分)					从业人员平均人数
在岗职工	劳务派遣人员	其他从业人员	单位负责人	专业技术人员	办事人员和有关人员	商业、服务业人员	生产、运输设备操作人员及有关人员	
4917549	**1440369**	**465451**	**89428**	**1192050**	**532757**	**101685**	**4907449**	**6476728**
636833	**295691**	**88644**	**22931**	**196655**	**86679**	**15233**	**699670**	**952809**
15678	8025	4435	937	7548	2373	69	17211	27574
9194	10648	1140	670	5889	1132	84	13207	19572
40506	43151	7991	2375	16222	6026	1196	65829	90690
34690	65866	14542	2120	18476	11591	382	82529	111144
43668	67695	20170	2233	21654	7058	932	99656	125993
27631	8493	2633	1632	10335	3499	260	23031	38968
313102	53101	13831	6161	63839	32242	10514	267278	335734
58125	11391	6303	2196	17505	7972	610	47536	72688
20171	365	3045	481	5374	2654	263	14809	22100
6330	977	4408	285	3279	1522	155	6474	10135
7808	519	2727	437	3922	447	45	6203	10255
33469	19065	5943	2204	14979	5714	246	35334	54612
26461	6395	1476	1200	7633	4449	477	20573	33344
776379	**179357**	**115625**	**11210**	**212860**	**92739**	**11484**	**743068**	**924510**
40475	17435	7914	887	22148	4274	325	38190	57350
49917	52539	21763	2311	17429	9060	349	95070	117802
52511	14579	4153	365	3631	1571	34	65642	44422
50476	4085	8374	731	10099	4296	72	47737	57265
27466	13507	4798	659	7552	1890	59	35611	39748
94850	5207	8134	1356	21346	17761	8927	58801	90168
254497	69931	32548	1235	75669	26880	1144	252048	307547
26985	478	10195	426	11142	4065	7	22018	37923
47409	230	2260	939	11846	2483	76	34555	45657
97768	1182	14469	1583	24051	15141	341	72303	95892
34025	184	1017	718	7947	5318	150	21093	30736
471619	**11329**	**45569**	**6921**	**96494**	**37180**	**5529**	**382393**	**482471**
96976	474	22799	1174	20697	8981	478	88919	113423
59056	7173	1708	658	12477	6377	65	48360	62799
73935	445	1677	672	12491	4276	2505	56113	73840
3257	49	336	326	996	359	110	1851	3638
23381	242	374	502	7184	2124	256	13931	23207
34623	187	1704	875	8572	2929	106	24032	33150

2-B-10 续表 1

地 区	从事主营业务活动的从业人员期末人数	从事主营业务活动的从业人员平均人数	从业人员期末人数	#女性	#工程技术人员	#一级建造师	#现场施工人员	#持证上岗人员
苍南县	42582	42436	44780	2361	7688	282	25410	13757
文成县	7647	7630	8073	297	946	10	5232	790
泰顺县	61795	51665	62529	2391	5249	141	49534	16627
瑞安市	43432	32519	43114	2289	8062	151	28602	15980
乐清市	37293	34888	41625	3453	6086	178	35658	11537
嘉兴市	**269442**	**264123**	**247450**	**21909**	**45746**	**1280**	**188747**	**88951**
南湖区	44272	41902	32243	4066	6894	349	23021	12654
秀洲区	39719	36341	29034	3107	7987	173	16059	8788
嘉善县	12487	11853	12629	981	1910	46	10063	6631
海盐县	18678	16760	20082	2542	2913	76	15309	4385
海宁市	37512	35484	37548	1895	6864	196	28566	14863
平湖市	34712	30412	31956	3750	6029	177	23051	5838
桐乡市	82062	91371	83958	5568	13149	263	72678	35792
湖州市	**168797**	**171017**	**175351**	**15792**	**37701**	**989**	**122381**	**57648**
吴兴区	94838	101883	99036	7193	18370	557	74260	38058
南浔区	5450	5254	5866	447	1812	28	3295	708
德清县	25974	24187	26661	3637	4699	163	20540	4466
长兴县	26777	25859	27171	3005	4898	123	11214	7000
安吉县	15758	13834	16617	1510	7922	118	13072	7416
绍兴市	**1727758**	**1716582**	**1804911**	**127827**	**193732**	**5608**	**1363154**	**610196**
越城区	284042	276863	292781	14175	30989	1200	237576	84664
绍兴县	466301	462183	482117	33057	39069	1356	322193	153338
新昌县	56075	55336	58845	7790	9021	134	47265	23956
诸暨市	405239	395771	435996	28379	43136	1200	334043	127874
上虞市	439699	444955	449902	38216	56802	1455	356168	190050
嵊州市	76402	81474	85270	6210	14715	263	65909	30314
金华市	**932056**	**907908**	**959727**	**90946**	**151519**	**5029**	**669873**	**303891**
婺城区	121521	95266	110350	11165	16976	847	66985	32704
金东区	32358	31050	33549	4728	6122	249	22842	6512
武义县	11016	10185	11472	1749	4665	100	7138	2787
浦江县	25784	26257	26688	1523	3338	69	20487	5032
磐安县	39830	37806	47877	5216	9907	197	36225	10375
兰溪市	20876	17636	21712	3526	4975	106	9932	4068
义乌市	70662	65485	74888	9162	23370	853	58629	25960
东阳市	583206	596013	602867	49689	77157	2433	428853	210939
永康市	26803	28210	30324	4188	5009	175	18782	5514

单位：人

从业人员期末人数(按人员类型分)			从业人员期末人数(按职业类型分)					从业人员平均人数
在岗职工	劳务派遣人员	其他从业人员	单位负责人	专业技术人员	办事人员和有关人员	商业、服务业人员	生产、运输设备操作人员及有关人员	
38563	2461	3756	1043	9253	4378	1805	28301	43345
4696	7	3370	48	1315	322	41	6347	7896
62348	78	103	264	6425	3669	19	52152	52649
35223	72	7819	697	10495	2440	144	29338	33669
39561	141	1923	662	6589	1325		33049	34855
197578	**32088**	**17784**	**3747**	**54350**	**18905**	**5709**	**164739**	**245778**
19501	5298	7444	481	7517	2858	65	21322	32247
13342	11723	3969	865	5407	2180	113	20469	28274
12165	77	387	86	2289	1908		8346	12096
16036	1280	2766	175	3274	1757	7	14869	19301
35516	1032	1000	399	8155	2700	15	26279	35621
30562	898	496	436	5940	1901	25	23654	26046
70456	11780	1722	1305	21768	5601	5484	49800	92193
137400	**4558**	**33393**	**2098**	**40595**	**25168**	**2842**	**104648**	**173258**
76858	3427	18751	1134	22423	15821	149	59509	102999
5395	65	406	119	2127	864	183	2573	5404
22093	281	4287	406	4996	3494	1305	16460	25037
17165	432	9574	228	6499	4040	1176	15228	25632
15889	353	375	211	4550	949	29	10878	14186
1442862	**311192**	**50857**	**22148**	**247812**	**108179**	**46618**	**1380154**	**1763070**
253677	21443	17661	3017	34781	13997	3999	236987	279246
471850	825	9442	6472	63108	31645	4746	376146	470683
58084	172	589	1211	10534	4134	387	42579	57972
399040	22466	14490	3228	70971	31962	20475	309360	421967
180377	262921	6604	7725	49872	23085	16743	352477	449732
79834	3365	2071	495	18546	3356	268	62605	83470
342639	**570185**	**46903**	**8663**	**159001**	**75226**	**8237**	**708600**	**947658**
74949	25948	9453	1072	23073	11088	363	74754	99492
20898	2884	9767	356	7038	3644	88	22423	32082
9552	489	1431	319	4932	1591	65	4565	10844
16375	8160	2153	321	3760	2161	93	20353	26041
45817	641	1419	457	10541	7234	29	29616	45054
19359	358	1995	321	5940	2598	2	12851	18367
70789	1373	2726	1211	20601	5480	321	47275	68894
59384	530037	13446	4213	77265	38788	6273	476328	616921
25516	295	4513	393	5851	2642	1003	20435	29963

2-B-10 续表 2

地 区	从事主营业务活动的从业人员期末人数	从事主营业务活动的从业人员平均人数	从业人员期末人数	#女性	#工程技术人员	#一级建造师	#现场施工人员	#持证上岗人员
衢州市	**151663**	**152853**	**164380**	**22384**	**29906**	**935**	**99588**	**45679**
柯城区	42741	45802	49728	6285	9697	325	25558	12226
衢江区	17237	17187	17804	2464	3752	308	9891	4962
常山县	13022	14585	15549	1248	2626	39	6945	2776
开化县	24543	22054	25555	3521	3908	84	18073	8450
龙游县	26366	25153	26619	3366	4698	100	16624	8105
江山市	27754	28072	29125	5500	5225	79	22497	9160
舟山市	**72638**	**69455**	**73607**	**7524**	**16162**	**377**	**43212**	**12010**
定海区	42029	41439	42800	5174	10172	251	20916	7496
普陀区	18946	17397	19043	1403	4378	104	14318	2839
岱山县	9057	8037	9054	868	1045	13	5779	725
嵊泗县	2606	2582	2710	79	567	9	2199	950
台州市	**662371**	**657395**	**686501**	**49250**	**81231**	**2209**	**520291**	**223587**
椒江区	61840	62778	66328	9066	6696	374	53985	14216
黄岩区	77494	71631	79686	5385	7644	238	67479	36206
路桥区	45220	55163	45683	2594	5306	188	29963	19821
玉环县	5286	5615	5653	341	1510	47	3597	1193
三门县	37110	37393	39005	2694	7099	126	32281	17192
天台县	33490	31774	35685	3104	4852	113	26290	7313
仙居县	26752	27185	28357	1535	3912	128	18602	3557
温岭市	240280	235835	248164	12681	23137	610	190888	78394
临海市	134899	130021	137940	11850	21075	385	97206	45695
丽水市	**85765**	**82325**	**90396**	**11552**	**20645**	**491**	**57899**	**24561**
莲都区	41487	38949	43616	5566	9979	271	28555	12058
青田县	5928	6202	6305	841	1551	27	3989	1986
缙云县	9722	8728	10067	1012	1890	40	7350	2183
遂昌县	2643	2324	2882	480	900	4	1569	683
松阳县	4995	5129	5186	662	1243	30	3615	2020
云和县	6520	6429	6637	680	1184	18	4087	1056
庆元县	3297	3123	3518	514	900	9	2597	1528
景宁县	3574	3377	3646	645	968	33	2050	416
龙泉市	7599	8064	8539	1152	2030	59	4087	2631

单位：人

从业人员期末人数(按人员类型分)			从业人员期末人数(按职业类型分)					从业人员平均人数
在岗职工	劳务派遣人员	其他从业人员	单位负责人	专业技术人员	办事人员和有关人员	商业、服务业人员	生产、运输设备操作人员及有关人员	
114213	**12283**	**37884**	**3597**	**37186**	**16620**	**1344**	**105633**	**157560**
25088	9367	15273	783	11361	4482	772	32330	46503
10250	525	7029	625	4843	1547	18	10771	17489
8792	127	6630	120	3812	1425	33	10159	15360
24749	425	381	775	4457	1023		19300	24003
18885	1202	6532	418	6578	3861	504	15258	25423
26449	637	2039	876	6135	4282	17	17815	28782
68141	**361**	**5105**	**912**	**17674**	**4550**	**141**	**50330**	**70950**
38211	220	4369	548	11209	2567	126	28350	42809
18976		67	288	4150	871	15	13719	17501
9035		19	40	1463	955		6596	8037
1919	141	650	36	852	157		1665	2603
647817	**19303**	**19381**	**5767**	**105157**	**55371**	**3695**	**516511**	**670112**
60283	1035	5010	412	8736	4059	101	53020	64680
77434	182	2070	742	9034	7745	463	61702	72638
39956	2596	3131	196	6767	5796	1240	31684	55944
5071	100	482	124	1877	551	37	3064	5406
38722	38	245	516	8459	8283	1	21746	38750
35219	9	457	395	9839	3994	489	20968	33838
26877	120	1360	906	5839	5538	164	15910	26926
232051	12356	3757	1835	33163	10602	930	201634	240692
132204	2867	2869	641	21443	8803	270	106783	131238
82068	**4022**	**4306**	**1434**	**24266**	**12140**	**853**	**51703**	**88552**
41630	451	1535	660	12417	4908	149	25482	42076
6021	207	77	51	1893	945		3416	6470
9608	150	309	157	2275	1206	47	6382	9313
2697	185		71	655	315	18	1823	2600
4970	106	110	182	1383	1424		2197	6634
5208	84	1345	30	1173	264	156	5014	6561
3477	40	1	123	874	306		2215	3379
3397	90	159	57	1081	732	102	1674	3552
5060	2709	770	103	2515	2040	381	3500	7967

2-B-11 按登记注册类型、隶属关系、资质等级、控股情况和

项 目	企业数(个)	#有计算机的企业数	#有网站的企业数
总 计	**5929**	**5929**	**2272**
一、按登记注册类型分			
内资	5899	5899	2253
国有	46	46	18
集体	73	73	15
股份合作企业	10	10	3
联营企业	3	3	
国有联营	1		
其他联营	2	2	
有限责任公司	1149	1149	504
国有独资公司	42	42	16
其他有限责任公司	1107	1107	488
股份有限公司	81	81	49
私营企业	4537	4537	1664
私营独资	6	6	2
私营合伙	4	4	1
私营有限责任公司	4455	4455	1628
私营股份有限公司	72	72	33
港澳台商投资	22	22	14
与港澳台商合资经营	18	18	12
港澳台商独资	3	3	1
港澳台商投资股份有限公司	1	1	1
外商投资	8	8	5
中外合资经营	7	7	5
外资企业	1		
二、按隶属关系分			
中央	19	19	13
地方	5910	5910	2259

行业小类分组的总承包和专业承包建筑业企业信息化情况

#有电子商务采购的企业数	#有电子商务销售的企业数	年末在用计算机数（台）	年末拥有网站数（个）	全年电子商务采购金额（万元）	全年电子商务销售金额（万元）
120	**49**	**356931**	**2536**	**6**	**87136**
120	49	354094	2517	6	87136
		5672	21		
		1774	15		
		133	3		
		59			
		11			
23	5	103707	567		51199
1		7823	18		47659
22	5	95884	549		3541
3		40263	58		134
94	44	202486	1853	6	35803
		47	5		
		118	1		
92	44	197277	1805	6	35790
2		5044	42		13
		2201	14		
		1948	12		
		53	1		
		200	1		
		636	5		
		624	5		
1		11728	17		47659
119	49	345203	2519	6	39477

2-B-11 续表 1

项 目	企业数(个)	#有计算机的企业数	#有网站的企业数
三、按企业资质等级分			
施工总承包	3686	3686	1318
特级	40	40	39
一级	681	681	507
二级	1158	1158	378
三级及以下	1807	1807	394
专业承包	2243	2243	954
一级	333	333	259
二级	555	555	246
三级及以下	1355	1355	449
四、按控股情况分			
国有控股	211	211	87
集体控股	209	209	62
私人控股	5395	5395	2067
港澳台商控股	16	16	11
外商控股	4	4	2
其他	94	94	43
五、按国民经济行业小类分			
房屋建筑业	2266	2266	847
房屋建筑业	2266	2266	847
房屋建筑业	2266	2266	847
土木工程建筑业	1864	1864	702
铁路、道路、隧道和桥梁工程建筑	1112	1112	385
铁路工程建筑	14	14	7
公路工程建筑	218	218	84
市政道路工程建筑	782	782	250
其他道路、隧道和桥梁工程建筑	98	98	44
水利和内河港口工程建筑	167	167	64
水源及供水设施工程建筑	81	81	32

#有电子商务采购的企业数	#有电子商务销售的企业数	年末在用计算机数（台）	年末拥有网 站 数（个）	全年电子商务采购金额（万元）	全年电子商务销售金额（万元）
65	17	290563	1508		73554
2		62856	63		63
22	3	123178	557		62595
21	6	62340	409		7361
20	8	42189	479		3534
55	32	66368	1028	6	13582
11	3	29569	280		4547
13	12	14033	266		4882
31	17	22766	482	6	4154
2		29392	110		47694
1		14392	70		…
116	49	302191	2292	6	38473
		1946	11		
		545	2		
1		8465	51		969
44	17	196538	966		23013
44	17	196538	966		23013
44	17	196538	966		23013
32	7	104570	786		8014
18	5	60812	440		6846
		863	7		
3	1	19416	98		2989
12	3	33181	286		3270
3	1	7352	49		587
2	1	12438	74		204
1	1	4684	39		198

2-B-11 续表 2

项目	企业数(个)	#有计算机的企业数	#有网站的企业数
河湖治理及防洪设施工程建筑	59	59	23
港口及航运设施工程建筑	27	27	9
海洋工程建筑	3	3	2
海洋工程建筑	3	3	2
工矿工程建筑	76	76	38
工矿工程建筑	76	76	38
架线和管道工程建筑	202	202	75
架线及设备工程建筑	141	141	49
管道工程建筑	61	61	26
其他土木工程建筑	304	304	138
其他土木工程建筑	304	304	138
建筑安装业	654	654	293
电气安装	235	235	104
电气安装	235	235	104
管道和设备安装	150	150	56
管道和设备安装	150	150	56
其他建筑安装业	269	269	133
其他建筑安装业	269	269	133
建筑装饰和其他建筑业	1145	1145	430
建筑装饰业	880	880	332
建筑装饰业	880	880	332
工程准备活动	187	187	61
建筑物拆除活动	84	84	24
其他工程准备活动	103	103	37
提供施工设备服务	18	18	5
提供施工设备服务	18	18	5
其他未列明建筑业	60	60	32
其他未列明建筑业	60	60	32

		年末在用计算机数（台）	年末拥有网站数（个）	全年电子商务采购金额（万元）	全年电子商务销售金额（万元）
#有电子商务采购的企业数	#有电子商务销售的企业数				
1		6158	24		6
		1596	11		
		129	2		
		129	2		
1		7439	42		5
1		7439	42		5
6		12881	83		69
5		11272	57		68
1		1609	26		…
5	1	10871	145		890
5	1	10871	145		890
23	11	29892	314	6	52308
8	3	11318	117	6	2312
8	3	11318	117	6	2312
5	1	5433	59		21
5	1	5433	59		21
10	7	13141	138		49974
10	7	13141	138		49974
21	14	25931	470		3802
15	12	20252	358		3730
15	12	20252	358		3730
2	1	3905	66		52
		925	26		
2	1	2980	40		52
2		379	9		3
2		379	9		3
2	1	1395	37		18
2	1	1395	37		18

2-B-12 按地区分组的总承包和

地 区	企业数(个)	#有计算机的企业数	#有网站的企业数	#有电子商务采购的企业数
全 省	**5929**	**5929**	**2272**	**120**
杭州市	**1464**	**1464**	**621**	**14**
上城区	87	87	40	
下城区	76	76	40	
江干区	147	147	70	4
拱墅区	166	166	83	2
西湖区	170	170	88	1
滨江区	55	55	32	3
萧山区	289	289	132	2
余杭区	172	172	59	1
桐庐县	45	45	7	
淳安县	43	43	9	
建德市	42	42	10	
富阳市	117	117	30	
临安市	55	55	21	1
宁波市	**955**	**955**	**407**	**28**
海曙区	89	89	39	3
江东区	119	119	61	5
江北区	49	49	21	1
北仑区	103	103	47	3
镇海区	61	61	29	
鄞州区	98	98	51	
象山县	77	77	44	3
宁海县	67	67	18	
余姚市	107	107	29	2
慈溪市	123	123	48	8
奉化市	62	62	20	3
温州市	**624**	**624**	**208**	**11**
鹿城区	163	163	63	1
龙湾区	76	76	30	2
瓯海区	66	66	25	1
洞头县	8	8	5	
永嘉县	36	36	9	
平阳县	60	60	14	1

专业承包建筑业企业信息化情况

#有电子商务销售的企业数	年末在用计算机数(台)	年末拥有网站数(个)	全年电子商务采购金额(万元)	全年电子商务销售金额(万元)
49	**356931**	**2536**	**6**	**87136**
7	**76815**	**696**		**18804**
	4479	48		
	3462	41		
1	9709	81		27
2	7083	86		6002
1	11315	97		4
	7813	41		47
2	19543	150		12721
	5347	60		4
	1077	7		
	861	9		
	775	14		
	3620	36		
1	1731	26		1
17	**52621**	**454**	**6**	**51685**
4	4506	43		236
2	10657	70		47729
	1927	21		8
1	3822	51		152
	4432	35		
	5887	61		
2	11150	50		109
1	1499	21		
2	1905	29		87
5	4608	53	6	2794
	2228	20		570
3	**24548**	**225**		**4474**
	6730	65		50
1	4598	35		3109
	1800	30		2
	207	5		
1	1461	11		
	1949	14		18

2-B-12 续表 1

地　区	企业数(个)	#有计算机的企业数	#有网站的企业数	#有电子商务采购的企业数
苍南县	68	68	20	3
文成县	8	8	4	
泰顺县	40	40	13	1
瑞安市	59	59	14	1
乐清市	40	40	11	1
嘉兴市	**315**	**315**	**115**	**13**
南湖区	70	70	27	2
秀洲区	59	59	26	3
嘉善县	29	29	9	1
海盐县	26	26	8	
海宁市	38	38	14	2
平湖市	43	43	11	2
桐乡市	50	50	20	3
湖州市	**214**	**214**	**83**	**5**
吴兴区	84	84	37	1
南浔区	16	16	4	
德清县	46	46	18	1
长兴县	39	39	13	1
安吉县	29	29	11	2
绍兴市	**655**	**655**	**294**	**14**
越城区	160	160	68	4
绍兴县	128	128	69	2
新昌县	45	45	14	1
诸暨市	140	140	60	5
上虞市	126	126	72	1
嵊州市	56	56	11	1
金华市	**677**	**677**	**222**	**9**
婺城区	135	135	54	1
金东区	34	34	16	
武义县	28	28	7	
浦江县	22	22	5	
磐安县	42	42	19	5
兰溪市	42	42	12	
义乌市	151	151	31	1
东阳市	183	183	65	2
永康市	40	40	13	

#有电子商务销售的企业数	年末在用计算机数（台）	年末拥有网站数（个）	全年电子商务采购金额（万元）	全年电子商务销售金额（万元）
1	2561	20		11
	169	4		
	1949	14		300
	1736	16		969
	1388	11		15
6	**13075**	**134**		**3501**
1	2786	27		52
3	2874	36		72
1	553	9		210
	751	10		
1	1810	16		2393
	1418	11		7
	2883	25		767
3	**12774**	**99**		**1826**
	9087	46		63
	333	4		
1	1144	19		3
1	1330	19		10
1	880	11		1750
3	**89397**	**312**		**2580**
	11126	72		19
3	13279	70		2074
	1980	16		25
	15924	63		377
	42538	80		82
	4550	11		3
2	**46259**	**243**		**52**
	5051	58		…
	1617	18		
	1087	7		
	942	5		
1	2536	19		38
	902	16		
	4421	32		5
1	28130	72		9
	1573	16		

2-B-12 续表 2

地　　区	企业数(个)	#有计算机的企业数	#有网站的企业数	#有电子商务采购的企业数
衢州市	**221**	**221**	**68**	**4**
柯城区	79	79	27	2
衢江区	30	30	9	
常山县	24	24	6	1
开化县	21	21	5	1
龙游县	28	28	10	
江山市	39	39	11	
舟山市	**132**	**132**	**39**	
定海区	86	86	28	
普陀区	29	29	7	
岱山县	9	9	1	
嵊泗县	8	8	3	
台州市	**427**	**427**	**172**	**10**
椒江区	70	70	32	
黄岩区	40	40	16	1
路桥区	36	36	12	
玉环县	29	29	13	2
三门县	30	30	7	2
天台县	25	25	5	1
仙居县	27	27	11	1
温岭市	98	98	44	2
临海市	72	72	32	1
丽水市	**245**	**245**	**43**	**12**
莲都区	95	95	15	2
青田县	18	18		
缙云县	27	27	8	2
遂昌县	17	17	2	1
松阳县	11	11	3	
云和县	11	11	2	3
庆元县	19	19	5	4
景宁县	14	14	2	
龙泉市	33	33	6	

#有电子商务销售的企业数	年末在用计算机数（台）	年末拥有网站数（个）	全年电子商务采购金额（万元）	全年电子商务销售金额（万元）
1	**7738**	**87**		**102**
1	3799	32		21
	1156	10		
	433	6		1
	951	9		80
	747	19		
	652	11		
	4135	**45**		
	2669	32		
	774	7		
	265	3		
	427	3		
3	**22985**	**191**		**2798**
1	3180	33		
	1543	18		1
	2050	13		
1	431	13		3
	1300	7		427
	924	5		12
	1646	11		1250
1	7738	52		1103
	4173	39		3
4	**6584**	**50**		**1316**
1	2619	20		821
	1319			
	660	8		1
	302	2		8
	307	3		
3	210	2		6
	327	5		481
	277	2		
	563	8		

C.联网直报劳务分包建筑业企业

2-C-1 按登记注册类型、隶属关系、资质等级、控股情况

项目	企业数(个)	#有工作量企业	建筑业总产值	#装饰装修产值
总计	**569**	**508**	**4595126**	**587746**
一、按登记注册类型分				
内资	569	508	4595126	587746
集体	3	2	1676	
股份合作企业	1			
有限责任公司	135	122	2032423	207034
其他有限责任公司	135	122	2032423	207034
股份有限公司	3	3	5094	430
私营企业	427	380	2555900	380282
私营独资	1			
私营有限责任公司	418	371	2536042	373899
私营股份有限公司	8	8	19708	6232
二、按隶属关系分				
地方	569	508	4595126	587746
三、按企业资质等级分				
劳务分包	569	508	4595126	587746
一级	273	241	2747216	393286
二级	114	103	394199	74840
三级及以下	182	164	1453711	119620
四、按控股情况分				
国有控股	7	7	269829	144376
集体控股	16	14	64413	282
私人控股	533	475	4068551	443054
其他	13	12	192333	35
五、按国民经济行业小类分				
房屋建筑业	290	257	3405369	418741
房屋建筑业	290	257	3405369	418741
房屋建筑业	290	257	3405369	418741
土木工程建筑业	41	37	138749	6388

和行业小类分组的劳务分包建筑业企业生产与财务状况

单位：万元

固定资产原价	本年折旧	资产总计	负债合计	实收资本	营业收入	#主营业务收入
62781	**7177**	**1011908**	**818822**	**135413**	**4672998**	**4667029**
62781	7177	1011908	818822	135413	4672998	4667029
540	37	4468	3562	800	2907	2024
12512	1801	347979	291690	34482	2045182	2044496
12512	1801	347979	291690	34482	2045182	2044496
989	36	8218	5785	1832	5267	5267
48735	5302	651193	517784	98270	2619610	2615210
48340	5243	645639	513292	97276	2600065	2595664
336	37	5436	4413	963	19396	19396
62781	7177	1011908	818822	135413	4672998	4667029
62781	7177	1011908	818822	135413	4672998	4667029
30128	3046	461831	366920	69851	2838222	2837327
14684	1532	113433	73659	29926	388688	385101
17969	2599	436644	378243	35635	1446088	1444601
1867	153	25349	21537	1050	270063	270063
2601	142	18624	11616	4318	65199	64285
57952	6774	944370	765768	127974	4144869	4139815
362	107	23565	19902	2071	192866	192866
17960	2121	621256	529618	60882	3453766	3452821
17960	2121	621256	529618	60882	3453766	3452821
17960	2121	621256	529618	60882	3453766	3452821
5926	837	67675	56811	7207	141659	141596

2-C-1 续表 1

项　　目	企业数(个)	#有工作量企业	建筑业总产值	#装饰装修产值
铁路、道路、隧道和桥梁工程建筑	9	9	27251	
公路工程建筑	3	3	2146	
市政道路工程建筑	3	3	4756	
其他道路、隧道和桥梁工程建筑	3	3	20350	
工矿工程建筑	1			
工矿工程建筑	1			
架线和管道工程建筑	12	11	27364	5270
架线及设备工程建筑	9	8	22101	73
管道工程建筑	3	3	5263	5197
其他土木工程建筑	19	16	81757	1118
其他土木工程建筑	19	16	81757	1118
建筑安装业	68	62	172561	1410
电气安装	17	16	126930	5
电气安装	17	16	126930	5
管道和设备安装	40	36	20966	1198
管道和设备安装	40	36	20966	1198
其他建筑安装业	11	10	24666	207
其他建筑安装业	11	10	24666	207
建筑装饰和其他建筑业	170	152	878447	161208
建筑装饰业	82	74	356561	129622
建筑装饰业	82	74	356561	129622
工程准备活动	28	25	216165	11883
建筑物拆除活动	4	3	20893	
其他工程准备活动	24	22	195273	11883
提供施工设备服务	17	15	42713	1801
提供施工设备服务	17	15	42713	1801
其他未列明建筑业	43	38	263007	17901
其他未列明建筑业	43	38	263007	17901

单位：万元

固定资产原价	本年折旧	资产总计	负债合计	实收资本	营业收入	#主营业务收入
2217	225	11294	9087	1915	26774	26721
138	13	731	283	500	2126	2126
845	44	4525	3870	450	5253	5253
1234	168	6038	4934	965	19396	19343
2529	490	37625	33823	1463	27381	27371
2519	487	36159	32495	1333	22101	22091
11	3	1467	1329	130	5280	5280
1095	115	18438	13718	3729	85127	85127
1095	115	18438	13718	3729	85127	85127
12091	1625	84129	64255	14841	175402	170907
4955	481	52239	43414	7750	128284	127199
4955	481	52239	43414	7750	128284	127199
3493	521	20298	10876	5991	19388	19352
3493	521	20298	10876	5991	19388	19352
3643	624	11592	9965	1100	27730	24356
3643	624	11592	9965	1100	27730	24356
26805	2594	238848	168138	52483	902170	901705
16334	1785	144849	103614	33849	353448	353122
16334	1785	144849	103614	33849	353448	353122
3216	322	37701	24418	7573	228984	228960
38	3	1275	921	280	20891	20884
3178	319	36426	23498	7293	208094	208076
2228	131	13668	6514	4247	44965	44853
2228	131	13668	6514	4247	44965	44853
5026	356	42630	33592	6814	274773	274769
5026	356	42630	33592	6814	274773	274769

2-C-1 续表 2

项 目	营业成本	#主营业务成本	营业税金及附加	#主营业务税金及附加
总 计	**4454557**	**4440742**	**157672**	**156613**
一、按登记注册类型分				
内资	4454557	4440742	157672	156613
集体	1811	1711	93	93
股份合作企业	2	2	1	1
有限责任公司	1961713	1953151	66292	66279
其他有限责任公司	1961713	1953151	66292	66279
股份有限公司	4550	4550	189	189
私营企业	2486482	2481329	91096	90050
私营独资	81	81	6	6
私营有限责任公司	2468355	2463202	90428	89383
私营股份有限公司	18046	18046	662	662
二、按隶属关系分				
地方	4454557	4440742	157672	156613
三、按企业资质等级分				
劳务分包	4454557	4440742	157672	156613
一级	2718575	2709098	98744	98695
二级	360508	357554	13454	13285
三级及以下	1375475	1374090	45474	44633
四、按控股情况分				
国有控股	264358	258620	7264	7264
集体控股	58644	58530	2084	2083
私人控股	3944824	3936860	144311	143253
其他	186732	186732	4013	4013
五、按国民经济行业小类分				
房屋建筑业	3313031	3303370	117944	117930
房屋建筑业	3313031	3303370	117944	117930
房屋建筑业	3313031	3303370	117944	117930
土木工程建筑业	131165	131164	4028	4025

单位：万元

销售费用	管理费用	#税 金	财务费用	营业利润	利润总额	应付职工薪酬(本年贷方累计发生额)
2945	**43627**	**2525**	**3926**	**25034**	**23954**	**2978132**
2945	43627	2525	3926	25034	23954	2978132
	873		70	39	41	757
	31	…				25
484	13813	1216	301	11035	10342	1547754
484	13813	1216	301	11035	10342	1547754
33	329	…	22	144	106	2028
2427	28582	1308	3534	13816	13466	1427569
	62	5		1	1	27
2425	27975	1288	3534	13580	13376	1419448
3	546	16	…	234	90	8093
2945	43627	2525	3926	25034	23954	2978132
2945	43627	2525	3926	25034	23954	2978132
659	19317	1357	1672	11468	10483	2041638
789	8643	379	656	5157	4810	196159
1497	15667	789	1598	8409	8661	740336
…	3121	81	-119	1179	956	251982
32	2228	30	97	2104	2068	45566
2884	37201	2391	3960	20722	20005	2529096
28	1077	23	-12	1028	926	151489
959	18696	1445	805	13366	12863	2265027
959	18696	1445	805	13366	12863	2265027
959	18696	1445	805	13366	12863	2265027
41	4914	80	-24	1588	1506	97159

2-C-1 续表 3

项　　目	营业成本	#主营业务成　本	营业税金及附加	#主营业务税金及附加
铁路、道路、隧道和桥梁工程建筑	25156	25156	841	838
公路工程建筑	1987	1987	74	74
市政道路工程建筑	4828	4828	178	178
其他道路、隧道和桥梁工程建筑	18341	18341	589	586
工矿工程建筑	2225	2225	93	93
工矿工程建筑	2225	2225	93	93
架线和管道工程建筑	23569	23569	770	770
架线及设备工程建筑	18805	18804	589	589
管道工程建筑	4764	4764	181	181
其他土木工程建筑	80215	80215	2324	2324
其他土木工程建筑	80215	80215	2324	2324
建筑安装业	161976	158677	3219	3044
电气安装	119993	119869	1615	1613
电气安装	119993	119869	1615	1613
管道和设备安装	16034	15962	697	676
管道和设备安装	16034	15962	697	676
其他建筑安装业	25949	22846	907	754
其他建筑安装业	25949	22846	907	754
建筑装饰和其他建筑业	848385	847531	32481	31615
建筑装饰业	327250	327083	12801	12002
建筑装饰业	327250	327083	12801	12002
工程准备活动	216635	216635	8285	8285
建筑物拆除活动	19989	19989	746	746
其他工程准备活动	196646	196646	7539	7539
提供施工设备服务	41394	41388	1675	1635
提供施工设备服务	41394	41388	1675	1635
其他未列明建筑业	263106	262425	9720	9693
其他未列明建筑业	263106	262425	9720	9693

单位：万元

销售费用	管理费用	#税　金	财务费用	营业利润	利润总额	应付职工薪　酬（本年贷方累计发生额）
1	621	20	4	153	126	22442
	46	…	…	19	17	1975
1	186	11	…	60	55	4591
	388	9	4	74	55	15876
	57	36	…	3	5	182
	57	36	…	3	5	182
9	2095	9	-42	990	856	2072
2	1921	8	-42	833	837	1704
7	174	…		156	20	368
31	2141	15	14	443	519	72462
31	2141	15	14	443	519	72462
194	6389	372	1330	2733	2802	125690
31	3870	351	884	1863	1918	102367
31	3870	351	884	1863	1918	102367
51	1795	17	297	598	597	3207
51	1795	17	297	598	597	3207
113	725	5	150	273	288	20117
113	725	5	150	273	288	20117
1751	13628	628	1815	7347	6784	490256
1317	8262	356	1382	3748	3405	158383
1317	8262	356	1382	3748	3405	158383
55	2124	147	257	1643	1542	119172
	116	…		41	39	20081
55	2008	146	257	1602	1502	99091
364	841	34	127	587	622	29389
364	841	34	127	587	622	29389
15	2401	92	49	1370	1215	183313
15	2401	92	49	1370	1215	183313

2-C-2 按地区分组的劳务分包

地区	企业数(个)	#有工作量企业	建筑业总产值	#装饰装修产值	固定资产原价
全省	**569**	**508**	**4595126**	**587746**	**62781**
杭州市	**245**	**225**	**3787207**	**546271**	**25741**
上城区	14	13	179918	14338	5379
下城区	9	9	185643	13562	748
江干区	40	39	849850	198933	1973
拱墅区	45	44	1093381	47340	4636
西湖区	32	31	835481	179391	2085
滨江区	11	11	216290	11816	1430
萧山区	42	28	148173	33624	1380
余杭区	19	18	162941	43779	6338
淳安县	1				
富阳市	23	22	89871	1820	719
临安市	9	9	23993	1668	1054
宁波市	**40**	**36**	**102006**	**1272**	**3173**
海曙区	7	6	9468		272
江东区	5	5	2315		70
江北区	3	3	504	175	46
北仑区	1				
镇海区	10	9	79296	1068	1338
鄞州区	2	2	1583		35
象山县	1				
宁海县	6	5	4757		71
余姚市	3	3	2429		364
奉化市	2	1	10		95
温州市	**35**	**30**	**28795**	**228**	**2382**
鹿城区	9	6	12285		248
龙湾区	1				

建筑业企业生产与财务状况

单位：万元

本年折旧	资产总计	负债合计	实收资本	营业收入	#主营业务收入
7177	**1011908**	**818822**	**135413**	**4672998**	**4667029**
2909	**724303**	**633802**	**68273**	**3886441**	**3885410**
239	25562	13131	10955	177954	177944
141	15185	12056	2762	185744	185543
388	133040	121711	8907	847552	847136
421	251922	236155	10334	1148636	1148538
349	147229	129759	10990	831609	831608
197	28577	25842	1535	273868	273868
94	30440	25059	5336	155522	155516
923	64827	47843	14148	162256	162112
92	16564	12680	1915	77327	77327
66	10851	9512	1331	24309	24153
398	**56686**	**51606**	**5856**	**100485**	**100482**
24	4214	2295	1632	9041	9041
2	1182	1206	290	2107	2107
9	435	150	268	430	430
235	6166	5045	480	79292	79292
4	8106	7330	300	1463	1463
7	2096	1527	550	4056	4056
17	3117	2112	350	2429	2429
1	223	141	106	21	21
272	**16625**	**9030**	**5335**	**24840**	**24697**
14	2598	914	1352	12424	12285

2-C-2 续表 1

地　区	企业数(个)	#有工作量企业	建筑业总产值	#装饰装修产值	固定资产原价
瓯海区	9	8	7125	5	186
永嘉县	1				
苍南县	4	3	607		65
泰顺县	5	5	2026	223	353
瑞安市	5	5	5329		1442
乐清市	1				
嘉兴市	**53**	**45**	**140325**	**11732**	**6352**
南湖区	1				
秀洲区	9	7	8403	1188	1892
嘉善县	1				
海盐县	13	12	13360	5769	2709
海宁市	7	4	386		12
平湖市	14	12	2133	331	1135
桐乡市	8	8	111599		205
湖州市	**7**	**5**	**7294**	**1251**	**4424**
吴兴区	3	2	5707		324
德清县	3	2	469	133	3471
长兴县	1				
绍兴市	**57**	**55**	**209524**	**6938**	**6439**
越城区	21	21	62677	4382	1664
绍兴县	10	8	28333	197	294
新昌县	1				
诸暨市	7	7	50151	558	1501
上虞市	12	12	51272	1801	2489
嵊州市	6	6	15074		326

单位：万元

本年折旧	资产总计	负债合计	实收资本	营业收入	#主营业务收入
22	1722	396	920	6122	6118
8	7340	6509	750	607	607
10	1711	630	844	269	269
147	2791	462	1269	5176	5176
709	**22541**	**11565**	**9748**	**151747**	**151508**
263	5765	2531	3260	20061	19860
206	8310	5074	2809	13373	13373
	249	47	156	197	197
183	2817	2074	532	2076	2076
28	2279	904	1010	111599	111599
660	**10359**	**7339**	**3340**	**15996**	**12489**
77	370	73	283	5707	5707
544	7478	6089	1857	4408	901
672	**50479**	**24314**	**15362**	**190391**	**190367**
140	14158	8909	2964	62955	62955
28	3789	690	2630	29370	29370
247	5690	3018	1695	41014	40990
197	23921	10771	6641	41991	41991
50	2739	835	1342	13044	13044

2-C-2 续表 2

地　　区	企业数(个)	#有工作量企业	建筑业总产值	#装饰装修产值	固定资产原价
金华市	**47**	**37**	**82776**	**5236**	**6599**
婺城区	6	6	32229	72	917
武义县	1				
浦江县	3	3	238		877
义乌市	8	4	1523		622
东阳市	29	23	46933	5164	3632
衢州市	**10**	**9**	**43394**	**110**	**349**
柯城区	2	1	22920		2
常山县	2	2	6685		131
开化县	4	4	13613	110	163
江山市	2	2	177		53
舟山市	**7**	**7**	**3822**	**3342**	**1025**
定海区	7	7	3822	3342	1025
台州市	**62**	**54**	**161850**	**11214**	**6223**
椒江区	17	13	19885	1814	1129
黄岩区	9	9	15343	1385	543
路桥区	8	8	7469	1243	768
玉环县	1				
天台县	3	3	9298		1700
温岭市	5	4	5898	287	374
临海市	19	16	103956	6486	1678
丽水市	**6**	**5**	**28134**	**153**	**76**
莲都区	1				
青田县	1				
遂昌县	1				
松阳县	2	2	27962		42
龙泉市	1				

单位：万元

本年折旧	资产总计	负债合计	实收资本	营业收入	#主营业务收入
352	**26457**	**12829**	**10297**	**74685**	**74618**
17	5458	4322	590	23838	23790
27	1859	954	824	238	237
47	2404	688	1788	2191	2191
236	15037	6219	6595	46564	46564
80	**12337**	**10995**	**997**	**43369**	**43369**
1	8952	8476	500	22920	22920
15	893	686	201	6681	6681
63	2382	1809	216	13613	13613
1	110	24	80	156	156
278	**4548**	**3558**	**1013**	**3761**	**3757**
278	4548	3558	1013	3761	3757
826	**86123**	**53388**	**14583**	**153133**	**152181**
71	15302	8867	3940	20876	19939
363	16325	13586	1649	15240	15225
96	7763	5185	1442	7297	7297
90	14489	12762	50	9268	9268
2	4326	1959	2148	4959	4959
204	27893	11010	5337	95491	95491
20	**1451**	**396**	**610**	**28151**	**28151**
19	1060	366	250	27962	27962

2-C-2 续表 3

地　　区	营业成本	#主营业务成本	营业税金及附加	#主营业务税金及附加	销售费用
全　省	**4454557**	**4440742**	**157672**	**156613**	**2945**
杭州市	**3728515**	**3718828**	**132368**	**132259**	**864**
上城区	171085	171048	3150	3150	120
下城区	178082	177888	6265	6265	4
江干区	817998	814331	28175	28175	19
拱墅区	1099170	1099126	41295	41290	293
西湖区	802105	796404	28643	28642	221
滨江区	262529	262529	9411	9411	10
萧山区	148843	148843	6202	6202	10
余杭区	151031	151003	5644	5544	159
淳安县	1607	1607	56	56	
富阳市	73036	73036	2648	2648	7
临安市	23028	23014	879	878	20
宁波市	**95360**	**94469**	**3422**	**2539**	**223**
海曙区	7987	7987	377	347	2
江东区	1876	1872	84	47	9
江北区	322	322	16	16	10
北仑区	1241	1241	41	41	
镇海区	76099	76099	2470	1802	152
鄞州区	1295	1295	54	54	42
象山县	31	31	1	1	
宁海县	4545	3868	147	120	1
余姚市	1951	1741	231	111	7
奉化市	14	14	1	1	
温州市	**22034**	**22010**	**942**	**914**	**97**
鹿城区	11386	11361	467	459	…
龙湾区	7	7	1	1	

单位：万元

管理费用	#税　金	财务费用	营业利润	利润总额	应付职工薪　酬(本年贷方累计发生额)
43627	**2525**	**3926**	**25034**	**23954**	**2978132**
21762	**1524**	**1520**	**12246**	**12518**	**2581221**
1537	67	202	2262	2133	146244
898	123	…	496	534	152285
4228	435	…	545	1714	750717
5261	304	217	2530	2282	506091
3601	210	140	2604	2292	644253
945	63	80	900	852	78614
898	87	4	586	581	118290
3337	156	862	1411	1222	99525
…		…	4	2	1607
830	46	7	808	774	65676
228	34	9	100	134	17920
2222	**36**	**1149**	**66**	**2**	**79670**
323	3	41	359	352	1892
125	…	89	-5	-6	1162
74	…		13	14	187
376	3	776	-830	-831	1209
1040	22	-14	262	206	73804
35	7	21	16	11	931
5		4	3	3	19
121	…		1	2	238
108	…	231	252	257	149
15		…	-5	-5	79
1214	**15**	**50**	**549**	**323**	**10601**
382	2	-1	191	-30	4295
10		…	…	…	16

2-C-2 续表 4

地　区	营业成本	#主营业务成本	营业税金及附加	#主营业务税金及附加	销售费用
瓯海区	5743	5743	209	209	
永嘉县	41	41	2	2	
苍南县	517	517	22	22	
泰顺县	1	1	15	15	…
瑞安市	4214	4214	204	204	93
乐清市	126	126	24	3	4
嘉兴市	**146689**	**146647**	**2458**	**2456**	**34**
南湖区	3548	3520	142	141	
秀洲区	18746	18731	683	683	10
嘉善县	336	336	12	12	…
海盐县	11660	11660	419	419	…
海宁市	127	127	7	6	14
平湖市	1509	1509	136	136	8
桐乡市	110764	110764	1058	1058	1
湖州市	**12872**	**9871**	**520**	**488**	**110**
吴兴区	5483	5483	198	198	
德清县	3695	694	49	17	110
长兴县	3694	3694	273	273	
绍兴市	**173811**	**173790**	**7619**	**7616**	**468**
越城区	59163	59163	1688	1688	309
绍兴县	27051	27051	1126	1126	5
新昌县	1305	1305	272	272	
诸暨市	37339	37318	1904	1901	37
上虞市	37354	37354	1921	1921	20
嵊州市	11599	11599	709	709	97

单位：万元

管理费用	#税　金	财务费用	营业利润	利润总额	应付职工薪　酬（本年贷方累计发生额）
175	7	-7	3	…	4486
13	…	1	5	5	35
23	1	1	44	43	196
167	-2	4	87	87	584
436	5	52	196	195	915
8	2	1	22	22	75
2792	**41**	**87**	**365**	**249**	**101030**
317	2	9	59	59	862
857	19	13	-249	-222	242
33		…	-15	-15	78
937	6	14	348	206	4664
81			-32	-32	96
341	8	42	54	53	785
227	6	9	199	199	94303
2126		**99**	**297**	**413**	**3726**
162		5	-141	-141	87
440		94	47	47	105
1524		…	390	507	3533
4324	**206**	**669**	**4568**	**3719**	**94902**
923	42	136	737	719	26996
546	13	159	486	485	9431
65	65	45	331	303	1614
1196	8	39	1377	600	32865
1345	62	217	1146	1128	20212
249	14	73	492	486	3785

2-C-2 续表 5

地　　区	营业成本	#主营业务成　　本	营业税金及附加	#主营业务税金及附加	销售费用
金华市	**69365**	**69331**	**2469**	**2468**	**107**
婺城区	22806	22772	799	799	1
武义县	1495	1495	62	62	
浦江县	159	159	8	8	
义乌市	1801	1801	61	61	1
东阳市	43104	43104	1539	1539	105
衢州市	**40302**	**40302**	**1411**	**1411**	**642**
柯城区	22038	22038	792	792	
常山县	6375	6375	156	156	33
开化县	11763	11763	457	457	609
江山市	126	126	6	6	
舟山市	**3242**	**3240**	**135**	**135**	**1**
定海区	3242	3240	135	135	1
台州市	**135445**	**135334**	**5351**	**5348**	**392**
椒江区	17545	17444	637	637	137
黄岩区	13456	13445	520	518	58
路桥区	6367	6367	260	260	6
玉环县			…	…	
天台县	7388	7388	151	150	4
温岭市	4627	4627	169	169	1
临海市	86062	86062	3614	3614	187
丽水市	**26922**	**26922**	**979**	**979**	**7**
莲都区	8	8	…	…	
青田县					
遂昌县	109	109	6	6	7
松阳县	26796	26796	973	973	…
龙泉市	8	8			

单位：万元

管理费用	#税 金	财务费用	营业利润	利润总额	应付职工薪酬（本年贷方累计发生额）
1662	**168**	**115**	**1040**	**865**	**27866**
144	7	8	83	28	2213
202	10	…	95	94	164
45	…	…	25	25	144
398	16	9	-71	-78	517
874	134	99	908	797	24827
888	**69**	**-23**	**182**	**134**	**9523**
56	7	-23	89	50	133
132	58		-15	-14	4905
683	4	…	100	90	4424
17	…		8	8	62
347	**8**	**27**	**15**	**9**	**316**
347	8	27	15	9	316
6142	**452**	**241**	**5602**	**5618**	**42374**
2002	355	58	456	491	4347
309	11	-37	956	962	2572
372	3	9	284	248	3725
1					13
1622			106	106	1227
39	1	-1	135	123	1038
1798	82	212	3665	3688	29452
148	**6**	**-8**	**105**	**105**	**26904**
1			…	…	12
2			-2	-2	16
49	…		1	1	67
90	6	-2	105	105	26796
6		-6	…	…	14

2-C-3 按登记注册类型、隶属关系、资质等级、控股情况

项目	从事主营业务活动的从业人员期末人数	从事主营业务活动的从业人员平均人数	从业人员期末人数	#女性	#工程技术人员	#现场施工工人
总计	**684298**	**659859**	**660164**	**47743**	**42082**	**631143**
一、按登记注册类型分						
内资	684298	659859	660164	47743	42082	631143
集体	55	67	66	14	9	30
股份合作企业	12	11	12	2	10	8
有限责任公司	377603	332038	329581	15727	18945	351958
其他有限责任公司	377603	332038	329581	15727	18945	351958
股份有限公司	656	175	728	32	35	164
私营企业	305972	327568	329777	31968	23083	278983
私营独资	30	15	30	2	6	24
私营有限责任公司	303005	324937	326809	31862	22714	276271
私营股份有限公司	2937	2616	2938	104	363	2688
二、按隶属关系分						
地方	684298	659859	660164	47743	42082	631143
三、按企业资质等级分						
劳务分包	684298	659859	660164	47743	42082	631143
一级	480512	453727	472939	34739	29016	449090
二级	55596	52787	54119	4663	5875	44883
三级及以下	148190	153345	133106	8341	7191	137170
四、按控股情况分						
国有控股	53119	47357	53380	3855	833	51620
集体控股	33496	11952	33936	198	1278	33267
私人控股	574865	576580	555542	43356	38646	527818
其他	22818	23970	17306	334	1325	18438
五、按国民经济行业小类分						
房屋建筑业	507265	488482	501451	37032	30067	478812
房屋建筑业	507265	488482	501451	37032	30067	478812
房屋建筑业	507265	488482	501451	37032	30067	478812

和行业小类分组的劳务分包建筑业企业从业人员

单位：人

从业人员期末人数(按人员类型分)			从业人员期末人数(按职业类型分)					从业人员平均人数
在岗职工	劳务派遣人员	其他从业人员	单位负责人	专业技术人员	办事人员和有关人员	商业、服务业人员	生产、运输设备操作人员及有关人员	
348341	**222575**	**89248**	**2846**	**42322**	**48173**	**4572**	**562251**	**621013**
348341	222575	89248	2846	42322	48173	4572	562251	621013
36	25	5	4	21	13		28	73
12			3	7			2	12
200304	99266	30011	747	16397	36427	3661	272349	305021
200304	99266	30011	747	16397	36427	3661	272349	305021
585		143	10	86	106	1	525	738
147404	123284	59089	2082	25811	11627	910	289347	315169
15	7	8	1	6	1	1	21	30
146937	120794	59078	2043	25426	11602	906	286832	312544
452	2483	3	38	379	24	3	2494	2595
348341	222575	89248	2846	42322	48173	4572	562251	621013
348341	222575	89248	2846	42322	48173	4572	562251	621013
277215	136593	59131	1415	22980	38015	3743	406786	438610
31752	19618	2749	701	14502	3694	536	34686	51849
39374	66364	27368	730	4840	6464	293	120779	130554
47143	5250	987	40	689	232	2901	49518	47503
3051	30815	70	23	1083	245	14	32571	12044
289759	186175	79608	2725	40222	45622	1642	465331	540669
8388	335	8583	58	328	2074	15	14831	20797
259468	184829	57154	1785	32742	42843	4153	419928	457817
259468	184829	57154	1785	32742	42843	4153	419928	457817
259468	184829	57154	1785	32742	42843	4153	419928	457817

2-C-3 续表

项　目	从事主营业务活动的从业人员期末人数	从事主营业务活动的从业人员平均人数	从业人员期末人数	#女性	#工　程技术人员	#现　场施工工人
土木工程建筑业	19839	23304	24394	2074	868	19158
铁路、道路、隧道和桥梁工程建筑	8568	7747	8690	1719	380	8218
公路工程建筑	613	567	615	33	16	585
市政道路工程建筑	2954	2745	2955	191	229	2640
其他道路、隧道和桥梁工程建筑	5001	4435	5120	1495	135	4993
工矿工程建筑	127	126	127	20	5	122
工矿工程建筑	127	126	127	20	5	122
架线和管道工程建筑	296	448	448	47	127	336
架线及设备工程建筑	189	339	336	39	108	258
管道工程建筑	107	109	112	8	19	78
其他土木工程建筑	10848	14983	15129	288	356	10482
其他土木工程建筑	10848	14983	15129	288	356	10482
建筑安装业	18102	18367	11976	1503	748	12488
电气安装	12416	12499	9049	1087	73	7419
电气安装	12416	12499	9049	1087	73	7419
管道和设备安装	1062	1043	1118	139	242	631
管道和设备安装	1062	1043	1118	139	242	631
其他建筑安装业	4624	4825	1809	277	433	4438
其他建筑安装业	4624	4825	1809	277	433	4438
建筑装饰和其他建筑业	139092	129706	122343	7134	10399	120685
建筑装饰业	43038	48822	46394	2452	2480	40501
建筑装饰业	43038	48822	46394	2452	2480	40501
工程准备活动	51669	31334	23861	1316	2721	39581
建筑物拆除活动	5550	6566	5550	275	170	5354
其他工程准备活动	46119	24768	18311	1041	2551	34227
提供施工设备服务	5821	7789	8016	373	1001	5531
提供施工设备服务	5821	7789	8016	373	1001	5531
其他未列明建筑业	38564	41761	44072	2993	4197	35072
其他未列明建筑业	38564	41761	44072	2993	4197	35072

单位：人

从业人员期末人数(按人员类型分)			从业人员期末人数(按职业类型分)					从业人员平均人数
在岗职工	劳务派遣人员	其他从业人员	单位负责人	专业技术人员	办事人员和有关人员	商业、服务业人员	生产、运输设备操作人员及有关人员	
7312	14157	2925	186	890	367	118	22833	23562
5998	16	2676	111	402	136	64	7977	7873
595	10	10	6	22	19		568	569
283	6	2666	64	256	49		2586	2748
5120			41	124	68	64	4823	4556
7	60	60	2	11	17		97	126
7	60	60	2	11	17		97	126
394	35	19	35	137	66	49	161	460
290	35	11	31	61	57	49	138	346
104		8	4	76	9		23	114
913	14046	170	38	340	148	5	14598	15103
913	14046	170	38	340	148	5	14598	15103
3173	1465	7338	163	1800	427	10	9576	14775
1748	70	7231	31	1291	194		7533	11984
1748	70	7231	31	1291	194		7533	11984
1030	23	65	79	367	184	3	485	1046
1030	23	65	79	367	184	3	485	1046
395	1372	42	53	142	49	7	1558	1745
395	1372	42	53	142	49	7	1558	1745
78388	22124	21831	712	6890	4536	291	109914	124859
27308	5674	13412	290	2441	894	208	42561	50723
27308	5674	13412	290	2441	894	208	42561	50723
14768	9039	54	175	1092	602	4	21988	24428
46	5502	2	17	173	21		5339	6566
14722	3537	52	158	919	581	4	16649	17862
7969		47	54	394	2101	18	5449	7906
7969		47	54	394	2101	18	5449	7906
28343	7411	8318	193	2963	939	61	39916	41802
28343	7411	8318	193	2963	939	61	39916	41802

2-C-4 按地区分组的劳务

地 区	从事主营业务活动的从业人员期末人数	从事主营业务活动的从业人员平均人数	从业人员期末人数	#女性	#工程技术人员	#现场施工工人
全 省	**684298**	**659859**	**660164**	**47743**	**42082**	**631143**
杭州市	**607739**	**567912**	**553796**	**39878**	**32534**	**547135**
上城区	23004	23446	18934	727	1471	17176
下城区	41850	40393	7371	2307	3478	38277
江干区	140338	147155	155015	14339	4932	131891
拱墅区	137742	119068	140995	10228	9238	130259
西湖区	154750	148601	148707	6556	7256	144312
滨江区	46321	25490	17755	972	1495	28577
萧山区	18418	22114	18700	1586	1242	17483
余杭区	19773	21303	19975	1521	722	18164
富阳市	23326	17986	23948	1403	2389	19155
临安市	2217	2356	2396	239	311	1841
宁波市	**21426**	**21341**	**23565**	**2174**	**671**	**21714**
海曙区	533	558	749	69	32	505
江东区	193	193	193	34	24	171
江北区	60	43	61	9	13	47
北仑区	63	259	63	8	2	28
镇海区	18331	16880	18738	1811	76	18637
鄞州区	281	279	323	24	23	284
象山县	10	8	10	1	2	
宁海县	1887	3044	3347	208	475	1988
余姚市	40	54	53	5	16	34
奉化市	28	23	28	5	8	20
温州市	**2503**	**2835**	**2596**	**286**	**542**	**2111**
鹿城区	1083	1356	1122	105	357	902
龙湾区	5	5	5	1	3	2

分包建筑业企业从业人员

单位：人

从业人员期末人数(按人员类型分)			从业人员期末人数(按职业类型分)					从业人员平均人数
在岗职工	劳务派遣人员	其他从业人员	单位负责人	专业技术人员	办事人员和有关人员	商业、服务业人员	生产、运输设备操作人员及有关人员	
348341	**222575**	**89248**	**2846**	**42322**	**48173**	**4572**	**562251**	**621013**
273967	**200636**	**79193**	**1549**	**31134**	**44352**	**4035**	**472726**	**519250**
9141	2577	7216	45	1354	2750	5	14780	22809
736	371	6264	29	147	197	3	6995	5802
67232	49759	38024	341	6185	8119	2931	137439	144734
34067	103956	2972	233	8232	1483	84	130963	121684
118632	14845	15230	268	3472	28732	587	115648	142615
13496	13	4246	75	1647	982	52	14999	17796
10139	7642	919	156	1157	253	53	17081	22178
12921	6947	107	104	1187	254	295	18135	20567
6361	13607	3980	255	7462	1145	7	15079	18629
1242	919	235	43	291	437	18	1607	2436
20423	**2512**	**630**	**113**	**985**	**269**	**173**	**22025**	**21665**
573	128	48	34	215	37	4	459	595
163	18	12	12	29	15		137	198
61			5	11	6		39	43
63			5		4		54	259
18169		569	28	46	131	167	18366	17032
319	4		5	35	36		247	315
10			1	2	2	2	3	9
984	2362	1	13	623	26		2685	3136
53			5	15	9		24	55
28			5	9	3		11	23
1354	**421**	**821**	**69**	**268**	**380**	**74**	**1805**	**2901**
944	109	69	23	137	234	30	698	1386
5			2		3			5

2-C-4 续表 1

地　区	从事主营业务活动的从业人员期末人数	从事主营业务活动的从业人员平均人数	从业人员期末人数	#女性	#工程技术人员	#现场施工工人
瓯海区	1082	1079	1107	136	59	991
永嘉县	12	11	12	2	2	5
苍南县	59	65	65	4	54	53
泰顺县	78	72	93	17	23	57
瑞安市	156	224	162	20	36	85
乐清市	28	23	30	1	8	16
嘉兴市	**7804**	**11284**	**12605**	**1451**	**657**	**5034**
南湖区	162	161	162	19	19	129
秀洲区	93	3657	4516	109	120	100
嘉善县	26	28	26	4	24	22
海盐县	1777	1587	1777	1069	52	219
海宁市	43	39	43	5	12	27
平湖市	196	235	198	23	94	159
桐乡市	5507	5577	5883	222	336	4378
湖州市	**85**	**95**	**122**	**20**	**41**	**70**
吴兴区	23	31	36	3	14	24
德清县	62	64	86	17	27	46
绍兴市	**22117**	**27843**	**30400**	**1620**	**3160**	**25609**
越城区	11435	10691	10927	405	1233	9034
绍兴县	2945	2792	4497	298	235	3194
新昌县	312	302	312	26	50	35
诸暨市	2009	8597	8918	398	575	8361
上虞市	3010	3154	3318	263	893	2880
嵊州市	2406	2307	2428	230	174	2105

单位：人

从业人员期末人数(按人员类型分)			从业人员期末人数(按职业类型分)					从业人员平均人数
在岗职工	劳务派遣人员	其他从业人员	单位负责人	专业技术人员	办事人员和有关人员	商业、服务业人员	生产、运输设备操作人员及有关人员	
55	311	741	14	66	47		980	1087
12			2	2	5		3	11
63		2	6	5	7	44	3	72
91		2	6	37	20		30	79
156		6	13	11	62		76	231
28	1	1	3	10	2		15	30
4138	**8074**	**393**	**153**	**2170**	**472**	**2**	**9808**	**11831**
26		136	8	18	7		129	161
200	4312	4	26	87	35	1	4367	3756
23		3	2	24				28
1773		4	27	1338	208		204	1695
43			8	3	5		27	39
182	7	9	16	75	12	1	94	251
1891	3755	237	66	625	205		4987	5901
82	**9**	**31**	**8**	**33**	**31**	**5**	**45**	**133**
29		7	2	5	9		20	36
53	9	24	6	28	22	5	25	97
25151	**2801**	**2448**	**480**	**5495**	**1467**	**116**	**22842**	**29725**
8830	1917	180	195	3958	956	31	5787	10755
3704		793	94	189	92	19	4103	4363
301		11	1	283	16	2	10	302
8913		5	123	492	223	64	8016	8760
2383	884	51	50	434	98		2736	3246
1020		1408	17	139	82		2190	2299

2-C-4 续表 2

地区	从事主营业务活动的从业人员期末人数	从事主营业务活动的从业人员平均人数	从业人员期末人数	#女性	#工程技术人员	#现场施工工人
金华市	**6164**	**10023**	**16679**	**1103**	**1715**	**14745**
婺城区	508	530	6518	409	46	6444
武义县	17	12	35	11	6	11
浦江县	51	48	53	6	10	32
义乌市	124	100	147	27	88	71
东阳市	5464	9333	9926	650	1565	8187
衢州市	**1027**	**3682**	**3964**	**362**	**350**	**1406**
柯城区	12	10	13	2	3	2
常山县	16	1820	2109	160	108	351
开化县	970	1822	1810	197	220	1042
江山市	29	30	32	3	19	11
舟山市	**220**	**250**	**221**	**20**	**9**	**29**
定海区	220	250	221	20	9	29
台州市	**10997**	**11128**	**11995**	**732**	**2233**	**9632**
椒江区	458	525	555	56	96	331
黄岩区	1113	1152	1202	187	71	949
路桥区	998	541	1124	74	79	405
玉环县	3	3	3	1		
天台县		116	116	25	30	86
温岭市	251	242	257	18	95	142
临海市	8174	8549	8738	371	1862	7719
丽水市	**4216**	**3466**	**4221**	**97**	**170**	**3658**
莲都区	8	8	8	2	3	5
青田县	5	5	5			
遂昌县	20	20	25	4	10	10
松阳县	4171	3421	4171	89	155	3635
龙泉市	12	12	12	2	2	8

单位：人

从业人员期末人数(按人员类型分)			从业人员期末人数(按职业类型分)					从业人员平均人数
在岗职工	劳务派遣人员	其他从业人员	单位负责人	专业技术人员	办事人员和有关人员	商业、服务业人员	生产、运输设备操作人员及有关人员	
7330	**4968**	**4381**	**107**	**784**	**574**	**127**	**15087**	**15524**
6079		439	7	53	16	4	6438	5569
32		3	4	11	7		13	26
39		14	5	25	4	1	18	51
139	8		13	55	54		25	130
1041	4960	3925	78	640	493	122	8593	9748
3607	**330**	**27**	**61**	**226**	**59**	**9**	**3609**	**4125**
13			2	5	6			13
1817	270	22	4	85	6		2014	2114
1765	40	5	53	116	46	9	1586	1964
12	20		2	20	1		9	34
198	**4**	**19**	**11**	**12**	**17**		**181**	**242**
198	4	19	11	12	17		181	242
9071	**1621**	**1303**	**251**	**1037**	**532**	**31**	**10144**	**12096**
304	72	179	32	91	67	7	358	595
1124	35	43	85	289	59		769	1184
1117	6	1	14	170	149		791	1109
3			1		1		1	3
116			20	30	15	5	46	116
257			24	44	10	6	173	243
6150	1508	1080	75	413	231	13	8006	8846
3020	**1199**	**2**	**44**	**178**	**20**		**3979**	**3521**
8			3	5				8
5			1		4			5
25			2	10	5		8	25
2972	1199		37	162	10		3962	3471
10		2	1	1	1		9	12

2-C-5 按登记注册类型、隶属关系、资质等级、控股情况

项　目	企业数(个)	#有计算机的企业数	#有网站的企业数
总　计	**569**	**549**	**89**
一、按登记注册类型分			
内资	569	549	89
集体	3	3	
股份合作企业	1		
有限责任公司	135	130	26
其他有限责任公司	135	130	26
股份有限公司	3	3	
私营企业	427	412	63
私营独资	1		
私营有限责任公司	418	403	61
私营股份有限公司	8	8	2
二、按隶属关系分			
地方	569	549	89
三、按企业资质等级分			
劳务分包	569	549	89
一级	273	269	43
二级	114	108	20
三级及以下	182	172	26
四、按控股情况分			
国有控股	7	7	
集体控股	16	16	1
私人控股	533	513	87
其他	13	13	1
五、按国民经济行业小类分			
房屋建筑业	290	282	38
房屋建筑业	290	282	38
房屋建筑业	290	282	38

和行业小类分组的劳务分包建筑业企业信息化情况

#有电子商务采购的企业数	#有电子商务销售的企业数	年末在用计算机数(台)	年末拥有网站数(个)	全年电子商务采购金额(万元)	全年电子商务销售金额(万元)
530	**530**	**5068**	**93**		**50**
530	530	5068	93		50
3	3	22			
124	124	1412	27		
124	124	1412	27		
3	3	29			
399	399	3602	66		50
390	390	3546	64		50
8	8	51	2		
530	530	5068	93		50
530	530	5068	93		50
260	260	2564	45		
104	104	1045	20		44
166	166	1459	28		6
6	6	184			
15	15	155	1		
497	497	4649	91		50
12	12	80	1		
271	271	2520	42		
271	271	2520	42		
271	271	2520	42		

2-C-5 续表

项　目	企业数(个)	#有计算机的企业数	#有网站的企业数
土木工程建筑业	41	39	5
铁路、道路、隧道和桥梁工程建筑	9	9	1
公路工程建筑	3	3	
市政道路工程建筑	3	3	
其他道路、隧道和桥梁工程建筑	3	3	1
工矿工程建筑	1		
工矿工程建筑	1		
架线和管道工程建筑	12	11	1
架线及设备工程建筑	9	8	
管道工程建筑	3	3	1
其他土木工程建筑	19	18	3
其他土木工程建筑	19	18	3
建筑安装业	68	64	9
电气安装	17	16	
电气安装	17	16	
管道和设备安装	40	37	7
管道和设备安装	40	37	7
其他建筑安装业	11	11	2
其他建筑安装业	11	11	2
建筑装饰和其他建筑业	170	164	37
建筑装饰业	82	77	22
建筑装饰业	82	77	22
工程准备活动	28	28	5
建筑物拆除活动	4	4	
其他工程准备活动	24	24	5
提供施工设备服务	17	17	4
提供施工设备服务	17	17	4
其他未列明建筑业	43	42	6
其他未列明建筑业	43	42	6

#有电子商务采购的企业数	#有电子商务销售的企业数	年末在用计算机数（台）	年末拥有网站数（个）	全年电子商务采购金额（万元）	全年电子商务销售金额（万元）
35	35	255	5		
9	9	102	1		
3	3	6			
3	3	49			
3	3	47	1		
9	9	68	1		
6	6	59			
3	3	9	1		
16	16	83	3		
16	16	83	3		
62	62	670	9		50
15	15	277			
15	15	277			
36	36	284	7		50
36	36	284	7		50
11	11	109	2		
11	11	109	2		
162	162	1623	37		
76	76	789	22		
76	76	789	22		
28	28	363	5		
4	4	24			
24	24	339	5		
17	17	148	4		
17	17	148	4		
41	41	323	6		
41	41	323	6		

2-C-6 按地区分组的劳务

地　　区	企业数(个)	#有计算机的企业数	#有网站的企业数	#有电子商务采购的企业数
全　省	**569**	**549**	**89**	**530**
杭州市	**245**	**237**	**55**	**232**
上城区	14	14	4	14
下城区	9	9		9
江干区	40	40	8	40
拱墅区	45	44	12	44
西湖区	32	32	12	31
滨江区	11	11	3	11
萧山区	42	36	9	33
余杭区	19	18	3	18
淳安县	1			
富阳市	23	23	2	23
临安市	9	9	2	9
宁波市	**40**	**39**	**5**	**39**
海曙区	7	7	1	7
江东区	5	5		5
江北区	3	3		3
北仑区	1			1
镇海区	10	9	1	9
鄞州区	2	2	1	2
象山县	1			
宁海县	6	6	1	6
余姚市	3	3		3
奉化市	2	2		2
温州市	**35**	**35**	**2**	**35**
鹿城区	9	9	2	9
龙湾区	1			

分包建筑业企业信息化情况

#有电子商务销售的企业数	年末在用计算机数（台）	年末拥有网站数（个）	全年电子商务采购金额（万元）	全年电子商务销售金额（万元）
530	**5068**	**93**		**50**
232	**2718**	**58**		**44**
14	200	4		
9	100			
40	476	8		
44	393	14		
31	500	13		44
11	189	3		
33	196	9		
18	330	3		
23	254	2		
9	80	2		
39	**319**	**5**		
7	77	1		
5	30			
3	10			
1	30			
9	84	1		
2	41	1		
6	25	1		
3	11			
2	9			
35	**153**	**2**		**6**
9	45	2		

2-C-6 续表 1

地　区	企业数(个)	#有计算机的企业数	#有网站的企业数	#有电子商务采购的企业数
瓯海区	9	9		9
永嘉县	1			
苍南县	4	4		4
泰顺县	5	5		5
瑞安市	5	5		5
乐清市	1			
嘉兴市	**53**	**51**	**4**	**45**
南湖区	1			
秀洲区	9	9		8
嘉善县	1			
海盐县	13	13	1	11
海宁市	7	5	1	5
平湖市	14	14		12
桐乡市	8	8	1	7
湖州市	**7**	**6**		**6**
吴兴区	3	3		3
德清县	3	3		3
长兴县	1			
绍兴市	**57**	**55**	**7**	**55**
越城区	21	21	5	21
绍兴县	10	8		8
新昌县	1			
诸暨市	7	7	1	7
上虞市	12	12		12
嵊州市	6	6	1	6

#有电子商务销售的企业数	年末在用计算机数(台)	年末拥有网 站 数(个)	全年电子商务采购金额(万元)	全年电子商务销售金额(万元)
9	22			
4	14			
5	24			
5	37			
45	**335**	**4**		
8	106			
11	102	1		
5	17	1		
12	40			
7	24	1		
6	**25**			
3	9			
3	16			
55	**658**	**8**		
21	225	6		
8	69			
7	80	1		
12	223			
6	58	1		

2-C-6 续表 2

地　区	企业数(个)	#有计算机的企业数	#有网站的企业数	#有电子商务采购的企业数
金华市	**47**	**46**	**1**	**42**
婺城区	6	6		6
武义县	1			
浦江县	3	3		3
义乌市	8	8		6
东阳市	29	28	1	26
衢州市	**10**	**9**	**3**	**9**
柯城区	2	2	1	2
常山县	2	2	2	2
开化县	4	3		3
江山市	2	2		2
舟山市	**7**	**7**	**2**	**7**
定海区	7	7	2	7
台州市	**62**	**58**	**10**	**54**
椒江区	17	15	6	14
黄岩区	9	8	1	7
路桥区	8	8	1	8
玉环县	1			
天台县	3	2		
温岭市	5	5		5
临海市	19	19	2	19
丽水市	**6**	**6**		**6**
莲都区	1			
青田县	1			
遂昌县	1			
松阳县	2	2		2
龙泉市	1			

#有电子商务销售的企业数	年末在用计算机数(台)	年末拥有网站数(个)	全年电子商务采购金额(万元)	全年电子商务销售金额(万元)
42	**375**	**1**		
6	44			
3	13			
6	39			
26	260	1		
9	**39**	**3**		
2	12	1		
2	13	2		
3	9			
2	5			
7	**17**	**2**		
7	17	2		
54	**397**	**10**		
14	79	6		
7	38	1		
8	67	1		
	30			
5	20			
19	161	2		
6	**32**			
2	20			

D.非联网直报建筑业企业

2-D-1 按登记注册类型、隶属关系、资质等级、控股情况

项目	企业数(个)	从业人员期末人数(人)	#女性
总计	**16784**	**175655**	**38383**
一、按登记注册类型分			
内资	16738	174911	38226
国有	34	570	196
集体	118	1409	286
股份合作企业	47	459	121
联营企业	2	11	2
集体联营	2	11	2
有限责任公司	775	18399	3111
国有独资公司	80	1049	285
其他有限责任公司	695	17350	2826
股份有限公司	33	224	54
私营企业	15708	153696	34428
私营独资	561	5407	878
私营合伙	67	452	135
私营有限责任公司	15020	147315	33264
私营股份有限公司	60	522	151
其他企业	21	143	28
港澳台商投资	15	295	60
与港澳台商合资经营	8	74	18
与港澳台商合作经营	1		
港澳台商独资	6	210	36
外商投资	31	449	97
中外合资经营	7	31	11
中外合作经营	2	25	9
外资企业	19	376	76
其他外商投资	3	17	1
二、按隶属关系分			
中央	4	51	11
地方	16780	175604	38372

和行业小类分组的非联网直报建筑业企业主要经济指标

营业收入(万元)	#主营业务收入	营业税金及附加(万元)	#主营业务税金及附加	资产总计(万元)	实收资本(万元)
4872317	**4825790**	**140508**	**139668**	**10937210**	**4328141**
4853535	4807008	139890	139050	10425263	3980376
8973	8919	227	227	113439	15451
51942	45797	1469	1452	70890	19036
6578	6578	180	180	11377	2361
29	29	1	1	191	7
29	29	1	1	191	7
581636	579953	15681	15633	3286613	699250
38989	38750	1024	1023	1557356	176347
542646	541203	14657	14610	1729257	522903
6052	6032	226	226	9953	7578
4195338	4156712	122023	121252	6923886	3235104
92602	92023	1203	1198	92088	22570
7492	6962	243	208	5106	2303
4083941	4046426	120375	119640	6804013	3198890
11303	11301	205	206	22679	11341
2987	2987	78	78	8913	1588
2946	2946	95	95	186018	70391
462	462	7	7	93917	31680
1759	1759	58	58	82786	31893
15836	15836	523	523	325928	277374
3299	3299	139	139	24601	21153
962	962	23	23	4924	624
10654	10654	351	351	295819	255347
920	920	11	11	584	250
2054	2054	52	52	3777	2334
4870263	4823736	140457	139617	10933432	4325807

2-D-1 续表 1

项　　目	企业数(个)	从业人员期末人数(人)	#女性
三、按企业资质等级分			
施工总承包	200	12316	1973
特级	23	312	52
一级	16	7004	690
二级	15	533	110
三级及以下	146	4467	1121
专业承包	262	5438	1260
特级	38	162	25
一级	18	53	13
二级	24	1113	323
三级及以下	182	4110	899
劳务分包	62	7855	842
特级	4	184	38
一级	25	6970	568
二级	24	568	188
三级及以下	9	133	48
资质以外	16260	150046	34308
四、按控股情况分			
国有控股	177	2597	747
集体控股	187	2561	584
私人控股	16281	164665	36443
港澳台商控股	12	375	70
外商控股	18	168	50
其他	109	5289	489
五、按国民经济行业小类分			
房屋建筑业	1525	33400	5330
房屋建筑业	1525	33400	5330
房屋建筑业	1525	33400	5330
土木工程建筑业	3417	44255	10056
铁路、道路、隧道和桥梁工程建筑	1224	14385	3401
铁路工程建筑	30	310	81
公路工程建筑	207	2425	595
市政道路工程建筑	798	9304	2334

营业收入(万元)	#主营业务收入	营业税金及附加(万元)	#主营业务税金及附加	资产总计(万元)	实收资本(万元)
291158	286295	7628	7626	453942	221497
5814	5810	169	169	38324	35070
122458	122411	2673	2673	166959	45328
32492	32492	919	919	37819	25445
130393	125582	3866	3865	210839	115654
252593	250694	5951	5912	283819	125165
2336	2334	41	41	4599	2499
1230	1225	173	171	6062	4140
54337	54337	1521	1521	46778	21172
194690	192798	4216	4179	226380	97353
245637	244626	8676	8676	152712	51241
1540	540	50	50	1228	1258
199158	199158	7133	7133	74791	37403
33530	33519	1112	1112	31405	8530
11409	11409	381	381	45288	4050
4082930	4044175	118254	117454	10046737	3930238
111986	111680	2891	2890	2452390	422708
85340	78960	2532	2508	156965	40921
4538543	4498719	132030	131214	7626280	3492652
3264	3264	100	100	222653	87490
10323	10323	374	374	260734	236916
122861	122844	2582	2582	218188	47455
879095	871970	23916	23797	1750057	792637
879095	871970	23916	23797	1750057	792637
879095	871970	23916	23797	1750057	792637
1343664	1333665	37640	37518	5600169	1888149
424333	419318	12516	12502	2180870	817295
9385	9385	177	177	28867	15106
68292	68258	2175	2173	719241	91926
280457	275722	9146	9136	1000118	396795

2-D-1 续表 2

项 目	企业数(个)	从业人员期末人数(人)	#女性
其他道路、隧道和桥梁工程建筑	189	2346	391
水利和内河港口工程建筑	325	3327	753
水源及供水设施工程建筑	169	1490	409
河湖治理及防洪设施工程建筑	87	807	196
港口及航运设施工程建筑	69	1030	148
海洋工程建筑	27	268	61
海洋工程建筑	27	268	61
工矿工程建筑	121	6155	718
工矿工程建筑	121	6155	718
架线和管道工程建筑	364	4376	932
架线及设备工程建筑	224	3064	618
管道工程建筑	140	1312	314
其他土木工程建筑	1356	15744	4191
其他土木工程建筑	1356	15744	4191
建筑安装业	2750	28414	6426
电气安装	856	8270	1987
电气安装	856	8270	1987
管道和设备安装	779	8294	1865
管道和设备安装	779	8294	1865
其他建筑安装业	1115	11850	2574
其他建筑安装业	1115	11850	2574
建筑装饰和其他建筑业	9092	69586	16571
建筑装饰业	6732	50332	13330
建筑装饰业	6732	50332	13330
工程准备活动	1891	11398	1781
建筑物拆除活动	364	2546	514
其他工程准备活动	1527	8852	1267
提供施工设备服务	122	2350	548
提供施工设备服务	122	2350	548
其他未列明建筑业	347	5506	912
其他未列明建筑业	347	5506	912

营业收入(万元)	#主营业务收入	营业税金及附加(万元)	#主营业务税金及附加	资产总计(万元)	实收资本(万元)
66198	65953	1019	1016	432645	313469
131851	131691	2136	2128	1223983	217984
29099	29087	555	554	800683	90049
19708	19672	586	586	153938	30637
83045	82931	995	989	269361	97298
3810	3808	51	51	491098	191185
3810	3808	51	51	491098	191185
61916	61914	1871	1871	116774	35550
61916	61914	1871	1871	116774	35550
150688	149328	4022	3969	527708	192101
86358	85077	2739	2737	99663	45029
64330	64251	1233	1232	428045	147073
571067	567607	17044	16996	1059736	434032
571067	567607	17044	16996	1059736	434032
842511	828033	22932	22792	1157810	550211
255595	250525	6449	6410	269694	139285
255595	250525	6449	6410	269694	139285
235456	234206	5592	5542	310847	147242
235456	234206	5592	5542	310847	147242
351459	343302	10890	10840	577270	263683
351459	343302	10890	10840	577270	263683
1807047	1792122	56020	55562	2429174	1097144
1299624	1287875	39550	39170	1667608	796395
1299624	1287875	39550	39170	1667608	796395
230166	228796	7688	7638	513034	201197
38386	38257	1307	1305	219868	60911
191780	190539	6381	6333	293165	140287
45611	44260	1408	1395	42721	23546
45611	44260	1408	1395	42721	23546
231647	231191	7374	7360	205812	76005
231647	231191	7374	7360	205812	76005

2-D-2 按地区分组的非联网直报

地区	企业数(个)	从业人员期末人数(人)	#女性	营业收入(万元)
全 省	**16784**	**175655**	**38383**	**4872317**
杭州市	**5661**	**62640**	**13855**	**2092798**
上城区	163	2258	396	69333
下城区	277	2919	879	81073
江干区	532	6824	1195	179590
拱墅区	934	8721	2340	297528
西湖区	750	13418	2556	494510
滨江区	251	4434	1030	259459
萧山区	974	9352	2180	354778
余杭区	792	7593	1560	232255
桐庐县	137	918	222	16009
淳安县	59	456	144	3756
建德市	83	670	131	12694
富阳市	543	3911	928	60442
临安市	166	1166	294	31372
宁波市	**3172**	**31051**	**6452**	**835900**
海曙区	571	3140	882	87863
江东区	492	3874	897	197963
江北区	199	3826	563	46573
北仑区	506	4450	870	115379
镇海区	167	2672	490	75677
鄞州区	545	4778	1211	125057
象山县	116	639	173	22305
宁海县	66	3037	469	56784
余姚市	155	1174	218	31018
慈溪市	274	2176	492	54494
奉化市	81	1285	187	22788
温州市	**1622**	**20682**	**4137**	**489417**
鹿城区	369	4325	1245	102565
龙湾区	145	2913	213	61731
瓯海区	55	432	96	7573
洞头县	70	566	107	24657
永嘉县	90	537	123	16508
平阳县	141	1054	260	38573

建筑业企业主要经济指标

#主营业务收入	营业税金及附加(万元)	#主营业务税金及附加	资产总计(万元)	实收资本(万元)
4825790	**140508**	**139668**	**10937210**	**4328141**
2075967	**59968**	**59610**	**3298548**	**1476295**
69263	2131	2122	135501	51788
77605	1927	1896	88629	48355
178514	5110	5072	215366	125162
296423	7554	7476	387835	193516
487625	12948	12915	402881	222849
259181	8922	8919	208283	88845
352754	10468	10365	1105777	428628
231732	6879	6851	428515	161454
15388	528	516	120360	33971
3733	162	162	15694	11952
12691	348	348	35032	15440
59748	1961	1941	112946	76592
31310	1030	1028	41730	17742
828176	**21277**	**21118**	**1843964**	**641378**
85654	3040	2962	144108	57811
197872	5505	5470	446464	134768
46436	1548	1547	91958	41731
114353	2340	2324	275513	125290
75468	1298	1290	83431	23804
124354	3183	3172	442669	114544
22302	434	433	18938	16088
56737	359	359	82223	35169
30820	1215	1207	42721	24602
51443	1647	1646	78839	39746
22738	710	709	137100	27828
479987	**14317**	**14240**	**687274**	**405520**
101839	2975	2926	212139	94456
61712	1942	1942	167862	105483
7573	191	191	15903	11614
19361	547	547	14304	14360
15093	483	477	16534	14832
38573	1032	1032	50462	34858

2-D-2 续表 1

地　区	企业数(个)	从业人员期末人数(人)	#女性	营业收入(万元)
苍南县	189	1693	468	54001
文成县	19	125	35	3349
泰顺县	42	4910	408	43680
瑞安市	177	1102	209	20983
乐清市	325	3025	973	115799
嘉兴市	**1053**	**9115**	**2383**	**253943**
南湖区	291	2117	620	63705
秀洲区	133	1108	336	54477
嘉善县	88	1043	210	22513
海盐县	78	1900	546	24745
海宁市	107	891	217	23082
平湖市	196	1191	247	20621
桐乡市	160	865	207	44800
湖州市	**521**	**5013**	**1267**	**146666**
吴兴区	180	1468	350	44391
南浔区	57	431	103	21050
德清县	114	1846	500	44238
长兴县	96	610	144	12783
安吉县	74	658	170	24203
绍兴市	**1010**	**13427**	**2854**	**334547**
越城区	167	2259	718	46029
绍兴县	164	1107	350	29075
新昌县	46	458	96	11557
诸暨市	222	6082	986	146304
上虞市	275	2715	545	80955
嵊州市	136	806	159	20628
金华市	**997**	**11844**	**2940**	**256705**
婺城区	229	2610	719	49436
金东区	46	497	156	17155
武义县	27	191	45	3217
浦江县	19	927	192	21000
磐安县	46	862	193	16399
兰溪市	83	513	138	13566
义乌市	248	1897	556	61061
东阳市	204	3431	672	52033
永康市	95	916	269	22839

#主营业务收入	营业税金及附加(万元)	#主营业务税金及附加	资产总计(万元)	实收资本(万元)
53417	1179	1176	53522	30182
3344	137	136	2911	2475
43374	1455	1439	47241	23687
20966	514	514	30782	26986
114737	3862	3860	75614	46588
251846	**6771**	**6759**	**590195**	**220719**
62493	1956	1953	166255	66432
54124	1071	1071	58389	24816
22357	722	722	36384	14072
24737	538	538	74204	38176
22856	601	601	106003	16185
20532	625	617	59120	23305
44748	1258	1257	89838	37733
145831	**5454**	**5435**	**1074684**	**500732**
44009	2330	2329	239538	52465
21022	580	580	83386	34438
43864	1232	1215	298119	100759
12744	267	264	361628	285264
24192	1046	1046	92013	27805
334019	**11152**	**11120**	**648822**	**257153**
45876	1156	1156	135646	57939
28976	593	587	95398	52608
11557	343	343	22597	12437
146213	5007	4986	213399	56163
80832	3479	3475	150055	55540
20564	574	574	31728	22466
255159	**7907**	**7827**	**579346**	**244698**
49219	1788	1753	103668	44411
16898	506	506	24951	12636
3212	182	182	5267	2892
20990	729	729	70189	6963
16296	645	644	32924	18956
13566	325	325	23708	13537
60205	1594	1553	67754	44408
51976	1473	1470	214727	86608
22799	665	664	36157	14287

2-D-2 续表 2

地　区	企业数(个)	从业人员期末人数(人)	#女性	营业收入(万元)
衢州市	**416**	**3603**	**1008**	**80215**
柯城区	195	1366	438	33315
衢江区	22	163	27	1736
常山县	42	580	93	5293
开化县	33	265	68	7701
龙游县	33	553	195	13462
江山市	91	676	187	18708
舟山市	**1150**	**7369**	**1126**	**115273**
定海区	902	5893	819	91449
普陀区	159	998	216	18367
岱山县	61	347	70	3736
嵊泗县	28	131	21	1721
台州市	**929**	**8748**	**1867**	**221939**
椒江区	253	2651	572	43901
黄岩区	66	868	139	55045
路桥区	65	400	128	4912
玉环县	94	593	140	16214
三门县	102	1166	240	26910
天台县	47	314	93	4630
仙居县	55	711	158	25469
温岭市	106	906	191	21361
临海市	141	1139	206	23495
丽水市	**253**	**2163**	**494**	**44914**
莲都区	124	981	209	26320
青田县	43	297	89	9538
缙云县	19	178	45	1279
遂昌县	18	126	30	1114
松阳县	12	195	42	2726
云和县	8	50	16	1539
庆元县	9	82	20	125
景宁县	7	74	17	400
龙泉市	13	180	26	1873

#主营业务收　　入	营业税金及附加(万元)	#主营业务税金及附加	资产总计(万元)	实收资本(万元)
78441	**2633**	**2625**	**96770**	**73473**
33000	860	855	39305	29952
1736	28	28	4901	1951
4282	229	229	16368	12536
7701	269	269	9187	7145
13369	565	562	5277	4299
18352	683	683	21733	17590
114154	**3611**	**3589**	**455489**	**202239**
90685	2872	2854	312868	152865
18023	583	580	119698	34676
3726	112	111	13103	7298
1721	44	44	9821	7401
219620	**5538**	**5506**	**1460868**	**247542**
43431	1369	1363	84289	53296
55039	677	676	26622	22734
4761	176	169	572350	20036
15533	295	294	151482	18509
26010	820	820	46630	28675
4580	129	129	5635	4819
25469	717	717	24413	13586
21361	749	749	506476	67835
23435	607	590	42971	18053
42592	**1881**	**1839**	**201250**	**58392**
24999	932	890	61107	33008
8538	537	537	12984	3120
1279	50	50	27578	6973
1114	52	52	2538	1790
2726	148	148	2781	1590
1538	49	49	2054	1824
125	6	6	249	499
400	23	23	83531	2370
1873	85	85	8428	7218